2024 Digitalized Innovation
Evaluation Report of Chinese Listed Companies

2024 中国上市公司数字化创新评价报告

王竞达　王永贵　等／著

中国财经出版传媒集团
中国财政经济出版社
·北京·

图书在版编目(CIP)数据

2024中国上市公司数字化创新评价报告/王竞达等著.--北京：中国财政经济出版社，2024.12.

ISBN 978-7-5223-3329-8

Ⅰ.F279.246-39

中国国家版本馆CIP数据核字第2024ER6304号

责任编辑：彭洋洋　王佳欣　　　责任校对：胡永立
封面设计：卜建辰　　　　　　　　责任印制：张　健

2024中国上市公司数字化创新评价报告
2024 ZHONGGUO SHANGSHI GONGSI SHUZIHUA CHUANGXIN PINGJIA BAOGAO

中国财政经济出版社 出版

URL：http://www.cfeph.cn

E-mail：cfeph@cfemg.cn

(版权所有　翻印必究)

社址：北京市海淀区阜成路甲28号　邮政编码：100142
营销中心电话：010-88191522
天猫网店：中国财政经济出版社旗舰店
网址：https://zgczjjcbs.tmall.com

北京虎彩文化传播有限公司印刷　各地新华书店经销
成品尺寸：185mm×260mm　16开　30.5印张　609 000字
2024年12月第1版　2024年12月北京第1次印刷
定价：151.00元
ISBN 978-7-5223-3329-8
(图书出现印装问题，本社负责调换，电话：010-88190548)
本社图书质量投诉电话：010-88190744
打击盗版举报热线：010-88191661　QQ：2242791300

撰写单位和撰写人员

撰写单位　首都经济贸易大学资产评估研究院
　　　　　　浙江工商大学中国智能管理研究院

撰写人员　王竞达　王永贵　汪淋淋　李　霞　尚　铎
　　　　　　马里斌　万　壮　李　强　肖阳田　周　率
　　　　　　王田力　梅延拓　周语嫣　祖广政　车洪雪
　　　　　　石伟汉　贾博坤　张诗钦　王皓月　曾　静
　　　　　　张铭洋　张　静　张思祺　段海瑞　范婧宇
　　　　　　李好瑜　张晓慧　李　蕾　杨全社

RECOMMENDED ORDER
推荐者序

当前，全球正处于从工业经济到数字经济过渡的关键时期，数字经济快速发展，已成为驱动国民经济增长、提高全要素生产率、带动产业升级转型的主导力量与关键所在。2022年11月16日，习近平主席在二十国集团领导人第十七次峰会上讲话时指出："数字经济发展速度之快、辐射范围之广、影响程度之深前所未有，正在成为重组全球要素资源、重塑全球经济结构、改变全球竞争格局的关键力量。"

数字经济时代，数字化创新是企业高质量发展的必然选择。数字化创新可以有效助力上市公司快速响应市场变化，提供更优质的产品与服务，打造核心竞争力，最终为促进中国数字经济发展注入新引擎和新动力。上市公司数字化创新水平如何？不同行业、省份和板块的上市公司数字化创新水平是否具有明显的异质性？上市公司所属区域的数字化创新环境是否有所差异？厘清这些问题的理论和现实意义明显。

《2024中国上市公司数字化创新评价报告》基于"战略导向—创新投入—创新产出—创新效益"的全过程视角，构建了由"数字化战略导向、数字化要素投入、数字化创新成果和数字化创新绩效"四个关键维度构成的数字化创新评价指标体系，并综合运用大数据分析和人工智能等相关技术获取数据，通过汇集专家智慧赋值权重和标准化处理等技术手段，科学计算反映上市公司数字化创新指数。同时，报告还评价了上市公司进行数字化创新所依赖的数字化创新生态环境，包含数字化基础环境、数字化融合环境和数字化支持环境，从而更为全面地反映上市公司数字化创新所面临的环境支持及其影响。

报告具有如下鲜明特色：第一，基于传统产业和数字原生产业的视角，全面分析上市公司数字化创新表现。报告创新性地将上市公司归类为传统产业和数字原生产业，以此对上市公司的数字化创新进行更为全面深入的考察，突出了在不同产业类别下上市公司数字化创新表现存在的差异。第二，基于"内外融汇"的视角，搭建了上市公司数字化创新评价指标体系。报告不仅从上市公司本体构建数字化创新评价指标体系，多维度透视上市公司数字化创新表现，并且从宏观环境层面，构建了包括数字化基础环境、数字化融合环境和数字化支持环境在内的数字化创新生态环境评价体系，对上市公司数字化创新进行全方位、全链条的充分阐释。第三，创建"四位一体"的上市公司数字化创新评价体系。报告从数字化战略导向、数字化要素投入、数字化创新成果和数字化创新绩效四个关键维度展开，对上市公司数字化创新进行相对完整的分析与评价。第四，基于"三维互补"的视角，从数字化基础环境、数字化融合环境和数字化支持环境对上市公司数字化创新生态环境进行分区域、分省份的全面客观的比较和分析。第五，立足于"三维视角"，全面揭示不同区域、省份和产权的上市公司数字化创新特征。报告从区域、省份和产权维度对上市公司的数字化创新整体特征和数字化战略导向、数字化要素投入、数字化创新成果和数字化创新绩效四个维度特征进行分类评价，有助于进一步挖掘上市公司数字化创新的优势与差异，为上市公司提升数字化创新能力，优化数字化创新管理提供诊断和决策依据。

报告对上市公司的数字化创新进行了非常深入的探究，研究成果有助于上市公司打造数字经济时代新竞争力，助力其高质量发展；有助于加快促进数字经济与实体经济融合，打造具有国际竞争力的数字产业集群；有助于我国优化数字化创新生态环境，推进数字中国建设。

数字经济时代，广大市场参与者非常关注上市公司数字化创新表现和数字化创新环境，深入了解上市公司数字化创新表现有助于投资者进行决策。我认真阅读了整篇书稿，深感此书非常值得一读，因而热情地向投资界、学术界、企业界和其他社会各界的读者们推荐，愿您能在阅读本书中有所收获。

是为序！

第十一届、十二届全国人大常委、财经委副主任
国家税收法律研究基地（北京市哲学社会科学基地）首席专家
2024年10月8日

PREFACE 前言

当前，数字经济已成为稳增长促转型，并推动中国式现代化建设的重要引擎。其中，数字化创新作为数字经济高质量发展的重要驱动力和数字经济时代企业持续发展的必然选择，得到了前所未有的关注。党的二十大报告明确提出"加快发展数字经济，促进数字经济与实体经济深度融合，打造具有国际竞争力的数字产业集群。"党的二十届三中全会也指出"健全促进实体经济和数字经济深度融合制度""加快构建促进数字经济发展体制机制"。与此相应，越来越多的企业都试图将数字化创新作为企业价值创造和赋能增长的基石，以便在激烈的市场竞争中赢取领先优势。

作为我国经济发展的排头兵，越来越多的上市公司正在积极践行数字化创新。在我国加速发展数字经济的新格局下，数字化创新已成为众多上市公司获取竞争优势的战略武器。研究表明，传统产业和数字原生产业在数字化程度和数字化创新表现方面有着较大差异，上市公司的数字化创新水平也会因上市公司所属区域、省份、产权的不同而有所差异，上市公司所处的数字化创新生态环境也存在着区域和省份的差异。目前尚未有研究对上述差异进行科学客观合理的评价，在这种背景下，对上市公司的数字化创新情况和数字化创新生态环境进行评价，不仅有助于广大市场参与者了解上市公司数字化创新水平和数字化创新生态环境，对促进我国数字经济健康高质量发展也具有非常重要的现实意义。

作为一部面向数字经济主战场并深入探究企业数字化创新实践的研究报告，《2024中国上市公司数字化创新评价报告》基于"战略导向—创新投入—创新产出—创新效益"的全过程视角构建了上市公司数字化创新评价体系。具体而言，本报告分为理论篇、总体状况与环境评价篇、传统产业评价篇、数字原生产业评价篇和结论篇，共11章。理论篇主要对上市公司数字化创新的背景、理论以及数字化创新评价的框架和方法进行评述；总体状况与环境评价篇不仅从整体层面和产业层面对我国上市公司的数字化创新进行评价，还分区域、分省份从整体环境到具体数字化基础环境、数字化融合环境和数字化支持环境对上市公司的数字化创新生态环境进行全方位评价；传统产业评价篇基于区域、省份、产权三个维度对传统产业的上市公司数字化创新进行评价；数字原生产业评价篇从区域维度、省份维度、产权维度对数字原生产业的上市公司数字化创新进行评价；结论篇旨在对评价报告进行总结并对上市公司数字化创新提出对策建议与政策启示。

  概括而言，本研究报告的特色主要体现在：第一，基于传统产业和数字原生产业的视角全面分析上市公司数字化创新表现。本报告创新性地将上市公司归类于传统产业或数字原生产业，以此对上市公司的数字化创新进行更为全面深入的考察，突出了不同产业类别下的上市公司在数字化创新表现方面存在的差异。第二，基于"内外融汇"的视角搭建了上市公司数字化创新评价指标体系。本报告不仅从上市公司本体构建了数字化创新评价指标体系，多维度透视上市公司数字化创新表现，并且从宏观环境层面构建了包括数字化基础环境、数字化融合环境和数字化支持环境在内的数字化创新生态环境评价体系，对上市公司数字化创新进行全方位、全链条的充分阐释。第三，创建"四位一体"的上市公司数字化创新评价体系。本报告从数字化战略导向、数字化要素投入、数字化创新成果和数字化创新绩效四个关键维度展开，对上市公司数字化创新进行相对完整的分析与阐释。第四，基于"三维互补"视角就数字化基础环境、数字化融合环境和数字化支持环境对上市公司数字化创新生态环境进行分区域、分省份的全面客观评价。本报告从整体到局部，层层推进，在分区域、分省份综合评价上市公司数字化创新生态环境的基础上，进一步深入评价不同区域、不同省份的数字化基础环境、数字化融合环境和数字化支持环境之间的优势与差异，为各区域和各省份优化数字化创新生态环境提供诊断依据，有助于为上市公司提升数字化创新能力提出针对性的对策建议。第五，立足于"三维视角"全面揭示了不同区域、不同省份和不同产权上市公司的数字化创新特征。本报告不仅从区域、省份和产权维度对上市公司的数字化创新整体特征进行了评价，还进一步分区域、分省份、分产权对上市公司的数字化战略导向、数字化要素投入、数字化创新成果和数字化创新绩效进行了分类评价，有助于进一步挖掘上市公司数字化创新的优势与差异，为上市公司提升数字化创新能力、优化数字化创新管理提供诊断和决策依据。

本研究报告是集体智慧的结晶。报告的第1章、第2章、第3章、第4章和第11章由王永贵、汪淋淋、尚铎、李霞、万壮、张思祺、胡倩倩、杨丹等人撰写，第5章、第6章、第7章、第8章、第9章和第10章由王竞达、周率、马里斌、肖阳田、梅延拓、车洪雪、祖广政、贾博坤、石伟汉、范婧宇等人撰写。

作者诚挚感谢多方在本报告撰写过程中给予的大力支持和帮助。非常感谢深圳市桑达实业股份有限公司监事会主席崔辉先生、赛复投资公司李强先生、华创证券雷昊先生、方正基金夏旭先生等专家，感谢他们百忙之中多次提供了很多宝贵的建议。此外，也特别感谢浙江工商大学汪淋淋博士，首都经济贸易大学周率副教授、李霞博士、王田力博士，北京科技大学尚铎博士，以及浙江工商大学、首都经济贸易大学和对外经济贸易大学的研究生马里斌、梅延拓、万壮、张静、张思祺、张诗钦、王皓月、曾静、张铭洋等同学在本报告资料收集和报告撰写等方面所作出的重要贡献。

2024年10月8日

CONTENTS 目录

理论篇

第1章　上市公司数字化创新：背景、理论与整体架构 ············· 3
　1.1　上市公司数字化创新的背景与研究意义 ················· 3
　1.2　上市公司数字化创新的理论分析 ····················· 7
　1.3　上市公司数字化创新评价报告的整体架构与特色 ········· 18

第2章　中国上市公司数字化创新评价：框架、方法与比较 ······· 21
　2.1　中国上市公司数字化创新评价总体框架 ················ 21
　2.2　中国上市公司数字化创新评价方法 ··················· 25
　2.3　中国上市公司数字化创新评价评述与优势分析 ·········· 31

总体状况与环境评价篇

第3章　2023年中国上市公司数字化创新总体评价 ············· 39
　3.1　2023年中国上市公司总体分析 ······················ 39
　3.2　2023年传统产业中国上市公司数字化创新评价 ·········· 43
　3.3　2023年数字原生产业中国上市公司数字化创新评价 ······ 79

第4章　数字化创新生态环境评价 ···························· 112
　4.1　七大区数字化创新生态环境评价 ····················· 112
　4.2　省份数字化创新生态环境评价 ······················· 119

1

传统产业评价篇

第5章 传统产业上市公司数字化创新评价——区域维度 147
    5.1 东北地区传统产业上市公司数字化创新评价 147
    5.2 华北地区传统产业上市公司数字化创新评价 153
    5.3 华东地区传统产业上市公司数字化创新评价 158
    5.4 华南地区传统产业上市公司数字化创新评价 164
    5.5 华中地区传统产业上市公司数字化创新评价 169
    5.6 西北地区传统产业上市公司数字化创新评价 175
    5.7 西南地区传统产业上市公司数字化创新评价 180

第6章 传统产业上市公司数字化创新评价——省份维度 186
    6.1 安徽省传统产业上市公司数字化创新评价 186
    6.2 北京市传统产业上市公司数字化创新评价 192
    6.3 重庆市传统产业上市公司数字化创新评价 197
    6.4 福建省传统产业上市公司数字化创新评价 203
    6.5 甘肃省传统产业上市公司数字化创新评价 208
    6.6 广东省传统产业上市公司数字化创新评价 214
    6.7 广西壮族自治区传统产业上市公司数字化创新评价 219
    6.8 贵州省传统产业上市公司数字化创新评价 225
    6.9 海南省传统产业上市公司数字化创新评价 230
    6.10 河北省传统产业上市公司数字化创新评价 236
    6.11 河南省传统产业上市公司数字化创新评价 241
    6.12 黑龙江省传统产业上市公司数字化创新评价 247
    6.13 湖北省传统产业上市公司数字化创新评价 252
    6.14 湖南省传统产业上市公司数字化创新评价 258
    6.15 吉林省传统产业上市公司数字化创新评价 263
    6.16 江苏省传统产业上市公司数字化创新评价 269
    6.17 江西省传统产业上市公司数字化创新评价 274
    6.18 辽宁省传统产业上市公司数字化创新评价 280
    6.19 内蒙古自治区传统产业上市公司数字化创新评价 285

6.20 宁夏回族自治区传统产业上市公司数字化创新评价 ………… 291
6.21 青海省传统产业上市公司数字化创新评价 …………………… 296
6.22 山东省传统产业上市公司数字化创新评价 …………………… 302
6.23 山西省传统产业上市公司数字化创新评价 …………………… 307
6.24 陕西省传统产业上市公司数字化创新评价 …………………… 313
6.25 上海市传统产业上市公司数字化创新评价 …………………… 318
6.26 四川省传统产业上市公司数字化创新评价 …………………… 324
6.27 天津市传统产业上市公司数字化创新评价 …………………… 329
6.28 西藏自治区传统产业上市公司数字化创新评价 ……………… 335
6.29 新疆维吾尔自治区传统产业上市公司数字化创新评价 ……… 340
6.30 云南省传统产业上市公司数字化创新评价 …………………… 346
6.31 浙江省传统产业上市公司数字化创新评价 …………………… 352

第7章 传统产业上市公司数字化创新评价——产权维度 …………… 358

7.1 中央国有控股传统产业上市公司数字化创新评价 …………… 358
7.2 地方国有控股传统产业上市公司数字化创新评价 …………… 363
7.3 非国有控股传统产业上市公司数字化创新评价 ……………… 369

数字原生产业评价篇

第8章 数字原生产业上市公司数字化创新评价——区域维度 ……… 377

8.1 东北地区数字原生产业上市公司数字化创新评价 …………… 377
8.2 华北地区数字原生产业上市公司数字化创新评价 …………… 383
8.3 华东地区数字原生产业上市公司数字化创新评价 …………… 388
8.4 华南地区数字原生产业上市公司数字化创新评价 …………… 394
8.5 华中地区数字原生产业上市公司数字化创新评价 …………… 399
8.6 西北地区数字原生产业上市公司数字化创新评价 …………… 405
8.7 西南地区数字原生产业上市公司数字化创新评价 …………… 410

第9章 数字原生产业上市公司数字化创新评价——省份维度 ……… 416

9.1 北京市数字原生产业上市公司数字化创新评价 ……………… 416
9.2 广东省数字原生产业上市公司数字化创新评价 ……………… 422

9.3　江苏省数字原生产业上市公司数字化创新评价 …………………… 427

9.4　上海市数字原生产业上市公司数字化创新评价 …………………… 433

9.5　浙江省数字原生产业上市公司数字化创新评价 …………………… 438

第10章　数字原生产业上市公司数字化创新评价——产权维度 ……… 444

10.1　中央国有控股数字原生产业上市公司数字化创新评价 …………… 444

10.2　地方国有控股数字原生产业上市公司数字化创新评价 …………… 449

10.3　非国有控股数字原生产业上市公司数字化创新评价 ……………… 455

结论篇

第11章　结论与建议 …………………………………………………………… 463

11.1　上市公司数字化创新评价主要结论 ………………………………… 463

11.2　上市公司数字化创新管理启示 ……………………………………… 465

11.3　上市公司数字化创新政策建议 ……………………………………… 467

11.4　上市公司数字化创新的局限性与未来展望 ………………………… 469

参考文献 ……………………………………………………………………………… 471

理论篇

第1章
上市公司数字化创新：背景、理论与整体架构

随着以人工智能、物联网、区块链、云计算、大数据、5G等为代表的数字技术的快速发展与商业应用，全球经济已经进入数字经济时代，世界各主要国家和地区均将数字化创新作为优先发展的方向。2023年，中国数字经济规模达53.9万亿元，占GDP比重提升至42.8%；数字经济增长对GDP增长的贡献率达66.45%，已成为稳增长促转型的重要引擎[①]。党的二十届三中全会指出："健全促进实体经济和数字经济深度融合制度""加快构建促进数字经济发展体制机制"，这为中国数字经济发展提供了方向指引。

数字经济作为未来发展的主要经济形式，数字产业化和产业数字化作为发展数字经济的核心内容，都离不开企业数字化创新的驱动。数字化创新是指企业利用数字化资源和数字化工具改善其产品、服务、流程和商业模式的过程[②]。在当前中国加速进入数字经济时代的新格局下，数字化创新为企业获取竞争优势提供了新的机遇。上市公司作为中国市场主体的中坚力量，正在积极践行数字化创新，积极布局人工智能、大数据等领域，逐步顺应并参与到数字经济发展的大潮中来，努力成为数字经济发展的"引领者"和"生力军"[③]。

1.1 上市公司数字化创新的背景与研究意义

1.1.1 上市公司数字化创新的背景

近年来，伴随着政府对数字经济发展的关注和重视日益提升，各种有关数字经济

---

① 中国信息通信研究院.中国数字经济发展研究报告（2024年）[R/OL].（2024-08）[2024-10-07]. http://www.caict.ac.cn/kxyj/qwfb/bps/202408/P020240830315324580655.pdf.
② 谢卫红，林培望，李忠顺，等.数字化创新：内涵特征、价值创造与展望[J].外国经济与管理，2020，42（09）：19-31.
③ 新京报.进一步发挥上市公司在数字经济发展中的生力军作用.（2022-12-25）[2024-10-07]. https://baijiahao.baidu.com/s?id=1753164851233966788&wfr=spider&for=pc.

的政策不断出台。自2017年政府工作报告首次提及"数字经济"以来，关键词"数字经济"和"数字化"在政府工作报告中出现的频次开始增加。具体而言，如表1-1所示，2017年政府工作报告仅简单提出"促进数字经济加快成长"。2019年以来，政府工作报告对数字经济逐步提出明确要求，有关数字经济的说法也经历了从"壮大数字经济""全面推进互联网+，打造数字经济新优势""加快数字化发展，打造数字经济新优势""加强数字中国整体建设布局"到"促进数字经济和实体经济深度融合""大力发展数字经济""深入推进数字经济创新发展"的转变。尽管2018年政府工作报告没有提及"数字经济"，但首次提出了"数字中国"建设，这是对"数字经济"的进一步延伸。从这些关键词的变化可以看出，国家对数字经济的认知更加深入、科学，中国数字经济发展已经进入全面总动员阶段。

表1-1 年度政府工作报告中有关"数字经济"的主要表述一览表

年份	具体内容	关键词
2017	推动"互联网+"深入发展，促进数字经济加快成长	"成长"
2019	深化大数据、人工智能等研发应用，培育新一代信息技术；壮大数字经济	"壮大"
2020	继续出台支持政策，全面推进"互联网+"，打造数字经济新优势	"互联网+" "新优势"
2021	加快数字化发展，打造数字经济新优势，协同推进数字产业化和产业数字化转型	"加快" "新优势" "数字产业化" "产业数字化"
2022	促进数字经济发展；加强数字中国建设整体布局；完善数字经济治理，培育数据要素市场，释放数据要素潜力	"加强" "治理" "数据要素"
2023	促进数字经济和实体经济深度融合；大力发展数字经济	"大力发展" "深度融合"
2024	深入推进数字经济创新发展；制定支持数字经济高质量发展政策，积极推进数字产业化、产业数字化，促进数字技术和实体经济深度融合	"深入推进" "支持"

资料来源：首经贸资产评估研究院和浙工商中国智能管理研究院整理。

在数字经济快速发展的背景下，数字技术也在不断创新与发展，这也影响着中国企业的数字化创新水平和数字化创新能力。相关数据显示，2023年中国信息领域相关PCT（专利合作条约，Patent cooperation treaty）国际专利申请近3.2万件，占信息领域全球PCT国际专利申请总量的比例达37.3%，排名第一[①]。数字经济核心产业发明专利授权量40.6万件，占中国发明专利授权总量的比重为44.1%；数字经济核心产业发明

---

① 中商情报网. 2023年中国信息领域PCT专利申请量及占比情况数据分析.（2024-09-08）[2024-10-07]. https://baijiahao.baidu.com/s?id=1809578775852724908&wfr=spider&for=pc.

专利有效量为195.3万件，占中国发明专利有效总量的39.1%[①]。为了提升企业数字化创新的积极性和动力，更好地推动企业开展数字化创新，在政府工作报告的指导下，发改委、工信部、信息化部和国务院等部门相继出台了一系列相关支持政策。如表1-2所示，鼓励企业数字化发展的政策体系在不断完善：从政策支持对象来看，逐步从广义上的推动重点产业数字化创新聚焦到专精特新、中小企业以及传统制造业、原材料工业等具体对象的数字化创新；从政策支持方式来看，从把握方向、提供转型引导和资金支持逐步发展到推广试点应用、完善配套服务、优化发展环境等多措并举，旨在助力企业科学高效地开展数字化创新、促进企业高质量发展。

表1-2 鼓励企业数字化创新政策（部分）

时间	发文机关	标题	内容摘要
2020.9	国资委	关于加快推进国有企业数字化转型工作的通知	把握方向，加快推进产业数字化创新；技术赋能，全面推进数字产业化发展；突出重点，打造行业数字化转型示范样板
2021.12	国务院	"十四五"数字经济发展规划	大力推进产业数字化转型。加快企业数字化转型升级、全面深化重点产业数字化转型、推动产业园区和产业集群数字化转型、培育转型支撑服务生态
2022.8	工信部	两部门关于开展财政支持中小企业数字化转型试点工作的通知	聚焦关键领域和环节的中小企业数字化转型的重点方向；打造行业规范高效、有利复制推广中小企业数字化转型的示范样板；增强中小企业的数字化服务能力；提升政府资金引导、优化数字化环境的政策效能
2022.11	工信部	关于印发中小企业数字化转型指南的通知	坚持企业主体，效益优先。因"企"制宜推进数字化转型；坚持应用牵引，供需互促。全流程提供专业化服务，基于应用反馈提升产品服务供给水平；坚持政府引导，协同联动。推动形成促进中小企业数字化转型的工作合力
2023.2	国务院	数字中国建设整体布局规划	构筑自立自强的数字技术创新体系。加强企业主导的产学研深度融合。强化企业科技创新主体地位，发挥科技型骨干企业引领支撑作用
2023.3	发改委	国家发展和改革委员会关于印发投资项目可行性研究报告编写大纲及说明的通知	以数字化交付为目的，实现设计—施工—运维全过程数字化应用方案
2023.5	发改委 工信部 财政部 人民银行	国家发展和改革委员会等部门关于做好2023年降成本重点工作的通知	加大专精特新"小巨人"企业发展支持力度，继续推进中小企业数字化转型试点
2023.6	工信部	关于开展中小企业数字化转型城市试点工作的通知	聚焦中小企业数字化转型中的痛点难点，切实解决中小企业"不愿转、不敢转、不会转"的问题，围绕提质、增效、降本、减存、绿色、安全的目标，提升数字化转型服务供给能力，降低转型成本，确保中小企业数字化转型取得实效

---

① 国家知识产权局. 数字经济核心产业专利统计分析报告（2024）[R/OL]. (2024-07-29) [2024-10-07]. https://www.cnipa.gov.cn/module/download/downfile.jsp?classid=0&showname=数字经济核心产业专利统计分析报告（2024）.pdf&filename=31bfe13d41ee4c60be0aaadc34eb35aa.pdf.

续表

时间	发文机关	标题	内容摘录
2023.12	工信部 发改委等	关于加快传统制造业转型升级的指导意见	立足不同产业特点和差异化需求，加快人工智能、大数据、云计算、5G、物联网等信息技术与制造全过程、全要素深度融合。加快推动中小企业数字化转型，推动智改数转网联在中小企业先行先试
2024.01	工信部 发改委等	原材料工业数字化转型工作方案（2024—2026年）	加强企业数字化基础设施建设，提升数据采集、数据汇聚和数据质量管理等能力。培育一批专注细分领域、数字化水平较高的专精特新"小巨人"企业和单项冠军企业，强化与大型企业的专业化协作，加强数字技术、产品、装备供应链配套支撑

资料来源：首经贸资产评估研究院和浙工商中国智能管理研究院整理。

结合企业实践来看，在政策支持以及日益激烈的行业竞争背景下，不少企业开始探索数字化创新，虽然取得了一定的成效，但多数企业的数字化创新仍停留在初级阶段，存在较高的失败率。可以说，企业的数字化创新正面临着重重挑战，例如数字化创新观念薄弱，转变困难、缺乏清晰的数字化创新路径，数字化要素投入不足，数字技术水平较低等。鉴于此，对于中国企业而言，数字化创新之路道阻且长。

1.1.2 上市公司数字化创新的研究意义

截至2023年底，中国上市公司总数增至5327家（为主板、创业板、科创板、北交所上市公司数量之和），总营业收入达72.69万亿元，占GDP总量比例高达57.66%；上市公司研发投入全年合计共1.60万亿元，占全国企业研发投入（3.30万亿）近一半比例；国有控股上市公司研发投入突出，在排名前100的公司中占据超60%比例；民营上市公司研发投入强度达3.75%，显著高于市场平均水平[1]。鉴于此，上市公司在引领企业创新方面发挥着模范示范作用，正逐步成长为实体经济的"基本盘"、经济发展动能的"转换器"[2]。基于上市公司愈发重要的地位，推动上市公司在信息化、数字化、网络化、智能化领域的健康发展，可以助力上市公司快速响应市场变化和提供更优质的产品与服务，从而获得更高的收益和竞争优势，最终为促进中国数字经济发展注入新引擎、新动力。因此，对上市公司的数字化创新进行深入研究具有一定的意义和价值，主要体现在以下几个方面：

1. 打造数字经济时代新竞争力，助力企业高质量发展

数字化浪潮的到来，从根本上改变了传统生产导向的商业模式，给企业经营带来了巨大的挑战和全新的机遇。有别于传统工业化发展时期的"制造能力"竞争，数字

---

[1] 中国上市公司协会.中国上市公司2023年经营业绩报告.（2024-05-17）[2024-10-07]. https://www.capco.org.cn/sjfb/dytj/202405/20240517/j_20240517164603000171593568384444606.html.
[2] 中国新闻网，中上协. 推动上市公司数字化转型，为经济发展注入新动能.（2022-07-04）[2024-10-07]. https://www.chinanews.com/cj/2022/07-04/9795511.shtml.

经济时代下企业核心竞争力变成了"服务能力+数字化能力+制造能力",数字化创新成为企业高质量发展的必然选择。基于这一背景,通过构建全面、系统的数字化创新评价指标体系,可以科学评价、横向对比上市公司的数字化创新能力,从省份、区域、产权等多维视角帮助上市公司了解自身的数字化创新情况,更加深入地认识现阶段数字化创新存在的优势和不足,更好地完善和提升上市公司的数字化创新水平,打造数字经济时代下新的竞争力,从而促进上市公司高质量发展。

2. 促进数实融合,打造具有国际竞争力的数字产业集群

习近平总书记在党的二十大报告中强调:"加快发展数字经济,促进数字经济和实体经济深度融合,打造具有国际竞争力的数字产业集群。"党的二十届三中全会也指出"健全促进实体经济和数字经济深度融合制度""加快构建促进数字经济发展体制机制"。伴随着数字技术赋能产业创新发展,特别是对传统产业进行改造提升,助力产业链的优化调整与迭代提升已经成为推进产业高质量发展、进而推动中国经济高质量发展的必然趋势。基于此,本报告创新性地将中国上市公司分为传统产业和数字原生产业两大产业类别,分别对传统产业和数字原生产业的上市公司数字化创新进行多角度深入剖析,有助于梳理不同产业类型下上市公司数字化创新的差异性和独特性,找到不同产业与数字技术融合的突破点,以便更好地实现数字技术对传统产业全方位、全链条的改造升级,助力传统产业数字化转型发展;同时,增强数字产业链关键环节竞争力,促进数字经济与实体经济深度融合,最终助力构建具有国际竞争力的数字产业集群。

3. 优化数字化创新生态环境,推进数字中国建设

建设数字中国是数字经济时代推进中国式现代化的重要引擎,是构筑国家竞争新优势的有力支撑。数字中国需要构筑自立自强的数字创新体系,而这一目标的实现依赖于上市公司作为技术创新的主体,发挥科技型骨干公司的创新引领支撑作用。因此,如何为上市公司进行数字化创新提供环境支持,发挥其主体作用成为建设数字中国的重要内容。基于此,通过开发由数字化基础环境、数字化融合环境以及数字化支持环境构成的数字化创新生态环境评价体系,结合各区域、省份上市公司的数字化创新表现,可以对不同区域、省份的数字化创新支持资源和环境进行综合分析,揭示这些差异对上市公司数字化创新带来的影响。更进一步来看,各区域和省份可以结合上市公司数字化创新表现为其提供更为精准有力的支持措施,在助力上市公司数字化创新的同时,加快推动数字中国的建设。

1.2 上市公司数字化创新的理论分析

1.2.1 数字化创新研究的理论基础

数字化创新是一项可以帮助企业获取核心竞争力的系统工程,需要在一定的制度

保障下，结合组织特定属性去组织人员参与、配置企业内外部资源、开展组织学习①。本报告基于数字化创新的本质，对相关理论进行梳理，为构建上市公司数字化创新评价指标体系提供科学、合理的理论基础。

1. 资源依赖理论

资源依赖理论由 Pfeffer 和 Salancik 在 1978 年首次提出。两位学者对资源依赖理论进行了系统论述，指出稀缺的、有价值的、难以被模仿或替代的、可供企业利用的资源使得企业能够为客户提供独特的价值，是企业获取和维持竞争优势的关键②。但是，对于某些重要的战略性资源，组织几乎无法实现自给自足，必须依赖于外部的其他组织予以供应③。作为企业的一项重要战略举措，数字化创新离不开持续的资源投入，这不仅限于内部的异质性资源，更要求企业应注重外部战略性资源的获取和控制。随着全球经济迈入数字经济时代，为了更好地塑造新的竞争优势以应对更为激烈的市场竞争，数字化创新是越来越多企业的必然选择，而获取和整合极为丰富的外部数字化创新资源则成为企业实现数字化创新的关键驱动路径之一。基于此，在构建上市公司数字化创新评价体系时，除了考虑企业内部层面的资源驱动要素外，还应考虑外部宏观层面的资源驱动要素。

2. 技术创新理论

技术创新理论由经济学家 Schumpeter 提出，该学者认为创新是通过将生产要素和生产条件重新组合引入生产体系后，在破坏原有生产结构基础上创造新的结构，最终建立一个新的生产函数④。在这一理论下，企业通过产品创新、流程创新、服务创新、组织创新等一系列量变举措，能够推动实现降低成本、提高效率或增加利润的质变，进而再循环往复，产生新的经济增长点⑤。根据该理论，数字技术有关的生产要素和生产条件是企业开展数字化创新的必要前提，需要在构建数字化创新体系时重点关注。基于此，在构建上市公司数字化创新评价体系时，本报告将重点讨论企业内部数字化要素的投入以及数字经济发展环境等外部生产条件。

3. 社会技术系统理论

社会技术系统理论认为，组织是社会系统、技术系统和外部环境相互作用形成的社会技术系统⑥。其中，社会系统包括人和外部伙伴，技术系统包括将材料转化为产品

---

① 谢卫红，林培望，李忠顺，等.数字化创新：内涵特征、价值创造与展望[J].外国经济与管理，2020，42（09）：19-31.
② PFEFFER, J., SALANCIK, G. R. The external control of organizations: A resource dependence perspective [M]. New York: Harper & Row, 1978.
③ ROUNDY, P. T., BAYER, M. A. To bridge or buffer? A resource dependence theory of nascent entrepreneurial ecosystems [J]. Journal of Entrepreneurship in Emerging Economies, 2019, 11（4）：550-575.
④ SCHUMPETER, J. A., FAIN, G. Capitalisme, Socialisme et Démocratie [M]. Paris: Payot, 1951.
⑤ 王竞达，王永贵，等.2023 中国上市公司创新发展指数报告[M].北京：中国财政经济出版社，2023：28.
⑥ MAKARIUS, E. E., MUKHERJEE, D., FOX, J. D., et al. Rising with the machines: A sociotechnical framework for bringing artificial intelligence into the organization [J]. Journal of Business Research, 2020, 120：262-273.

的工具和技术。社会和技术系统相互配合的程度以及外部环境决定了组织的运行效率。社会技术系统理论有两个主要论点：首先，通过技术因素和社会因素的组合优化，可以实现组织目标，社会制度的设计应与技术制度相一致；其次，三个子系统相互作用并影响组织的实践，在组织设计中，也需要考虑外部环境的要求[1]。基于此，对企业而言，为了实现数字化创新这一目标，既需要发挥"人"的作用，如数字化领导力、在数字化技术研发与应用方面的员工投入等，也需要发挥"技术"的作用，如数字化技术要素、数字化基础要素等。同时，企业还需要考虑外部宏观环境的影响，如数字化基础环境、数字化融合环境和数字化支持环境等数字化创新生态环境。因此，在构建上市公司数字化创新评价体系时，本报告也将围绕这些因素展开具体讨论。

4. 创新扩散理论

创新扩散理论由Rogers提出，该理论系统阐释了创新的产生、扩散以及创新决策、采用和实施结果。创新扩散被定义为在一个社会系统成员之间，一项创新通过特定的渠道在一段时间内传播的过程[2]。创新、沟通渠道、时间和社会系统构成了创新扩散的四大要素。正如早期从区域产业技术扩散的观察中获取知识一样，宏观角度的创新扩散研究主要探讨如何借助政府干预来加快创新在产业生态中的扩散，包括通过采购政策创造新市场，通过监管和其他手段聚集或集中市场，通过合同向较小的公司提供市场准入、风险资本、加强专利保护等[3]。基于此，本报告在设计数字化创新生态环境指标时，涵盖了数字化技术、融合和支持环境三大类二级指标，并进一步将其细化为包括数字化产业、政策、服务等在内的多项支持指标。

5. 可供性理论

生态心理学家Gibson提出"可供性"这一概念[4]，用来描述技术对象所具有的可被人利用以完成不同目标的潜能。可供性也被认为是环境所拥有的独立于人类感知的倾向属性，是指环境潜在功能的客观性不会因未被主体利用而消失[5]。其中，技术可供性具有功能属性和关系属性两方面性质[6]。在这一概念下，数字技术也具有可供性[7]。具体来看，数字技术具备促进创新的潜能，以创新为目标的企业通过利用数字技术可以开

---

[1] SOLIMAN, M., SAURIN, T. A., ANZANELLO, M. J. The impacts of lean production on the complexity of socio-technical systems'[J]. International Journal of Production Economics, 2018, 197: 342-357.

[2] ROGERS, E. M. Diffusion of innovations [M]. New York: The Free Press of Glencoe, 1962.

[3] UTTERBACK, J. M. Innovation in industry and the diffusion of technology [J]. Science, 1974, 183 (4125): 620-626.

[4] GIBSON, J. J. The theory of affordances. In R. Shaw & J. Bransford (Eds.), Perceiving, Acting, and Knowing: Toward an Ecological Psychology [M]. Hillsdale, NJ: Lawrence Erlbaum, 1977.

[5] TURVEY, M. T. Affordances and prospective control: An outline of the ontology [J]. Ecological Psychology, 1992, 4 (3): 173-187.

[6] HUTCHBY, I. Technologies, texts and affordances [J]. Sociology, 2001, 35 (2): 441-456.

[7] NAMBISAN, S., LYYTINEN, K., MAJCHRZAK, A., et al. Digital innovation management [J]. MIS Quarterly, 2017, 41 (1): 223-238.

发其潜能，实现数字化创新。企业在创新过程中对数字技术的利用体现了数字技术可供性的关系属性，而"实现数字化创新"则体现了数字技术可供性的功能属性[①]。基于此，在构建上市公司数字化创新评价指标体系时，可以从功能属性和关系属性出发，既要考虑数字技术的投入和应用，还要关注数字技术应用的成果（如数字经济发明专利、数字产品和服务创新等）和据此为企业带来的绩效（如数字化创新带来的转化绩效、盈利绩效、效率绩效和影响绩效等）。

1.2.2 数字化创新研究的理论框架

本报告在Hitt等提出的"投入—产出"模型的基础上[②]，结合资源依赖理论、技术创新理论、社会技术系统理论、创新扩散理论以及可供性理论等理论对数字化创新的新阐释，基于"战略导向—创新投入—创新产出—创新效益"的逻辑探究上市公司数字化创新的全过程，并构建了具有中国本土特色的上市公司数字化创新理论架构，具体如图1-1所示。

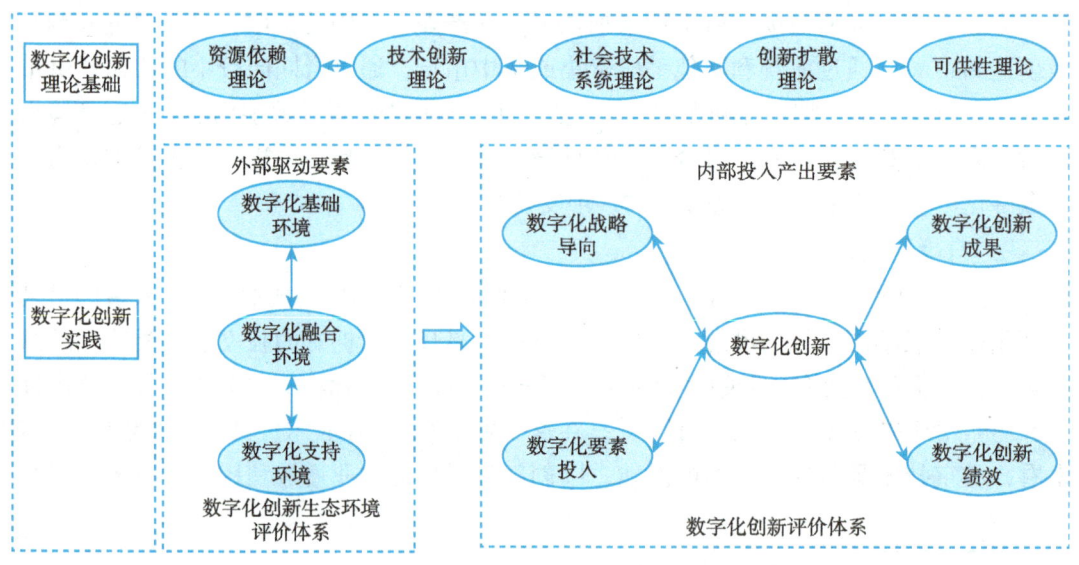

图1-1 企业数字化创新评价整体框架

资料来源：首经贸资产评估研究院和浙工商中国智能管理研究院整理。

根据资源依赖理论、技术创新理论和社会技术系统理论，由于数字化创新需要整

[①] 洪江涛，张思悦.可供性理论视角下制造业数字创新的驱动机制[J].科学学研究，2024，42（02）：405-414+426.

[②] HITT, M. A., IRELAND R. D., SIRMON, D. G., et al. Strategic entrepreneurship: Creating value for individuals, organizations, and society [J]. Academy of Management Perspectives, 2011, 25（2）：57-75.

合内外部数字化资源①，因此在探究上市公司的数字化创新时既需要考虑公司内部的影响因素，也需要对公司所处的外部宏观环境因素进行分析。在考虑外部宏观环境时，结合创新扩散理论，本报告聚焦于数字化生态环境，从数字化基础环境、数字化融合环境和数字化支持环境具体分析了上市公司数字化创新的外部环境。针对公司内部影响数字化创新的因素，本报告则结合可供性理论和"投入—产出"模型，从上市公司的数字化战略导向、数字化要素投入、数字化创新成果和数字化创新绩效四维角度展开，分析中国上市公司数字化创新情况。关于上市公司数字化创新的内外部驱动因素，本报告将在下一小节中具体展开论述。

1.2.3 数字化创新的外部驱动要素

如前所述，外部驱动要素是企业数字化创新的重要驱动力，它们提供了支持和促进数字化创新的关键条件和资源，如基础设施、数据共享、政策法规、智力人才、政府服务等②。这些外部驱动要素不仅影响企业的数字化创新能力，而且也影响数字化创新的速度和效果。接下来，本报告将从数字化基础环境、数字化融合环境以及数字化支持环境三个方面进行介绍，具体如图1-2所示。

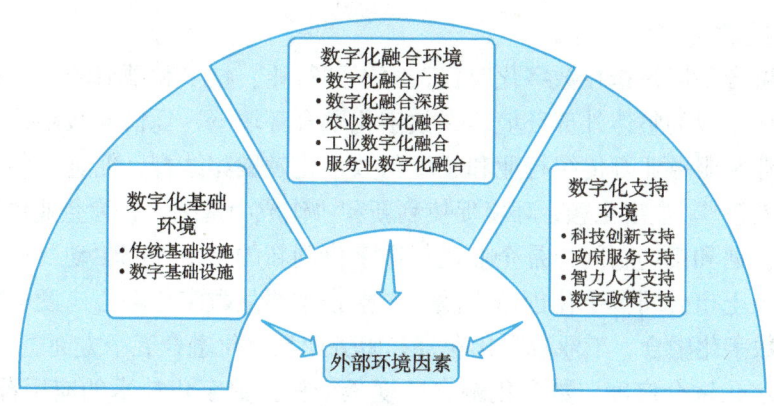

图1-2 企业数字化创新的外部驱动要素

资料来源：首经贸资产评估研究院和浙工商中国智能管理研究院整理。

1. 数字化基础环境

数字化基础环境指的是使数字化技术可以运行、交流和应用的各种硬件、软件、网络、服务等设施的集合。数字化基础环境是整个数字化创新的基石，是数字经济高

---

① YOO, Y., BOLAND JR, R. J., LYYTINEN, K., et al. Organizing for innovation in the digitized world [J]. Organization Science, 2012, 23（5）: 1398-1408.
② 田泽, 夏月, 管歆格. 多维驱动因素联动效应对企业数字化创新的影响——来自SEM与fsQCA的实证分析 [J/OL]. 科技进步与对策, 2024, 41（06）: 97-107.

质量发展的先决条件，它的健全和完善对于推动企业数字化创新，实现数字化转型至关重要。良好的数字化基础环境能够提供数字化基本工具和稳定的数字化运行环境，企业只有充分依托这些基础技术和资源才能实现数字化创新和持续发展。本报告从传统基础设施和数字基础设施两个方面对数字化基础环境进行了测算。

（1）传统基础设施。传统基础设施是指已经建立和运营的基础设施，通常是为了满足社会、经济和技术需求而建立的物理结构或系统，主要包括通信、数据传输和数字连接等部分。传统基础设施的发展和覆盖范围对于现代社会的信息流动、经济发展和创新至关重要，它在推动数字化创新方面发挥着关键作用[1]。结合我国上市公司数字化创新实践来看，传统基础设施主要包含光缆光纤、微波、卫星、移动通信、IPv6、IPv4、5G、6G等。

（2）数字基础设施。数字基础设施是指支撑数字化经济和社会运作的基础性信息技术和通信网络设施。它包含了硬件、软件、网络设备以及与之相关的资源，使得数字信息的传输、存储、处理和访问成为可能[2]。数字基础设施为企业在进行数字化创新时所需要的在线业务、数据传输、互联网连接等业务提供了必要的基础设施支持。具体来看，数字基础设施主要体现在工业互联网、物联网、云计算中心、数据存储阵列等数字基础设施的发展程度。

2. 数字化融合环境

数字化融合环境是指在数字化时代，由不同行业、技术和领域的数字化发展相互交叉和融合所形成的整体外部环境。在数字化融合环境下，凭借着数字技术基础，它将农业、工业和服务业等传统行业和领域与数字化发展相结合，促进了各个行业间的融合和协同创新[3]。数字化融合环境促使创新和协作成为常态，它为企业创造了更多的数字化发展机遇和市场空间，是企业进行数字化创新的重要外部驱动要素。基于相关学术研究以及上市公司数字化创新实践，本报告主要从数字化融合广度、数字化融合深度、农业数字化融合、工业数字化融合和服务业数字化融合五个方面进行测算。

（1）数字化融合广度。数字化融合广度是指根据数字化技术的应用范围和特点，将不同领域的产业划分为几个主要类别。目前，从技术发展的眼光来看，典型的数字化技术主要包含大数据、人工智能、物联网、区块链等[4]。不同的数字化产业种类，提供了不同的技术和商业机会。企业可以利用数字化融合环境中的不同数字化产业种类来寻找合作伙伴、探索新业务模式和推动创新。基于此，本报告认为，数字化融合广

---

[1] 庞瑞芝，王宏鸣.数字经济与城市绿色发展：赋能还是负能？［J］.科学学研究，2024，42（07）：1397−1408.
[2] LYYTINEN, K., YOO, Y., BOLAND, J. R. Digital product innovation within four classes of innovation networks［J］. Information Systems Journal，2016，26（1）：47−75.
[3] 姜奇平，刘宇洋，许滨鸿.产业数字化转型与居民消费结构升级——效应、路径与机理［J］.产业经济评论，2023（04）：67−89.
[4] URBINATI, A., CHIARONI, D., CHIESA, V., et al. The role of digital technologies in open innovation processes：An exploratory multiple case study analysis［J］. R&D Management，2020，50（1）：136−160.

度主要包括大数据企业数、物联网企业数、人工智能企业数、区块链企业数等方面。

（2）数字化融合深度。数字化融合深度代表了一个行业或产业中的所有公司、机构和参与者的总体规模和影响力。一个地区的数字化融合深度越大，代表着该区域内整体数字化进程也越好。数字化融合深度的扩大为企业提供了更多的市场机会，推动了数字化创新。企业可以通过洞察数字化产业规模，识别机会和解决方案，以满足市场需求。本报告认为，数字化融合深度主要包括数字产品制造业、数字产品服务业、数字技术应用业、数字要素驱动业等数字经济核心产业的规模。

（3）农业数字化融合。农业数字化融合是将数字技术与农业生产、管理和市场等方面紧密结合，强调的是数字化技术在农业领域的应用。农业数字化融合程度越高，意味着农村地区的数字化推广效果越好[①]。本报告旨在用三个指标对农业数字化融合进行测算：一是农村宽带接入用户，衡量农村地区的互联网普及程度；二是乡村振兴指数，用于评估农村地区的发展程度和经济繁荣度；三是农村居民平均每百户年末移动电话拥有量，反映农村居民使用移动通信设备的普及程度，提供了农村居民与外界联系、获取信息和参与数字化经济的渠道。

（4）工业数字化融合。工业数字化融合是指将数字技术与工业的生产、供应链和管理等方面相融合，广泛应用自动化、大数据、物联网等技术，推动数字化创新，实现智能制造和个性化生产[②]。工业数字化融合程度越高，意味着工业的数字化进程越深化和成熟。本报告主要通过三个指标对工业数字化融合进行测算，具体包括规模以上工业企业每百家企业拥有网站数、规模以上工业企业每百人使用计算机台数以及规模以上工业企业电子商务销售额。

（5）服务业数字化融合。服务业数字化融合是指将数字技术与服务业的各个领域和环节相融合，实现服务业数字化转型和创新的过程。服务业数字化融合程度越高，意味着服务业的数字化环境越好，企业可以依靠此良好环境加快创新服务模式，提升服务效率和改善消费者体验[③]。服务业数字化融合包括第三产业增加值、互联网相关服务业投入/业务收入以及数字普惠金融指数三个具体测算指标。

3. 数字化支持环境

数字化支持环境是企业数字化创新不可或缺的环境支撑，它在科技、服务、人才、政策等方面为企业数字化创新提供强有力的保障，促使企业的数字化创新取得成功。基于数字化创新相关研究以及上市公司数字化创新实践，本报告主要从科技创新支持、政府服务支持、智力人才支持和数字政策支持四个方面进行测算。

---

① 谢康，易法敏，古飞婷.大数据驱动的农业数字化转型与创新[J].农业经济问题，2022（05）：37-48.
② 王梓琪，周国富，徐莹莹.数字经济产业融合程度、路径和模式的统计测度研究[J/OL].统计与信息论坛，1-15[2024-10-08].http://kns.cnki.net/kcms/detail/61.1421.C.20240905.1528.004.html.
③ 郭克莎，杨佩龙.中国产业数字化改造的机制和政策[J].经济学动态，2023（03）：21-35.

（1）科技创新支持。科技创新支持是企业进行数字化创新的重要驱动因素[①]。数字化支持环境意味着持续的科技创新，这些支持不仅能够解决企业创新面临的技术瓶颈问题，还能够为企业提供更多的创新机会，满足企业数字化创新的需求。科技创新支持主要包括技术市场成交额、国内发明专利申请授权量、规模以上工业企业新产品项目数等基本要素。

（2）政府服务支持。政府在企业数字化创新中扮演着重要角色，它可以通过提供各项服务来促进企业的数字化发展。政府通过官方网站、政务微博等渠道向企业提供重要资源和信息，不仅有助于减轻企业数字化创新活动的行政负担和成本，还利于企业做出明智的决策和战略规划。政府服务支持主要包括电子政务水平、政务微博竞争力、我国分省（市、区）.gov.cn域名分布等基本要素。

（3）智力人才支持。数字化创新需要具备相关技术和创新能力的人才。人才是第一资源，企业创新离不开智力人才支持。许多创新涉及技术和专业知识，尤其是一些关键领域数字化技术的创新突破，更加需要各类创新型人才和复合型人才[②]。因此，智力人才支持是决定区域内企业是否能够数字化创新的核心驱动要素。智力人才支持主要包括软件研发人员就业人数、普通高等学校专任教师数、每十万人口高等学校平均在校生数等基本要素。

（4）数字政策支持。数字化支持环境需要有相关的政策规划和治理措施，以保障企业数字化创新的顺利进行。数字政策支持可以创造一个良好的政策环境，降低政策风险和不确定性，从而为企业数字化创新提供明确规范和发展方向。数字政策支持主要包括政府工作报告数字经济热度、数字经济政策搜索指数、省级地方政府数字经济政策关注度等基本要素。

1.2.4　数字化创新的内部投入产出要素

数字化创新能力是企业数字化创新水平的重要体现。企业数字化创新能力是指企业运用云计算、大数据、人工智能、区块链等新兴的数字技术和工具，快速探索、识别和应用创新解决方案的能力[③]。这种能力是一种融合数字技术的综合创新能力[④]，旨在改变和提升企业业务模式、产品和服务、运营流程以及客户体验等多个过程[⑤]。数字化

---

① CHAE, B. A General framework for studying the evolution of the digital innovation ecosystem: The case of big data[J]. International Journal of Information Management, 2019, 45: 83–94.

② 王维, 张萌萌, 郭韬. 商业模式创新对新创企业组织韧性的影响机制研究[J]. 科技进步与对策, 2024, 41（09）: 108–118.

③ VEGA, A., CHIASSON, M. A comprehensive framework to research digital innovation: The joint use of the systems of innovation and critical realism[J]. Journal of Strategic Information Systems, 2019, 28（3）: 242–256.

④ 李小青, 何玮萱, 李子彪, 等. 制造企业数字化创新能力影响因素识别及评价[J]. 科技管理研究, 2022, 42（16）: 1–10.

⑤ YOO, Y., HENFRIDSSON, O., LYYTINEN, K. Research commentary-The new organizing logic of digital innovation: An agenda for information systems research[J]. Information Systems Research, 2010, 21（4）: 724–735.

创新水平评价是衡量企业在数字化时代中的竞争力和未来发展潜力，因此科学合理地对其进行评价，可以有助于企业更好地了解自身的数字化创新状况，识别改进机会，优化资源利用，满足顾客需求，应对市场变化，进而塑造市场竞争优势以及最终获得可持续发展。

目前，理论界和实务界对于企业数字化创新的内涵具有不同见解。一些学者秉持狭义的观点，认为数字化创新主要体现在是否能够利用数字技术和设备来提升企业业务运营流程和实现顾客价值。例如，有学者认为数字化创新主要体现在企业是否能够使用数字技术开发出新的产品、服务和流程等方面[1]；也有学者认为数字化创新主要包括销售支持、产品和服务、分析支持和整合能力[2]。在此基础上，有部分学者提出数字化创新不仅仅是数字技术硬实力，还应包含和组织配套的软实力。例如，有学者认为数字化创新包括产品创新、服务创新、流程创新、商业模式创新等方面[3]；亦有学者认为数字化创新涵盖企业组织、文化变革、战略规划、数字技术应用以及生态圈等方面[4]。

对于如何评价企业的数字化创新，理论界和实务界也存在多种方法。考虑到数字化创新往往涉及多个方面的资源和成果，采用投入和产出理论视角可以帮助企业综合考量数字化创新的全过程。投入和产出理论是一种同时研究"投入"和"产出"的经济定量分析方法。具体来看，"投入"主要指在社会生产活动中所运用的各种生产要素，"产出"则代表一种社会效果，用于评价生产活动的经济后果。投入和产出理论考虑了产业之间的投入和产出关系，能够对整个经济体进行全面且系统性的分析，在评价相关指标时会使整个评估结果更加准确、客观。正如前文所述，上市公司的数字化创新过程是把资源转化为创新产出的典型投入—产出过程，所以现有研究也大多基于此视角对企业的数字化创新水平或能力进行评价。例如，有学者基于投入和产出视角，从创新专利产出、人才储备、资金获取、资源整合和经济基础五个维度评价企业数字化水平和能力[5]；也有学者发现企业数字化创新能力应当包含数字化创新产生能力（环境感知能力、机会识别能力、设想产生能力）、数字化创新转化能力（基础设施架构能力、创新保障能力、数据资源运营能力）和数字化创新实施能力（生产能力、营销能力、服务能力）三个方面[6]。

---

[1] KEVIN, Z. Z., FANG, W. Technological capability, strategic flexibility, and product innovation [J]. Strategic Management Journal, 2010, 31（5）: 547-561.
[2] 程宣梅，朱述全，谢洪明. 数字化、服务化战略与商业模式创新[J]. 科技与经济，2021, 34（01）: 36-40.
[3] FICHMAN, R. G., DOS SANTOS, B. L., ZHENG, Z. E. Digital innovation as a fundamental and powerful concept in the information systems curriculum [J]. MIS Quarterly, 2014, 38（2）: 329-353.
[4] 王瑞，董明，侯文皓. 制造型企业数字化成熟度评价模型及方法研究[J]. 科技管理研究，2019, 39（19）: 57-64.
[5] 李小青，何玮萱，李子彪，等. 制造企业数字化创新能力影响因素识别及评价[J]. 科技管理研究，2022, 42（16）: 1-10.
[6] 陈峣，李天柱. 制造企业数字化创新能力的结构维度划分[J]. 科学与管理，2023, 43（04）: 28-36.

如前所述，企业数字化创新是一个循序渐进的系统，在评价企业的数字化创新时，就必须着眼于全过程考量。因此，本报告以国内外理论界和实务界对企业数字化创新的理论阐释和分析为基础，结合企业数字化创新的实践特征，基于投入和产出视角，拟从"战略导向—创新投入—创新产出—创新效益"出发，从四个方面对企业的数字化创新进行评价，具体如图1-3所示。

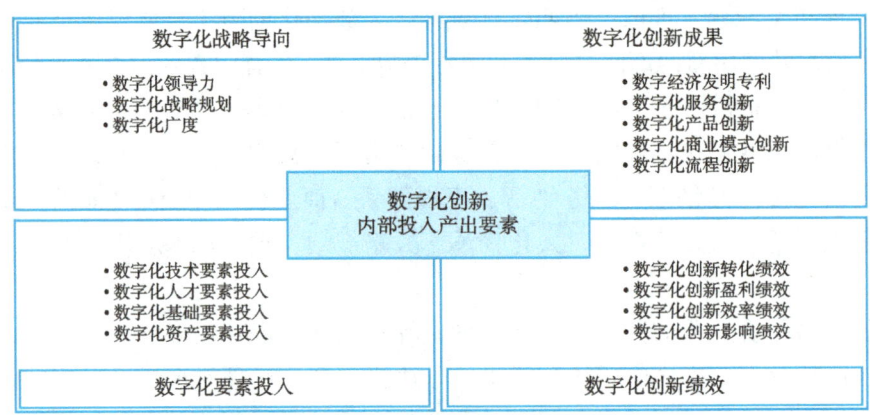

图1-3 企业数字化创新的内部投入产出要素

资料来源：首经贸资产评估研究院和浙工商中国智能管理研究院整理。

1. 数字化战略导向

数字化战略导向是指企业明确定义和规划数字化转型的战略方向和目标，以确保数字化创新与企业的长期业务战略相一致[①]。作为一种导向性原则，数字化战略导向通过指导企业的运营活动来增强企业对外部市场的适应性，同时对企业的生产计划、行为特征和活动范围产生潜在影响。基于此，本报告认为企业数字化战略导向主要包括三个方面：一是数字化领导力，即驱动上市公司数字化创新的组织、管理与领导力量；二是数字化战略规划，即如何实现数字化创新的战略决策和详细规划；三是数字化广度，即企业数字化创新的领域和多样化程度，揭示了企业在各个业务领域和部门中推动数字化创新的程度和范围。

2. 数字化要素投入

数字化要素投入是指企业为实现数字化创新所进行的资源投入，它包含技术、人力、知识、资金、数字设施等生产要素的投入。通过这些数字化要素投入，企业可以建立良好的数字化基础和能力，支持数字化创新，并为未来的发展奠定坚实基础[②]。基

[①] 胡媛媛，陈守明，仇方君.企业数字化战略导向、市场竞争力与组织韧性[J].中国软科学，2021（S1）：214-225.

[②] 康瑾，陈凯华.数字创新发展经济体系：框架、演化与增值效应[J].科研管理，2021，42（04）：1-10.

于此，本报告认为企业的数字化要素投入主要包含以下四个方面：一是数字化技术要素投入，即企业利用人工智能、移动通讯、云计算、区块链、物联网、大数据等数字化技术的程度；二是数字化人才要素投入，即企业在数字化技术研发与应用方面的人才要素投入；三是数字化基础要素投入，即企业在数字基础设施建设和数字平台建设方面所投入的资源要素；四是数字化资产要素投入，即企业通过数字并购等方式获取的数字化资产和数字化能力。

3. 数字化创新成果

数字化创新成果是指企业在数字化创新过程中所产生的新的成果或结果。这些成果涵盖了多个领域，如新产品、新技术、新服务、新流程、新模式等[①]。创新成果通常体现的是企业应用各种数字技术、工具和方法，以对现有问题和挑战提出创造性的解决方案，并带来积极的影响和改变。目前，不同的研究对于具体指标的选取仍存在一定差异，但新产品数量、数字经济发明专利数量等是学界中较为常见的衡量指标[②]。其中，数字经济发明专利能够直接、客观地衡量企业的数字化创新水平[③]。本报告认为，企业的数字化创新成果不仅仅只体现在新产品或技术上，还应包含企业在服务、流程、商业模式等多个维度上的创新努力。基于此，可以从以下五个方面更为详细地测度企业的数字化创新成果，它们分别是：数字经济发明专利，也即与数字经济相关的专利申请数量；数字化服务创新，强调企业利用数字化工具改善服务、提升服务水平；数字化产品创新，也即企业利用数字化工具改善产品；数字化商业模式创新，也即企业利用数字化工具改变其价值创造的逻辑；数字化流程创新，即企业利用数字化工具优化流程，以此提升生产运营及管理效率。

4. 数字化创新绩效

企业进行数字化创新活动的最终目的是实现创新绩效的全面提升，只有将创新成果转化为创新绩效，公司才能获得持续的竞争优势和业务增长[④]。本报告认为企业数字化创新绩效可以从四方面测度：一是数字化创新转化绩效，即企业数字化创新带来的资产转化效益，可以利用数字化创新形成的数字技术无形资产占比加以衡量[⑤]。二是数字化创新盈利绩效，可以通过人均创利和研发利润率进行测度。人均创利即企业净利润与员工人数比值，研发利润率即企业净利润与企业研发投入的比值，用于评估数字化创新活动对企业人均创利和研发利润的影响。三是数字化创新效率绩效，具体通过

[①] SATISH, N., KALLE, L., ANN, M., et al. Digital innovation management: Reinventing innovation management research in a digital world [J]. MIS Quarterly, 2017, 41（1）: 223-238.

[②] 黄勃, 李海彤, 刘俊岐, 等. 数字技术创新与中国企业高质量发展——来自企业数字专利的证据 [J]. 经济研究, 2023, 58（03）: 97-115.

[③] 吴育辉, 张腾, 秦利宾, 等. 高管信息技术背景与企业数字化转型 [J]. 经济管理, 2022, 44（12）: 138-157.

[④] 赵宸宇. 数字化发展与服务化转型——来自制造业上市公司的经验证据 [J]. 南开管理评论, 2021, 24（02）: 149-163.

[⑤] 张永珅, 李小波, 邢铭强. 企业数字化转型与审计定价 [J]. 审计研究, 2021（03）: 62-71.

流动资产周转率增长率加以体现，即本年流动资产周转率减去上年流动资产周转率后与上年流动资产周转率的比值，衡量了企业流动资产的运作效率和利用效率。四是数字化创新影响绩效，即企业数字化创新带来的社会影响力和认可度，用企业市值和市值增长率等指标进行测度。

1.3 上市公司数字化创新评价报告的整体架构与特色

1.3.1 上市公司数字化创新评价报告的整体架构

本报告通过构建上市公司数字化创新指数，探究科学、严谨、有效评价上市公司数字化创新的理论框架。具体而言，本报告基于微观企业层面数字化创新和宏观环境层面数字化创新生态环境的评价维度，分别采用层次分析法和熵权法计算上市公司数字化创新的指标权重。其中，企业层面数字化创新包含数字化战略导向、数字化要素投入、数字化创新成果和数字化创新绩效等指标；宏观环境层面数字化创新生态环境包含数字化基础环境、数字化融合环境和数字化支持环境等指标，以此对上市公司数字化创新进行全面分析。具体分析时，本报告基于相关理论，从区域、省份以及产权三个维度展开，细致剖析了传统产业和数字原生产业的数字化创新水平。

本报告分为五个部分，共计11章。其中，第一部分为理论篇（第1—2章），主要对上市公司数字化创新的背景、理论以及数字化创新评价的框架和方法进行概述。具体来看，第1章是数字化创新的背景与理论分析，第2章是数字化创新评价总体框架和评价方法。第二部分为总体状况与环境评价篇（第3—4章），旨在从整体层面对上市公司的数字化创新和数字化创新生态环境进行评价。具体来看，第3章是上市公司总体状况、传统产业数字化创新整体评价和数字原生产业数字化创新整体评价，第4章是数字化创新生态环境评价，分区域、分省份对数字化创新生态环境以及数字化基础环境、数字化融合环境、数字化支持环境进行了全面的评价。第三部分为传统产业评价篇（第5—7章），是对传统产业上市公司的数字化创新进行评价。具体来看，第5章是从区域维度对传统产业上市公司数字化创新进行评价，第6章是从省份维度对传统产业上市公司数字化创新进行评价，第7章是从产权维度对传统产业数字化创新进行评价；第四部分是数字原生产业评价篇（第8—10章），对数字原生产业上市公司的数字化创新进行评价。具体而言，第8章是数字原生产业上市公司数字化创新区域评价，第9章是数字原生产业上市公司数字化创新省份评价，第10章是数字原生产业上市公司数字化创新产权评价。第五部分为结论篇，也即第11章结论与建议，旨在对评价报告结论进行总结并提出上市公司数字化创新对策建议与政策启示。报告的整体架构如图1-4所示。

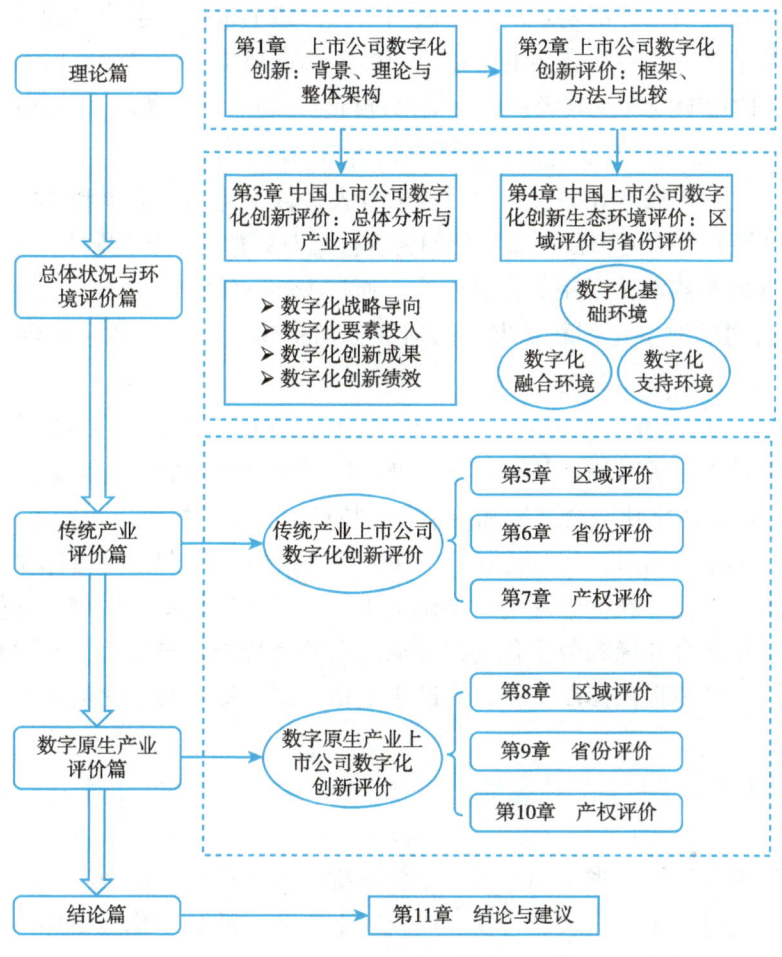

图 1-4　上市公司数字化创新评价的整体架构

资料来源：首经贸资产评估研究院和浙工商中国智能管理研究院整理。

1.3.2　上市公司数字化创新评价报告的主要特色

概括而言，本报告的特色主要表现在以下五个方面：

1. 基于传统产业和数字原生产业的视角全面分析上市公司数字化创新表现

本报告在探索上市公司数字化创新表现时，创新性地将上市公司归类为传统产业和数字原生产业两个类别，以此对上市公司的数字化创新进行更为全面的考察，突出在不同产业类别下上市公司数字化创新存在的差异，从而为处于不同产业类型的企业进行数字化创新提供启示。

2. 基于"内外融汇"视角搭建上市公司数字化创新评价体系

本报告不仅从上市公司本体构建数字化创新评价体系，多维度透视上市公司数字化创新表现，并且纳入外部宏观环境层面因素，构建了包括数字化基础环境、数字化融合环境和数字化支持环境在内的上市公司数字化创新生态环境评价体系，对上市公司数字化创新的影响因素及其经济运行结果进行全方位、全链条的充分阐释。

3. 创建"四位一体"的上市公司数字化创新评价体系

本报告从数字化战略导向、数字化要素投入、数字化创新成果和数字化创新绩效四个关键维度展开，对上市公司数字化创新进行相对完整的分析与阐释。具体分析时，借助大数据分析等技术，运用层次分析法，通过4个一级指标、16个二级指标全面综合评价上市公司的数字化创新情况，为研究如何量化上市公司数字化创新提供理论参考。

4. 基于"三维互补"视角全面构造上市公司数字化创新生态环境评价体系

本报告立足于宏观环境，从整体到局部，层层推进，对数字化创新生态环境以及数字化基础环境、数字化融合环境和数字化支持环境三个关键维度进行了全面的评价。具体分析时，本报告通过3个一级指标、11个二级指标、35个三级指标在综合评价各区域和省份的数字化创新生态环境的基础上进一步深入评价不同区域、省份数字化基础环境、数字化融合环境和数字化支持环境之间的优势与差异，为各区域和省份优化数字化创新生态环境提供诊断依据，有助于上市公司为提升数字化创新能力提出针对性对策建议。

5. 立足于"三维视角"全面揭示不同区域、省份和产权上市公司的数字化创新特征

本报告不仅从区域、省份和产权三个关键维度对上市公司的数字化创新整体特征进行了评价，更进一步分区域、省份、产权对上市公司的数字化战略导向、数字化要素投入、数字化创新成果和数字化创新绩效进行了分类评价，有助于进一步挖掘上市公司数字化创新的优势与差异，为上市公司提升数字化创新能力以及优化数字化创新管理提供诊断和决策依据。

第2章
中国上市公司数字化创新评价：框架、方法与比较

党的二十大报告明确提出"加快发展数字经济，促进数字经济与实体经济深度融合。"党的二十届三中全会也指出"健全促进实体经济和数字经济深度融合制度""加快构建促进数字经济发展体制机制"。以大数据、人工智能、云计算和区块链为代表的数字技术的快速发展与更新迭代，以及加快数字经济与实体经济的融合，已成为推动我国现代化经济体系建设的重要引擎。上市公司作为经济运行的微观基础，数字化创新已成为其顺应数字经济时代发展的必然选择。无论是大企业和中小企业，抑或是传统产业和数字原生产业，都试图将数字化创新作为其价值创造和赋能的基石，以在激烈的市场竞争中赢取先发优势。数字化创新实践的一个重要特点是其所处系统的复杂性，这意味着在分析上市公司的数字化创新过程时，需要采用系统论观点，即上市公司的数字化创新和其所处创新生态环境相融相生。一方面，数字化创新生态环境有利于数字基础设施的完善，能够为上市公司提供信息、数据等高端生产要素，从而实现从一般创新向数字化创新的转变；另一方面，数字化创新生态环境有利于数字技术的聚集和发展，以数字技术为基础的"云平台"等有利于创新产业集群的形成。因此，本报告选择从上市公司数字化创新和数字化创新生态环境两个角度展开评价。

2.1 中国上市公司数字化创新评价总体框架

本报告尝试构建中国上市公司数字化创新指数和数字化创新生态环境指数，并采用科学规范的方法对中国上市公司数字化创新指数和数字化创新生态环境指数进行评价。

2.1.1 中国上市公司数字化创新指数总体设计思路

中国上市公司数字化创新是外部环境要素和内部"投入—产出"要素共同作用的结果。具体而言，数字化基础环境、数字化融合环境和数字化支持环境共同构成了上市公司数字化创新的重要外部环境要素。这些外部环境要素首先影响上市公司的数字

化战略导向，然后上市公司基于数字化战略导向开始增加在数字化创新方面的要素投入，进而得到相应的数字化创新成果，最终实现公司的数字化创新绩效的提高。鉴于此，本报告在构建中国上市公司数字化创新评价体系的基础上，综合考虑了数字化基础环境、数字化融合环境和数字化支持环境三个外部环境要素对上市公司数字化创新的影响。综上，本报告绘制了中国上市公司数字化创新评价的总体设计思路图，如图2-1所示。

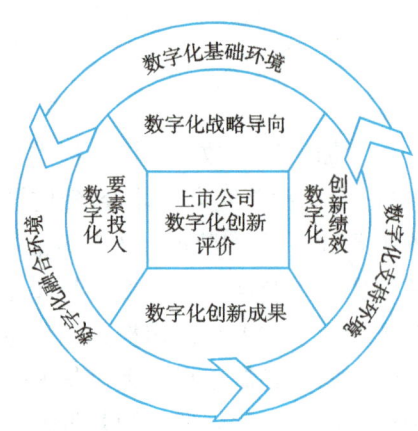

图2-1　中国上市公司数字化创新评价总体设计思路图

资料来源：首经贸资产评估研究院和浙工商中国智能管理研究院整理。

2.1.2　中国上市公司数字化创新评价体系设计

中国上市公司数字化创新评价体系共分4个一级指标、16个二级指标，具体如表2-1所示。

1. 数字化战略导向

数字化战略导向是指企业采取数字化战略的倾向，在某种程度上反映了企业在战略、业务、组织架构与企业文化等方面进行全方位数字化重构与创新的开放态度[1]。数字化战略导向反映了企业的数字化领导力、数字化战略规划和数字化广度状况。首先，具有数字化领导力的上市公司可以感知研判到数字技术、新模式与新业态的发展趋势与应用；其次，上市公司制定数字化战略规划，将数字战略与业务战略高阶耦合；最后，企业在技术应用、组织架构、业务流程和商业模式等各部门和各领域全面扩大数字化广度。

---

[1] QUINTON, S., CANHOTO, A., MOLINILLO, S., et al. Conceptualising a digital orientation: Antecedents of supporting SME performance in the digital economy [J]. Journal of Strategic Marketing, 2018, 26 (5): 427–439.

2. 数字化要素投入

数字经济发展正在重塑创新要素的配置和集聚机制[①]。数字化技术要素的推广应用使得企业供应链长度缩短、供应链效率提升，从而为企业创新活动提供新的动力和资源。高素质和高技能劳动力可以利用他们在处理、解释和评估数字知识方面相关的经验，能够更好地识别数字化创新机会。数字化基础设施条件的改善能够显著降低生产要素输入与完工产品输出的运输成本，这有利于推动区域创新活动的发展。数字化资产对数字化创新也发挥着源头供给的作用，有助于企业瞄准关键数字技术瓶颈集中突破，全面提升数字化创新水平。

3. 数字化创新成果

数字化创新是由云计算、大数据、人工智能等数字技术驱动带来的产品、服务、商业模式、管理流程的创新[②]。数字技术的前瞻性和复杂性使得企业成功申请的数字经济发明专利十分稀缺，因此，大多数企业选择在服务、产品、商业模式以及流程方面融入采用信息、计算、沟通和连接等数字化手段以形成数字化创新成果。

4. 数字化创新绩效

在数字经济时代，数字化创新带来的绩效增长对于企业的生存和发展具有重要意义。上市公司在经过前三个数字化创新环节之后，会取得相应的数字化创新绩效。结合已有研究来看，学术界围绕数字化创新绩效测量指标的选择展开了丰富的研究，目前已从单一指标发展到多指标。基于此，在衡量数字化创新绩效时，应该同时考虑创新转化绩效、创新盈利绩效、创新效率绩效和创新影响绩效。

表 2-1 中国上市公司数字化创新评价体系一览表

一级指标	二级指标
数字化战略导向	数字化领导力
	数字化战略规划
	数字化广度
数字化要素投入	数字化技术要素投入
	数字化人才要素投入
	数字化基础要素投入
	数字化资产要素投入

[①] 白冰，彭雪清.数字经济、创新要素配置与新质生产力［J/OL］.统计与决策，2024，（18）：109-113［2024-10-08］.https：//doi.org/10.13546/j.cnki.tjyjc.2024.18.019.

[②] VEGA, A., CHIASSON, M. A comprehensive framework to research digital innovation：The joint use of the systems of innovation and critical realism［J］. The Journal of Strategic Information Systems, 2019, 28（3）：242-256.

续表

一级指标	二级指标
数字化创新成果	数字经济发明专利
	数字化服务创新
	数字化产品创新
	数字化商业模式创新
	数字化流程创新
数字化创新绩效	数字化创新转化绩效
	数字化创新盈利绩效
	数字化创新效率绩效
	数字化创新影响绩效

资料来源：首经贸资产评估研究院和浙工商中国智能管理研究院整理。

2.1.3 中国上市公司数字化创新生态环境评价体系设计

数字化创新生态环境评价体系共分3个一级指标、11个二级指标和35个三级指标（表中略），具体如表2-2所示。

1. 数字化基础环境

信息化发展奠定了数字经济发展的传统基础设施。数字经济的本质在于信息化，即以信息与通信技术为基础，实现交易、交流、合作的数字化，并借此推动经济社会的发展与进步[1]。目前传统通信基础设施的指标主要包含光缆光纤、微波、卫星、移动通信、IPv6、IPv4、5G、6G等。互联网、5G、大数据、人工智能、工业互联网等是数字经济发展的数字基础设施。通过数字基础设施建设，能够实现交易、交流、合作的数字化，从而推动数字经济发展。数字基础设施大大增加了人们日常接触的信息量，提高了数据的计算、存储传递、加速、展示等功能，一定程度上改变了人们的生活方式，其主要体现在工业互联网、物联网、云计算中心、数据存储列阵等设施的发展程度。

2. 数字化融合环境

数字技术向经济社会的各领域深入渗透是数字经济发展的落脚点，具体分为数字化产业和产业数字化[2]。数字化产业是指将传统产业通过信息技术和数字化手段进行升级和转型，以提高生产效率、优化管理模式、拓展创新能力和增强竞争力的产业形态。从数字化产业的种类，即数字化融合广度来看，目前比较成熟的数字化产业包括传感器、神经芯片、类脑智能、DNA存储、量子信息、网络通信、集成电路、工业软件、大数据、人工智能、区块链等。从数字化产业规模，即数字化融合深度来看，主要包括数字产品制造业、数字产品服务业、数字技术应用业、数字要素驱动业等数字经济

---

[1] 刘军，杨渊鋆，张三峰.中国数字经济测度与驱动因素研究[J].上海经济研究，2020（06）：81-96.
[2] 王军，朱杰，罗茜.中国数字经济发展水平及演变测度[J].数量经济技术经济研究，2021，38（07）：26-42.

核心产业的规模。产业数字化主要应用于第一、二、三产业，农业数字化相较于工业和服务业的数字化进程较为缓慢，工业数字化主要应用于生产制造过程中，而在服务业的应用最为广泛，如日常销售服务、互联网服务、数字普惠金融服务等。

3. 数字化支持环境

数字化支持环境是确保数字经济与传统产业融合的外部保障，有利于实现数字经济与传统产业的深度融合，有利于进一步扩大数字经济应用范围，促使数字经济释放更大效能，因此，强化数字经济的科技创新支持、政府服务支持、智力人才支持以及数字政策支持等外部环境显得尤为重要①。首先，开放的创新氛围和先进的科技水平可以帮助企业将数字知识和数字技术转化为数字化的产品和服务。其次，政府服务水平可以有效引导和规范企业行为，影响着数字经济发展的速度、质量、水平和空间。再次，在数字经济变革浪潮中，人才是发展的第一资源，数字经济的创新驱动实质是人才驱动。最后，驱动企业数字化创新，迫切需要一系列接地气、可操作的数字城市政策、数字政府政策、数字经济产业政策。

表 2-2　中国上市公司数字化创新生态环境评价体系一览表

一级指标	二级指标
数字化基础环境	传统基础设施
	数字基础设施
数字化融合环境	数字化融合广度
	数字化融合深度
	农业数字化融合
	工业数字化融合
	服务业数字化融合
数字化支持环境	科技创新支持
	政府服务支持
	智力人才支持
	数字政策支持

资料来源：首经贸资产评估研究院和浙工商中国智能管理研究院整理。

2.2　中国上市公司数字化创新评价方法

2.2.1　指数编制的基本原则

在梳理相关文献，厘清数字化创新特征内涵的基础上，结合我国特色国情和数字

---

① 裴秋亚，范黎波.什么样的制度环境更利于数字经济产业发展？——基于多元制度逻辑的组态分析[J].经济与管理研究，2022，43（10）：38-52.

经济发展实际，本报告期望构建多级的综合性评价指标体系以评估上市公司数字化创新状况和区域数字化创新生态环境。为保证各经济指标使用的合理性，确保评价结果的客观性和科学性，在指标体系建立时遵循了以下原则。

1. 全面性原则

针对数字化创新所包含的领域，不应仅局限于数字化产业相关领域，按照数字经济的核心产业分类，还应包括因数字融合应用带来的传统行业的增加值部分。因此，对于数字化创新指标的设计应尽量全面地涵盖经济系统的多个领域。

2. 科学性原则

在宏观维度，保证多层结构设计有充分的理论支撑，并充分考虑各一级指标与理论的对应契合度和科学性；在中观维度，充分考虑指标体系的内部逻辑，以及结构特点；在微观维度，保证计算方法和数据格式保持一致，确保指标之间科学可比。

3. 相关性原则

在构建多层综合指标体系时，应当能够反映不同子系统与各子系统中要素指标之间的层次性，以及指标之间的逻辑性，数字化创新指标体系作为一套系统，应当建立一定的内部关联性，能够对子系统拆解与合并，而不丧失评价的客观完整性。同时，所选择的各项指标必须与数字化创新高度相关。

4. 可获性原则

要保证所选取指标的数据可获得以及数据准确，既包括现阶段数据容易获取，还要保证在可见的未来一段时间，数据能够持续获取。此外，数据尽可能选用一手数据，从上市公司年报，官方渠道的统计网站、统计年鉴中获得，以保证数据来源的可靠性。

2.2.2 数据来源及处理办法

上市公司数字化创新评价数据来源于证监会网站、巨潮资讯网、万得数据库、国泰安数据库、SDC Platinum全球并购数据库、企查查、国家知识产权局以及上市公司官网。数字化创新生态环境评价数据来源于国家统计局、工业和信息化部、企业信用信息公示系统、裁判文书网、执行信息公开网、版权局、百度指数、地方政府网等。具体的数据来源如表2-3、表2-4所示。

表2-3 上市公司数字化创新评价体系数据来源及处理办法

评价指标	概念说明	数据来源	处理办法
数字化领导力	驱动上市公司数字化创新的组织、管理与领导力量	从上市公司年报中提取首席信息官（CIO）等领导力量、数字化组织与平台力量、数字化管理与治理力量方面的关键词	文本分析、手工核查异常值以及全市场标准化处理

续表

评价指标	概念说明	数据来源	处理办法
数字化战略规划	上市公司有关数字化创新的规划与策略	上市公司年报中有关大数据类、区块链类、人工智能类、云计算类、移动通讯类、物联网类的关键词提取	文本分析、手工核查异常值以及全市场标准化处理
数字化广度	上市公司数字化创新的领域和多样化程度	上市公司年报中有关数字化创新应用领域广度的关键词提取	文本分析、手工核查异常值以及全市场标准化处理
数字化技术要素投入	上市公司利用人工智能、5G、云计算、区块链等数字化技术的程度	上市公司年报中有关人工智能技术、移动通信技术、云计算、区块链、物联网等数字技术投入与应用的关键词提取	文本分析、手工核查异常值以及全市场标准化处理
数字化人才要素投入	上市公司在数字化技术研发与应用方面的员工数量占比	万得数据库—公司研究	二手数据分析、手工核查异常值以及全市场标准化处理
数字化基础要素投入	上市公司与数字基础设施建设相关的资源要素投入	上市公司年报中与数字基础设施投入与数字平台建设投入相关的关键词提取	文本分析、手工核查异常值以及全市场标准化处理
数字化资产要素投入	上市公司通过并购方式获取数字化企业的数字化资源和数字化能力	SDC Platinum全球并购数据库、企查查	上市公司近三年是否并购数字经济核心产业的企业，"是"赋值为1，"否"赋值为0
数字经济发明专利	上市公司与数字经济核心产业相关的专利申请数量	国家知识产权局	国家知识产权局专利文本分析、手工核查异常值以及全市场标准化处理
数字化服务创新	上市公司利用数字化工具提升其服务水平	上市公司年报中与数字化服务、解决方案等相关的关键词提取	文本分析、手工核查异常值以及全市场标准化处理
数字化产品创新	上市公司利用数字化工具改善产品	上市公司年报中与产品数字化程度相关的关键词提取	文本分析、手工核查异常值以及全市场标准化处理
数字化商业模式创新	上市公司利用数字化工具改变其价值创造的逻辑	上市公司年报中与商业模式创新、模式创新等相关的关键词提取	文本分析、手工核查异常值以及全市场标准化处理
数字化流程创新	上市公司利用数字化工具优化流程，提升生产运营管理效率	上市公司年报中与数字化运营、流程优化相关的关键词提取	文本分析、手工核查异常值以及全市场标准化处理
数字化创新转化绩效	上市公司数字化创新带来的资产转化效益	上市公司数字化技术无形资产占无形资产总额的比例	二手数据分析、手工核查异常值以及全市场标准化处理
数字化创新盈利绩效	上市公司数字化创新带来的盈利能力提升	万得数据库—公司研究	二手数据分析、手工核查异常值以及全市场标准化处理
数字化创新效率绩效	上市公司数字化创新带来的资产周转效率提升	国泰安数据库—公司研究	二手数据分析、手工核查异常值以及全市场标准化处理

续表

评价指标	概念说明	数据来源	处理办法
数字化创新影响绩效	上市公司数字化创新带来的社会影响力和认可度	国泰安数据库——公司研究	二手数据分析、手工核查异常值以及全市场标准化处理

表2-4 数字化创新生态环境评价体系数据来源及处理办法

评价指标	概念说明	数据来源	处理办法
传统基础设施	光缆光纤、微波、卫星、移动通信、IPv6、IPv4、5G、6G等传统通信基础设施	国家统计局	二手数据分析、手工核查异常值以及极差标准化处理
数字基础设施	工业互联网、物联网、云计算中心、数据存储列阵等数字基础设施	国家统计局	二手数据分析、手工核查异常值以及极差标准化处理
数字化融合广度	网络通信、集成电路、工业软件、大数据、人工智能、区块链等数字化产业种类	企业信用信息公示系统、执行信息公开网	二手数据分析、手工核查异常值以及极差标准化处理
数字化融合深度	数字产品制造业、数字产品服务业等数字经济核心产业的规模	国家统计局、工信部	二手数据分析、手工核查异常值以及极差标准化处理
农业数字化融合	"三农"综合信息服务，农业生产、加工、销售、物流等各环节的数字化	国家统计局、农业农村部	二手数据分析、手工核查异常值以及极差标准化处理
工业数字化融合	智能制造、装备数字化、工业互联网	国家统计局、工信部	二手数据分析、手工核查异常值以及极差标准化处理
服务业数字化融合	电子商务、批发、零售、住宿、餐饮、租赁和商务服务等领域的数字化	国家统计局、商务部	二手数据分析、手工核查异常值以及极差标准化处理
科技创新支持	技术市场发展程度、地区发明专利数量以及工业企业的创新水平	国家统计局、国家知识产权局	二手数据分析、手工核查异常值以及极差标准化处理
政府服务支持	互联网+政务服务、智慧政府、城市大脑、电子政务水平等	地方政府网、电子政务网	二手数据分析、手工核查异常值以及极差标准化处理
智力人才支持	数字知识型人才、软件研发人员、高等教育学校和教师等	国家统计局	二手数据分析、手工核查异常值以及极差标准化处理
数字政策支持	政府部门为鼓励地区企业数字化而发布的支持政策	百度指数、地方政府网	二手数据分析、手工核查异常值以及极差标准化处理

资料来源：首经贸资产评估研究院和浙工商中国智能管理研究院整理。

2.2.3 层次分析法为上市公司数字化创新指数赋权

基于上市公司数字化创新评价体系，建立层次结构模型，专家团队①根据各指标的重要程度采用1—9标度法打分，并构造各层次各因素间的判断矩阵，具体的计算公式如下所示：

$$A = (\alpha_{ab})_{n \times n} \quad (2-1)$$

其中，α_{ab}为指标a相对于指标b的重要程度，且$\alpha_{ab} = 1/\alpha_{ba}$。

然后，进行层次单排序和一致性检验，计算判断矩阵的一致性比率CR，通过一致性比率确定其是否通过一致性检验。具体的计算公式如下所示：

$$CR = CI / RI \quad (2-2)$$

$$CI = (\lambda_{max} - n)/(n-1) \quad (2-3)$$

$$\lambda_{max} = \sum_{i=1}^{n}[A\omega_i]/n\omega_i \quad (2-4)$$

其中，λ_{max}为判断矩阵的最大特征值，ω_i和n分别为判断矩阵的特征向量和阶数，RI为随机一致性指标。一般地，$CR \leq 0.1$，表明判断矩阵通过了一致性检验，反之则不通过。最后，进行层次总排序和一致性检验。若通过，则可按总排序权重W_{si}进行决策。

上市公司数字化创新指数的数据大部分为数值型指标，少量为"是/否"指标。对于连续数值类型的指标，本报告采用全市场标准化方法，具体公式为：$Index=$（$Rank/Rank$-max）$\times 100$。其中，$Rank$是指公司某个三级指标原始值在全市场中的排序分值，数值排名越靠前，排序分值越高，取值范围为0至$Rank$-max。$Rank$-max是市场中该指标$Rank$值的最大值，$Rank$-$max=N-1$，其中N为行业中公司数量。连续数值类型的三级指标在一定程度上反映了特定公司的该项指标在全市场中所处的排序水平，而非传统意义上的分数。对于"是/否"类型的三级指标，则依据指标原始值的"是"或"否"，直接将三级指标赋值为1或0。

本报告进一步合理设计指标的最低分值。针对数值型指标和"是/否"指标，在进行分值测算时设定了指标的最低值，大部分指标的最低分值设计为40，即所有上市公司各三级指标的分值均处于40—100。具体的计算公式如下所示：

$$Y = Index/100 \times 60+40 \quad (2-5)$$

最后，本报告为全市场标准化后的指标赋予权重，从而得到上市公司数字化创新指数。具体的计算公式如下所示：

$$Y_{final} = Y \times W_{si} \quad (2-6)$$

---

① 在选取专家团队时，本报告充分考虑了专家的专业性、多元性、独立性和实践性，邀请双一流高校相关领域的知名教授以及相关行业的上市公司高管共计9名领域专家和行业专家对指标进行赋权。

2.2.4 熵权法为数字化创新生态环境指数赋权

由于本报告数据来源于不同层次，其指标值的量纲与数量级均存在显著的差异。因此，只有将这些不同指标进行正规化之后，才具有横向的可比性和实用性，才能保证最终估出指数的精准性。使用极差标准化的方法将所有数据处理成均是正值的标准化指标，由于所选指标皆为正向指标，选用以下公式即可：

$$x_{ij} = \frac{x_{ij} - min\{x_j\}}{max\{x_j\} - min\{x_j\}} \quad (2-7)$$

其中，$max\{x_j\}$ 为指标的最大值，$min\{x_j\}$ 为指标的最小值，x_{ij} 为无量纲化的结果。在对指标进行正规化处理之后，使用熵值法步骤求出每个指标的客观权重。

计算第 i 年 j 项指标所占比重，使用 ω_{ij} 表示，具体的计算公式为：

$$\omega_{ij} = \frac{x_{ij}}{\sum_{i=1}^{m} x_{ij}} \quad (2-8)$$

计算指标信息熵 e_j 的计算公式为：

$$e_j = -\frac{1}{\ln(m)} \sum_{i=1}^{m} \omega_{ij} \times \ln(\omega_{ij}) \quad (2-9)$$

计算信息熵冗余度 d_j 的计算公式为：

$$d_j = 1 - e_j \quad (2-10)$$

其中，m 为评价年度，根据信息熵冗余度计算指标权重 φ_j，具体的计算公式为：

$$\varphi_j = \frac{d_j}{\sum_{j=1}^{m} d_j} \quad (2-11)$$

基于标准化的指标 x_{ij} 及测算的指标权重 φ_j，使用多重线性函数的加权求出数字化创新生态环境评价指数 X。具体的计算公式如下：

$$X = \sum_{j=1}^{m} \varphi_j \times \omega_{ij} \quad (2-12)$$

通过上述公式计算出数字经济发展综合指数，其中 X 表示数字化创新生态环境评价指数，在 0—1 之间，X 越大，则表示数字化创新生态环境越好。为了将指标的评分转化为百分制，本报告在进行分值测算时设定了指标的最低值为 50，即所有三级指标的分值均处于 50—100。具体的计算公式如下：

$$X_{final} = X \times 60 + 50 \quad (2-13)$$

其中，X_{final} 为数字化创新生态环境评价指数的最终结果。值得注意的是，运用上述方法所计算的三级指标分值在一定程度上反映了该地区与其他地区在数字化创新生态环境方面的差异和排序水平，而非传统意义上的分数。因此，X_{final} 分值 60 并非传统意义上的"及格线"，X_{final} 分值低于 60 不能代表某地区处于"不及格"的水平。

2.3 中国上市公司数字化创新评价评述与优势分析

近年来，数字经济发展水平和效率的提升不仅成为拉动经济发展的强驱动力，同时也成为倒逼产业数字化和企业数字化创新的外生性压力，数字经济在我国的行业渗透率和经济贡献度持续提升。指标分析法是目前衡量数字经济发展水平的可行方法，通过设置不同维度的分领域具体指标并加以权重，可以将不同国家或区域之间数字经济发展情况进行量化比较，进而得到数字经济或一些具体领域发展的相对情况。基于此，围绕数字经济发展与数字化创新相关问题，国内外有不少研究采用指数评价方法，构造了一系列数字化相关的评价指数。

2.3.1 上市公司数字化创新评价相关评述

本报告在确定一套自己的数字化创新指数之前，率先对国内外现有的数字化创新相关指数研究进行了系统梳理，具体如表 2-5 所示。可以发现，基于调查和大数据分析等手段，官方和业界智库利用各自数据优势从不同角度构建了一系列反映数字经济发展水平的指数。概括而言，目前国内与数字化创新相关指数的研究大致分为两类：一类是以区域或者国家为研究对象的宏观指数，如全球数字竞争力指数、全球数字经济发展指数、中国数字经济指数、中国数字经济发展指数、中国（苏州）数字经济指数等；另一类是以企业为研究对象的微观指数，如中国数字经济核心产业创新创业指数、中小企业数字化指数等。

表 2-5 国内外现有数字化相关指数一览表

序号	指数	发布单位	对象	维度	指标
1	中国数字经济核心产业创新创业指数	北京大学企业大数据研究中心	企业	6个维度：新建企业数量、吸引外来投资、吸引风险投资、专利授权数量、商标注册数量和软件著作权登记数量	包含区域每年数字产业新增的企业注册数量、外来投资的笔数、风险投资数量、发明专利授权数量、实用新型专利公开数量、外观设计专利公开数量、各地区数字产业新增商标注册数量和软件著作权登记数 8 个指标
2	中小企业数字化指数	APEC中小企业信息化促进中心、阿里巴巴钉钉	企业	3个维度：组织数字化、业务数字化、产业链数字化	包含组织管理数字化和数字化能力、设计开发数字化、采购管理数字化、生产运作数字化、产业链信息交互、产业链业务协同、产业链信用管理 8 个指标

续表

序号	指数	发布单位	对象	维度	指标
3	中国企业数字化转型指数	埃森哲	企业	5个维度：开创竞争新前沿、全局性拉通、打造数字核心、融入可持续、释放人才力量	包含5大维度、19个二级指标、48个三级指标，以评估企业全面重塑的进程，描绘各行业在数字能力构建历程中所处位置
4	中国数字经济发展指数（德阳指数）	德阳市政府、赛迪顾问	区域	4个维度：数字基础、数字产业、数字融合、数字治理	包含移动电话普及率、光纤接入情况、电信业务总量、电信新兴业务收入、网络化协同企业比率、数字政务服务办件率、数字政务服务用户数等28个指标
5	中国（苏州）数字经济指数	苏州大学	区域	3个维度：发展环境、信息产业、数字化融合发展	包含信息基础设施、知识产权、核心政策推动、ICT硬件产品制造业、ICT软件和信息服务业、电子政务、数字消费和社交媒体8个指标
6	城市数字化发展指数	新华三集团数字经济研究院	区域	5个维度：数字基础设施、数字社会、数字政府、数字经济、数字生态	包含信息技术设施、平台基础设施、智慧城市与数字乡村、数据开放共享、服务效能、数字技术创新、数字产业化、产业数字化、数据要素市场、网络安全保护等15个指标
7	"互联网+"数字经济指数	腾讯研究院	区域	4个维度：数字产业、数字文化、数字政务、数字生活	数字产业包含旅游、文娱、金融、交通等多个行业；数字文化指数汇集长视频、短视频、新闻、动漫等九大板块；数字政务包含项目价值、质量星级、月服务活跃度、月留存率、重点行业丰度、故障率6个指标；数字生活包含社交连接、社交互动、社交支付3个指标
8	数字化转型指数	腾讯研究院	区域	3个维度：基础设施层、平台层、应用层	包含云计算、人工智能、支付、电商、影视娱乐、数字化采购、数字化研发、数字化协作8个指标
9	数字经济指数	中国信通院	区域	4个维度：数字产业化、产业数字化、数字化治理、数据价值化	包含基础电信、电子信息制造、数字技术在农业、工业、服务业中的边际贡献、数字技术和治理、数字公共服务、数据确权、数据定价等14个指标
10	中国数字经济发展指数	工业和信息化部电子第五研究所、零壹智库	区域	5个维度：数字产业化、产业数字化、数字基础设施、数字技术、数字人才	包含信息产业、通信产业、数字化广度、数字化深度、新基建、数据要素、辅助企业、数字科技企业、数字科技创新、传统数字人才、新兴数字人才11个指标
11	中国数字经济指数	财新智库、数联铭品	区域	4个维度：数字经济产业指数、数字经济溢出指数、数字经济融合指数和数字经济基础设施指数	包含大数据产业、人工智能产业、工业互联网、智慧供应链、共享经济、制造商对数字经济的利用率、制造业占比、互联网基础设施、数字化生活应用普及程度等14个指标

续表

序号	指数	发布单位	对象	维度	指标
12	全球联接指数	华为	区域	4个维度：供给要素、需求要素、体验要素、潜力要素	通过四大经济要素和五大使能技术，共40个指标，对所研究的经济体进行评估、分析、预测
13	全球数字化指数	华为	区域	4个维度：泛在连接、数字底座、绿色能源、政策生态	综合考虑四大使能要素并叠加数字经济发展的供需理论，梳理出42个指标以评估全球77个国家数字化进程
14	全球数字经济发展指数	阿里研究院	区域	5个维度：数字基础设施、数字消费者、数字商业生态、数字公共服务、数字教育科研	包含设施数量、质量和价格，网络和移动终端普及率，数字技术对消费者的渗透程度，移动支付普及率，产业数字化程度，产业新技术应用水平，独角兽数量，电子政务服务普及率，ICT相关科研的数量和质量等指标
15	中国数字经济发展指数	赛迪顾问	区域	4个维度：基础、产业、融合、环境	包含传统基础数字设施、产业规模、农业数字化等10个核心指标，4G用户数、4G平均下载速率等41个细分指标
16	全球数字经济竞争力指数	上海社科院	区域	4个维度：数字基础设施竞争力、数字产业竞争力、数字创新竞争力、数字治理竞争力	一级指标之下各有2—3个二级指标，共包含12个细分指标
17	电子政务发展指数	联合国	区域	3个维度：电信基础设施、人力资本、在线服务	电信基础设施包含每100位居民中的互联网用户数、固定电话用户数等5个指标；人力资本包含成人识字率、平均受教育年限等4个指标；在线服务包含在线服务供应、电子参与关注度等指标
18	数字经济与社会指数	欧盟	区域	5个维度：宽带接入、人力资本、互联网应用、数字技术应用、公共服务数字化程度	包含固定宽带、移动宽带、高级技能及发展、内容、交流、交易、企业数字化、电子商务、电子政务等12个指标
19	衡量数字经济	经济合作与发展组织	区域	4个维度：投资智能化基础设施、创新能力、赋权社会、ICT促进经济增长与增加就业岗位	包含宽带普及率、互联网发展、ICT与研发、电子商务、互联网用户、用户复杂性、ICT投资、ICT商业动态等38个指标
20	网络准备度	世界经济论坛	区域	4个维度：环境、就绪程度、使用情况、影响力	包含基础设施、可支付能力、能力、个人使用、商业使用、政府使用、经济影响和社会影响8个二级指标，下设53项细分指标
21	ICT发展指数	联合国国际电信联盟（ITU）	区域	3个维度：ICT接入、ICT使用、ICT技能	包含固定电话覆盖率、移动电话覆盖率、互联网用户率、固定宽带使用率、移动宽带使用率、入学年限中位数、初中入学率和高等教育入学率等11个指标

续表

序号	指数	发布单位	对象	维度	指标
22	全球数字经济发展指数	中国社会科学院金融研究所、国家金融与发展实验室、中国社会科学出版社	区域	4个维度：数字技术、数字基础设施、数字市场、数字治理	包含研发产出、人力资本、创新水平、普惠性、便捷性、安全性、需求侧、供给侧、国际市场、数字政府、经济与社会环境、政治与法律环境12个二级指标，并下设24个三级指标

资料来源：首经贸资产评估研究院和浙工商中国智能管理研究院整理。

从数字化相关指数研究情况来看，尽管已有研究利用数据从多角度构建了一系列反映中国数字经济发展水平的指数，但是现有数字化指数研究仍存在一定的不足：

（1）从我国现有数字化相关指数来看，现有数字化指数相关研究已经较为丰富，但对于数字经济的测度多从其发展的某些侧面进行讨论，尚不能较为完整地涵盖快速发展的广义数字经济的范畴，比如，赛迪指数是从信息化指数向数字经济的过渡，侧重于工业领域数字化融合水平；中国信通院指数侧重选择了一些表征因子构建数字经济景气指数；新华三集团提出的城市数字经济发展侧重于发展环境；腾讯和其他互联网企业（或大数据企业）则主要侧重于"互联网+"的某些领域，反映互联网产业的活跃程度、发展状态。因此，如何全面完整对数字化指数进行构建和测算还需进一步思考。

（2）现有数字化指数大都基于区域层面来测度数字经济发展指数，针对具体数字经济指标构建以及数字经济指数影响测度还缺乏相应的深入探究。一些研究只是构建了数字经济指数指标而未进行具体测度，进行测度的指标体系理论框架不够严密，部分指标的数据难以获取，如数据的开放性以及编纂完善程度等指标，难以从现有统计报表调查制度和权威研究机构（智库）获得准确的测度，且对于其数字化所带来的增加值，难以准确计算。

（3）以企业为研究对象的微观数字化指数相对较少，聚焦企业层面的数字化创新指数有待深入和优化。以区域或国家为研究对象的宏观数字化指数，通常只适用于探究区域层面或产业层面的相关数字化创新问题，难以对微观企业的数字化创新状况进行评价。因此，有待从中国企业现实出发，考虑数字经济发展带来的社会变化，评估与数字经济发展相关的各个要素，并积极借鉴各个指标体系的构建方法、指标选取、数据采集与处理方式，聚焦企业构建一个相对完整和科学的测算体系。

（4）现有企业层面的数字化指数仅从企业内部层面进行测度，缺乏对数字经济发展的外部生态环境因素的考量，难以全面准确反映企业数字经济发展的影响因素和特征。

（5）现有数字化指数在衡量企业数字化创新成果时侧重于要素的投入而非产出，要素投入往往存在时间滞后性，短期内无法实现相对应的产出增长，指数结果具有测量误差。

2.3.2 上市公司数字化创新评价的优势

在借鉴和参考现有以企业为研究对象的微观数字化指数的基础之上，浙江工商大学和首都经济贸易大学研究团队对上市公司数字化创新指数进行了进一步优化和完善。具体来看，本报告基于数字经济发展的理论逻辑和思维，构建了可以合理反映上市公司数字化创新状况的综合评价模型，对上市公司数字化创新环境和数字化创新能力进行量化评价，为上市公司实现高质量发展提供客观可靠的评价依据和数据支持。具体而言，本报告所构建的评价体系的优势和特色主要表现在：

1. 创新性基于"战略导向—创新投入—创新产出—创新效益"的全过程视角，全面合理构建上市公司数字化创新评价体系

本报告综合考虑上市公司的数字化领导力、数字化战略规划、数字化广度以及上市公司数字化技术要素投入、数字化人才要素投入、数字化资产要素投入和数字化基础要素投入，同时考虑上市公司所取得的数字经济发明专利和商业模式创新等创新成果以及所获得的数字化创新转化绩效、盈利绩效、效率绩效和影响绩效等，构建了由4个一级指标、16个二级指标构成的数字化创新综合评价指标体系，以期能够全面、客观、合理地反映和揭示上市公司的数字化创新能力和发展潜力。

2. 创新性基于"基础环境—融合环境—支持环境"的多维视角，全面度量区域和省份数字化创新生态环境

本报告从数字化基础环境、数字化融合环境和数字化支持环境3个维度构建了更加完善的数字化创新生态环境综合测度指标体系，以便充分揭示七大区域和各省份在数字化基础环境、数字化融合环境和数字化支持环境方面所存在的差异，期望有助于从宏观环境层面对上市公司数字化创新的区域和省份差异逻辑进行全面解析。

3. 创新性基于"传统产业和数字原生产业"的全产业视角，全面展现上市公司的数字化创新表现

数字化创新水平反映了企业利用数字化资源或工具改进产品、服务、流程以及创新商业模式的能力，传统企业和数字原生企业的数字化创新水平有着明显的差异。鉴于此，本报告创新性地从传统产业和数字原生产业"双面"展开探索上市公司的数字化创新表现。本报告基于国际数据公司（IDC）和中国信通院对数字原生企业的界定与特征表述，从5060家上市公司中选择1195家数字原生企业，分别分析传统产业和数字原生产业在区域、省份、产权三维数字化创新方面的差异化表现，以突出不同产业类别下的上市公司在数字化创新方面存在的差异，为处于不同产业类型企业的数字化创新提供参考。

总体状况与环境评价篇

第3章
2023年中国上市公司数字化创新总体评价

从2012年到2023年，我国数字经济的发展取得了令人瞩目的成就，数字经济规模从11.2万亿元快速增长到53.9万亿元，11年间提高了3.8倍，总量多年稳居世界第二，占GDP比重由20.9%提升至42.8%。①党的二十大报告中强调，加快发展数字经济，促进数字经济和实体经济深度融合，打造具有国际竞争力的数字产业集群。立足新发展阶段，数字化创新作为新一轮竞争的重点领域，中国上市公司的数字化创新状况对数字经济的健康持续增长和高质量发展具有重要意义。

3.1 2023年中国上市公司总体分析

截至2023年末，A股上市公司总量为5060家（剔除房地产、银行、非银金融行业和2024年未披露年报的上市公司），总市值合计为70.91万亿元，年成交额达到194.99万亿元，营业收入总额为60.63万亿元，净利润总额为3.21万亿元。②

3.1.1 区域维度分析

从区域维度分析，华东地区共有上市公司2454家，华南地区共有上市公司889家，华北地区共有上市公司637家，华中地区共有上市公司388家，西南地区共有上市公司326家，西北地区共有上市公司192家，东北地区共有上市公司165家，其他地区共有上市公司9家。其中华东地区上市公司数量最多，占全部A股上市公司的48.50%。各地区上市公司总体情况如表3-1所示。

表3-1 2023年A股上市公司基本财务情况——区域维度

金额单位：亿元

地区	公司个数/家	总市值	年成交额	营业收入	净利润
东北地区	165	14984.97	48957.37	13984.43	329.49
华北地区	637	152372.06	379109.30	218782.60	10514.97

① 数据来源：新华网，经济日报。
② 数据来源：同花顺（iFinD），首经贸资产评估研究院和浙工商中国智能管理研究院整理。

续表

地区	公司个数/家	总市值	年成交额	营业收入	净利润
华东地区	2454	258946.15	808080.66	208615.67	9525.48
华南地区	889	109568.35	342150.53	76623.74	3606.85
华中地区	388	40307.16	135192.85	27634.73	1366.67
西北地区	192	24491.76	70558.55	18314.40	1289.07
西南地区	326	68771.55	154062.30	27022.30	2915.75
其他	9	39621.80	11808.28	15303.82	2579.90

数据来源：同花顺（iFinD），首经贸资产评估研究院和浙工商中国智能管理研究院整理。

注：中国海油、中国移动、百济神州、华虹公司、华润微、诺诚健华、格科微、中芯国际、九号公司9家公司注册地均不在境内。

3.1.2 省份维度分析

从省份维度分析，广东省、浙江省、江苏省、北京市以及上海市5个省份的上市公司数量相对较多，合计占全部A股上市公司总数的59.07%。具体来看，广东省共有825家上市公司，浙江省共有676家上市公司，江苏省共有658家上市公司，北京市共有430家上市公司，上海市共有400家上市公司。其中，广东省拥有的上市公司数量居于全国各省份之首，占全部A股上市公司总数的16.30%；浙江省、江苏省、上海市均属于华东地区，其上市公司数量凸显华东地区经济发展在全国占据明显优势。除此之外，内蒙古自治区、海南省、西藏自治区、宁夏回族自治区、青海省上市公司数量较少，5个省份上市公司数量合计占全部A股上市公司总数的1.92%。各省份上市公司总体情况如表3-2所示。

表3-2 2023年A股上市公司基本财务情况——省份维度

金额单位：亿元

省份	公司个数/家	总市值	年成交额	营业收入	净利润
安徽	171	18261.16	63831.11	14541.61	771.72
北京	430	114446.96	280471.38	191822.32	8308.62
重庆	69	9641.60	30978.18	6339.00	303.12
福建	163	25228.14	73930.73	32153.92	1077.94
甘肃	33	2747.90	7767.58	2243.34	44.41
广东	825	104513.04	324423.54	71135.36	3515.29
广西	39	2544.26	8775.34	3521.85	57.37
贵州	34	24856.74	21799.17	3043.23	840.20
海南	25	2511.05	8951.65	1966.52	34.19
河北	74	10675.05	28911.95	9580.68	549.47

续表

省份	公司个数/家	总市值	年成交额	营业收入	净利润
河南	106	13225.85	32631.17	9560.98	550.47
黑龙江	37	2828.88	8262.73	1785.29	19.05
湖北	141	13145.19	51088.54	9331.28	410.87
湖南	141	13936.12	51473.15	8742.47	405.33
吉林	46	3851.82	13666.49	2284.39	64.01
江苏	658	57537.52	204302.55	30249.99	1726.12
江西	86	8589.91	27631.26	11595.44	397.12
辽宁	82	8304.27	27028.15	9914.74	246.43
内蒙古	26	6325.14	13288.89	4081.70	373.18
宁夏	16	1796.47	5015.79	597.13	61.33
青海	10	1996.90	3421.25	1029.17	176.79
山东	300	34649.32	96112.63	27638.54	1685.09
山西	40	8843.90	15998.12	5967.22	645.87
陕西	76	12072.49	35785.00	7785.49	676.55
上海	400	52190.18	140411.64	46175.13	1571.70
四川	166	25476.89	75598.63	11616.30	1377.84
天津	67	12081.01	40438.97	7330.68	637.84
西藏	20	1767.57	8450.68	545.18	54.25
新疆	57	5877.99	18568.93	6659.27	330.00
云南	37	7028.75	17235.64	5478.59	340.34
浙江	676	62489.93	201860.74	46261.05	2295.78
其他	9	39621.80	11808.28	15303.82	2579.90

数据来源：同花顺（iFinD），首经贸资产评估研究院和浙工商中国智能管理研究院整理。

3.1.3 产权维度分析

从产权维度分析，中央国有控股上市公司共有435家，地方国有控股上市公司共有893家，非国有控股上市公司共有3732家。从产权分布看，非国有控股上市公司数量最多，占全部A股上市公司的73.75%。中央国有控股、地方国有控股和非国有控股上市公司总体情况如表3-3所示。

表 3-3 2023 年 A 股上市公司基本财务情况——产权维度

金额单位：亿元

产权	公司个数/家	总市值	年成交额	营业收入	净利润
中央国有控股	435	176537.25	264178.02	251221.39	13439.84
地方国有控股	893	149514.90	345818.97	152751.38	7671.25
非国有控股	3732	383011.65	1339922.86	202308.93	11017.09

数据来源：同花顺（iFinD），首经贸资产评估研究院和浙工商中国智能管理研究院整理。

3.1.4 行业维度分析

鉴于企业数字化创新具有鲜明的数字化特征，对数字技术具有较强的依赖性，传统企业与先天数字化企业（即数字原生企业）在数字化创新表现方面有着较大差异，因此，本报告创新性地从传统产业和数字原生产业两个维度分析 2023 年上市公司数字化创新状况。国际数据公司（International Data Corporation，简称"IDC"）指出，数字原生企业是指从一开始就围绕现代云原生技术建立的企业，从物流运营到商业模式再到客户参与等各个方面都利用了大数据和人工智能等数字技术，企业的核心价值或创收过程也依赖数字技术。[①]数字原生企业是高度依赖于将数据转化为知识的业务类型的企业。[②]中国信息通信研究院认为数字原生企业是基于云原生技术实现的全面数字原生，这类企业的业务流程、交易交互等很大程度上由数字技术支持，企业内、外部运营竞争优势的获取也依赖于数字技术。[③]报告参考了 IDC 和中国信息通信研究院对数字原生企业的概念界定，认为数字原生产业是指业务、生产流程、商业模式、交易等方面均依赖于数据要素和数字技术的产业，主要涉及 IT 服务、计算机设备、软件开发、通信服务、通信设备等行业。

在数字原生产业上市公司的筛选上，本报告以截至 2023 年末的 5060 家 A 股上市公司为初始筛选样本。首先，基于上市公司所属申万行业 2021 行业类别 2 级筛选出属于 IT 服务、计算机设备、软件开发、通信服务、通信设备等行业的公司；然后，人工筛选数字经济核心产业的企业名单，根据巨潮资讯网（http://www.cninfo.com.cn/new/index）列示的上市公司主营业务和经营范围等信息，进一步判断其是否属于数字原生企业；最后，人工核查剩余企业名单，筛选出公司名称及简介中涉及数字原生企业概念、特征和类型的公司，辅以公司年报或公司官网信息作为补充验证。最终得到传统

[①] IDC 咨询.数字原生企业——未来数字经济的命脉.（2023-02-27）[2023-11-03].https：//mp.weixin.qq.com/s/sSHOR8Q6gPR17lAjnooMjw.

[②] 江小涓，靳景.数字技术提升经济效率：服务分工、产业协同和数实孪生［J］.管理世界，2023，38（12）：9-26.

[③] 阿里研究院，中国信通院，阿里云.云原生：新生产力的飞跃.（2023-07-17）[2023-11-03].https：//chuangke.aliyun.com/info/1061391.html.

产业上市公司3865家，数字原生产业上市公司1195家。从行业分布看，传统产业上市公司数量占全部A股上市公司的76.38%。传统产业和数字原生产业上市公司总体情况如表3-4所示。

表3-4 2023年A股上市公司基本财务情况——行业维度

金额单位：亿元

行业	公司个数/家	总市值	年成交额	营业收入	净利润
传统产业	3865	529185.45	1150010.27	528577.04	28165.14
数字原生产业	1195	179878.36	799909.57	77704.66	3963.03

数据来源：同花顺（iFinD），首经贸资产评估研究院和浙工商中国智能管理研究院整理。

3.2 2023年传统产业中国上市公司数字化创新评价

本节将从传统产业上市公司数字化创新综合指数、数字化战略导向指数、数字化要素投入指数、数字化创新成果指数、数字化创新绩效指数五个方面分析2023年我国传统产业上市公司的数字化创新总体成效。

3.2.1 传统产业数字化创新综合指数分析

1. 整体分析

报告对3865家传统产业上市公司2023年数字化创新状况进行了分析，结果显示：传统产业数字化创新综合指数平均水平为62.91，高于平均水平的有1893家，占比48.98%。从数字化创新综合指数区间分布上看，数字化创新综合指数处于［80，100］的上市公司有165家，占比4.27%，表明这些公司在行业内有着明显的数字化创新优势；数字化创新综合指数处于［70，80）的上市公司有796家，占比20.60%，表明这些公司的数字化创新水平相对较高；数字化创新综合指数处于［60，70）的上市公司有1336家，占比34.57%；数字化创新综合指数处于［0，60）的上市公司数量最多，共有1568家，占比40.56%，表明在传统产业，大多数上市公司的数字化创新水平有待提高，如图3-1所示。

从3865家传统产业上市公司的数字化创新综合指数分布情况来看，排名前100的上市公司如表3-5所示。

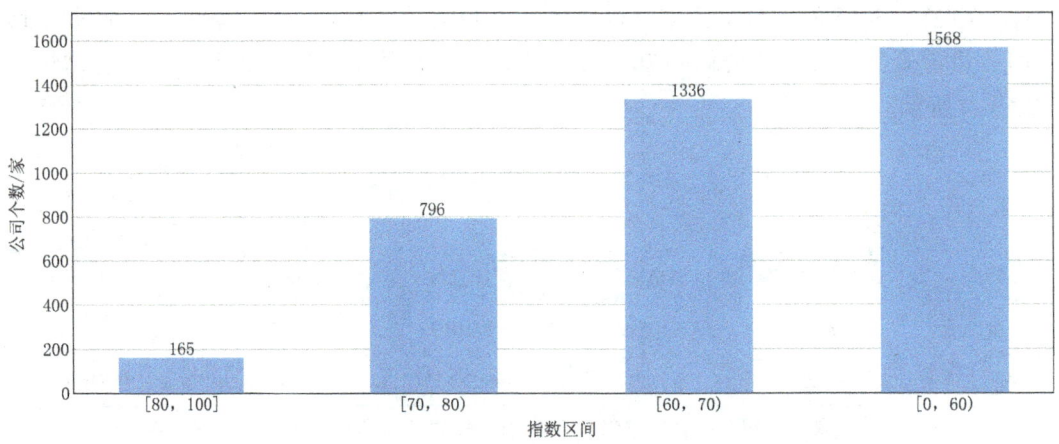

图3-1 2023年传统产业上市公司数字化创新综合指数分布图

表3-5 2023年传统产业上市公司数字化创新综合指数前100排名

排名	证券名称	证券代码	数字化创新综合指数	省份	产权性质
1	迈瑞医疗	300760.SZ	93.14	广东	非国有控股
2	中控技术	688777.SH	93.05	浙江	非国有控股
3	汇川技术	300124.SZ	91.92	广东	非国有控股
4	联影医疗	688271.SH	90.64	上海	非国有控股
5	海尔智家	600690.SH	90.09	山东	非国有控股
6	美的集团	000333.SZ	89.66	广东	非国有控股
7	国电南瑞	600406.SH	88.24	江苏	中央国有控股
8	顺丰控股	002352.SZ	88.16	广东	非国有控股
9	中联重科	000157.SZ	88.04	湖南	地方国有控股
10	正泰电器	601877.SH	87.97	浙江	非国有控股
11	阳光电源	300274.SZ	87.93	安徽	非国有控股
12	九联科技	688609.SH	87.24	广东	非国有控股
13	康龙化成	300759.SZ	87.09	北京	非国有控股
14	深城交	301091.SZ	87.08	广东	地方国有控股
15	金盘科技	688676.SH	87.01	海南	非国有控股
16	南网科技	688248.SH	86.91	广东	中央国有控股
17	青鸟消防	002960.SZ	86.38	河北	非国有控股
18	深桑达A	000032.SZ	86.36	广东	中央国有控股
19	创维数字	000810.SZ	86.33	四川	非国有控股
20	林洋能源	601222.SH	86.14	江苏	非国有控股

续表

排名	证券名称	证券代码	数字化创新综合指数	省份	产权性质
21	埃斯顿	002747.SZ	86.14	江苏	非国有控股
22	华兴源创	688001.SH	86.11	江苏	非国有控股
23	东方电子	000682.SZ	86.00	山东	地方国有控股
24	大豪科技	603025.SH	86.00	北京	地方国有控股
25	伟创电气	688698.SH	85.91	江苏	非国有控股
26	天合光能	688599.SH	85.91	江苏	非国有控股
27	埃夫特	688165.SH	85.80	安徽	地方国有控股
28	麦格米特	002851.SZ	85.75	广东	非国有控股
29	公牛集团	603195.SH	85.71	浙江	非国有控股
30	齐心集团	002301.SZ	85.41	广东	非国有控股
31	机器人	300024.SZ	85.30	辽宁	中央国有控股
32	拓斯达	300607.SZ	85.27	广东	非国有控股
33	博众精工	688097.SH	85.27	江苏	非国有控股
34	比亚迪	002594.SZ	85.24	广东	非国有控股
35	天玛智控	688570.SH	85.23	北京	中央国有控股
36	三诺生物	300298.SZ	85.12	湖南	非国有控股
37	小商品城	600415.SH	85.05	浙江	地方国有控股
38	乐歌股份	300729.SZ	84.96	浙江	非国有控股
39	上海电气	601727.SH	84.92	上海	地方国有控股
40	云南白药	000538.SZ	84.79	云南	地方国有控股
41	易事特	300376.SZ	84.59	广东	非国有控股
42	格力电器	000651.SZ	84.55	广东	非国有控股
43	博实股份	002698.SZ	84.45	黑龙江	非国有控股
44	铁建重工	688425.SH	84.29	湖南	中央国有控股
45	航天科技	000901.SZ	84.09	黑龙江	中央国有控股
46	招商公路	001965.SZ	84.09	天津	中央国有控股
47	三一重能	688349.SH	84.03	北京	非国有控股
48	中集集团	000039.SZ	84.01	广东	中央国有控股
49	宇通客车	600066.SH	83.95	河南	非国有控股
50	徐工机械	000425.SZ	83.93	江苏	地方国有控股
51	科华数据	002335.SZ	83.89	福建	非国有控股
52	慕思股份	001323.SZ	83.83	广东	非国有控股

续表

排名	证券名称	证券代码	数字化创新综合指数	省份	产权性质
53	科锐国际	300662.SZ	83.80	北京	非国有控股
54	南钢股份	600282.SH	83.79	江苏	中央国有控股
55	三川智慧	300066.SZ	83.79	江西	非国有控股
56	禾川科技	688320.SH	83.79	浙江	非国有控股
57	英威腾	002334.SZ	83.78	广东	非国有控股
58	固德威	688390.SH	83.60	江苏	非国有控股
59	威迈斯	688612.SH	83.58	广东	非国有控股
60	天准科技	688003.SH	83.51	江苏	非国有控股
61	九州通	600998.SH	83.49	湖北	非国有控股
62	科沃斯	603486.SH	83.47	江苏	非国有控股
63	罗博特科	300757.SZ	83.37	江苏	非国有控股
64	金卡智能	300349.SZ	83.36	浙江	非国有控股
65	光庭信息	301221.SZ	83.34	湖北	非国有控股
66	外服控股	600662.SH	83.33	上海	地方国有控股
67	爱尔眼科	300015.SZ	83.30	湖南	非国有控股
68	汉威科技	300007.SZ	83.30	河南	非国有控股
69	志邦家居	603801.SH	83.26	安徽	非国有控股
70	建发股份	600153.SH	83.22	福建	地方国有控股
71	海尔生物	688139.SH	83.13	山东	非国有控股
72	新奥股份	600803.SH	83.12	河北	非国有控股
73	威派格	603956.SH	83.04	上海	非国有控股
74	东方中科	002819.SZ	83.00	北京	中央国有控股
75	国电南自	600268.SH	82.87	江苏	中央国有控股
76	裕同科技	002831.SZ	82.86	广东	非国有控股
77	普门科技	688389.SH	82.82	广东	非国有控股
78	特锐德	300001.SZ	82.78	山东	非国有控股
79	华大智造	688114.SH	82.78	广东	非国有控股
80	天齐锂业	002466.SZ	82.75	四川	非国有控股
81	中海油服	601808.SH	82.72	天津	中央国有控股
82	中国电研	688128.SH	82.70	广东	中央国有控股
83	新天科技	300259.SZ	82.70	河南	非国有控股
84	瀚川智能	688022.SH	82.64	江苏	非国有控股

续表

排名	证券名称	证券代码	数字化创新综合指数	省份	产权性质
85	雪迪龙	002658.SZ	82.60	北京	非国有控股
86	东航物流	601156.SH	82.57	上海	中央国有控股
87	苏文电能	300982.SZ	82.55	江苏	非国有控股
88	福田汽车	600166.SH	82.52	北京	地方国有控股
89	晶盛机电	300316.SZ	82.48	浙江	非国有控股
90	兆威机电	003021.SZ	82.48	广东	非国有控股
91	南兴股份	002757.SZ	82.47	广东	非国有控股
92	欧派家居	603833.SH	82.39	广东	非国有控股
93	中信重工	601608.SH	82.31	河南	中央国有控股
94	利元亨	688499.SH	82.25	广东	非国有控股
95	智洋创新	688191.SH	82.18	山东	非国有控股
96	海得控制	002184.SZ	82.11	上海	非国有控股
97	迈为股份	300751.SZ	82.08	江苏	非国有控股
98	华设集团	603018.SH	82.06	江苏	非国有控股
99	中信博	688408.SH	82.06	江苏	非国有控股
100	华测检测	300012.SZ	82.03	广东	非国有控股

数据来源：同花顺（iFinD），首经贸资产评估研究院和浙工商中国智能管理研究院整理。

注：表中罗列的指数数值系原始数值保留小数点后两位（四舍五入）的结果，排名为按照原始数值进行排序的结果，因此存在指数数值相同但排名不同的情况，余同。

在报告分析的3865家传统产业上市公司中，排名前500的上市公司在区域、省份和产权方面的分布情况如图3-2、图3-3、图3-4所示。

从排名前500的传统产业上市公司所属区域来看，华东地区224家、华南地区114家、华北地区71家，合计占传统产业数字化创新综合指数排名前500上市公司总数的81.80%，凸显出华东、华南和华北地区传统产业数字化创新具有明显优势；除此之外，华中地区37家、西南地区26家、东北地区15家、西北地区12家，其他地区1家。

从排名前500的传统产业上市公司所属省份来看，广东省111家、浙江省68家、江苏省61家、北京市50家、上海市42家，合计占传统产业数字化创新综合指数排名前500上市公司总数的66.40%；另外，山东省21家、安徽省16家、湖北省16家、四川省15家、福建省12家、湖南省11家、天津市11家、河南省10家，其他省份均低于10家。

从排名前500的传统产业上市公司的产权性质来看，中央国有控股企业66家，地方国有控股企业67家，非国有控股企业367家。

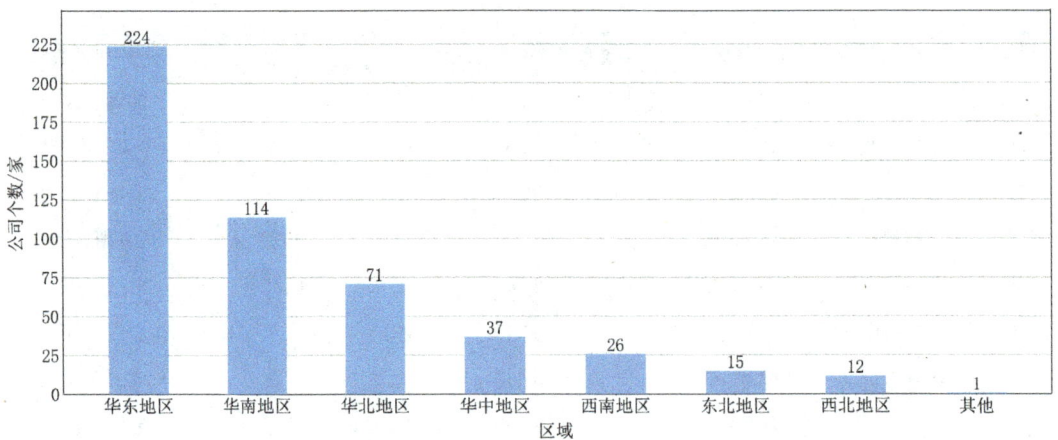

图3-2　2023年传统产业数字化创新综合指数排名前500上市公司区域分布图

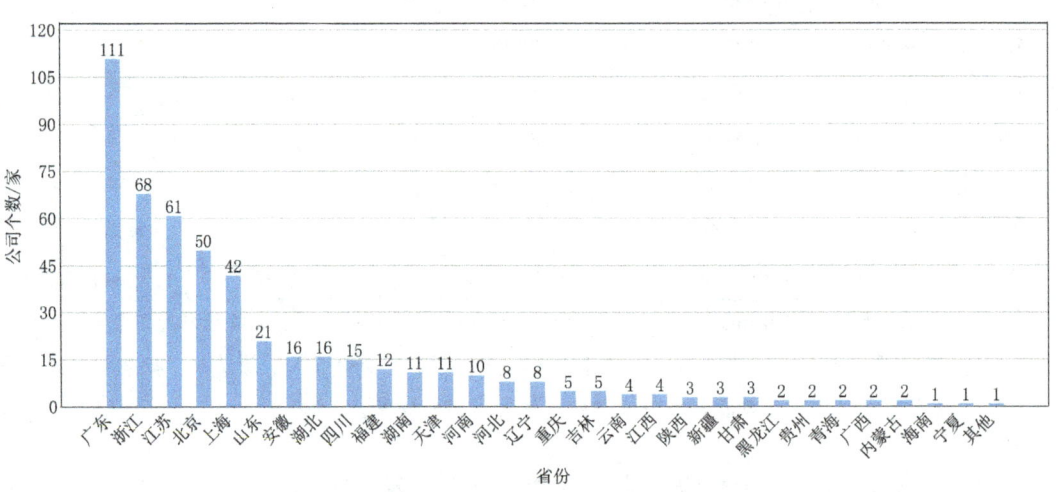

图3-3　2023年传统产业数字化创新综合指数排名前500上市公司省份分布图

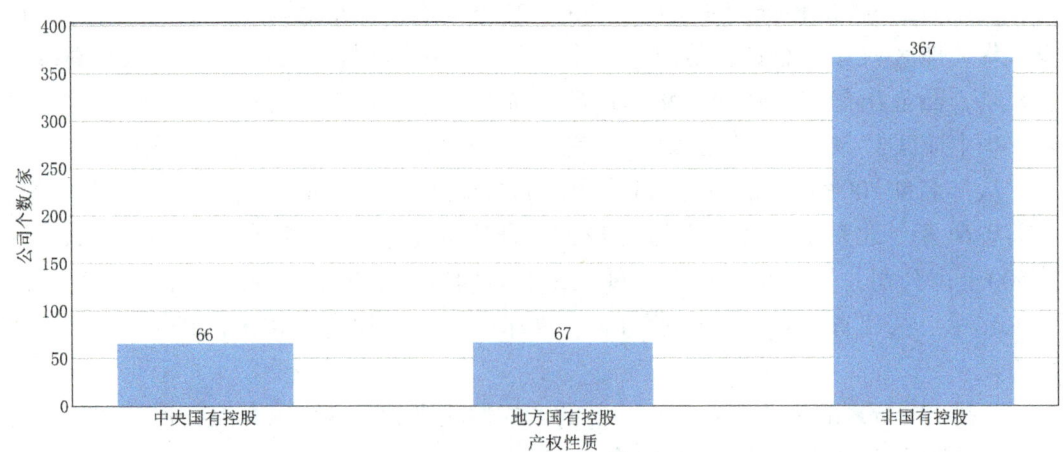

图3-4　2023年传统产业数字化创新综合指数排名前500上市公司产权分布图

2. 区域维度分析

报告分析的3865家传统产业上市公司分布于我国的东北、华北、华东、华南、华中、西北和西南七大区域和其他地区。从区域分布上看，2973家上市公司分布在华东地区、华南地区、华北地区，占分析总量的76.92%。如表3-6和图3-5所示，华南地区传统产业上市公司数字化创新综合指数平均水平最高，为65.36，其次是华北地区（65.19）和华东地区（62.42）。

表3-6 2023年传统产业上市公司数字化创新综合指数——区域维度

区域	公司个数/家	均值	数字化创新公司代表
东北地区	137	59.78	机器人（85.30）
华北地区	433	65.19	康龙化成（87.09）
华东地区	1975	62.42	中控技术（93.05）
华南地区	565	65.36	迈瑞医疗（93.14）
华中地区	315	62.18	中联重科（88.04）
西北地区	166	59.78	铂力特（80.46）
西南地区	271	61.99	创维数字（86.33）

数据来源：同花顺（iFinD），首经贸资产评估研究院和浙工商中国智能管理研究院整理。

注：中国海油、百济神州、诺诚健华3家公司注册地均不在境内。

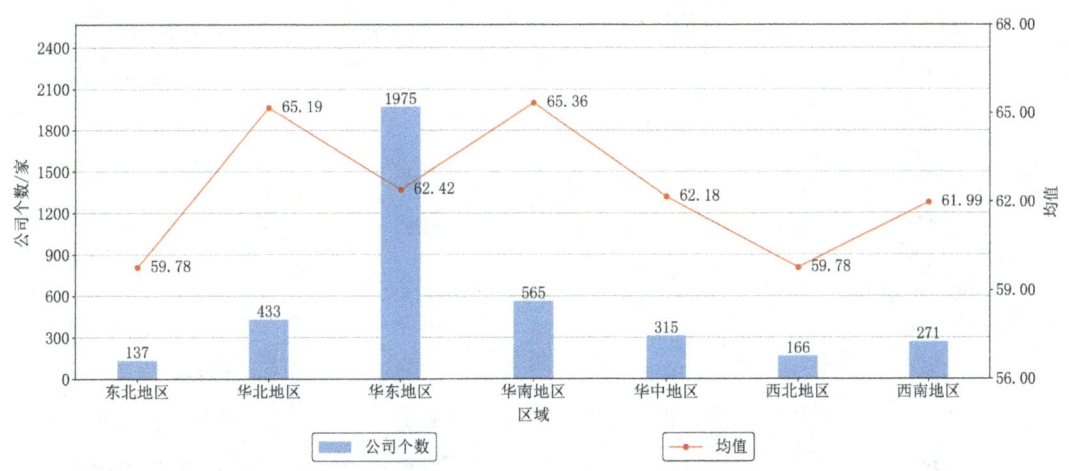

图3-5 2023年传统产业各区域上市公司数字化创新综合指数均值分布图

3. 省份维度分析

报告分析的3865家传统产业上市公司除3家公司注册地在境外或中国香港外，其余3862家均分布在我国31个省份，且主要集中在浙江省、江苏省、广东省、上海市、山东省和北京市，占分析总量的62.43%。如表3-7和图3-6所示，北京市传统产业上市公司数字化创新综合指数平均水平最高，为66.72，其次是天津市（66.42）和广东省（65.92）。在传统产业上市公司数量超过300家的省份中，广东省、江苏省和浙江省上市公司整体表现良好，是经济高质量发展的典范。

表 3-7　2023 年传统产业上市公司数字化创新综合指数——省份维度

省份	公司个数/家	均值	数字化创新公司代表
安徽	141	62.83	阳光电源（87.93）
北京	255	66.72	康龙化成（87.09）
重庆	61	60.66	中国汽研（81.46）
福建	114	62.82	科华数据（83.89）
甘肃	31	60.06	大禹节水（78.58）
广东	508	65.92	迈瑞医疗（93.14）
广西	33	61.45	柳药集团（77.00）
贵州	27	62.97	泰永长征（81.56）
海南	24	58.79	金盘科技（87.01）
河北	64	62.69	青鸟消防（86.38）
河南	91	62.97	宇通客车（83.95）
黑龙江	32	61.23	博实股份（84.45）
湖北	105	61.92	九州通（83.49）
湖南	119	61.82	中联重科（88.04）
吉林	35	60.17	一汽解放（80.74）
江苏	522	62.40	国电南瑞（88.24）
江西	70	61.35	三川智慧（83.79）
辽宁	70	58.93	机器人（85.30）
内蒙古	25	63.44	北方稀土（76.90）
宁夏	15	57.45	宁夏建材（79.59）
青海	10	58.08	盐湖股份（78.05）
山东	267	61.10	海尔智家（90.09）
山西	37	58.47	东杰智能（74.00）
陕西	57	61.98	铂力特（80.46）
上海	291	64.57	联影医疗（90.64）
四川	129	62.98	创维数字（86.33）

续表

省份	公司个数/家	均值	数字化创新公司代表
天津	52	66.42	招商公路（84.09）
西藏	18	58.22	奇正藏药（71.57）
新疆	53	58.25	特变电工（80.37）
云南	36	61.86	云南白药（84.79）
浙江	570	61.89	中控技术（93.05）

数据来源：同花顺（iFinD），首经贸资产评估研究院和浙工商中国智能管理研究院整理。

注：中国海油、百济神州、诺诚健华3家公司注册地均不在境内。

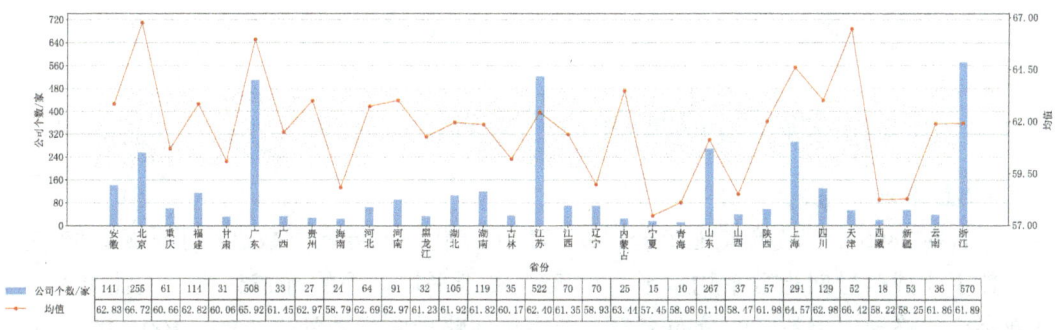

图3-6　2023年传统产业各省份上市公司数字化创新综合指数均值分布图

4. 产权维度分析

报告分析的3865家传统产业上市公司中，从产权方面看，包括334家中央国有控股上市公司，751家地方国有控股上市公司以及2780家非国有控股上市公司。如表3-8和图3-7所示，中央国有控股上市公司数字化创新综合指数平均水平最高，为66.78。非国有控股与地方国有控股上市公司的平均水平均低于全市场均值62.91，其中，非国有控股上市公司该项指数平均水平为62.75，地方国有控股上市公司该项指数平均水平略低于非国有控股，为61.79。

表3-8　2023年传统产业上市公司数字化创新综合指数——产权维度

产权	公司个数/家	均值	数字化创新公司代表
中央国有控股	334	66.78	国电南瑞（88.24）
地方国有控股	751	61.79	中联重科（88.04）
非国有控股	2780	62.75	迈瑞医疗（93.14）

数据来源：同花顺（iFinD），首经贸资产评估研究院和浙工商中国智能管理研究院整理。

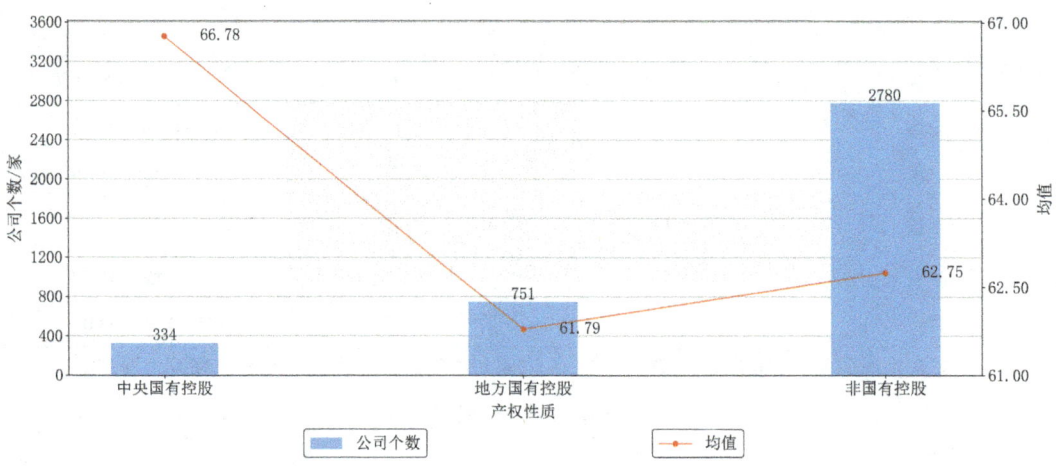

图3-7　2023年传统产业不同产权上市公司数字化创新综合指数均值分布图

3.2.2　传统产业数字化战略导向指数分析

1. 整体分析

报告对3865家传统产业上市公司2023年数字化战略导向指数进行了分析，结果显示：数字化战略导向指数平均水平为62.85，高于平均水平的有1852家，占比47.92%。从数字化战略导向指数区间分布上看，数字化战略导向指数处于［80，100］的上市公司有589家，占比15.24%，表明这些公司在行业内甚至全市场中具有较强的数字化创新意识；数字化战略导向指数处于［70，80）的上市公司有674家，占比17.44%；数字化战略导向指数处于［60，70）的上市公司有834家，占比21.58%；数字化战略导向指数处于［0，60）的上市公司数量最多，共有1768家，占比45.74%，表明这些上市公司的数字化战略导向水平相对较低，如图3-8所示。

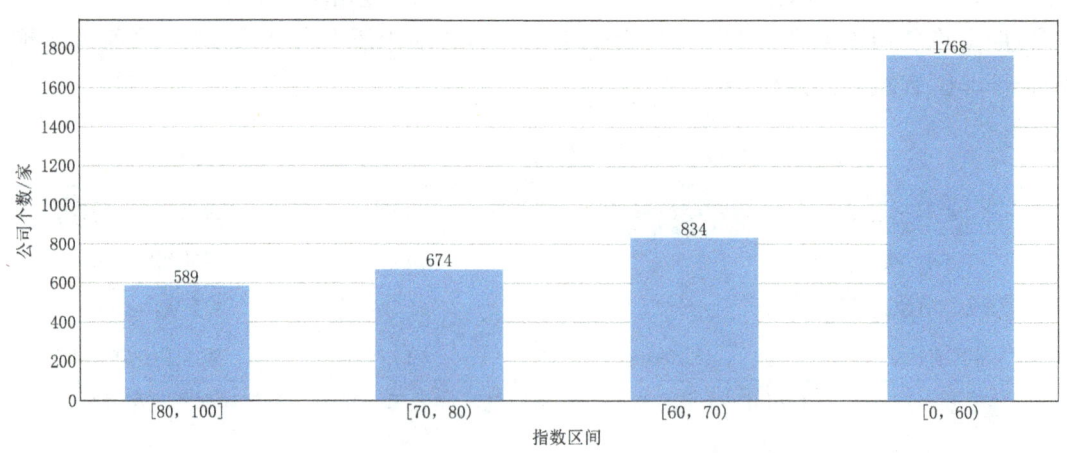

图3-8　2023年传统产业上市公司数字化战略导向指数分布图

从 3865 家传统产业上市公司的数字化战略导向指数分布情况来看，排名前 100 的上市公司如表 3-9 所示。

表 3-9 2023 年传统产业上市公司数字化战略导向指数前 100 排名

排名	证券名称	证券代码	数字化战略导向指数	省份	产权性质
1	美的集团	000333.SZ	98.05	广东	非国有控股
2	深桑达A	000032.SZ	96.95	广东	中央国有控股
3	汉威科技	300007.SZ	96.95	河南	非国有控股
4	中控技术	688777.SH	96.80	浙江	非国有控股
5	迈瑞医疗	300760.SZ	96.75	广东	非国有控股
6	九联科技	688609.SH	96.73	广东	非国有控股
7	埃夫特	688165.SH	96.71	安徽	地方国有控股
8	深城交	301091.SZ	96.32	广东	地方国有控股
9	众合科技	000925.SZ	96.17	浙江	非国有控股
10	九州通	600998.SH	95.76	湖北	非国有控股
11	汇川技术	300124.SZ	95.62	广东	非国有控股
12	顺丰控股	002352.SZ	95.56	广东	非国有控股
13	金盘科技	688676.SH	95.49	海南	非国有控股
14	中集集团	000039.SZ	95.30	广东	中央国有控股
15	齐心集团	002301.SZ	95.25	广东	非国有控股
16	科锐国际	300662.SZ	95.09	北京	非国有控股
17	康龙化成	300759.SZ	95.01	北京	非国有控股
18	三诺生物	300298.SZ	94.69	湖南	非国有控股
19	联影医疗	688271.SH	94.57	上海	非国有控股
20	华大智造	688114.SH	94.56	广东	非国有控股
21	新天科技	300259.SZ	94.37	河南	非国有控股
22	怡亚通	002183.SZ	94.21	广东	地方国有控股
23	小商品城	600415.SH	94.15	浙江	地方国有控股
24	居然之家	000785.SZ	94.05	湖北	非国有控股
25	阿尔特	300825.SZ	94.01	北京	非国有控股
26	威派格	603956.SH	93.68	上海	非国有控股
27	科沃斯	603486.SH	93.60	江苏	非国有控股
28	东方电子	000682.SZ	93.46	山东	地方国有控股
29	瀚川智能	688022.SH	93.36	江苏	非国有控股
30	中国电研	688128.SH	93.35	广东	中央国有控股
31	尚品宅配	300616.SZ	93.04	广东	非国有控股
32	智洋创新	688191.SH	93.01	山东	非国有控股

续表

排名	证券名称	证券代码	数字化战略导向指数	省份	产权性质
33	天玛智控	688570.SH	92.98	北京	中央国有控股
34	机器人	300024.SZ	92.91	辽宁	中央国有控股
35	三一重能	688349.SH	92.89	北京	非国有控股
36	美年健康	002044.SZ	92.82	江苏	非国有控股
37	普门科技	688389.SH	92.78	广东	非国有控股
38	华设集团	603018.SH	92.75	江苏	非国有控股
39	创维数字	000810.SZ	92.62	四川	非国有控股
40	拓斯达	300607.SZ	92.54	广东	非国有控股
41	皓元医药	688131.SH	92.44	上海	非国有控股
42	瑞纳智能	301129.SZ	92.44	安徽	非国有控股
43	光庭信息	301221.SZ	92.31	湖北	非国有控股
44	中联重科	000157.SZ	92.30	湖南	地方国有控股
45	博众精工	688097.SH	92.29	江苏	非国有控股
46	海尔生物	688139.SH	92.26	山东	非国有控股
47	慕思股份	001323.SZ	92.23	广东	非国有控股
48	利欧股份	002131.SZ	92.18	浙江	非国有控股
49	测绘股份	300826.SZ	92.17	江苏	非国有控股
50	理邦仪器	300206.SZ	92.16	广东	非国有控股
51	恒瑞医药	600276.SH	92.15	江苏	非国有控股
52	泰永长征	002927.SZ	92.10	贵州	非国有控股
53	金域医学	603882.SH	92.02	广东	非国有控股
54	海尔智家	600690.SH	92.00	山东	非国有控股
55	埃斯顿	002747.SZ	91.98	江苏	非国有控股
56	徐工机械	000425.SZ	91.93	江苏	地方国有控股
57	南网科技	688248.SH	91.90	广东	中央国有控股
58	酷特智能	300840.SZ	91.88	山东	非国有控股
59	凯莱英	002821.SZ	91.85	天津	非国有控股
60	华兴源创	688001.SH	91.80	江苏	非国有控股
61	瑞松科技	688090.SH	91.79	广东	非国有控股
62	菱电电控	688667.SH	91.79	湖北	非国有控股
63	诺禾致源	688315.SH	91.76	北京	非国有控股
64	蕾奥规划	300989.SZ	91.72	广东	非国有控股
65	碧兴物联	688671.SH	91.72	广东	非国有控股
66	建发股份	600153.SH	91.69	福建	地方国有控股

续表

排名	证券名称	证券代码	数字化战略导向指数	省份	产权性质
67	韵达股份	002120.SZ	91.67	浙江	非国有控股
68	嘉诚国际	603535.SH	91.67	广东	非国有控股
69	迪安诊断	300244.SZ	91.66	浙江	非国有控股
70	江苏北人	688218.SH	91.59	江苏	非国有控股
71	云南白药	000538.SZ	91.46	云南	地方国有控股
72	曼卡龙	300945.SZ	91.39	浙江	非国有控股
73	新奥股份	600803.SH	91.34	河北	非国有控股
74	天准科技	688003.SH	91.28	江苏	非国有控股
75	招商公路	001965.SZ	91.26	天津	中央国有控股
76	乐歌股份	300729.SZ	91.25	浙江	非国有控股
77	巨一科技	688162.SH	91.24	安徽	非国有控股
78	交控科技	688015.SH	91.24	北京	非国有控股
79	悦康药业	688658.SH	91.21	北京	非国有控股
80	易事特	300376.SZ	91.19	广东	非国有控股
81	天音控股	000829.SZ	91.09	江西	地方国有控股
82	立达信	605365.SH	91.07	福建	非国有控股
83	中科微至	688211.SH	90.96	江苏	非国有控股
84	全通教育	300359.SZ	90.93	广东	非国有控股
85	煜邦电力	688597.SH	90.93	北京	非国有控股
86	成都先导	688222.SH	90.91	四川	非国有控股
87	电气风电	688660.SH	90.83	上海	地方国有控股
88	科捷智能	688455.SH	90.79	山东	非国有控股
89	天创物联	603608.SH	90.79	广东	非国有控股
90	爱尔眼科	300015.SZ	90.76	湖南	非国有控股
91	汇中股份	300371.SZ	90.68	河北	非国有控股
92	秦川物联	688528.SH	90.62	四川	非国有控股
93	东方嘉盛	002889.SZ	90.52	广东	非国有控股
94	外服控股	600662.SH	90.51	上海	地方国有控股
95	来伊份	603777.SH	90.39	上海	非国有控股
96	德恩精工	300780.SZ	90.31	四川	非国有控股
97	金卡智能	300349.SZ	90.29	浙江	非国有控股
98	中邮科技	688648.SH	90.26	上海	中央国有控股
99	志邦家居	603801.SH	90.25	安徽	非国有控股
100	航天科技	000901.SZ	90.22	黑龙江	中央国有控股

数据来源：同花顺（iFinD），首经贸资产评估研究院和浙工商中国智能管理研究院整理。

2. 区域维度分析

从区域分布来看，如表3-10和图3-9所示，华南地区传统产业上市公司数字化战略导向指数平均水平最高，为67.50，其次是华北地区（65.57）和华中地区（62.55）。

表 3-10　2023年传统产业上市公司数字化战略导向指数——区域维度

区域	公司个数/家	均值	数字化创新公司代表
东北地区	137	57.86	机器人（92.91）
华北地区	433	65.57	科锐国际（95.09）
华东地区	1975	61.72	中控技术（96.80）
华南地区	565	67.50	美的集团（98.05）
华中地区	315	62.55	汉威科技（96.95）
西北地区	166	58.43	爱科赛博（85.85）
西南地区	271	62.36	创维数字（92.62）

数据来源：同花顺（iFinD），首经贸资产评估研究院和浙工商中国智能管理研究院整理。

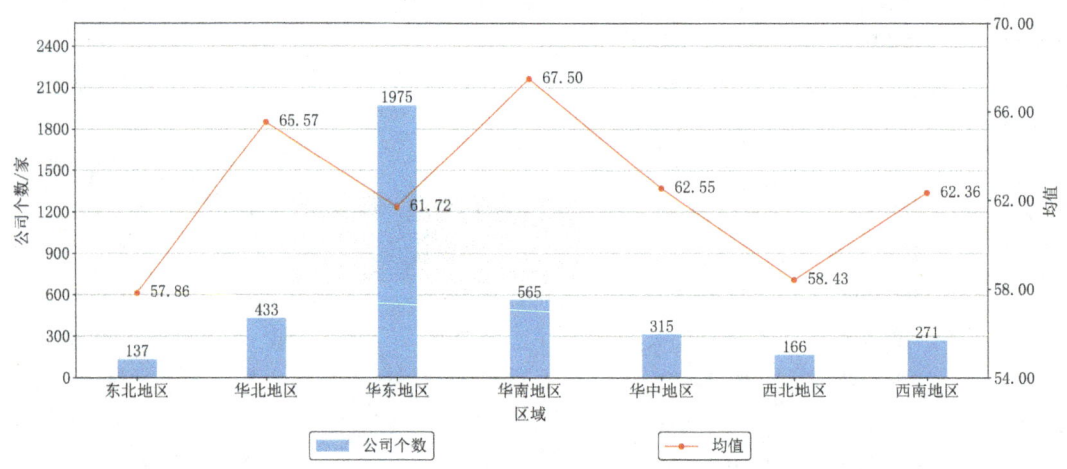

图3-9　2023年传统产业各区域上市公司数字化战略导向指数均值分布图

3. 省份维度分析

从省份分布来看，如表3-11和图3-10所示，广东省传统产业上市公司数字化战略导向指数平均水平最高，为68.12，其次是北京市（68.00）和天津市（66.53）。在传统产业上市公司数量超过300家的省份中，广东省、浙江省和江苏省上市公司整体表现较好。

表 3-11　2023 年传统产业上市公司数字化战略导向指数——省份维度

省份	公司个数/家	均值	数字化创新公司代表
安徽	141	62.10	埃夫特（96.71）
北京	255	68.00	科锐国际（95.09）
重庆	61	60.01	中国汽研（84.93）
福建	114	63.43	建发股份（91.69）
甘肃	31	60.28	大禹节水（84.34）
广东	508	68.12	美的集团（98.05）
广西	33	63.20	华蓝集团（87.98）
贵州	27	61.88	泰永长征（92.10）
海南	24	60.18	金盘科技（95.49）
河北	64	62.58	新奥股份（91.34）
河南	91	62.44	汉威科技（96.95）
黑龙江	32	58.57	航天科技（90.22）
湖北	105	62.34	九州通（95.76）
湖南	119	62.83	三诺生物（94.69）
吉林	35	58.85	一汽解放（82.88）
江苏	522	60.98	科沃斯（93.60）
江西	70	60.75	天音控股（91.09）
辽宁	70	57.04	机器人（92.91）
内蒙古	25	61.88	蒙草生态（83.54）
宁夏	15	58.13	宁夏建材（82.14）
青海	10	57.45	远东股份（81.16）
山东	267	59.68	东方电子（93.46）
山西	37	55.08	东杰智能（88.71）
陕西	57	59.51	爱科赛博（85.85）
上海	291	65.71	联影医疗（94.57）
四川	129	63.82	创维数字（92.62）
天津	52	66.53	凯莱英（91.85）
西藏	18	59.40	筑博设计（85.94）
新疆	53	56.45	西部建设（84.13）
云南	36	62.97	云南白药（91.46）
浙江	570	61.01	中控技术（96.80）

数据来源：同花顺（iFinD），首经贸资产评估研究院和浙工商中国智能管理研究院整理。

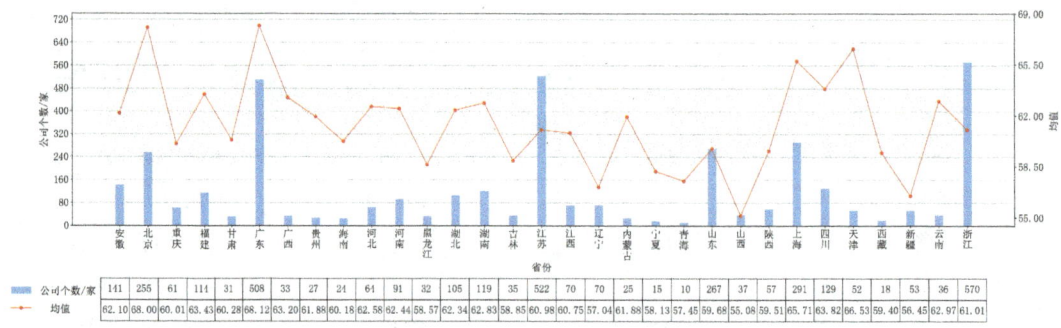

图 3-10　2023 年传统产业各省份上市公司数字化战略导向指数均值分布图

4. 产权维度分析

从产权分布来看，如表 3-12 和图 3-11 所示，传统产业上市公司中，中央国有控股上市公司数字化战略导向指数平均水平最高，为 65.05。其次为非国有控股上市公司，数字化战略导向指数平均水平为 63.06。地方国有控股上市公司数字化战略导向指数平均水平低于全市场均值 62.85，为 61.07。

表 3-12　2023 年传统产业上市公司数字化战略导向指数——产权维度

产权	公司个数/家	均值	数字化创新公司代表
中央国有控股	334	65.05	深桑达 A（96.95）
地方国有控股	751	61.07	埃夫特（96.71）
非国有控股	2780	63.06	美的集团（98.05）

数据来源：同花顺（iFinD），首经贸资产评估研究院和浙工商中国智能管理研究院整理。

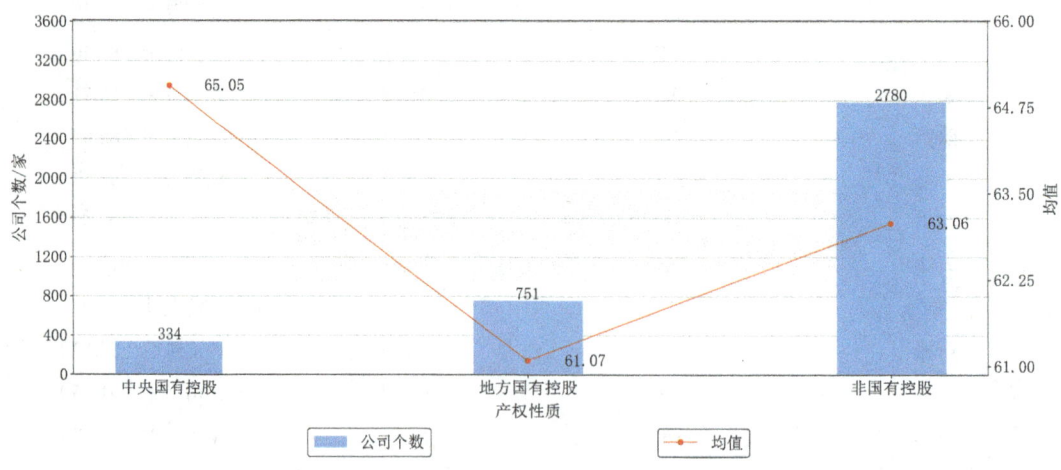

图 3-11　2023 年传统产业不同产权上市公司数字化战略导向指数均值分布图

3.2.3 传统产业数字化要素投入指数分析

1. 整体分析

报告对3865家传统产业上市公司2023年数字化要素投入指数进行了分析，结果显示：数字化要素投入指数平均水平为57.94，高于平均水平的有1820家，占比47.09%。从数字化要素投入指数区间分布上看，数字化要素投入指数处于[80，100]的上市公司有122家，占比3.16%，这些公司在行业内甚至全市场中均属数字化要素投入力度大的优势企业；数字化要素投入指数处于[70，80)的上市公司有487家，占比12.60%，这些公司的数字化要素投入力度较高；数字化要素投入指数处于[60，70)的上市公司有951家，占比24.61%；数字化要素投入指数处于[0，60)的上市公司数量最多，共有2305家，占比59.63%，这些上市公司的数字化要素投入水平相对较低，如图3-12所示。

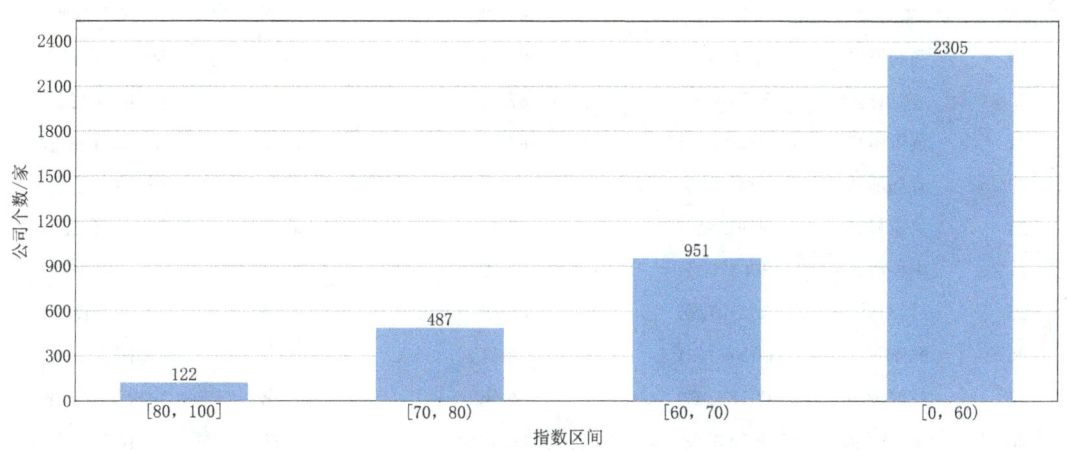

图3-12 2023年传统产业上市公司数字化要素投入指数分布图

从3865家传统产业上市公司的数字化要素投入指数分布情况来看，排名前100的上市公司如表3-13所示。

表3-13 2023年传统产业上市公司数字化要素投入指数前100排名

排名	证券名称	证券代码	数字化要素投入指数	省份	产权性质
1	九联科技	688609.SH	97.80	广东	非国有控股
2	中控技术	688777.SH	94.81	浙江	非国有控股
3	顺丰控股	002352.SZ	94.07	广东	非国有控股
4	深桑达A	000032.SZ	93.86	广东	中央国有控股
5	新天科技	300259.SZ	91.28	河南	非国有控股
6	智洋创新	688191.SH	90.98	山东	非国有控股

续表

排名	证券名称	证券代码	数字化要素投入指数	省份	产权性质
7	创维数字	000810.SZ	90.77	四川	非国有控股
8	深城交	301091.SZ	90.72	广东	地方国有控股
9	拓斯达	300607.SZ	90.43	广东	非国有控股
10	中联重科	000157.SZ	90.27	湖南	地方国有控股
11	菱电电控	688667.SH	89.88	湖北	非国有控股
12	华兴源创	688001.SH	89.71	江苏	非国有控股
13	航天科技	000901.SZ	89.36	黑龙江	中央国有控股
14	光庭信息	301221.SZ	89.11	湖北	非国有控股
15	中恒电气	002364.SZ	88.83	浙江	非国有控股
16	索菱股份	002766.SZ	88.61	广东	非国有控股
17	禾川科技	688320.SH	88.03	浙江	非国有控股
18	埃斯顿	002747.SZ	87.80	江苏	非国有控股
19	高新发展	000628.SZ	87.55	四川	地方国有控股
20	友讯达	300514.SZ	87.55	广东	非国有控股
21	国电南自	600268.SH	87.38	江苏	中央国有控股
22	青鸟消防	002960.SZ	87.37	河北	非国有控股
23	大豪科技	603025.SH	87.34	北京	地方国有控股
24	中科海讯	300810.SZ	87.15	北京	非国有控股
25	新时达	002527.SZ	86.86	上海	非国有控股
26	海尔智家	600690.SH	86.81	山东	非国有控股
27	招商港口	001872.SZ	86.66	广东	中央国有控股
28	威星智能	002849.SZ	86.63	浙江	非国有控股
29	必创科技	300667.SZ	86.56	北京	非国有控股
30	长园集团	600525.SH	86.45	广东	非国有控股
31	英威腾	002334.SZ	86.41	广东	非国有控股
32	康龙化成	300759.SZ	86.36	北京	非国有控股
33	南网科技	688248.SH	86.09	广东	中央国有控股
34	容知日新	688768.SH	85.85	安徽	非国有控股
35	万胜智能	300882.SZ	85.82	浙江	非国有控股
36	联影医疗	688271.SH	85.81	上海	非国有控股
37	爱尔眼科	300015.SZ	85.75	湖南	非国有控股
38	中交设计	600720.SH	85.72	甘肃	中央国有控股
39	通达电气	603390.SH	85.51	广东	非国有控股
40	数字人	835670.BJ	85.16	山东	非国有控股

续表

排名	证券名称	证券代码	数字化要素投入指数	省份	产权性质
41	上海电气	601727.SH	85.13	上海	地方国有控股
42	步科股份	688160.SH	84.90	上海	非国有控股
43	科捷智能	688455.SH	84.84	山东	非国有控股
44	新雷能	300593.SZ	84.81	北京	非国有控股
45	雷赛智能	002979.SZ	84.68	广东	非国有控股
46	众合科技	000925.SZ	84.55	浙江	非国有控股
47	利元亨	688499.SH	84.54	广东	非国有控股
48	三星医疗	601567.SH	84.50	浙江	非国有控股
49	天合光能	688599.SH	84.49	江苏	非国有控股
50	科大智能	300222.SZ	84.47	上海	非国有控股
51	弘讯科技	603015.SH	84.45	浙江	非国有控股
52	小商品城	600415.SH	84.31	浙江	地方国有控股
53	物产中大	600704.SH	84.20	浙江	地方国有控股
54	中国中冶	601618.SH	84.18	北京	中央国有控股
55	迈瑞医疗	300760.SZ	84.14	广东	非国有控股
56	金风科技	002202.SZ	84.14	新疆	地方国有控股
57	智光电气	002169.SZ	84.07	广东	非国有控股
58	天齐锂业	002466.SZ	83.85	四川	非国有控股
59	特锐德	300001.SZ	83.62	山东	非国有控股
60	机器人	300024.SZ	83.56	辽宁	中央国有控股
61	汉威科技	300007.SZ	83.41	河南	非国有控股
62	中船科技	600072.SH	83.39	上海	中央国有控股
63	华贸物流	603128.SH	83.39	上海	中央国有控股
64	全通教育	300359.SZ	83.36	广东	非国有控股
65	东方电子	000682.SZ	83.24	山东	地方国有控股
66	林洋能源	601222.SH	83.16	江苏	非国有控股
67	同益股份	300538.SZ	83.16	广东	非国有控股
68	埃夫特	688165.SH	83.11	安徽	地方国有控股
69	中国交建	601800.SH	82.99	北京	中央国有控股
70	国电南瑞	600406.SH	82.92	江苏	中央国有控股
71	中国电建	601669.SH	82.81	北京	中央国有控股
72	四川九洲	000801.SZ	82.75	四川	地方国有控股
73	华昌达	300278.SZ	82.73	湖北	非国有控股
74	固德威	688390.SH	82.68	江苏	非国有控股

续表

排名	证券名称	证券代码	数字化要素投入指数	省份	产权性质
75	凯莱英	002821.SZ	82.63	天津	非国有控股
76	阳普医疗	300030.SZ	82.60	广东	地方国有控股
77	东方中科	002819.SZ	82.58	北京	中央国有控股
78	易事特	300376.SZ	82.39	广东	非国有控股
79	交控科技	688015.SH	82.35	北京	非国有控股
80	天准科技	688003.SH	82.34	江苏	非国有控股
81	泰坦科技	688133.SH	82.28	上海	非国有控股
82	银河电子	002519.SZ	82.13	江苏	非国有控股
83	汇川技术	300124.SZ	82.10	广东	非国有控股
84	伟创电气	688698.SH	82.06	江苏	非国有控股
85	苏文电能	300982.SZ	81.94	江苏	非国有控股
86	伟思医疗	688580.SH	81.90	江苏	非国有控股
87	雪迪龙	002658.SZ	81.65	北京	非国有控股
88	乐心医疗	300562.SZ	81.54	广东	非国有控股
89	金域医学	603882.SH	81.52	广东	非国有控股
90	华大智造	688114.SH	81.44	广东	非国有控股
91	信捷电气	603416.SH	81.44	江苏	非国有控股
92	天玛智控	688570.SH	81.41	北京	中央国有控股
93	杭可科技	688006.SH	81.37	浙江	非国有控股
94	安泰科技	000969.SZ	81.33	北京	中央国有控股
95	英搏尔	300681.SZ	81.24	广东	非国有控股
96	金卡智能	300349.SZ	81.19	浙江	非国有控股
97	阿尔特	300825.SZ	81.06	北京	非国有控股
98	奥雅股份	300949.SZ	81.03	广东	非国有控股
99	安控科技	300370.SZ	81.01	四川	地方国有控股
100	华阳集团	002906.SZ	80.78	广东	非国有控股

数据来源：同花顺（iFinD），首经贸资产评估研究院和浙工商中国智能管理研究院整理。

2. 区域维度分析

从区域分布来看，如表3-14和图3-13所示，华南地区传统产业上市公司数字化要素投入指数平均水平最高，为61.01，其次是华北地区（60.46）、华中地区（57.43）和西南地区（57.43）。

表 3-14 2023 年传统产业上市公司数字化要素投入指数——区域维度

区域	公司个数/家	均值	数字化创新公司代表
东北地区	137	54.15	航天科技（89.36）
华北地区	433	60.46	青鸟消防（87.37）
华东地区	1975	57.17	中控技术（94.81）
华南地区	565	61.01	九联科技（97.80）
华中地区	315	57.43	新天科技（91.28）
西北地区	166	54.82	中交设计（85.72）
西南地区	271	57.43	创维数字（90.77）

数据来源：同花顺（iFinD），首经贸资产评估研究院和浙工商中国智能管理研究院整理。

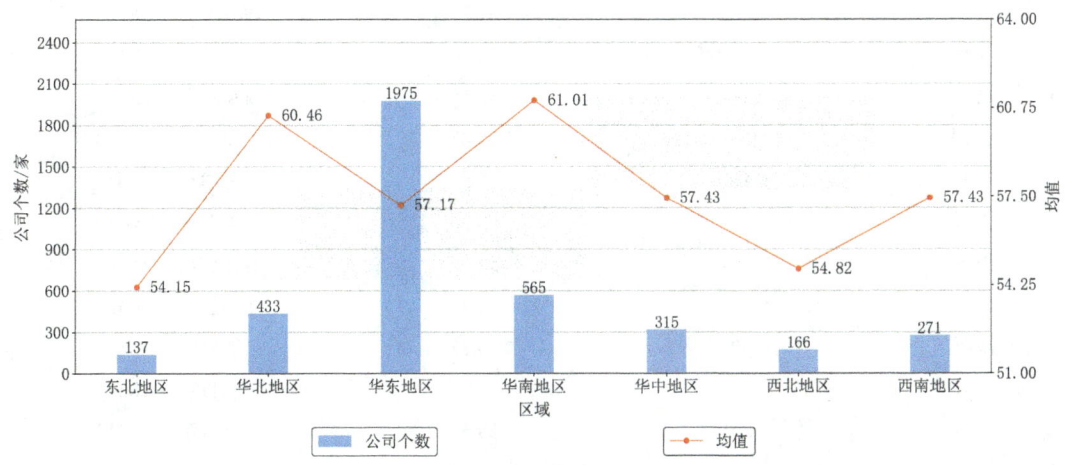

图 3-13 2023 年传统产业各区域上市公司数字化要素投入指数均值分布图

3. 省份维度分析

从省份分布来看，如表 3-15 和图 3-14 所示，北京市传统产业上市公司数字化要素投入指数平均水平最高，为 62.73，其次是天津市（61.98）和广东省（61.62）。在传统产业上市公司数量超过 300 家的省份中，广东省、江苏省和浙江省上市公司整体表现较好。

表 3-15 2023 年传统产业上市公司数字化要素投入指数——省份维度

省份	公司个数/家	均值	数字化创新公司代表
安徽	141	58.08	容知日新（85.85）
北京	255	62.73	大豪科技（87.34）
重庆	61	55.02	中国汽研（76.38）
福建	114	57.13	科华数据（80.70）
甘肃	31	56.06	中交设计（85.72）
广东	508	61.62	九联科技（97.80）

续表

省份	公司个数/家	均值	数字化创新公司代表
广西	33	56.43	五洲交通（78.14）
贵州	27	57.47	泰永长征（77.72）
海南	24	54.23	金盘科技（78.75）
河北	64	57.72	青鸟消防（87.37）
河南	91	57.39	新天科技（91.28）
黑龙江	32	55.01	航天科技（89.36）
湖北	105	57.64	菱电电控（89.88）
湖南	119	57.29	中联重科（90.27）
吉林	35	54.58	一汽解放（76.76）
江苏	522	57.17	华兴源创（89.71）
江西	70	56.76	天音控股（79.21）
辽宁	70	53.55	机器人（83.56）
内蒙古	25	55.45	蒙草生态（78.28）
宁夏	15	52.51	宁夏建材（77.03）
青海	10	53.96	盐湖股份（76.44）
山东	267	55.05	智洋创新（90.98）
山西	37	50.77	东杰智能（77.37）
陕西	57	56.37	铂力特（78.58）
上海	291	60.39	新时达（86.86）
四川	129	59.55	创维数字（90.77）
天津	52	61.98	凯莱英（82.63）
西藏	18	53.96	海思科（79.49）
新疆	53	53.24	金风科技（84.14）
云南	36	55.66	云南白药（74.72）
浙江	570	56.35	中控技术（94.81）

数据来源：同花顺（iFinD），首经贸资产评估研究院和浙工商中国智能管理研究院整理。

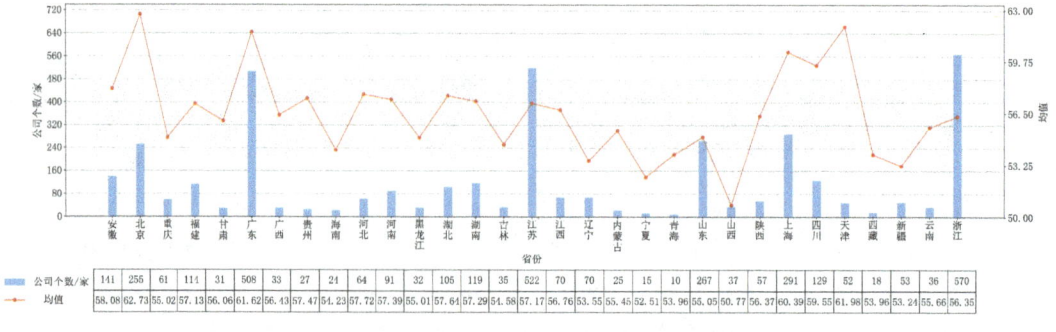

图3-14　2023年传统产业各省份上市公司数字化要素投入指数均值分布图

4. 产权维度分析

从产权分布来看，如表3-16和图3-15所示，传统产业上市公司中，中央国有控股上市公司数字化要素投入指数平均水平最高，为60.95。其次为非国有控股上市公司，数字化要素投入指数平均水平为58.00。地方国有控股上市公司数字化要素投入指数平均水平低于全市场均值57.94，为56.37。

表3-16 2023年传统产业上市公司数字化要素投入指数——产权维度

产权	公司个数/家	均值	数字化创新公司代表
中央国有控股	334	60.95	深桑达A（93.86）
地方国有控股	751	56.37	深城交（90.72）
非国有控股	2780	58.00	九联科技（97.80）

数据来源：同花顺（iFinD），首经贸资产评估研究院和浙工商中国智能管理研究院整理。

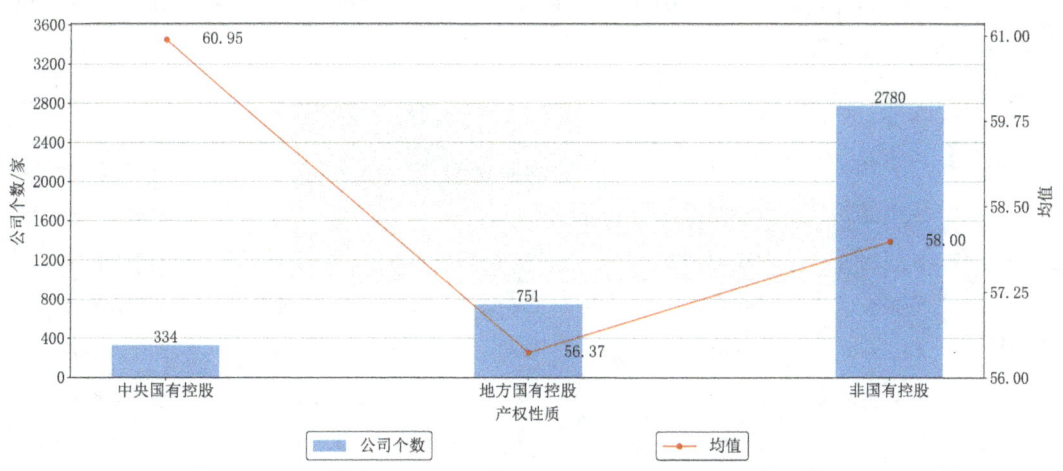

图3-15 2023年传统产业不同产权上市公司数字化要素投入指数均值分布图

3.2.4 传统产业数字化创新成果指数分析

1. 整体分析

报告对3865家传统产业上市公司2023年数字化创新成果指数进行了分析，结果显示：数字化创新成果指数平均水平为63.16，高于平均水平的有1836家，占比47.50%。从数字化创新成果指数区间分布上看，数字化创新成果指数处于［80，100］的上市公司有468家，占比12.11%，这些公司在行业内甚至全市场中数字化创新成果表现突出；数字化创新成果指数处于［70，80）的上市公司有717家，占比18.55%，这些公司的数字化创新水平较高；数字化创新成果指数处于［60，70）的上市公司有966家，占比24.99%；数字化创新成果指数处于［0，60）的上市公司数量最多，共有1714家，占比44.35%，这些上市公司的数字化创新成果相对较差，如图3-16所示。

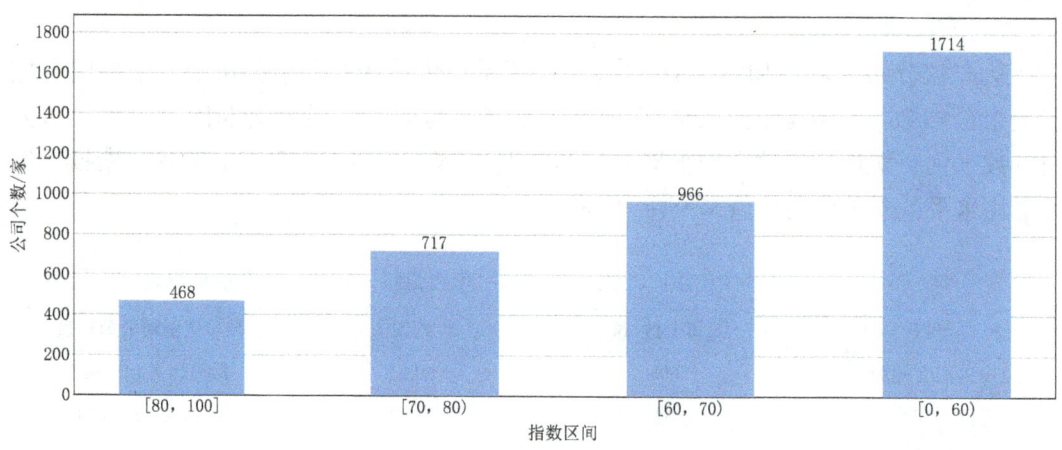

图3-16 2023年传统产业上市公司数字化创新成果指数分布图

从3865家传统产业上市公司的数字化创新成果指数分布情况来看，排名前100的上市公司如表3-17所示。

表3-17 2023年传统产业上市公司数字化创新成果指数前100排名

排名	证券名称	证券代码	数字化创新成果指数	省份	产权性质
1	美的集团	000333.SZ	97.25	广东	非国有控股
2	汇川技术	300124.SZ	97.07	广东	非国有控股
3	迈瑞医疗	300760.SZ	96.84	广东	非国有控股
4	博众精工	688097.SH	96.24	江苏	非国有控股
5	中控技术	688777.SH	96.18	浙江	非国有控股
6	瀚川智能	688022.SH	96.12	江苏	非国有控股
7	博实股份	002698.SZ	95.98	黑龙江	非国有控股
8	巨一科技	688162.SH	95.28	安徽	非国有控股
9	华兴源创	688001.SH	95.20	江苏	非国有控股
10	九联科技	688609.SH	95.15	广东	非国有控股
11	罗博特科	300757.SZ	94.86	江苏	非国有控股
12	金盘科技	688676.SH	94.75	海南	非国有控股
13	联影医疗	688271.SH	94.74	上海	非国有控股
14	拓斯达	300607.SZ	94.32	广东	非国有控股
15	麦格米特	002851.SZ	94.23	广东	非国有控股
16	埃夫特	688165.SH	94.20	安徽	地方国有控股
17	海尔智家	600690.SH	94.17	山东	非国有控股
18	中科微至	688211.SH	94.05	江苏	非国有控股

续表

排名	证券名称	证券代码	数字化创新成果指数	省份	产权性质
19	中集集团	000039.SZ	93.94	广东	中央国有控股
20	利元亨	688499.SH	93.79	广东	非国有控股
21	创维数字	000810.SZ	93.73	四川	非国有控股
22	伟创电气	688698.SH	93.54	江苏	非国有控股
23	南兴股份	002757.SZ	93.24	广东	非国有控股
24	公牛集团	603195.SH	93.10	浙江	非国有控股
25	昆船智能	301311.SZ	92.83	云南	中央国有控股
26	华电重工	601226.SH	92.74	北京	中央国有控股
27	欧派家居	603833.SH	92.67	广东	非国有控股
28	新益昌	688383.SH	92.66	广东	非国有控股
29	德马科技	688360.SH	92.65	浙江	非国有控股
30	慕思股份	001323.SZ	92.53	广东	非国有控股
31	铁建重工	688425.SH	92.45	湖南	中央国有控股
32	禾川科技	688320.SH	92.36	浙江	非国有控股
33	东方电子	000682.SZ	92.29	山东	地方国有控股
34	华大智造	688114.SH	92.29	广东	非国有控股
35	科大智能	300222.SZ	92.17	上海	非国有控股
36	三丰智能	300276.SZ	92.02	湖北	非国有控股
37	景业智能	688290.SH	91.92	浙江	非国有控股
38	格力电器	000651.SZ	91.90	广东	非国有控股
39	南钢股份	600282.SH	91.83	江苏	中央国有控股
40	精测电子	300567.SZ	91.70	湖北	非国有控股
41	光庭信息	301221.SZ	91.66	湖北	非国有控股
42	正泰电器	601877.SH	91.64	浙江	非国有控股
43	海目星	688559.SH	91.62	广东	非国有控股
44	青鸟消防	002960.SZ	91.60	河北	非国有控股
45	东方中科	002819.SZ	91.56	北京	中央国有控股
46	大族激光	002008.SZ	91.55	广东	非国有控股
47	中国电研	688128.SH	91.54	广东	中央国有控股
48	先惠技术	688155.SH	91.38	上海	非国有控股
49	华设集团	603018.SH	91.33	江苏	非国有控股
50	汉威科技	300007.SZ	91.19	河南	非国有控股

续表

排名	证券名称	证券代码	数字化创新成果指数	省份	产权性质
51	瑞松科技	688090.SH	91.15	广东	非国有控股
52	英威腾	002334.SZ	91.00	广东	非国有控股
53	裕同科技	002831.SZ	90.99	广东	非国有控股
54	威派格	603956.SH	90.98	上海	非国有控股
55	赛腾股份	603283.SH	90.88	江苏	非国有控股
56	海晨股份	300873.SZ	90.87	江苏	非国有控股
57	煜邦电力	688597.SH	90.75	北京	非国有控股
58	国电南瑞	600406.SH	90.73	江苏	中央国有控股
59	大族数控	301200.SZ	90.67	广东	非国有控股
60	天玛智控	688570.SH	90.64	北京	中央国有控股
61	合锻智能	603011.SH	90.63	安徽	非国有控股
62	尚品宅配	300616.SZ	90.62	广东	非国有控股
63	智洋创新	688191.SH	90.55	山东	非国有控股
64	南网科技	688248.SH	90.54	广东	中央国有控股
65	金卡智能	300349.SZ	90.51	浙江	非国有控股
66	田中精机	300461.SZ	90.48	浙江	非国有控股
67	齐心集团	002301.SZ	90.45	广东	非国有控股
68	兆威机电	003021.SZ	90.42	广东	非国有控股
69	安达智能	688125.SH	90.39	广东	非国有控股
70	深城交	301091.SZ	90.33	广东	地方国有控股
71	埃斯顿	002747.SZ	90.33	江苏	非国有控股
72	比亚迪	002594.SZ	90.30	广东	非国有控股
73	永福股份	300712.SZ	90.17	福建	非国有控股
74	交控科技	688015.SH	90.10	北京	非国有控股
75	诚益通	300430.SZ	90.08	北京	非国有控股
76	瑞纳智能	301129.SZ	90.07	安徽	非国有控股
77	海尔生物	688139.SH	90.06	山东	非国有控股
78	箭牌家居	001322.SZ	90.02	广东	非国有控股
79	三诺生物	300298.SZ	89.99	湖南	非国有控股
80	苏文电能	300982.SZ	89.96	江苏	非国有控股
81	铂力特	688333.SH	89.96	陕西	非国有控股
82	上海电气	601727.SH	89.95	上海	地方国有控股

续表

排名	证券名称	证券代码	数字化创新成果指数	省份	产权性质
83	开能健康	300272.SZ	89.94	上海	非国有控股
84	华昌达	300278.SZ	89.91	湖北	非国有控股
85	机器人	300024.SZ	89.90	辽宁	中央国有控股
86	山东威达	002026.SZ	89.90	山东	非国有控股
87	泰永长征	002927.SZ	89.86	贵州	非国有控股
88	众合科技	000925.SZ	89.81	浙江	非国有控股
89	新时达	002527.SZ	89.77	上海	非国有控股
90	阿尔特	300825.SZ	89.71	北京	非国有控股
91	索菲亚	002572.SZ	89.65	广东	非国有控股
92	天合光能	688599.SH	89.63	江苏	非国有控股
93	怡合达	301029.SZ	89.54	广东	非国有控股
94	豪森智能	688529.SH	89.54	辽宁	非国有控股
95	信邦智能	301112.SZ	89.51	广东	非国有控股
96	逸飞激光	688646.SH	89.44	湖北	非国有控股
97	通达电气	603390.SH	89.42	广东	非国有控股
98	克来机电	603960.SH	89.41	上海	非国有控股
99	易事特	300376.SZ	89.39	广东	非国有控股
100	立达信	605365.SH	89.31	福建	非国有控股

数据来源：同花顺（iFinD），首经贸资产评估研究院和浙工商中国智能管理研究院整理。

2. 区域维度分析

从区域分布来看，如表3-18和图3-17所示，传统产业上市公司中，华南地区上市公司数字化创新成果指数平均水平最高，为66.74，其次是华北地区（64.14）和华东地区（63.16）。

表3-18　2023年传统产业上市公司数字化创新成果指数——区域维度

区域	公司个数/家	均值	数字化创新公司代表
东北地区	137	59.05	博实股份（95.98）
华北地区	433	64.14	华电重工（92.74）
华东地区	1975	63.16	博众精工（96.24）
华南地区	565	66.74	美的集团（97.25）
华中地区	315	62.16	铁建重工（92.45）
西北地区	166	57.73	铂力特（89.96）
西南地区	271	60.71	创维数字（93.73）

数据来源：同花顺（iFinD），首经贸资产评估研究院和浙工商中国智能管理研究院整理。

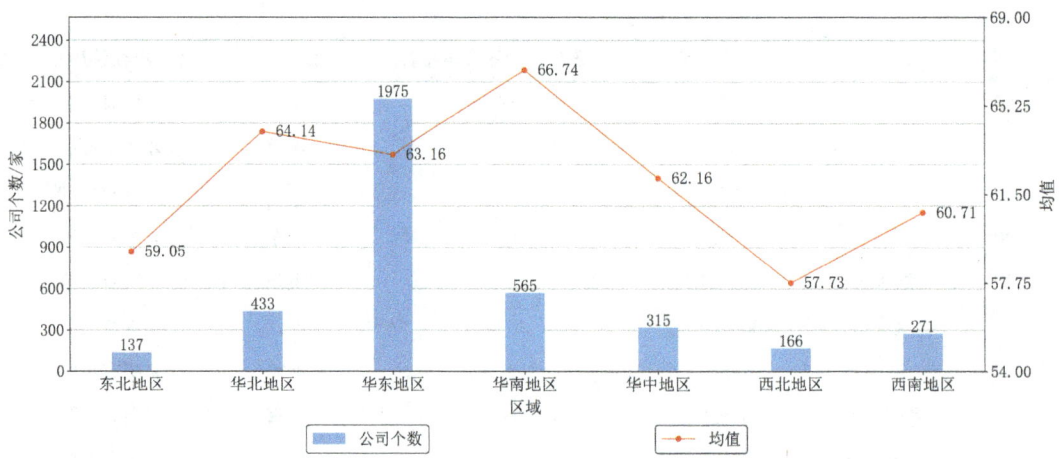

图 3-17 2023年传统产业各区域上市公司数字化创新成果指数均值分布图

3. 省份维度分析

从省份分布来看，如表3-19和图3-18所示，传统产业上市公司中，广东省上市公司数字化创新成果指数平均水平最高，为67.69，其次是天津市（67.27）和北京市（65.64）。在传统产业上市公司数量超过300家的省份中，广东省、江苏省和浙江省上市公司整体表现较好，是高质量发展的典范。

表 3-19 2023年传统产业上市公司数字化创新成果指数——省份维度

省份	公司个数/家	均值	数字化创新公司代表
安徽	141	63.23	巨一科技（95.28）
北京	255	65.64	华电重工（92.74）
重庆	61	59.88	望变电气（82.65）
福建	114	62.54	永福股份（90.17）
甘肃	31	57.36	兰石重装（86.46）
广东	508	67.69	美的集团（97.25）
广西	33	60.49	柳工（82.28）
贵州	27	61.72	泰永长征（89.86）
海南	24	55.18	金盘科技（94.75）
河北	64	61.93	青鸟消防（91.60）
河南	91	62.42	汉威科技（91.19）
黑龙江	32	60.56	博实股份（95.98）
湖北	105	62.28	三丰智能（92.02）
湖南	119	61.86	铁建重工（92.45）
吉林	35	58.59	金冠股份（85.65）
江苏	522	64.28	博众精工（96.24）

续表

省份	公司个数/家	均值	数字化创新公司代表
江西	70	60.66	三川智慧（88.67）
辽宁	70	58.59	机器人（89.90）
内蒙古	25	60.29	北方稀土（75.30）
宁夏	15	55.23	巨能股份（82.92）
青海	10	54.17	盐湖股份（75.67）
山东	267	61.30	海尔智家（94.17）
山西	37	55.89	东杰智能（89.29）
陕西	57	61.50	铂力特（89.96）
上海	291	64.16	联影医疗（94.74）
四川	129	61.87	创维数字（93.73）
天津	52	67.27	美腾科技（89.25）
西藏	18	55.23	华宝股份（77.68）
新疆	53	55.28	特变电工（78.70）
云南	36	59.94	昆船智能（92.83）
浙江	570	62.93	中控技术（96.18）

数据来源：同花顺（iFinD），首经贸资产评估研究院和浙工商中国智能管理研究院整理。

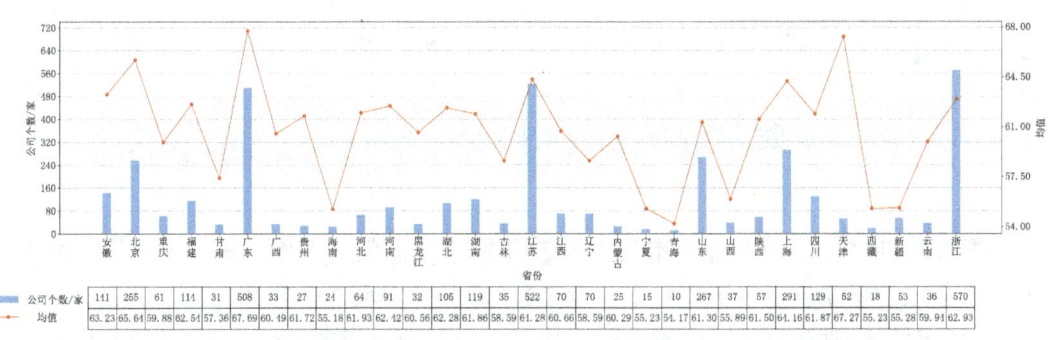

图3-18　2023年传统产业各省份上市公司数字化创新成果指数均值分布图

4. 产权维度分析

从产权分布来看，如表3-20和图3-19所示，传统产业上市公司中，中央国有控股上市公司数字化创新成果指数平均水平最高，为64.70。其次为非国有控股上市公司，数字化创新成果指数平均水平为63.97。地方国有控股上市公司数字化创新成果指数平均水平低于全市场均值63.16，为59.46。

表 3-20　2023 年传统产业上市公司数字化创新成果指数——产权维度

产权	公司个数/家	均值	数字化创新公司代表
中央国有控股	334	64.70	中集集团（93.94）
地方国有控股	751	59.46	埃夫特（94.20）
非国有控股	2780	63.97	美的集团（97.25）

数据来源：同花顺（iFinD），首经贸资产评估研究院和浙工商中国智能管理研究院整理。

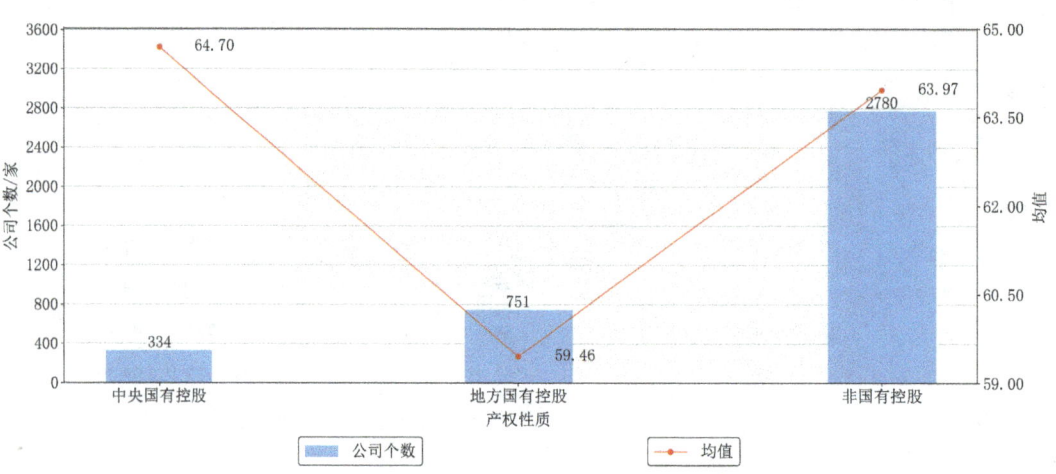

图 3-19　2023 年传统产业不同产权上市公司数字化创新成果指数均值分布图

3.2.5　传统产业数字化创新绩效指数分析

1. 整体分析

报告对 3865 家传统产业上市公司 2023 年数字化创新绩效指数进行了分析，结果显示：数字化创新绩效指数平均水平为 66.22，高于平均水平的有 1933 家，占比 50.01%。从数字化创新绩效指数区间分布上看，数字化创新绩效指数处于［80，100］的上市公司有 473 家，占比 12.24%，这些公司在行业内甚至全市场中数字化创新优势明显；数字化创新绩效指数处于［70，80）的上市公司有 1044 家，占比 27.01%，这些公司的数字化创新绩效水平较高；数字化创新绩效指数处于［60，70）的上市公司有 1134 家，占比 29.34%；数字化创新绩效指数处于［0，60）的上市公司数量最多，共有 1214 家，占比 31.41%，这些上市公司的数字化创新表现相对较差，如图 3-20 所示。

从 3865 家传统产业上市公司的数字化创新绩效指数分布情况来看，排名前 100 的上市公司如表 3-21 所示。

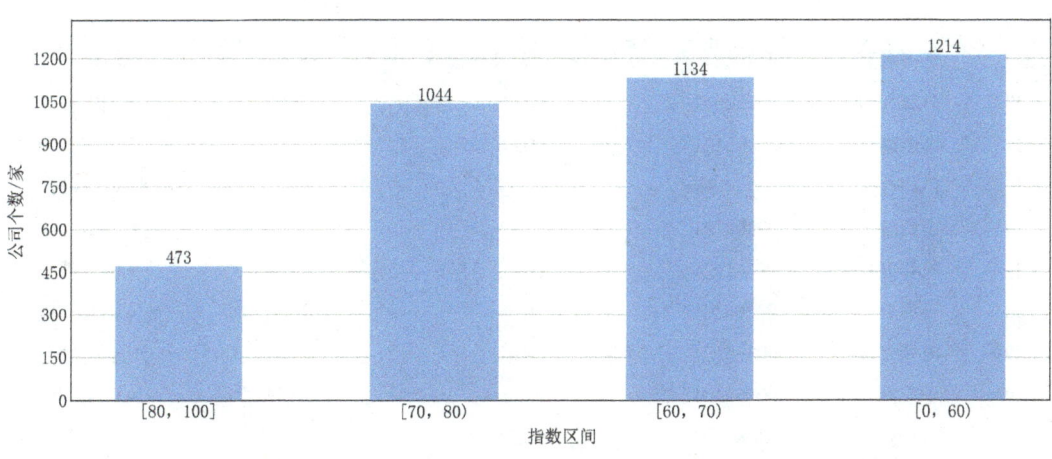

图 3-20　2023 年传统产业上市公司数字化创新绩效指数分布图

表 3-21　2023 年传统产业上市公司数字化创新绩效指数前 100 排名

排名	证券名称	证券代码	数字化创新绩效指数	省份	产权性质
1	智飞生物	300122.SZ	95.47	重庆	非国有控股
2	阳光电源	300274.SZ	95.02	安徽	非国有控股
3	爱美客	300896.SZ	93.82	北京	非国有控股
4	晶盛机电	300316.SZ	93.46	浙江	非国有控股
5	迈瑞医疗	300760.SZ	93.13	广东	非国有控股
6	小商品城	600415.SH	93.09	浙江	地方国有控股
7	菜百股份	605599.SH	92.89	北京	地方国有控股
8	万华化学	600309.SH	92.76	山东	地方国有控股
9	天坛生物	600161.SH	92.47	北京	中央国有控股
10	中远海能	600026.SH	92.35	上海	中央国有控股
11	中信金属	601061.SH	92.23	北京	中央国有控股
12	上海莱士	002252.SZ	92.08	上海	非国有控股
13	贵州茅台	600519.SH	92.04	贵州	地方国有控股
14	京沪高铁	601816.SH	91.98	北京	中央国有控股
15	五粮液	000858.SZ	91.93	四川	地方国有控股
16	长江电力	600900.SH	91.88	北京	中央国有控股
17	中海油服	601808.SH	91.69	天津	中央国有控股
18	云南白药	000538.SZ	91.61	云南	地方国有控股
19	石英股份	603688.SH	91.52	江苏	非国有控股
20	中国核电	601985.SH	91.42	北京	中央国有控股
21	中国黄金	600916.SH	91.30	北京	中央国有控股
22	长安汽车	000625.SZ	90.98	重庆	中央国有控股

续表

排名	证券名称	证券代码	数字化创新绩效指数	省份	产权性质
23	外服控股	600662.SH	90.92	上海	地方国有控股
24	国电南瑞	600406.SH	90.86	江苏	中央国有控股
25	汇川技术	300124.SZ	90.77	广东	非国有控股
26	山西汾酒	600809.SH	90.70	山西	地方国有控股
27	长春高新	000661.SZ	90.48	吉林	地方国有控股
28	洋河股份	002304.SZ	90.45	江苏	地方国有控股
29	海澜之家	600398.SH	90.42	江苏	非国有控股
30	中航沈飞	600760.SH	90.36	山东	中央国有控股
31	吉祥航空	603885.SH	90.31	上海	非国有控股
32	古井贡酒	000596.SZ	90.30	安徽	地方国有控股
33	老凤祥	600612.SH	90.23	上海	地方国有控股
34	长城汽车	601633.SH	90.00	河北	非国有控股
35	片仔癀	600436.SH	89.93	福建	地方国有控股
36	春秋航空	601021.SH	89.86	上海	非国有控股
37	高新发展	000628.SZ	89.80	四川	地方国有控股
38	卫星化学	002648.SZ	89.77	浙江	非国有控股
39	中国广核	003816.SZ	89.73	广东	中央国有控股
40	新产业	300832.SZ	89.63	广东	非国有控股
41	中航机载	600372.SH	89.63	北京	中央国有控股
42	浙能电力	600023.SH	89.60	浙江	地方国有控股
43	航发动力	600893.SH	89.56	陕西	中央国有控股
44	苏泊尔	002032.SZ	89.44	浙江	非国有控股
45	陕西煤业	601225.SH	89.41	陕西	地方国有控股
46	川投能源	600674.SH	89.39	四川	地方国有控股
47	特力A	000025.SZ	89.28	广东	地方国有控股
48	珀莱雅	603605.SH	89.23	浙江	非国有控股
49	华润三九	000999.SZ	89.22	广东	中央国有控股
50	中国船舶	600150.SH	88.96	上海	中央国有控股
51	国投电力	600886.SH	88.96	北京	中央国有控股
52	中体产业	600158.SH	88.95	天津	中央国有控股
53	晨光股份	603899.SH	88.92	上海	非国有控股
54	恒力石化	600346.SH	88.88	辽宁	非国有控股
55	周大生	002867.SZ	88.77	广东	非国有控股
56	白云机场	600004.SH	88.66	广东	地方国有控股
57	同仁堂	600085.SH	88.51	北京	地方国有控股
58	星宇股份	601799.SH	88.49	江苏	非国有控股

续表

排名	证券名称	证券代码	数字化创新绩效指数	省份	产权性质
59	福耀玻璃	600660.SH	88.43	福建	非国有控股
60	华能水电	600025.SH	88.43	云南	中央国有控股
61	正泰电器	601877.SH	88.37	浙江	非国有控股
62	泸州老窖	000568.SZ	88.33	四川	地方国有控股
63	潍柴动力	000338.SZ	88.20	山东	地方国有控股
64	恒瑞医药	600276.SH	88.15	江苏	非国有控股
65	重庆啤酒	600132.SH	88.11	重庆	非国有控股
66	圆通速递	600233.SH	88.09	辽宁	非国有控股
67	节能环境	300140.SZ	88.09	陕西	中央国有控股
68	光启技术	002625.SZ	87.83	广东	非国有控股
69	居然之家	000785.SZ	87.69	湖北	非国有控股
70	华东医药	000963.SZ	87.69	浙江	非国有控股
71	东方雨虹	002271.SZ	87.65	北京	非国有控股
72	华兰生物	002007.SZ	87.64	河南	非国有控股
73	海信视像	600060.SH	87.63	山东	地方国有控股
74	招商公路	001965.SZ	87.57	天津	中央国有控股
75	海兴电力	603556.SH	87.56	浙江	非国有控股
76	爱施德	002416.SZ	87.55	广东	非国有控股
77	汤臣倍健	300146.SZ	87.52	广东	非国有控股
78	晶科能源	688223.SH	87.50	江西	非国有控股
79	三峡能源	600905.SH	87.49	北京	中央国有控股
80	上海机场	600009.SH	87.49	上海	地方国有控股
81	今世缘	603369.SH	87.48	江苏	地方国有控股
82	百克生物	688276.SH	87.47	吉林	地方国有控股
83	伊利股份	600887.SH	87.37	内蒙古	非国有控股
84	中材科技	002080.SZ	87.30	江苏	中央国有控股
85	兰生股份	600826.SH	87.27	上海	地方国有控股
86	三花智控	002050.SZ	87.27	浙江	非国有控股
87	公牛集团	603195.SH	87.19	浙江	非国有控股
88	宇通客车	600066.SH	87.15	河南	非国有控股
89	药明康德	603259.SH	87.08	江苏	非国有控股
90	一汽解放	000800.SZ	87.02	吉林	中央国有控股
91	联影医疗	688271.SH	86.98	上海	非国有控股
92	拓普集团	601689.SH	86.97	浙江	非国有控股
93	川宁生物	301301.SZ	86.96	新疆	非国有控股
94	海螺水泥	600585.SH	86.93	安徽	地方国有控股

续表

排名	证券名称	证券代码	数字化创新绩效指数	省份	产权性质
95	上港集团	600018.SH	86.92	上海	地方国有控股
96	科博达	603786.SH	86.90	上海	非国有控股
97	艾力斯	688578.SH	86.88	上海	非国有控股
98	山东高速	600350.SH	86.82	山东	地方国有控股
99	东方电气	600875.SH	86.73	四川	中央国有控股
100	中粮糖业	600737.SH	86.69	新疆	中央国有控股

数据来源：同花顺（iFinD），首经贸资产评估研究院和浙工商中国智能管理研究院整理。

2. 区域维度分析

从区域分布来看，如表3-22和图3-21所示，传统产业上市公司中，华北地区上市公司数字化创新绩效指数平均水平最高，为69.57，其次是西北地区（66.54）和西南地区（66.51）。

表3-22　2023年传统产业上市公司数字化创新绩效指数——区域维度

区域	公司个数/家	均值	数字化创新公司代表
东北地区	137	65.85	长春高新（90.48）
华北地区	433	69.57	爱美客（93.82）
华东地区	1975	65.76	阳光电源（95.02）
华南地区	565	65.57	迈瑞医疗（93.13）
华中地区	315	65.39	居然之家（87.69）
西北地区	166	66.54	航发动力（89.56）
西南地区	271	66.51	智飞生物（95.47）

数据来源：同花顺（iFinD），首经贸资产评估研究院和浙工商中国智能管理研究院整理。

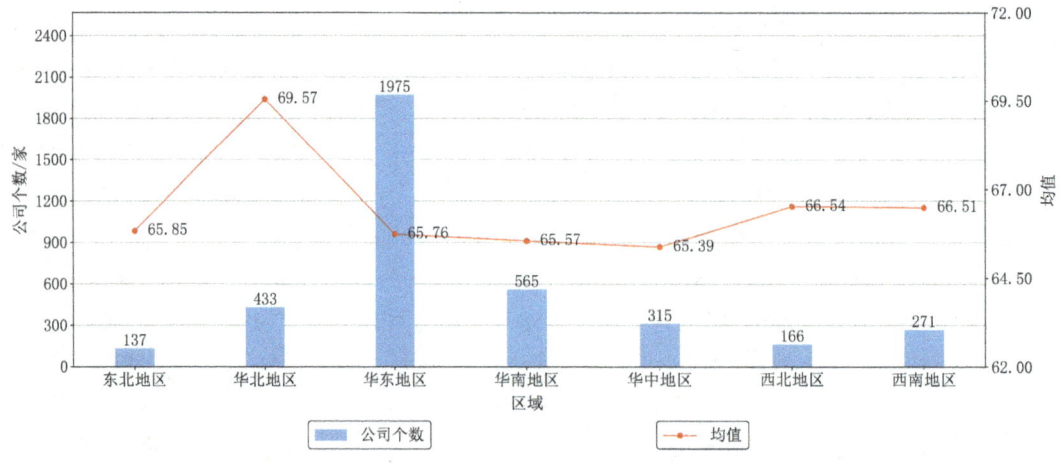

图3-21　2023年传统产业各区域上市公司数字化创新绩效指数均值分布图

3. 省份维度分析

从省份分布来看，如表3-23和图3-22所示，传统产业上市公司中，内蒙古自治区上市公司数字化创新绩效指数平均水平最高，为73.75，其次是北京市（70.03）和山西省（69.05）。在传统产业上市公司数量超过300家的省份中，广东省、浙江省和江苏省上市公司整体表现较好，是高质量发展的典范。

表3-23 2023年传统产业上市公司数字化创新绩效指数——省份维度

省份	公司个数/家	均值	数字化创新公司代表
安徽	141	66.23	阳光电源（95.02）
北京	255	70.03	爱美客（93.82）
重庆	61	66.00	智飞生物（95.47）
福建	114	66.84	片仔癀（89.93）
甘肃	31	65.89	金徽酒（81.51）
广东	508	65.61	迈瑞医疗（93.13）
广西	33	65.06	华锡有色（83.50）
贵州	27	69.01	贵州茅台（92.04）
海南	24	65.33	海航控股（82.96）
河北	64	67.20	长城汽车（90.00）
河南	91	67.95	华兰生物（87.64）
黑龙江	32	68.09	葵花药业（81.97）
湖北	105	64.32	居然之家（87.69）
湖南	119	64.39	爱尔眼科（85.87）
吉林	35	66.79	长春高新（90.48）
江苏	522	64.90	石英股份（91.52）
江西	70	65.82	晶科能源（87.50）
辽宁	70	64.36	恒力石化（88.88）
内蒙古	25	73.75	伊利股份（87.37）
宁夏	15	63.13	宝丰能源（86.39）
青海	10	65.91	西部矿业（84.21）
山东	267	66.08	万华化学（92.76）
山西	37	69.05	山西汾酒（90.70）
陕西	57	68.07	航发动力（89.56）
上海	291	67.35	中远海能（92.35）
四川	129	66.21	五粮液（91.93）
天津	52	68.57	中海油服（91.69）
西藏	18	63.96	梅花生物（79.23）
新疆	53	66.35	川宁生物（86.96）
云南	36	67.84	云南白药（91.61）
浙江	570	65.24	晶盛机电（93.46）

数据来源：同花顺（iFinD），首经贸资产评估研究院和浙工商中国智能管理研究院整理。

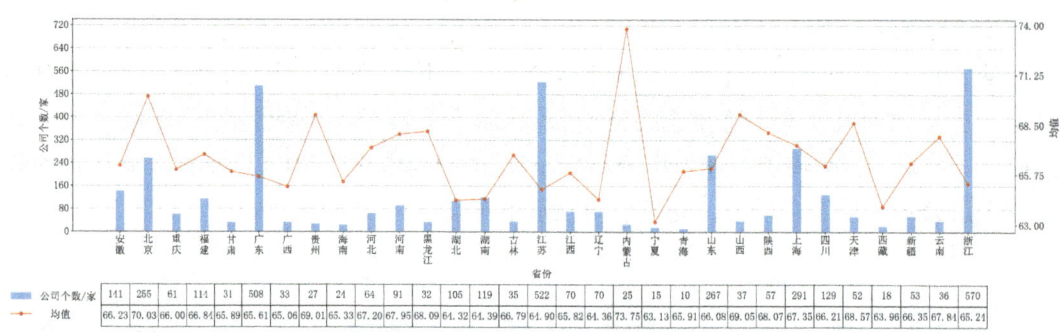

图 3-22　2023 年传统产业各省份上市公司数字化创新绩效指数均值分布图

4. 产权维度分析

从产权分布来看，如表 3-24 和图 3-23 所示，传统产业上市公司中，中央国有控股上市公司数字化创新绩效指数平均水平最高，为 74.42。其次为地方国有控股上市公司，数字化创新绩效指数平均水平为 68.78。非国有控股上市公司数字化创新绩效指数平均水平低于全市场均值 66.22，为 64.55。

表 3-24　2023 年传统产业上市公司数字化创新绩效指数——产权维度

产权	公司个数/家	均值	数字化创新公司代表
中央国有控股	334	74.42	天坛生物（92.47）
地方国有控股	751	68.78	小商品城（93.09）
非国有控股	2780	64.55	智飞生物（95.47）

数据来源：同花顺（iFinD），首经贸资产评估研究院和浙工商中国智能管理研究院整理。

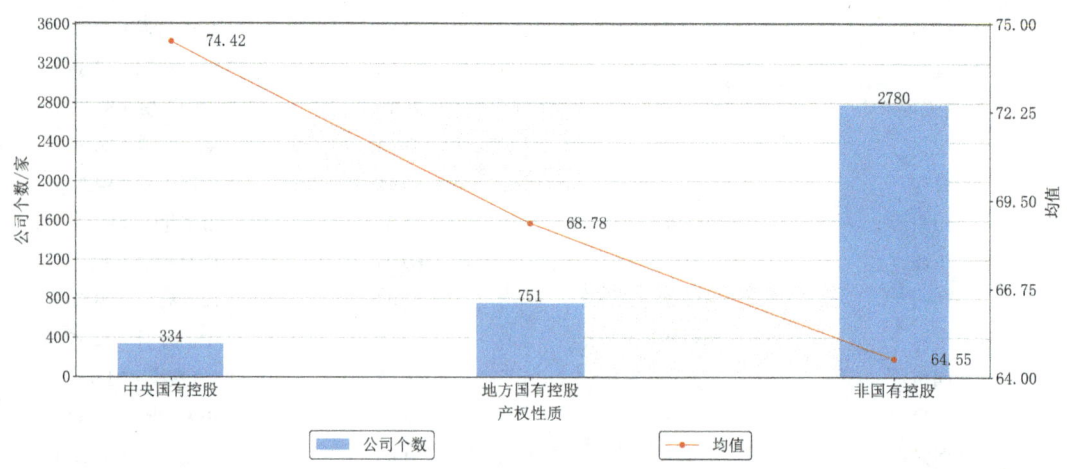

图 3-23　2023 年传统产业不同产权上市公司数字化创新绩效指数均值分布图

3.3 2023年数字原生产业中国上市公司数字化创新评价

3.3.1 数字原生产业数字化创新综合指数分析

1. 整体分析

报告对1195家数字原生产业上市公司2023年数字化创新状况进行了分析，结果显示：数字化创新综合指数平均水平为73.09，高于平均水平的有635家，占比53.14%。从数字化创新综合指数区间分布上看，数字化创新综合指数处于［80，100］的上市公司有321家，占比26.86%，表明这些公司在行业内甚至全市场中数字化创新能力较强；数字化创新综合指数处于［70，80）的上市公司数量最多，共有453家，占比37.91%；数字化创新综合指数处于［60，70）的上市公司有298家，占比24.94%；数字化创新综合指数处于［0，60）的上市公司有123家，占比10.29%，表明这些上市公司的数字化创新表现相对较差，如图3-24所示。

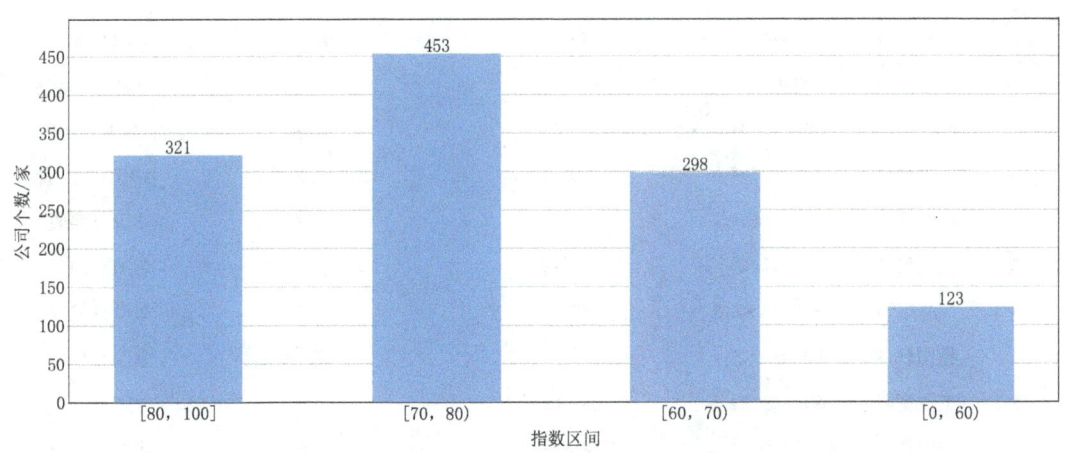

图3-24 2023年数字原生产业上市公司数字化创新综合指数分布图

从1195家数字原生产业上市公司的数字化创新综合指数分布情况来看，排名前100的上市公司如表3-25所示。

表 3-25 2023 年数字原生产业上市公司数字化创新综合指数前 100 排名

排名	证券名称	证券代码	数字化创新综合指数	省份	产权性质
1	科大讯飞	002230.SZ	93.98	安徽	非国有控股
2	金山办公	688111.SH	93.10	北京	非国有控股
3	大华股份	002236.SZ	92.70	浙江	非国有控股
4	传音控股	688036.SH	92.48	广东	非国有控股

续表

排名	证券名称	证券代码	数字化创新综合指数	省份	产权性质
5	海康威视	002415.SZ	91.92	浙江	中央国有控股
6	软通动力	301236.SZ	91.70	北京	非国有控股
7	神州泰岳	300002.SZ	91.70	北京	非国有控股
8	石基信息	002153.SZ	91.32	北京	非国有控股
9	萤石网络	688475.SH	91.03	浙江	中央国有控股
10	中科星图	688568.SH	90.97	北京	中央国有控股
11	协创数据	300857.SZ	90.95	广东	非国有控股
12	中国电信	601728.SH	90.86	北京	中央国有控股
13	石头科技	688169.SH	90.67	北京	非国有控股
14	威胜信息	688100.SH	90.42	湖南	非国有控股
15	卓胜微	300782.SZ	90.36	江苏	非国有控股
16	彩讯股份	300634.SZ	90.07	广东	非国有控股
17	宇信科技	300674.SZ	89.77	北京	非国有控股
18	中远海科	002401.SZ	89.72	上海	中央国有控股
19	时代电气	688187.SH	89.72	湖南	中央国有控股
20	宝信软件	600845.SH	89.62	上海	中央国有控股
21	用友网络	600588.SH	89.61	北京	非国有控股
22	盛视科技	002990.SZ	89.58	广东	非国有控股
23	中兴通讯	000063.SZ	89.56	广东	非国有控股
24	超图软件	300036.SZ	89.45	北京	非国有控股
25	工业富联	601138.SH	89.18	广东	非国有控股
26	锐明技术	002970.SZ	88.95	广东	非国有控股
27	千方科技	002373.SZ	88.91	北京	非国有控股
28	广电运通	002152.SZ	88.89	广东	地方国有控股
29	光环新网	300383.SZ	88.88	北京	非国有控股
30	科大国创	300520.SZ	88.86	安徽	非国有控股
31	智度股份	000676.SZ	88.82	广东	非国有控股
32	虹软科技	688088.SH	88.80	浙江	非国有控股
33	佳都科技	600728.SH	88.72	广东	非国有控股
34	东软集团	600718.SH	88.65	辽宁	非国有控股
35	奇安信	688561.SH	88.62	北京	非国有控股
36	润和软件	300339.SZ	88.51	江苏	非国有控股

续表

排名	证券名称	证券代码	数字化创新综合指数	省份	产权性质
37	华测导航	300627.SZ	88.48	上海	非国有控股
38	博思软件	300525.SZ	88.47	福建	非国有控股
39	视源股份	002841.SZ	88.29	广东	非国有控股
40	安恒信息	688023.SH	88.19	浙江	非国有控股
41	中科创达	300496.SZ	88.18	北京	非国有控股
42	启明星辰	002439.SZ	88.16	北京	中央国有控股
43	神州数码	000034.SZ	88.10	广东	非国有控股
44	远光软件	002063.SZ	88.10	广东	中央国有控股
45	乐鑫科技	688018.SH	88.08	上海	非国有控股
46	天源迪科	300047.SZ	88.02	广东	非国有控股
47	太极股份	002368.SZ	88.01	北京	中央国有控股
48	汉王科技	002362.SZ	87.99	北京	非国有控股
49	拓维信息	002261.SZ	87.96	湖南	非国有控股
50	道通科技	688208.SH	87.84	广东	非国有控股
51	天融信	002212.SZ	87.80	广东	非国有控股
52	先导智能	300450.SZ	87.68	江苏	非国有控股
53	京东方A	000725.SZ	87.68	北京	地方国有控股
54	亿联网络	300628.SZ	87.68	福建	非国有控股
55	东土科技	300353.SZ	87.61	北京	非国有控股
56	拓邦股份	002139.SZ	87.48	广东	非国有控股
57	中科江南	301153.SZ	87.46	北京	地方国有控股
58	今天国际	300532.SZ	87.39	广东	非国有控股
59	深信服	300454.SZ	87.36	广东	非国有控股
60	经纬恒润	688326.SH	87.27	北京	非国有控股
61	宝通科技	300031.SZ	87.23	江苏	非国有控股
62	中国通号	688009.SH	87.23	北京	中央国有控股
63	紫光股份	000938.SZ	87.20	北京	非国有控股
64	新开普	300248.SZ	87.14	河南	非国有控股
65	税友股份	603171.SH	87.10	浙江	非国有控股
66	久远银海	002777.SZ	87.08	四川	中央国有控股
67	智微智能	001339.SZ	87.07	广东	非国有控股
68	常山北明	000158.SZ	87.03	河北	地方国有控股

续表

排名	证券名称	证券代码	数字化创新综合指数	省份	产权性质
69	蜂助手	301382.SZ	87.00	广东	非国有控股
70	芯原股份	688521.SH	86.98	上海	非国有控股
71	国投智能	300188.SZ	86.98	福建	中央国有控股
72	华凯易佰	300592.SZ	86.96	湖南	非国有控股
73	万兴科技	300624.SZ	86.96	西藏	非国有控股
74	新大陆	000997.SZ	86.95	福建	非国有控股
75	领益智造	002600.SZ	86.85	广东	非国有控股
76	达实智能	002421.SZ	86.64	广东	非国有控股
77	焦点科技	002315.SZ	86.64	江苏	非国有控股
78	广和通	300638.SZ	86.60	广东	非国有控股
79	慧博云通	301316.SZ	86.59	浙江	非国有控股
80	中科曙光	603019.SH	86.58	天津	中央国有控股
81	中科软	603927.SH	86.53	北京	中央国有控股
82	安克创新	300866.SZ	86.51	湖南	非国有控股
83	电科数字	600850.SH	86.50	上海	中央国有控股
84	旋极信息	300324.SZ	86.46	北京	非国有控股
85	润建股份	002929.SZ	86.44	广西	非国有控股
86	中科信息	300678.SZ	86.39	四川	中央国有控股
87	恒玄科技	688608.SH	86.31	上海	非国有控股
88	海能达	002583.SZ	86.31	广东	非国有控股
89	剑桥科技	603083.SH	86.31	上海	非国有控股
90	泛微网络	603039.SH	86.26	上海	非国有控股
91	神州信息	000555.SZ	86.25	广东	非国有控股
92	东方国信	300166.SZ	86.24	北京	非国有控股
93	广联达	002410.SZ	86.18	北京	非国有控股
94	朗新集团	300682.SZ	86.12	江苏	非国有控股
95	新致软件	688590.SH	86.11	上海	非国有控股
96	中天科技	600522.SH	86.05	江苏	非国有控股
97	航天宏图	688066.SH	85.99	北京	非国有控股
98	华勤技术	603296.SH	85.97	上海	非国有控股
99	洲明科技	300232.SZ	85.94	广东	非国有控股
100	金桥信息	603918.SH	85.93	上海	非国有控股

数据来源：同花顺（iFinD），首经贸资产评估研究院和浙工商中国智能管理研究院整理。

在报告分析的1195家数字原生产业上市公司中，排名前500的上市公司在区域、省份和产权方面的分布情况如图3-25、图3-26、图3-27所示。

从排名前500的数字原生产业上市公司所属区域来看，华东地区184家、华南地区136家、华北地区120家，合计占数字原生产业数字化创新综合指数排名前500上市公司总数的88.00%，凸显出华东、华北和华南地区是数字化创新的主力区域；除此之外，华中地区24家、西南地区22家、东北地区7家、西北地区4家，其他地区3家。

从排名前500的数字原生产业上市公司所属省份来看，广东省134家、北京市110家、上海市51家、江苏省41家、浙江省39家，合计占数字原生产业数字化创新综合指数排名前500上市公司总数的75.00%，是数字化创新发展的主力大省；除此之外，福建省25家、山东省19家、四川省13家、湖北省12家，其他省份均低于10家。

从排名前500的数字原生产业上市公司的产权性质来看，中央国有控股企业58家，地方国有控股企业53家，非国有控股企业389家。

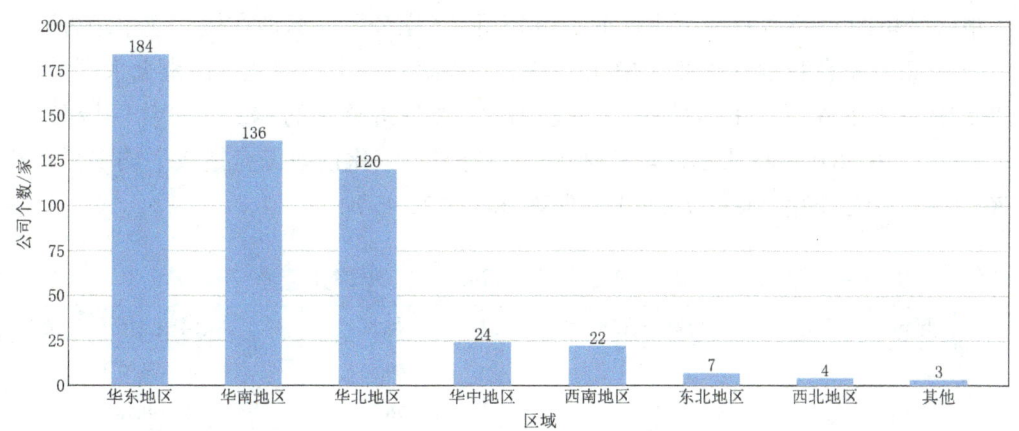

图3-25 2023年数字原生产业数字化创新综合指数排名前500上市公司区域分布图

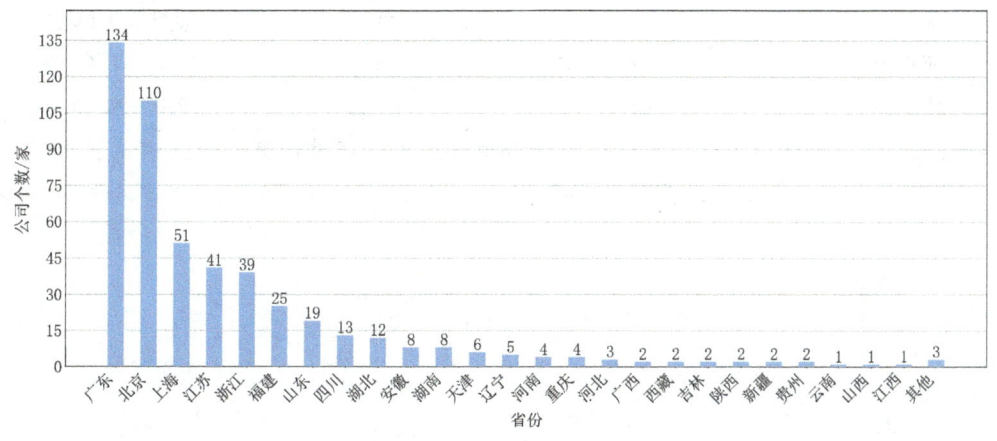

图3-26 2023年数字原生产业数字化创新综合指数排名前500上市公司省份分布图

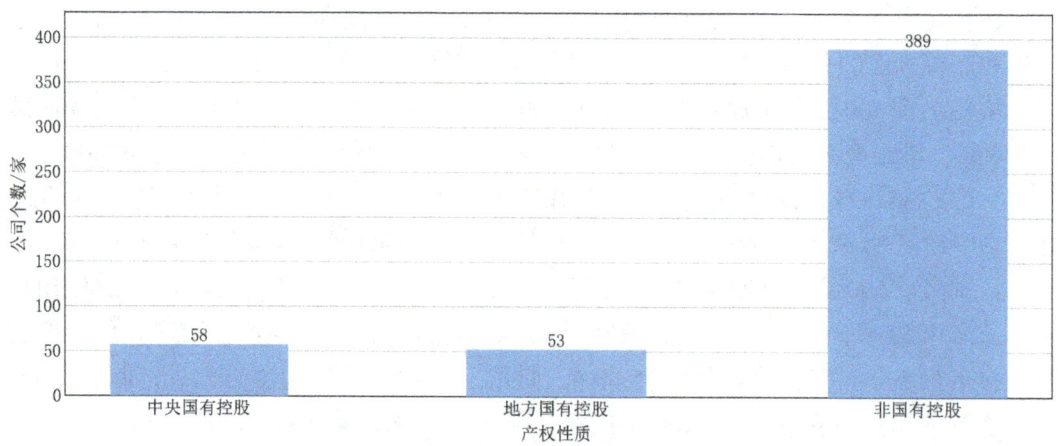

图3-27　2023年数字原生产业数字化创新综合指数排名前500上市公司产权分布图

2. 区域维度分析

报告分析的1195家数字原生产业上市公司除6家公司注册地在境外或中国香港外，其余1189家分布在我国的东北、华北、华东、华南、华中、西北和西南七大区域，且主要集中在华东地区、华南地区、华北地区，占分析总量的84.27%。从区域分布来看，如表3-26和图3-28所示，华北地区上市公司数字化创新综合指数平均水平最高，为76.71，其次是华南地区（73.09）和西南地区（72.95）。

表 3-26　2023年数字原生产业上市公司数字化创新综合指数——区域维度

区域	公司个数/家	均值	数字化创新公司代表
东北地区	28	66.45	东软集团（88.65）
华北地区	204	76.71	金山办公（93.10）
华东地区	479	72.53	科大讯飞（93.98）
华南地区	324	73.09	传音控股（92.48）
华中地区	73	71.82	威胜信息（90.42）
西北地区	26	65.55	易点天下（80.70）
西南地区	55	72.95	久远银海（87.08）

数据来源：同花顺（iFinD），首经贸资产评估研究院和浙工商中国智能管理研究院整理。

注：中国移动、华虹公司、华润微、格科微、中芯国际、九号公司6家公司注册地均不在境内。

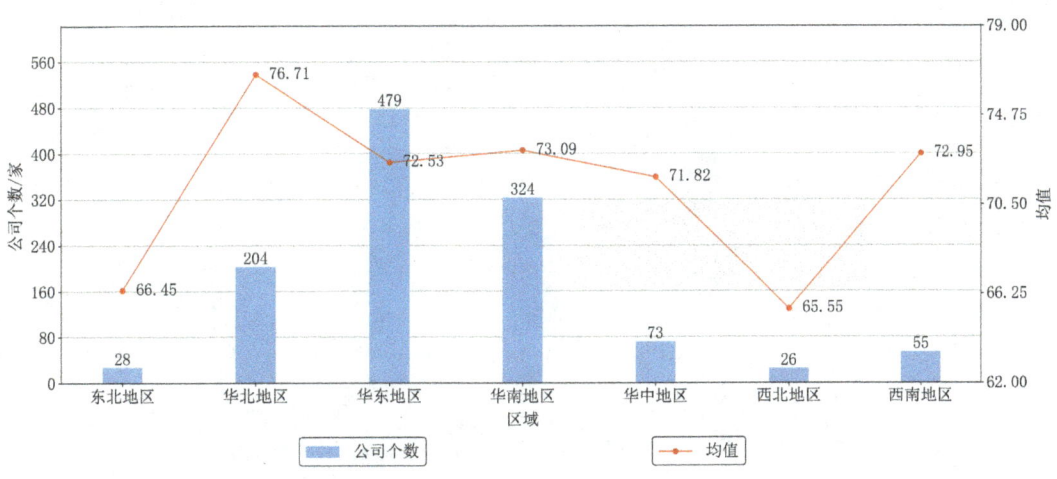

图3-28 2023年数字原生产业各区域上市公司数字化创新综合指数均值分布图

3. 省份维度分析

报告分析的1195家数字原生产业上市公司除6家公司注册地在境外或中国香港外，其余1189家均是在我国31个省份注册的公司。其中，843家上市公司分布在广东省、北京市、江苏省、上海市和浙江省，占比70.54%。从省份分布来看，上市公司数量50家及以上的各省份如表3-27和图3-29所示。此外，福建省49家，四川省37家，湖北省36家，山东省33家，安徽省30家，湖南省22家，陕西省19家，江西省16家，河南省15家，天津市15家，辽宁省12家，吉林省11家，河北省10家，重庆市8家，贵州省7家，广西壮族自治区6家，黑龙江省5家，新疆维吾尔自治区4家，山西省3家，甘肃省和西藏自治区均为2家，海南省、内蒙古自治区、宁夏回族自治区、云南省均为1家。由表3-27和图3-29可知，北京市数字原生产业上市公司数字化创新综合指数平均水平最高，为78.01，其次是上海市（74.71）和广东省（73.17）。在数字原生产业上市公司数量超过50家的省份中，北京市、上海市和广东省上市公司整体表现较好，进一步展现出这些省份在数字化创新领域的引领性与示范性。

表3-27 2023年数字原生产业上市公司数字化创新综合指数——省份维度

省份	公司个数/家	均值	数字化创新公司代表
北京	175	78.01	金山办公（93.10）
广东	317	73.17	传音控股（92.48）
江苏	136	70.74	卓胜微（90.36）
上海	109	74.71	中远海科（89.72）
浙江	106	72.04	大华股份（92.70）

数据来源：同花顺（iFinD），首经贸资产评估研究院和浙工商中国智能管理研究院整理。

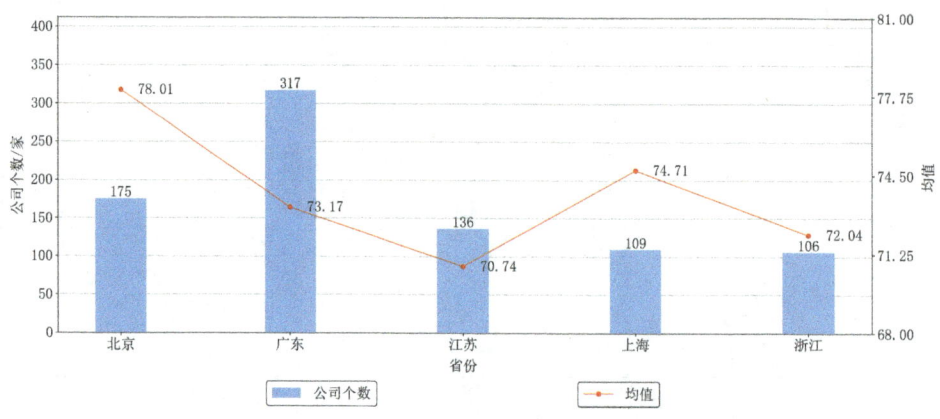

图 3-29　2023 年数字原生产业各省份上市公司数字化创新综合指数均值分布图

4. 产权维度分析

报告分析的 1195 家数字原生产业上市公司中，从产权分布来看，包括 101 家中央国有控股上市公司，142 家地方国有控股上市公司以及 952 家非国有控股上市公司。如表 3-28 和图 3-30 所示，数字原生产业上市公司中，中央国有控股上市公司数字化创新综合指数平均水平最高，为 77.41。非国有控股与地方国有控股上市公司数字化创新综合指数平均水平均低于全市场均值 73.09，其中地方国有控股上市公司该项指数平均水平为 71.52，非国有控股上市公司该项指数平均水平为 72.87。

表 3-28　2023 年数字原生产业上市公司数字化创新综合指数——产权维度

产权	公司个数/家	均值	数字化创新公司代表
中央国有控股	101	77.41	海康威视（91.92）
地方国有控股	142	71.52	广电运通（88.89）
非国有控股	952	72.87	科大讯飞（93.98）

数据来源：同花顺（iFinD），首经贸资产评估研究院和浙工商中国智能管理研究院整理。

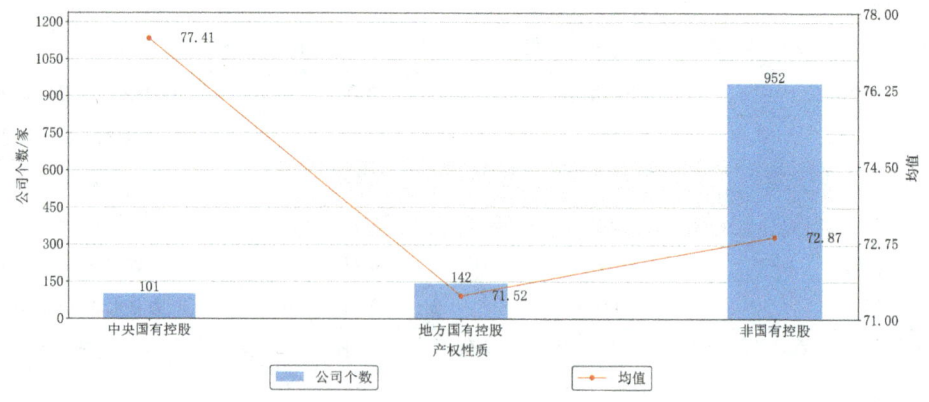

图 3-30　2023 年数字原生产业不同产权上市公司数字化创新综合指数均值分布图

3.3.2 数字原生产业数字化战略导向指数分析

1. 整体分析

报告对1195家数字原生产业上市公司2023年数字化战略导向指数进行了分析，结果显示：数字化战略导向指数平均水平为76.89，高于平均水平的有661家，占比55.31%。从数字化战略导向指数区间分布上看，数字化战略导向指数处于[80，100]的上市公司有596家，占比49.87%，这些公司在行业内甚至全市场中均属具有强烈数字化战略意识的优质企业；数字化战略导向指数处于[70，80)的上市公司有200家，占比16.74%，这些公司的数字化战略导向水平较高；数字化战略导向指数处于[60，70)的上市公司有178家，占比14.90%；数字化战略导向指数处于[0，60)的上市公司有221家，占比18.49%，这些上市公司的数字化战略导向水平相对较低，如图3-31所示。

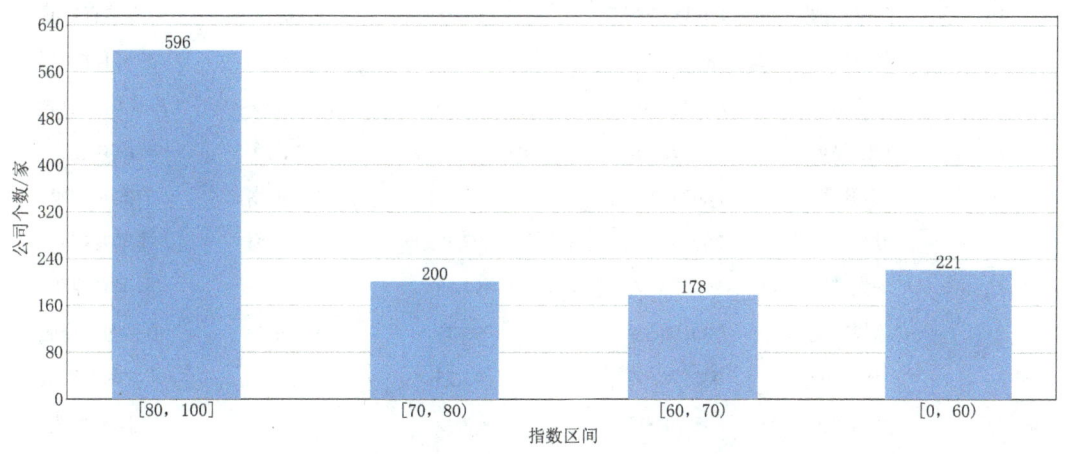

图3-31　2023年数字原生产业上市公司数字化战略导向指数分布图

从1195家数字原生产业上市公司的数字化战略导向指数分布情况来看，排名前100的上市公司如表3-29所示。

表3-29　2023年数字原生产业上市公司数字化战略导向指数前100排名

排名	证券名称	证券代码	数字化战略导向指数	省份	产权性质
1	软通动力	301236.SZ	98.85	北京	非国有控股
2	萤石网络	688475.SH	98.74	浙江	中央国有控股
3	大华股份	002236.SZ	98.70	浙江	非国有控股
4	科大讯飞	002230.SZ	98.55	安徽	非国有控股
5	科大国创	300520.SZ	98.17	安徽	非国有控股

续表

排名	证券名称	证券代码	数字化战略导向指数	省份	产权性质
6	久远银海	002777.SZ	97.95	四川	中央国有控股
7	东方国信	300166.SZ	97.83	北京	非国有控股
8	天融信	002212.SZ	97.82	广东	非国有控股
9	海康威视	002415.SZ	97.79	浙江	中央国有控股
10	芯原股份	688521.SH	97.74	上海	非国有控股
11	高鸿股份	000851.SZ	97.70	贵州	中央国有控股
12	科蓝软件	300663.SZ	97.68	北京	非国有控股
13	南威软件	603636.SH	97.67	福建	非国有控股
14	中电兴发	002298.SZ	97.66	安徽	非国有控股
15	润和软件	300339.SZ	97.62	江苏	非国有控股
16	广电运通	002152.SZ	97.61	广东	地方国有控股
17	新点软件	688232.SH	97.56	江苏	非国有控股
18	中远海科	002401.SZ	97.53	上海	中央国有控股
19	华凯易佰	300592.SZ	97.50	湖南	非国有控股
20	新开普	300248.SZ	97.45	河南	非国有控股
21	万达信息	300168.SZ	97.29	上海	非国有控股
22	华大基因	300676.SZ	97.28	广东	非国有控股
23	国投智能	300188.SZ	97.25	福建	中央国有控股
24	英飞拓	002528.SZ	97.25	广东	地方国有控股
25	金山办公	688111.SH	97.22	北京	非国有控股
26	盛天网络	300494.SZ	97.21	湖北	非国有控股
27	彩讯股份	300634.SZ	97.17	广东	非国有控股
28	安恒信息	688023.SH	97.16	浙江	非国有控股
29	熵基科技	301330.SZ	97.11	广东	非国有控股
30	新致软件	688590.SH	97.10	上海	非国有控股
31	高新兴	300098.SZ	97.02	广东	非国有控股
32	神州泰岳	300002.SZ	96.99	北京	非国有控股
33	思创医惠	300078.SZ	96.96	浙江	非国有控股
34	常山北明	000158.SZ	96.90	河北	地方国有控股
35	奇安信	688561.SH	96.88	北京	非国有控股
36	中国电信	601728.SH	96.87	北京	中央国有控股
37	锐明技术	002970.SZ	96.85	广东	非国有控股

续表

排名	证券名称	证券代码	数字化战略导向指数	省份	产权性质
38	启明星辰	002439.SZ	96.85	北京	中央国有控股
39	石基信息	002153.SZ	96.73	北京	非国有控股
40	润建股份	002929.SZ	96.69	广西	非国有控股
41	南天信息	000948.SZ	96.67	云南	地方国有控股
42	值得买	300785.SZ	96.62	北京	非国有控股
43	亚信安全	688225.SH	96.59	江苏	非国有控股
44	致远互联	688369.SH	96.50	北京	非国有控股
45	焦点科技	002315.SZ	96.46	江苏	非国有控股
46	千方科技	002373.SZ	96.43	北京	非国有控股
47	天源迪科	300047.SZ	96.42	广东	非国有控股
48	创业慧康	300451.SZ	96.40	浙江	非国有控股
49	航天宏图	688066.SH	96.35	北京	非国有控股
50	证通电子	002197.SZ	96.34	广东	非国有控股
51	创意信息	300366.SZ	96.28	四川	非国有控股
52	优刻得	688158.SH	96.26	上海	非国有控股
53	东软集团	600718.SH	96.19	辽宁	非国有控股
54	万兴科技	300624.SZ	96.17	西藏	非国有控股
55	超图软件	300036.SZ	96.13	北京	非国有控股
56	神州信息	000555.SZ	96.09	广东	非国有控股
57	云鼎科技	000409.SZ	96.09	山东	地方国有控股
58	智度股份	000676.SZ	96.02	广东	非国有控股
59	深信服	300454.SZ	96.00	广东	非国有控股
60	思特奇	300608.SZ	95.98	北京	非国有控股
61	博思软件	300525.SZ	95.97	福建	非国有控股
62	智微智能	001339.SZ	95.96	广东	非国有控股
63	恒实科技	300513.SZ	95.92	北京	非国有控股
64	开普云	688228.SH	95.88	广东	非国有控股
65	莱斯信息	688631.SH	95.88	江苏	中央国有控股
66	中科星图	688568.SH	95.87	北京	中央国有控股
67	上海钢联	300226.SZ	95.80	上海	非国有控股
68	澜起科技	688008.SH	95.79	上海	非国有控股
69	天下秀	600556.SH	95.71	广西	非国有控股

续表

排名	证券名称	证券代码	数字化战略导向指数	省份	产权性质
70	威胜信息	688100.SH	95.59	湖南	非国有控股
71	青云科技	688316.SH	95.53	北京	非国有控股
72	中科信息	300678.SZ	95.49	四川	中央国有控股
73	天阳科技	300872.SZ	95.49	西藏	非国有控股
74	汉得信息	300170.SZ	95.49	上海	非国有控股
75	鼎捷软件	300378.SZ	95.45	上海	非国有控股
76	梦网科技	002123.SZ	95.44	辽宁	非国有控股
77	辰安科技	300523.SZ	95.36	北京	中央国有控股
78	汉王科技	002362.SZ	95.30	北京	非国有控股
79	远光软件	002063.SZ	95.25	广东	中央国有控股
80	达实智能	002421.SZ	95.22	广东	非国有控股
81	经纬恒润	688326.SH	95.20	北京	非国有控股
82	长亮科技	300348.SZ	95.20	广东	非国有控股
83	工业富联	601138.SH	95.19	广东	非国有控股
84	三六零	601360.SH	95.17	天津	非国有控股
85	吴通控股	300292.SZ	95.16	江苏	非国有控股
86	太极股份	002368.SZ	95.12	北京	中央国有控股
87	宇信科技	300674.SZ	95.05	北京	非国有控股
88	航天软件	688562.SH	95.04	北京	中央国有控股
89	数字政通	300075.SZ	95.01	北京	非国有控股
90	云从科技	688327.SH	94.93	广东	非国有控股
91	慧博云通	301316.SZ	94.91	浙江	非国有控股
92	宜通世纪	300310.SZ	94.91	广东	非国有控股
93	佳华科技	688051.SH	94.91	北京	非国有控股
94	石头科技	688169.SH	94.85	北京	非国有控股
95	迪普科技	300768.SZ	94.84	浙江	非国有控股
96	东方明珠	600637.SH	94.78	上海	地方国有控股
97	龙软科技	688078.SH	94.74	北京	非国有控股
98	用友网络	600588.SH	94.73	北京	非国有控股
99	赢时胜	300377.SZ	94.73	广东	非国有控股
100	时代电气	688187.SH	94.72	湖南	中央国有控股

数据来源：同花顺（iFinD），首经贸资产评估研究院和浙工商中国智能管理研究院整理。

2. 区域维度分析

从区域分布来看，如表3-30和图3-32所示，数字原生产业上市公司中，华北地区数字原生产业上市公司数字化战略导向指数平均水平最高，为83.95，其次是西南地区（76.64）和华南地区（76.14）。

表3-30　2023年数字原生产业上市公司数字化战略导向指数——区域维度

区域	公司个数/家	均值	数字化创新公司代表
东北地区	28	69.90	东软集团（96.19）
华北地区	204	83.95	软通动力（98.85）
华东地区	479	75.58	萤石网络（98.74）
华南地区	324	76.14	天融信（97.82）
华中地区	73	74.52	华凯易佰（97.50）
西北地区	26	68.10	易点天下（94.51）
西南地区	55	76.64	久远银海（97.95）

数据来源：同花顺（iFinD），首经贸资产评估研究院和浙工商中国智能管理研究院整理。

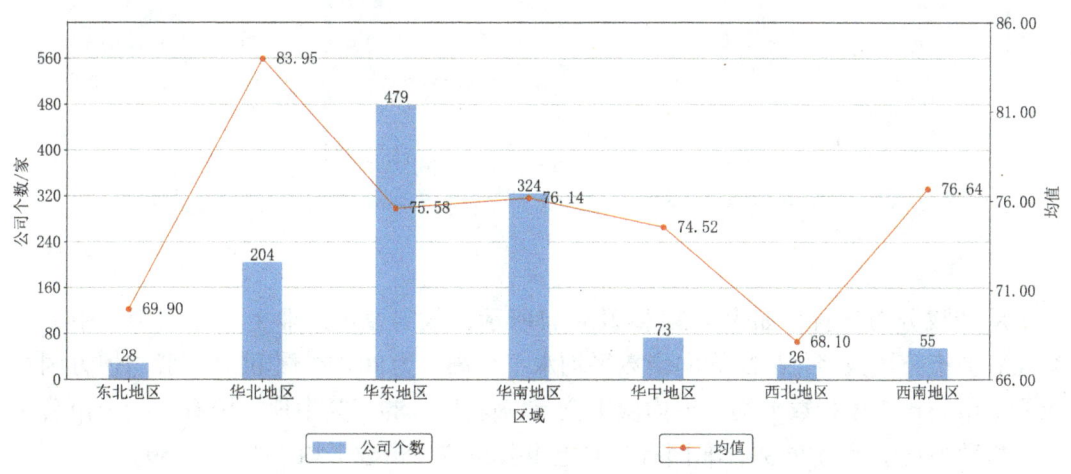

图3-32　2023年数字原生产业各区域上市公司数字化战略导向指数均值分布图

3. 省份维度分析

由表3-31和图3-33可知，北京市数字原生产业上市公司数字化战略导向指数平均水平最高，为85.72，其次是上海市（79.03）和广东省（76.08）。在数字原生产业上市公司数量超过50家的省份中，北京市、上海市和广东省上市公司整体表现较好。

表 3-31 2023 年数字原生产业上市公司数字化战略导向指数——省份维度

省份	公司个数/家	均值	数字化创新公司代表
北京	175	85.72	软通动力（98.85）
广东	317	76.08	天融信（97.82）
江苏	136	71.71	润和软件（97.62）
上海	109	79.03	芯原股份（97.74）
浙江	106	75.21	萤石网络（98.74）

数据来源：同花顺（iFinD），首经贸资产评估研究院和浙工商中国智能管理研究院整理。

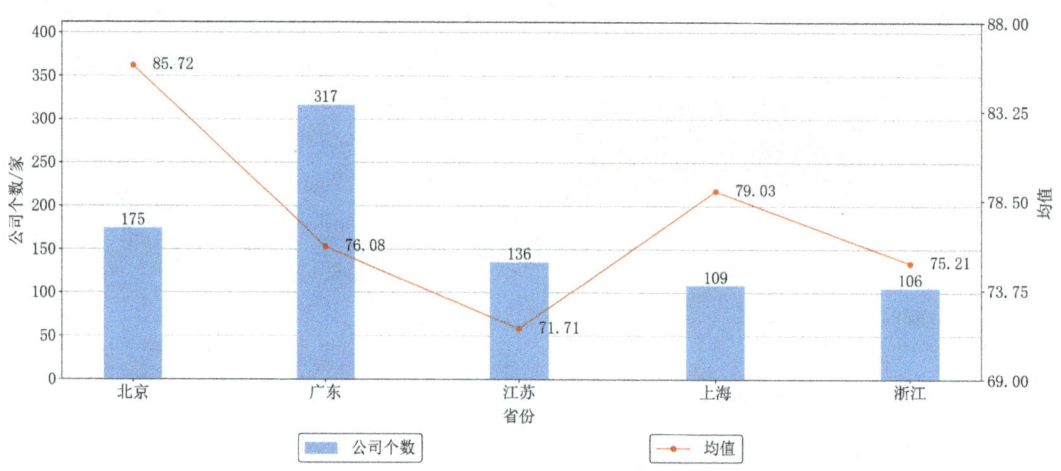

图 3-33 2023 年数字原生产业各省份上市公司数字化战略导向指数均值分布图

4. 产权维度分析

从产权分布来看，如表3-32和图3-34所示，数字原生产业上市公司中，中央国有控股上市公司数字化战略导向指数平均水平最高，为80.45。非国有控股与地方国有控股上市公司该项指数平均水平均低于全市场均值76.89，其中地方国有控股上市公司该项指数平均水平为76.33，非国有控股上市公司该项指数平均水平为76.59。

表 3-32 2023 年数字原生产业上市公司数字化战略导向指数——产权维度

产权	公司个数/家	均值	数字化创新公司代表
中央国有控股	101	80.45	萤石网络（98.74）
地方国有控股	142	76.33	广电运通（97.61）
非国有控股	952	76.59	软通动力（98.85）

数据来源：同花顺（iFinD），首经贸资产评估研究院和浙工商中国智能管理研究院整理。

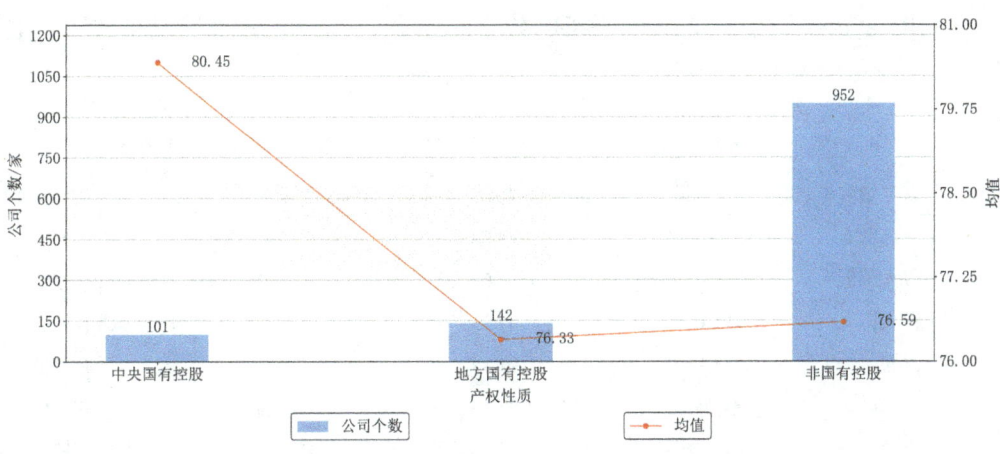

图3-34　2023年数字原生产业不同产权上市公司数字化战略导向指数均值分布图

3.3.3　数字原生产业数字化要素投入指数分析

1. 整体分析

报告对1195家数字原生产业上市公司2023年数字化要素投入指数进行了分析，结果显示：数字化要素投入指数平均水平为77.42，高于平均水平的有655家，占比54.81%。从数字化要素投入指数区间分布上看，数字化要素投入指数处于[80，100]的上市公司有569家，占比47.62%，这些公司在行业内甚至全市场中属于数字化要素投入较多的优势企业；数字化要素投入指数处于[70，80)的上市公司共有315家，占比26.36%，这些公司的数字化要素投入水平较高；数字化要素投入指数处于[60，70)的上市公司有184家，占比15.40%；数字化要素投入指数处于[0，60)的上市公司有127家，占比10.62%，这些上市公司的数字化要素投入情况相对较差，如图3-35所示。

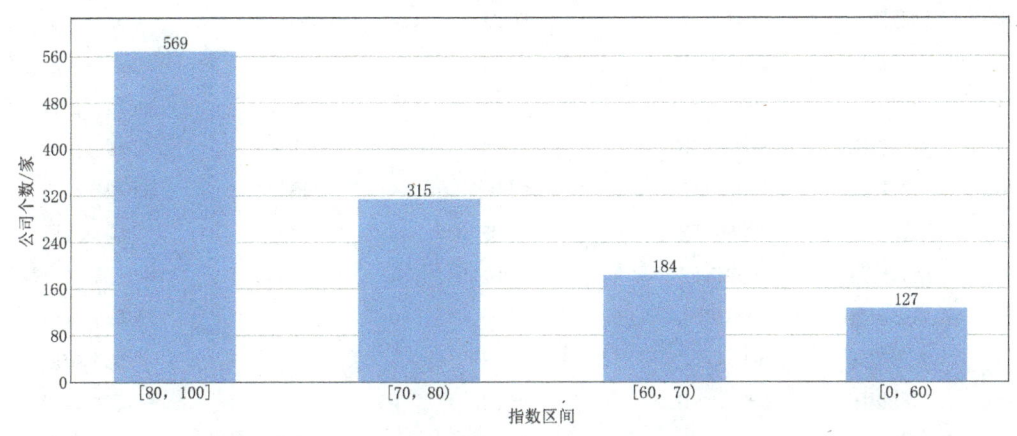

图3-35　2023年数字原生产业上市公司数字化要素投入指数分布图

从 1195 家数字原生产业上市公司的数字化要素投入指数分布情况来看，排名前 100 的上市公司如表 3-33 所示。

表 3-33 2023 年数字原生产业上市公司数字化要素投入指数前 100 排名

排名	证券名称	证券代码	数字化要素投入指数	省份	产权性质
1	软通动力	301236.SZ	99.82	北京	非国有控股
2	科大国创	300520.SZ	99.64	安徽	非国有控股
3	科大讯飞	002230.SZ	99.15	安徽	非国有控股
4	澜起科技	688008.SH	99.14	上海	非国有控股
5	盛天网络	300494.SZ	98.18	湖北	非国有控股
6	剑桥科技	603083.SH	98.03	上海	非国有控股
7	拓维信息	002261.SZ	97.99	湖南	非国有控股
8	亚康股份	301085.SZ	97.86	北京	非国有控股
9	紫光股份	000938.SZ	97.30	北京	非国有控股
10	万兴科技	300624.SZ	97.24	西藏	非国有控股
11	神州泰岳	300002.SZ	97.01	北京	非国有控股
12	金山办公	688111.SH	96.98	北京	非国有控股
13	彩讯股份	300634.SZ	96.94	广东	非国有控股
14	奥飞数据	300738.SZ	96.86	广东	非国有控股
15	宝信软件	600845.SH	96.73	上海	中央国有控股
16	用友网络	600588.SH	96.61	北京	非国有控股
17	智度股份	000676.SZ	96.59	广东	非国有控股
18	中兴通讯	000063.SZ	96.44	广东	非国有控股
19	中科创达	300496.SZ	96.40	北京	非国有控股
20	萤石网络	688475.SH	96.34	浙江	中央国有控股
21	国投智能	300188.SZ	96.34	福建	中央国有控股
22	创意信息	300366.SZ	96.23	四川	非国有控股
23	润和软件	300339.SZ	96.13	江苏	非国有控股
24	慧博云通	301316.SZ	96.12	浙江	非国有控股
25	航天宏图	688066.SH	96.09	北京	非国有控股
26	中富通	300560.SZ	96.09	福建	非国有控股
27	科蓝软件	300663.SZ	96.05	北京	非国有控股
28	南天信息	000948.SZ	95.91	云南	地方国有控股
29	思创医惠	300078.SZ	95.90	浙江	非国有控股
30	先进数通	300541.SZ	95.88	北京	非国有控股
31	东软集团	600718.SH	95.84	辽宁	非国有控股
32	南威软件	603636.SH	95.82	福建	非国有控股

续表

排名	证券名称	证券代码	数字化要素投入指数	省份	产权性质
33	新晨科技	300542.SZ	95.82	北京	非国有控股
34	宜通世纪	300310.SZ	95.66	广东	非国有控股
35	天融信	002212.SZ	95.47	广东	非国有控股
36	博思软件	300525.SZ	95.44	福建	非国有控股
37	盛视科技	002990.SZ	95.31	广东	非国有控股
38	芯原股份	688521.SH	95.31	上海	非国有控股
39	亚信安全	688225.SH	95.26	江苏	非国有控股
40	浙大网新	600797.SH	95.25	浙江	中央国有控股
41	启明星辰	002439.SZ	95.22	北京	中央国有控股
42	佳都科技	600728.SH	95.18	广东	非国有控股
43	工业富联	601138.SH	95.09	广东	非国有控股
44	翱捷科技	688220.SH	95.08	上海	非国有控股
45	太极股份	002368.SZ	95.07	北京	中央国有控股
46	汉王科技	002362.SZ	95.07	北京	非国有控股
47	同方股份	600100.SH	95.04	北京	中央国有控股
48	安恒信息	688023.SH	95.03	浙江	非国有控股
49	恒实科技	300513.SZ	94.95	北京	非国有控股
50	苏州科达	603660.SH	94.91	江苏	非国有控股
51	三六零	601360.SH	94.89	天津	非国有控股
52	超图软件	300036.SZ	94.86	北京	非国有控股
53	久远银海	002777.SZ	94.84	四川	中央国有控股
54	石基信息	002153.SZ	94.82	北京	非国有控股
55	银之杰	300085.SZ	94.81	广东	非国有控股
56	云鼎科技	000409.SZ	94.80	山东	地方国有控股
57	思特奇	300608.SZ	94.77	北京	非国有控股
58	优刻得	688158.SH	94.66	上海	非国有控股
59	佳讯飞鸿	300213.SZ	94.64	北京	非国有控股
60	宇信科技	300674.SZ	94.61	北京	非国有控股
61	中科软	603927.SH	94.56	北京	中央国有控股
62	华胜天成	600410.SH	94.48	北京	非国有控股
63	旋极信息	300324.SZ	94.47	北京	非国有控股
64	天阳科技	300872.SZ	94.47	西藏	非国有控股
65	中科曙光	603019.SH	94.45	天津	中央国有控股
66	诚迈科技	300598.SZ	94.41	江苏	非国有控股

续表

排名	证券名称	证券代码	数字化要素投入指数	省份	产权性质
67	法本信息	300925.SZ	94.40	广东	非国有控股
68	协创数据	300857.SZ	94.32	广东	非国有控股
69	乐鑫科技	688018.SH	94.32	上海	非国有控股
70	菲菱科思	301191.SZ	94.29	广东	非国有控股
71	中科星图	688568.SH	94.28	北京	中央国有控股
72	震有科技	688418.SH	94.28	广东	非国有控股
73	赛意信息	300687.SZ	94.27	广东	非国有控股
74	致远互联	688369.SH	94.26	北京	非国有控股
75	威胜信息	688100.SH	94.20	湖南	非国有控股
76	新开普	300248.SZ	94.20	河南	非国有控股
77	博彦科技	002649.SZ	94.20	北京	非国有控股
78	朗新集团	300682.SZ	94.18	江苏	非国有控股
79	奇安信	688561.SH	94.10	北京	非国有控股
80	超讯通信	603322.SH	94.09	广东	非国有控股
81	银信科技	300231.SZ	94.05	北京	非国有控股
82	虹软科技	688088.SH	93.97	浙江	非国有控股
83	移远通信	603236.SH	93.95	上海	非国有控股
84	中科信息	300678.SZ	93.94	四川	中央国有控股
85	天源迪科	300047.SZ	93.89	广东	非国有控股
86	达实智能	002421.SZ	93.89	广东	非国有控股
87	东土科技	300353.SZ	93.87	北京	非国有控股
88	经纬恒润	688326.SH	93.87	北京	非国有控股
89	恒为科技	603496.SH	93.86	上海	非国有控股
90	长亮科技	300348.SZ	93.75	广东	非国有控股
91	中文在线	300364.SZ	93.73	北京	非国有控股
92	鼎捷软件	300378.SZ	93.71	上海	非国有控股
93	同花顺	300033.SZ	93.68	浙江	非国有控股
94	千方科技	002373.SZ	93.66	北京	非国有控股
95	常山北明	000158.SZ	93.66	河北	地方国有控股
96	普元信息	688118.SH	93.64	上海	非国有控股
97	卓胜微	300782.SZ	93.60	江苏	非国有控股
98	东华软件	002065.SZ	93.58	北京	非国有控股
99	华测导航	300627.SZ	93.57	上海	非国有控股
100	中电兴发	002298.SZ	93.57	安徽	非国有控股

数据来源：同花顺（iFinD），首经贸资产评估研究院和浙工商中国智能管理研究院整理。

2. 区域维度分析

从区域分布来看，如表3-34和图3-36所示，华北地区数字原生产业上市公司数字化要素投入指数平均水平最高，为82.52，其次是西南地区（79.30）和华中地区（77.36）。

表 3-34　2023年数字原生产业上市公司数字化要素投入指数——区域维度

区域	公司个数/家	均值	数字化创新公司代表
东北地区	28	70.45	东软集团（95.84）
华北地区	204	82.52	软通动力（99.82）
华东地区	479	76.64	科大国创（99.64）
华南地区	324	76.42	彩讯股份（96.94）
华中地区	73	77.36	盛天网络（98.18）
西北地区	26	68.72	立昂技术（89.80）
西南地区	55	79.30	万兴科技（97.24）

数据来源：同花顺（iFinD），首经贸资产评估研究院和浙工商中国智能管理研究院整理。

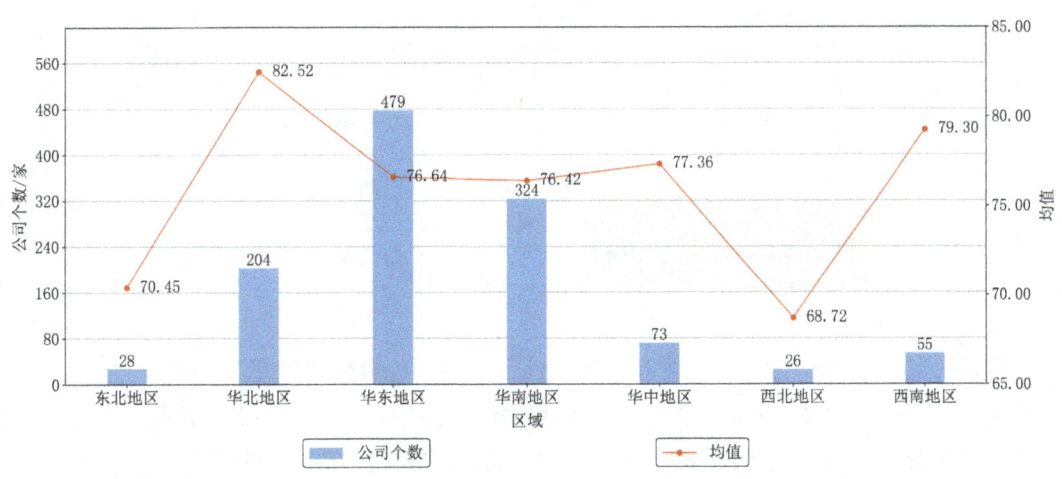

图 3-36　2023年数字原生产业各区域上市公司数字化要素投入指数均值分布图

3. 省份维度分析

由表3-35和图3-37可知，北京市数字原生产业上市公司数字化要素投入指数平均水平最高，为84.26，其次是上海市（80.67）和浙江省（76.96）。在数字原生产业上市公司数量超过50家的省份中，北京市、上海市和浙江省上市公司整体表现较好。

表 3-35　2023 年数字原生产业上市公司数字化要素投入指数——省份维度

省份	公司个数/家	均值	数字化创新公司代表
北京	175	84.26	软通动力（99.82）
广东	317	76.54	彩讯股份（96.94）
江苏	136	73.83	润和软件（96.13）
上海	109	80.67	澜起科技（99.14）
浙江	106	76.96	萤石网络（96.34）

数据来源：同花顺（iFinD），首经贸资产评估研究院和浙工商中国智能管理研究院整理。

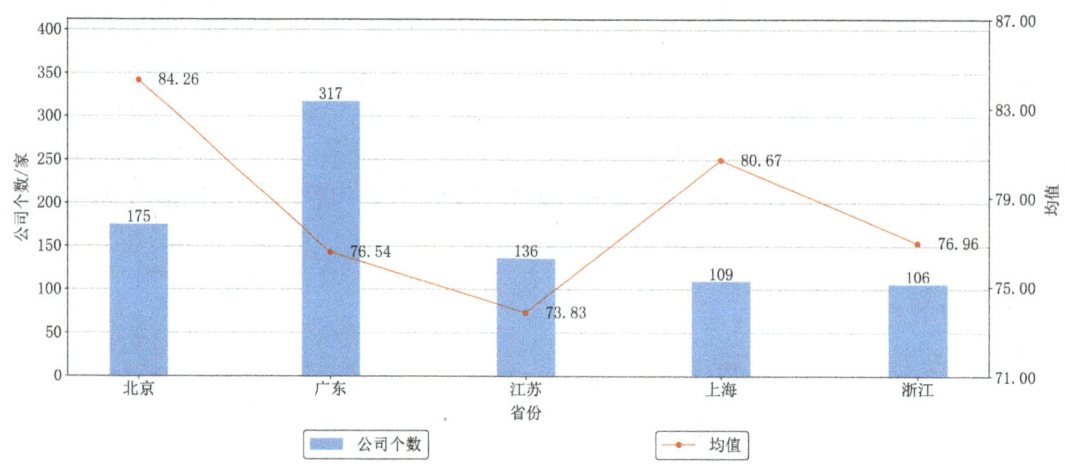

图 3-37　2023 年数字原生产业各省份上市公司数字化要素投入指数均值分布图

4. 产权维度分析

从产权分布来看，如表3-36和图3-38所示，中央国有控股数字原生产业上市公司数字化要素投入指数平均水平最高，为80.98。其次为非国有控股数字原生产业上市公司，数字化要素投入指数平均水平为77.49。地方国有控股数字原生产业上市公司该项指数平均水平低于全市场均值77.42，为74.41。

表 3-36　2023 年数字原生产业上市公司数字化要素投入指数——产权维度

产权	公司个数/家	均值	数字化创新公司代表
中央国有控股	101	80.98	宝信软件（96.73）
地方国有控股	142	74.41	南天信息（95.91）
非国有控股	952	77.49	软通动力（99.82）

数据来源：同花顺（iFinD），首经贸资产评估研究院和浙工商中国智能管理研究院整理。

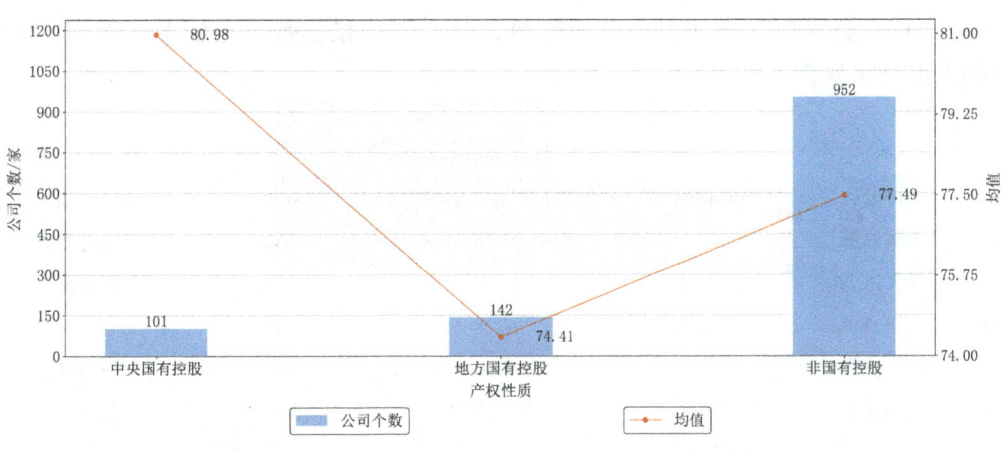

图3-38　2023年数字原生产业不同产权上市公司数字化要素投入指数均值分布图

3.3.4　数字原生产业数字化创新成果指数分析

1. 整体分析

报告对1195家数字原生产业上市公司2023年数字化创新成果指数进行了分析，结果显示：数字化创新成果指数平均水平为75.03，高于平均水平的有659家，占比55.15%。从数字化创新成果指数区间分布上看，数字化创新成果指数处于［80，100］的上市公司有469家，占比39.25%，这些公司在行业内甚至全市场中属于数字化创新成果较好的优势企业；数字化创新成果指数处于［70，80）的上市公司有339家，占比28.37%，这些公司的数字化创新成果水平较高；数字化创新成果指数位于［60，70）的上市公司共有223家，占比18.66%；数字化创新成果指数处于［0，60）的上市公司有164家，占比13.72%，这些上市公司的数字化创新成果表现相对较差，如图3-39所示。

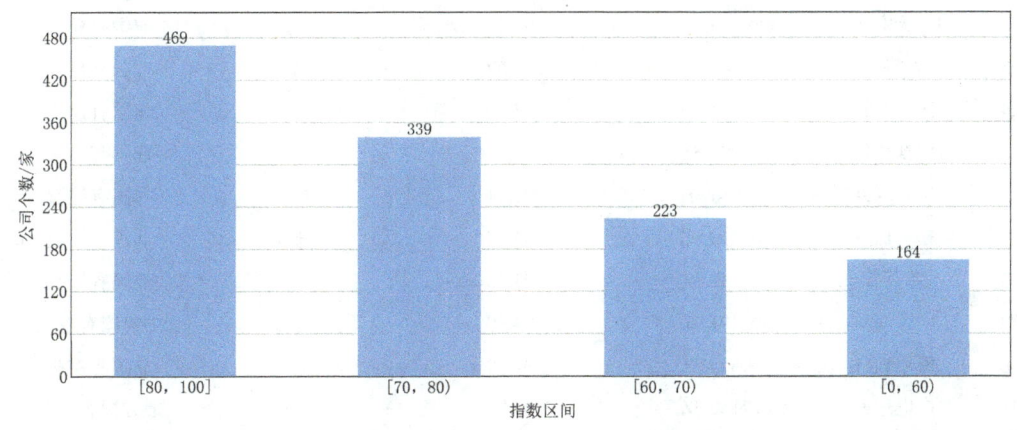

图3-39　2023年数字原生产业上市公司数字化创新成果指数分布图

从 1195 家数字原生产业上市公司的数字化创新成果指数分布情况来看，排名前 100 的上市公司如表 3-37 所示。

表 3-37　2023 年数字原生产业上市公司数字化创新成果指数前 100 排名

排名	证券名称	证券代码	数字化创新成果指数	省份	产权性质
1	大华股份	002236.SZ	98.31	浙江	非国有控股
2	科大讯飞	002230.SZ	98.19	安徽	非国有控股
3	海康威视	002415.SZ	97.97	浙江	中央国有控股
4	萤石网络	688475.SH	97.30	浙江	中央国有控股
5	软通动力	301236.SZ	97.27	北京	非国有控股
6	科大国创	300520.SZ	97.08	安徽	非国有控股
7	石基信息	002153.SZ	96.69	北京	非国有控股
8	先导智能	300450.SZ	96.04	江苏	非国有控股
9	锐明技术	002970.SZ	96.01	广东	非国有控股
10	领益智造	002600.SZ	95.97	广东	非国有控股
11	飞乐音响	600651.SH	95.32	上海	地方国有控股
12	泛微网络	603039.SH	95.29	上海	非国有控股
13	安恒信息	688023.SH	95.21	浙江	非国有控股
14	华中数控	300161.SZ	95.20	湖北	非国有控股
15	拓邦股份	002139.SZ	95.11	广东	非国有控股
16	天融信	002212.SZ	94.97	广东	非国有控股
17	东土科技	300353.SZ	94.96	北京	非国有控股
18	宝通科技	300031.SZ	94.88	江苏	非国有控股
19	智微智能	001339.SZ	94.81	广东	非国有控股
20	视源股份	002841.SZ	94.77	广东	非国有控股
21	光环新网	300383.SZ	94.59	北京	非国有控股
22	航天宏图	688066.SH	94.58	北京	非国有控股
23	思特奇	300608.SZ	94.52	北京	非国有控股
24	云从科技	688327.SH	94.50	广东	非国有控股
25	盛视科技	002990.SZ	94.42	广东	非国有控股
26	南威软件	603636.SH	94.41	福建	非国有控股
27	初灵信息	300250.SZ	94.35	浙江	非国有控股
28	新开普	300248.SZ	94.33	河南	非国有控股
29	中远海科	002401.SZ	94.30	上海	中央国有控股
30	博思软件	300525.SZ	94.29	福建	非国有控股
31	广电运通	002152.SZ	94.06	广东	地方国有控股
32	狄耐克	300884.SZ	93.99	福建	非国有控股

续表

排名	证券名称	证券代码	数字化创新成果指数	省份	产权性质
33	中电兴发	002298.SZ	93.99	安徽	非国有控股
34	汉王科技	002362.SZ	93.98	北京	非国有控股
35	鼎信通讯	603421.SH	93.97	山东	非国有控股
36	协创数据	300857.SZ	93.77	广东	非国有控股
37	国投智能	300188.SZ	93.77	福建	中央国有控股
38	宇信科技	300674.SZ	93.62	北京	非国有控股
39	熵基科技	301330.SZ	93.59	广东	非国有控股
40	虹软科技	688088.SH	93.47	浙江	非国有控股
41	开普云	688228.SH	93.47	广东	非国有控股
42	税友股份	603171.SH	93.46	浙江	非国有控股
43	威胜信息	688100.SH	93.35	湖南	非国有控股
44	深信服	300454.SZ	93.26	广东	非国有控股
45	盈趣科技	002925.SZ	93.25	福建	非国有控股
46	佰维存储	688525.SH	93.24	广东	非国有控股
47	传音控股	688036.SH	93.19	广东	非国有控股
48	新北洋	002376.SZ	93.18	山东	地方国有控股
49	洲明科技	300232.SZ	93.16	广东	非国有控股
50	芯原股份	688521.SH	92.98	上海	非国有控股
51	山大地纬	688579.SH	92.95	山东	中央国有控股
52	吴通控股	300292.SZ	92.94	江苏	非国有控股
53	天源迪科	300047.SZ	92.93	广东	非国有控股
54	普天科技	002544.SZ	92.93	广东	中央国有控股
55	证通电子	002197.SZ	92.87	广东	非国有控股
56	超图软件	300036.SZ	92.80	北京	非国有控股
57	奇安信	688561.SH	92.78	北京	非国有控股
58	大富科技	300134.SZ	92.78	安徽	非国有控股
59	亚信安全	688225.SH	92.77	江苏	非国有控股
60	太极股份	002368.SZ	92.75	北京	中央国有控股
61	信息发展	300469.SZ	92.74	浙江	中央国有控股
62	金山办公	688111.SH	92.73	北京	非国有控股
63	金桥信息	603918.SH	92.65	上海	非国有控股
64	万达信息	300168.SZ	92.64	上海	非国有控股
65	用友网络	600588.SH	92.63	北京	非国有控股
66	彩讯股份	300634.SZ	92.53	广东	非国有控股

续表

排名	证券名称	证券代码	数字化创新成果指数	省份	产权性质
67	海能达	002583.SZ	92.50	广东	非国有控股
68	中国电信	601728.SH	92.49	北京	中央国有控股
69	常山北明	000158.SZ	92.41	河北	地方国有控股
70	凌云光	688400.SH	92.38	北京	非国有控股
71	今天国际	300532.SZ	92.36	广东	非国有控股
72	嘉和美康	688246.SH	92.24	北京	非国有控股
73	东软集团	600718.SH	92.19	辽宁	非国有控股
74	经纬恒润	688326.SH	92.18	北京	非国有控股
75	鼎捷软件	300378.SZ	92.09	上海	非国有控股
76	创意信息	300366.SZ	92.08	四川	非国有控股
77	东方通	300379.SZ	91.99	北京	非国有控股
78	石头科技	688169.SH	91.98	北京	非国有控股
79	和而泰	002402.SZ	91.97	广东	非国有控股
80	中科星图	688568.SH	91.95	北京	中央国有控股
81	中科信息	300678.SZ	91.88	四川	中央国有控股
82	华宇软件	300271.SZ	91.85	北京	非国有控股
83	罗普特	688619.SH	91.80	福建	非国有控股
84	北路智控	301195.SZ	91.75	江苏	非国有控股
85	奥比中光	688322.SH	91.67	广东	非国有控股
86	润和软件	300339.SZ	91.59	江苏	非国有控股
87	光峰科技	688007.SH	91.58	广东	非国有控股
88	东方国信	300166.SZ	91.52	北京	非国有控股
89	恒为科技	603496.SH	91.50	上海	非国有控股
90	云鼎科技	000409.SZ	91.41	山东	地方国有控股
91	龙软科技	688078.SH	91.31	北京	非国有控股
92	莱斯信息	688631.SH	91.25	江苏	中央国有控股
93	朗特智能	300916.SZ	91.22	广东	非国有控股
94	北信源	300352.SZ	91.14	北京	非国有控股
95	凌志软件	688588.SH	91.02	江苏	非国有控股
96	广联达	002410.SZ	91.01	北京	非国有控股
97	深圳华强	000062.SZ	90.98	广东	非国有控股
98	格灵深瞳	688207.SH	90.94	北京	非国有控股
99	乐鑫科技	688018.SH	90.92	上海	非国有控股
100	星环科技	688031.SH	90.89	上海	非国有控股

数据来源：同花顺（iFinD），首经贸资产评估研究院和浙工商中国智能管理研究院整理。

2. 区域维度分析

从区域分布来看，如表3-38和图3-40所示，华北地区数字原生产业上市公司数字化创新成果指数平均水平最高，为77.58，其次是华南地区（76.50）和华东地区（74.79）。

表3-38　2023年数字原生产业上市公司数字化创新成果指数——区域维度

区域	公司个数/家	均值	数字化创新公司代表
东北地区	28	66.77	东软集团（92.19）
华北地区	204	77.58	软通动力（97.27）
华东地区	479	74.79	大华股份（98.31）
华南地区	324	76.50	锐明技术（96.01）
华中地区	73	71.49	华中数控（95.20）
西北地区	26	65.26	天和防务（89.77）
西南地区	55	73.13	创意信息（92.08）

数据来源：同花顺（iFinD），首经贸资产评估研究院和浙工商中国智能管理研究院整理。

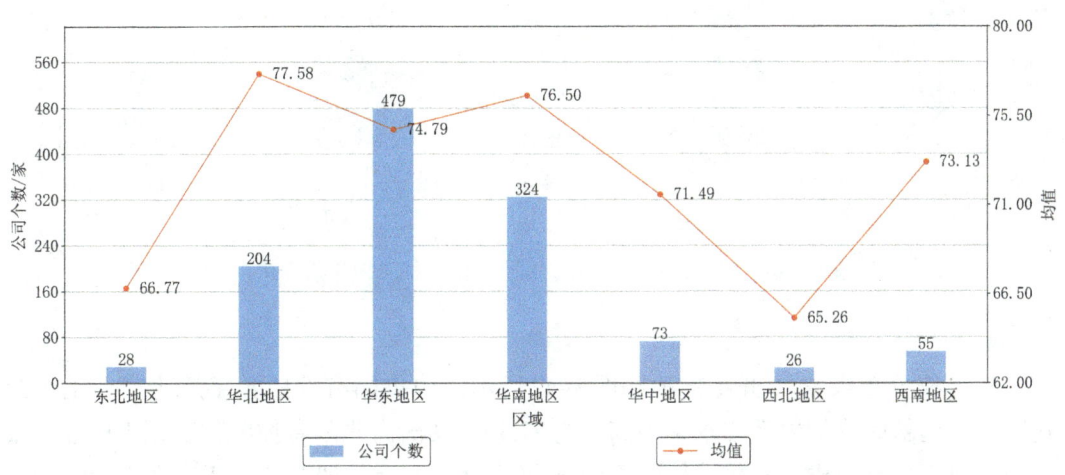

图3-40　2023年数字原生产业各区域上市公司数字化创新成果指数均值分布图

3. 省份维度分析

由表3-39和图3-41可知，北京市数字原生产业上市公司数字化创新成果指数平均水平最高，为79.37，其次是广东省（76.60）和上海市（76.01）。在数字原生产业上市公司数量超过50家的省份中，北京市、广东省和上海市上市公司整体表现较好，是高质量发展的典范。

表 3-39　2023 年数字原生产业上市公司数字化创新成果指数——省份维度

省份	公司个数/家	均值	数字化创新公司代表
北京	175	79.37	软通动力（97.27）
广东	317	76.60	锐明技术（96.01）
江苏	136	74.25	先导智能（96.04）
上海	109	76.01	飞乐音响（95.32）
浙江	106	73.33	大华股份（98.31）

数据来源：同花顺（iFinD），首经贸资产评估研究院和浙工商中国智能管理研究院整理。

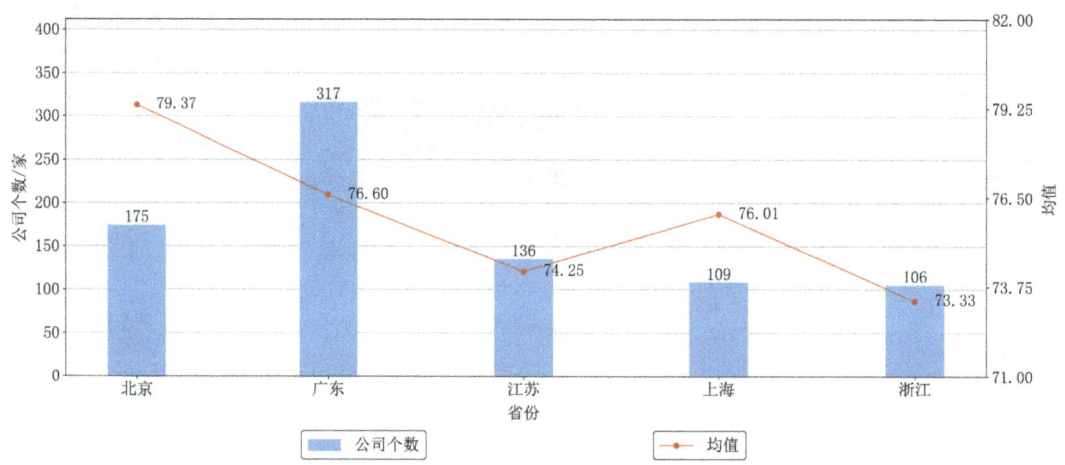

图3-41　2023年数字原生产业各省份上市公司数字化创新成果指数均值分布图

4. 产权维度分析

从产权分布来看，如表3-40和图3-42所示，中央国有控股数字原生产业上市公司数字化创新成果指数平均水平最高，为77.40。其次为非国有控股数字原生产业上市公司，数字化创新成果指数平均水平为75.49。地方国有控股数字原生产业上市公司该项指数平均水平低于全市场均值75.03，为70.23。

表 3-40　2023 年数字原生产业上市公司数字化创新成果指数——产权维度

产权	公司个数/家	均值	数字化创新公司代表
中央国有控股	101	77.40	海康威视（97.97）
地方国有控股	142	70.23	飞乐音响（95.32）
非国有控股	952	75.49	大华股份（98.31）

数据来源：同花顺（iFinD），首经贸资产评估研究院和浙工商中国智能管理研究院整理。

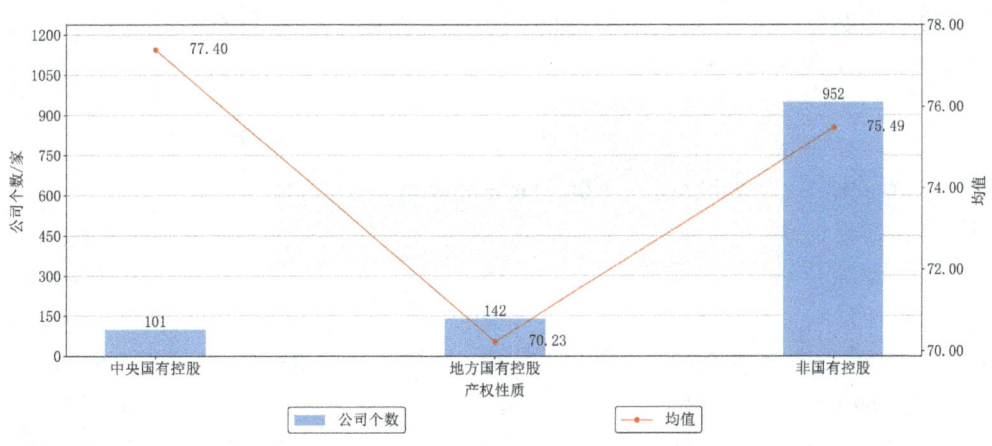

图3-42　2023年数字原生产业不同产权上市公司数字化创新成果指数均值分布图

3.3.5　数字原生产业数字化创新绩效指数分析

1. 整体分析

报告对1195家数字原生产业上市公司2023年数字化创新绩效指数进行了分析，结果显示：数字化创新绩效指数平均水平为65.43，高于平均水平的有596家，占比49.87%。从数字化创新绩效指数区间分布上看，数字化创新绩效指数处于［80，100］的上市公司有128家，占比10.71%，这些公司在行业内甚至全市场中都是数字化创新绩效水平良好的优质企业；数字化创新绩效指数处于［70，80）的上市公司有300家，占比25.10%，这些公司的数字化创新绩效水平较高；数字化创新绩效指数处于［60，70）的上市公司有357家，占比29.87%；数字化创新绩效指数处于［0，60）的上市公司数量最多，共有410家，占比34.32%，这些上市公司的数字化创新绩效表现相对较差，如图3-43所示。

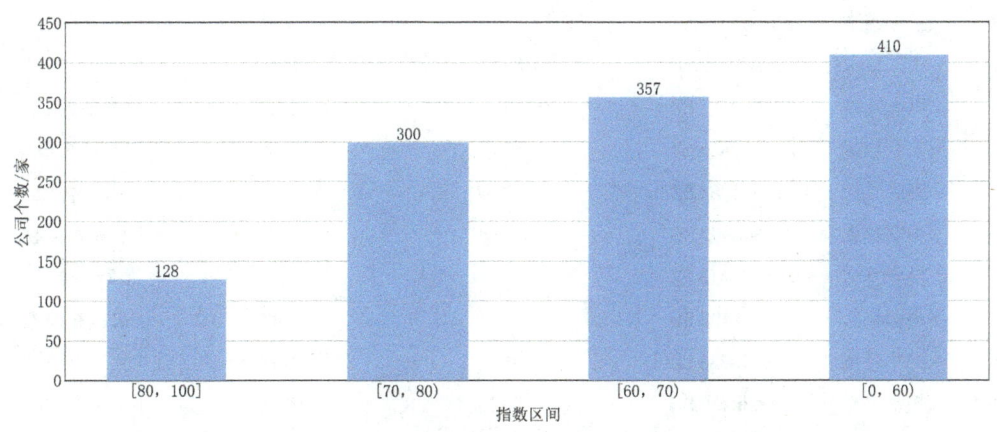

图3-43　2023年数字原生产业上市公司数字化创新绩效指数分布图

从 1195 家数字原生产业上市公司的数字化创新绩效指数分布情况来看，排名前 100 的上市公司如表 3-41 所示。

表 3-41 2023 年数字原生产业上市公司数字化创新绩效指数前 100 排名

排名	证券名称	证券代码	数字化创新绩效指数	省份	产权性质
1	中国移动	600941.SH	93.85	—	中央国有控股
2	北方华创	002371.SZ	93.01	北京	地方国有控股
3	万达电影	002739.SZ	92.71	北京	非国有控股
4	卓胜微	300782.SZ	92.23	江苏	非国有控股
5	传音控股	688036.SH	92.22	广东	非国有控股
6	时代电气	688187.SH	92.03	湖南	中央国有控股
7	分众传媒	002027.SZ	91.70	广东	非国有控股
8	石头科技	688169.SH	91.63	北京	非国有控股
9	光线传媒	300251.SZ	91.20	北京	非国有控股
10	德赛西威	002920.SZ	90.96	广东	地方国有控股
11	华凯易佰	300592.SZ	90.85	湖南	非国有控股
12	中际旭创	300308.SZ	90.71	山东	非国有控股
13	天孚通信	300394.SZ	90.53	江苏	非国有控股
14	中科曙光	603019.SH	90.19	天津	中央国有控股
15	中航光电	002179.SZ	90.04	河南	中央国有控股
16	中国科传	601858.SH	89.27	北京	中央国有控股
17	彩虹股份	600707.SH	89.04	陕西	地方国有控股
18	中微公司	688012.SH	88.90	上海	地方国有控股
19	神州泰岳	300002.SZ	88.44	北京	非国有控股
20	金山办公	688111.SH	88.18	北京	非国有控股
21	芒果超媒	300413.SZ	88.11	湖南	地方国有控股
22	恺英网络	002517.SZ	88.06	福建	非国有控股
23	中国出版	601949.SH	88.06	北京	中央国有控股
24	巨人网络	002558.SZ	87.56	重庆	非国有控股
25	安克创新	300866.SZ	87.43	湖南	非国有控股
26	赛维时代	301381.SZ	87.37	广东	非国有控股
27	中国电影	600977.SH	87.31	北京	中央国有控股
28	昆仑万维	300418.SZ	87.18	北京	非国有控股
29	中国电信	601728.SH	87.10	北京	中央国有控股
30	振华科技	000733.SZ	86.86	贵州	中央国有控股
31	振华风光	688439.SH	86.72	贵州	中央国有控股
32	盛美上海	688082.SH	86.60	上海	非国有控股

续表

排名	证券名称	证券代码	数字化创新绩效指数	省份	产权性质
33	人民网	603000.SH	86.33	北京	中央国有控股
34	智度股份	000676.SZ	86.19	广东	非国有控股
35	蓝色光标	300058.SZ	86.08	北京	非国有控股
36	国联股份	603613.SH	86.06	北京	非国有控股
37	东方明珠	600637.SH	86.01	上海	地方国有控股
38	三环集团	300408.SZ	86.00	广东	非国有控股
39	先导智能	300450.SZ	85.93	江苏	非国有控股
40	紫光国微	002049.SZ	85.85	河北	非国有控股
41	海光信息	688041.SH	85.82	天津	非国有控股
42	沪电股份	002463.SZ	85.65	江苏	非国有控股
43	大华股份	002236.SZ	85.48	浙江	非国有控股
44	中国联通	600050.SH	85.29	北京	中央国有控股
45	山东出版	601019.SH	85.28	山东	地方国有控股
46	柏楚电子	688188.SH	85.17	上海	非国有控股
47	引力传媒	603598.SH	85.14	北京	非国有控股
48	新易盛	300502.SZ	85.13	四川	非国有控股
49	宝信软件	600845.SH	85.12	上海	中央国有控股
50	冰川网络	300533.SZ	85.03	广东	非国有控股
51	中天科技	600522.SH	84.80	江苏	非国有控股
52	蓝思科技	300433.SZ	84.71	湖南	非国有控股
53	航天智造	300446.SZ	84.61	河北	中央国有控股
54	新华文轩	601811.SH	84.59	四川	地方国有控股
55	三七互娱	002555.SZ	84.58	安徽	非国有控股
56	韦尔股份	603501.SH	84.54	上海	非国有控股
57	中科星图	688568.SH	84.45	北京	中央国有控股
58	恒生电子	600570.SH	84.37	浙江	非国有控股
59	广和通	300638.SZ	84.30	广东	非国有控股
60	海康威视	002415.SZ	84.26	浙江	中央国有控股
61	中国卫通	601698.SH	84.14	北京	中央国有控股
62	亿纬锂能	300014.SZ	84.11	广东	非国有控股
63	浪潮信息	000977.SZ	84.10	山东	地方国有控股
64	立讯精密	002475.SZ	84.04	广东	非国有控股
65	凤凰传媒	601928.SH	83.89	江苏	地方国有控股
66	中国通号	688009.SH	83.80	北京	中央国有控股

续表

排名	证券名称	证券代码	数字化创新绩效指数	省份	产权性质
67	中文在线	300364.SZ	83.72	北京	非国有控股
68	协创数据	300857.SZ	83.70	广东	非国有控股
69	东山精密	002384.SZ	83.50	江苏	非国有控股
70	中芯国际	688981.SH	83.37	—	非国有控股
71	工业富联	601138.SH	83.31	广东	非国有控股
72	华海清科	688120.SH	83.06	天津	地方国有控股
73	汇顶科技	603160.SH	83.06	广东	非国有控股
74	海格通信	002465.SZ	83.05	广东	地方国有控股
75	睿创微纳	688002.SH	83.02	山东	非国有控股
76	神州数码	000034.SZ	82.90	广东	非国有控股
77	长江传媒	600757.SH	82.90	湖北	地方国有控股
78	顺网科技	300113.SZ	82.89	浙江	非国有控股
79	欧菲光	002456.SZ	82.81	广东	非国有控股
80	漫步者	002351.SZ	82.81	广东	非国有控股
81	唯捷创芯	688153.SH	82.71	天津	非国有控股
82	斯达半导	603290.SH	82.69	浙江	非国有控股
83	中南传媒	601098.SH	82.67	湖南	地方国有控股
84	科大讯飞	002230.SZ	82.63	安徽	非国有控股
85	华测导航	300627.SZ	82.60	上海	非国有控股
86	拓维信息	002261.SZ	82.48	湖南	非国有控股
87	恒玄科技	688608.SH	82.42	上海	非国有控股
88	中瓷电子	003031.SZ	82.36	河北	中央国有控股
89	新媒股份	300770.SZ	82.15	广东	地方国有控股
90	国瓷材料	300285.SZ	82.14	山东	非国有控股
91	风语筑	603466.SH	81.97	上海	非国有控股
92	佳都科技	600728.SH	81.94	广东	非国有控股
93	新大陆	000997.SZ	81.91	福建	非国有控股
94	新华网	603888.SH	81.87	北京	中央国有控股
95	奥飞数据	300738.SZ	81.80	广东	非国有控股
96	雅克科技	002409.SZ	81.76	江苏	非国有控股
97	艾比森	300389.SZ	81.71	广东	非国有控股
98	华大九天	301269.SZ	81.61	北京	非国有控股
99	吉宏股份	002803.SZ	81.57	福建	非国有控股
100	华润微	688396.SH	81.57	—	中央国有控股

数据来源：同花顺（iFinD），首经贸资产评估研究院和浙工商中国智能管理研究院整理。

2. 区域维度分析

从区域分布来看，如表3-42和图3-44所示，华北地区数字原生产业上市公司数字化创新绩效指数平均水平最高，为67.07，其次是华中地区（66.54）和西南地区（65.90）。

表3-42　2023年数字原生产业上市公司数字化创新绩效指数——区域维度

区域	公司个数/家	均值	数字化创新公司代表
东北地区	28	61.07	拓荆科技（79.63）
华北地区	204	67.07	北方华创（93.01）
华东地区	479	65.10	卓胜微（92.23）
华南地区	324	64.93	传音控股（92.22）
华中地区	73	66.54	时代电气（92.03）
西北地区	26	62.04	彩虹股份（89.04）
西南地区	55	65.90	巨人网络（87.56）

数据来源：同花顺（iFinD），首经贸资产评估研究院和浙工商中国智能管理研究院整理。

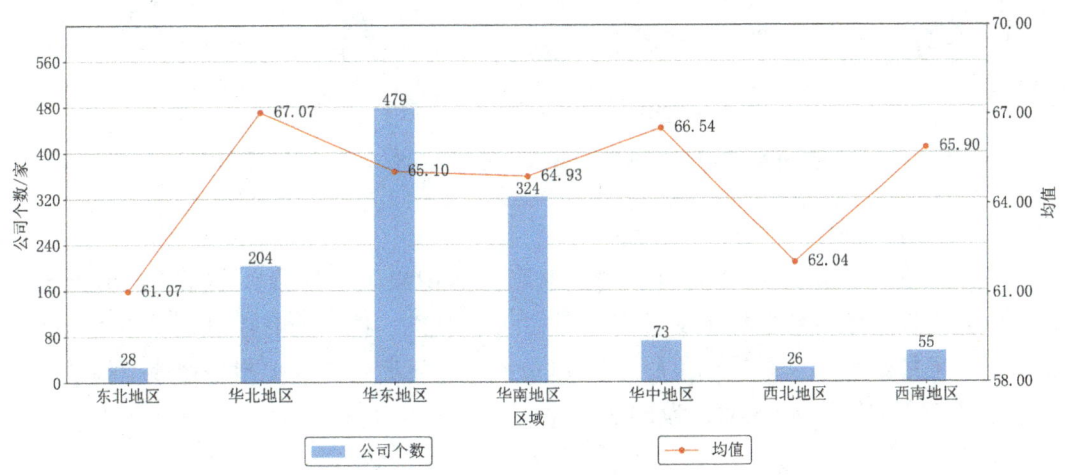

图3-44　2023年数字原生产业各区域上市公司数字化创新绩效指数均值分布图

3. 省份维度分析

由表3-43和图3-45可知，北京市数字原生产业上市公司数字化创新绩效指数平均水平最高，为67.23，其次是上海市（66.28）和浙江省（65.09）。在数字原生产业上市公司数量超过50家的省份中，北京市、上海市和浙江省上市公司整体表现较好。

表3-43 2023年数字原生产业上市公司数字化创新绩效指数——省份维度

省份	公司个数/家	均值	数字化创新公司代表
北京	175	67.23	北方华创（93.01）
广东	317	65.02	传音控股（92.22）
江苏	136	63.90	卓胜微（92.23）
上海	109	66.28	中微公司（88.90）
浙江	106	65.09	大华股份（85.48）

数据来源：同花顺（iFinD），首经贸资产评估研究院和浙工商中国智能管理研究院整理。

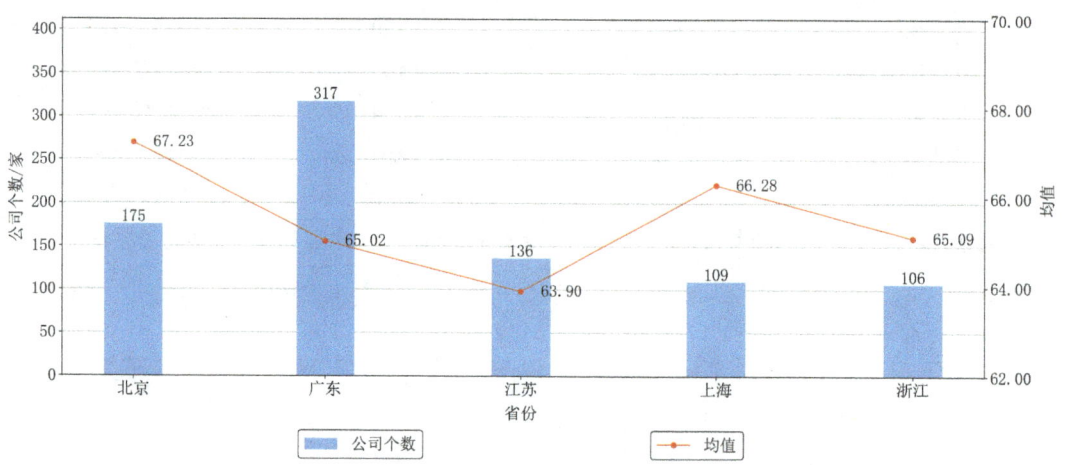

图3-45 2023年数字原生产业各省份上市公司数字化创新绩效指数均值分布图

4. 产权维度分析

从产权分布来看，如表3-44和图3-46所示，中央国有控股数字原生产业上市公司数字化创新绩效指数平均水平最高，为72.98。其次，地方国有控股数字原生产业上市公司该项指数平均水平为67.97，而非国有控股数字原生产业上市公司该项指数的平均水平低于全市场均值65.43，为64.25。

表3-44 2023年数字原生产业上市公司数字化创新绩效指数——产权维度

产权	公司个数/家	均值	数字化创新公司代表
中央国有控股	101	72.98	中国移动（93.85）
地方国有控股	142	67.97	北方华创（93.01）
非国有控股	952	64.25	万达电影（92.71）

数据来源：同花顺（iFinD），首经贸资产评估研究院和浙工商中国智能管理研究院整理。

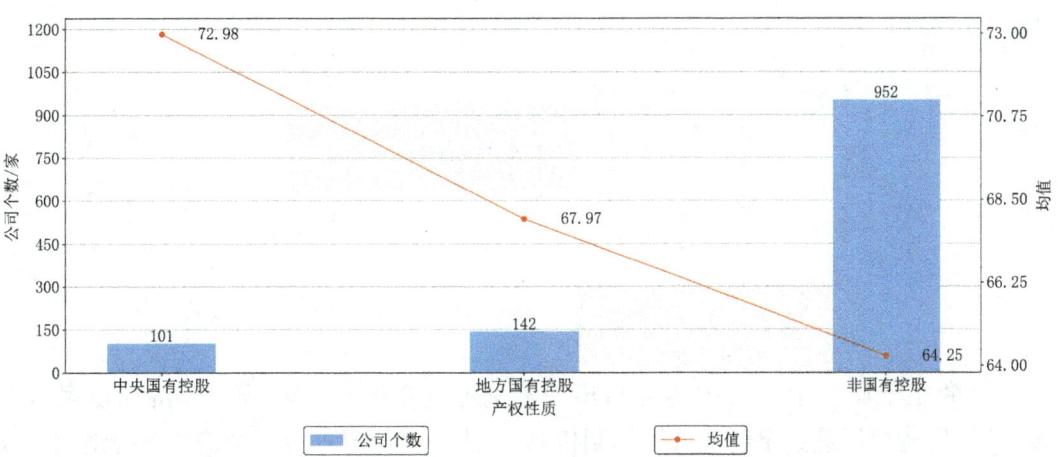

图3-46 2023年数字原生产业不同产权上市公司数字化创新绩效指数均值分布图

第4章
数字化创新生态环境评价

党的二十届三中全会中明确指出"健全促进实体经济和数字经济深度融合制度""加快构建促进数字经济发展体制机制",进一步凸显了数字经济的重要地位,以及进行数字技术创新的必要性。目前,数字化创新已成为企业在新时代数字经济发展中实现高质量发展的核心驱动力。尤其是在人工智能等新一代信息技术快速发展的背景下,企业可以充分利用更多创新资源,推动经济高质量发展。在全面深化改革、推进中国式现代化的新征程中,各地政府正积极从数字化基础环境、数字化融合环境、数字化支持环境等多个方面为上市公司数字化创新构建良好的生态环境。

4.1 七大区数字化创新生态环境评价

本报告分析了我国东北、华北、华东、华南、华中、西北、西南七大地理区域的数字化创新生态环境。总体来看,如图4-1所示,东北、华北、华东、华南、华中、西北、西南七大地理区域的数字化创新生态环境综合指数依次为55.20、63.23、67.07、64.71、60.00、53.76、56.65。其中,数字化创新生态环境综合指数平均水平最高的是华东地区,其次是华南地区,最低的是西北地区,凸显出华东地区数字化创新环境的显著优势。

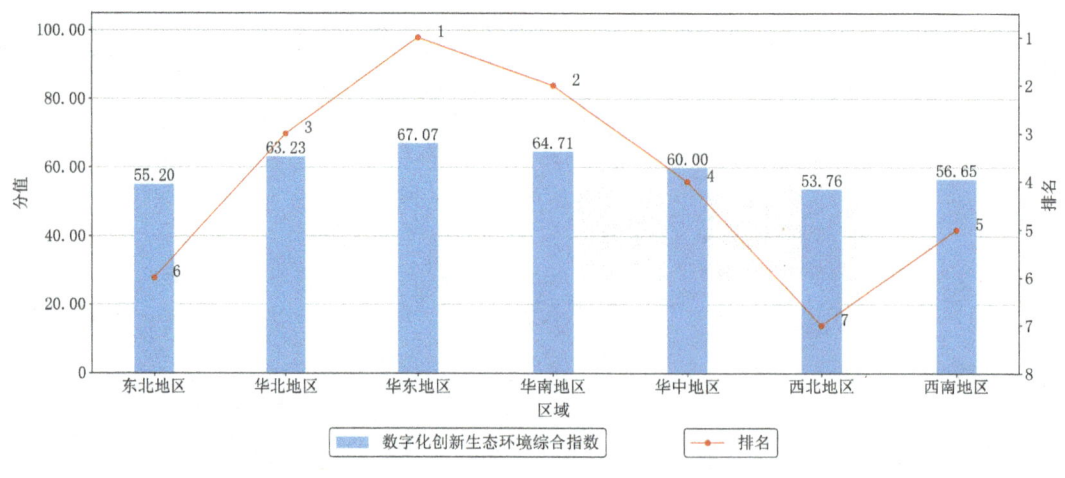

图4-1 2023年数字化创新生态环境综合指数——区域维度

从各地区数字化创新生态环境的细分维度来看，如表4-1所示，在数字化基础环境指数方面，华北地区的指数最高，其次是华东地区，二者均高于全国平均水平。相对而言，华南、华中、东北、西南和西北地区的数字化基础环境指数均低于全国平均水平，反映出我国各地区数字化基础环境发展的不均衡性。在数字化融合环境指数方面，华中、西南、东北和西北地区的表现均低于全国平均水平，华南、华东和华北地区高于全国平均水平。数字化支持环境指数方面，华东地区领先，华南、华中和华北地区也高于全国平均水平，而西南、东北和西北地区则低于全国平均水平。综合各大地区的数字化创新生态环境细分维度来看，华东地区表现最佳，华南地区紧随其后，华北地区表现良好，西北地区相对滞后，总体上呈现出东部和南部地区领先、西部地区较为落后的发展格局。

表 4-1　2023 年数字化创新生态环境指数一览表——区域维度

区域	数字化创新生态环境综合指数		数字化基础环境指数		数字化融合环境指数		数字化支持环境指数	
	分值	排名	分值	排名	分值	排名	分值	排名
东北地区	55.20	6	51.78	5	54.49	6	61.33	6
华北地区	63.23	3	62.62	1	62.12	3	66.32	4
华东地区	67.07	1	57.60	2	70.01	1	74.01	1
华南地区	64.71	2	53.72	3	69.22	2	70.54	2
华中地区	60.00	4	52.55	4	60.90	4	68.35	3
西北地区	53.76	7	50.91	7	54.00	7	57.18	7
西南地区	56.65	5	51.72	6	57.49	5	61.67	5
全国均值	60.56	—	54.95	—	61.68	—	65.95	—

数据来源：首经贸资产评估研究院和浙工商中国智能管理研究院整理。

4.1.1　东北地区

2023年东北地区数字化创新生态环境综合指数为55.20，与全国平均水平60.56相比，处于全国平均水平之下，体现出该地区数字化创新生态环境建设相对偏弱。详细来看，如图4-2所示，东北地区数字化基础环境指数、数字化融合环境指数、数字化支持环境指数分别为51.78、54.49、61.33，均低于全国平均水平。

2023年东北地区数字化基础环境指数为51.78，低于全国平均水平54.95，反映出该地区在数字化基础设施建设方面较为落后，亟须加大支持力度以提升基础环境建设水平；2023年东北地区数字化融合环境指数为54.49，低于全国平均水平61.68，表明该地区在推动数字经济与实体经济深度融合方面进展缓慢，数字化融合水平相对滞后；2023年东北地区数字化支持环境指数为61.33，低于全国平均水平65.95，显示出该地区在政策支持和资源配置方面仍有较大提升空间。整体来看，东北地区在数字化创新生态环境建设中存在明显短板，尤其在基础设施建设、融合推进和政策支持等方面，亟须加强各项举措以推动更全面的发展。

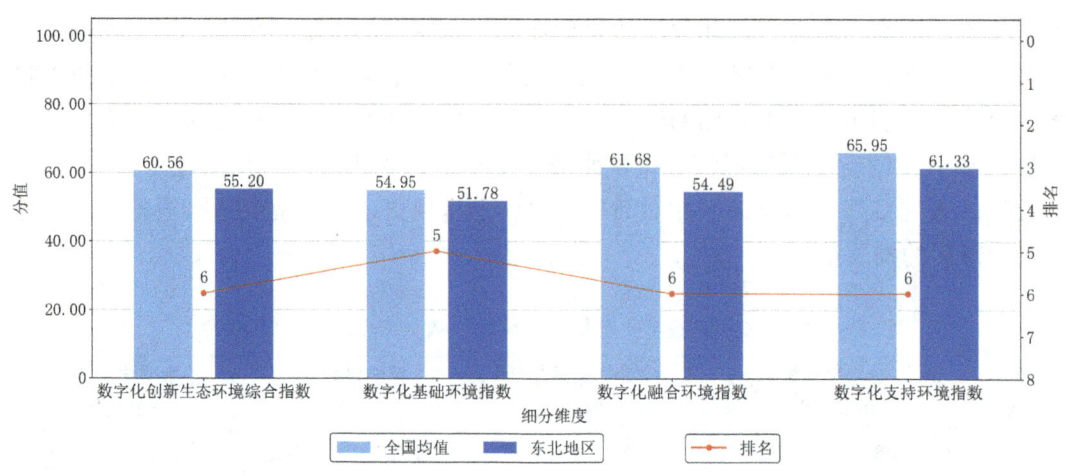

图4-2 2023年东北地区数字化创新生态环境综合指数——细分维度

4.1.2 华北地区

2023年华北地区数字化创新生态环境综合指数为63.23，与全国平均水平60.56相比，处于全国平均水平之上，体现出该地区数字化创新生态环境相对较好。详细来看，如图4-3所示，华北地区数字化基础环境指数、数字化融合环境指数、数字化支持环境指数分别为62.62、62.12、66.32，均高于全国平均水平。

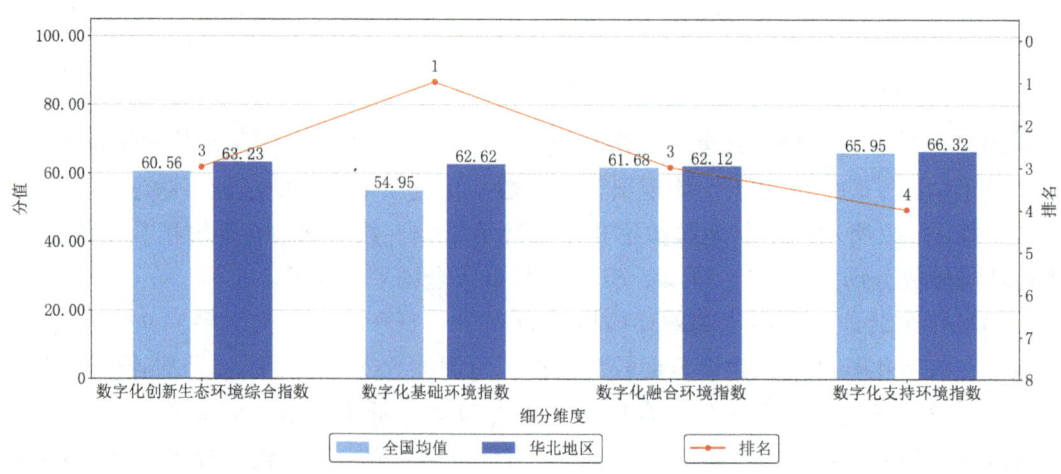

图4-3 2023年华北地区数字化创新生态环境综合指数——细分维度

2023年华北地区数字化基础环境指数为62.62，高于全国平均水平54.95，表明该地区在数字化基础设施建设方面表现优异，基础环境较为完善；2023年华北地区数字化融合环境指数为62.12，高于全国平均水平61.68，显示出该地区在数字经济与实体经济融合的推进过程中具有一定优势，融合发展水平较为稳健；2023年华北地区数字化支持环境指数为66.32，高于全国平均水平65.95，进一步反映出该地区在政策支持和资源配置方面较为完善，能够为数字化发展提供有力的支撑。整体来看，华北地区在数字化创新生态环境建设上有一定的成效，在数字化基础设施建设、融合推进和政策支持等方面均取得了一定的成果。

4.1.3 华东地区

2023年华东地区数字化创新生态环境综合指数为67.07，与全国平均水平60.56相比，处于全国平均水平之上，体现出该地区数字化创新生态环境相对较好。详细来看，如图4-4所示，华东地区数字化基础环境指数、数字化融合环境指数、数字化支持环境指数分别为57.60、70.01、74.01，均高于全国平均水平。

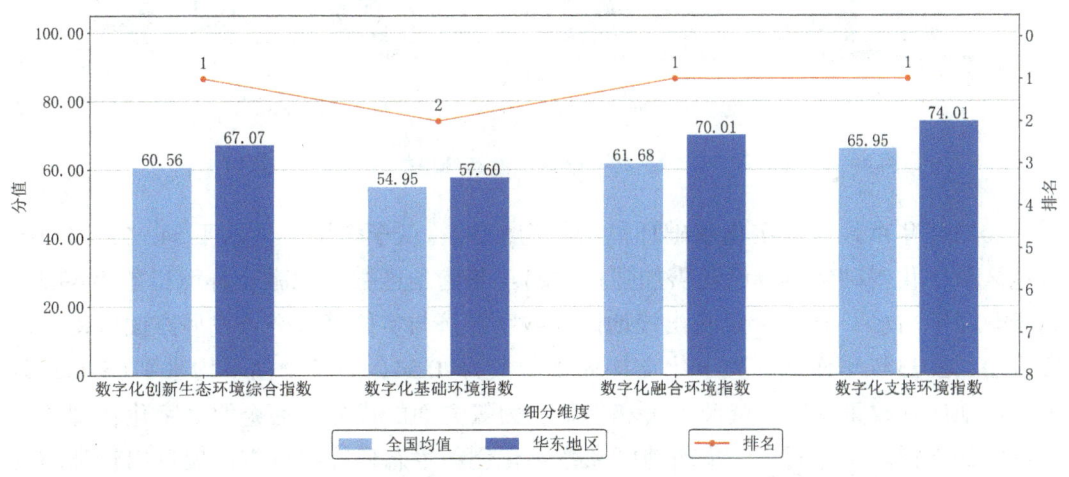

图4-4　2023年华东地区数字化创新生态环境综合指数——细分维度

2023年华东地区数字化基础环境指数为57.60，高于全国平均水平54.95，体现出该地区数字化基础环境发展水平较高，同时也体现出该地区数字化基础设施建设水平较为完善；2023年华东地区数字化融合环境指数为70.01，高于全国平均水平61.68，反映出该地区在数字经济与实体经济深度融合方面取得了积极进展；2023年华东地区数字化支持环境指数为74.01，高于全国平均水平65.95，显示出华东地区在政策支持、资源配置和创新能力等方面具备良好的发展条件，为企业数字化转型提供了有力保障。整体而言，华东地区在数字化创新生态环境建设中表现突出，为推动区域经济高质量发展奠定了坚实基础，并在全国范围内发挥了引领作用。

4.1.4 华南地区

2023年华南地区数字化创新生态环境综合指数为64.71，与全国平均水平60.56相比，处于全国平均水平之上，体现出该地区数字化创新生态环境相对较好。详细来看，如图4-5所示，华南地区数字化基础环境指数、数字化融合环境指数、数字化支持环境指数分别为53.72、69.22、70.54。华南地区数字化基础环境指数低于全国平均水平，其他指数高于全国平均水平。

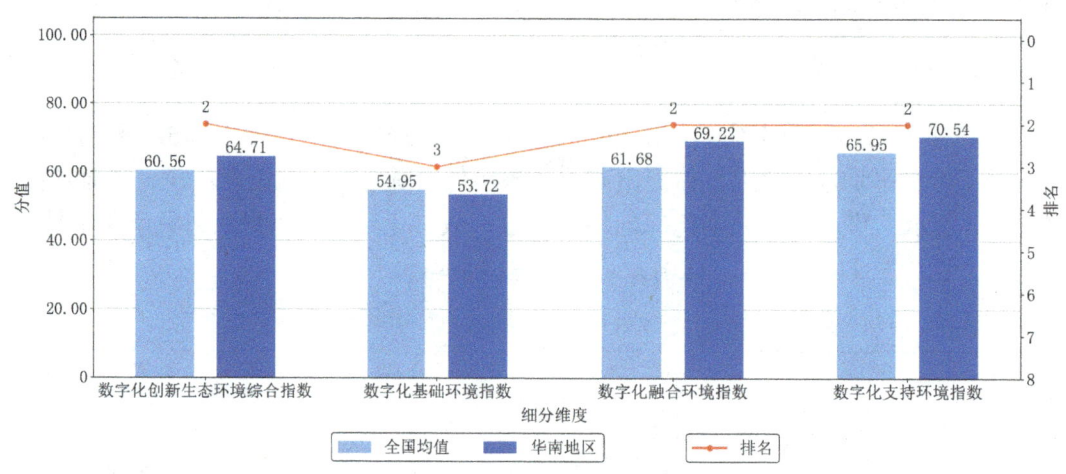

图4-5　2023年华南地区数字化创新生态环境综合指数——细分维度

2023年华南地区数字化基础环境指数为53.72，低于全国平均水平54.95，体现出该地区数字化基础环境建设还需加强；2023年华南地区数字化融合环境指数为69.22，高于全国平均水平61.68，反映出该地区在数字经济与实体经济融合发展方面取得了良好进展；2023年华南地区数字化支持环境指数为70.54，高于全国平均水平65.95，显示出该地区在政策支持、资源配置和创新能力等方面的优势，为企业数字化转型提供了良好的支撑。整体而言，华南地区在数字化创新生态环境建设方面展现出较强的发展潜力，但仍需进一步提升基础环境建设水平，以支持其进一步发展。

4.1.5 华中地区

2023年华中地区数字化创新生态环境综合指数为60.00，与全国平均水平60.56相比，低于全国平均水平，体现出该地区数字化创新生态环境相对偏弱。详细来看，如图4-6所示，华中地区数字化基础环境指数、数字化融合环境指数、数字化支持环境指数分别为52.55、60.90、68.35。华中地区数字化支持环境指数高于全国平均水平，其他指数低于全国平均水平。

第4章 数字化创新生态环境评价

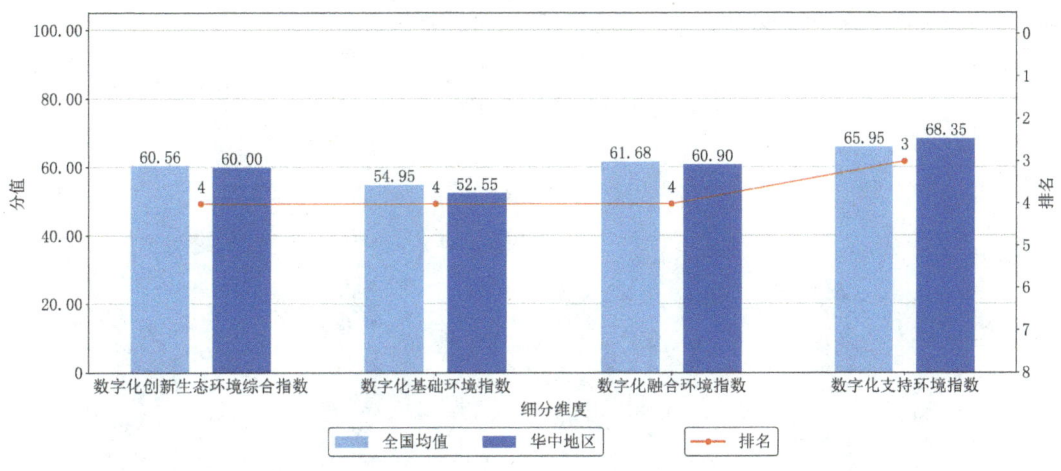

图4-6 2023年华中地区数字化创新生态环境综合指数——细分维度

2023年华中地区数字化基础环境指数为52.55，低于全国平均水平54.95，反映出该地区在数字化基础设施建设和发展水平方面仍相对滞后，基础环境有待进一步提升；2023年华中地区数字化融合环境指数为60.90，低于全国平均水平61.68，表明该地区在推动数字经济与实体经济深度融合方面存在一定不足，融合效应尚未充分显现；2023年华中地区数字化支持环境指数为68.35，高于全国平均水平65.95，显示出该地区在政策支持、资源配置等方面取得了积极进展，为企业数字化转型提供了相对稳固的支撑。整体而言，华中地区的数字化创新生态环境呈现出不均衡的发展态势，基础设施与融合水平的不足制约了整体数字化进程，亟须进一步加强基础设施和融合能力的建设，以推动区域的全面数字化转型和高质量发展。

4.1.6 西北地区

2023年西北地区数字化创新生态环境综合指数为53.76，与全国平均水平60.56相比，处于全国平均水平之下，体现出该地区数字化创新生态环境相对偏弱。详细来看，如图4-7所示，西北地区数字化基础环境指数、数字化融合环境指数、数字化支持环境指数分别为50.91、54.00、57.18，均低于全国平均水平。

2023年西北地区数字化基础环境指数为50.91，低于全国平均水平54.95，表明该地区在数字化基础设施建设和发展方面相对滞后，基础环境较为薄弱；2023年西北地区数字化融合环境指数为54.00，低于全国平均水平61.68，反映出该地区在推动数字经济与实体经济融合方面进展缓慢，融合发展较弱；2023年西北地区数字化支持环境指数为57.18，低于全国平均水平65.95，表明该地区在政策支持、资源配置以及创新能力方面仍存在较大提升空间。整体来看，西北地区在数字化创新生态环境中面临较多挑战，基础设施薄弱、融合进展不力、支持环境不够完善是制约该地区数字化发展的关键问题。为推动区域的整体发展，亟须采取有力措施，提升数字化基础设施建设水平、促进数字经济深度融合，并强化政策支持和资源投入。

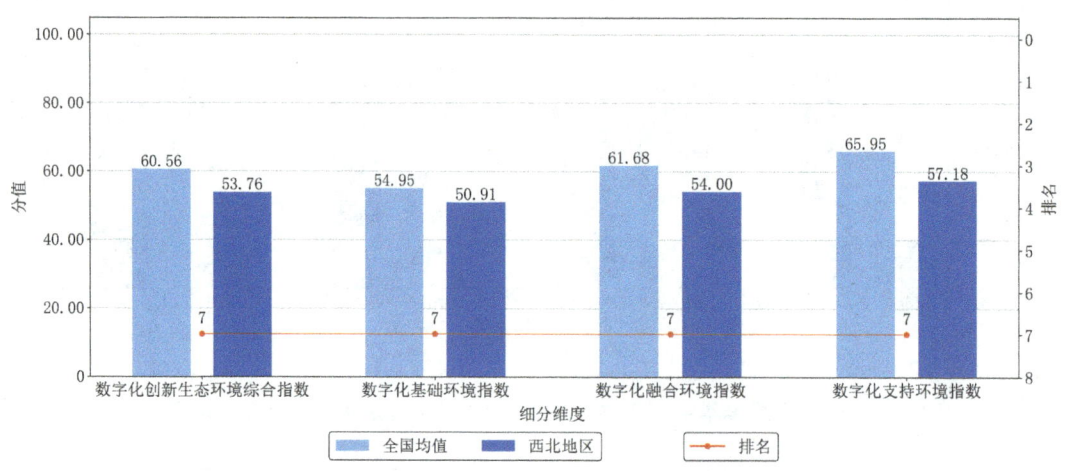

图 4-7　2023 年西北地区数字化创新生态环境综合指数——细分维度

4.1.7　西南地区

2023 年西南地区数字化创新生态环境综合指数为 56.65，与全国平均水平 60.56 相比，处于全国平均水平之下，体现出该地区数字化创新生态环境相对偏弱。详细来看，如图 4-8 所示，西南地区数字化基础环境指数、数字化融合环境指数、数字化支持环境指数分别为 51.72、57.49、61.67，均低于全国平均水平。

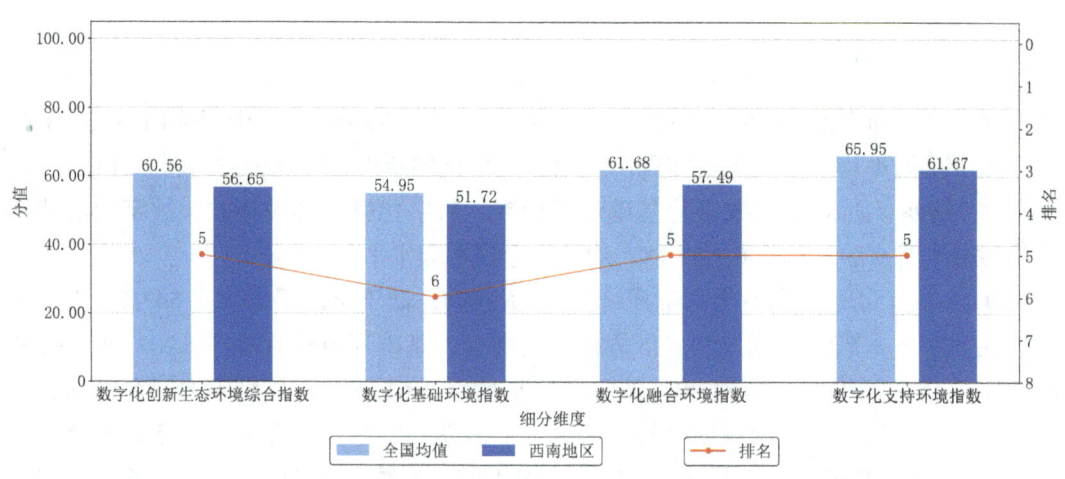

图 4-8　2023 年西南地区数字化创新生态环境指数——细分维度

2023 年西南地区数字化基础环境指数为 51.72，低于全国平均水平 54.95，表明该地区的数字化基础设施建设相对滞后，基础环境较为薄弱；2023 年西南地区数字化融合环境指数为57.49，低于全国平均水平61.68，显示出该地区在数字经济与实体经济的融合过程中，融合程度较低，整体进展缓慢；2023年西南地区数字化支持环境指数为61.67，低于全国平均水平65.95，体现出该地区在数字化支持政策和资源配置上的不足。整体来看，西南地区数字化发展面临基础设施不足、融合水平较低、支持政策欠完善等问题，需要通过加强基础设施建设和优化政策支持，提升数字化水平，推动区域经济的进一步发展。

4.2 省份数字化创新生态环境评价

从各省份数字化创新生态环境综合指数来看，如图4-9所示，北京市的数字化创新生态环境综合指数为90.60，位居全国第一；西藏自治区的数字化创新生态环境综合指数为51.45，居末位。北京市、广东省、上海市等9个省份数字化创新生态环境综合指数高于全国平均水平60.56。

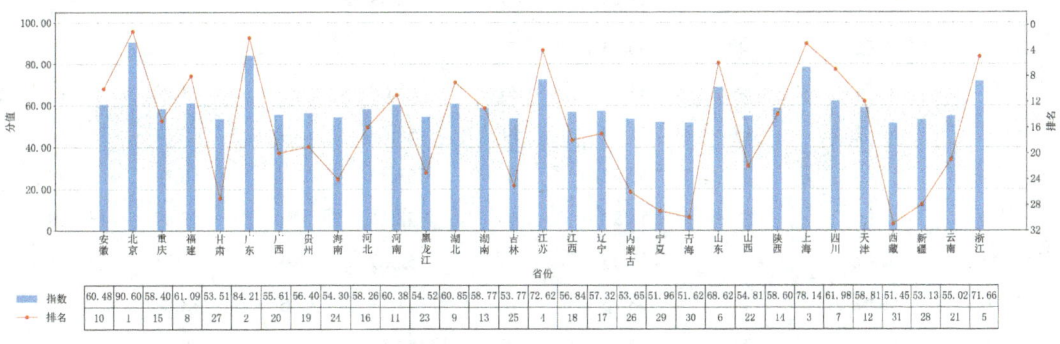

图4-9　2023年数字化创新生态环境综合指数——省份维度

从数字化创新生态环境的细分维度看，如表4-2所示，数字化基础环境指数排名前5的是北京、上海、天津、浙江、广东；数字化融合环境指数排名前5的是广东、北京、上海、浙江、江苏；数字化支持环境指数排名前5的是广东、北京、江苏、山东、浙江，这表明了北京、广东、浙江等地区具备良好的数字化创新生态环境。

表4-2　2023年数字化创新生态环境指数一览表——省份维度

省份	数字化创新生态环境综合指数		数字化基础环境指数		数字化融合环境指数		数字化支持环境指数	
	分值	排名	分值	排名	分值	排名	分值	排名
安徽	60.48	10	52.93	10	61.20	11	69.36	9
北京	90.60	1	98.79	1	86.81	2	87.14	2
重庆	58.40	15	52.44	15	58.83	14	65.66	13
福建	61.09	8	56.47	6	62.58	8	64.37	15

续表

省份	数字化创新生态环境综合指数		数字化基础环境指数		数字化融合环境指数		数字化支持环境指数	
	分值	排名	分值	排名	分值	排名	分值	排名
甘肃	53.51	27	50.56	27	53.86	25	56.80	27
广东	84.21	2	56.67	5	95.45	1	98.97	1
广西	55.61	20	51.81	21	56.44	20	59.11	22
贵州	56.40	19	52.87	11	57.31	16	59.34	21
海南	54.30	24	52.67	13	55.77	21	53.53	28
河北	58.26	16	52.75	12	59.25	12	63.79	16
河南	60.38	11	53.31	9	61.83	9	67.10	11
黑龙江	54.52	23	51.10	26	53.91	24	60.45	19
湖北	60.85	9	52.27	16	61.65	10	70.96	8
湖南	58.77	13	52.08	19	59.22	13	66.98	12
吉林	53.77	25	51.62	23	52.93	28	58.41	24
江苏	72.62	4	55.83	7	77.24	5	86.17	3
江西	56.84	18	51.98	20	57.08	17	63.02	17
辽宁	57.32	17	52.63	14	56.63	19	65.14	14
内蒙古	53.65	26	50.55	28	53.42	26	58.34	25
宁夏	51.96	29	51.27	24	52.16	30	52.49	29
青海	51.62	30	50.35	29	52.67	29	51.21	31
山东	68.62	6	53.73	8	71.11	6	83.88	4
山西	54.81	22	52.27	16	54.11	23	59.71	20
陕西	58.60	14	52.17	18	58.21	15	68.17	10
上海	78.14	3	75.27	2	83.46	3	71.25	7
四川	61.98	7	51.81	22	63.54	7	72.70	6
天津	58.81	12	58.76	3	56.97	18	62.63	18
西藏	51.45	31	50.31	30	52.04	31	51.82	30
新疆	53.13	28	50.18	31	53.11	27	57.22	26
云南	55.02	21	51.19	25	55.71	22	58.81	23
浙江	71.66	5	56.99	4	77.39	4	80.03	5
均值	60.56	—	54.95	—	61.68	—	65.95	—

数据来源：首经贸资产评估研究院和浙工商中国智能管理研究院整理。

4.2.1 安徽省

2023年安徽省数字化创新生态环境综合指数为60.48，与全国平均水平60.56相比，处于全国平均水平之下，体现出安徽省的数字化创新生态环境相对较弱。详细来看，如图4-10所示。

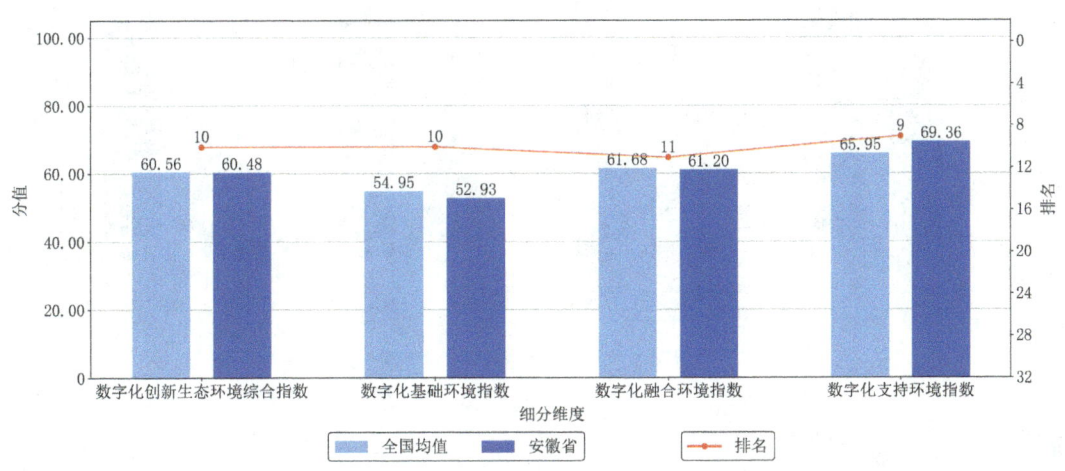

图4-10 2023年安徽省数字化创新生态环境综合指数——细分维度

2023年安徽省数字化基础环境指数为52.93，低于全国平均水平54.95，体现出其在数字化基础设施方面仍有进一步发展的空间；2023年安徽省数字化融合环境指数为61.20，低于全国平均水平61.68，体现出其在促进数字技术与传统产业的融合上仍有进步空间；2023年安徽省数字化支持环境指数为69.36，高于全国平均水平65.95，体现出其在提供数字化创新支持方面已取得积极成果。整体来看，安徽省的数字化创新生态环境建设仍有进一步提升的潜力，与全国平均水平相比仍有一定的差距和进步的空间。

4.2.2 北京市

2023年北京市数字化创新生态环境综合指数为90.60，与全国平均水平60.56相比，处于全国平均水平之上，体现出北京市的数字化创新生态环境较好。详细来看，如图4-11所示。

2023年北京市数字化基础环境指数为98.79，远高于全国平均水平54.95，体现出其在数字化基础设施方面的卓越建设和技术先进性；2023年北京市数字化融合环境指数为86.81，远高于全国平均水平61.68，体现出其在促进数字技术与传统产业的融合上具备高效的执行力和创新能力；2023年北京市数字化支持环境指数为87.14，远高于全国平均水平65.95，体现出其在提供数字化创新支持方面具有强大的政策优势和资源配置能力。整体来看，北京市的数字化创新生态环境建设取得了较为明显的成果，促使其在数字化发展竞争中取得优势地位，为其长期可持续发展提供了坚实基础。

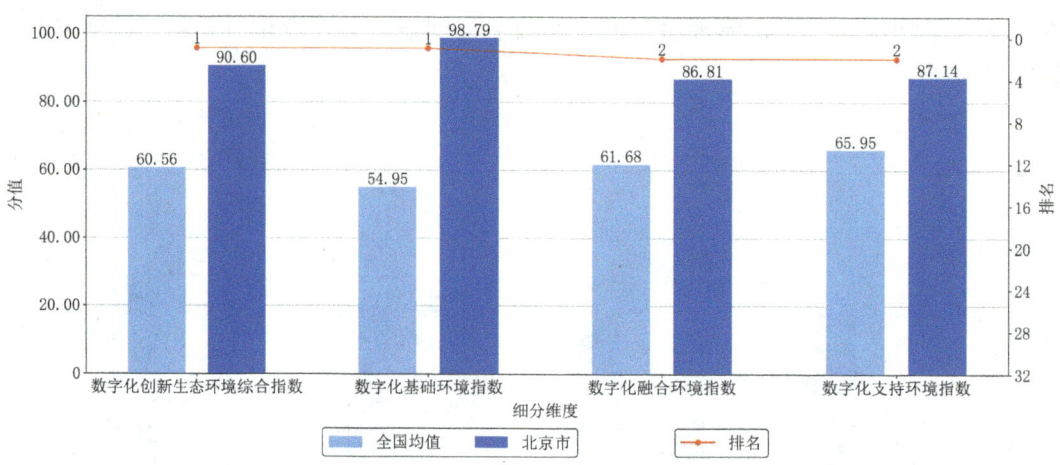

图 4-11 2023 年北京市数字化创新生态环境综合指数——细分维度

4.2.3 重庆市

2023年重庆市数字化创新生态环境综合评价指数为58.40，与全国平均水平60.56相比，处于全国平均水平之下，体现出重庆市的数字化创新生态环境相对较差。详细来看，如图4-12所示。

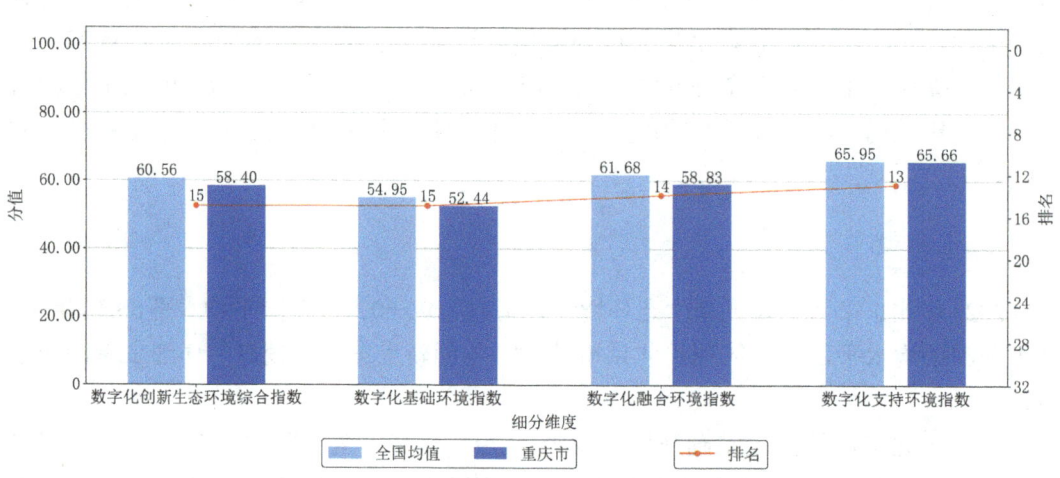

图 4-12 2023 年重庆市数字化创新生态环境综合指数——细分维度

2023年重庆市数字化基础环境指数为52.44，低于全国平均水平54.95，体现出其在数字化基础设施方面仍有进一步发展的空间；2023年重庆市数字化融合环境指数为58.83，低于全国平均水平61.68，体现出其在促进数字技术与传统产业的融合上仍有进步空间；2023年重庆市数字化支持环境指数为65.66，低于全国平均水平65.95，体现出其在政策支持和资源配置方面仍有进一步提升的潜力。整体来看，重庆市的数字化创新生态环境建设仍有进一步提升的潜力,与全国平均水平相比仍有一定的差距和进步的空间。

4.2.4 福建省

2023年福建省数字化创新生态环境综合指数为61.09,与全国平均水平60.56相比,处于全国平均水平之上,体现出福建省的数字化创新生态环境相对较好。详细来看,如图4-13所示。

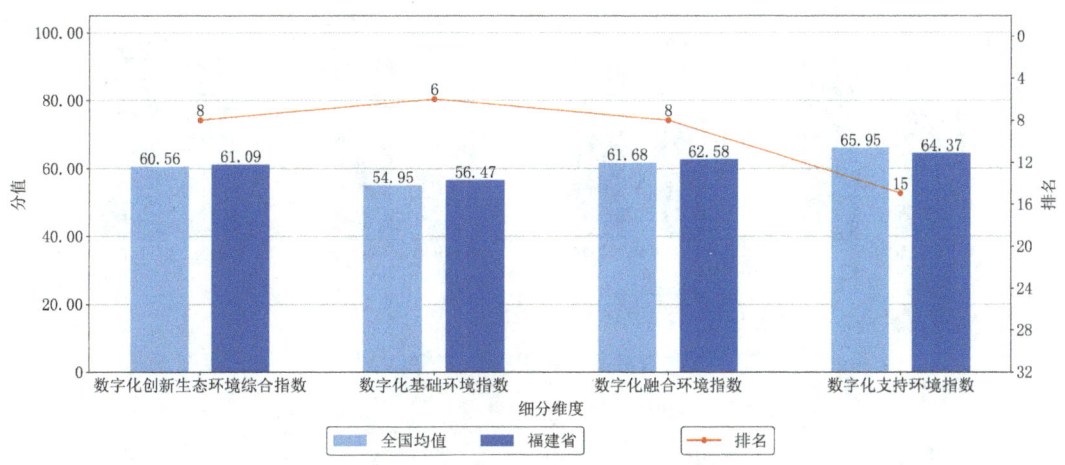

图4-13　2023年福建省数字化创新生态环境综合指数——细分维度

2023年福建省数字化基础环境指数为56.47,高于全国平均水平54.95,体现出其在数字化基础设施方面具备一定的领先优势;2023年福建省数字化融合环境指数为62.58,高于全国平均水平61.68,体现出其在促进数字技术与传统产业的融合上已取得初步成效;2023年福建省数字化支持环境指数为64.37,低于全国平均水平65.95,体现出其在政策支持和资源配置方面仍有进一步提升的潜力。整体来看,福建省的数字化创新生态环境建设取得了初步成效,具备一定的领先优势,取得了一定的积极成果。

4.2.5 甘肃省

2023年甘肃省数字化创新生态环境综合指数为53.51,与全国平均水平60.56相比,处于全国平均水平之下,体现出甘肃省的数字化创新生态环境相对较差。详细来看,如图4-14所示。

2023年甘肃省数字化基础环境指数为50.56,低于全国平均水平54.95,体现出其在数字化基础设施方面仍有进一步发展的空间;2023年甘肃省数字化融合环境指数为53.86,低于全国平均水平61.68,体现出其在促进数字技术与传统产业的融合上仍有进步空间；2023年甘肃省数字化支持环境指数为56.80，远低于全国平均水平65.95，体现出其在政策支持和资源配置方面存在较大不足，整体支持力度相对较弱。整体来看，甘肃省的数字化创新生态环境建设仍有进一步提升的潜力，与全国平均水平相比仍有一定的差距和进步的空间。

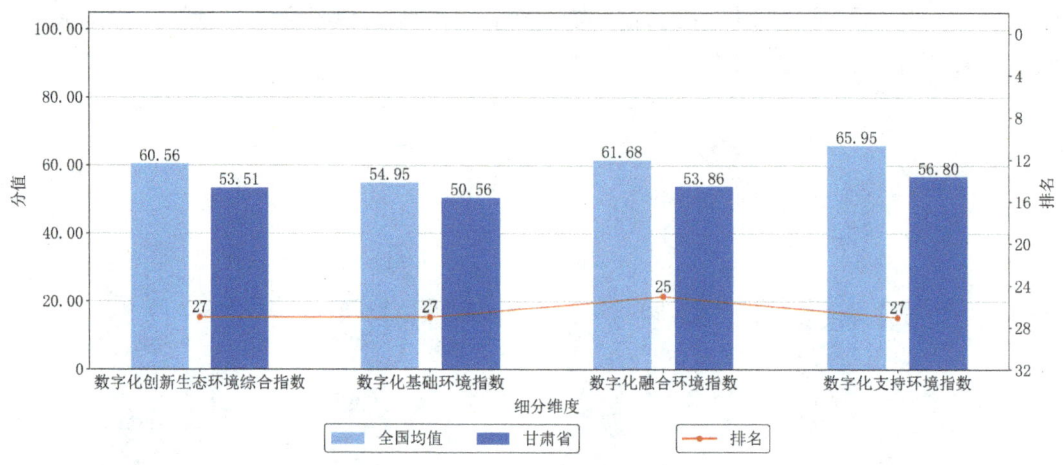

图4-14　2023年甘肃省数字化创新生态环境综合指数——细分维度

4.2.6　广东省

2023年广东省数字化创新生态环境综合指数为84.21，与全国平均水平60.56相比，远高于全国平均水平，体现出广东省拥有较好的数字化创新生态环境。详细来看，如图4-15所示。

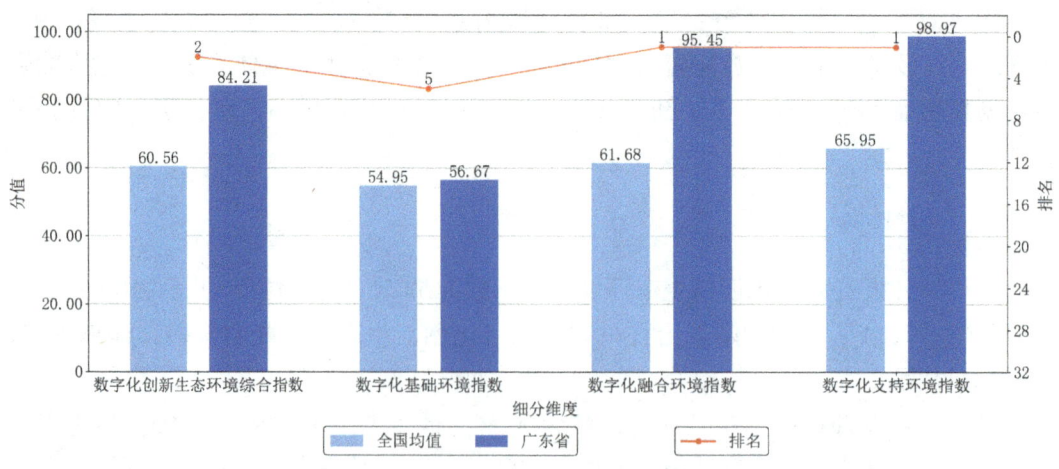

图4-15　2023年广东省数字化创新生态环境综合指数——细分维度

2023年广东省数字化基础环境指数为56.67，高于全国平均水平54.95，体现出其在数字化基础设施方面具备一定的领先优势；2023年广东省数字化融合环境指数为95.45，远高于全国平均水平61.68，体现出其在促进数字技术与传统产业的融合上具备高效的执行力和创新能力；2023年广东省数字化支持环境指数为98.97，远高于全国平均水平65.95，体现出其在提供数字化创新支持方面具有强大的政策优势和资源配置能力。整体来看，广东省的数字化创新生态环境建设取得了较为明显的成果，促使其在数字化发展竞争中取得优势地位，为其长期可持续发展提供了坚实基础。

4.2.7 广西壮族自治区

2023年广西壮族自治区数字化创新生态环境综合指数为55.61，与全国平均水平60.56相比，处于全国平均水平之下，体现出广西壮族自治区的数字化创新生态环境相对较差。详细来看，如图4-16所示。

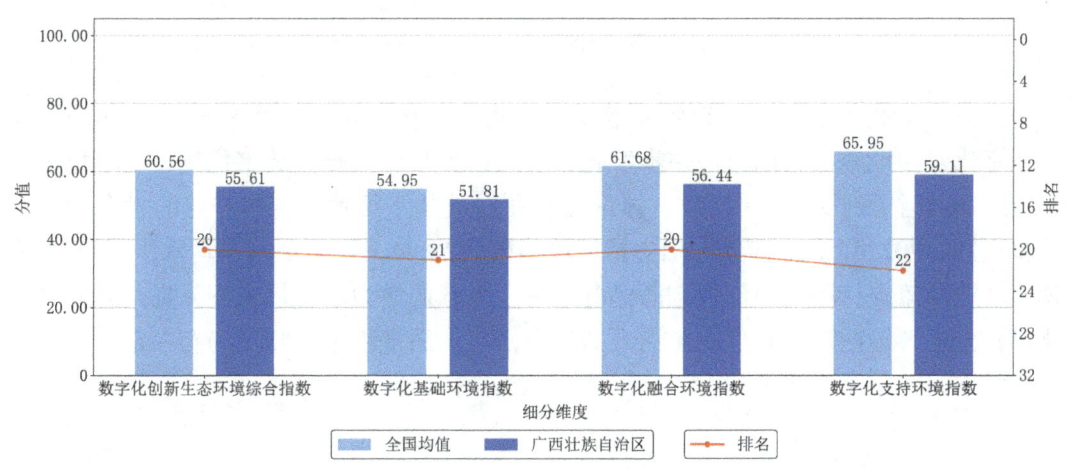

图4-16 2023年广西壮族自治区数字化创新生态环境综合指数——细分维度

2023年广西壮族自治区数字化基础环境指数为51.81，低于全国平均水平54.95，体现出其在数字化基础设施方面仍有进一步发展的空间；2023年广西壮族自治区数字化融合环境指数为56.44，低于全国平均水平61.68，体现出其在促进数字技术与传统产业的融合上仍有进步空间；2023年广西壮族自治区数字化支持环境指数为59.11，低于全国平均水平65.95，体现出其在政策支持和资源配置方面仍有进一步提升的潜力。整体来看，广西壮族自治区的数字化创新生态环境建设仍有进一步提升的潜力，与全国平均水平相比仍有一定的差距和进步的空间。

4.2.8 贵州省

2023年贵州省数字化创新生态环境综合指数为56.40，与全国平均水平60.56相比，处于全国平均水平之下，体现出贵州省的数字化创新生态环境相对较差。详细来看，如图4-17所示。

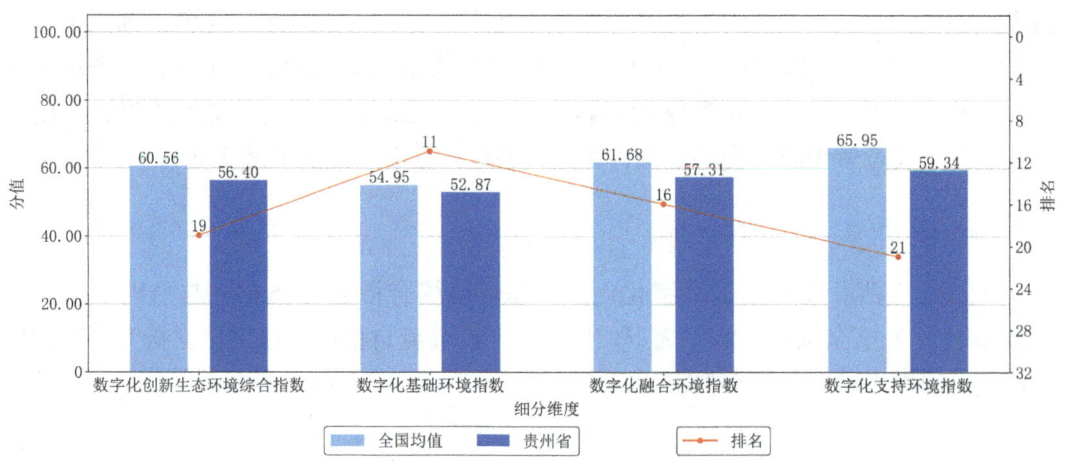

图4-17　2023年贵州省数字化创新生态环境综合指数——细分维度

2023年贵州省数字化基础环境指数为52.87，低于全国平均水平54.95，体现出其在数字化基础设施方面仍有进一步发展的空间；2023年贵州省数字化融合环境指数为57.31，低于全国平均水平61.68，体现出其在促进数字技术与传统产业的融合上仍有进步空间；2023年贵州省数字化支持环境指数为59.34，低于全国平均水平65.95，体现出其在政策支持和资源配置方面仍有进一步提升的潜力。整体来看，贵州省的数字化创新生态环境建设仍有进一步提升的潜力，与全国平均水平相比仍有一定的差距和进步的空间。

4.2.9　海南省

2023年海南省数字化创新生态环境综合指数为54.30，与全国平均水平60.56相比，处于全国平均水平之下，体现出海南省的数字化创新生态环境相对较差。详细来看，如图4-18所示。

2023年海南省数字化基础环境指数为52.67，低于全国平均水平54.95，体现出其在数字化基础设施方面仍有进一步发展的空间；2023年海南省数字化融合环境指数为55.77，低于全国平均水平61.68，体现出其在促进数字技术与传统产业的融合上仍有进步空间；2023年海南省数字化支持环境指数为53.53，远低于全国平均水平65.95，体现出其在政策支持和资源配置方面存在较大不足，整体支持力度相对较弱。整体来看，海南省的数字化创新生态环境建设仍有进一步提升的潜力，与全国平均水平相比仍有一定的差距和进步的空间。

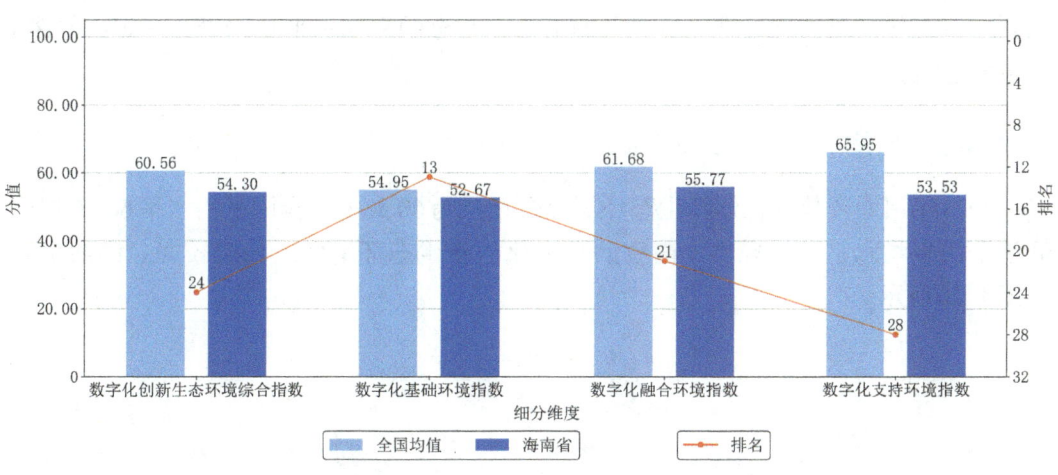

图 4-18　2023 年海南省数字化创新生态环境综合指数——细分维度

4.2.10　河北省

2023年河北省数字化创新生态环境综合指数为58.26，与全国平均水平60.56相比，处于全国平均水平之下，体现出河北省的数字化创新生态环境相对较差。详细来看，如图4-19所示。

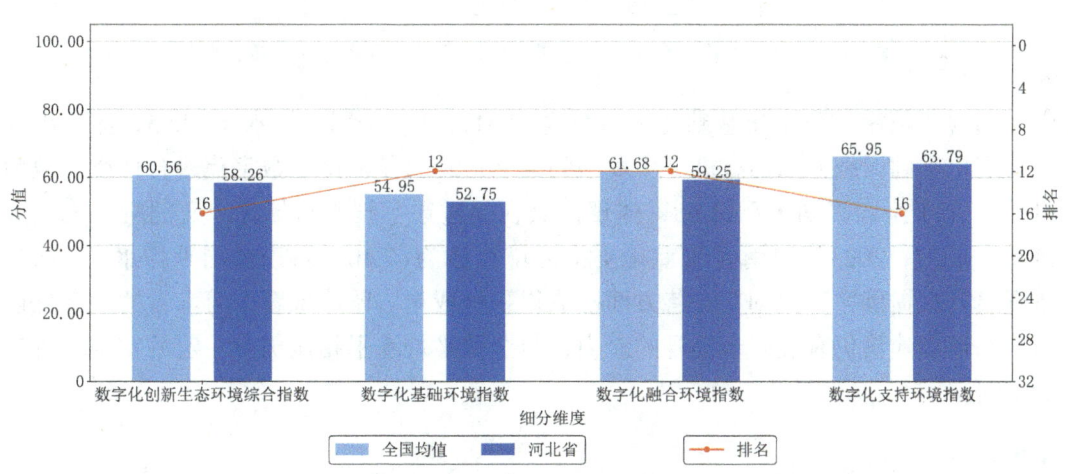

图 4-19　2023 年河北省数字化创新生态环境综合指数——细分维度

2023年河北省数字化基础环境指数为52.75，低于全国平均水平54.95，体现出其在数字化基础设施方面仍有进一步发展的空间；2023年河北省数字化融合环境指数为59.25，低于全国平均水平61.68，体现出其在促进数字技术与传统产业的融合上仍有进步空间；2023年河北省数字化支持环境指数为63.79，低于全国平均水平65.95，体现出其在政策支持和资源配置方面仍有进一步提升的潜力。整体来看，河北省的数字化创新生态环境建设仍有进一步提升的潜力，与全国平均水平相比仍有一定的差距和进步的空间。

4.2.11 河南省

2023年河南省数字化创新生态环境综合指数为60.38，与全国平均水平60.56相比，低于全国平均水平，体现出河南省的数字化创新生态环境发展相对较弱。详细来看，如图4-20所示。

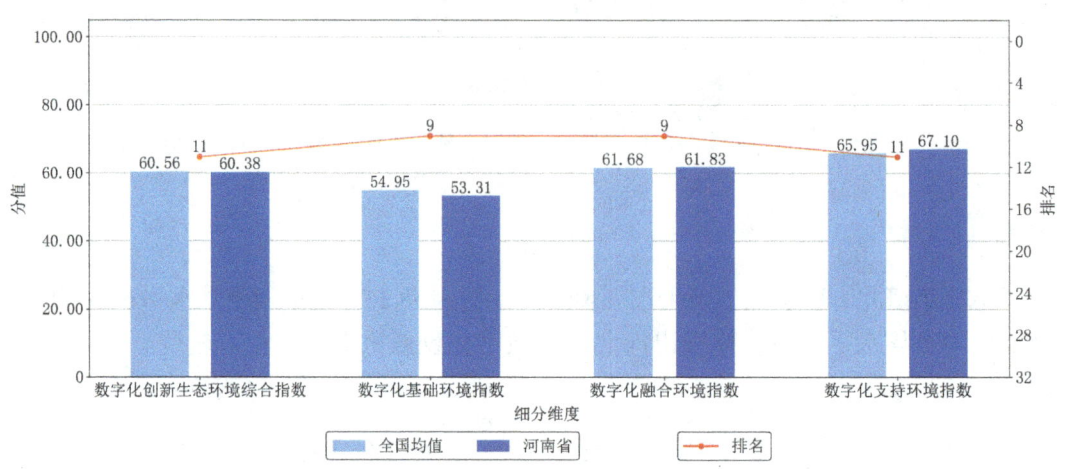

图4-20　2023年河南省数字化创新生态环境综合指数——细分维度

2023年河南省数字化基础环境指数为53.31，低于全国平均水平54.95，体现出其在数字化基础设施方面仍有进一步发展的空间；2023年河南省数字化融合环境指数为61.83，高于全国平均水平61.68，体现出其在促进数字技术与传统产业的融合上已取得初步成效；2023年河南省数字化支持环境指数为67.10，高于全国平均水平65.95，体现出其在提供数字化创新支持方面已取得积极成果。整体来看，河南省的数字化创新生态环境建设仍有进一步提升的潜力，与全国平均水平相比仍有一定的差距和进步的空间。

4.2.12 黑龙江省

2023年黑龙江省数字化创新生态环境综合指数为54.52，与全国平均水平60.56相比，处于全国平均水平之下，体现出黑龙江省的数字化创新生态环境相对较差。详细来看，如图4-21所示。

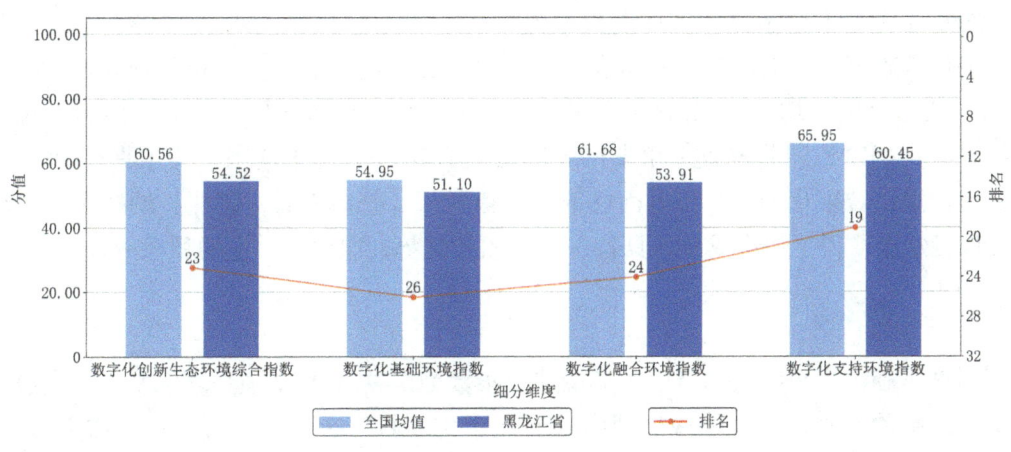

图 4-21　2023 年黑龙江省数字化创新生态环境综合指数——细分维度

2023年黑龙江省数字化基础环境指数为51.10，低于全国平均水平54.95，体现出其在数字化基础设施方面仍有进一步发展的空间；2023年黑龙江省数字化融合环境指数为53.91，低于全国平均水平61.68，体现出其在促进数字技术与传统产业的融合上仍有进步空间；2023年黑龙江省数字化支持环境指数为60.45，低于全国平均水平65.95，体现出其在政策支持和资源配置方面仍有进一步提升的潜力。整体来看，黑龙江省的数字化创新生态环境建设仍有进一步提升的潜力，与全国平均水平相比仍有一定的差距和进步的空间。

4.2.13　湖北省

2023年湖北省数字化创新生态环境综合指数为60.85，与全国平均水平60.56相比，处于全国平均水平之上，体现出湖北省的数字化创新生态环境相对较好。详细来看，如图4-22所示。

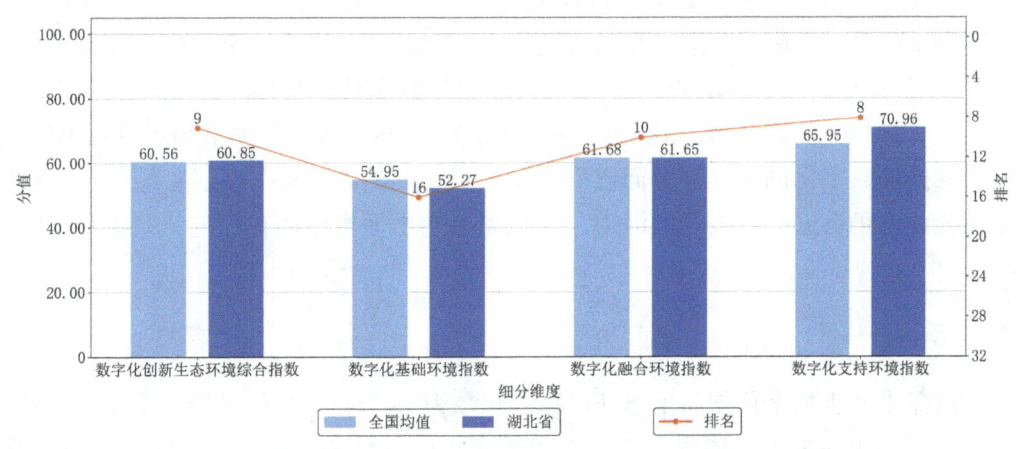

图 4-22　2023 年湖北省数字化创新生态环境综合指数——细分维度

2023年湖北省数字化基础环境指数为52.27，低于全国平均水平54.95，体现出其在数字化基础设施方面仍有进一步发展的空间；2023年湖北省数字化融合环境指数为61.65，低于全国平均水平61.68，体现出其在促进数字技术与传统产业的融合上仍有进步空间；2023年湖北省数字化支持环境指数为70.96，高于全国平均水平65.95，体现出其在提供数字化创新支持方面已取得积极成果。整体来看，湖北省的数字化创新生态环境建设取得了初步成效，具备一定的领先优势，取得了一定的积极成果。

4.2.14 湖南省

2023年湖南省数字化创新生态环境综合指数为58.77，与全国平均水平60.56相比，处于全国平均水平之下，体现出湖南省的数字化创新生态环境相对较差。详细来看，如图4-23所示。

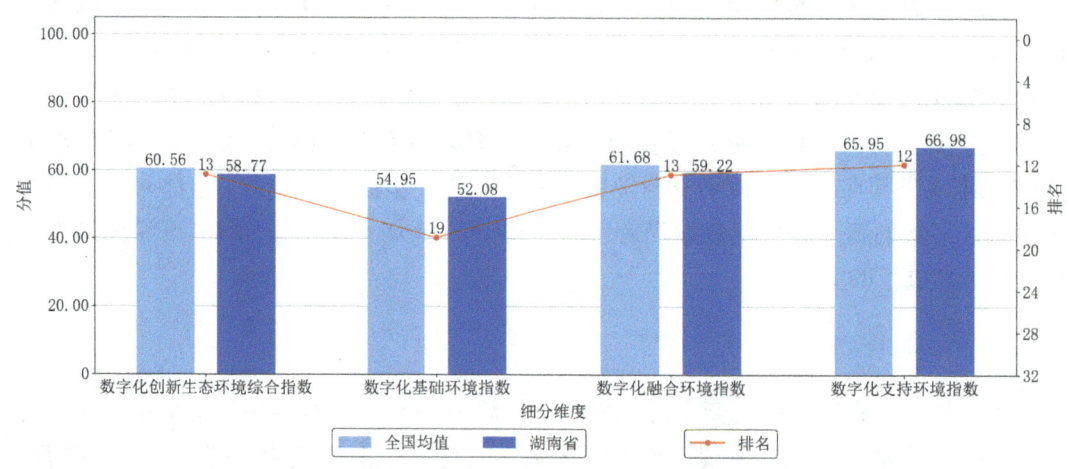

图4-23　2023年湖南省数字化创新生态环境综合指数——细分维度

2023年湖南省数字化基础环境指数为52.08，低于全国平均水平54.95，体现出其在数字化基础设施方面仍有进一步发展的空间；2023年湖南省数字化融合环境指数为59.22，低于全国平均水平61.68，体现出其在促进数字技术与传统产业的融合上仍有进步空间；2023年湖南省数字化支持环境指数为66.98，高于全国平均水平65.95，体现出其在提供数字化创新支持方面已取得积极成果。整体来看，湖南省的数字化创新生态环境建设仍有进一步提升的潜力，与全国平均水平相比仍有一定的差距和进步的空间。

4.2.15 吉林省

2023年吉林省数字化创新生态环境综合指数为53.77，与全国平均水平60.56相比，处于全国平均水平之下，体现出吉林省的数字化创新生态环境相对较差。详细来看，如图4-24所示。

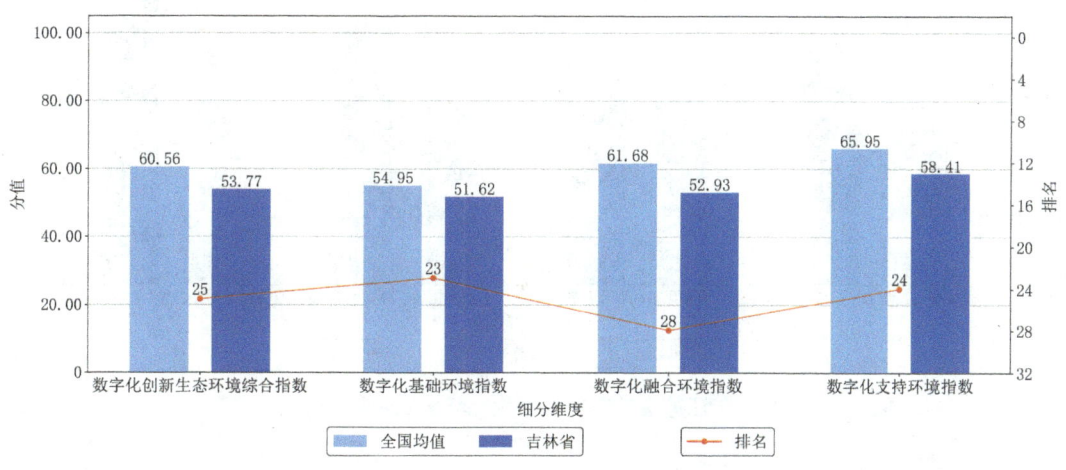

图4-24　2023年吉林省数字化创新生态环境综合指数——细分维度

2023年吉林省数字化基础环境指数为51.62，低于全国平均水平54.95，体现出其在数字化基础设施方面仍有进一步发展的空间；2023年吉林省数字化融合环境指数为52.93，低于全国平均水平61.68，体现出其在促进数字技术与传统产业的融合上仍有进步空间；2023年吉林省数字化支持环境指数为58.41，低于全国平均水平65.95，体现出其在政策支持和资源配置方面仍有进一步提升的潜力。整体来看，吉林省的数字化创新生态环境建设仍有进一步提升的潜力，与全国平均水平相比仍有一定的差距和进步的空间。

4.2.16　江苏省

2023年江苏省数字化创新生态环境综合指数为72.62，与全国平均水平60.56相比，处于全国平均水平之上，体现出江苏省的数字化创新生态环境相对较好。详细来看，如图4-25所示。

2023年江苏省数字化基础环境指数为55.83，高于全国平均水平54.95，体现出其在数字化基础设施方面具备一定的领先优势；2023年江苏省数字化融合环境指数为77.24，远高于全国平均水平61.68，体现出其在促进数字技术与传统产业的融合上具备高效的执行力和创新能力；2023年江苏省数字化支持环境指数为86.17，远高于全国平均水平65.95，体现出其在提供数字化创新支持方面具有强大的政策优势和资源配置能力。整体来看，江苏省的数字化创新生态环境建设取得了初步成效，具备一定的领先优势，取得了一定的积极成果。

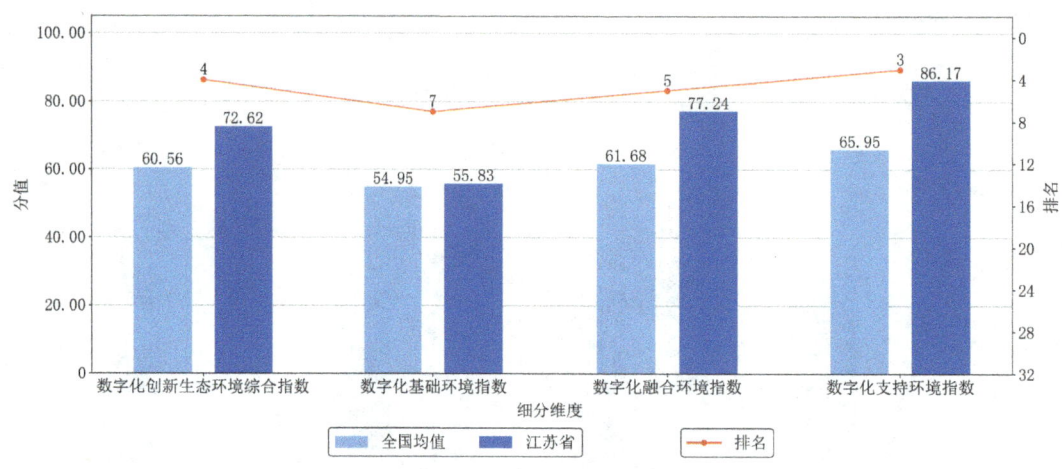

图 4-25 2023 年江苏省数字化创新生态环境综合指数——细分维度

4.2.17 江西省

2023年江西省数字化创新生态环境综合指数为56.84，与全国平均水平60.56相比，处于全国平均水平之下，体现出江西省的数字化创新生态环境相对较差。详细来看，如图4-26所示。

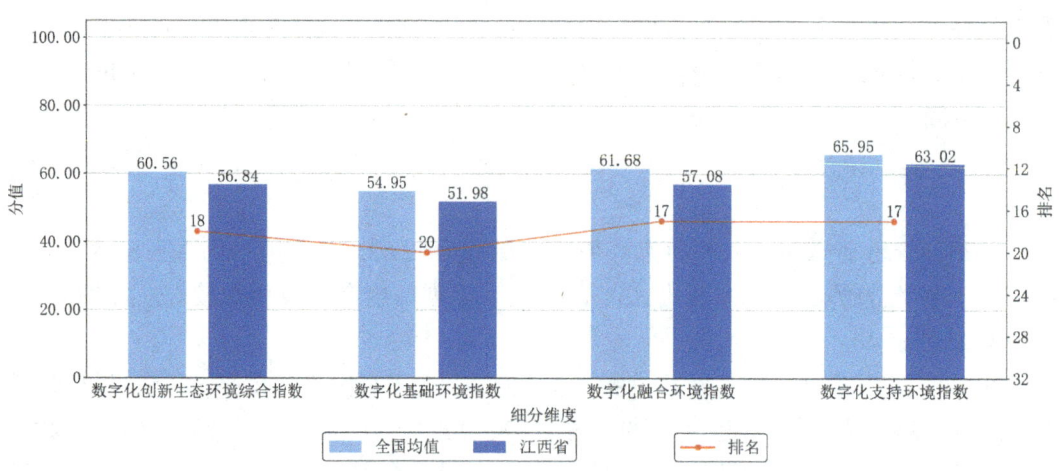

图 4-26 2023 年江西省数字化创新生态环境综合指数——细分维度

2023年江西省数字化基础环境指数为51.98，低于全国平均水平54.95，体现出其在数字化基础设施方面仍有进一步发展的空间；2023年江西省数字化融合环境指数为57.08，低于全国平均水平61.68，体现出其在促进数字技术与传统产业的融合上仍有进步空间；2023年江西省数字化支持环境指数为63.02，低于全国平均水平65.95，体现出其在政策支持和资源配置方面仍有进一步提升的潜力。整体来看，江西省的数字化创新生态环境建设仍有进一步提升的潜力，与全国平均水平相比仍有一定的差距和进步的空间。

4.2.18 辽宁省

2023年辽宁省数字化创新生态环境综合指数为57.32，与全国平均水平60.56相比，处于全国平均水平之下，体现出辽宁省的数字化创新生态环境相对较差。详细来看，如图4-27所示。

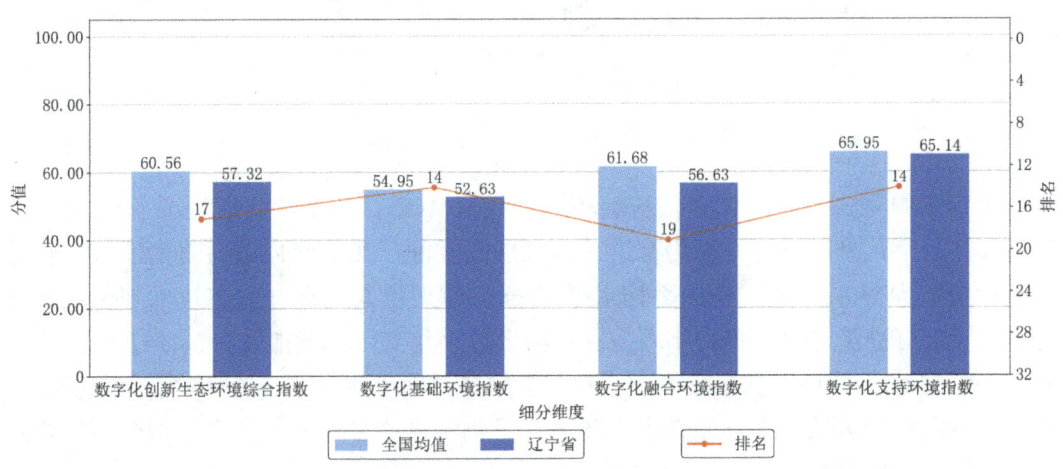

图4-27　2023年辽宁省数字化创新生态环境综合指数——细分维度

2023年辽宁省数字化基础环境指数为52.63，低于全国平均水平54.95，体现出其在数字化基础设施方面仍有进一步发展的空间；2023年辽宁省数字化融合环境指数为56.63，低于全国平均水平61.68，体现出其在促进数字技术与传统产业的融合上仍有进步空间；2023年辽宁省数字化支持环境指数为65.14，低于全国平均水平65.95，体现出其在政策支持和资源配置方面仍有进一步提升的潜力。整体来看，辽宁省的数字化创新生态环境建设仍有进一步提升的潜力，与全国平均水平相比仍有一定的差距和进步的空间。

4.2.19 内蒙古自治区

2023年内蒙古自治区数字化创新生态环境综合指数为53.65，与全国平均水平60.56相比，处于全国平均水平之下，体现出内蒙古自治区的数字化创新生态环境较差。详细来看，如图4-28所示。

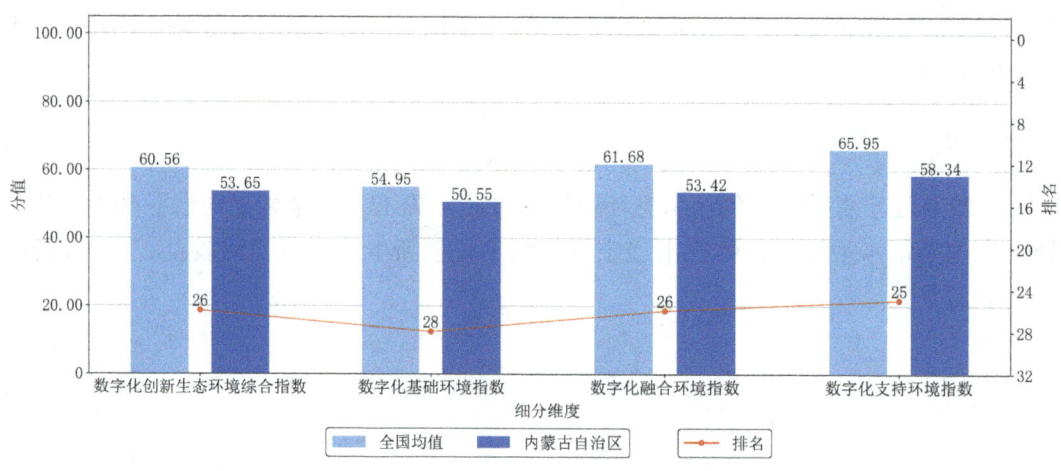

图4-28 2023年内蒙古自治区数字化创新生态环境综合指数——细分维度

2023年内蒙古自治区数字化基础环境指数为50.55，低于全国平均水平54.95，体现出其在数字化基础设施方面仍有进一步发展的空间；2023年内蒙古自治区数字化融合环境指数为53.42，低于全国平均水平61.68，体现出其在促进数字技术与传统产业的融合上仍有进步空间；2023年内蒙古自治区数字化支持环境指数为58.34，低于全国平均水平65.95，体现出其在政策支持和资源配置方面仍有进一步提升的潜力。整体来看，内蒙古自治区的数字化创新生态环境建设仍有进一步提升的潜力，与全国平均水平相比仍有一定的差距和进步的空间。

4.2.20 宁夏回族自治区

2023年宁夏回族自治区数字化创新生态环境综合指数为51.96，与全国平均水平60.56相比，处于全国平均水平之下，体现出宁夏回族自治区的数字化创新生态环境相对较差。详细来看，如图4-29所示。

2023年宁夏回族自治区数字化基础环境指数为51.27，低于全国平均水平54.95，体现出其在数字化基础设施方面仍有进一步发展的空间；2023年宁夏回族自治区数字化融合环境指数为52.16，远低于全国平均水平61.68，体现出其在促进数字技术与传统产业的融合上存在较大不足，整体融合程度相对较差；2023年宁夏回族自治区数字化支持环境指数为52.49，远低于全国平均水平65.95，体现出其在政策支持和资源配置方面存在较大不足，整体支持力度相对较低。整体来看，宁夏回族自治区的数字化创新生态环境建设仍有进一步提升的潜力，与全国平均水平相比仍有一定的差距和进步的空间。

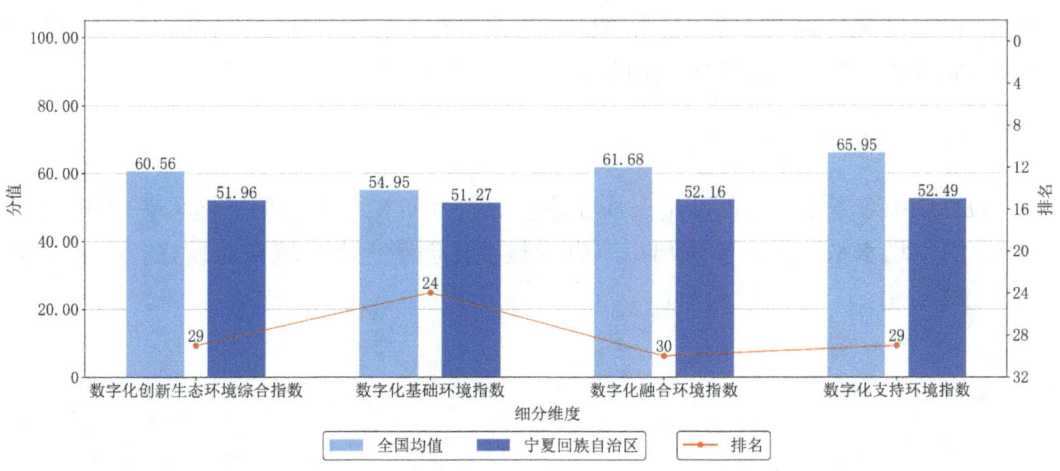

图4-29 2023年宁夏回族自治区数字化创新生态环境综合指数——细分维度

4.2.21 青海省

2023年青海省数字化创新生态环境综合指数为51.62，与全国平均水平60.56相比，处于全国平均水平之下，体现出青海省的数字化创新生态环境相对较差。详细来看，如图4-30所示。

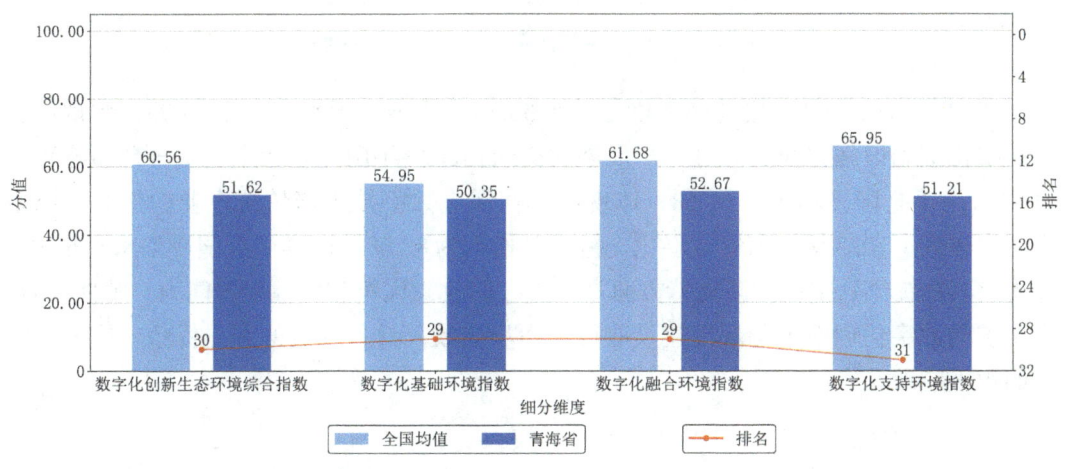

图4-30 2023年青海省数字化创新生态环境综合指数——细分维度

2023年青海省数字化基础环境指数为50.35，低于全国平均水平54.95，体现出其在数字化基础设施方面仍有进一步发展的空间；2023年青海省数字化融合环境指数为52.67，远低于全国平均水平61.68，体现出其在促进数字技术与传统产业的融合上存在较大不足，整体融合程度相对较差；2023年青海省数字化支持环境指数为51.21，远低于全国平均水平65.95，体现出其在政策支持和资源配置方面存在较大不足，整体支持力度相对较弱。整体来看，青海省的数字化创新生态环境建设仍有进一步提升的潜力，与全国平均水平相比仍有一定的差距和进步的空间。

4.2.22 山东省

2023年山东省数字化创新生态环境综合指数为68.62，与全国平均水平60.56相比，处于全国平均水平之上，体现出山东省的数字化创新生态环境相对较好。详细来看，如图4-31所示。

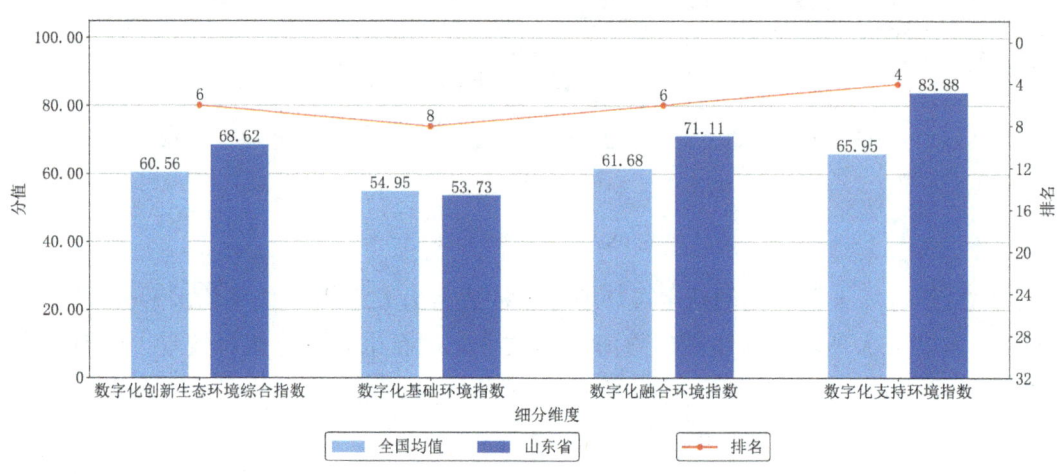

图4-31 2023年山东省数字化创新生态环境综合指数——细分维度

2023年山东省数字化基础环境指数为53.73，低于全国平均水平54.95，体现出其在数字化基础设施方面仍有进一步发展的空间；2023年山东省数字化融合环境指数为71.11，高于全国平均水平61.68，体现出其在促进数字技术与传统产业的融合上已取得初步成效；2023年山东省数字化支持环境指数为83.88，远高于全国平均水平65.95，体现出其在提供数字化创新支持方面具有强大的政策优势和资源配置能力。整体来看，山东省的数字化创新生态环境建设取得了初步成效，具备一定的领先优势，取得了一定的积极成果。

4.2.23 山西省

2023年山西省数字化创新生态环境综合指数为54.81，与全国平均水平60.56相比，处于全国平均水平之下，体现出山西省的数字化创新生态环境相对较差。详细来看，如图4-32所示。

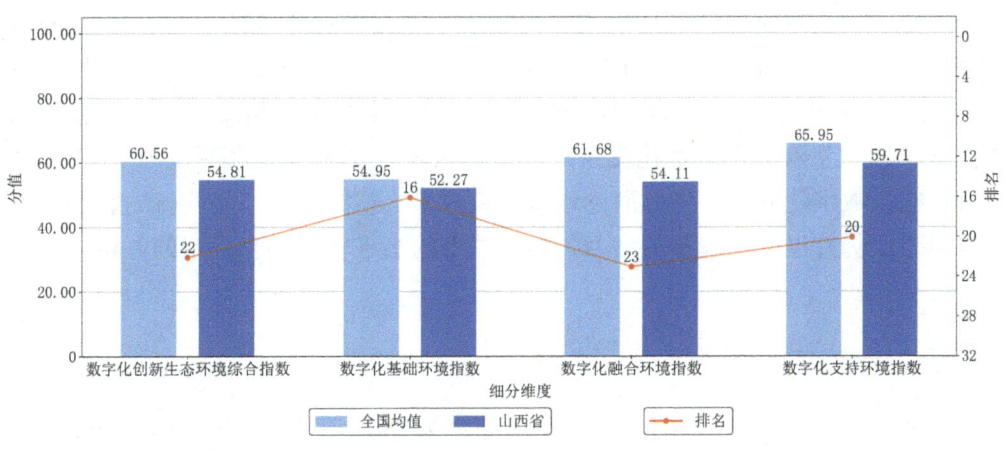

图 4-32 2023 年山西省数字化创新生态环境综合指数——细分维度

2023年山西省数字化基础环境指数为52.27，低于全国平均水平54.95，体现出其在数字化基础设施方面仍有进一步发展的空间；2023年山西省数字化融合环境指数为54.11，低于全国平均水平61.68，体现出其在促进数字技术与传统产业的融合上仍有进步空间；2023年山西省数字化支持环境指数为59.71，低于全国平均水平65.95，体现出其在政策支持和资源配置方面仍有进一步提升的潜力。整体来看，山西省的数字化创新生态环境建设仍有进一步提升的潜力，与全国平均水平相比仍有一定的差距和进步的空间。

4.2.24 陕西省

2023年陕西省数字化创新生态环境综合指数为58.60，与全国平均水平60.56相比，处于全国平均水平之下，体现出陕西省的数字化创新生态环境相对较差。详细来看，如图4-33所示。

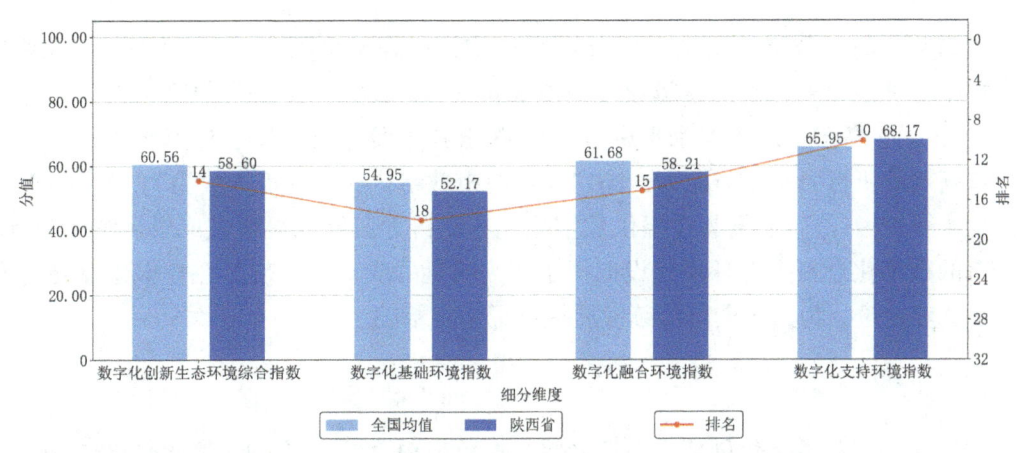

图 4-33 2023 年陕西省数字化创新生态环境综合指数——细分维度

2023年陕西省数字化基础环境指数为52.17，低于全国平均水平54.95，体现出其在数字化基础设施方面仍有进一步发展的空间；2023年陕西省数字化融合环境指数为58.21，低于全国平均水平61.68，体现出其在促进数字技术与传统产业的融合上仍有进步空间；2023年陕西省数字化支持环境指数为68.17，高于全国平均水平65.95，体现出其在提供数字化创新支持方面已取得积极成果。整体来看，陕西省的数字化创新生态环境建设仍有进一步提升的潜力，与全国平均水平相比仍有一定的差距和进步的空间。

4.2.25 上海市

2023年上海市数字化创新生态环境综合指数为78.14，与全国平均水平60.56相比，处于全国平均水平之上，体现出上海市的数字化创新生态环境相对较好。详细来看，如图4-34所示。

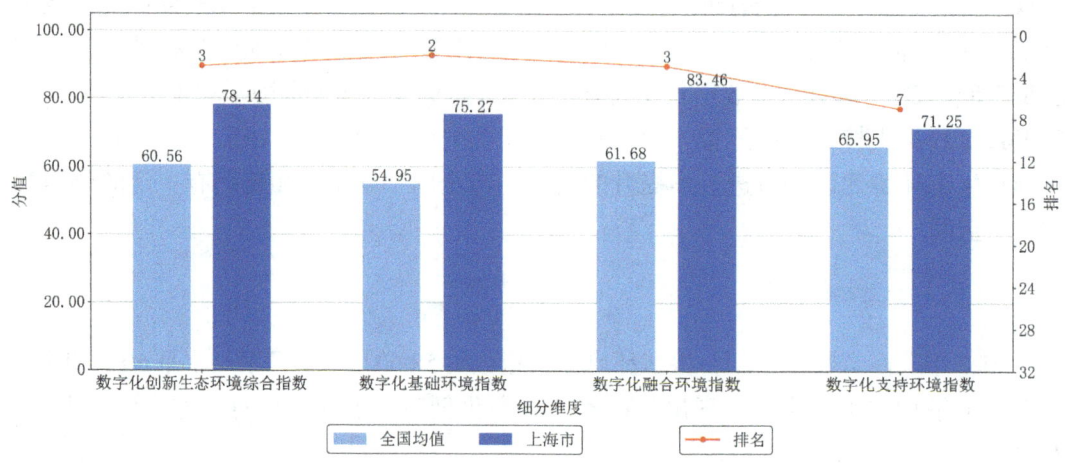

图4-34　2023年上海市数字化创新生态环境综合指数——细分维度

2023年上海市数字化基础环境指数为75.27，远高于全国平均水平54.95，体现出其在数字化基础设施方面的卓越建设和技术先进性；2023年上海市数字化融合环境指数为83.46，远高于全国平均水平61.68，体现出其在促进数字技术与传统产业的融合上具备高效的执行力和创新能力；2023年上海市数字化支持环境指数为71.25，高于全国平均水平65.95，体现出其在提供数字化创新支持方面已取得积极成果。整体来看，上海市的数字化创新生态环境建设取得了较为明显的成果，促使其在数字化发展竞争中取得优势地位，为其长期可持续发展提供了坚实基础。

4.2.26 四川省

2023年四川省数字化创新生态环境综合指数为61.98，与全国平均水平60.56相比，处于全国平均水平之上，体现出四川省的数字化创新生态环境相对较好。详细来看，如图4-35所示。

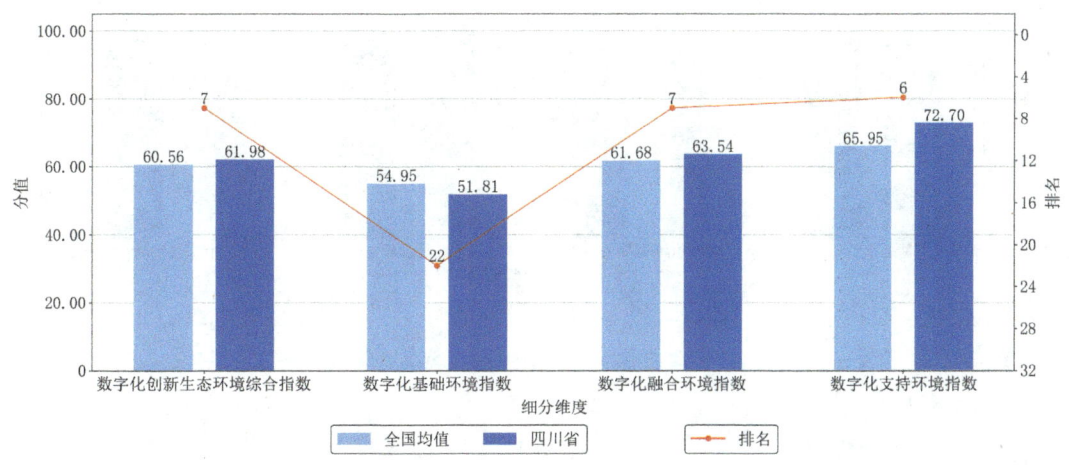

图4-35　2023年四川省数字化创新生态环境综合指数——细分维度

2023年四川省数字化基础环境指数为51.81，低于全国平均水平54.95，体现出其在数字化基础设施方面仍有进一步发展的空间；2023年四川省数字化融合环境指数为63.54，高于全国平均水平61.68，体现出其在促进数字技术与传统产业的融合上已取得初步成效；2023年四川省数字化支持环境指数为72.70，高于全国平均水平65.95，体现出其在提供数字化创新支持方面已取得积极成果。整体来看，四川省的数字化创新生态环境建设取得了初步成效，具备一定的领先优势，取得了一定的积极成果。

4.2.27　天津市

2023年天津市数字化创新生态环境综合指数为58.81，与全国平均水平60.56相比，低于全国平均水平，体现出天津市的数字化创新生态环境相对较弱。详细来看，如图4-36所示。

2023年天津市数字化基础环境指数为58.76，高于全国平均水平54.95，体现出其在数字化基础设施方面具备一定的领先优势；2023年天津市数字化融合环境指数为56.97，低于全国平均水平61.68，体现出其在促进数字技术与传统产业的融合上仍有进步空间；2023年天津市数字化支持环境指数为62.63，低于全国平均水平65.95，体现出其在政策支持和资源配置方面仍有进一步提升的潜力。整体来看，天津市的数字化创新生态环境建设仍有进一步提升的潜力，与全国平均水平相比仍有一定的差距和进步的空间。

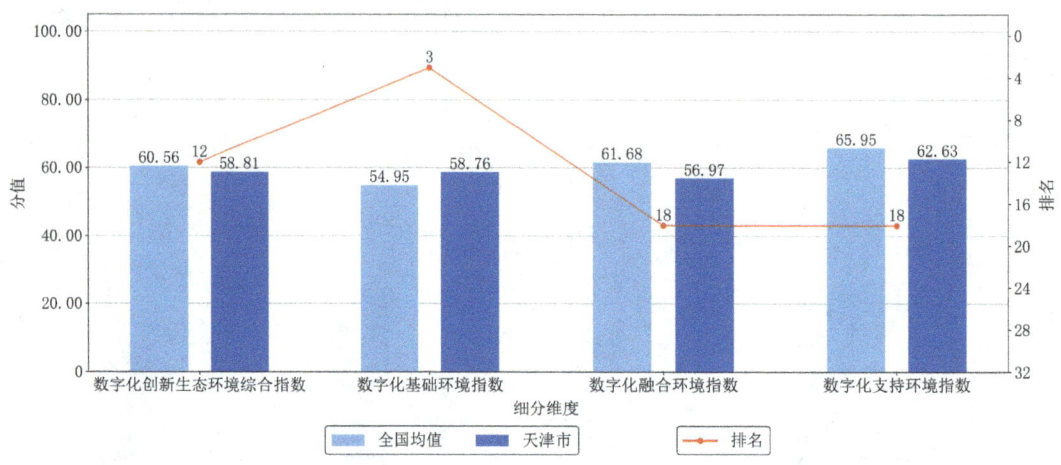

图 4-36　2023 年天津市数字化创新生态环境综合指数——细分维度

4.2.28　西藏自治区

2023年西藏自治区数字化创新生态环境综合指数为51.45，与全国平均水平60.56相比，处于全国平均水平之下，体现出西藏自治区的数字化创新生态环境相对较差。详细来看，如图4-37所示。

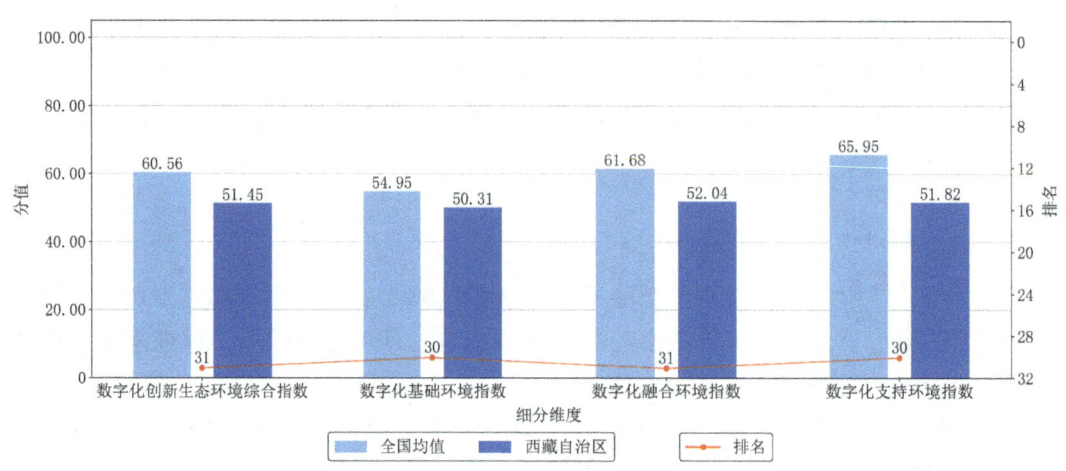

图 4-37　2023 年西藏自治区数字化创新生态环境综合指数——细分维度

2023年西藏自治区数字化基础环境指数为50.31，低于全国平均水平54.95，体现出其在数字化基础设施方面仍有进一步发展的空间；2023年西藏自治区数字化融合环境指数为52.04，远低于全国平均水平61.68，体现出其在促进数字技术与传统产业的融合上存在较大不足，整体融合程度相对较差；2023年西藏自治区数字化支持环境指数为51.82，远低于全国平均水平65.95，体现出其在政策支持和资源配置方面存在较大不足，整体支持力度相对较低。整体来看，西藏自治区的数字化创新生态环境建设面临较大挑战，与全国平均水平相比差距较大，需要全面提升数字化发展能力，推动区域创新生态的优化。

4.2.29 新疆维吾尔自治区

2023年新疆维吾尔自治区数字化创新生态环境综合指数为53.13，与全国平均水平60.56相比，处于全国平均水平之下，体现出新疆维吾尔自治区的数字化创新生态环境相对较差。详细来看，如图4-38所示。

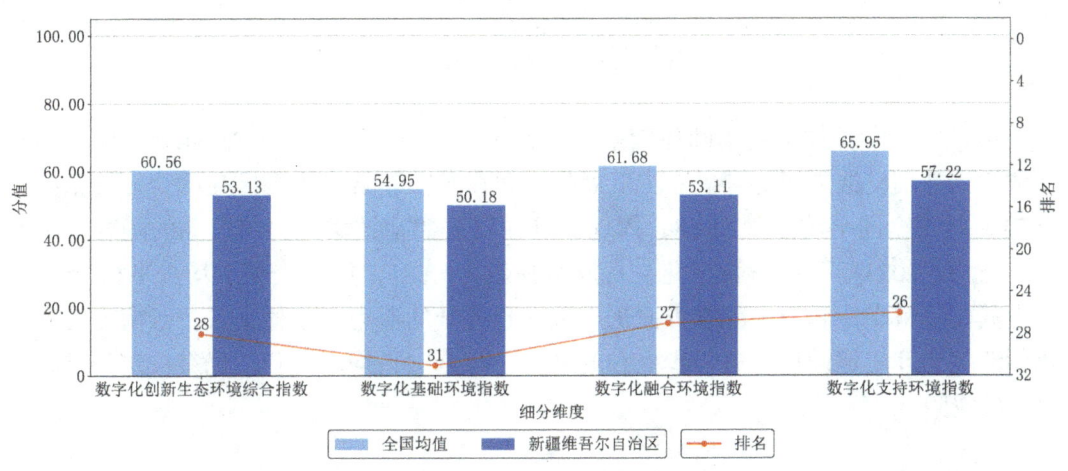

图4-38　2023年新疆维吾尔自治区数字化创新生态环境综合指数——细分维度

2023年新疆维吾尔自治区数字化基础环境指数为50.18，低于全国平均水平54.95，体现出其在数字化基础设施方面仍有进一步发展的空间；2023年新疆维吾尔自治区数字化融合环境指数为53.11，低于全国平均水平61.68，体现出其在促进数字技术与传统产业的融合上仍有进步空间；2023年新疆维吾尔自治区数字化支持环境指数为57.22，低于全国平均水平65.95，体现出其在政策支持和资源配置方面仍有进一步提升的潜力。整体来看，新疆维吾尔自治区的数字化创新生态环境建设仍有进一步提升的潜力，与全国平均水平相比仍有一定的差距和进步的空间。

4.2.30 云南省

2023年云南省数字化创新生态环境综合指数为55.02，与全国平均水平60.56相比，处于全国平均水平之下，体现出云南省的数字化创新生态环境相对较差。详细来看，如图4-39所示。

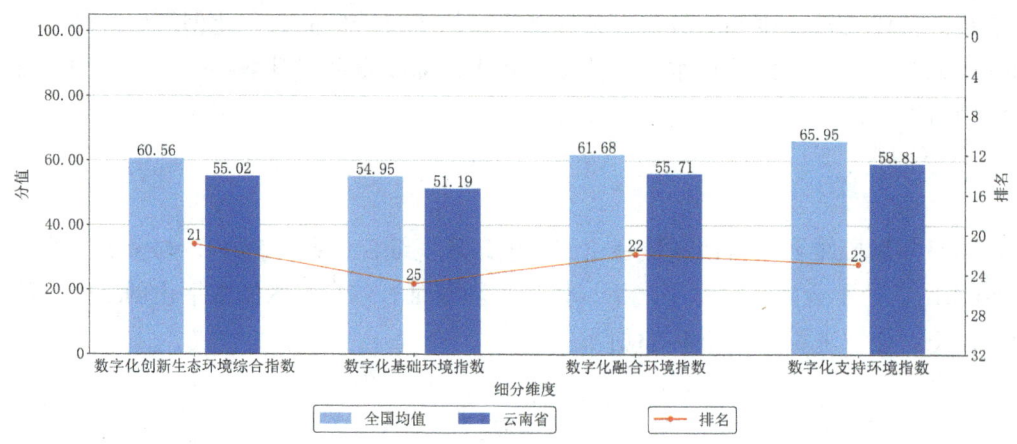

图4-39　2023年云南省数字化创新生态环境综合指数——细分维度

2023年云南省数字化基础环境指数为51.19，低于全国平均水平54.95，体现出其在数字化基础设施方面仍有进一步发展的空间；2023年云南省数字化融合环境指数为55.71，低于全国平均水平61.68，体现出其在促进数字技术与传统产业的融合上仍有进步空间；2023年云南省数字化支持环境指数为58.81，低于全国平均水平65.95，体现出其在政策支持和资源配置方面仍有进一步提升的潜力。整体来看，云南省的数字化创新生态环境建设仍有进一步提升的潜力，与全国平均水平相比仍有一定的差距和进步的空间。

4.2.31　浙江省

2023年浙江省数字化创新生态环境综合指数为71.66，与全国平均水平60.56相比，处于全国平均水平之上，体现出浙江省的数字化创新生态环境相对较好。详细来看，如图4-40所示。

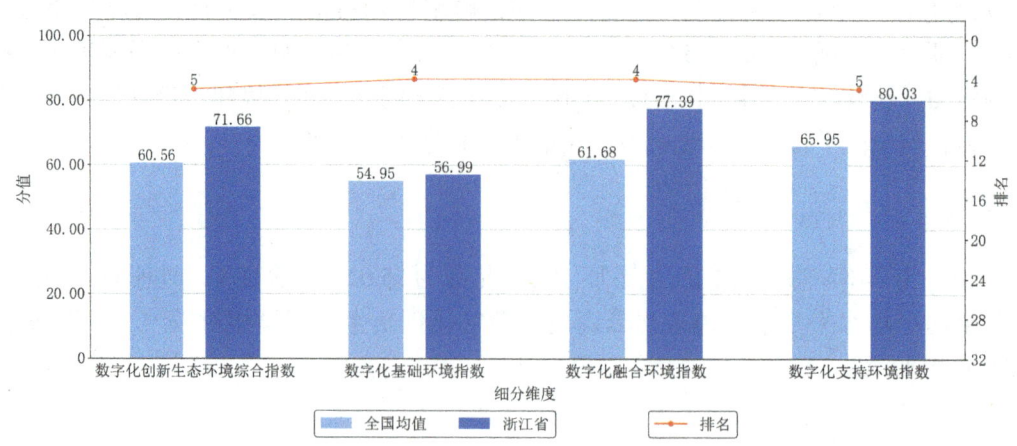

图4-40　2023年浙江省数字化创新生态环境综合指数——细分维度

2023年浙江省数字化基础环境指数为56.99，高于全国平均水平54.95，体现出其在数字化基础设施方面具备一定的领先优势；2023年浙江省数字化融合环境指数为77.39，远高于全国平均水平61.68，体现出其在促进数字技术与传统产业的融合上具备高效的执行力和创新能力；2023年浙江省数字化支持环境指数为80.03，高于全国平均水平65.95，体现出其在提供数字化创新支持方面已取得积极成果。整体来看，浙江省的数字化创新生态环境建设取得了初步成效，具备一定的领先优势，取得了一定的积极成果。

传统产业评价篇

第5章
传统产业上市公司数字化创新评价——区域维度[①]

产业数字化是我国数字经济发展的重要组成部分，传统产业的数字化创新对实现我国数字经济高质量可持续发展具有重要的促进作用。本章从区域维度，对东北地区、华北地区、华东地区、华南地区等七大地区的传统产业上市公司数字化创新综合指数、数字化战略导向指数、数字化要素投入指数、数字化创新成果指数和数字化创新绩效指数进行评价，以期有助于广大市场参与者对不同区域内传统产业上市公司的数字化创新程度和绩效表现进行分析和判断。

5.1 东北地区传统产业上市公司数字化创新评价

截至2023年底，A股市场东北地区共有传统产业上市公司137家，总市值共计12775.53亿元，营业收入合计13535.40亿元，平均市值93.25亿元/家，平均营业收入98.80亿元/家。2023年，东北地区传统产业上市公司研发投入合计为284.02亿元，占营业收入的比例为2.10%；无形资产账面价值合计为885.90亿元，占总资产的比例为4.04%。根据本报告分析口径，共对东北地区137家传统产业上市公司开展数字化创新指数评价，具体情况如下：

5.1.1 数字化创新综合指数

2023年东北地区传统产业137家上市公司数字化创新综合指数平均水平为59.78，低于传统产业上市公司该项指数平均水平62.91。具体而言，该项指数最高的上市公司是机器人，数字化创新综合指数为85.30。从区域内省份分布来看，如图5-1所示，东北地区传统产业137家上市公司分布在3个省份，数字化创新综合指数平均水平最高的省份是黑龙江省（61.22）。从指数分布来看，高于传统产业上市公司该项指数平均水平的上市公司有45家，占比32.85%。其中，数字化创新综合指数处于［80，100］的

[①] 本书中区域的划分参考以下文献：杨子晖，李东承，陈雨恬.金融市场的"绿天鹅"风险研究——基于物理风险与转型风险的双重视角.《管理世界》，2024年第2期。

有5家，占比3.65%；[70，80)的有19家，占比13.87%；[60，70)的有35家，占比25.55%；[0，60)的有78家，占比56.93%。

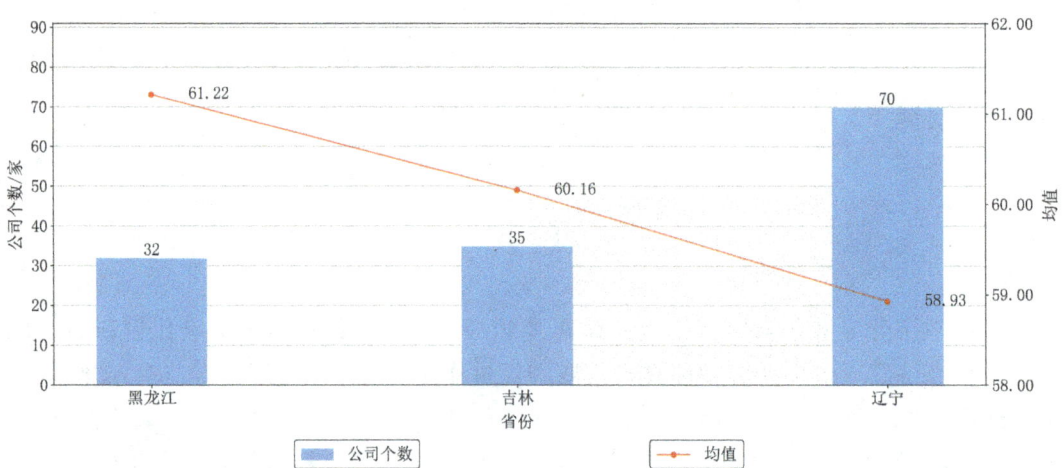

图5-1　2023年东北地区传统产业上市公司数字化创新综合指数均值分布图

东北地区数字化创新综合指数排名前10的传统产业上市公司如表5-1所示。

表5-1　2023年东北地区传统产业上市公司数字化创新综合指数前10排名

排名	证券名称	证券代码	产权性质	省份	一级行业	数字化创新综合指数
1	机器人	300024.SZ	中央国有控股	辽宁	机械设备	85.30
2	博实股份	002698.SZ	非国有控股	黑龙江	机械设备	84.45
3	航天科技	000901.SZ	中央国有控股	黑龙江	汽车	84.09
4	圆通速递	600233.SH	非国有控股	辽宁	交通运输	81.49
5	一汽解放	000800.SZ	中央国有控股	吉林	汽车	80.74
6	连城数控	835368.BJ	非国有控股	辽宁	电力设备	79.77
7	恒力石化	600346.SH	非国有控股	辽宁	石油石化	79.76
8	豪森智能	688529.SH	非国有控股	辽宁	机械设备	79.28
9	蓝英装备	300293.SZ	非国有控股	辽宁	机械设备	78.44
10	中钢国际	000928.SZ	中央国有控股	吉林	建筑装饰	77.07

数据来源：同花顺（iFinD），首经贸资产评估研究院和浙工商中国智能管理研究院整理。

5.1.2　数字化战略导向指数

2023年东北地区传统产业137家上市公司数字化战略导向指数平均水平为57.86，低于传统产业上市公司该项指数平均水平62.85。具体而言，该项指数最高的上市公司是机器人，数字化战略导向指数为92.91。从区域内省份分布来看，如图5-2所示，数字化战略导向指数平均水平最高的省份是吉林省（58.85）。从指数分布来看，高于传统产业上市公司该项指数平均水平的上市公司有42家，占比30.66%。其中，数字化战略导向指数处于［80，100］的有14家，占比10.22%；［70，80）的有16家，占比11.68%；［60，70）的有22家，占比16.06%；［0，60）的有85家，占比62.04%。

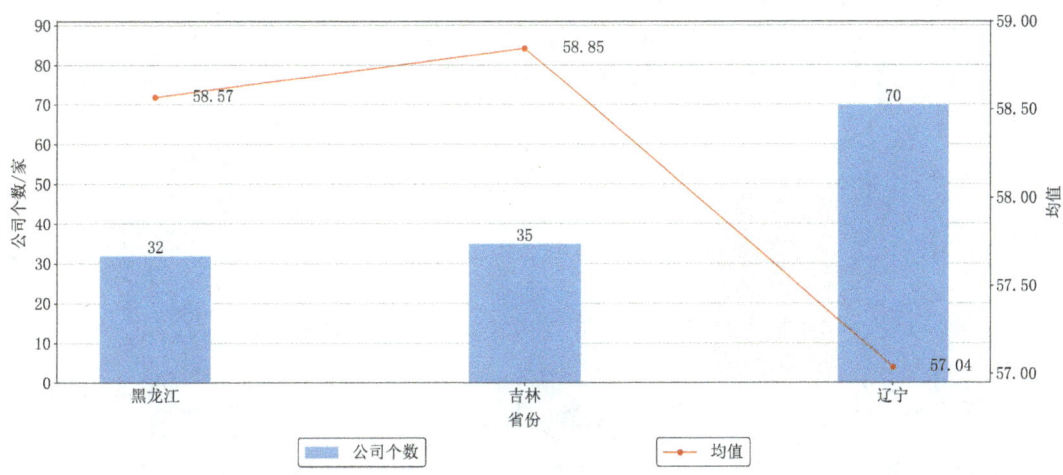

图5-2　2023年东北地区传统产业上市公司数字化战略导向指数均值分布图

东北地区数字化战略导向指数排名前10的传统产业上市公司如表5-2所示。

表5-2　2023年东北地区传统产业上市公司数字化战略导向指数前10排名

排名	证券名称	证券代码	产权性质	省份	一级行业	数字化战略导向指数
1	机器人	300024.SZ	中央国有控股	辽宁	机械设备	92.91
2	航天科技	000901.SZ	中央国有控股	黑龙江	汽车	90.22
3	圆通速递	600233.SH	非国有控股	辽宁	交通运输	88.23
4	敷尔佳	301371.SZ	非国有控股	黑龙江	美容护理	86.28
5	何氏眼科	301103.SZ	非国有控股	辽宁	医药生物	85.59
6	豪森智能	688529.SH	非国有控股	辽宁	机械设备	84.44
7	珍宝岛	603567.SH	非国有控股	黑龙江	医药生物	83.22
8	一汽解放	000800.SZ	中央国有控股	吉林	汽车	82.88
9	研奥股份	300923.SZ	非国有控股	吉林	机械设备	82.52
10	长春高新	000661.SZ	地方国有控股	吉林	医药生物	82.07

数据来源：同花顺（iFinD），首经贸资产评估研究院和浙工商中国智能管理研究院整理。

5.1.3　数字化要素投入指数

2023年东北地区传统产业137家上市公司数字化要素投入指数平均水平为54.15，低于传统产业上市公司该项指数平均水平57.94。具体而言，该项指数最高的上市公司是航天科技，数字化要素投入指数为89.36。从区域内省份分布来看，如图5-3所示，数字化要素投入指数平均水平最高的省份是黑龙江省（55.01）。从指数分布来看，高于传统产业上市公司该项指数平均水平的上市公司有45家，占比32.85%。其中，数字化要素投入指数处于［80，100］的有2家，占比1.46%；［70，80）的有14家，占比10.22%；［60，70）的有24家，占比17.52%；［0，60）的有97家，占比70.80%。

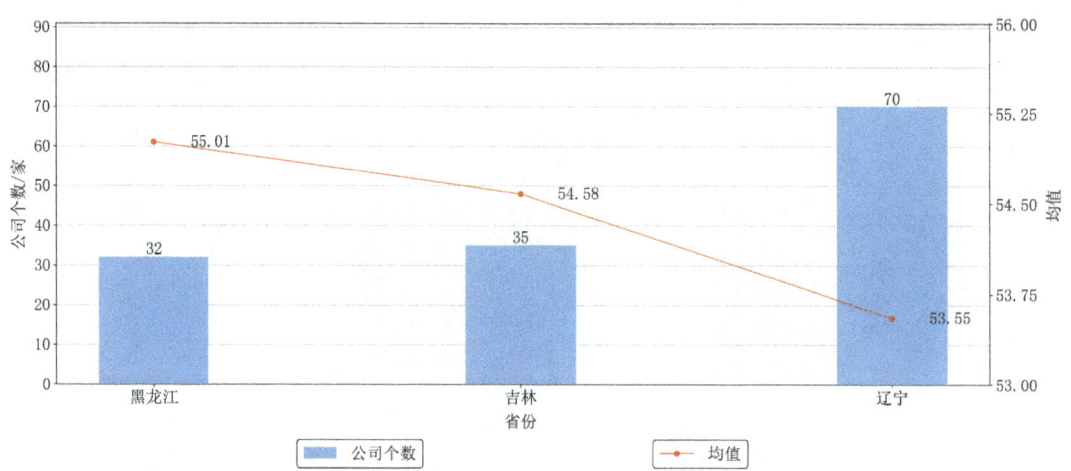

图5-3　2023年东北地区传统产业上市公司数字化要素投入指数均值分布图

东北地区数字化要素投入指数排名前10的传统产业上市公司如表5-3所示。

表5-3　2023年东北地区传统产业上市公司数字化要素投入指数前10排名

排名	证券名称	证券代码	产权性质	省份	一级行业	数字化要素投入指数
1	航天科技	000901.SZ	中央国有控股	黑龙江	汽车	89.36
2	机器人	300024.SZ	中央国有控股	辽宁	机械设备	83.56
3	何氏眼科	301103.SZ	非国有控股	辽宁	医药生物	78.85
4	连城数控	835368.BJ	非国有控股	辽宁	电力设备	78.48
5	豪森智能	688529.SH	非国有控股	辽宁	机械设备	77.20
6	蓝英装备	300293.SZ	非国有控股	辽宁	机械设备	77.02
7	一汽解放	000800.SZ	中央国有控股	吉林	汽车	76.76
8	博实股份	002698.SZ	非国有控股	黑龙江	机械设备	76.24
9	派斯林	600215.SH	非国有控股	吉林	机械设备	73.41
10	金冠股份	300510.SZ	地方国有控股	吉林	电力设备	72.35

数据来源：同花顺（iFinD），首经贸资产评估研究院和浙工商中国智能管理研究院整理。

5.1.4　数字化创新成果指数

2023年东北地区传统产业137家上市公司数字化创新成果指数平均水平为59.05，

低于传统产业上市公司该项指数平均水平63.16。具体而言，该项指数最高的上市公司是博实股份，数字化创新成果指数为95.98。从区域内省份分布来看，如图5-4所示，数字化创新成果指数平均水平最高的省份是黑龙江省（60.56）。从指数分布来看，高于传统产业上市公司该项指数平均水平的上市公司有38家，占比27.74%。其中，数字化创新成果指数处于［80，100］的有13家，占比9.49%；［70，80）的有15家，占比10.95%；［60，70）的有28家，占比20.44%；［0，60）的有81家，占比59.12%。

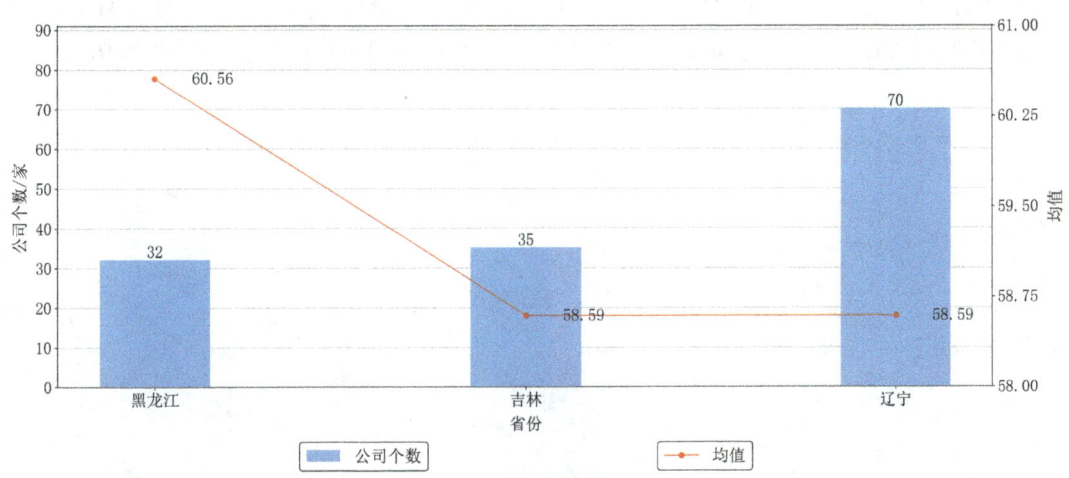

图5-4 2023年东北地区传统产业上市公司数字化创新成果指数均值分布图

东北地区数字化创新成果指数排名前10的传统产业上市公司如表5-4所示。

表5-4 2023年东北地区传统产业上市公司数字化创新成果指数前10排名

排名	证券名称	证券代码	产权性质	省份	一级行业	数字化创新成果指数
1	博实股份	002698.SZ	非国有控股	黑龙江	机械设备	95.98
2	机器人	300024.SZ	中央国有控股	辽宁	机械设备	89.90
3	豪森智能	688529.SH	非国有控股	辽宁	机械设备	89.54
4	金辰股份	603396.SH	非国有控股	辽宁	电力设备	88.08
5	大连重工	002204.SZ	地方国有控股	辽宁	机械设备	87.52
6	智云股份	300097.SZ	非国有控股	辽宁	机械设备	86.30
7	航天科技	000901.SZ	中央国有控股	黑龙江	汽车	86.19
8	金冠股份	300510.SZ	地方国有控股	吉林	电力设备	85.65
9	蓝英装备	300293.SZ	非国有控股	辽宁	机械设备	84.20
10	派斯林	600215.SH	非国有控股	吉林	机械设备	83.36

数据来源：同花顺（iFinD），首经贸资产评估研究院和浙工商中国智能管理研究院整理。

5.1.5 数字化创新绩效指数

2023年东北地区传统产业137家上市公司数字化创新绩效指数平均水平为65.85，低于传统产业上市公司该项指数平均水平66.22。具体而言，该项指数最高的上市公司是长春高新，数字化创新绩效指数为90.48。从区域内省份分布来看，如图5-5所示，数字化创新绩效指数平均水平最高的省份是黑龙江省（68.09）。从指数分布来看，高于传统产业上市公司该项指数平均水平的上市公司有60家，占比43.80%。其中，数字化创新绩效指数处于[80，100]的有16家，占比11.68%；[70，80)的有31家，占比22.63%；[60，70)的有49家，占比35.77%；[0，60)的有41家，占比29.92%。

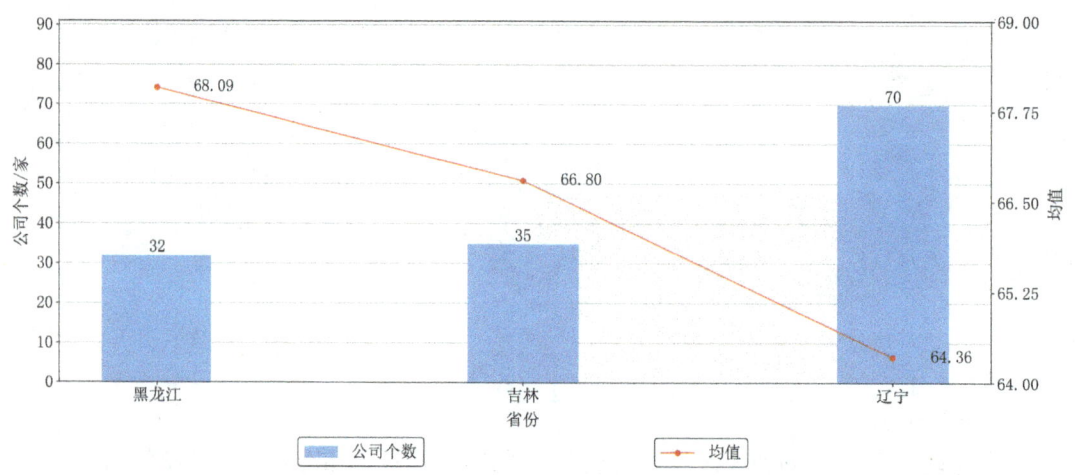

图5-5 2023年东北地区传统产业上市公司数字化创新绩效指数均值分布图

东北地区数字化创新绩效指数排名前10的传统产业上市公司如表5-5所示。

表5-5 2023年东北地区传统产业上市公司数字化创新绩效指数前10排名

排名	证券名称	证券代码	产权性质	省份	一级行业	数字化创新绩效指数
1	长春高新	000661.SZ	地方国有控股	吉林	医药生物	90.48
2	恒力石化	600346.SH	非国有控股	辽宁	石油石化	88.88
3	圆通速递	600233.SH	非国有控股	辽宁	交通运输	88.09
4	百克生物	688276.SH	地方国有控股	吉林	医药生物	87.47
5	一汽解放	000800.SZ	中央国有控股	吉林	汽车	87.02
6	吉林敖东	000623.SZ	非国有控股	吉林	医药生物	86.03
7	国电电力	600795.SH	中央国有控股	辽宁	公用事业	85.13
8	中钢国际	000928.SZ	中央国有控股	吉林	建筑装饰	84.23
9	铁龙物流	600125.SH	中央国有控股	辽宁	交通运输	83.19
10	兴齐眼药	300573.SZ	非国有控股	辽宁	医药生物	82.04

数据来源：同花顺（iFinD），首经贸资产评估研究院和浙工商中国智能管理研究院整理。

5.2 华北地区传统产业上市公司数字化创新评价

截至2023年底，A股市场华北地区共有传统产业上市公司433家，总市值共计114793.24亿元，营业收入合计200829.59亿元，平均市值265.11亿元/家，平均营业收入463.81亿元/家。2023年，华北地区传统产业上市公司研发投入合计为4196.99亿元，占营业收入的比例为2.09%；无形资产账面价值合计为20402.66亿元，占总资产的比例为7.10%。根据本报告分析口径，共对华北地区433家传统产业上市公司开展数字化创新指数评价，具体情况如下：

5.2.1 数字化创新综合指数

2023年华北地区传统产业433家上市公司数字化创新综合指数平均水平为65.19，高于传统产业上市公司该项指数平均水平62.91。具体而言，该项指数最高的上市公司是康龙化成，数字化创新综合指数为87.09。从区域内省份分布来看，如图5-6所示，华北地区传统产业433家上市公司分布在5个省份，数字化创新综合指数平均水平最高的省份是北京市（66.72）。从指数分布来看，高于传统产业上市公司该项指数平均水平的上市公司有245家，占比56.58%。其中，数字化创新综合指数处于［80，100］的有26家，占比6.00%；［70，80）的有111家，占比25.64%；［60，70）的有166家，占比38.34%；［0，60）的有130家，占比30.02%。

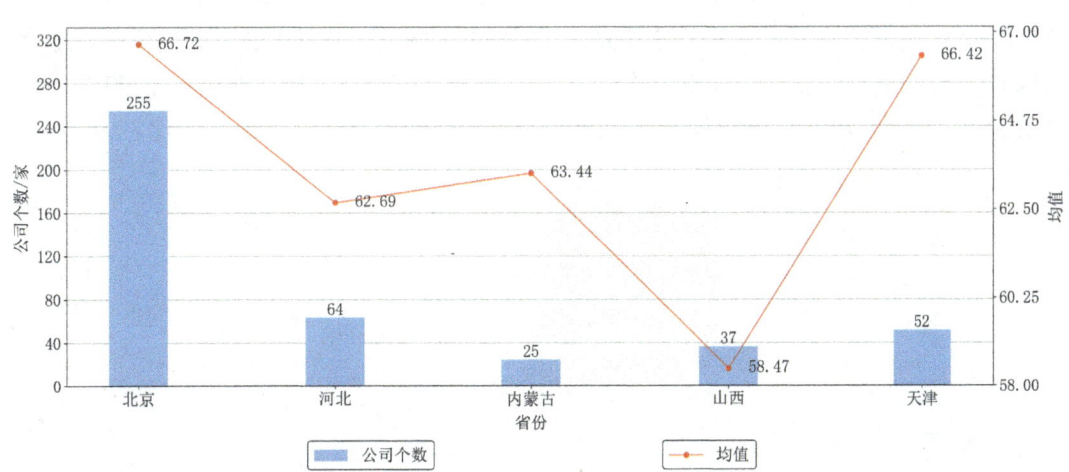

图5-6 2023年华北地区传统产业上市公司数字化创新综合指数均值分布图

华北地区数字化创新综合指数排名前10的传统产业上市公司如表5-6所示。

表 5-6 2023 年华北地区传统产业上市公司数字化创新综合指数前 10 排名

排名	证券名称	证券代码	产权性质	省份	一级行业	数字化创新综合指数
1	康龙化成	300759.SZ	非国有控股	北京	医药生物	87.09
2	青鸟消防	002960.SZ	非国有控股	河北	机械设备	86.38
3	大豪科技	603025.SH	地方国有控股	北京	机械设备	86.00
4	天玛智控	688570.SH	中央国有控股	北京	机械设备	85.23
5	招商公路	001965.SZ	中央国有控股	天津	交通运输	84.09
6	三一重能	688349.SH	非国有控股	北京	电力设备	84.03
7	科锐国际	300662.SZ	非国有控股	北京	社会服务	83.80
8	新奥股份	600803.SH	非国有控股	河北	公用事业	83.12
9	东方中科	002819.SZ	中央国有控股	北京	机械设备	83.00
10	中海油服	601808.SH	中央国有控股	天津	石油石化	82.72

数据来源：同花顺（iFinD），首经贸资产评估研究院和浙工商中国智能管理研究院整理。

5.2.2 数字化战略导向指数

2023年华北地区传统产业433家上市公司数字化战略导向指数平均水平为65.57，高于传统产业上市公司该项指数平均水平62.85。具体而言，该项指数最高的上市公司是科锐国际，数字化战略导向指数为95.09。从区域内省份分布来看，如图5-7所示，数字化战略导向指数平均水平最高的省份是北京市（68.00）。从指数分布来看，高于传统产业上市公司该项指数平均水平的上市公司有232家，占比53.58%。其中，数字化战略导向指数处于［80，100］的有78家，占比18.01%；［70，80）的有99家，占比22.86%；［60，70）的有87家，占比20.09%；［0，60）的有169家，占比39.04%。

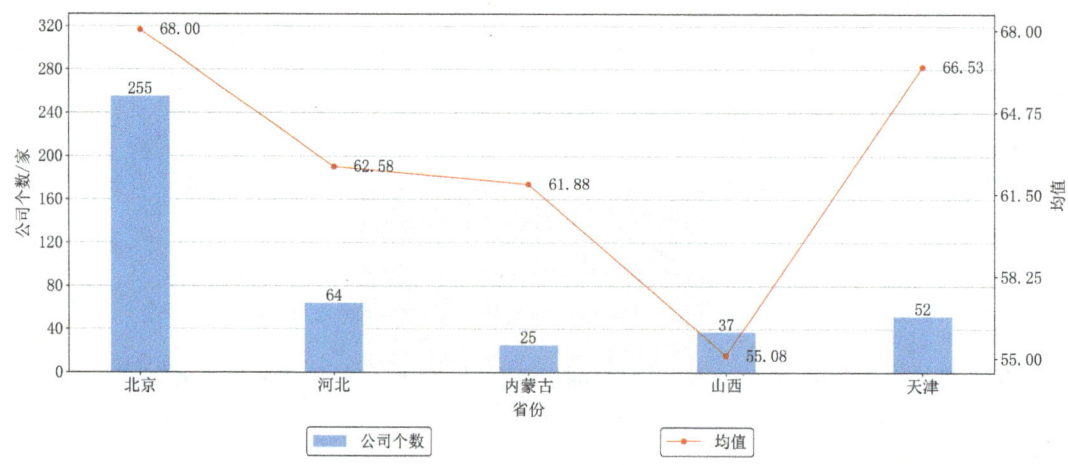

图 5-7 2023 年华北地区传统产业上市公司数字化战略导向指数均值分布图

华北地区数字化战略导向指数排名前10的传统产业上市公司如表5-7所示。

表5-7　2023年华北地区传统产业上市公司数字化战略导向指数前10排名

排名	证券名称	证券代码	产权性质	省份	一级行业	数字化战略导向指数
1	科锐国际	300662.SZ	非国有控股	北京	社会服务	95.09
2	康龙化成	300759.SZ	非国有控股	北京	医药生物	95.01
3	阿尔特	300825.SZ	非国有控股	北京	汽车	94.01
4	天玛智控	688570.SH	中央国有控股	北京	机械设备	92.98
5	三一重能	688349.SH	非国有控股	北京	电力设备	92.89
6	凯莱英	002821.SZ	非国有控股	天津	医药生物	91.85
7	诺禾致源	688315.SH	非国有控股	北京	医药生物	91.76
8	新奥股份	600803.SH	非国有控股	河北	公用事业	91.34
9	招商公路	001965.SZ	中央国有控股	天津	交通运输	91.26
10	交控科技	688015.SH	非国有控股	北京	机械设备	91.24

数据来源：同花顺（iFinD），首经贸资产评估研究院和浙工商中国智能管理研究院整理。

5.2.3　数字化要素投入指数

2023年华北地区传统产业433家上市公司数字化要素投入指数平均水平为60.46，高于传统产业上市公司该项指数平均水平57.94。具体而言，该项指数最高的上市公司是青鸟消防，数字化要素投入指数为87.37。从区域内省份分布来看，如图5-8所示，数字化要素投入指数平均水平最高的省份是北京市（62.73）。从指数分布来看，高于传统产业上市公司该项指数平均水平的上市公司有231家，占比53.35%。其中，数字化要素投入指数处于［80，100］的有18家，占比4.16%；［70，80）的有76家，占比17.55%；［60，70）的有115家，占比26.56%；［0，60）的有224家，占比51.73%。

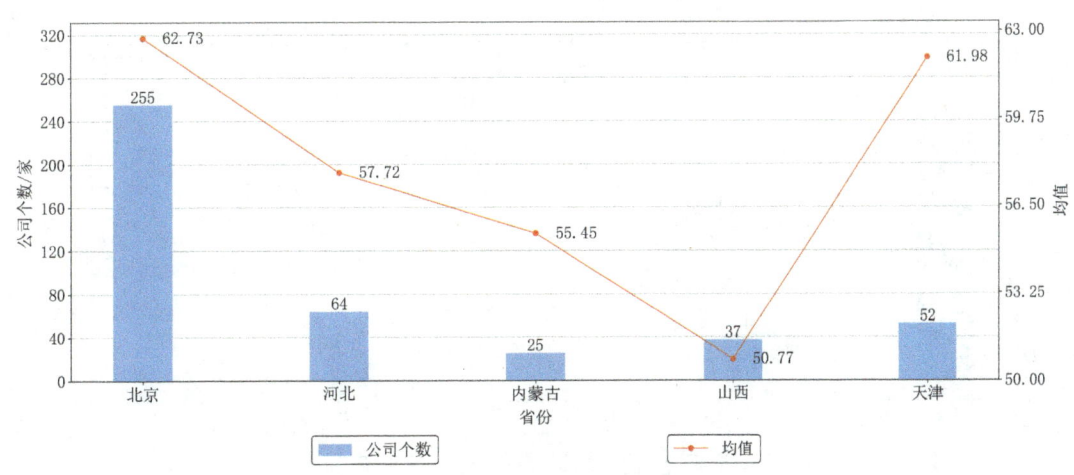

图5-8　2023年华北地区传统产业上市公司数字化要素投入指数均值分布图

华北地区数字化要素投入指数排名前10的传统产业上市公司如表5-8所示。

表5-8　2023年华北地区传统产业上市公司数字化要素投入指数前10排名

排名	证券名称	证券代码	产权性质	省份	一级行业	数字化要素投入指数
1	青鸟消防	002960.SZ	非国有控股	河北	机械设备	87.37
2	大豪科技	603025.SH	地方国有控股	北京	机械设备	87.34
3	中科海讯	300810.SZ	非国有控股	北京	国防军工	87.15
4	必创科技	300667.SZ	非国有控股	北京	机械设备	86.56
5	康龙化成	300759.SZ	非国有控股	北京	医药生物	86.36
6	新雷能	300593.SZ	非国有控股	北京	电力设备	84.81
7	中国中冶	601618.SH	中央国有控股	北京	建筑装饰	84.18
8	中国交建	601800.SH	中央国有控股	北京	建筑装饰	82.99
9	中国电建	601669.SH	中央国有控股	北京	建筑装饰	82.81
10	凯莱英	002821.SZ	非国有控股	天津	医药生物	82.63

数据来源：同花顺（iFinD），首经贸资产评估研究院和浙工商中国智能管理研究院整理。

5.2.4　数字化创新成果指数

2023年华北地区传统产业433家上市公司数字化创新成果指数平均水平为64.14，高于传统产业上市公司该项指数平均水平63.16。具体而言，该项指数最高的上市公司是华电重工，数字化创新成果指数为92.74。从区域内省份分布来看，如图5-9所示，数字化创新成果指数平均水平最高的省份是天津市（67.27）。从指数分布来看，高于传统产业上市公司该项指数平均水平的上市公司有212家，占比48.96%。其中，数字化创新成果指数处于［80，100］的有51家，占比11.78%；［70，80）的有93家，占比21.48%；［60，70）的有118家，占比27.25%；［0，60）的有171家，占比39.49%。

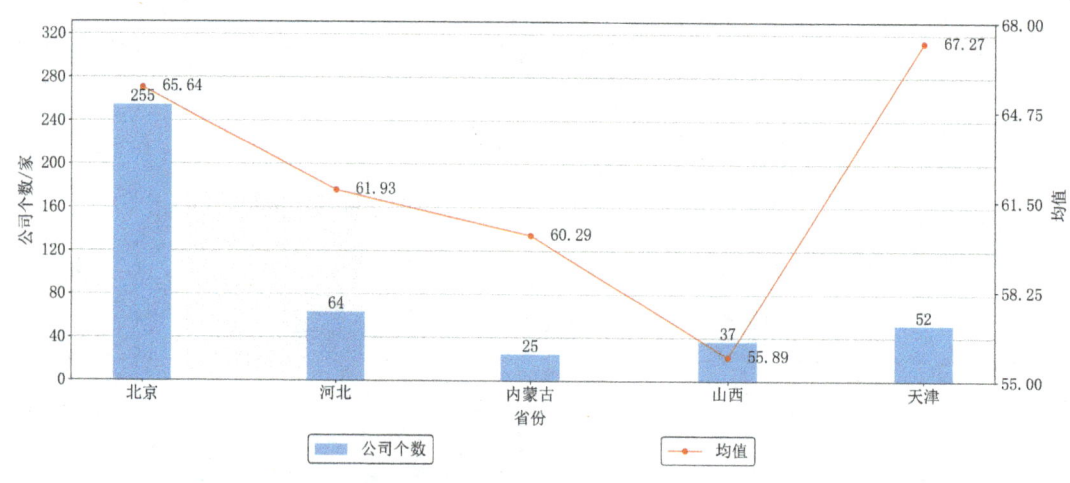

图5-9　2023年华北地区传统产业上市公司数字化创新成果指数均值分布图

华北地区数字化创新成果指数排名前10的传统产业上市公司如表5-9所示。

表5-9 2023年华北地区传统产业上市公司数字化创新成果指数前10排名

排名	证券名称	证券代码	产权性质	省份	一级行业	数字化创新成果指数
1	华电重工	601226.SH	中央国有控股	北京	建筑装饰	92.74
2	青鸟消防	002960.SZ	非国有控股	河北	机械设备	91.60
3	东方中科	002819.SZ	中央国有控股	北京	机械设备	91.56
4	煜邦电力	688597.SH	非国有控股	北京	电力设备	90.75
5	天玛智控	688570.SH	中央国有控股	北京	机械设备	90.64
6	交控科技	688015.SH	非国有控股	北京	机械设备	90.10
7	诚益通	300430.SZ	非国有控股	北京	机械设备	90.08
8	阿尔特	300825.SZ	非国有控股	北京	汽车	89.71
9	东杰智能	300486.SZ	地方国有控股	山西	机械设备	89.29
10	美腾科技	688420.SH	非国有控股	天津	机械设备	89.25

数据来源：同花顺（iFinD），首经贸资产评估研究院和浙工商中国智能管理研究院整理。

5.2.5 数字化创新绩效指数

2023年华北地区传统产业433家上市公司数字化创新绩效指数平均水平为69.57，高于传统产业上市公司该项指数平均水平66.22。具体而言，该项指数最高的上市公司是爱美客，数字化创新绩效指数为93.82。从区域内省份分布来看，如图5-10所示，数字化创新绩效指数平均水平最高的省份是内蒙古自治区（73.75）。从指数分布来看，高于传统产业上市公司该项指数平均水平的上市公司有255家，占比58.89%。其中，数字化创新绩效指数处于［80，100］的有88家，占比20.32%；［70，80）的有137家，占比31.64%；［60，70）的有107家，占比24.71%；［0，60）的有101家，占比23.33%。

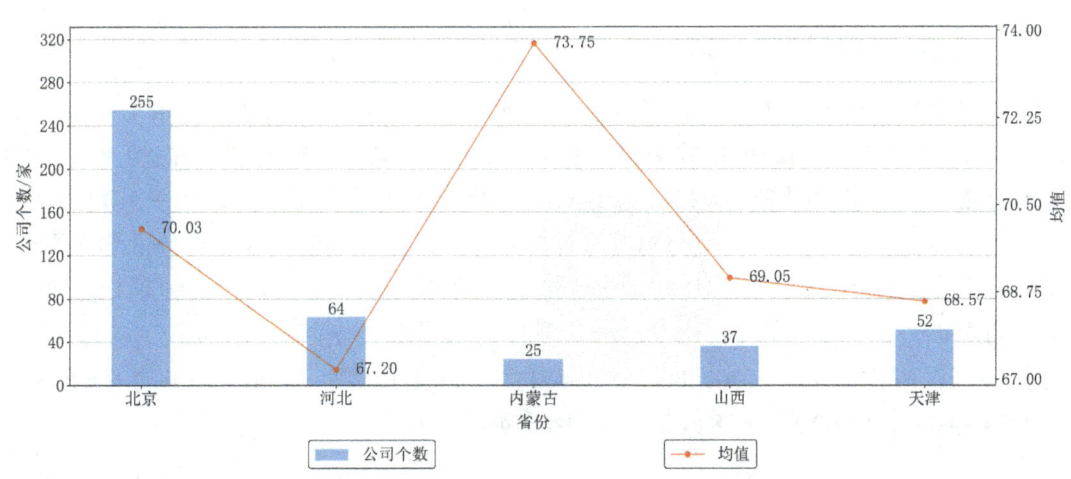

图5-10 2023年华北地区传统产业上市公司数字化创新绩效指数均值分布图

华北地区数字化创新绩效指数排名前10的传统产业上市公司如表5-10所示。

表5-10 2023年华北地区传统产业上市公司数字化创新绩效指数前10排名

排名	证券名称	证券代码	产权性质	省份	一级行业	数字化创新绩效指数
1	爱美客	300896.SZ	非国有控股	北京	美容护理	93.82
2	菜百股份	605599.SH	地方国有控股	北京	纺织服饰	92.89
3	天坛生物	600161.SH	中央国有控股	北京	医药生物	92.47
4	中信金属	601061.SH	中央国有控股	北京	商贸零售	92.23
5	京沪高铁	601816.SH	中央国有控股	北京	交通运输	91.98
6	长江电力	600900.SH	中央国有控股	北京	公用事业	91.88
7	中海油服	601808.SH	中央国有控股	天津	石油石化	91.69
8	中国核电	601985.SH	中央国有控股	北京	公用事业	91.42
9	中国黄金	600916.SH	中央国有控股	北京	纺织服饰	91.30
10	山西汾酒	600809.SH	地方国有控股	山西	食品饮料	90.70

数据来源：同花顺（iFinD），首经贸资产评估研究院和浙工商中国智能管理研究院整理。

5.3 华东地区传统产业上市公司数字化创新评价

截至2023年底，A股市场华东地区共有传统产业上市公司1975家，总市值共计201885.51亿元，营业收入合计189256.90亿元，平均市值102.22亿元/家，平均营业收入95.83亿元/家。2023年，华东地区传统产业上市公司研发投入合计为4923.87亿元，占营业收入的比例为2.60%；无形资产账面价值合计为12810.90亿元，占总资产的比例为4.99%。根据本报告分析口径，共对华东地区1975家传统产业上市公司开展数字化创新指数评价，具体情况如下：

5.3.1 数字化创新综合指数

2023年华东地区传统产业1975家上市公司数字化创新综合指数平均水平为62.42，低于传统产业上市公司该项指数平均水平62.91。具体而言，该项指数最高的上市公司是中控技术，数字化创新综合指数为93.05。从区域内省份分布来看，如图5-11所示，华东地区传统产业1975家上市公司分布在7个省份，数字化创新综合指数平均水平最高的省份是上海市（64.57）。从指数分布来看，高于传统产业上市公司该项指数平均水平的上市公司有857家，占比43.39%。其中，数字化创新综合指数处于［80，100］的有70家，占比3.54%；［70，80）的有371家，占比18.78%；［60，70）的有690家，占比34.94%；［0，60）的有844家，占比42.74%。

第5章 传统产业上市公司数字化创新评价——区域维度

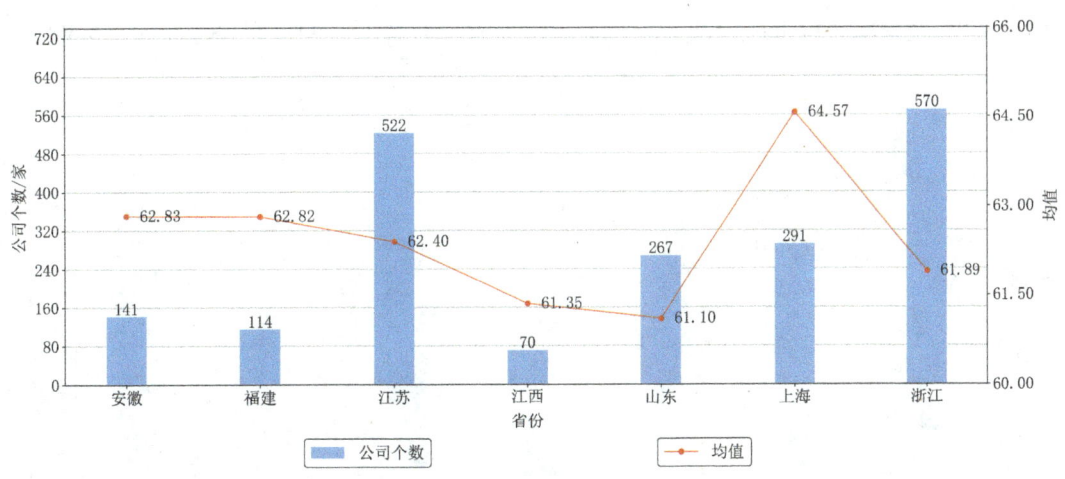

图 5-11 2023年华东地区传统产业上市公司数字化创新综合指数均值分布图

华东地区数字化创新综合指数排名前10的传统产业上市公司如表5-11所示。

表 5-11 2023年华东地区传统产业上市公司数字化创新综合指数前10排名

排名	证券名称	证券代码	产权性质	省份	一级行业	数字化创新综合指数
1	中控技术	688777.SH	非国有控股	浙江	机械设备	93.05
2	联影医疗	688271.SH	非国有控股	上海	医药生物	90.64
3	海尔智家	600690.SH	非国有控股	山东	家用电器	90.09
4	国电南瑞	600406.SH	中央国有控股	江苏	电力设备	88.24
5	正泰电器	601877.SH	非国有控股	浙江	电力设备	87.97
6	阳光电源	300274.SZ	非国有控股	安徽	电力设备	87.93
7	林洋能源	601222.SH	非国有控股	江苏	公用事业	86.14
8	埃斯顿	002747.SZ	非国有控股	江苏	机械设备	86.14
9	华兴源创	688001.SH	非国有控股	江苏	机械设备	86.11
10	东方电子	000682.SZ	地方国有控股	山东	电力设备	86.00

数据来源：同花顺（iFinD），首经贸资产评估研究院和浙工商中国智能管理研究院整理。

5.3.2 数字化战略导向指数

2023年华东地区传统产业1975家上市公司数字化战略导向指数平均水平为61.72，低于传统产业上市公司该项指数平均水平62.85。具体而言，该项指数最高的上市公司是中控技术，数字化战略导向指数为96.80。从区域内省份分布来看，如图5-12所示，数字化战略导向指数平均水平最高的省份是上海市（65.72）。从指数分布来看，高于传统产业上市公司该项指数平均水平的上市公司有818家，占比41.42%。其中，数字化战略导向指数处于[80，100]的有273家，占比13.82%；[70，80)的有310家，占比15.70%；[60，70）的有427家，占比21.62%；[0，60）的有965家，占比48.86%。

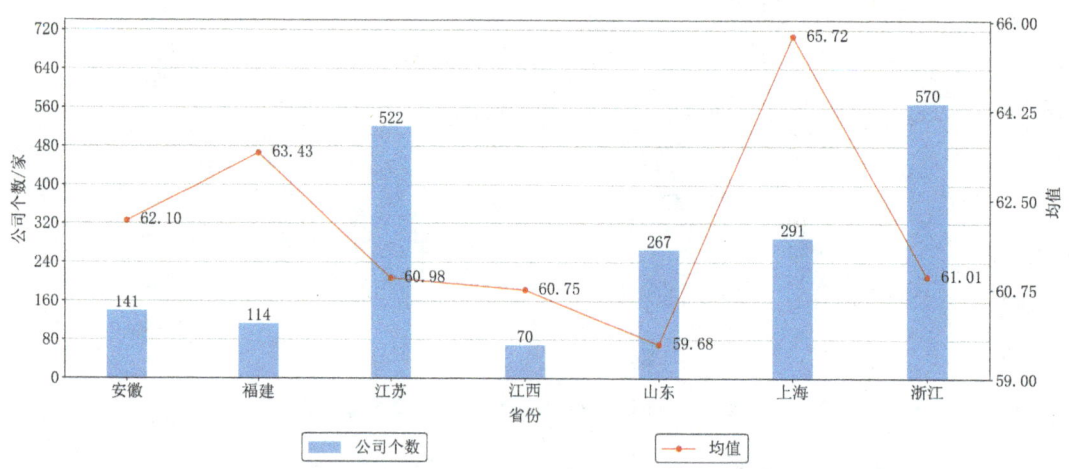

图5-12　2023年华东地区传统产业上市公司数字化战略导向指数均值分布图

华东地区数字化战略导向指数排名前10的传统产业上市公司如表5-12所示。

表5-12　2023年华东地区传统产业上市公司数字化战略导向指数前10排名

排名	证券名称	证券代码	产权性质	省份	一级行业	数字化战略导向指数
1	中控技术	688777.SH	非国有控股	浙江	机械设备	96.80
2	埃夫特	688165.SH	地方国有控股	安徽	机械设备	96.71
3	众合科技	000925.SZ	非国有控股	浙江	机械设备	96.17
4	联影医疗	688271.SH	非国有控股	上海	医药生物	94.57
5	小商品城	600415.SH	地方国有控股	浙江	商贸零售	94.15
6	威派格	603956.SH	非国有控股	上海	机械设备	93.68
7	科沃斯	603486.SH	非国有控股	江苏	家用电器	93.60
8	东方电子	000682.SZ	地方国有控股	山东	电力设备	93.46
9	瀚川智能	688022.SH	非国有控股	江苏	机械设备	93.36
10	智洋创新	688191.SH	非国有控股	山东	电力设备	93.01

数据来源：同花顺（iFinD），首经贸资产评估研究院和浙工商中国智能管理研究院整理。

5.3.3　数字化要素投入指数

2023年华东地区传统产业1975家上市公司数字化要素投入指数平均水平为57.17，低于传统产业上市公司该项指数平均水平57.94。具体而言，该项指数最高的上市公司是中控技术，数字化要素投入指数为94.81。从区域内省份分布来看，如图5-13所示，数字化要素投入指数平均水平最高的省份是上海市（60.39）。从指数分布来看，高于传统产业上市公司该项指数平均水平的上市公司有814家，占比41.22%。其中，数字化要素投入指数处于［80，100］的有56家，占比2.84%；［70，80）的有210家，占比10.63%；［60，70）的有487家，占比24.66%；［0，60）的有1222家，占比61.87%。

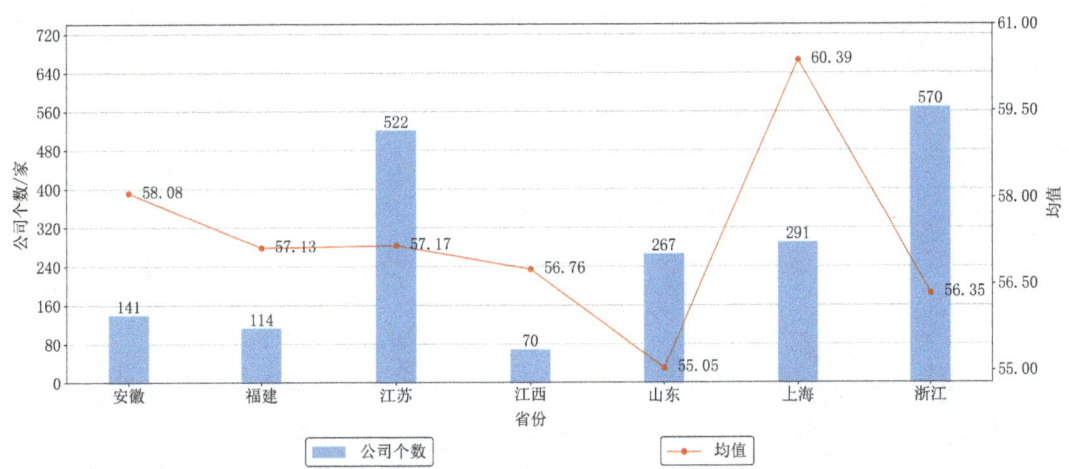

图5-13　2023年华东地区传统产业上市公司数字化要素投入指数均值分布图

华东地区数字化要素投入指数排名前10的传统产业上市公司如表5-13所示。

表5-13　2023年华东地区传统产业上市公司数字化要素投入指数前10排名

排名	证券名称	证券代码	产权性质	省份	一级行业	数字化要素投入指数
1	中控技术	688777.SH	非国有控股	浙江	机械设备	94.81
2	智洋创新	688191.SH	非国有控股	山东	电力设备	90.98
3	华兴源创	688001.SH	非国有控股	江苏	机械设备	89.71
4	中恒电气	002364.SZ	非国有控股	浙江	电力设备	88.83
5	禾川科技	688320.SH	非国有控股	浙江	机械设备	88.03
6	埃斯顿	002747.SZ	非国有控股	江苏	机械设备	87.80
7	国电南自	600268.SH	中央国有控股	江苏	电力设备	87.38
8	新时达	002527.SZ	非国有控股	上海	机械设备	86.86
9	海尔智家	600690.SH	非国有控股	山东	家用电器	86.81
10	威星智能	002849.SZ	非国有控股	浙江	机械设备	86.63

数据来源：同花顺（iFinD），首经贸资产评估研究院和浙工商中国智能管理研究院整理。

5.3.4　数字化创新成果指数

2023年华东地区传统产业1975家上市公司数字化创新成果指数平均水平为63.16，低于传统产业上市公司该项指数平均水平63.16。具体而言，该项指数最高的上市公司是博众精工，数字化创新成果指数为96.24。从区域内省份分布来看，如图5-14所示，数字化创新成果指数平均水平最高的省份是江苏省（64.28）。从指数分布来看，高于传统产业上市公司该项指数平均水平的上市公司有900家，占比45.57%。其中，数字化创新成果指数处于［80，100］的有225家，占比11.39%；［70，80）的有362家，占比18.33%；［60，70）的有522家，占比26.43%；［0，60）的有866家，占比43.85%。

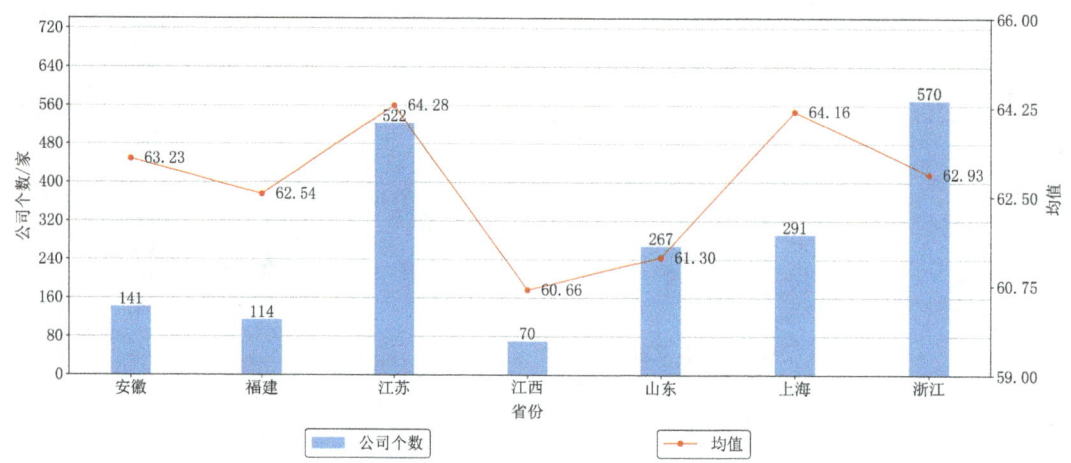

图5-14 2023年华东地区传统产业上市公司数字化创新成果指数均值分布图

华东地区数字化创新成果指数排名前10的传统产业上市公司如表5-14所示。

表5-14 2023年华东地区传统产业上市公司数字化创新成果指数前10排名

排名	证券名称	证券代码	产权性质	省份	一级行业	数字化创新成果指数
1	博众精工	688097.SH	非国有控股	江苏	机械设备	96.24
2	中控技术	688777.SH	非国有控股	浙江	机械设备	96.18
3	瀚川智能	688022.SH	非国有控股	江苏	机械设备	96.12
4	巨一科技	688162.SH	非国有控股	安徽	机械设备	95.28
5	华兴源创	688001.SH	非国有控股	江苏	机械设备	95.20
6	罗博特科	300757.SZ	非国有控股	江苏	机械设备	94.86
7	联影医疗	688271.SH	非国有控股	上海	医药生物	94.74
8	埃夫特	688165.SH	地方国有控股	安徽	机械设备	94.20
9	海尔智家	600690.SH	非国有控股	山东	家用电器	94.17
10	中科微至	688211.SH	非国有控股	江苏	机械设备	94.05

数据来源：同花顺（iFinD），首经贸资产评估研究院和浙工商中国智能管理研究院整理。

5.3.5 数字化创新绩效指数

2023年华东地区传统产业1975家上市公司数字化创新绩效指数平均水平为65.76，低于传统产业上市公司该项指数平均水平66.22。具体而言，该项指数最高的上市公司是阳光电源，数字化创新绩效指数为95.02。从区域内省份分布来看，如图5-15所示，数字化创新绩效指数平均水平最高的省份是上海市（67.35）。从指数分布来看，高于传统产业上市公司该项指数平均水平的上市公司有881家，占比44.61%。其中，数字化创新绩效指数处于［80，100］的有214家，占比10.84%；［70，80）的有517家，占比26.18%；［60，70）的有600家，占比30.38%；［0，60）的有644家，占比32.60%。

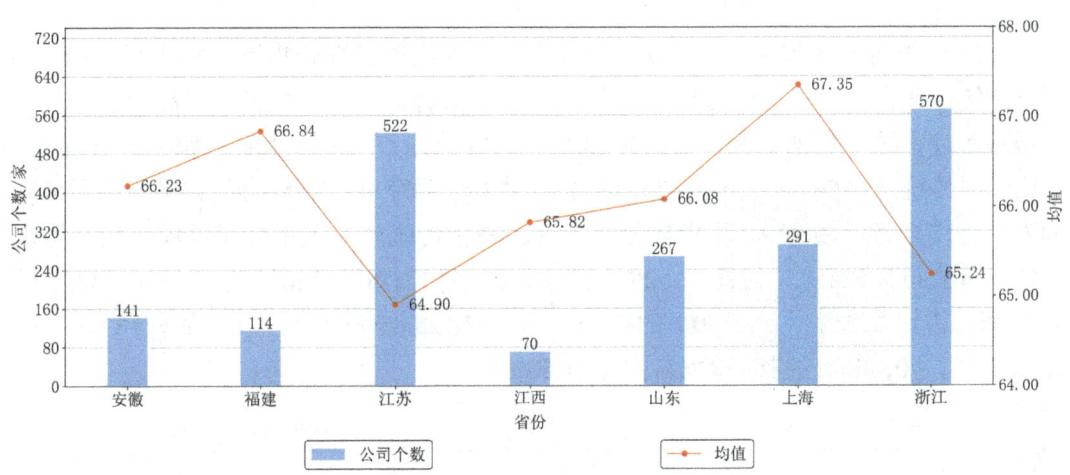

图5-15　2023年华东地区传统产业上市公司数字化创新绩效指数均值分布图

华东地区数字化创新绩效指数排名前10的传统产业上市公司如表5-15所示。

表5-15　2023年华东地区传统产业上市公司数字化创新绩效指数前10排名

排名	证券名称	证券代码	产权性质	省份	一级行业	数字化创新绩效指数
1	阳光电源	300274.SZ	非国有控股	安徽	电力设备	95.02
2	晶盛机电	300316.SZ	非国有控股	浙江	电力设备	93.46
3	小商品城	600415.SH	地方国有控股	浙江	商贸零售	93.09
4	万华化学	600309.SH	地方国有控股	山东	基础化工	92.76
5	中远海能	600026.SH	中央国有控股	上海	交通运输	92.35
6	上海莱士	002252.SZ	非国有控股	上海	医药生物	92.08
7	石英股份	603688.SH	非国有控股	江苏	基础化工	91.52
8	外服控股	600662.SH	地方国有控股	上海	社会服务	90.92
9	国电南瑞	600406.SH	中央国有控股	江苏	电力设备	90.86
10	洋河股份	002304.SZ	地方国有控股	江苏	食品饮料	90.45

数据来源：同花顺（iFinD），首经贸资产评估研究院和浙工商中国智能管理研究院整理。

5.4 华南地区传统产业上市公司数字化创新评价

截至2023年底，A股市场华南地区共有传统产业上市公司565家，总市值共计71849.59亿元，营业收入合计53635.32亿元，平均市值127.17亿元/家，平均营业收入94.93亿元/家。2023年，华南地区传统产业上市公司研发投入合计为1820.09亿元，占营业收入的比例为3.39%；无形资产账面价值合计为4188.09亿元，占总资产的比例为4.99%。根据本报告分析口径，共对华南地区565家传统产业上市公司开展数字化创新指数评价，具体情况如下：

5.4.1 数字化创新综合指数

2023年华南地区传统产业565家上市公司数字化创新综合指数平均水平为65.36，高于传统产业上市公司该项指数平均水平62.91。具体而言，该项指数最高的上市公司是迈瑞医疗，数字化创新综合指数为93.14。从区域内省份分布来看，如图5-16所示，华南地区传统产业565家上市公司分布在3个省份，数字化创新综合指数平均水平最高的省份是广东省（65.92）。从指数分布来看，高于传统产业上市公司该项指数平均水平的上市公司有325家，占比57.52%。其中，数字化创新综合指数处于［80，100］的有41家，占比7.26%；［70，80）的有163家，占比28.85%；［60，70）的有183家，占比32.39%；［0，60）的有178家，占比31.50%。

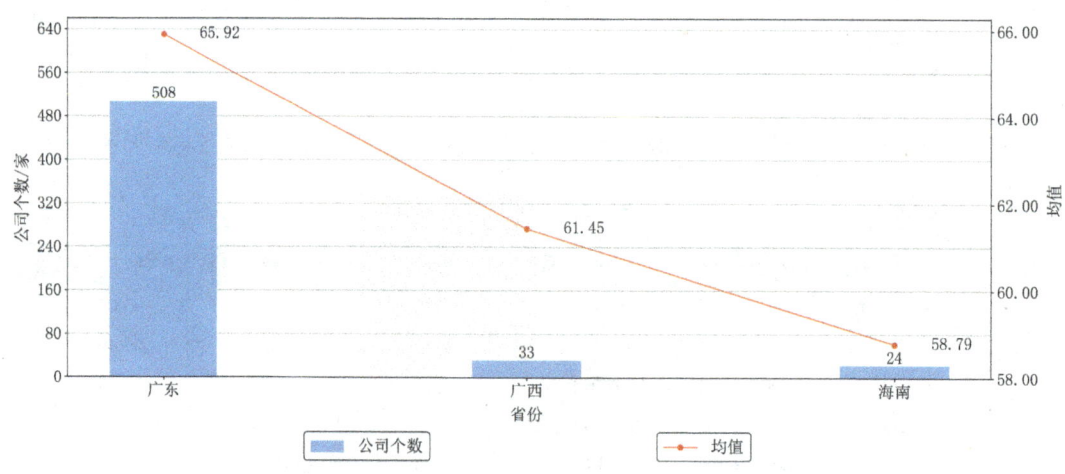

图5-16 2023年华南地区传统产业上市公司数字化创新综合指数均值分布图

华南地区数字化创新综合指数排名前10的传统产业上市公司如表5-16所示。

表 5-16　2023 年华南地区传统产业上市公司数字化创新综合指数前 10 排名

排名	证券名称	证券代码	产权性质	省份	一级行业	数字化创新综合指数
1	迈瑞医疗	300760.SZ	非国有控股	广东	医药生物	93.14
2	汇川技术	300124.SZ	非国有控股	广东	机械设备	91.92
3	美的集团	000333.SZ	非国有控股	广东	家用电器	89.66
4	顺丰控股	002352.SZ	非国有控股	广东	交通运输	88.16
5	九联科技	688609.SH	非国有控股	广东	家用电器	87.24
6	深城交	301091.SZ	地方国有控股	广东	建筑装饰	87.08
7	金盘科技	688676.SH	非国有控股	海南	电力设备	87.01
8	南网科技	688248.SH	中央国有控股	广东	电力设备	86.91
9	深桑达 A	000032.SZ	中央国有控股	广东	建筑装饰	86.36
10	麦格米特	002851.SZ	非国有控股	广东	电力设备	85.75

数据来源：同花顺（iFinD），首经贸资产评估研究院和浙工商中国智能管理研究院整理。

5.4.2　数字化战略导向指数

2023年华南地区传统产业565家上市公司数字化战略导向指数平均水平为67.50，高于传统产业上市公司该项指数平均水平62.85。具体而言，该项指数最高的上市公司是美的集团，数字化战略导向指数为98.05。从区域内省份分布来看，如图5-17所示，数字化战略导向指数平均水平最高的省份是广东省（68.12）。从指数分布来看，高于传统产业上市公司该项指数平均水平的上市公司有331家，占比58.58%。其中，数字化战略导向指数处于［80，100］的有135家，占比23.89%；［70，80）的有119家，占比21.06%；［60，70）的有122家，占比21.59%；［0，60）的有189家，占比33.46%。

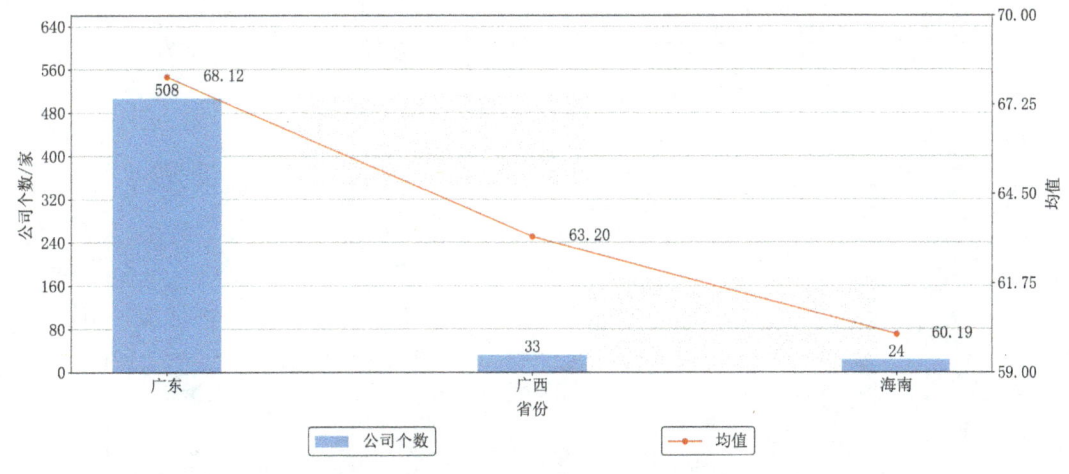

图 5-17　2023 年华南地区传统产业上市公司数字化战略导向指数均值分布图

华南地区数字化战略导向指数排名前10的传统产业上市公司如表5-17所示。

表5-17 2023年华南地区传统产业上市公司数字化战略导向指数前10排名

排名	证券名称	证券代码	产权性质	省份	一级行业	数字化战略导向指数
1	美的集团	000333.SZ	非国有控股	广东	家用电器	98.05
2	深桑达A	000032.SZ	中央国有控股	广东	建筑装饰	96.95
3	迈瑞医疗	300760.SZ	非国有控股	广东	医药生物	96.75
4	九联科技	688609.SH	非国有控股	广东	家用电器	96.73
5	深城交	301091.SZ	地方国有控股	广东	建筑装饰	96.32
6	汇川技术	300124.SZ	非国有控股	广东	机械设备	95.62
7	顺丰控股	002352.SZ	非国有控股	广东	交通运输	95.56
8	金盘科技	688676.SH	非国有控股	海南	电力设备	95.49
9	中集集团	000039.SZ	中央国有控股	广东	机械设备	95.30
10	齐心集团	002301.SZ	非国有控股	广东	轻工制造	95.25

数据来源：同花顺（iFinD），首经贸资产评估研究院和浙工商中国智能管理研究院整理。

5.4.3 数字化要素投入指数

2023年华南地区传统产业565家上市公司数字化要素投入指数平均水平为61.01，高于传统产业上市公司该项指数平均水平57.94。具体而言，该项指数最高的上市公司是九联科技，数字化要素投入指数为97.80。从区域内省份分布来看，如图5-18所示，数字化要素投入指数平均水平最高的省份是广东省（61.62）。从指数分布来看，高于传统产业上市公司该项指数平均水平的上市公司有311家，占比55.04%。其中，数字化要素投入指数处于［80，100］的有29家，占比5.13%；[70，80）的有104家，占比18.41%；[60，70）的有160家，占比28.32%；[0，60）的有272家，占比48.14%。

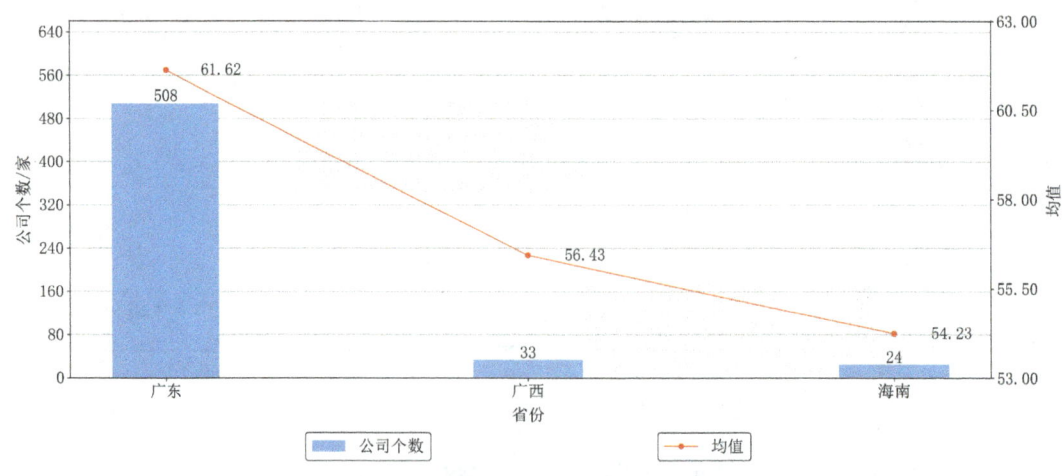

图5-18 2023年华南地区传统产业上市公司数字化要素投入指数均值分布图

华南地区数字化要素投入指数排名前10的传统产业上市公司如表5-18所示。

表5-18 2023年华南地区传统产业上市公司数字化要素投入指数前10排名

排名	证券名称	证券代码	产权性质	省份	一级行业	数字化要素投入指数
1	九联科技	688609.SH	非国有控股	广东	家用电器	97.80
2	顺丰控股	002352.SZ	非国有控股	广东	交通运输	94.07
3	深桑达A	000032.SZ	中央国有控股	广东	建筑装饰	93.86
4	深城交	301091.SZ	地方国有控股	广东	建筑装饰	90.72
5	拓斯达	300607.SZ	非国有控股	广东	机械设备	90.43
6	索菱股份	002766.SZ	非国有控股	广东	汽车	88.61
7	友讯达	300514.SZ	非国有控股	广东	电力设备	87.55
8	招商港口	001872.SZ	中央国有控股	广东	交通运输	86.66
9	长园集团	600525.SH	非国有控股	广东	电力设备	86.45
10	英威腾	002334.SZ	非国有控股	广东	机械设备	86.41

数据来源：同花顺（iFinD），首经贸资产评估研究院和浙工商中国智能管理研究院整理。

5.4.4 数字化创新成果指数

2023年华南地区传统产业565家上市公司数字化创新成果指数平均水平为66.74，高于传统产业上市公司该项指数平均水平63.16。具体而言，该项指数最高的上市公司是美的集团，数字化创新成果指数为97.25。从区域内省份分布来看，如图5-19所示，数字化创新成果指数平均水平最高的省份是广东省（67.69）。从指数分布来看，高于传统产业上市公司该项指数平均水平的上市公司有325家，占比57.52%。其中，数字化创新成果指数处于［80，100］的有118家，占比20.88%；［70，80）的有127家，占比22.48%；［60，70）的有120家，占比21.24%；［0，60）的有200家，占比35.40%。

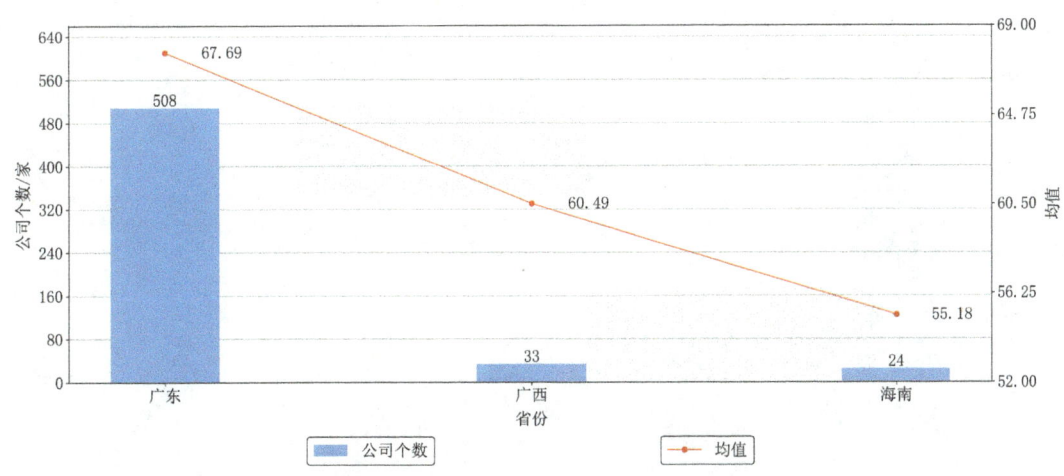

图5-19 2023年华南地区传统产业上市公司数字化创新成果指数均值分布图

华南地区数字化创新成果指数排名前10的传统产业上市公司如表5-19所示。

表5-19 2023年华南地区传统产业上市公司数字化创新成果指数前10排名

排名	证券名称	证券代码	产权性质	省份	一级行业	数字化创新成果指数
1	美的集团	000333.SZ	非国有控股	广东	家用电器	97.25
2	汇川技术	300124.SZ	非国有控股	广东	机械设备	97.07
3	迈瑞医疗	300760.SZ	非国有控股	广东	医药生物	96.84
4	九联科技	688609.SH	非国有控股	广东	家用电器	95.15
5	金盘科技	688676.SH	非国有控股	海南	电力设备	94.75
6	拓斯达	300607.SZ	非国有控股	广东	机械设备	94.32
7	麦格米特	002851.SZ	非国有控股	广东	电力设备	94.23
8	中集集团	000039.SZ	中央国有控股	广东	机械设备	93.94
9	利元亨	688499.SH	非国有控股	广东	电力设备	93.79
10	南兴股份	002757.SZ	非国有控股	广东	机械设备	93.24

数据来源：同花顺（iFinD），首经贸资产评估研究院和浙工商中国智能管理研究院整理。

5.4.5 数字化创新绩效指数

2023年华南地区传统产业565家上市公司数字化创新绩效指数平均水平为65.57，低于传统产业上市公司该项指数平均水平66.22。具体而言，该项指数最高的上市公司是迈瑞医疗，数字化创新绩效指数为93.13。从区域内省份分布来看，如图5-20所示，数字化创新绩效指数平均水平最高的省份是广东省（65.61）。从指数分布来看，高于传统产业上市公司该项指数平均水平的上市公司有262家，占比46.37%。其中，数字化创新绩效指数处于［80，100］的有66家，占比11.68%；［70，80）的有144家，占比25.49%；［60，70）的有164家，占比29.03%；［0，60）的有191家，占比33.80%。

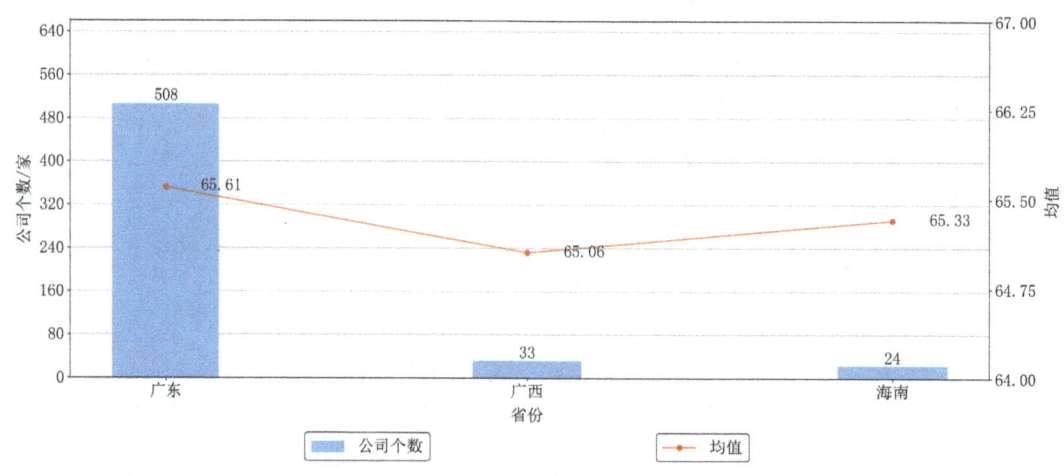

图5-20 2023年华南地区传统产业上市公司数字化创新绩效指数均值分布图

华南地区数字化创新绩效指数排名前10的传统产业上市公司如表5-20所示。

表5-20 2023年华南地区传统产业上市公司数字化创新绩效指数前10排名

排名	证券名称	证券代码	产权性质	省份	一级行业	数字化创新绩效指数
1	迈瑞医疗	300760.SZ	非国有控股	广东	医药生物	93.13
2	汇川技术	300124.SZ	非国有控股	广东	机械设备	90.77
3	中国广核	003816.SZ	中央国有控股	广东	公用事业	89.73
4	新产业	300832.SZ	非国有控股	广东	医药生物	89.63
5	特力A	000025.SZ	地方国有控股	广东	综合	89.28
6	华润三九	000999.SZ	中央国有控股	广东	医药生物	89.22
7	周大生	002867.SZ	非国有控股	广东	纺织服饰	88.77
8	白云机场	600004.SH	地方国有控股	广东	交通运输	88.66
9	光启技术	002625.SZ	非国有控股	广东	国防军工	87.83
10	爱施德	002416.SZ	非国有控股	广东	商贸零售	87.55

数据来源：同花顺（iFinD），首经贸资产评估研究院和浙工商中国智能管理研究院整理。

5.5 华中地区传统产业上市公司数字化创新评价

截至2023年底，A股市场华中地区共有传统产业上市公司315家，总市值共计30446.89亿元，营业收入合计23533.90亿元，平均市值96.66亿元/家，平均营业收入74.71亿元/家。2023年，华中地区传统产业上市公司研发投入合计为669.65亿元，占营业收入的比例为2.85%；无形资产账面价值合计为3132.25亿元，占总资产的比例为8.59%。根据本报告分析口径，共对华中地区315家传统产业上市公司开展数字化创新指数评价，具体情况如下：

5.5.1 数字化创新综合指数

2023年华中地区传统产业315家上市公司数字化创新综合指数平均水平为62.18，低于传统产业上市公司该项指数平均水平62.91。具体而言，该项指数最高的上市公司是中联重科，数字化创新综合指数为88.04。从区域内省份分布来看，如图5-21所示，华中地区传统产业315家上市公司分布在3个省份，数字化创新综合指数平均水平最高的省份是河南省（62.97）。从指数分布来看，高于传统产业上市公司该项指数平均水平的上市公司有137家，占比43.49%。其中，数字化创新综合指数处于［80，100］的有13家，占比4.13%；［70，80）的有60家，占比19.05%；［60，70）的有109家，占比34.60%；［0，60）的有133家，占比42.22%。

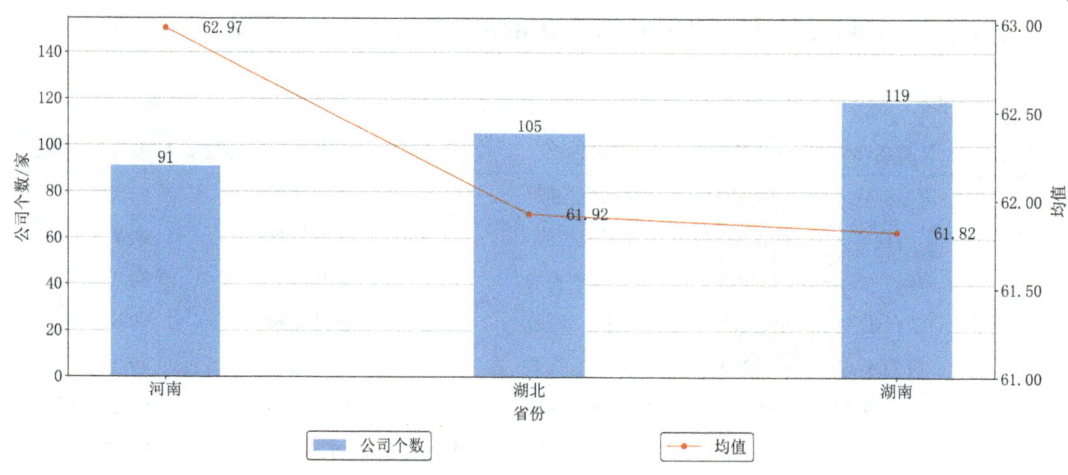

图5-21　2023年华中地区传统产业上市公司数字化创新综合指数均值分布图

华中地区数字化创新综合指数排名前10的传统产业上市公司如表5-21所示。

表5-21　2023年华中地区传统产业上市公司数字化创新综合指数前10排名

排名	证券名称	证券代码	产权性质	省份	一级行业	数字化创新综合指数
1	中联重科	000157.SZ	地方国有控股	湖南	机械设备	88.04
2	三诺生物	300298.SZ	非国有控股	湖南	医药生物	85.12
3	铁建重工	688425.SH	中央国有控股	湖南	机械设备	84.29
4	宇通客车	600066.SH	非国有控股	河南	汽车	83.95
5	九州通	600998.SH	非国有控股	湖北	医药生物	83.49
6	光庭信息	301221.SZ	非国有控股	湖北	汽车	83.34
7	汉威科技	300007.SZ	非国有控股	河南	机械设备	83.30
8	爱尔眼科	300015.SZ	非国有控股	湖南	医药生物	83.30
9	新天科技	300259.SZ	非国有控股	河南	机械设备	82.70
10	中信重工	601608.SH	中央国有控股	河南	机械设备	82.31

数据来源：同花顺（iFinD），首经贸资产评估研究院和浙工商中国智能管理研究院整理。

5.5.2　数字化战略导向指数

2023年华中地区传统产业315家上市公司数字化战略导向指数平均水平为62.55，低于传统产业上市公司该项指数平均水平62.85。具体而言，该项指数最高的上市公司是汉威科技，数字化战略导向指数为96.95。从区域内省份分布来看，如图5-22所示，数字化战略导向指数平均水平最高的省份是湖南省（62.83）。从指数分布来看，高于传统产业上市公司该项指数平均水平的上市公司有142家，占比45.08%。其中，数字化战略导向指数处于［80，100］的有38家，占比12.06%；［70，80）的有63家，占比20.00%；[60，70）的有68家，占比21.59%；[0，60）的有146家，占比46.35%。

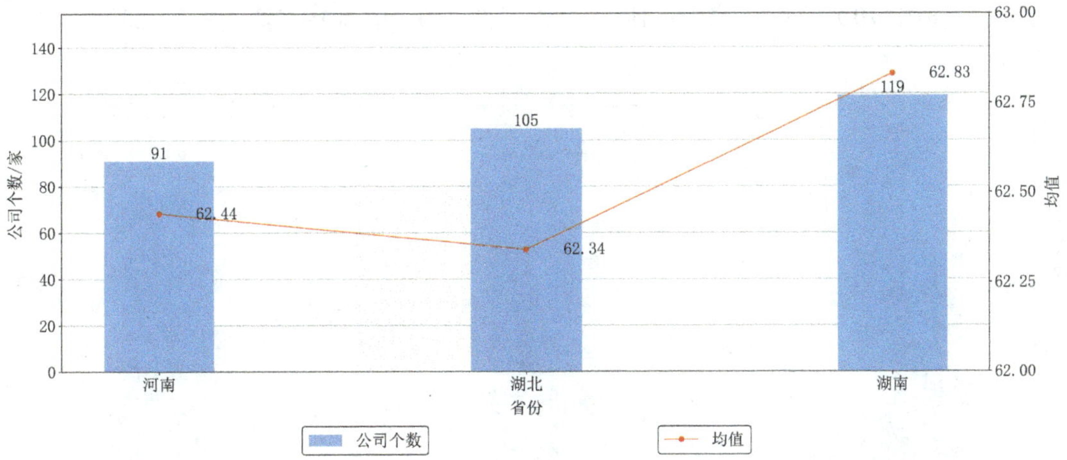

图5-22　2023年华中地区传统产业上市公司数字化战略导向指数均值分布图

华中地区数字化战略导向指数排名前10的传统产业上市公司如表5-22所示。

表5-22　2023年华中地区传统产业上市公司数字化战略导向指数前10排名

排名	证券名称	证券代码	产权性质	省份	一级行业	数字化战略导向指数
1	汉威科技	300007.SZ	非国有控股	河南	机械设备	96.95
2	九州通	600998.SH	非国有控股	湖北	医药生物	95.76
3	三诺生物	300298.SZ	非国有控股	湖南	医药生物	94.69
4	新天科技	300259.SZ	非国有控股	河南	机械设备	94.37
5	居然之家	000785.SZ	非国有控股	湖北	商贸零售	94.05
6	光庭信息	301221.SZ	非国有控股	湖北	汽车	92.31
7	中联重科	000157.SZ	地方国有控股	湖南	机械设备	92.30
8	菱电电控	688667.SH	非国有控股	湖北	汽车	91.79
9	爱尔眼科	300015.SZ	非国有控股	湖南	医药生物	90.76
10	宇通客车	600066.SH	非国有控股	河南	汽车	89.04

数据来源：同花顺（iFinD），首经贸资产评估研究院和浙工商中国智能管理研究院整理。

5.5.3　数字化要素投入指数

2023年华中地区传统产业315家上市公司数字化要素投入指数平均水平为57.43，低于传统产业上市公司该项指数平均水平57.94。具体而言，该项指数最高的上市公司是新天科技，数字化要素投入指数为91.28。从区域内省份分布来看，如图5-23所示，数字化要素投入指数平均水平最高的省份是湖北省（57.64）。从指数分布来看，高于传统产业上市公司该项指数平均水平的上市公司有133家，占比42.22%。其中，数字化要素投入指数处于［80，100］的有9家，占比2.86%；［70，80）的有34家，占比10.79%；［60，70）的有75家，占比23.81%；［0，60）的有197家，占比62.54%。

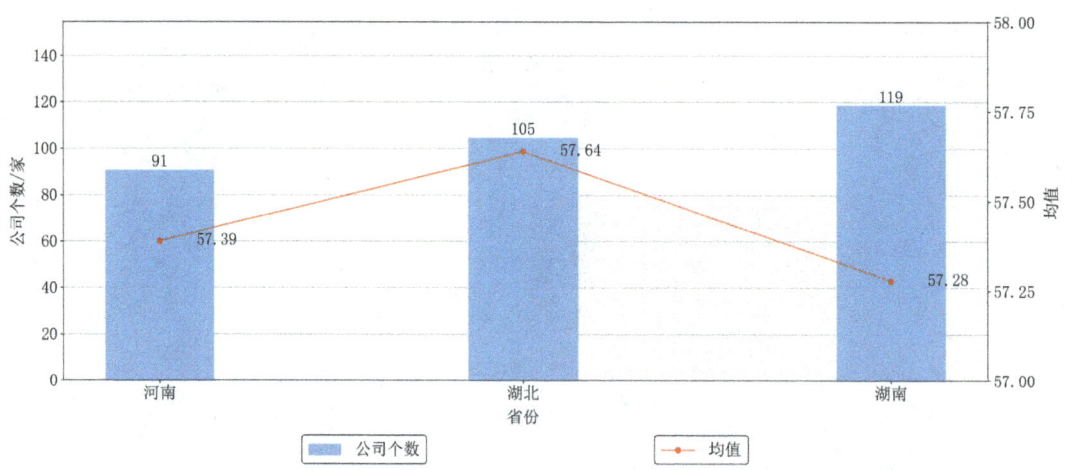

图5-23　2023年华中地区传统产业上市公司数字化要素投入指数均值分布图

华中地区数字化要素投入指数排名前10的传统产业上市公司如表5-23所示。

表5-23　2023年华中地区传统产业上市公司数字化要素投入指数前10排名

排名	证券名称	证券代码	产权性质	省份	一级行业	数字化要素投入指数
1	新天科技	300259.SZ	非国有控股	河南	机械设备	91.28
2	中联重科	000157.SZ	地方国有控股	湖南	机械设备	90.27
3	菱电电控	688667.SH	非国有控股	湖北	汽车	89.88
4	光庭信息	301221.SZ	非国有控股	湖北	汽车	89.11
5	爱尔眼科	300015.SZ	非国有控股	湖南	医药生物	85.75
6	汉威科技	300007.SZ	非国有控股	河南	机械设备	83.41
7	华昌达	300278.SZ	非国有控股	湖北	机械设备	82.73
8	金杯电工	002533.SZ	非国有控股	湖南	电力设备	80.75
9	四方光电	688665.SH	非国有控股	湖北	机械设备	80.45
10	精测电子	300567.SZ	非国有控股	湖北	机械设备	79.97

数据来源：同花顺（iFinD），首经贸资产评估研究院和浙工商中国智能管理研究院整理。

5.5.4　数字化创新成果指数

2023年华中地区传统产业315家上市公司数字化创新成果指数平均水平为62.16，低于传统产业上市公司该项指数平均水平63.16。具体而言，该项指数最高的上市公司是铁建重工，数字化创新成果指数为92.45。从区域内省份分布来看，如图5-24所示，数字化创新成果指数平均水平最高的省份是河南省（62.42）。从指数分布来看，高于传统产业上市公司该项指数平均水平的上市公司有140家，占比44.44%。其中，数字化创新成果指数处于［80，100］的有37家，占比11.75%；［70，80）的有55家，占比17.46%；［60，70）的有71家，占比22.54%；［0，60）的有152家，占比48.25%。

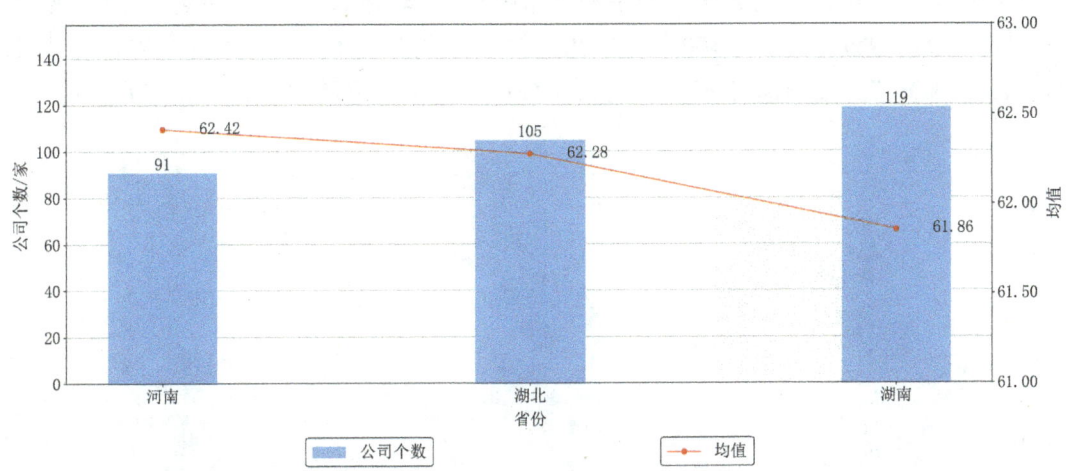

图5-24　2023年华中地区传统产业上市公司数字化创新成果指数均值分布图

华中地区数字化创新成果指数排名前10的传统产业上市公司如表5-24所示。

表5-24　2023年华中地区传统产业上市公司数字化创新成果指数前10排名

排名	证券名称	证券代码	产权性质	省份	一级行业	数字化创新成果指数
1	铁建重工	688425.SH	中央国有控股	湖南	机械设备	92.45
2	三丰智能	300276.SZ	非国有控股	湖北	机械设备	92.02
3	精测电子	300567.SZ	非国有控股	湖北	机械设备	91.70
4	光庭信息	301221.SZ	非国有控股	湖北	汽车	91.66
5	汉威科技	300007.SZ	非国有控股	河南	机械设备	91.19
6	三诺生物	300298.SZ	非国有控股	湖南	医药生物	89.99
7	华昌达	300278.SZ	非国有控股	湖北	机械设备	89.91
8	逸飞激光	688646.SH	非国有控股	湖北	机械设备	89.44
9	华自科技	300490.SZ	非国有控股	湖南	电力设备	88.65
10	楚天科技	300358.SZ	非国有控股	湖南	医药生物	88.33

数据来源：同花顺（iFinD），首经贸资产评估研究院和浙工商中国智能管理研究院整理。

5.5.5 数字化创新绩效指数

2023年华中地区传统产业315家上市公司数字化创新绩效指数平均水平为65.39，低于传统产业上市公司该项指数平均水平66.22。具体而言，该项指数最高的上市公司是居然之家，数字化创新绩效指数为87.69。从区域内省份分布来看，如图5-25所示，数字化创新绩效指数平均水平最高的省份是河南省（67.95）。从指数分布来看，高于传统产业上市公司该项指数平均水平的上市公司有141家，占比44.76%。其中，数字化创新绩效指数处于［80，100］的有30家，占比9.52%；［70，80）的有83家，占比26.35%；［60，70）的有102家，占比32.38%；［0，60）的有100家，占比31.75%。

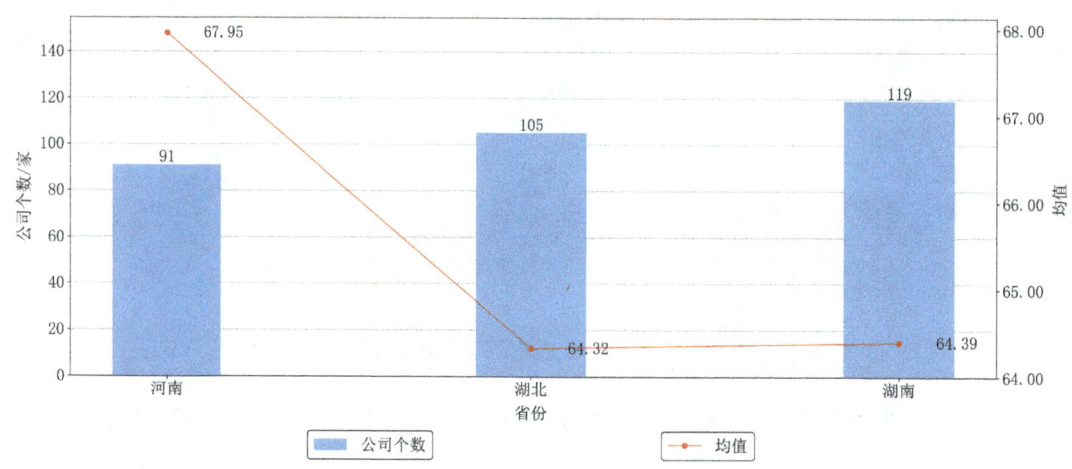

图5-25　2023年华中地区传统产业上市公司数字化创新绩效指数均值分布图

华中地区数字化创新绩效指数排名前10的传统产业上市公司如表5-25所示。

表5-25　2023年华中地区传统产业上市公司数字化创新绩效指数前10排名

排名	证券名称	证券代码	产权性质	省份	一级行业	数字化创新绩效指数
1	居然之家	000785.SZ	非国有控股	湖北	商贸零售	87.69
2	华兰生物	002007.SZ	非国有控股	河南	医药生物	87.64
3	宇通客车	600066.SH	非国有控股	河南	汽车	87.15
4	洛阳钼业	603993.SH	非国有控股	河南	有色金属	86.21
5	东湖高新	600133.SH	地方国有控股	湖北	建筑装饰	86.04
6	爱尔眼科	300015.SZ	非国有控股	湖南	医药生物	85.87
7	人福医药	600079.SH	非国有控股	湖北	医药生物	84.97
8	许继电气	000400.SZ	中央国有控股	河南	电力设备	84.58
9	致欧科技	301376.SZ	非国有控股	河南	轻工制造	84.54
10	中信特钢	000708.SZ	中央国有控股	湖北	钢铁	84.41

数据来源：同花顺（iFinD），首经贸资产评估研究院和浙工商中国智能管理研究院整理。

5.6 西北地区传统产业上市公司数字化创新评价

截至2023年底，A股市场西北地区共有传统产业上市公司166家，总市值共计22386.68亿元，营业收入合计17827.57亿元，平均市值134.86亿元/家，平均营业收入107.40亿元/家。2023年，西北地区传统产业上市公司研发投入合计为425.95亿元，占营业收入的比例为2.39%；无形资产账面价值合计为2210.55亿元，占总资产的比例为6.74%。根据本报告分析口径，共对西北地区166家传统产业上市公司开展数字化创新指数评价，具体情况如下：

5.6.1 数字化创新综合指数

2023年西北地区传统产业166家上市公司数字化创新综合指数平均水平为59.78，低于传统产业上市公司该项指数平均水平62.91。具体而言，该项指数最高的上市公司是铂力特，数字化创新综合指数为80.46。从区域内省份分布来看，如图5-26所示，西北地区传统产业166家上市公司分布在5个省份，数字化创新综合指数平均水平最高的省份是陕西省（61.98）。从指数分布来看，高于传统产业上市公司该项指数平均水平的上市公司有56家，占比33.73%。其中，数字化创新综合指数处于［80，100］的有2家，占比1.20%；［70，80）的有23家，占比13.86%；［60，70）的有52家，占比31.33%；［0，60）的有89家，占比53.61%。

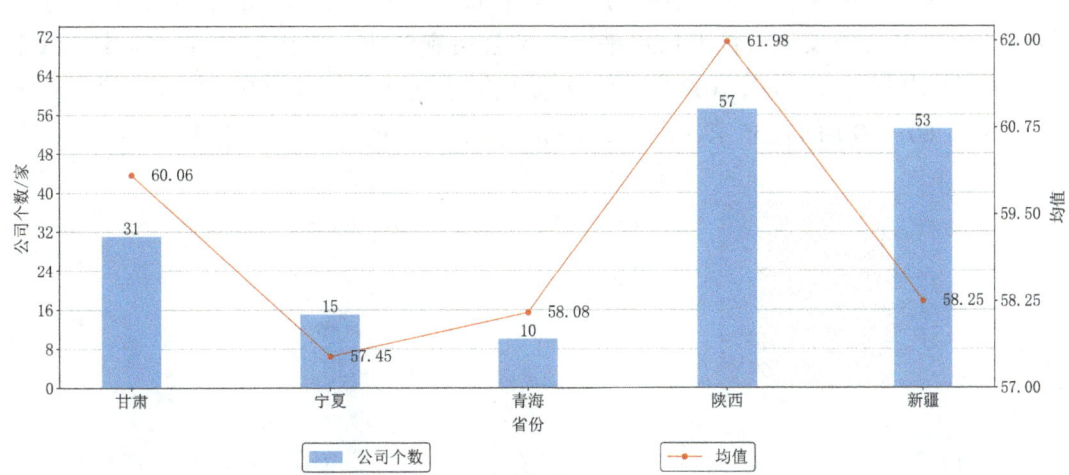

图5-26　2023年西北地区传统产业上市公司数字化创新综合指数均值分布图

西北地区数字化创新综合指数排名前10的传统产业上市公司如表5-26所示。

表 5-26 2023 年西北地区传统产业上市公司数字化创新综合指数前 10 排名

排名	证券名称	证券代码	产权性质	省份	一级行业	数字化创新综合指数
1	铂力特	688333.SH	非国有控股	陕西	机械设备	80.46
2	特变电工	600089.SH	非国有控股	新疆	电力设备	80.37
3	宁夏建材	600449.SH	中央国有控股	宁夏	建筑材料	79.59
4	陕鼓动力	601369.SH	地方国有控股	陕西	机械设备	78.90
5	大禹节水	300021.SZ	非国有控股	甘肃	农林牧渔	78.58
6	兰石重装	603169.SH	地方国有控股	甘肃	机械设备	78.39
7	盐湖股份	000792.SZ	地方国有控股	青海	基础化工	78.05
8	金风科技	002202.SZ	地方国有控股	新疆	电力设备	77.40
9	爱科赛博	688719.SH	非国有控股	陕西	电力设备	76.14
10	雪峰科技	603227.SH	地方国有控股	新疆	基础化工	75.83

数据来源：同花顺（iFinD），首经贸资产评估研究院和浙工商中国智能管理研究院整理。

5.6.2 数字化战略导向指数

2023年西北地区传统产业166家上市公司数字化战略导向指数平均水平为58.43，低于传统产业上市公司该项指数平均水平62.85。具体而言，该项指数最高的上市公司是爱科赛博，数字化战略导向指数为85.85。从区域内省份分布来看，如图5-27所示，数字化战略导向指数平均水平最高的省份是甘肃省（60.28）。从指数分布来看，高于传统产业上市公司该项指数平均水平的上市公司有52家，占比31.33%。其中，数字化战略导向指数处于［80，100］的有11家，占比6.63%；［70，80）的有22家，占比13.25%；［60，70）的有35家，占比21.08%；［0，60）的有98家，占比59.04%。

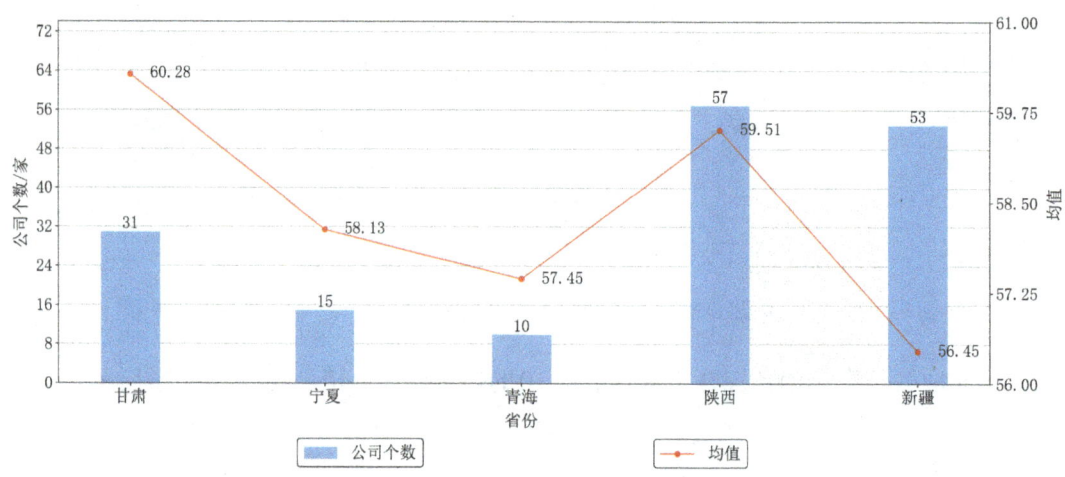

图 5-27 2023 年西北地区传统产业上市公司数字化战略导向指数均值分布图

西北地区数字化战略导向指数排名前10的传统产业上市公司如表5-27所示。

表5-27　2023年西北地区传统产业上市公司数字化战略导向指数前10排名

排名	证券名称	证券代码	产权性质	省份	一级行业	数字化战略导向指数
1	爱科赛博	688719.SH	非国有控股	陕西	电力设备	85.85
2	大禹节水	300021.SZ	非国有控股	甘肃	农林牧渔	84.34
3	西部建设	002302.SZ	中央国有控股	新疆	建筑材料	84.13
4	雪峰科技	603227.SH	地方国有控股	新疆	基础化工	83.98
5	环球印务	002799.SZ	地方国有控股	陕西	轻工制造	83.75
6	宁夏建材	600449.SH	中央国有控股	宁夏	建筑材料	82.14
7	晓鸣股份	300967.SZ	非国有控股	宁夏	农林牧渔	81.37
8	远东股份	600869.SH	非国有控股	青海	电力设备	81.16
9	金风科技	002202.SZ	地方国有控股	新疆	电力设备	80.96
10	斯瑞新材	688102.SH	非国有控股	陕西	有色金属	80.71

数据来源：同花顺（iFinD），首经贸资产评估研究院和浙工商中国智能管理研究院整理。

5.6.3　数字化要素投入指数

2023年西北地区传统产业166家上市公司数字化要素投入指数平均水平为54.82，低于传统产业上市公司该项指数平均水平57.94。具体而言，该项指数最高的上市公司是中交设计，数字化要素投入指数为85.72。从区域内省份分布来看，如图5-28所示，数字化要素投入指数平均水平最高的省份是陕西省（56.37）。从指数分布来看，高于传统产业上市公司该项指数平均水平的上市公司有56家，占比33.73%。其中，数字化要素投入指数处于［80，100］的有3家，占比1.81%；［70，80）的有14家，占比8.43%；［60，70）的有28家，占比16.87%；［0，60）的有121家，占比72.89%。

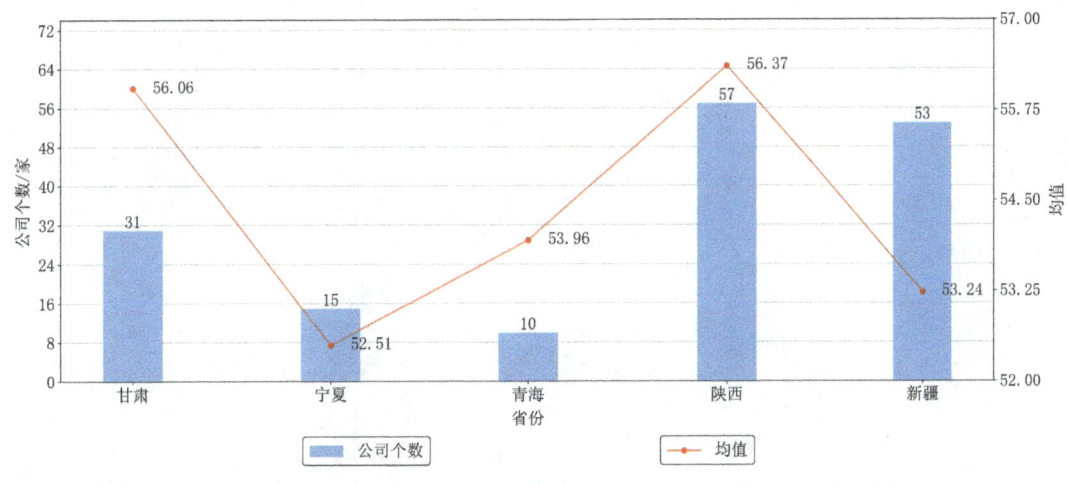

图5-28　2023年西北地区传统产业上市公司数字化要素投入指数均值分布图

西北地区数字化要素投入指数排名前10的传统产业上市公司如表5-28所示。

表5-28　2023年西北地区传统产业上市公司数字化要素投入指数前10排名

排名	证券名称	证券代码	产权性质	省份	一级行业	数字化要素投入指数
1	中交设计	600720.SH	中央国有控股	甘肃	建筑装饰	85.72
2	金风科技	002202.SZ	地方国有控股	新疆	电力设备	84.14
3	大禹节水	300021.SZ	非国有控股	甘肃	农林牧渔	80.11
4	雪峰科技	603227.SH	地方国有控股	新疆	基础化工	78.85
5	铂力特	688333.SH	非国有控股	陕西	机械设备	78.58
6	特变电工	600089.SH	非国有控股	新疆	电力设备	78.01
7	宁夏建材	600449.SH	中央国有控股	宁夏	建筑材料	77.03
8	国际医学	000516.SZ	非国有控股	陕西	医药生物	76.85
9	盐湖股份	000792.SZ	地方国有控股	青海	基础化工	76.44
10	新疆交建	002941.SZ	地方国有控股	新疆	建筑装饰	74.75

数据来源：同花顺（iFinD），首经贸资产评估研究院和浙工商中国智能管理研究院整理。

5.6.4　数字化创新成果指数

2023年西北地区传统产业166家上市公司数字化创新成果指数平均水平为57.73，低于传统产业上市公司该项指数平均水平63.16。具体而言，该项指数最高的上市公司是铂力特，数字化创新成果指数为89.96。从区域内省份分布来看，如图5-29所示，数字化创新成果指数平均水平最高的省份是陕西省（61.50）。从指数分布来看，高于传统产业上市公司该项指数平均水平的上市公司有53家，占比31.93%。其中，数字化创新成果指数处于［80，100］的有7家，占比4.22%；［70，80）的有24家，占比14.46%；［60，70）的有34家，占比20.48%；［0，60）的有101家，占比60.84%。

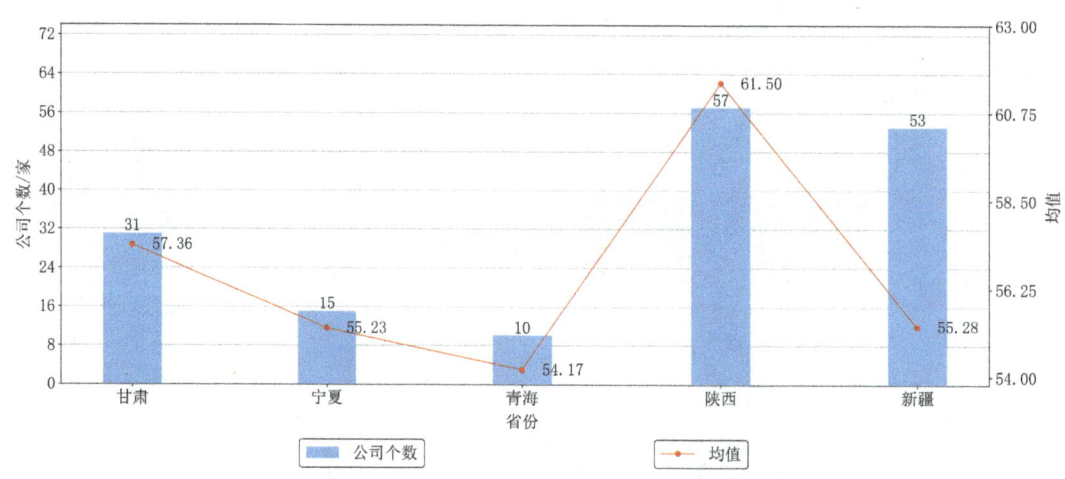

图5-29　2023年西北地区传统产业上市公司数字化创新成果指数均值分布图

西北地区数字化创新成果指数排名前 10 的传统产业上市公司如表 5-29 所示。

表 5-29　2023 年西北地区传统产业上市公司数字化创新成果指数前 10 排名

排名	证券名称	证券代码	产权性质	省份	一级行业	数字化创新成果指数
1	铂力特	688333.SH	非国有控股	陕西	机械设备	89.96
2	陕鼓动力	601369.SH	地方国有控股	陕西	机械设备	87.68
3	兰石重装	603169.SH	地方国有控股	甘肃	机械设备	86.46
4	环球印务	002799.SZ	地方国有控股	陕西	轻工制造	86.10
5	爱科赛博	688719.SH	非国有控股	陕西	电力设备	83.80
6	大禹节水	300021.SZ	非国有控股	甘肃	农林牧渔	83.71
7	巨能股份	871478.BJ	非国有控股	宁夏	机械设备	82.92
8	宁夏建材	600449.SH	中央国有控股	宁夏	建筑材料	79.57
9	特变电工	600089.SH	非国有控股	新疆	电力设备	78.70
10	秦川机床	000837.SZ	地方国有控股	陕西	机械设备	78.45

数据来源：同花顺（iFinD），首经贸资产评估研究院和浙工商中国智能管理研究院整理。

5.6.5　数字化创新绩效指数

2023 年西北地区传统产业 166 家上市公司数字化创新绩效指数平均水平为 66.54，高于传统产业上市公司该项指数平均水平 66.22。具体而言，该项指数最高的上市公司是航发动力，数字化创新绩效指数为 89.56。从区域内省份分布来看，如图 5-30 所示，数字化创新绩效指数平均水平最高的省份是陕西省（68.07）。从指数分布来看，高于传统产业上市公司该项指数平均水平的上市公司有 86 家，占比 51.81%。其中，数字化创新绩效指数处于［80，100］的有 22 家，占比 13.25%；［70，80）的有 49 家，占比 29.52%；［60，70）的有 45 家，占比 27.11%；［0，60）的有 50 家，占比 30.12%。

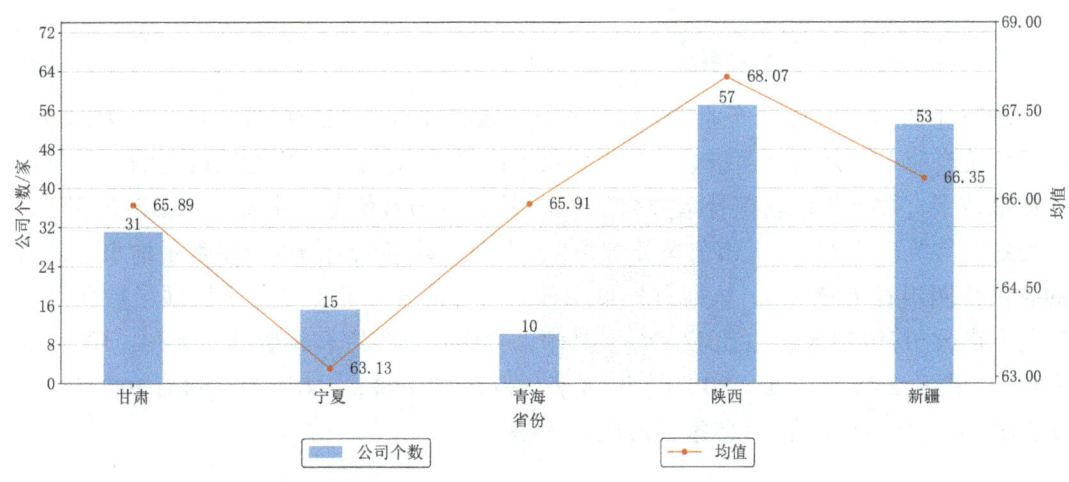

图 5-30　2023 年西北地区传统产业上市公司数字化创新绩效指数均值分布图

西北地区数字化创新绩效指数排名前10的传统产业上市公司如表5-30所示。

表5-30 2023年西北地区传统产业上市公司数字化创新绩效指数前10排名

排名	证券名称	证券代码	产权性质	省份	一级行业	数字化创新绩效指数
1	航发动力	600893.SH	中央国有控股	陕西	国防军工	89.56
2	陕西煤业	601225.SH	地方国有控股	陕西	煤炭	89.41
3	节能环境	300140.SZ	中央国有控股	陕西	环保	88.09
4	川宁生物	301301.SZ	非国有控股	新疆	医药生物	86.96
5	中粮糖业	600737.SH	中央国有控股	新疆	农林牧渔	86.69
6	宝丰能源	600989.SH	非国有控股	宁夏	基础化工	86.39
7	冠农股份	600251.SH	地方国有控股	新疆	农林牧渔	85.81
8	特变电工	600089.SH	非国有控股	新疆	电力设备	85.53
9	中航西飞	000768.SZ	中央国有控股	陕西	国防军工	85.42
10	金钼股份	601958.SH	地方国有控股	陕西	有色金属	85.01

数据来源：同花顺（iFinD），首经贸资产评估研究院和浙工商中国智能管理研究院整理。

5.7 西南地区传统产业上市公司数字化创新评价

截至2023年底，A股市场西南地区共有传统产业上市公司271家，总市值共计62987.74亿元，营业收入合计25610.65亿元，平均市值232.43亿元/家，平均营业收入94.50亿元/家。2023年，西南地区传统产业上市公司研发投入合计为647.48亿元，占营业收入的比例为2.53%；无形资产账面价值合计为3010.93亿元，占总资产的比例为7.25%。根据本报告分析口径，共对西南地区271家传统产业上市公司开展数字化创新指数评价，具体情况如下：

5.7.1 数字化创新综合指数

2023年西南地区传统产业271家上市公司数字化创新综合指数平均水平为61.99，低于传统产业上市公司该项指数平均水平62.91。具体而言，该项指数最高的上市公司是创维数字，数字化创新综合指数为86.33。从区域内省份分布来看，如图5-31所示，西南地区传统产业271家上市公司分布在5个省份，数字化创新综合指数平均水平最高的省份是四川省（62.98）。从指数分布来看，高于传统产业上市公司该项指数平均水平的上市公司有114家，占比42.07%。其中，数字化创新综合指数处于［80，100］的有8家，占比2.95%；［70，80）的有48家，占比17.71%；［60，70）的有100家，占比36.90%；［0，60）的有115家，占比42.44%。

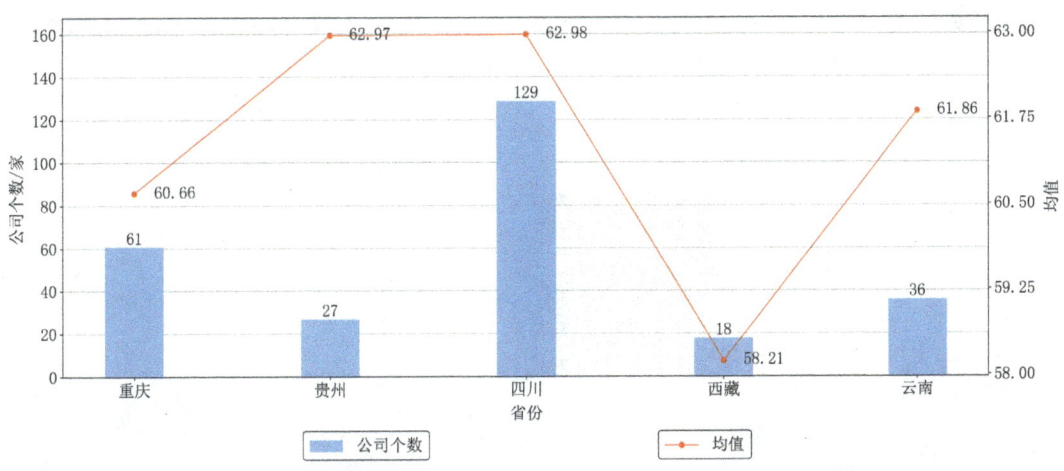

图5-31 2023年西南地区传统产业上市公司数字化创新综合指数均值分布图

西南地区数字化创新综合指数排名前10的传统产业上市公司如表5-31所示。

表5-31 2023年西南地区传统产业上市公司数字化创新综合指数前10排名

排名	证券名称	证券代码	产权性质	省份	一级行业	数字化创新综合指数
1	创维数字	000810.SZ	非国有控股	四川	家用电器	86.33
2	云南白药	000538.SZ	地方国有控股	云南	医药生物	84.79
3	天齐锂业	002466.SZ	非国有控股	四川	有色金属	82.75
4	高新发展	000628.SZ	地方国有控股	四川	建筑装饰	81.72
5	泰永长征	002927.SZ	非国有控股	贵州	电力设备	81.56
6	中国汽研	601965.SH	中央国有控股	重庆	汽车	81.46
7	四川长虹	600839.SH	地方国有控股	四川	家用电器	81.02
8	中无人机	688297.SH	中央国有控股	四川	国防军工	80.23
9	泸州老窖	000568.SZ	地方国有控股	四川	食品饮料	79.48
10	中伟股份	300919.SZ	非国有控股	贵州	电力设备	79.44

数据来源：同花顺（iFinD），首经贸资产评估研究院和浙工商中国智能管理研究院整理。

5.7.2　数字化战略导向指数

2023年西南地区传统产业271家上市公司数字化战略导向指数平均水平为62.36，低于传统产业上市公司该项指数平均水平62.85。具体而言，该项指数最高的上市公司是创维数字，数字化战略导向指数为92.62。从区域内省份分布来看，如图5-32所示，数字化战略导向指数平均水平最高的省份是四川省（63.82）。从指数分布来看，高于传统产业上市公司该项指数平均水平的上市公司有127家，占比46.86%。其中，数字化战略导向指数处于［80，100］的有40家，占比14.76%；［70，80）的有43家，占比15.87%；[60，70）的有72家，占比26.57%；[0，60）的有116家，占比42.80%。

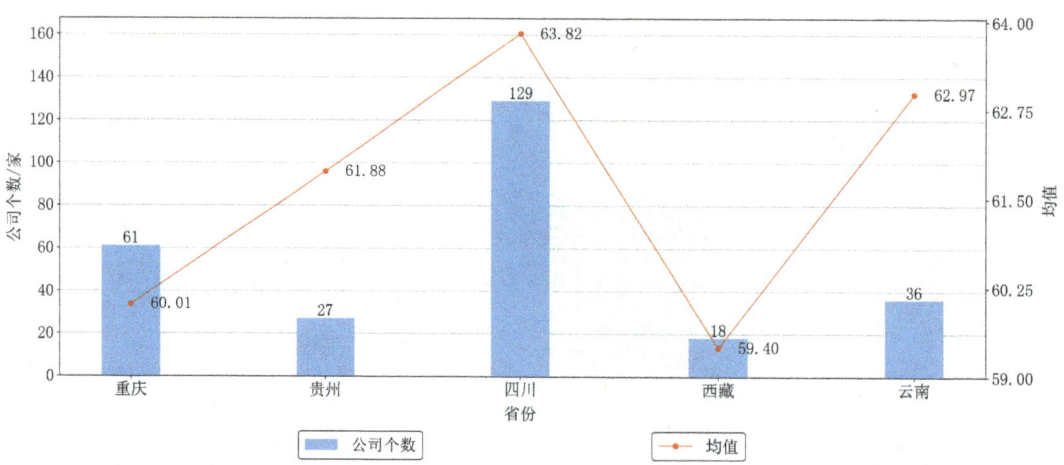

图5-32　2023年西南地区传统产业上市公司数字化战略导向指数均值分布图

西南地区数字化战略导向指数排名前10的传统产业上市公司如表5-32所示。

表5-32　2023年西南地区传统产业上市公司数字化战略导向指数前10排名

排名	证券名称	证券代码	产权性质	省份	一级行业	数字化战略导向指数
1	创维数字	000810.SZ	非国有控股	四川	家用电器	92.62
2	泰永长征	002927.SZ	非国有控股	贵州	电力设备	92.10
3	云南白药	000538.SZ	地方国有控股	云南	医药生物	91.46
4	成都先导	688222.SH	非国有控股	四川	医药生物	90.91
5	秦川物联	688528.SH	非国有控股	四川	机械设备	90.62
6	德恩精工	300780.SZ	非国有控股	四川	机械设备	90.31
7	贝泰妮	300957.SZ	非国有控股	云南	美容护理	89.57
8	纵横股份	688070.SH	非国有控股	四川	国防军工	89.02
9	苑东生物	688513.SH	非国有控股	四川	医药生物	86.98
10	昆船智能	301311.SZ	中央国有控股	云南	机械设备	86.11

数据来源：同花顺（iFinD），首经贸资产评估研究院和浙工商中国智能管理研究院整理。

5.7.3　数字化要素投入指数

2023年西南地区传统产业271家上市公司数字化要素投入指数平均水平为57.43，低于传统产业上市公司该项指数平均水平57.94。具体而言，该项指数最高的上市公司是创维数字，数字化要素投入指数为90.77。从区域内省份分布来看，如图5-33所示，数字化要素投入指数平均水平最高的省份是四川省（59.55）。从指数分布来看，高于传统产业上市公司该项指数平均水平的上市公司有112家，占比41.33%。其中，数字化要素投入指数处于［80，100］的有5家，占比1.85%；［70，80）的有34家，占比12.55%；［60，70）的有61家，占比22.51%；［0，60）的有171家，占比63.09%。

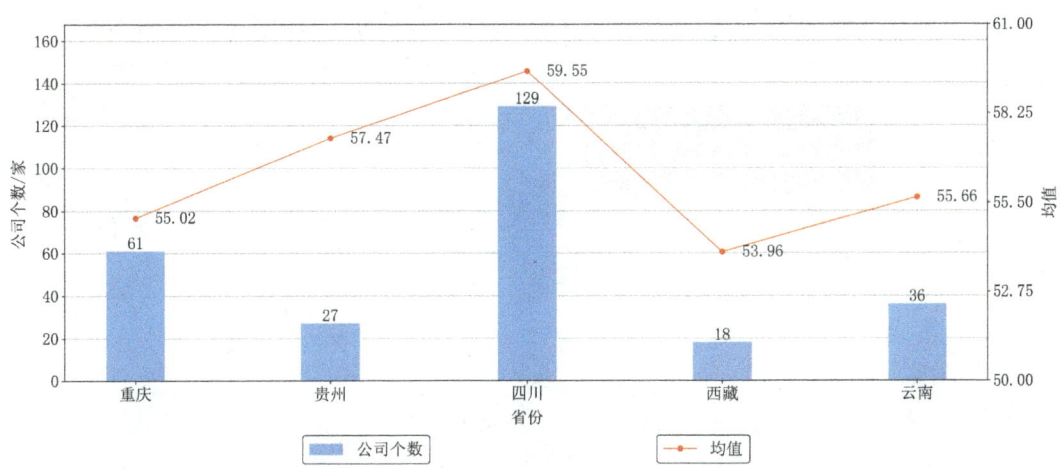

图5-33　2023年西南地区传统产业上市公司数字化要素投入指数均值分布图

西南地区数字化要素投入指数排名前10的传统产业上市公司如表5-33所示。

表5-33　2023年西南地区传统产业上市公司数字化要素投入指数前10排名

排名	证券名称	证券代码	产权性质	省份	一级行业	数字化要素投入指数
1	创维数字	000810.SZ	非国有控股	四川	家用电器	90.77
2	高新发展	000628.SZ	地方国有控股	四川	建筑装饰	87.55
3	天齐锂业	002466.SZ	非国有控股	四川	有色金属	83.85
4	四川九洲	000801.SZ	地方国有控股	四川	家用电器	82.75
5	安控科技	300370.SZ	地方国有控股	四川	机械设备	81.01
6	海思科	002653.SZ	非国有控股	西藏	医药生物	79.49
7	英杰电气	300820.SZ	非国有控股	四川	电力设备	79.28
8	通威股份	600438.SH	非国有控股	四川	电力设备	79.01
9	四川路桥	600039.SH	地方国有控股	四川	建筑装饰	78.98
10	成都先导	688222.SH	非国有控股	四川	医药生物	78.38

数据来源：同花顺（iFinD），首经贸资产评估研究院和浙工商中国智能管理研究院整理。

5.7.4　数字化创新成果指数

2023年西南地区传统产业271家上市公司数字化创新成果指数平均水平为60.71，低于传统产业上市公司该项指数平均水平63.16。具体而言，该项指数最高的上市公司是创维数字，数字化创新成果指数为93.73。从区域内省份分布来看，如图5-34所示，数字化创新成果指数平均水平最高的省份是四川省（61.87）。从指数分布来看，高于传统产业上市公司该项指数平均水平的上市公司有96家，占比35.42%。其中，数字化创新成果指数处于［80，100］的有17家，占比6.27%；［70，80）的有41家，占比15.13%；［60，70）的有73家，占比26.94%；［0，60）的有140家，占比51.66%。

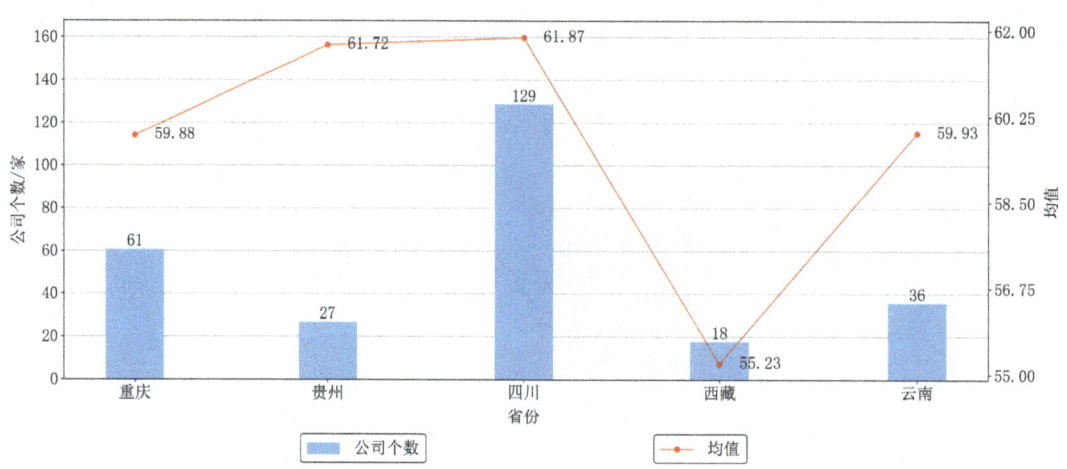

图5-34　2023年西南地区传统产业上市公司数字化创新成果指数均值分布图

西南地区数字化创新成果指数排名前10的传统产业上市公司如表5-34所示。

表5-34　2023年西南地区传统产业上市公司数字化创新成果指数前10排名

排名	证券名称	证券代码	产权性质	省份	一级行业	数字化创新成果指数
1	创维数字	000810.SZ	非国有控股	四川	家用电器	93.73
2	昆船智能	301311.SZ	中央国有控股	云南	机械设备	92.83
3	泰永长征	002927.SZ	非国有控股	贵州	电力设备	89.86
4	秦川物联	688528.SH	非国有控股	四川	机械设备	88.13
5	安控科技	300370.SZ	地方国有控股	四川	机械设备	84.68
6	四川长虹	600839.SH	地方国有控股	四川	家用电器	84.62
7	纵横股份	688070.SH	非国有控股	四川	国防军工	83.65
8	中无人机	688297.SH	中央国有控股	四川	国防军工	83.35
9	中建环能	300425.SZ	中央国有控股	四川	环保	82.82
10	望变电气	603191.SH	非国有控股	重庆市	电力设备	82.65

数据来源：同花顺（iFinD），首经贸资产评估研究院和浙工商中国智能管理研究院整理。

5.7.5 数字化创新绩效指数

2023年西南地区传统产业271家上市公司数字化创新绩效指数平均水平为66.51，高于传统产业上市公司该项指数平均水平66.22。具体而言，该项指数最高的上市公司是智飞生物，数字化创新绩效指数为95.47。从区域内省份分布来看，如图5-35所示，数字化创新绩效指数平均水平最高的省份是贵州省（69.01）。从指数分布来看，高于传统产业上市公司该项指数平均水平的上市公司有137家，占比50.55%。其中，数字化创新绩效指数处于［80，100］的有36家，占比13.28%；［70，80）的有82家，占比30.26%；［60，70）的有67家，占比24.72%；［0，60）的有86家，占比31.74%。

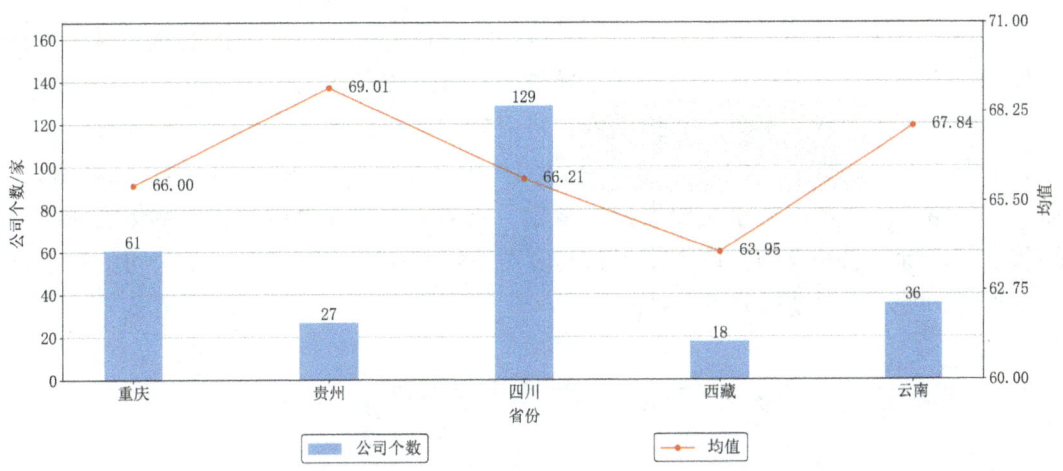

图5-35 2023年西南地区传统产业上市公司数字化创新绩效指数均值分布图

西南地区数字化创新绩效指数排名前10的传统产业上市公司如表5-35所示。

表5-35 2023年西南地区传统产业上市公司数字化创新绩效指数前10排名

排名	证券名称	证券代码	产权性质	省份	一级行业	数字化创新绩效指数
1	智飞生物	300122.SZ	非国有控股	重庆	医药生物	95.47
2	贵州茅台	600519.SH	地方国有控股	贵州	食品饮料	92.04
3	五粮液	000858.SZ	地方国有控股	四川	食品饮料	91.93
4	云南白药	000538.SZ	地方国有控股	云南	医药生物	91.61
5	长安汽车	000625.SZ	中央国有控股	重庆	汽车	90.98
6	高新发展	000628.SZ	地方国有控股	四川	建筑装饰	89.80
7	川投能源	600674.SH	地方国有控股	四川	公用事业	89.39
8	华能水电	600025.SH	中央国有控股	云南	公用事业	88.43
9	泸州老窖	000568.SZ	地方国有控股	四川	食品饮料	88.33
10	重庆啤酒	600132.SH	非国有控股	重庆	食品饮料	88.11

数据来源：同花顺（iFinD），首经贸资产评估研究院和浙工商中国智能管理研究院整理。

第6章
传统产业上市公司数字化创新评价——省份维度

近年来，各省份均采取多种举措，助推传统产业上市公司数字化创新，但因各省份数字化创新生态环境存在一定差异，导致各省份传统产业上市公司的数字化创新投入和产出也有所差异。本章从省份维度，对安徽省、北京市、广东省、浙江省、江苏省、上海市、山东省、河南省等31个省份的传统产业上市公司数字化创新综合指数、数字化战略导向指数、数字化要素投入指数、数字化创新成果指数和数字化创新绩效指数进行评价，以期有助于广大市场参与者对不同省份中传统产业上市公司的数字化创新程度和绩效表现进行分析和判断。

6.1 安徽省传统产业上市公司数字化创新评价

截至2023年底，A股市场安徽省共有传统产业上市公司141家，总市值共计14406.75亿元，营业收入合计13361.26亿元，平均市值102.18亿元/家，平均营业收入94.76亿元/家。2023年，安徽省传统产业上市公司研发投入合计为394.19亿元，占营业收入的比例为2.95%；无形资产账面价值合计为1369.33亿元，占总资产的比例为7.38%。根据本报告分析口径，共对安徽省141家传统产业上市公司开展数字化创新指数评价，具体情况如下：

6.1.1 数字化创新综合指数

2023年安徽省传统产业141家上市公司数字化创新综合指数平均水平为62.83，低于传统产业上市公司该项指数平均水平62.91。具体而言，该项指数最高的上市公司是阳光电源，数字化创新综合指数为87.93。从省内城市分布来看，如图6-1所示，安徽省传统产业141家上市公司分布在15个市，数字化创新综合指数平均水平最高的城市是亳州市（67.50）。从指数分布来看，高于传统产业上市公司该项指数平均水平的上市公司有62家，占比43.97%。其中，数字化创新综合指数处于［80，100］的有4家，占比2.84%；［70，80）的有27家，占比19.15%；［60，70）的有49家，占比34.75%；［0，60）的有61家，占比43.26%。

第6章 传统产业上市公司数字化创新评价——省份维度

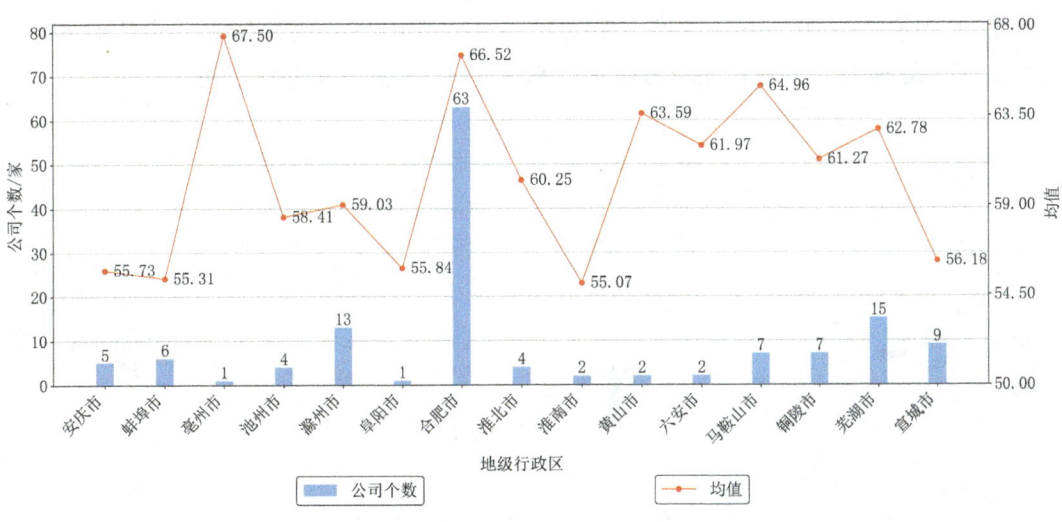

图6-1 2023年安徽省传统产业上市公司数字化创新综合指数均值分布图

安徽省数字化创新综合指数排名前10的传统产业上市公司如表6-1所示。

表6-1 2023年安徽省传统产业上市公司数字化创新综合指数前10排名

排名	证券名称	证券代码	产权性质	一级行业	地级行政区	数字化创新综合指数
1	阳光电源	300274.SZ	非国有控股	电力设备	合肥市	87.93
2	埃夫特	688165.SH	地方国有控股	机械设备	芜湖市	85.80
3	志邦家居	603801.SH	非国有控股	轻工制造	合肥市	83.26
4	巨一科技	688162.SH	非国有控股	机械设备	合肥市	81.32
5	安孚科技	603031.SH	非国有控股	电力设备	合肥市	79.80
6	东华科技	002140.SZ	中央国有控股	建筑装饰	合肥市	79.64
7	美亚光电	002690.SZ	非国有控股	机械设备	合肥市	79.38
8	楚江新材	002171.SZ	非国有控股	有色金属	芜湖市	78.42
9	科威尔	688551.SH	非国有控股	电力设备	合肥市	76.67
10	蓝盾光电	300862.SZ	非国有控股	机械设备	铜陵市	76.56

数据来源：同花顺（iFinD），首经贸资产评估研究院和浙工商中国智能管理研究院整理。

6.1.2 数字化战略导向指数

2023年安徽省传统产业141家上市公司数字化战略导向指数平均水平为62.10，低于传统产业上市公司该项指数平均水平62.85。具体而言，该项指数最高的上市公司是埃夫特，数字化战略导向指数为96.71。从省内城市分布来看，如图6-2所示，数字化战略导向指数平均水平最高的城市是合肥市（66.75）。从指数分布来看，高于传统产业上市公司该项指数平均水平的上市公司有56家，占比39.72%。其中，数字化战略导向指数处于［80，100］的有18家，占比12.77%；［70，80）的有22家，占比15.60%；［60，70）的有33家，占比23.40%；［0，60）的有68家，占比48.23%。

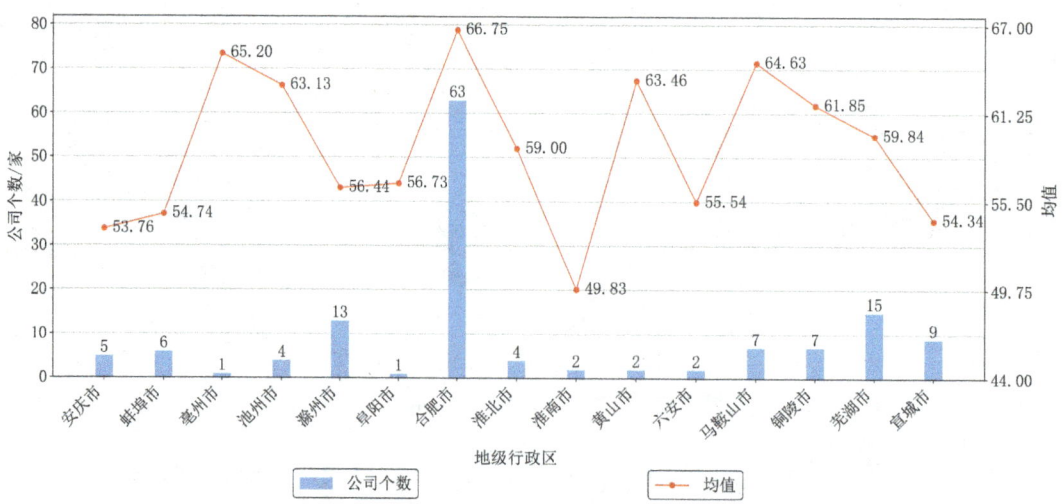

图6-2　2023年安徽省传统产业上市公司数字化战略导向指数均值分布图

安徽省数字化战略导向指数排名前10的传统产业上市公司如表6-2所示。

表6-2　2023年安徽省传统产业上市公司数字化战略导向指数前10排名

排名	证券名称	证券代码	产权性质	一级行业	地级行政区	数字化战略导向指数
1	埃夫特	688165.SH	地方国有控股	机械设备	芜湖市	96.71
2	瑞纳智能	301129.SZ	非国有控股	机械设备	合肥市	92.44
3	巨一科技	688162.SH	非国有控股	机械设备	合肥市	91.24
4	志邦家居	603801.SH	非国有控股	轻工制造	合肥市	90.25
5	容知日新	688768.SH	非国有控股	机械设备	合肥市	87.68
6	工大高科	688367.SH	非国有控股	机械设备	合肥市	86.83
7	博世科	300422.SZ	地方国有控股	环保	宣城市	86.29
8	科威尔	688551.SH	非国有控股	电力设备	合肥市	85.66
9	华人健康	301408.SZ	非国有控股	医药生物	合肥市	85.47
10	阳光电源	300274.SZ	非国有控股	电力设备	合肥市	85.28

数据来源：同花顺（iFinD），首经贸资产评估研究院和浙工商中国智能管理研究院整理。

6.1.3　数字化要素投入指数

2023年安徽省传统产业141家上市公司数字化要素投入指数平均水平为58.08，高于传统产业上市公司该项指数平均水平57.94。具体而言，该项指数最高的上市公司是容知日新，数字化要素投入指数为85.85。从省内城市分布来看，如图6-3所示，数字化要素投入指数平均水平最高的城市是合肥市（62.91）。从指数分布来看，高于传统产业上市公司该项指数平均水平的上市公司有64家，占比45.39%。其中，数字化要素投入指数处于［80，100］的有3家，占比2.13%；［70，80）的有16家，占比11.35%；［60，70）的有36家，占比25.53%；［0，60）的有86家，占比60.99%。

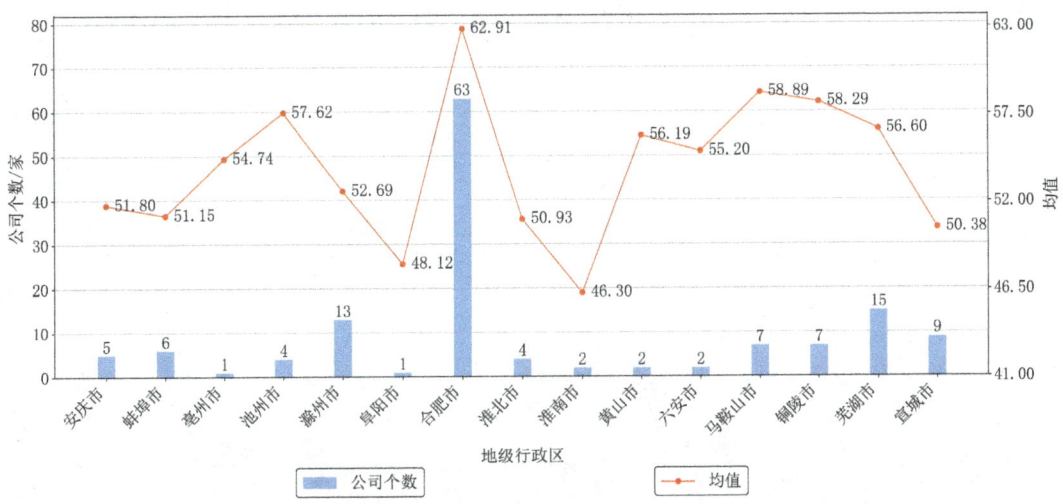

图6-3 2023年安徽省传统产业上市公司数字化要素投入指数均值分布图

安徽省数字化要素投入指数排名前10的传统产业上市公司如表6-3所示。

表6-3 2023年安徽省传统产业上市公司数字化要素投入指数前10排名

排名	证券名称	证券代码	产权性质	一级行业	地级行政区	数字化要素投入指数
1	容知日新	688768.SH	非国有控股	机械设备	合肥市	85.85
2	埃夫特	688165.SH	地方国有控股	机械设备	芜湖市	83.11
3	巨一科技	688162.SH	非国有控股	机械设备	合肥市	80.03
4	瑞纳智能	301129.SZ	非国有控股	机械设备	合肥市	79.94
5	阳光电源	300274.SZ	非国有控股	电力设备	合肥市	79.77
6	蓝盾光电	300862.SZ	非国有控股	机械设备	铜陵市	79.53
7	工大高科	688367.SH	非国有控股	机械设备	合肥市	77.95
8	美亚光电	002690.SZ	非国有控股	机械设备	合肥市	76.77
9	泰禾智能	603656.SH	非国有控股	机械设备	合肥市	76.59
10	东华科技	002140.SZ	中央国有控股	建筑装饰	合肥市	74.92

数据来源：同花顺（iFinD），首经贸资产评估研究院和浙工商中国智能管理研究院整理。

6.1.4 数字化创新成果指数

2023年安徽省传统产业141家上市公司数字化创新成果指数平均水平为63.23，高于传统产业上市公司该项指数平均水平63.16。具体而言，该项指数最高的上市公司是巨一科技，数字化创新成果指数为95.28。从省内城市分布来看，如图6-4所示，数字化创新成果指数平均水平最高的城市是马鞍山市（69.90）。从指数分布来看，高于传统产业上市公司该项指数平均水平的上市公司有63家，占比44.68%。其中，数字化创新成果指数处于［80，100］的有17家，占比12.06%；［70，80）的有22家，占比15.60%；［60，70）的有38家，占比26.95%；［0，60）的有64家，占比45.39%。

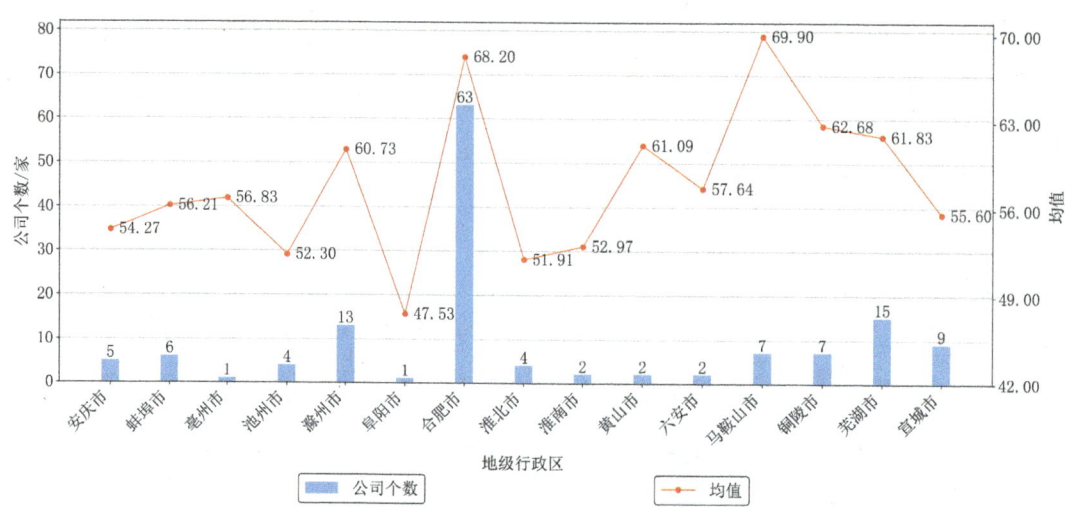

图6-4 2023年安徽省传统产业上市公司数字化创新成果指数均值分布图

安徽省数字化创新成果指数排名前10的传统产业上市公司如表6-4所示。

表6-4 2023年安徽省传统产业上市公司数字化创新成果指数前10排名

排名	证券名称	证券代码	产权性质	一级行业	地级行政区	数字化创新成果指数
1	巨一科技	688162.SH	非国有控股	机械设备	合肥市	95.28
2	埃夫特	688165.SH	地方国有控股	机械设备	芜湖市	94.20
3	合锻智能	603011.SH	非国有控股	机械设备	合肥市	90.63
4	瑞纳智能	301129.SZ	非国有控股	机械设备	合肥市	90.07
5	志邦家居	603801.SH	非国有控股	轻工制造	合肥市	88.66
6	阳光电源	300274.SZ	非国有控股	电力设备	合肥市	88.27
7	楚江新材	002171.SZ	非国有控股	有色金属	芜湖市	87.14
8	安徽合力	600761.SH	地方国有控股	机械设备	合肥市	84.77
9	蓝盾光电	300862.SZ	非国有控股	机械设备	铜陵市	84.75
10	容知日新	688768.SH	非国有控股	机械设备	合肥市	84.31

数据来源：同花顺（iFinD），首经贸资产评估研究院和浙工商中国智能管理研究院整理。

6.1.5 数字化创新绩效指数

2023年安徽省传统产业141家上市公司数字化创新绩效指数平均水平为66.23，高于传统产业上市公司该项指数平均水平66.22。具体而言，该项指数最高的上市公司是阳光电源，数字化创新绩效指数为95.02。从省内城市分布来看，如图6-5所示，数字化创新绩效指数平均水平最高的城市是亳州市（90.30）。从指数分布来看，高于传统产业上市公司该项指数平均水平的上市公司有67家，占比47.52%。其中，数字化创新绩效指数处于［80，100］的有19家，占比13.48%；［70，80）的有39家，占比27.66%；［60，70）的有41家，占比29.08%；［0，60）的有42家，占比29.78%。

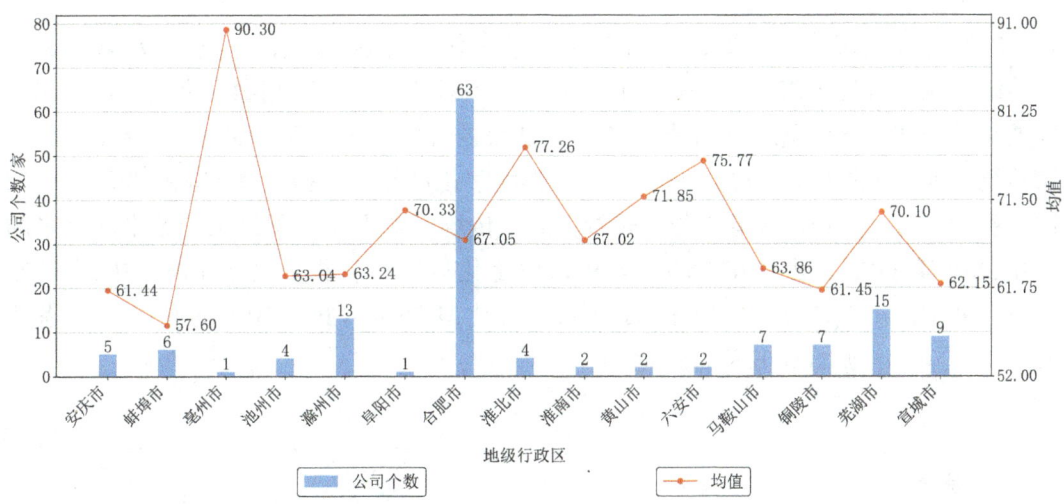

图6-5 2023年安徽省传统产业上市公司数字化创新绩效指数均值分布图

安徽省数字化创新绩效指数排名前10的传统产业上市公司如表6-5所示。

表6-5 2023年安徽省传统产业上市公司数字化创新绩效指数前10排名

排名	证券名称	证券代码	产权性质	一级行业	地级行政区	数字化创新绩效指数
1	阳光电源	300274.SZ	非国有控股	电力设备	合肥市	95.02
2	古井贡酒	000596.SZ	地方国有控股	食品饮料	亳州市	90.30
3	海螺水泥	600585.SH	地方国有控股	建筑材料	芜湖市	86.93
4	伯特利	603596.SH	非国有控股	汽车	芜湖市	86.30
5	国轩高科	002074.SZ	非国有控股	电力设备	合肥市	85.34
6	安科生物	300009.SZ	非国有控股	医药生物	合肥市	84.85
7	华恒生物	688639.SH	非国有控股	基础化工	合肥市	84.52
8	口子窖	603589.SH	非国有控股	食品饮料	淮北市	84.14
9	美亚光电	002690.SZ	非国有控股	机械设备	合肥市	83.73
10	迎驾贡酒	603198.SH	非国有控股	食品饮料	六安市	82.72

数据来源：同花顺（iFinD），首经贸资产评估研究院和浙工商中国智能管理研究院整理。

6.2 北京市传统产业上市公司数字化创新评价

截至2023年底，A股市场北京市共有传统产业上市公司255家，总市值共计82736.25亿元，营业收入合计174764.83亿元，平均市值324.46亿元/家，平均营业收入685.35亿元/家。2023年，北京市传统产业上市公司研发投入合计为3525.15亿元，占营业收入的比例为2.02%；无形资产账面价值合计为16337.02亿元，占总资产的比例为6.78%。根据本报告分析口径，共对北京市255家传统产业上市公司开展数字化创新指数评价，具体情况如下：

6.2.1 数字化创新综合指数

2023年北京市传统产业255家上市公司数字化创新综合指数平均水平为66.72，高于传统产业上市公司该项指数平均水平62.91。具体而言，该项指数最高的上市公司是康龙化成，数字化创新综合指数为87.09。从市内各区分布来看，如图6-6所示，北京市传统产业255家上市公司分布在14个区，数字化创新综合指数平均水平最高的市辖区是朝阳区（70.33）。从指数分布来看，高于传统产业上市公司该项指数平均水平的上市公司有160家，占比62.75%。其中，数字化创新综合指数处于［80，100］的有19家，占比7.45%；［70，80）的有81家，占比31.76%；［60，70）的有93家，占比36.47%；［0，60）的有62家，占比24.32%。

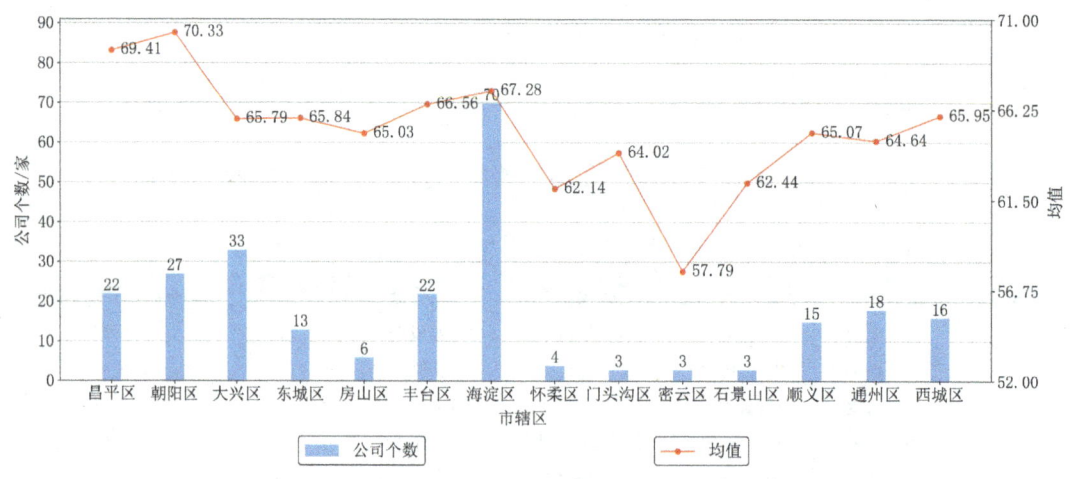

图6-6　2023年北京市传统产业上市公司数字化创新综合指数均值分布图

北京市数字化创新综合指数排名前10的传统产业上市公司如表6-6所示。

表 6-6　2023 年北京市传统产业上市公司数字化创新综合指数前 10 排名

排名	证券名称	证券代码	产权性质	一级行业	市辖区	数字化创新综合指数
1	康龙化成	300759.SZ	非国有控股	医药生物	大兴区	87.09
2	大豪科技	603025.SH	地方国有控股	机械设备	朝阳区	86.00
3	天玛智控	688570.SH	中央国有控股	机械设备	顺义区	85.23
4	三一重能	688349.SH	非国有控股	电力设备	昌平区	84.03
5	科锐国际	300662.SZ	非国有控股	社会服务	朝阳区	83.80
6	东方中科	002819.SZ	中央国有控股	机械设备	海淀区	83.00
7	雪迪龙	002658.SZ	非国有控股	环保	昌平区	82.60
8	福田汽车	600166.SH	地方国有控股	汽车	昌平区	82.52
9	中国外运	601598.SH	中央国有控股	交通运输	朝阳区	81.73
10	鼎汉技术	300011.SZ	地方国有控股	机械设备	丰台区	81.56

数据来源：同花顺（iFinD），首经贸资产评估研究院和浙工商中国智能管理研究院整理。

6.2.2　数字化战略导向指数

2023 年北京市传统产业 255 家上市公司数字化战略导向指数平均水平为 68.00，高于传统产业上市公司该项指数平均水平 62.85。具体而言，该项指数最高的上市公司是科锐国际，数字化战略导向指数为 95.09。从市内各区分布来看，如图 6-7 所示，数字化战略导向指数平均水平最高的市辖区是朝阳区（72.62）。从指数分布来看，高于传统产业上市公司该项指数平均水平的上市公司有 154 家，占比 60.39%。其中，数字化战略导向指数处于［80，100］的有 57 家，占比 22.35%；［70，80）的有 70 家，占比 27.45%；［60，70）的有 49 家，占比 19.22%；［0，60）的有 79 家，占比 30.98%。

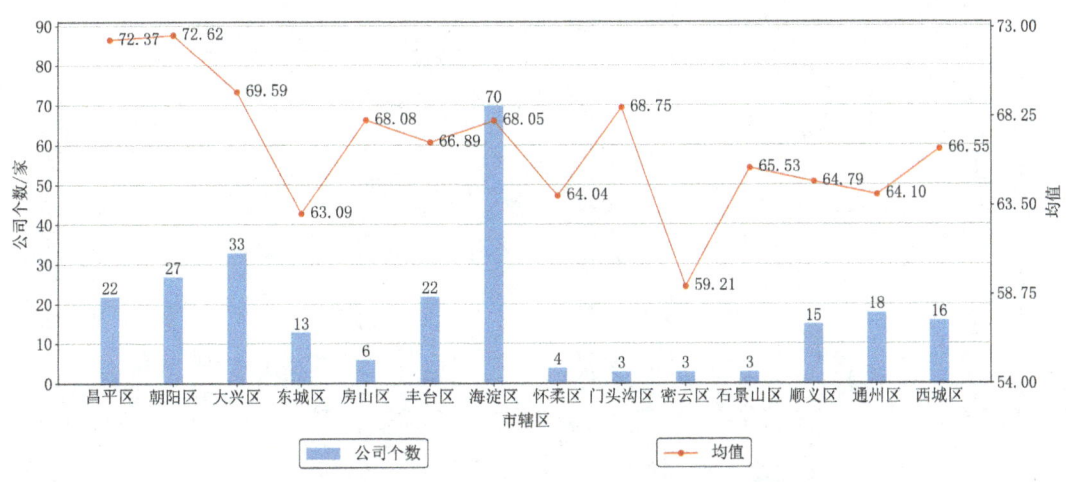

图 6-7　2023 年北京市传统产业上市公司数字化战略导向指数均值分布图

北京市数字化战略导向指数排名前10的传统产业上市公司如表6-7所示。

表6-7　2023年北京市传统产业上市公司数字化战略导向指数前10排名

排名	证券名称	证券代码	产权性质	一级行业	市辖区	数字化战略导向指数
1	科锐国际	300662.SZ	非国有控股	社会服务	朝阳区	95.09
2	康龙化成	300759.SZ	非国有控股	医药生物	大兴区	95.01
3	阿尔特	300825.SZ	非国有控股	汽车	大兴区	94.01
4	天玛智控	688570.SH	中央国有控股	机械设备	顺义区	92.98
5	三一重能	688349.SH	非国有控股	电力设备	昌平区	92.89
6	诺禾致源	688315.SH	非国有控股	医药生物	昌平区	91.76
7	交控科技	688015.SH	非国有控股	机械设备	丰台区	91.24
8	悦康药业	688658.SH	非国有控股	医药生物	大兴区	91.21
9	煜邦电力	688597.SH	非国有控股	电力设备	东城区	90.93
10	盛通股份	002599.SZ	非国有控股	轻工制造	大兴区	90.20

数据来源：同花顺（iFinD），首经贸资产评估研究院和浙工商中国智能管理研究院整理。

6.2.3　数字化要素投入指数

2023年北京市传统产业255家上市公司数字化要素投入指数平均水平为62.73，高于传统产业上市公司该项指数平均水平57.94。具体而言，该项指数最高的上市公司是大豪科技，数字化要素投入指数为87.34。从市内各区分布来看，如图6-8所示，数字化要素投入指数平均水平最高的市辖区是门头沟区（66.82）。从指数分布来看，高于传统产业上市公司该项指数平均水平的上市公司有158家，占比61.96%。其中，数字化要素投入指数处于［80，100］的有16家，占比6.27%；［70，80）的有55家，占比21.57%；［60，70）的有71家，占比27.84%；［0，60）的有113家，占比44.32%。

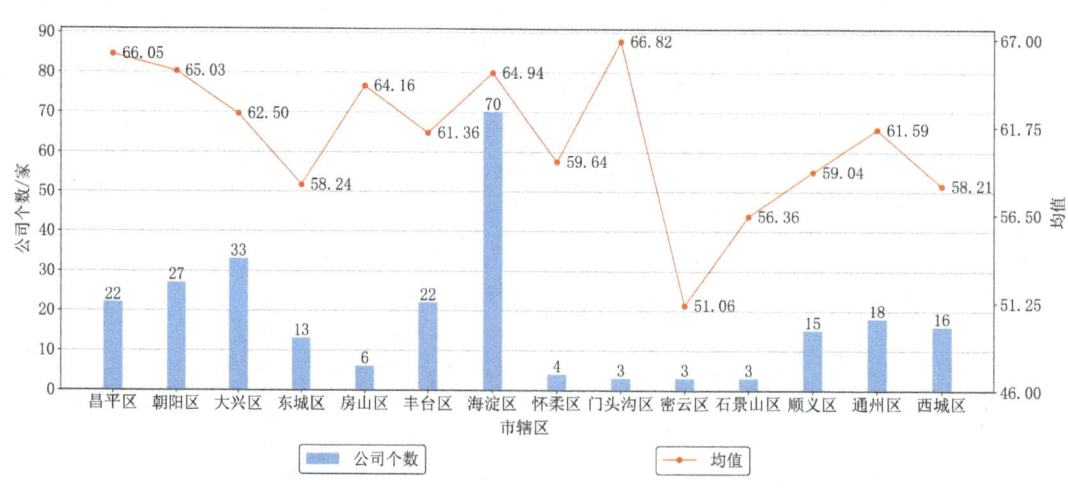

图6-8　2023年北京市传统产业上市公司数字化要素投入指数均值分布图

北京市数字化要素投入指数排名前10的传统产业上市公司如表6-8所示。

表6-8 2023年北京市传统产业上市公司数字化要素投入指数前10排名

排名	证券名称	证券代码	产权性质	一级行业	市辖区	数字化要素投入指数
1	大豪科技	603025.SH	地方国有控股	机械设备	朝阳区	87.34
2	中科海讯	300810.SZ	非国有控股	国防军工	海淀区	87.15
3	必创科技	300667.SZ	非国有控股	机械设备	海淀区	86.56
4	康龙化成	300759.SZ	非国有控股	医药生物	大兴区	86.36
5	新雷能	300593.SZ	非国有控股	电力设备	昌平区	84.81
6	中国中冶	601618.SH	中央国有控股	建筑装饰	朝阳区	84.18
7	中国交建	601800.SH	中央国有控股	建筑装饰	西城区	82.99
8	中国电建	601669.SH	中央国有控股	建筑装饰	海淀区	82.81
9	东方中科	002819.SZ	中央国有控股	机械设备	海淀区	82.58
10	交控科技	688015.SH	非国有控股	机械设备	丰台区	82.35

数据来源：同花顺（iFinD），首经贸资产评估研究院和浙工商中国智能管理研究院整理。

6.2.4 数字化创新成果指数

2023年北京市传统产业255家上市公司数字化创新成果指数平均水平为65.64，高于传统产业上市公司该项指数平均水平63.16。具体而言，该项指数最高的上市公司是华电重工，数字化创新成果指数为92.74。从市内各区分布来看，如图6-9所示，数字化创新成果指数平均水平最高的市辖区是朝阳区（70.91）。从指数分布来看，高于传统产业上市公司该项指数平均水平的上市公司有136家，占比53.33%。其中，数字化创新成果指数处于［80，100］的有37家，占比14.51%；［70，80）的有64家，占比25.10%；［60，70）的有63家，占比24.71%；［0，60）的有91家，占比35.68%。

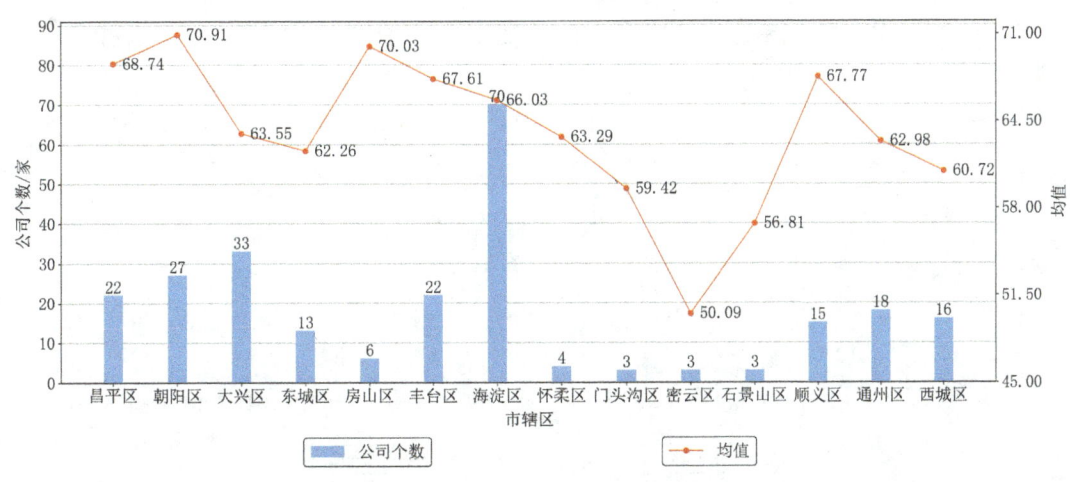

图6-9 2023年北京市传统产业上市公司数字化创新成果指数均值分布图

北京市数字化创新成果指数排名前10的传统产业上市公司如表6-9所示。

表6-9 2023年北京市传统产业上市公司数字化创新成果指数前10排名

排名	证券名称	证券代码	产权性质	一级行业	市辖区	数字化创新成果指数
1	华电重工	601226.SH	中央国有控股	建筑装饰	丰台区	92.74
2	东方中科	002819.SZ	中央国有控股	机械设备	海淀区	91.56
3	煜邦电力	688597.SH	非国有控股	电力设备	东城区	90.75
4	天玛智控	688570.SH	中央国有控股	机械设备	顺义区	90.64
5	交控科技	688015.SH	非国有控股	机械设备	丰台区	90.10
6	诚益通	300430.SZ	非国有控股	机械设备	大兴区	90.08
7	阿尔特	300825.SZ	非国有控股	汽车	大兴区	89.71
8	鼎汉技术	300011.SZ	地方国有控股	机械设备	丰台区	88.67
9	中国海防	600764.SH	中央国有控股	国防军工	海淀区	88.16
10	三一重能	688349.SH	非国有控股	电力设备	昌平区	88.12

数据来源：同花顺（iFinD），首经贸资产评估研究院和浙工商中国智能管理研究院整理。

6.2.5 数字化创新绩效指数

2023年北京市传统产业255家上市公司数字化创新绩效指数平均水平为70.03，高于传统产业上市公司该项指数平均水平66.22。具体而言，该项指数最高的上市公司是爱美客，数字化创新绩效指数为93.82。从市内各区分布来看，如图6-10所示，数字化创新绩效指数平均水平最高的市辖区是西城区（77.11）。从指数分布来看，高于传统产业上市公司该项指数平均水平的上市公司有149家，占比58.43%。其中，数字化创新绩效指数处于［80，100］的有61家，占比23.92%；［70，80）的有71家，占比27.84%；［60，70）的有64家，占比25.10%；［0，60）的有59家，占比23.14%。

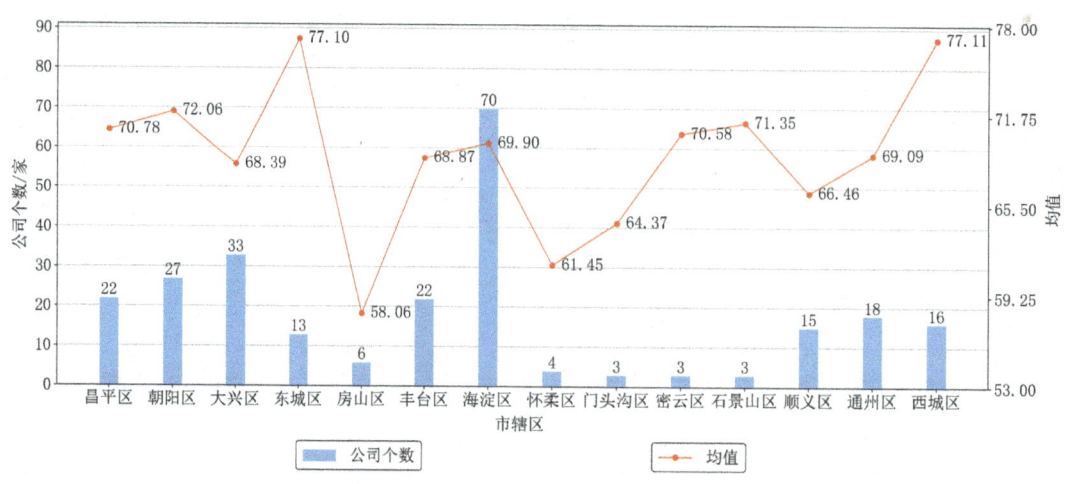

图6-10 2023年北京市传统产业上市公司数字化创新绩效指数均值分布图

北京市数字化创新绩效指数排名前10的传统产业上市公司如表6-10所示。

表6-10　2023年北京市传统产业上市公司数字化创新绩效指数前10排名

排名	证券名称	证券代码	产权性质	一级行业	市辖区	数字化创新绩效指数
1	爱美客	300896.SZ	非国有控股	美容护理	昌平区	93.82
2	菜百股份	605599.SH	地方国有控股	纺织服饰	西城区	92.89
3	天坛生物	600161.SH	中央国有控股	医药生物	大兴区	92.47
4	中信金属	601061.SH	中央国有控股	商贸零售	朝阳区	92.23
5	京沪高铁	601816.SH	中央国有控股	交通运输	海淀区	91.98
6	长江电力	600900.SH	中央国有控股	公用事业	海淀区	91.88
7	中国核电	601985.SH	中央国有控股	公用事业	海淀区	91.42
8	中国黄金	600916.SH	中央国有控股	纺织服饰	大兴区	91.30
9	中航机载	600372.SH	中央国有控股	国防军工	大兴区	89.63
10	国投电力	600886.SH	中央国有控股	公用事业	西城区	88.96

数据来源：同花顺（iFinD），首经贸资产评估研究院和浙工商中国智能管理研究院整理。

6.3　重庆市传统产业上市公司数字化创新评价

截至2023年底，A股市场重庆市共有传统产业上市公司61家，总市值共计7901.04亿元，营业收入合计5863.97亿元，平均市值129.53亿元/家，平均营业收入96.13亿元/家。2023年，重庆市传统产业上市公司研发投入合计为188.18亿元，占营业收入的比例为3.21%；无形资产账面价值合计为621.94亿元，占总资产的比例为7.16%。根据本报告分析口径，共对重庆市61家传统产业上市公司开展数字化创新指数评价，具体情况如下：

6.3.1　数字化创新综合指数

2023年重庆市传统产业61家上市公司数字化创新综合指数平均水平为60.66，低于传统产业上市公司该项指数平均水平62.91。具体而言，该项指数最高的上市公司是中国汽研，数字化创新综合指数为81.46。从市内区、县分布来看，如图6-11所示，重庆市传统产业61家上市公司分布在18个区、县，数字化创新综合指数平均水平最高的市辖区是大渡口区（67.00）。从指数分布来看，高于传统产业上市公司该项指数平均水平的上市公司有25家，占比40.98%。其中，数字化创新综合指数处于［80，100］的有1家，占比1.64%；［70，80）的有11家，占比18.03%；［60，70）的有19家，占比31.15%；［0，60）的有30家，占比49.18%。

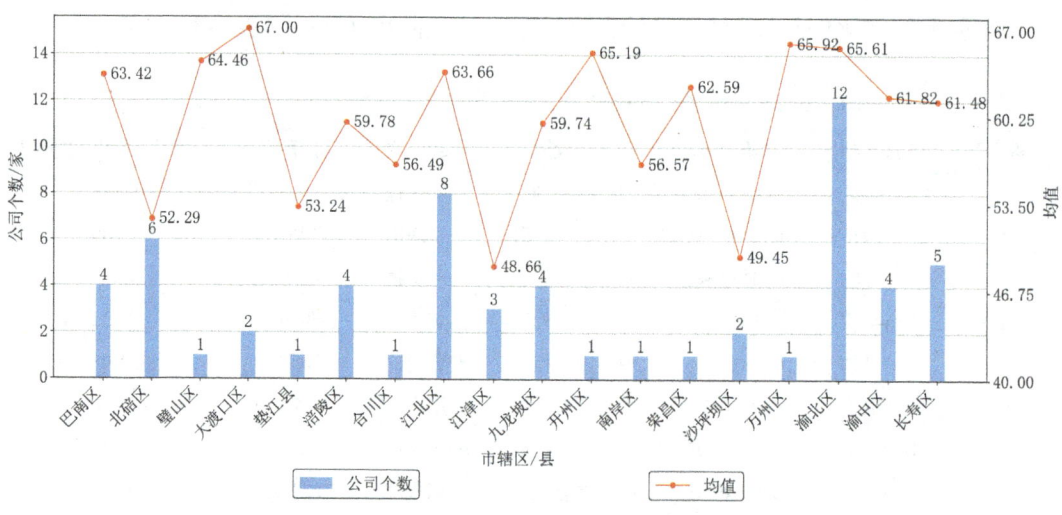

图6-11 2023年重庆市传统产业上市公司数字化创新综合指数均值分布图

重庆市数字化创新综合指数排名前10的传统产业上市公司如表6-11所示。

表6-11 2023年重庆市传统产业上市公司数字化创新综合指数前10排名

排名	证券名称	证券代码	产权性质	一级行业	市辖区	数字化创新综合指数
1	中国汽研	601965.SH	中央国有控股	汽车	渝北区	81.46
2	长安汽车	000625.SZ	中央国有控股	汽车	江北区	75.16
3	山外山	688410.SH	非国有控股	医药生物	渝北区	74.96
4	隆鑫通用	603766.SH	非国有控股	汽车	九龙坡区	74.72
5	宗申动力	001696.SZ	非国有控股	机械设备	巴南区	74.57
6	重药控股	000950.SZ	地方国有控股	医药生物	渝北区	73.68
7	重庆百货	600729.SH	地方国有控股	商贸零售	渝中区	73.41
8	登康口腔	001328.SZ	地方国有控股	美容护理	江北区	73.22
9	太阳能	000591.SZ	中央国有控股	公用事业	渝中区	72.11
10	太极集团	600129.SH	中央国有控股	医药生物	涪陵区	71.98

数据来源：同花顺（iFinD），首经贸资产评估研究院和浙工商中国智能管理研究院整理。

6.3.2 数字化战略导向指数

2023年重庆市传统产业61家上市公司数字化战略导向指数平均水平为60.01，低于传统产业上市公司该项指数平均水平62.85。具体而言，该项指数最高的上市公司是中国汽研，数字化战略导向指数为84.93。从市内区、县分布来看，如图6-12所示，数字化战略导向指数平均水平最高的市辖区是荣昌区（83.54）。从指数分布来看，高于传统产业上市公司该项指数平均水平的上市公司有26家，占比42.62%。其中，数字化战略导向指数处于［80，100］的有10家，占比16.39%；［70，80）的有10家，占比16.39%；［60，70）的有11家，占比18.03%；［0，60）的有30家，占比49.19%。

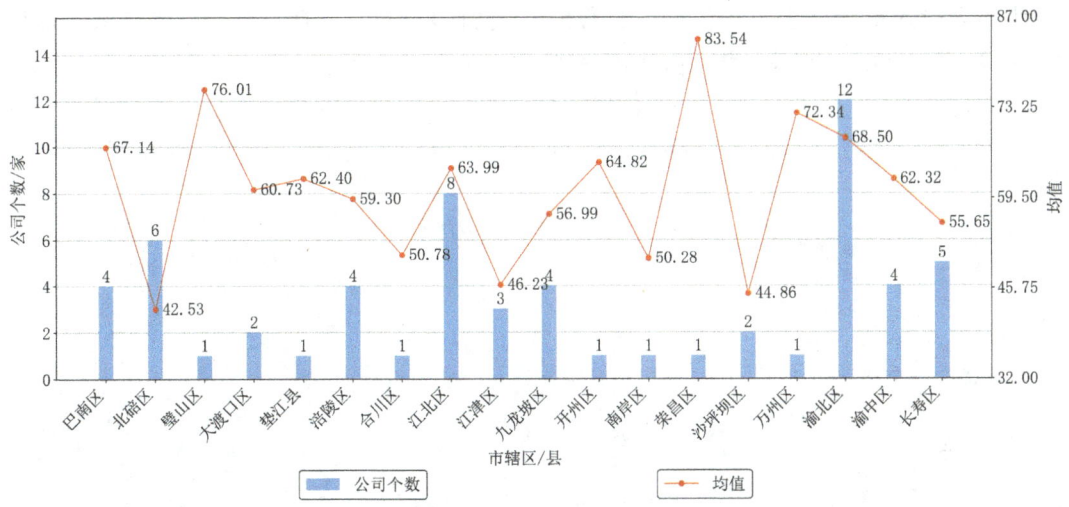

图6-12　2023年重庆市传统产业上市公司数字化战略导向指数均值分布图

重庆市数字化战略导向指数排名前10的传统产业上市公司如表6-12所示。

表6-12　2023年重庆市传统产业上市公司数字化战略导向指数前10排名

排名	证券名称	证券代码	产权性质	一级行业	市辖区	数字化战略导向指数
1	中国汽研	601965.SH	中央国有控股	汽车	渝北区	84.93
2	华森制药	002907.SZ	非国有控股	医药生物	荣昌区	83.54
3	新安洁	831370.BJ	非国有控股	环保	渝北区	82.53
4	登康口腔	001328.SZ	地方国有控股	美容护理	江北区	82.50
5	太极集团	600129.SH	中央国有控股	医药生物	涪陵区	82.15
6	太阳能	000591.SZ	中央国有控股	公用事业	渝中区	81.80
7	中设咨询	833873.BJ	非国有控股	建筑装饰	江北区	81.36
8	重药控股	000950.SZ	地方国有控股	医药生物	渝北区	81.07
9	华邦健康	002004.SZ	非国有控股	医药生物	渝北区	80.88
10	重庆百货	600729.SH	地方国有控股	商贸零售	渝中区	80.01

数据来源：同花顺（iFinD），首经贸资产评估研究院和浙工商中国智能管理研究院整理。

6.3.3　数字化要素投入指数

2023年重庆市传统产业61家上市公司数字化要素投入指数平均水平为55.02，低于传统产业上市公司该项指数平均水平57.94。具体而言，该项指数最高的上市公司是中国汽研，数字化要素投入指数为76.38。从市内区、县分布来看，如图6-13所示，数字化要素投入指数平均水平最高的市辖区是荣昌区（68.42）。从指数分布来看，高于传统产业上市公司该项指数平均水平的上市公司有25家，占比40.98%。其中，数字化要素投入指数处于［70，80）的有5家，占比8.20%；［60，70）的有15家，占比24.59%；［0，60）的有41家，占比67.21%。

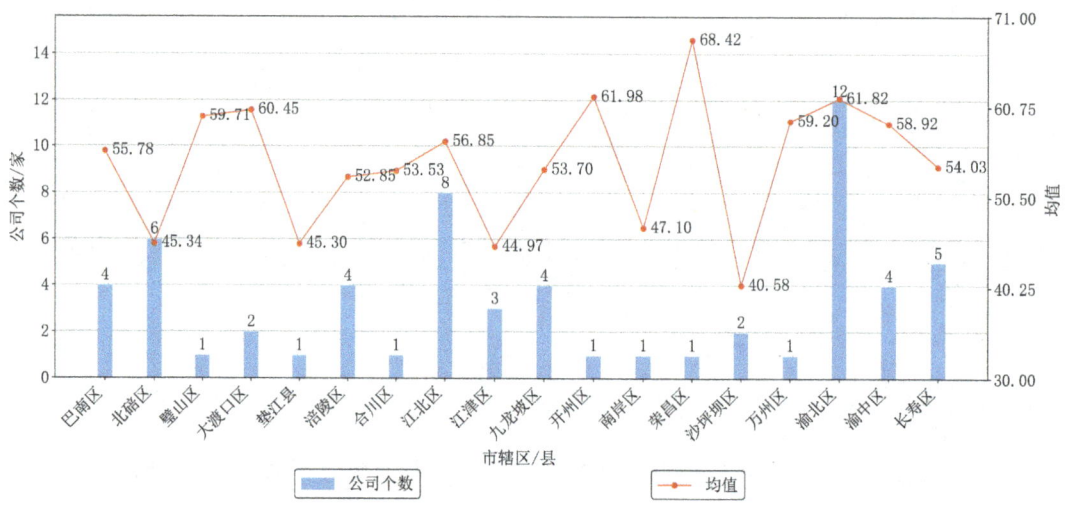

图6-13 2023年重庆市传统产业上市公司数字化要素投入指数均值分布图

重庆市数字化要素投入指数排名前10的传统产业上市公司如表6-13所示。

表 6-13 2023年重庆市传统产业上市公司数字化要素投入指数前 10 排名

排名	证券名称	证券代码	产权性质	一级行业	市辖区	数字化要素投入指数
1	中国汽研	601965.SH	中央国有控股	汽车	渝北区	76.38
2	中设咨询	833873.BJ	非国有控股	建筑装饰	江北区	74.02
3	太阳能	000591.SZ	中央国有控股	公用事业	渝中区	72.71
4	山外山	688410.SH	非国有控股	医药生物	渝北区	70.55
5	重庆建工	600939.SH	地方国有控股	建筑装饰	渝北区	70.02
6	太极集团	600129.SH	中央国有控股	医药生物	涪陵区	69.99
7	重庆百货	600729.SH	地方国有控股	商贸零售	渝中区	69.91
8	长安汽车	000625.SZ	中央国有控股	汽车	江北区	68.55
9	华森制药	002907.SZ	非国有控股	医药生物	荣昌区	68.42
10	新安洁	831370.BJ	非国有控股	环保	渝北区	67.80

数据来源：同花顺（iFinD），首经贸资产评估研究院和浙工商中国智能管理研究院整理。

6.3.4 数字化创新成果指数

2023年重庆市传统产业61家上市公司数字化创新成果指数平均水平为59.88，低于传统产业上市公司该项指数平均水平63.16。具体而言，该项指数最高的上市公司是望变电气，数字化创新成果指数为82.65。从市内区、县分布来看，如图6-14所示，数字化创新成果指数平均水平最高的市辖区是开州区（77.69）。从指数分布来看，高于传统产业上市公司该项指数平均水平的上市公司有19家，占比31.15%。其中，数字化创新成果指数处于［80，100］的有3家，占比4.92%；［70，80）的有8家，占比13.11%；［60，70）的有18家，占比29.51%；［0，60）的有32家，占比52.46%。

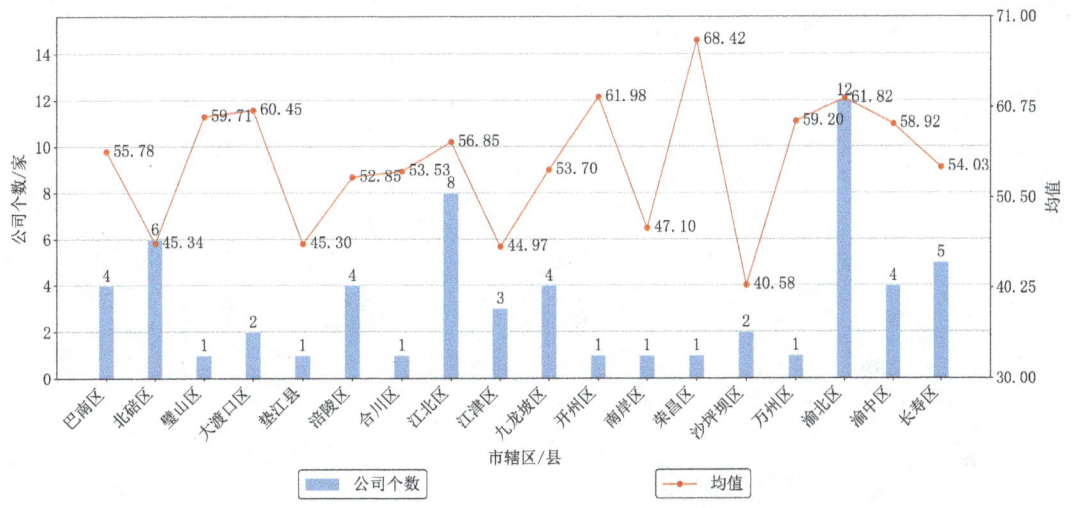

图6-14　2023年重庆市传统产业上市公司数字化创新成果指数均值分布图

重庆市数字化创新成果指数排名前10的传统产业上市公司如表6-14所示。

表6-14　2023年重庆市传统产业上市公司数字化创新成果指数前10排名

排名	证券名称	证券代码	产权性质	一级行业	市辖区	数字化创新成果指数
1	望变电气	603191.SH	非国有控股	电力设备	长寿区	82.65
2	宗申动力	001696.SZ	非国有控股	机械设备	巴南区	82.23
3	中国汽研	601965.SH	中央国有控股	汽车	渝北区	80.42
4	隆鑫通用	603766.SH	非国有控股	汽车	九龙坡区	79.07
5	山外山	688410.SH	非国有控股	医药生物	渝北区	77.87
6	登康口腔	001328.SZ	地方国有控股	美容护理	江北区	77.69
7	紫建电子	301121.SZ	非国有控股	电力设备	开州区	77.69
8	重药控股	000950.SZ	地方国有控股	医药生物	渝北区	73.76
9	国际复材	301526.SZ	地方国有控股	建筑材料	大渡口区	71.27
10	再升科技	603601.SH	非国有控股	建筑材料	渝北区	70.97

数据来源：同花顺（iFinD），首经贸资产评估研究院和浙工商中国智能管理研究院整理。

6.3.5 数字化创新绩效指数

2023年重庆市传统产业61家上市公司数字化创新绩效指数平均水平为66.00，低于传统产业上市公司该项指数平均水平66.22。具体而言，该项指数最高的上市公司是智飞生物，数字化创新绩效指数为95.47。从市内区、县分布来看，如图6-15所示，数字化创新绩效指数平均水平最高的市辖区是大渡口区（76.16）。从指数分布来看，高于传统产业上市公司该项指数平均水平的上市公司有27家，占比44.26%。其中，数字化创新绩效指数处于［80，100］的有8家，占比13.11%；［70，80）的有15家，占比24.59%；［60，70）的有18家，占比29.51%；［0，60）的有20家，占比32.79%。

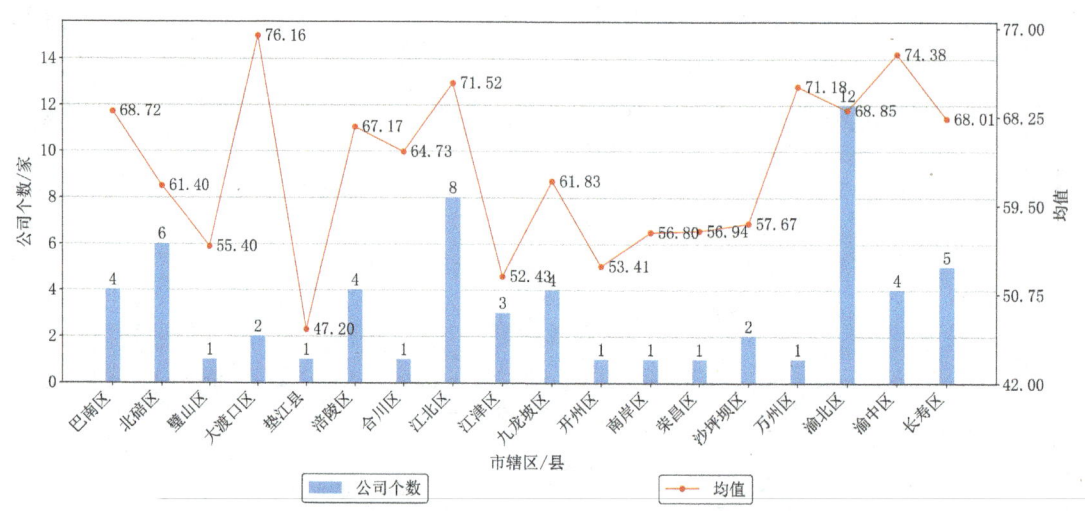

图6-15　2023年重庆市传统产业上市公司数字化创新绩效指数均值分布图

重庆市数字化创新绩效指数排名前10的传统产业上市公司如表6-15所示。

表6-15　2023年重庆市传统产业上市公司数字化创新绩效指数前10排名

排名	证券名称	证券代码	产权性质	一级行业	市辖区	数字化创新绩效指数
1	智飞生物	300122.SZ	非国有控股	医药生物	江北区	95.47
2	长安汽车	000625.SZ	中央国有控股	汽车	江北区	90.98
3	重庆啤酒	600132.SH	非国有控股	食品饮料	渝北区	88.11
4	中国汽研	601965.SH	中央国有控股	汽车	渝北区	84.15
5	重庆燃气	600917.SH	中央国有控股	公用事业	江北区	82.06
6	百亚股份	003006.SZ	非国有控股	美容护理	巴南区	81.11
7	重庆百货	600729.SH	地方国有控股	商贸零售	渝中区	80.50
8	太阳能	000591.SZ	中央国有控股	公用事业	渝中区	80.02
9	重药控股	000950.SZ	地方国有控股	医药生物	渝北区	78.78
10	重庆水务	601158.SH	地方国有控股	环保	渝中区	78.55

数据来源：同花顺（iFinD），首经贸资产评估研究院和浙工商中国智能管理研究院整理。

6.4 福建省传统产业上市公司数字化创新评价

截至2023年底，A股市场福建省共有传统产业上市公司114家，总市值共计20736.80亿元，营业收入合计30194.08亿元，平均市值181.90亿元/家，平均营业收入264.86亿元/家。2023年，福建省传统产业上市公司研发投入合计为351.53亿元，占营业收入的比例为1.16%；无形资产账面价值合计为1287.63亿元，占总资产的比例为4.32%。根据本报告分析口径，共对福建省114家传统产业上市公司开展数字化创新指数评价，具体情况如下：

6.4.1 数字化创新综合指数

2023年福建省传统产业114家上市公司数字化创新综合指数平均水平为62.82，低于传统产业上市公司该项指数平均水平62.91。具体而言，该项指数最高的上市公司是科华数据，数字化创新综合指数为83.89。从省内城市分布来看，如图6-16所示，福建省传统产业114家上市公司分布在9个市，数字化创新综合指数平均水平最高的城市是莆田市（71.06）。从指数分布来看，高于传统产业上市公司该项指数平均水平的上市公司有56家，占比49.12%。其中，数字化创新综合指数处于［80，100］的有3家，占比2.63%；［70，80）的有22家，占比19.30%；［60，70）的有42家，占比36.84%；［0，60）的有47家，占比41.23%。

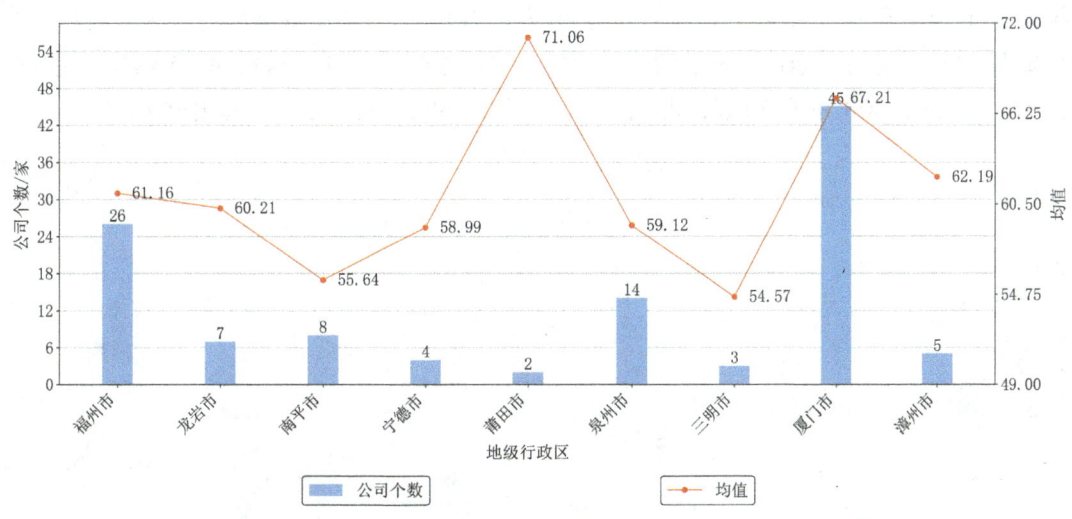

图6-16　2023年福建省传统产业上市公司数字化创新综合指数均值分布图

福建省数字化创新综合指数排名前10的传统产业上市公司如表6-16所示。

表 6-16　2023 年福建省传统产业上市公司数字化创新综合指数前 10 排名

排名	证券名称	证券代码	产权性质	一级行业	地级行政区	数字化创新综合指数
1	科华数据	002335.SZ	非国有控股	电力设备	厦门市	83.89
2	建发股份	600153.SH	地方国有控股	交通运输	厦门市	83.22
3	立达信	605365.SH	非国有控股	家用电器	厦门市	81.73
4	永福股份	300712.SZ	非国有控股	建筑装饰	福州市	79.04
5	建霖家居	603408.SH	非国有控股	轻工制造	厦门市	78.92
6	三棵树	603737.SH	非国有控股	建筑材料	莆田市	78.61
7	金牌家居	603180.SH	非国有控股	轻工制造	厦门市	76.17
8	华厦眼科	301267.SZ	非国有控股	医药生物	厦门市	75.87
9	松霖科技	603992.SH	非国有控股	轻工制造	厦门市	75.71
10	麦克奥迪	300341.SZ	地方国有控股	医药生物	厦门市	75.52

数据来源：同花顺（iFinD），首经贸资产评估研究院和浙工商中国智能管理研究院整理。

6.4.2　数字化战略导向指数

2023年福建省传统产业114家上市公司数字化战略导向指数平均水平为63.43，高于传统产业上市公司该项指数平均水平62.85。具体而言，该项指数最高的上市公司是建发股份，数字化战略导向指数为91.69。从省内城市分布来看，如图6-17所示，数字化战略导向指数平均水平最高的城市是莆田市（69.22）。从指数分布来看，高于传统产业上市公司该项指数平均水平的上市公司有53家，占比46.49%。其中，数字化战略导向指数处于［80，100］的有19家，占比16.67%；［70，80）的有23家，占比20.18%；［60，70）的有20家，占比17.54%；［0，60）的有52家，占比45.61%。

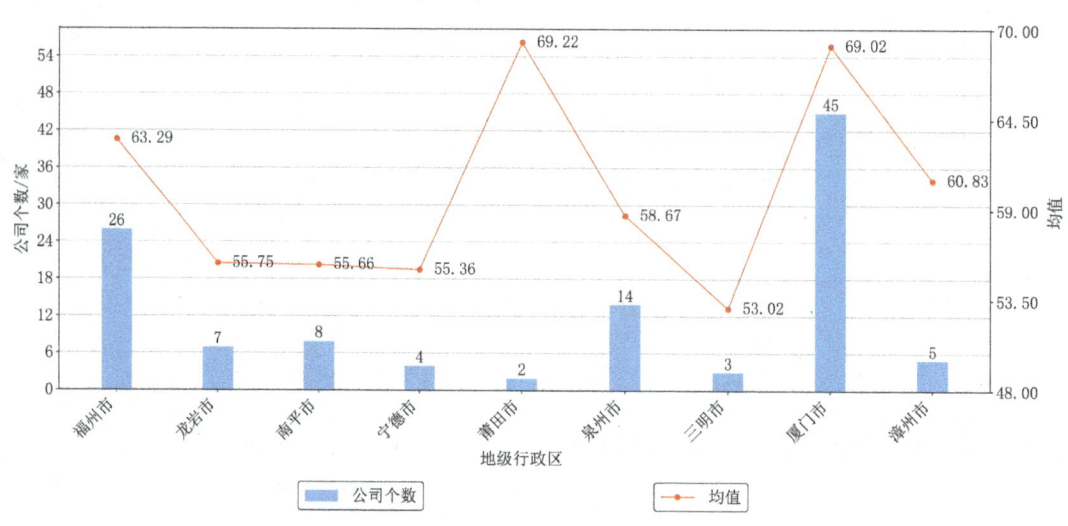

图6-17　2023年福建省传统产业上市公司数字化战略导向指数均值分布图

福建省数字化战略导向指数排名前10的传统产业上市公司如表6-17所示。

表6-17　2023年福建省传统产业上市公司数字化战略导向指数前10排名

排名	证券名称	证券代码	产权性质	一级行业	地级行政区	数字化战略导向指数
1	建发股份	600153.SH	地方国有控股	交通运输	厦门市	91.69
2	立达信	605365.SH	非国有控股	家用电器	厦门市	91.07
3	永福股份	300712.SZ	非国有控股	建筑装饰	福州市	90.00
4	安妮股份	002235.SZ	非国有控股	轻工制造	厦门市	88.04
5	麦克奥迪	300341.SZ	地方国有控股	医药生物	厦门市	86.96
6	厦门港务	000905.SZ	地方国有控股	交通运输	厦门市	86.64
7	德艺文创	300640.SZ	非国有控股	轻工制造	福州市	85.05
8	厦门国贸	600755.SH	地方国有控股	交通运输	厦门市	84.94
9	科华数据	002335.SZ	非国有控股	电力设备	厦门市	84.61
10	招标股份	301136.SZ	地方国有控股	建筑装饰	福州市	84.23

数据来源：同花顺（iFinD），首经贸资产评估研究院和浙工商中国智能管理研究院整理。

6.4.3　数字化要素投入指数

2023年福建省传统产业114家上市公司数字化要素投入指数平均水平为57.13，低于传统产业上市公司该项指数平均水平57.94。具体而言，该项指数最高的上市公司是科华数据，数字化要素投入指数为80.70。从省内城市分布来看，如图6-18所示，数字化要素投入指数平均水平最高的城市是厦门市（61.49）。从指数分布来看，高于传统产业上市公司该项指数平均水平的上市公司有52家，占比45.61%。其中，数字化要素投入指数处于［80，100］的有1家，占比0.88%；［70，80）的有12家，占比10.53%；［60，70）的有35家，占比30.70%；［0，60）的有66家，占比57.89%。

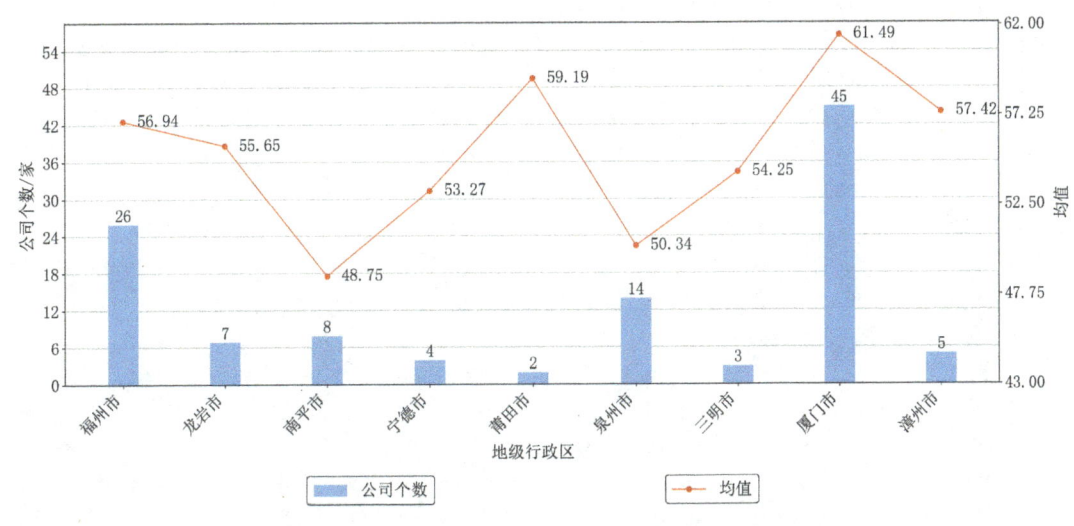

图6-18　2023年福建省传统产业上市公司数字化要素投入指数均值分布图

福建省数字化要素投入指数排名前10的传统产业上市公司如表6-18所示。

表6-18　2023年福建省传统产业上市公司数字化要素投入指数前10排名

排名	证券名称	证券代码	产权性质	一级行业	地级行政区	数字化要素投入指数
1	科华数据	002335.SZ	非国有控股	电力设备	厦门市	80.70
2	华厦眼科	301267.SZ	非国有控股	医药生物	厦门市	79.32
3	立达信	605365.SH	非国有控股	家用电器	厦门市	78.56
4	建发股份	600153.SH	地方国有控股	交通运输	厦门市	78.08
5	紫金矿业	601899.SH	地方国有控股	有色金属	龙岩市	73.52
6	*ST红相	300427.SZ	非国有控股	电力设备	厦门市	73.07
7	麦克奥迪	300341.SZ	地方国有控股	医药生物	厦门市	72.92
8	德艺文创	300640.SZ	非国有控股	轻工制造	福州市	72.52
9	垒知集团	002398.SZ	非国有控股	建筑材料	厦门市	71.35
10	永福股份	300712.SZ	非国有控股	建筑装饰	福州市	70.39

数据来源：同花顺（iFinD），首经贸资产评估研究院和浙工商中国智能管理研究院整理。

6.4.4　数字化创新成果指数

2023年福建省传统产业114家上市公司数字化创新成果指数平均水平为62.54，低于传统产业上市公司该项指数平均水平63.16。具体而言，该项指数最高的上市公司是永福股份，数字化创新成果指数为90.17。从省内城市分布来看，如图6-19所示，数字化创新成果指数平均水平最高的城市是莆田市（79.59）。从指数分布来看，高于传统产业上市公司该项指数平均水平的上市公司有50家，占比43.86%。其中，数字化创新成果指数处于［80，100］的有12家，占比10.53%；［70，80）的有25家，占比21.93%；［60，70）的有27家，占比23.68%；［0，60）的有50家，占比43.86%。

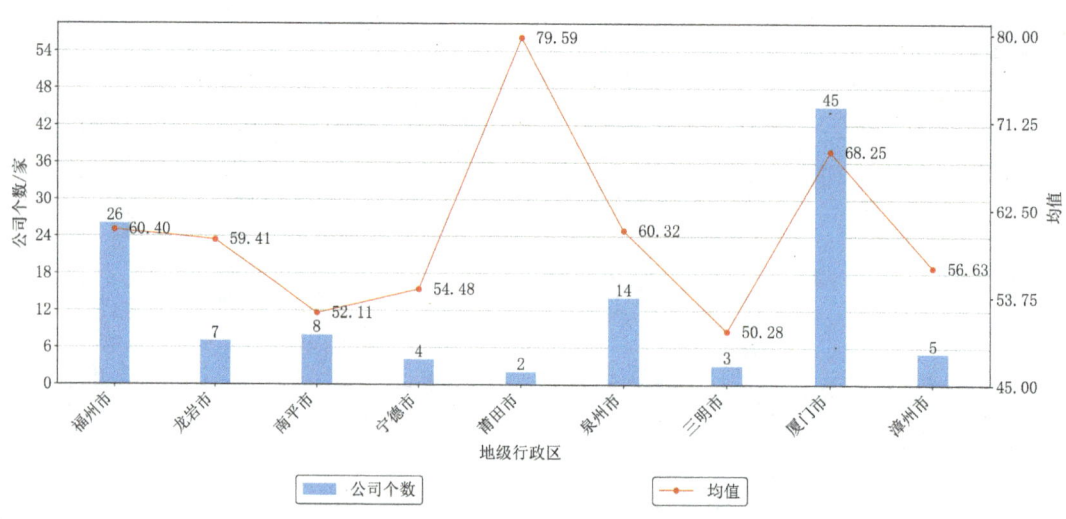

图6-19　2023年福建省传统产业上市公司数字化创新成果指数均值分布图

福建省数字化创新成果指数排名前10的传统产业上市公司如表6-19所示。

表6-19 2023年福建省传统产业上市公司数字化创新成果指数前10排名

排名	证券名称	证券代码	产权性质	一级行业	地级行政区	数字化创新成果指数
1	永福股份	300712.SZ	非国有控股	建筑装饰	福州市	90.17
2	立达信	605365.SH	非国有控股	家用电器	厦门市	89.31
3	科华数据	002335.SZ	非国有控股	电力设备	厦门市	89.05
4	金牌家居	603180.SH	非国有控股	轻工制造	厦门市	88.39
5	建霖家居	603408.SH	非国有控股	轻工制造	厦门市	86.90
6	三棵树	603737.SH	非国有控股	建筑材料	莆田市	85.09
7	通达创智	001368.SZ	非国有控股	轻工制造	厦门市	82.95
8	星云股份	300648.SZ	非国有控股	电力设备	福州市	82.35
9	麦克奥迪	300341.SZ	地方国有控股	医药生物	厦门市	80.57
10	松霖科技	603992.SH	非国有控股	轻工制造	厦门市	80.41

数据来源：同花顺（iFinD），首经贸资产评估研究院和浙工商中国智能管理研究院整理。

6.4.5 数字化创新绩效指数

2023年福建省传统产业114家上市公司数字化创新绩效指数平均水平为66.84，高于传统产业上市公司该项指数平均水平66.22。具体而言，该项指数最高的上市公司是片仔癀，数字化创新绩效指数为89.93。从省内城市分布来看，如图6-20所示，数字化创新绩效指数平均水平最高的城市是漳州市（72.81）。从指数分布来看，高于传统产业上市公司该项指数平均水平的上市公司有61家，占比53.51%。其中，数字化创新绩效指数处于［80，100］的有8家，占比7.02%；［70，80）的有40家，占比35.09%；［60，70）的有34家，占比29.82%；［0，60）的有32家，占比28.07%。

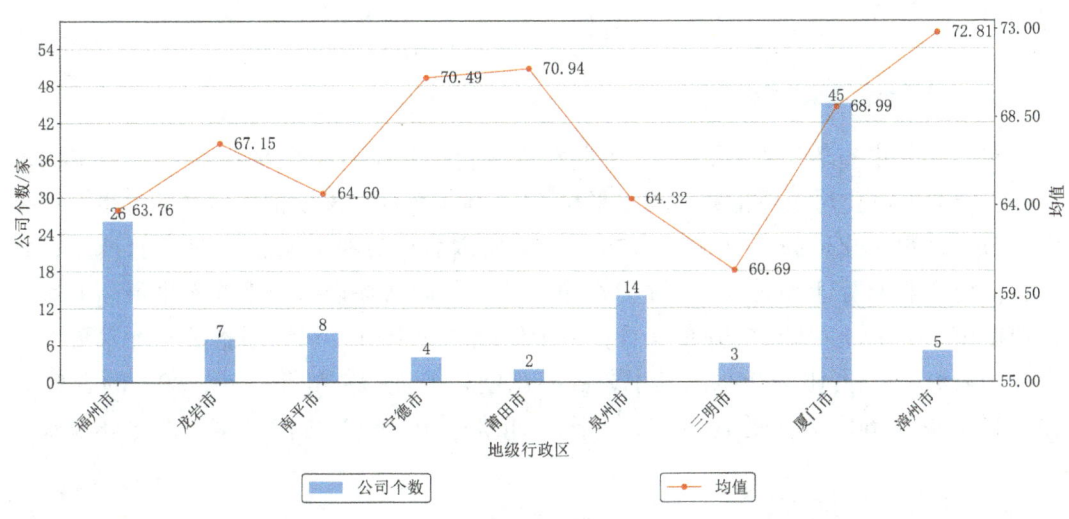

图6-20 2023年福建省传统产业上市公司数字化创新绩效指数均值分布图

福建省数字化创新绩效指数排名前10的传统产业上市公司如表6-20所示。

表6-20　2023年福建省传统产业上市公司数字化创新绩效指数前10排名

排名	证券名称	证券代码	产权性质	一级行业	地级行政区	数字化创新绩效指数
1	片仔癀	600436.SH	地方国有控股	医药生物	漳州市	89.93
2	福耀玻璃	600660.SH	非国有控股	汽车	福州市	88.43
3	宁德时代	300750.SZ	非国有控股	电力设备	宁德市	86.33
4	建发股份	600153.SH	地方国有控股	交通运输	厦门市	85.12
5	紫金矿业	601899.SH	地方国有控股	有色金属	龙岩市	84.51
6	学大教育	000526.SZ	非国有控股	社会服务	厦门市	84.50
7	福建高速	600033.SH	地方国有控股	交通运输	福州市	81.76
8	特宝生物	688278.SH	非国有控股	医药生物	厦门市	80.21
9	兴通股份	603209.SH	非国有控股	交通运输	泉州市	79.98
10	科华数据	002335.SZ	非国有控股	电力设备	厦门市	79.83

数据来源：同花顺（iFinD），首经贸资产评估研究院和浙工商中国智能管理研究院整理。

6.5　甘肃省传统产业上市公司数字化创新评价

截至2023年底，A股市场甘肃省共有传统产业上市公司31家，总市值共计2435.31亿元，营业收入合计2117.41亿元，平均市值78.56亿元/家，平均营业收入68.30亿元/家。2023年，甘肃省传统产业上市公司研发投入合计为41.94亿元，占营业收入的比例为1.98%；无形资产账面价值合计为267.16亿元，占总资产的比例为8.06%。根据本报告分析口径，共对甘肃省31家传统产业上市公司开展数字化创新指数评价，具体情况如下：

6.5.1　数字化创新综合指数

2023年甘肃省传统产业31家上市公司数字化创新综合指数平均水平为60.06，低于传统产业上市公司该项指数平均水平62.91。具体而言，该项指数最高的上市公司是大禹节水，数字化创新综合指数为78.58。从省内城市分布来看，如图6-21所示，甘肃省传统产业31家上市公司分布在7个市，数字化创新综合指数平均水平最高的城市是白银市（67.13）。从指数分布来看，高于传统产业上市公司该项指数平均水平的上市公司有10家，占比32.26%。其中，数字化创新综合指数处于［70，80）的有5家，占比16.13%；［60，70）的有11家，占比35.48%；［0，60）的有15家，占比48.39%。

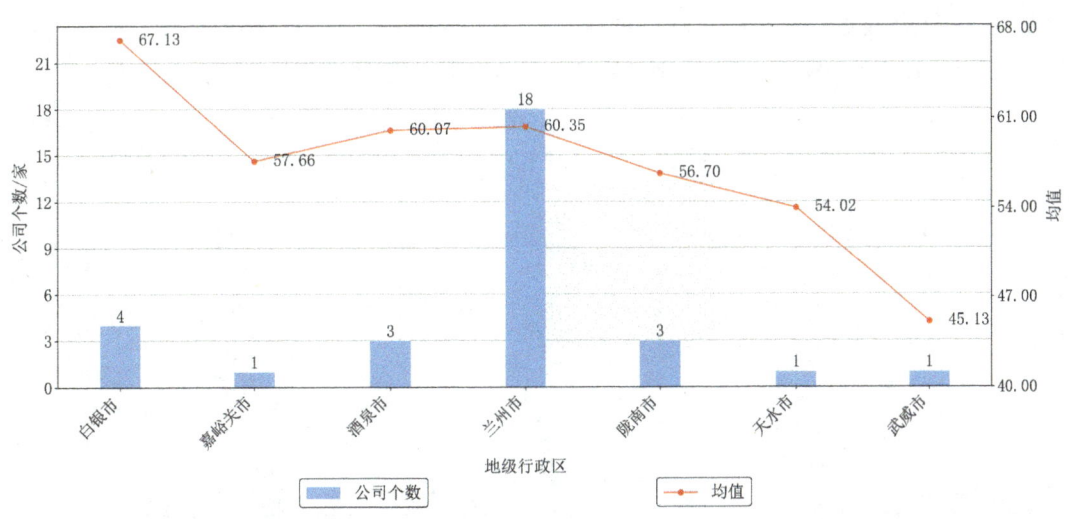

图6-21　2023年甘肃省传统产业上市公司数字化创新综合指数均值分布图

甘肃省数字化创新综合指数排名前10的传统产业上市公司如表6-21所示。

表6-21　2023年甘肃省传统产业上市公司数字化创新综合指数前10排名

排名	证券名称	证券代码	产权性质	一级行业	地级行政区	数字化创新综合指数
1	大禹节水	300021.SZ	非国有控股	农林牧渔	酒泉市	78.58
2	兰石重装	603169.SH	地方国有控股	机械设备	兰州市	78.39
3	中交设计	600720.SH	中央国有控股	建筑装饰	兰州市	74.70
4	白银有色	601212.SH	地方国有控股	有色金属	白银市	71.99
5	山子高科	000981.SZ	非国有控股	汽车	兰州市	70.29
6	海默科技	300084.SZ	非国有控股	机械设备	兰州市	68.96
7	上峰水泥	000672.SZ	非国有控股	建筑材料	白银市	67.42
8	甘肃能化	000552.SZ	地方国有控股	煤炭	白银市	64.88
9	国芳集团	601086.SH	非国有控股	商贸零售	兰州市	64.57
10	中核钛白	002145.SZ	非国有控股	基础化工	白银市	64.22

数据来源：同花顺（iFinD），首经贸资产评估研究院和浙工商中国智能管理研究院整理。

6.5.2　数字化战略导向指数

2023年甘肃省传统产业31家上市公司数字化战略导向指数平均水平为60.28，低于传统产业上市公司该项指数平均水平62.85。具体而言，该项指数最高的上市公司是大禹节水，数字化战略导向指数为84.34。从省内城市分布来看，如图6-22所示，数字化战略导向指数平均水平最高的城市是白银市（66.60）。从指数分布来看，高于传统产业上市公司该项指数平均水平的上市公司有14家，占比45.16%。其中，数字化战略导向指数处于[80，100]的有1家，占比3.23%；[70，80)的有6家，占比19.35%；[60，70)的有9家，占比29.03%；[0，60)的有15家，占比48.39%。

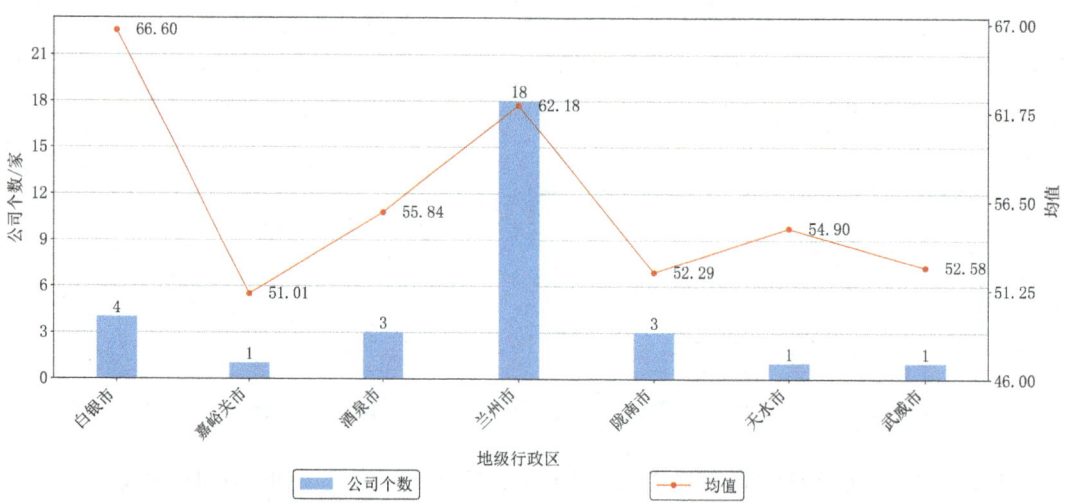

图6-22 2023年甘肃省传统产业上市公司数字化战略导向指数均值分布图

甘肃省数字化战略导向指数排名前10的传统产业上市公司如表6-22所示。

表6-22 2023年甘肃省传统产业上市公司数字化战略导向指数前10排名

排名	证券名称	证券代码	产权性质	一级行业	地级行政区	数字化战略导向指数
1	大禹节水	300021.SZ	非国有控股	农林牧渔	酒泉市	84.34
2	兰石重装	603169.SH	地方国有控股	机械设备	兰州市	77.83
3	中交设计	600720.SH	中央国有控股	建筑装饰	兰州市	77.73
4	白银有色	601212.SH	地方国有控股	有色金属	白银市	77.39
5	佛慈制药	002644.SZ	地方国有控股	医药生物	兰州市	73.29
6	海默科技	300084.SZ	非国有控股	机械设备	兰州市	71.05
7	甘肃能化	000552.SZ	地方国有控股	煤炭	白银市	70.98
8	上峰水泥	000672.SZ	非国有控股	建筑材料	白银市	68.20
9	国芳集团	601086.SH	非国有控股	商贸零售	兰州市	68.09
10	蓝科高新	601798.SH	中央国有控股	机械设备	兰州市	67.22

数据来源：同花顺（iFinD），首经贸资产评估研究院和浙工商中国智能管理研究院整理。

6.5.3 数字化要素投入指数

2023年甘肃省传统产业31家上市公司数字化要素投入指数平均水平为56.06，低于传统产业上市公司该项指数平均水平57.94。具体而言，该项指数最高的上市公司是中交设计，数字化要素投入指数为85.72。从省内城市分布来看，如图6-23所示，数字化要素投入指数平均水平最高的城市是酒泉市（61.60）。从指数分布来看，高于传统产业上市公司该项指数平均水平的上市公司有13家，占比41.94%。其中，数字化要素投入指数处于［80，100］的有2家，占比6.45%；［70，80）的有1家，占比3.23%；［60，70）的有6家，占比19.35%；［0，60）的有22家，占比70.97%。

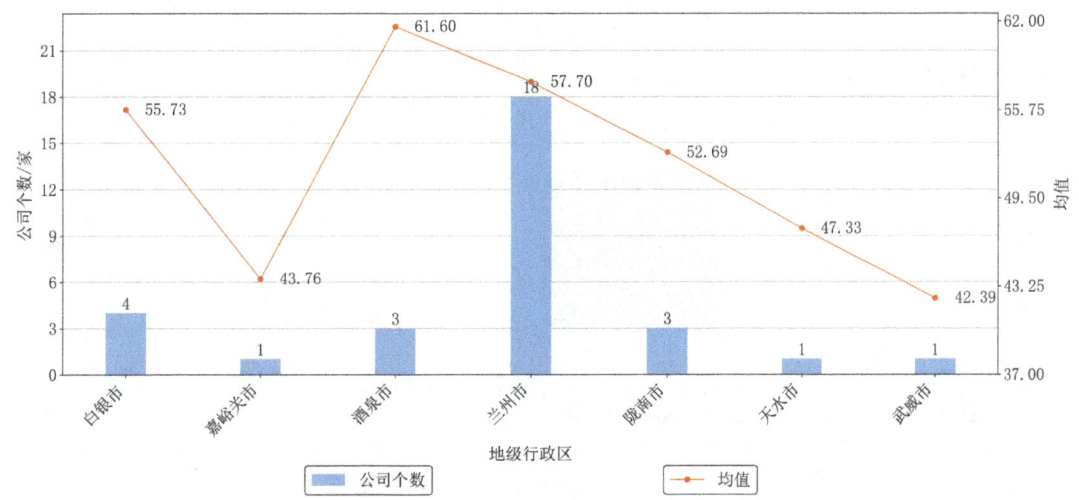

图6-23 2023年甘肃省传统产业上市公司数字化要素投入指数均值分布图

甘肃省数字化要素投入指数排名前10的传统产业上市公司如表6-23所示。

表6-23 2023年甘肃省传统产业上市公司数字化要素投入指数前10排名

排名	证券名称	证券代码	产权性质	一级行业	地级行政区	数字化要素投入指数
1	中交设计	600720.SH	中央国有控股	建筑装饰	兰州市	85.72
2	大禹节水	300021.SZ	非国有控股	农林牧渔	酒泉市	80.11
3	兰石重装	603169.SH	地方国有控股	机械设备	兰州市	71.49
4	山子高科	000981.SZ	非国有控股	汽车	兰州市	68.08
5	甘咨询	000779.SZ	地方国有控股	建筑装饰	兰州市	65.61
6	海默科技	300084.SZ	非国有控股	机械设备	兰州市	64.18
7	白银有色	601212.SH	地方国有控股	有色金属	白银市	61.98
8	蓝科高新	601798.SH	中央国有控股	机械设备	兰州市	61.82
9	金刚光伏	300093.SZ	非国有控股	电力设备	酒泉市	60.43
10	国芳集团	601086.SH	非国有控股	商贸零售	兰州市	59.73

数据来源：同花顺（iFinD），首经贸资产评估研究院和浙工商中国智能管理研究院整理。

6.5.4 数字化创新成果指数

2023年甘肃省传统产业31家上市公司数字化创新成果指数平均水平为57.36，低于传统产业上市公司该项指数平均水平63.16。具体而言，该项指数最高的上市公司是兰石重装，数字化创新成果指数为86.46。从省内城市分布来看，如图6-24所示，数字化创新成果指数平均水平最高的城市是白银市（68.34）。从指数分布来看，高于传统产业上市公司该项指数平均水平的上市公司有11家，占比35.48%。其中，数字化创新成果指数处于［80，100］的有2家，占比6.45%；［70，80）的有5家，占比16.13%；［60，70）的有7家，占比22.58%；［0，60）的有17家，占比54.84%。

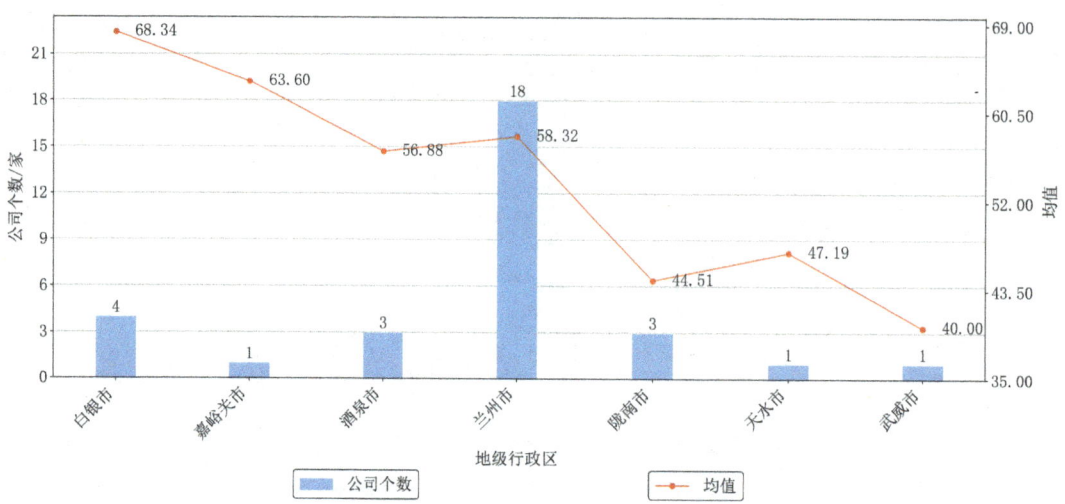

图6-24　2023年甘肃省传统产业上市公司数字化创新成果指数均值分布图

甘肃省数字化创新成果指数排名前10的传统产业上市公司如表6-24所示。

表6-24　2023年甘肃省传统产业上市公司数字化创新成果指数前10排名

排名	证券名称	证券代码	产权性质	一级行业	地级行政区	数字化创新成果指数
1	兰石重装	603169.SH	地方国有控股	机械设备	兰州市	86.46
2	大禹节水	300021.SZ	非国有控股	农林牧渔	酒泉市	83.71
3	海默科技	300084.SZ	非国有控股	机械设备	兰州市	73.71
4	白银有色	601212.SH	地方国有控股	有色金属	白银市	73.15
5	长城电工	600192.SH	地方国有控股	电力设备	兰州市	73.13
6	中核钛白	002145.SZ	非国有控股	基础化工	白银市	71.52
7	上峰水泥	000672.SZ	非国有控股	建筑材料	白银市	70.08
8	山子高科	000981.SZ	非国有控股	汽车	兰州市	67.89
9	丽尚国潮	600738.SH	地方国有控股	商贸零售	兰州市	65.61
10	蓝科高新	601798.SH	中央国有控股	机械设备	兰州市	65.42

数据来源：同花顺（iFinD），首经贸资产评估研究院和浙工商中国智能管理研究院整理。

6.5.5 数字化创新绩效指数

2023年甘肃省传统产业31家上市公司数字化创新绩效指数平均水平为65.89，低于传统产业上市公司该项指数平均水平66.22。具体而言，该项指数最高的上市公司是金徽酒，数字化创新绩效指数为81.51。从省内城市分布来看，如图6-25所示，数字化创新绩效指数平均水平最高的城市是陇南市（76.27）。从指数分布来看，高于传统产业上市公司该项指数平均水平的上市公司有17家，占比54.84%。其中，数字化创新绩效指数处于[80，100]的有1家，占比3.23%；[70，80)的有12家，占比38.71%；[60，70)的有10家，占比32.26%；[0，60)的有8家，占比25.80%。

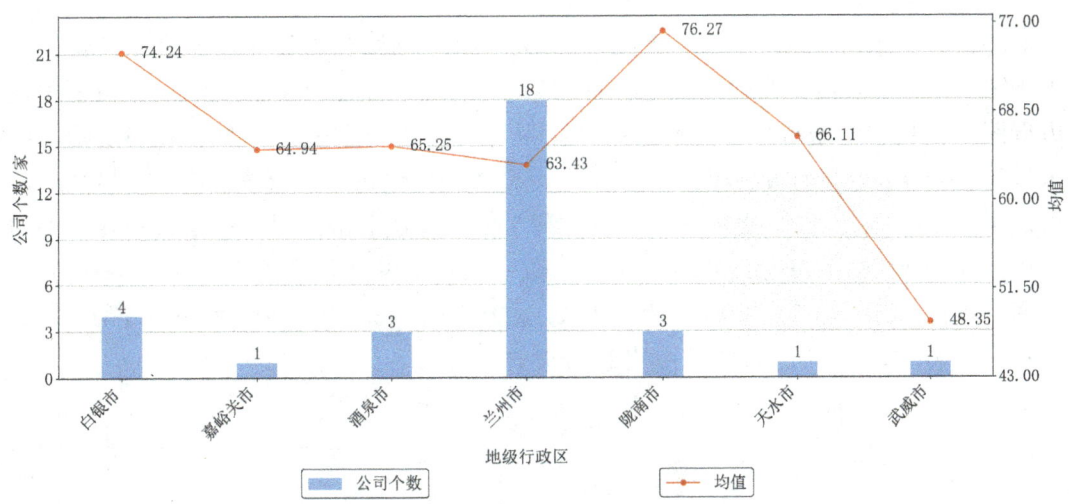

图6-25 2023年甘肃省传统产业上市公司数字化创新绩效指数均值分布图

甘肃省数字化创新绩效指数排名前10的传统产业上市公司如表6-25所示。

表6-25 2023年甘肃省传统产业上市公司数字化创新绩效指数前10排名

排名	证券名称	证券代码	产权性质	一级行业	地级行政区	数字化创新绩效指数
1	金徽酒	603919.SH	非国有控股	食品饮料	陇南市	81.51
2	中交设计	600720.SH	中央国有控股	建筑装饰	兰州市	78.98
3	山子高科	000981.SZ	非国有控股	汽车	兰州市	76.71
4	方大炭素	600516.SH	非国有控股	钢铁	兰州市	75.83
5	新里程	002219.SZ	非国有控股	医药生物	陇南市	75.53
6	甘肃能化	000552.SZ	地方国有控股	煤炭	白银市	75.52
7	甘肃能源	000791.SZ	地方国有控股	公用事业	兰州市	74.87
8	白银有色	601212.SH	地方国有控股	有色金属	白银市	74.50
9	兰石重装	603169.SH	地方国有控股	机械设备	兰州市	74.46
10	上峰水泥	000672.SZ	非国有控股	建筑材料	白银市	74.04

数据来源：同花顺（iFinD），首经贸资产评估研究院和浙工商中国智能管理研究院整理。

6.6 广东省传统产业上市公司数字化创新评价

截至2023年底，A股市场广东省共有传统产业上市公司508家，总市值共计67232.97亿元，营业收入合计48321.56亿元，平均市值132.35亿元/家，平均营业收入95.12亿元/家。2023年，广东省传统产业上市公司研发投入合计为1744.35亿元，占营业收入的比例为3.61%；无形资产账面价值合计为3906.02亿元，占总资产的比例为5.11%。根据本报告分析口径，共对广东省508家传统产业上市公司开展数字化创新指数评价，具体情况如下：

6.6.1 数字化创新综合指数

2023年广东省传统产业508家上市公司数字化创新综合指数平均水平为65.92，高于传统产业上市公司该项指数平均水平62.91。具体而言，该项指数最高的上市公司是迈瑞医疗，数字化创新综合指数为93.14。从省内城市分布来看，如图6-26所示，广东省传统产业508家上市公司分布在20个市，数字化创新综合指数平均水平最高的城市是深圳市（68.04）。从指数分布来看，高于传统产业上市公司该项指数平均水平的上市公司有303家，占比59.65%。其中，数字化创新综合指数处于［80，100］的有40家，占比7.87%；［70，80）的有153家，占比30.12%；［60，70）的有166家，占比32.68%；［0，60）的有149家，占比29.33%。

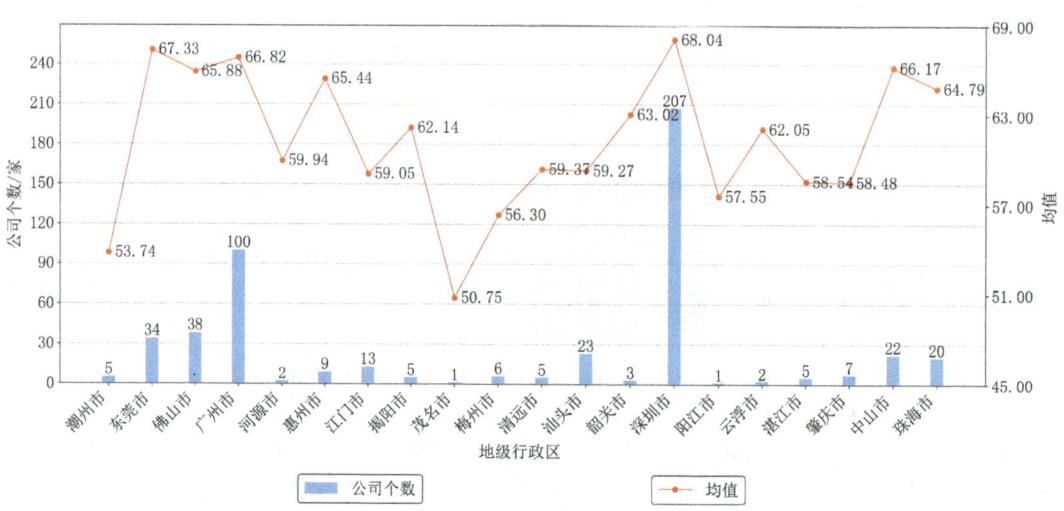

图6-26 2023年广东省传统产业上市公司数字化创新综合指数均值分布图

广东省数字化创新综合指数排名前10的传统产业上市公司如表6-26所示。

表 6-26　2023 年广东省传统产业上市公司数字化创新综合指数前 10 排名

排名	证券名称	证券代码	产权性质	一级行业	地级行政区	数字化创新综合指数
1	迈瑞医疗	300760.SZ	非国有控股	医药生物	深圳市	93.14
2	汇川技术	300124.SZ	非国有控股	机械设备	深圳市	91.92
3	美的集团	000333.SZ	非国有控股	家用电器	佛山市	89.66
4	顺丰控股	002352.SZ	非国有控股	交通运输	深圳市	88.16
5	九联科技	688609.SH	非国有控股	家用电器	惠州市	87.24
6	深城交	301091.SZ	地方国有控股	建筑装饰	深圳市	87.08
7	南网科技	688248.SH	中央国有控股	电力设备	广州市	86.91
8	深桑达 A	000032.SZ	中央国有控股	建筑装饰	深圳市	86.36
9	麦格米特	002851.SZ	非国有控股	电力设备	深圳市	85.75
10	齐心集团	002301.SZ	非国有控股	轻工制造	深圳市	85.41

数据来源：同花顺（iFinD），首经贸资产评估研究院和浙工商中国智能管理研究院整理。

6.6.2　数字化战略导向指数

2023 年广东省传统产业 508 家上市公司数字化战略导向指数平均水平为 68.12，高于传统产业上市公司该项指数平均水平 62.85。具体而言，该项指数最高的上市公司是美的集团，数字化战略导向指数为 98.05。从省内城市分布来看，如图 6-27 所示，数字化战略导向指数平均水平最高的城市是深圳市（71.21）。从指数分布来看，高于传统产业上市公司该项指数平均水平的上市公司有 307 家，占比 60.43%。其中，数字化战略导向指数处于［80，100］的有 130 家，占比 25.59%；［70，80）的有 107 家，占比 21.06%；［60，70）的有 111 家，占比 21.85%；［0，60）的有 160 家，占比 31.50%。

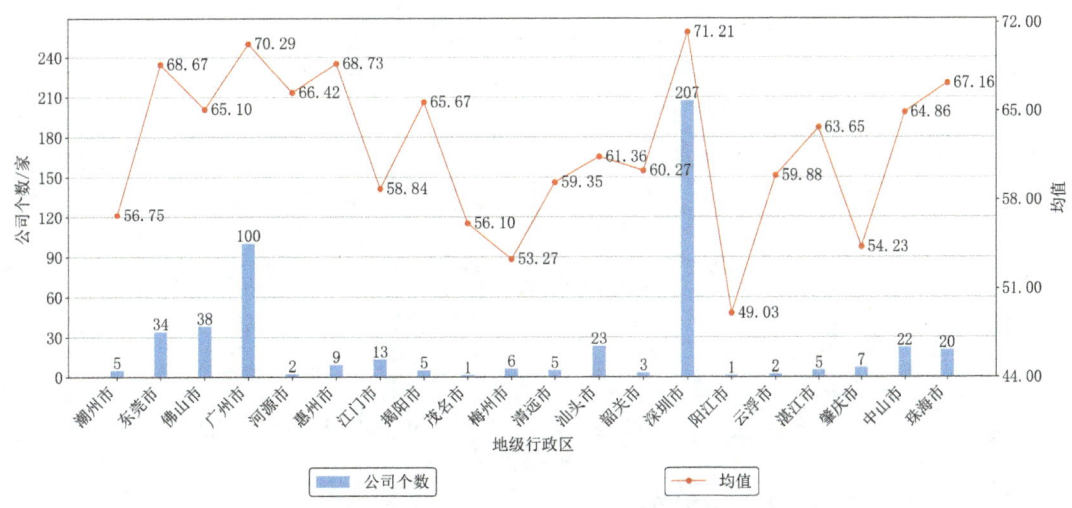

图 6-27　2023 年广东省传统产业上市公司数字化战略导向指数均值分布图

广东省数字化战略导向指数排名前10的传统产业上市公司如表6-27所示。

表6-27　2023年广东省传统产业上市公司数字化战略导向指数前10排名

排名	证券名称	证券代码	产权性质	一级行业	地级行政区	数字化战略导向指数
1	美的集团	000333.SZ	非国有控股	家用电器	佛山市	98.05
2	深桑达A	000032.SZ	中央国有控股	建筑装饰	深圳市	96.95
3	迈瑞医疗	300760.SZ	非国有控股	医药生物	深圳市	96.75
4	九联科技	688609.SH	非国有控股	家用电器	惠州市	96.73
5	深城交	301091.SZ	地方国有控股	建筑装饰	深圳市	96.32
6	汇川技术	300124.SZ	非国有控股	机械设备	深圳市	95.62
7	顺丰控股	002352.SZ	非国有控股	交通运输	深圳市	95.56
8	中集集团	000039.SZ	中央国有控股	机械设备	深圳市	95.30
9	齐心集团	002301.SZ	非国有控股	轻工制造	深圳市	95.25
10	华大智造	688114.SH	非国有控股	医药生物	深圳市	94.56

数据来源：同花顺（iFinD），首经贸资产评估研究院和浙工商中国智能管理研究院整理。

6.6.3　数字化要素投入指数

2023年广东省传统产业508家上市公司数字化要素投入指数平均水平为61.62，高于传统产业上市公司该项指数平均水平57.94。具体而言，该项指数最高的上市公司是九联科技，数字化要素投入指数为97.80。从省内城市分布来看，如图6-28所示，数字化要素投入指数平均水平最高的城市是深圳市（65.11）。从指数分布来看，高于传统产业上市公司该项指数平均水平的上市公司有292家，占比57.48%。其中，数字化要素投入指数处于[80, 100]的有29家，占比5.71%；[70, 80)的有101家，占比19.88%；[60, 70)的有147家，占比28.94%；[0, 60)的有231家，占比45.47%。

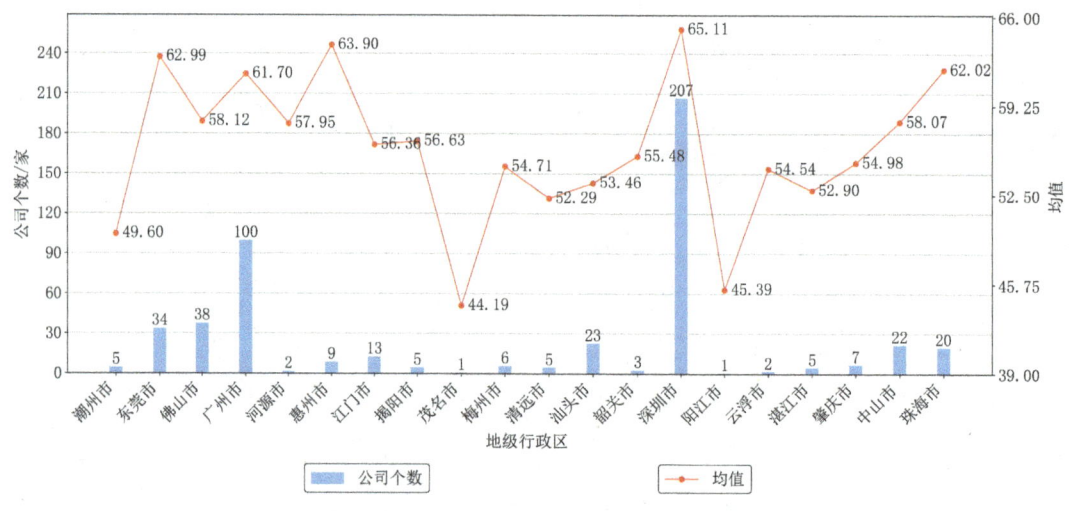

图6-28　2023年广东省传统产业上市公司数字化要素投入指数均值分布图

广东省数字化要素投入指数排名前10的传统产业上市公司如表6-28所示。

表6-28　2023年广东省传统产业上市公司数字化要素投入指数前10排名

排名	证券名称	证券代码	产权性质	一级行业	地级行政区	数字化要素投入指数
1	九联科技	688609.SH	非国有控股	家用电器	惠州市	97.80
2	顺丰控股	002352.SZ	非国有控股	交通运输	深圳市	94.07
3	深桑达A	000032.SZ	中央国有控股	建筑装饰	深圳市	93.86
4	深城交	301091.SZ	地方国有控股	建筑装饰	深圳市	90.72
5	拓斯达	300607.SZ	非国有控股	机械设备	东莞市	90.43
6	索菱股份	002766.SZ	非国有控股	汽车	深圳市	88.61
7	友讯达	300514.SZ	非国有控股	电力设备	深圳市	87.55
8	招商港口	001872.SZ	中央国有控股	交通运输	深圳市	86.66
9	长园集团	600525.SH	非国有控股	电力设备	深圳市	86.45
10	英威腾	002334.SZ	非国有控股	机械设备	深圳市	86.41

数据来源：同花顺（iFinD），首经贸资产评估研究院和浙工商中国智能管理研究院整理。

6.6.4　数字化创新成果指数

2023年广东省传统产业508家上市公司数字化创新成果指数平均水平为67.69，高于传统产业上市公司该项指数平均水平63.16。具体而言，该项指数最高的上市公司是美的集团，数字化创新成果指数为97.25。从省内城市分布来看，如图6-29所示，数字化创新成果指数平均水平最高的城市是东莞市（73.13）。从指数分布来看，高于传统产业上市公司该项指数平均水平的上市公司有308家，占比60.63%。其中，数字化创新成果指数处于［80，100］的有115家，占比22.64%；［70，80）的有119家，占比23.43%；［60，70）的有108家，占比21.26%；［0，60）的有166家，占比32.67%。

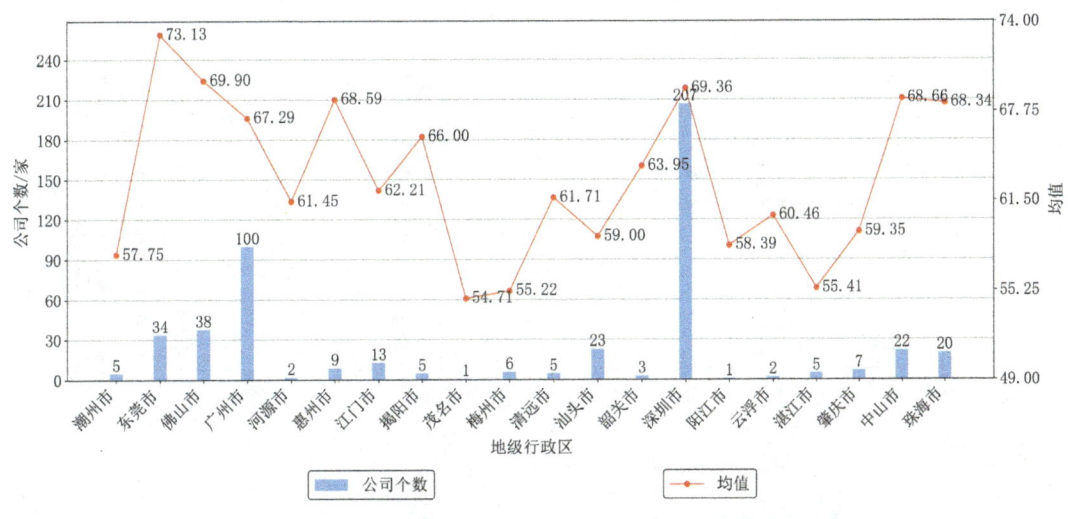

图6-29　2023年广东省传统产业上市公司数字化创新成果指数均值分布图

广东省数字化创新成果指数排名前10的传统产业上市公司如表6-29所示。

表6-29 2023年广东省传统产业上市公司数字化创新成果指数前10排名

排名	证券名称	证券代码	产权性质	一级行业	地级行政区	数字化创新成果指数
1	美的集团	000333.SZ	非国有控股	家用电器	佛山市	97.25
2	汇川技术	300124.SZ	非国有控股	机械设备	深圳市	97.07
3	迈瑞医疗	300760.SZ	非国有控股	医药生物	深圳市	96.84
4	九联科技	688609.SH	非国有控股	家用电器	惠州市	95.15
5	拓斯达	300607.SZ	非国有控股	机械设备	东莞市	94.32
6	麦格米特	002851.SZ	非国有控股	电力设备	深圳市	94.23
7	中集集团	000039.SZ	中央国有控股	机械设备	深圳市	93.94
8	利元亨	688499.SH	非国有控股	电力设备	惠州市	93.79
9	南兴股份	002757.SZ	非国有控股	机械设备	东莞市	93.24
10	欧派家居	603833.SH	非国有控股	轻工制造	广州市	92.67

数据来源：同花顺（iFinD），首经贸资产评估研究院和浙工商中国智能管理研究院整理。

6.6.5 数字化创新绩效指数

2023年广东省传统产业508家上市公司数字化创新绩效指数平均水平为65.61，低于传统产业上市公司该项指数平均水平66.22。具体而言，该项指数最高的上市公司是迈瑞医疗，数字化创新绩效指数为93.13。从省内城市分布来看，如图6-30所示，数字化创新绩效指数平均水平最高的城市是云浮市（70.61）。从指数分布来看，高于传统产业上市公司该项指数平均水平的上市公司有229家，占比45.08%。其中，数字化创新绩效指数处于［80，100］的有61家，占比12.01%；［70，80）的有131家，占比25.79%；［60，70）的有143家，占比28.15%；［0，60）的有173家，占比34.05%。

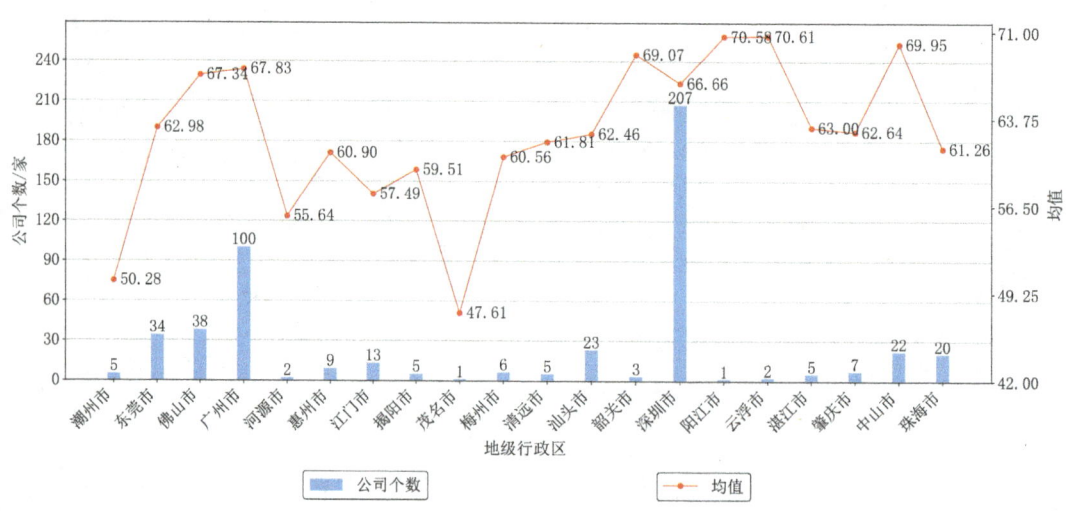

图6-30 2023年广东省传统产业上市公司数字化创新绩效指数均值分布图

广东省数字化创新绩效指数排名前10的传统产业上市公司如表6-30所示。

表6-30 2023年广东省传统产业上市公司数字化创新绩效指数前10排名

排名	证券名称	证券代码	产权性质	一级行业	地级行政区	数字化创新绩效指数
1	迈瑞医疗	300760.SZ	非国有控股	医药生物	深圳市	93.13
2	汇川技术	300124.SZ	非国有控股	机械设备	深圳市	90.77
3	中国广核	003816.SZ	中央国有控股	公用事业	深圳市	89.73
4	新产业	300832.SZ	非国有控股	医药生物	深圳市	89.63
5	特力A	000025.SZ	地方国有控股	综合	深圳市	89.28
6	华润三九	000999.SZ	中央国有控股	医药生物	深圳市	89.22
7	周大生	002867.SZ	非国有控股	纺织服饰	深圳市	88.77
8	白云机场	600004.SH	地方国有控股	交通运输	广州市	88.66
9	光启技术	002625.SZ	非国有控股	国防军工	深圳市	87.83
10	爱施德	002416.SZ	非国有控股	商贸零售	深圳市	87.55

数据来源：同花顺（iFinD），首经贸资产评估研究院和浙工商中国智能管理研究院整理。

6.7 广西壮族自治区传统产业上市公司数字化创新评价

截至2023年底，A股市场广西壮族自治区共有传统产业上市公司33家，总市值共计2149.12亿元，营业收入合计3352.90亿元，平均市值65.12亿元/家，平均营业收入101.60亿元/家。2023年，广西壮族自治区传统产业上市公司研发投入合计为50.79亿元，占营业收入的比例为1.51%；无形资产账面价值合计为171.02亿元，占总资产的比例为3.83%。根据本报告分析口径，共对广西壮族自治区33家传统产业上市公司开展数字化创新指数评价，具体情况如下：

6.7.1 数字化创新综合指数

2023年广西壮族自治区传统产业33家上市公司数字化创新综合指数平均水平为61.45，低于传统产业上市公司该项指数平均水平62.91。具体而言，该项指数最高的上市公司是柳药集团，数字化创新综合指数为77.00。从自治区内城市分布来看，如图6-31所示，广西壮族自治区传统产业33家上市公司分布在10个市，数字化创新综合指数平均水平最高的城市是钦州市（72.57）。从指数分布来看，高于传统产业上市公司该项指数平均水平的上市公司有16家，占比48.48%。其中，数字化创新综合指数处于[70，80）的有8家，占比24.24%；[60，70）的有10家，占比30.30%；[0，60）的有15家，占比45.46%。

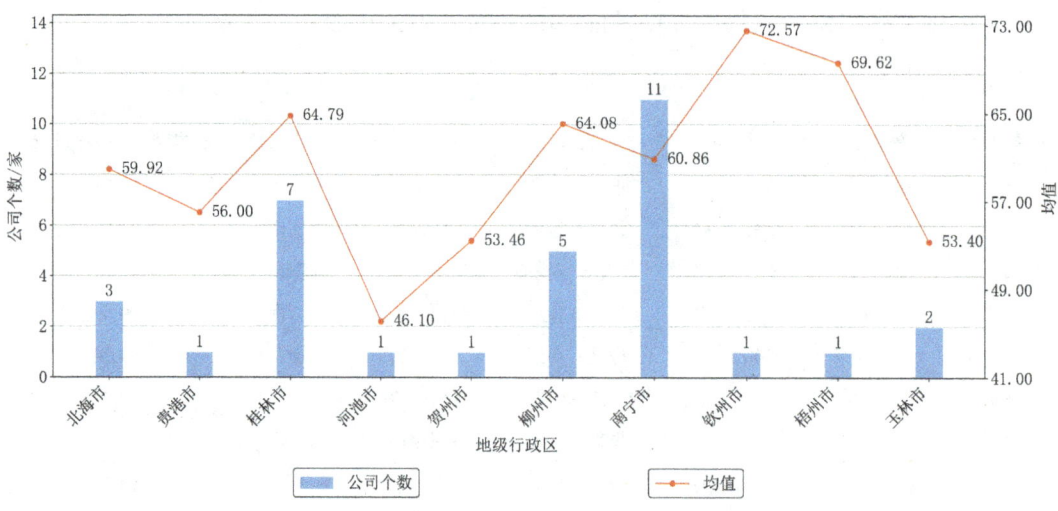

图6-31　2023年广西壮族自治区传统产业上市公司数字化创新综合指数均值分布图

广西壮族自治区数字化创新综合指数排名前10的传统产业上市公司如表6-31所示。

表6-31　2023年广西壮族自治区传统产业上市公司数字化创新综合指数前10排名

排名	证券名称	证券代码	产权性质	一级行业	地级行政区	数字化创新综合指数
1	柳药集团	603368.SH	非国有控股	医药生物	柳州市	77.00
2	柳工	000528.SZ	地方国有控股	机械设备	柳州市	77.00
3	恒逸石化	000703.SZ	非国有控股	石油石化	钦州市	72.57
4	北部湾港	000582.SZ	地方国有控股	交通运输	北海市	71.83
5	丰林集团	601996.SH	非国有控股	轻工制造	南宁市	71.25
6	桂林三金	002275.SZ	非国有控股	医药生物	桂林市	71.23
7	华蓝集团	301027.SZ	非国有控股	建筑装饰	南宁市	71.11
8	东方智造	002175.SZ	非国有控股	机械设备	桂林市	70.10
9	莱茵生物	002166.SZ	非国有控股	基础化工	桂林市	69.81
10	中恒集团	600252.SH	地方国有控股	医药生物	梧州市	69.62

数据来源：同花顺（iFinD），首经贸资产评估研究院和浙工商中国智能管理研究院整理。

6.7.2　数字化战略导向指数

2023年广西壮族自治区传统产业33家上市公司数字化战略导向指数平均水平为63.20，高于传统产业上市公司该项指数平均水平62.85。具体而言，该项指数最高的上市公司是华蓝集团，数字化战略导向指数为87.98。从自治区内城市分布来看，如图6-32所示，数字化战略导向指数平均水平最高的城市是梧州市（78.08）。从指数分布来看，高于传统产业上市公司该项指数平均水平的上市公司有15家，占比45.45%。其中，数字化战略导向指数处于［80，100］的有4家，占比12.12%；［70，80）的有7家，占比21.21%；［60，70）的有7家，占比21.21%；［0，60）的有15家，占比45.46%。

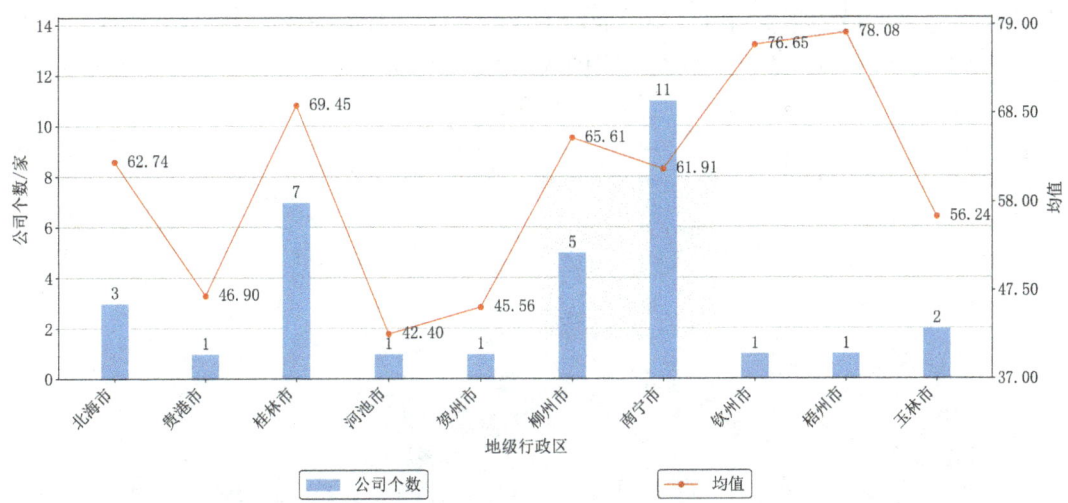

图6-32 2023年广西壮族自治区传统产业上市公司数字化战略导向指数均值分布图

广西壮族自治区数字化战略导向指数排名前10的传统产业上市公司如表6-32所示。

表6-32 2023年广西壮族自治区传统产业上市公司数字化战略导向指数前10排名

排名	证券名称	证券代码	产权性质	一级行业	地级行政区	数字化战略导向指数
1	华蓝集团	301027.SZ	非国有控股	建筑装饰	南宁市	87.98
2	柳药集团	603368.SH	非国有控股	医药生物	柳州市	86.63
3	桂林三金	002275.SZ	非国有控股	医药生物	桂林市	86.62
4	西麦食品	002956.SZ	非国有控股	食品饮料	桂林市	80.27
5	柳工	000528.SZ	地方国有控股	机械设备	柳州市	79.48
6	中恒集团	600252.SH	地方国有控股	医药生物	梧州市	78.08
7	莱茵生物	002166.SZ	非国有控股	基础化工	桂林市	76.97
8	恒逸石化	000703.SZ	非国有控股	石油石化	钦州市	76.65
9	广农糖业	000911.SZ	地方国有控股	农林牧渔	南宁市	75.03
10	北部湾港	000582.SZ	地方国有控股	交通运输	北海市	73.49

数据来源：同花顺（iFinD），首经贸资产评估研究院和浙工商中国智能管理研究院整理。

6.7.3 数字化要素投入指数

2023年广西壮族自治区传统产业33家上市公司数字化要素投入指数平均水平为

56.43，低于传统产业上市公司该项指数平均水平57.94。具体而言，该项指数最高的上市公司是五洲交通，数字化要素投入指数为78.14。从自治区内城市分布来看，如图6-33所示，数字化要素投入指数平均水平最高的城市是梧州市（65.79）。从指数分布来看，高于传统产业上市公司该项指数平均水平的上市公司有13家，占比39.39%。其中，数字化要素投入指数处于［70，80）的有2家，占比6.06%；［60，70）的有9家，占比27.27%；［0，60）的有22家，占比66.67%。

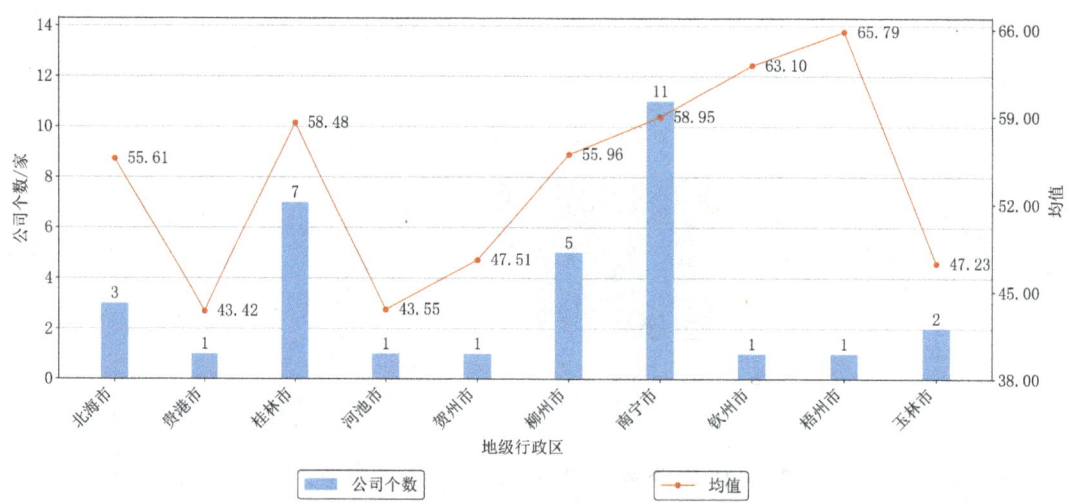

图6-33　2023年广西壮族自治区传统产业上市公司数字化要素投入指数均值分布图

广西壮族自治区数字化要素投入指数排名前10的传统产业上市公司如表6-33所示。

表6-33　2023年广西壮族自治区传统产业上市公司数字化要素投入指数前10排名

排名	证券名称	证券代码	产权性质	一级行业	地级行政区	数字化要素投入指数
1	五洲交通	600368.SH	地方国有控股	交通运输	南宁市	78.14
2	华蓝集团	301027.SZ	非国有控股	建筑装饰	南宁市	77.37
3	东方智造	002175.SZ	非国有控股	机械设备	桂林市	69.31
4	柳工	000528.SZ	地方国有控股	机械设备	柳州市	69.26
5	柳药集团	603368.SH	非国有控股	医药生物	柳州市	67.87
6	中恒集团	600252.SH	地方国有控股	医药生物	梧州市	65.79
7	丰林集团	601996.SH	非国有控股	轻工制造	南宁市	65.57
8	桂林三金	002275.SZ	非国有控股	医药生物	桂林市	65.55
9	恒逸石化	000703.SZ	非国有控股	石油石化	钦州市	63.10
10	广农糖业	000911.SZ	地方国有控股	农林牧渔	南宁市	62.44

数据来源：同花顺（iFinD），首经贸资产评估研究院和浙工商中国智能管理研究院整理。

6.7.4 数字化创新成果指数

2023年广西壮族自治区传统产业33家上市公司数字化创新成果指数平均水平为60.49，低于传统产业上市公司该项指数平均水平63.16。具体而言，该项指数最高的上市公司是柳工，数字化创新成果指数为82.28。从自治区内城市分布来看，如图6-34所示，数字化创新成果指数平均水平最高的城市是钦州市（79.88）。从指数分布来看，高于传统产业上市公司该项指数平均水平的上市公司有14家，占比42.42%。其中，数字化创新成果指数处于[80，100]的有2家，占比6.06%；[70，80）的有6家，占比18.18%；[60，70）的有9家，占比27.27%；[0，60）的有16家，占比48.49%。

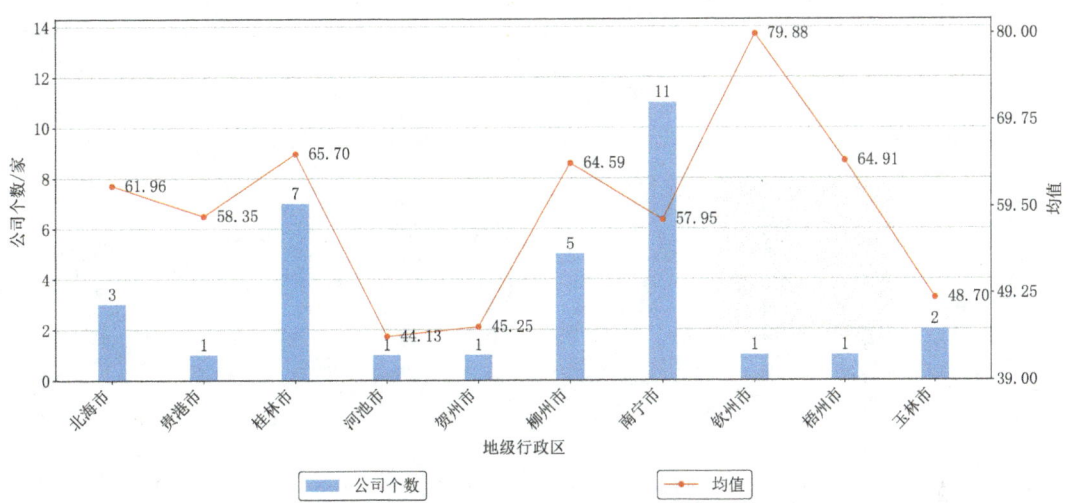

图6-34 2023年广西壮族自治区传统产业上市公司数字化创新成果指数均值分布图

广西壮族自治区数字化创新成果指数排名前10的传统产业上市公司如表6-34所示。

表6-34 2023年广西壮族自治区传统产业上市公司数字化创新成果指数前10排名

排名	证券名称	证券代码	产权性质	一级行业	地级行政区	数字化创新成果指数
1	柳工	000528.SZ	地方国有控股	机械设备	柳州市	82.28
2	东方智造	002175.SZ	非国有控股	机械设备	桂林市	80.63
3	恒逸石化	000703.SZ	非国有控股	石油石化	钦州市	79.88
4	丰林集团	601996.SH	非国有控股	轻工制造	南宁市	78.93
5	柳药集团	603368.SH	非国有控股	医药生物	柳州市	77.95
6	福达股份	603166.SH	非国有控股	汽车	桂林市	76.97
7	华蓝集团	301027.SZ	非国有控股	建筑装饰	南宁市	74.22
8	莱茵生物	002166.SZ	非国有控股	基础化工	桂林市	73.96
9	柳钢股份	601003.SH	地方国有控股	钢铁	柳州市	69.83
10	北部湾港	000582.SZ	地方国有控股	交通运输	北海市	68.84

数据来源：同花顺（iFinD），首经贸资产评估研究院和浙工商中国智能管理研究院整理。

6.7.5 数字化创新绩效指数

2023年广西壮族自治区传统产业33家上市公司数字化创新绩效指数平均水平为65.06，低于传统产业上市公司该项指数平均水平66.22。具体而言，该项指数最高的上市公司是华锡有色，数字化创新绩效指数为83.50。从自治区内城市分布来看，如图6-35所示，数字化创新绩效指数平均水平最高的城市是梧州市（72.52）。从指数分布来看，高于传统产业上市公司该项指数平均水平的上市公司有20家，占比60.61%。其中，数字化创新绩效指数处于［80，100］的有2家，占比6.06%；［70，80）的有6家，占比18.18%；［60，70）的有14家，占比42.42%；［0，60）的有11家，占比33.34%。

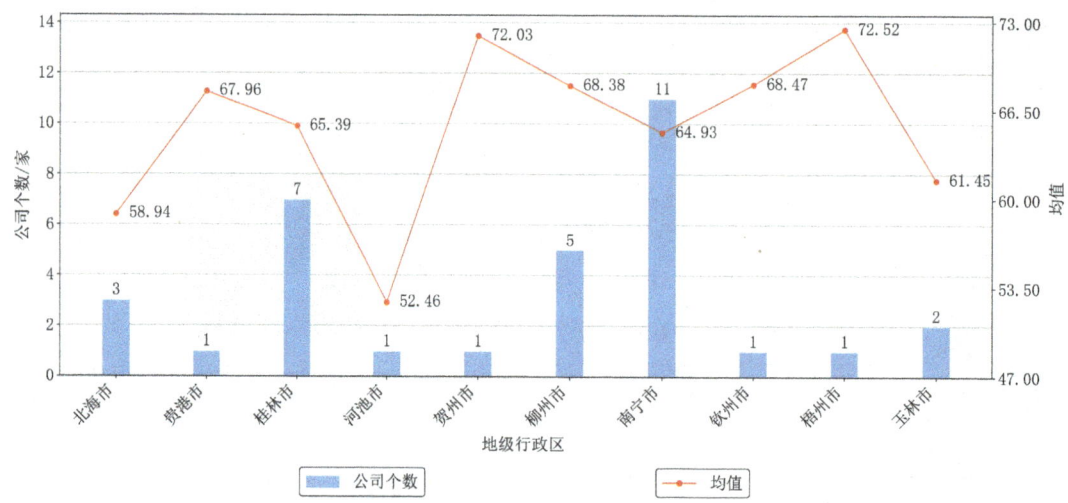

图6-35　2023年广西壮族自治区传统产业上市公司数字化创新绩效指数均值分布图

广西壮族自治区数字化创新绩效指数排名前10的传统产业上市公司如表6-35所示。

表6-35　2023年广西壮族自治区传统产业上市公司数字化创新绩效指数前10排名

排名	证券名称	证券代码	产权性质	一级行业	地级行政区	数字化创新绩效指数
1	华锡有色	600301.SH	地方国有控股	有色金属	南宁市	83.50
2	北部湾港	000582.SZ	地方国有控股	交通运输	北海市	83.35
3	桂林三金	002275.SZ	非国有控股	医药生物	桂林市	77.64
4	柳药集团	603368.SH	非国有控股	医药生物	柳州市	76.52
5	柳工	000528.SZ	地方国有控股	机械设备	柳州市	74.98
6	中恒集团	600252.SH	地方国有控股	医药生物	梧州市	72.52
7	广西能源	600310.SH	地方国有控股	公用事业	贺州市	72.03
8	桂冠电力	600236.SH	中央国有控股	公用事业	南宁市	71.62
9	广农糖业	000911.SZ	地方国有控股	农林牧渔	南宁市	69.96
10	西麦食品	002956.SZ	非国有控股	食品饮料	桂林市	69.88

数据来源：同花顺（iFinD），首经贸资产评估研究院和浙工商中国智能管理研究院整理。

6.8 贵州省传统产业上市公司数字化创新评价

截至2023年底，A股市场贵州省共有传统产业上市公司27家，总市值共计23864.30亿元，营业收入合计2797.16亿元，平均市值883.86亿元/家，平均营业收入103.60亿元/家。2023年，贵州省传统产业上市公司研发投入合计为46.35亿元，占营业收入的比例为1.66%；无形资产账面价值合计为235.50亿元，占总资产的比例为4.21%。根据本报告分析口径，共对贵州省27家传统产业上市公司开展数字化创新指数评价，具体情况如下：

6.8.1 数字化创新综合指数

2023年贵州省传统产业27家上市公司数字化创新综合指数平均水平为62.97，高于传统产业上市公司该项指数平均水平62.91。具体而言，该项指数最高的上市公司是泰永长征，数字化创新综合指数为81.56。从省内市、自治州分布来看，如图6-36所示，贵州省传统产业27家上市公司分布在6个市、自治州，数字化创新综合指数平均水平最高的城市是铜仁市（79.44）。从指数分布来看，高于传统产业上市公司该项指数平均水平的上市公司有13家，占比48.15%。其中，数字化创新综合指数处于［80，100］的有1家，占比3.70%；［70，80）的有5家，占比18.52%；［60，70）的有10家，占比37.04%；［0，60）的有11家，占比40.74%。

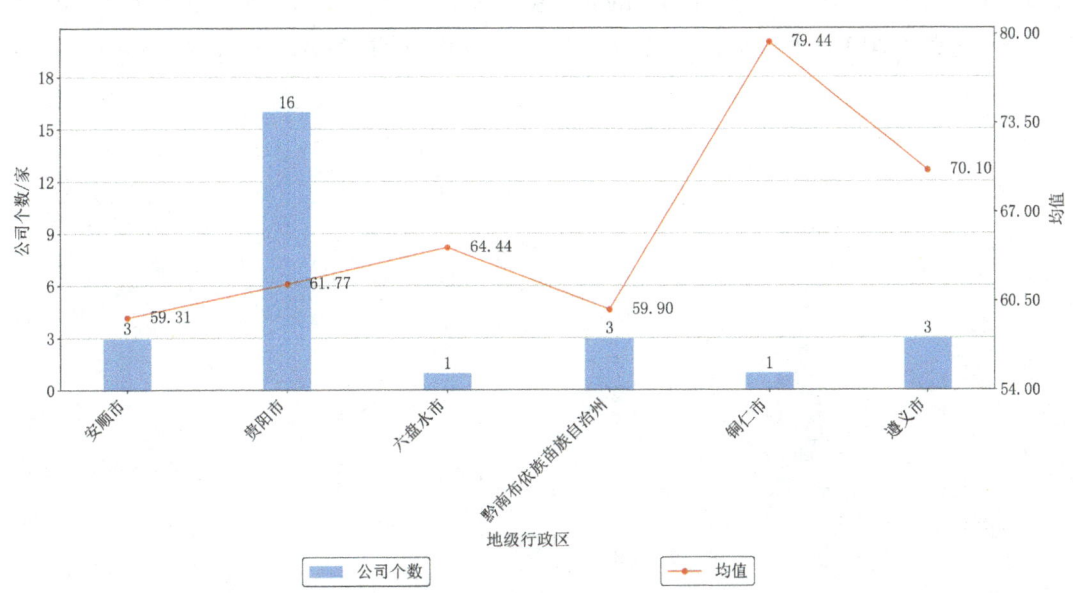

图6-36 2023年贵州省传统产业上市公司数字化创新综合指数均值分布图

贵州省数字化创新综合指数排名前10的传统产业上市公司如表6-36所示。

表 6-36　2023 年贵州省传统产业上市公司数字化创新综合指数前 10 排名

排名	证券名称	证券代码	产权性质	一级行业	地级行政区	数字化创新综合指数
1	泰永长征	002927.SZ	非国有控股	电力设备	遵义市	81.56
2	中伟股份	300919.SZ	非国有控股	电力设备	铜仁市	79.44
3	航宇科技	688239.SH	非国有控股	国防军工	贵阳市	73.93
4	贵州茅台	600519.SH	地方国有控股	食品饮料	遵义市	73.86
5	信邦制药	002390.SZ	非国有控股	医药生物	黔南布依族苗族自治州	70.94
6	中航重机	600765.SH	中央国有控股	国防军工	贵阳市	70.92
7	贵州轮胎	000589.SZ	地方国有控股	汽车	贵阳市	69.21
8	勘设股份	603458.SH	非国有控股	建筑装饰	贵阳市	67.44
9	保利联合	002037.SZ	中央国有控股	基础化工	贵阳市	67.44
10	沃顿科技	000920.SZ	中央国有控股	基础化工	贵阳市	66.43

数据来源：同花顺（iFinD），首经贸资产评估研究院和浙工商中国智能管理研究院整理。

6.8.2　数字化战略导向指数

2023年贵州省传统产业27家上市公司数字化战略导向指数平均水平为61.88，低于传统产业上市公司该项指数平均水平62.85。具体而言，该项指数最高的上市公司是泰永长征，数字化战略导向指数为92.10。从省内市、自治州分布来看，如图6-37所示，数字化战略导向指数平均水平最高的城市是铜仁市（79.32）。从指数分布来看，高于传统产业上市公司该项指数平均水平的上市公司有11家，占比40.74%。其中，数字化战略导向指数处于［80，100］的有1家，占比3.70%；［70，80）的有7家，占比25.93%；［60，70）的有8家，占比29.63%；［0，60）的有11家，占比40.74%。

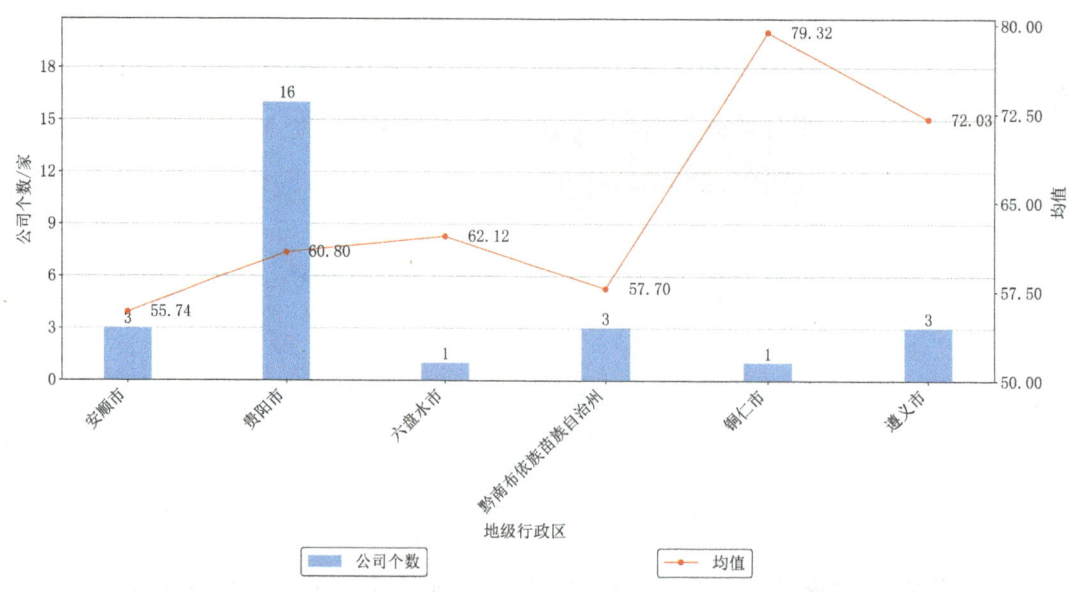

图6-37　2023年贵州省传统产业上市公司数字化战略导向指数均值分布图

贵州省数字化战略导向指数排名前10的传统产业上市公司如表6-37所示。

表 6-37 2023 年贵州省传统产业上市公司数字化战略导向指数前 10 排名

排名	证券名称	证券代码	产权性质	一级行业	地级行政区	数字化战略导向指数
1	泰永长征	002927.SZ	非国有控股	电力设备	遵义市	92.10
2	中伟股份	300919.SZ	非国有控股	电力设备	铜仁市	79.32
3	新天药业	002873.SZ	非国有控股	医药生物	贵阳市	75.55
4	益佰制药	600594.SH	非国有控股	医药生物	贵阳市	74.63
5	贵州茅台	600519.SH	地方国有控股	食品饮料	遵义市	74.24
6	勘设股份	603458.SH	非国有控股	建筑装饰	贵阳市	74.13
7	信邦制药	002390.SZ	非国有控股	医药生物	黔南布依族苗族自治州	73.72
8	ST百灵	002424.SZ	非国有控股	医药生物	安顺市	70.83
9	贵州轮胎	000589.SZ	地方国有控股	汽车	贵阳市	67.39
10	保利联合	002037.SZ	中央国有控股	基础化工	贵阳市	66.91

数据来源：同花顺（iFinD），首经贸资产评估研究院和浙工商中国智能管理研究院整理。

6.8.3　数字化要素投入指数

2023年贵州省传统产业27家上市公司数字化要素投入指数平均水平为57.47，低于传统产业上市公司该项指数平均水平57.94。具体而言，该项指数最高的上市公司是泰永长征，数字化要素投入指数为77.72。从省内市、自治州分布来看，如图6-38所示，数字化要素投入指数平均水平最高的城市是铜仁市（76.66）。从指数分布来看，高于传统产业上市公司该项指数平均水平的上市公司有9家，占比33.33%。其中，数字化要素投入指数处于［70，80）的有5家，占比18.52%；［60，70）的有3家，占比11.11%；［0，60）的有19家，占比70.37%。

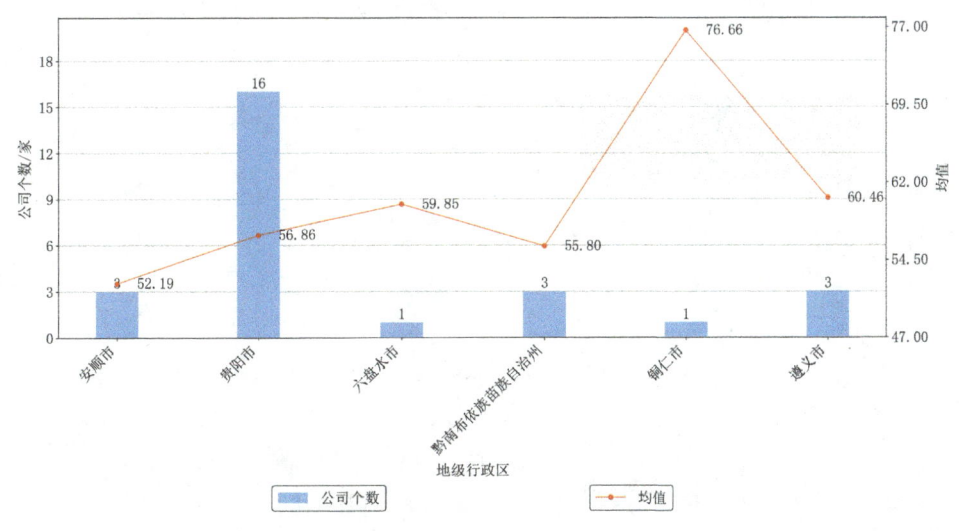

图 6-38　2023 年贵州省传统产业上市公司数字化要素投入指数均值分布图

贵州省数字化要素投入指数排名前10的传统产业上市公司如表6-38所示。

表6-38 2023年贵州省传统产业上市公司数字化要素投入指数前10排名

排名	证券名称	证券代码	产权性质	一级行业	地级行政区	数字化要素投入指数
1	泰永长征	002927.SZ	非国有控股	电力设备	遵义市	77.72
2	中伟股份	300919.SZ	非国有控股	电力设备	铜仁市	76.66
3	勘设股份	603458.SH	非国有控股	建筑装饰	贵阳市	72.02
4	益佰制药	600594.SH	非国有控股	医药生物	贵阳市	70.55
5	信邦制药	002390.SZ	非国有控股	医药生物	黔南布依族苗族自治州	70.48
6	保利联合	002037.SZ	中央国有控股	基础化工	贵阳市	65.42
7	航宇科技	688239.SH	非国有控股	国防军工	贵阳市	63.08
8	中航重机	600765.SH	中央国有控股	国防军工	贵阳市	60.23
9	盘江股份	600395.SH	地方国有控股	煤炭	六盘水市	59.85
10	沃顿科技	000920.SZ	中央国有控股	基础化工	贵阳市	58.62

数据来源：同花顺（iFinD），首经贸资产评估研究院和浙工商中国智能管理研究院整理。

6.8.4 数字化创新成果指数

2023年贵州省传统产业27家上市公司数字化创新成果指数平均水平为61.72，低于传统产业上市公司该项指数平均水平63.16。具体而言，该项指数最高的上市公司是泰永长征，数字化创新成果指数为89.86。从省内市、自治州分布来看，如图6-39所示，数字化创新成果指数平均水平最高的城市是铜仁市（80.22）。从指数分布来看，高于传统产业上市公司该项指数平均水平的上市公司有11家，占比40.74%。其中，数字化创新成果指数处于[80，100]的有2家，占比7.41%；[70，80）的有5家，占比18.52%；[60，70）的有6家，占比22.22%；[0，60）的有14家，占比51.85%。

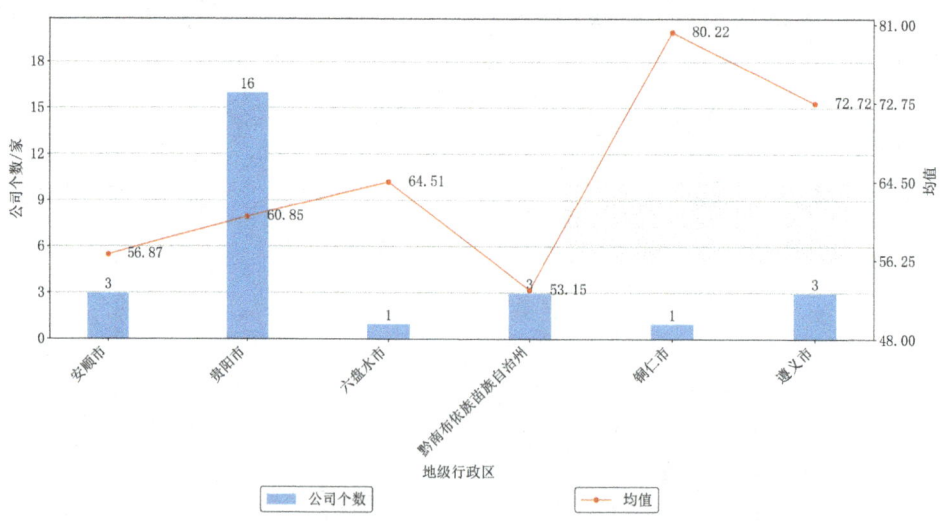

图6-39 2023年贵州省传统产业上市公司数字化创新成果指数均值分布图

贵州省数字化创新成果指数排名前10的传统产业上市公司如表6-39所示。

表6-39 2023年贵州省传统产业上市公司数字化创新成果指数前10排名

排名	证券名称	证券代码	产权性质	一级行业	地级行政区	数字化创新成果指数
1	泰永长征	002927.SZ	非国有控股	电力设备	遵义市	89.86
2	中伟股份	300919.SZ	非国有控股	电力设备	铜仁市	80.22
3	航宇科技	688239.SH	非国有控股	国防军工	贵阳市	78.36
4	中航重机	600765.SH	中央国有控股	国防军工	贵阳市	73.15
5	沃顿科技	000920.SZ	中央国有控股	基础化工	贵阳市	73.12
6	保利联合	002037.SZ	中央国有控股	基础化工	贵阳市	72.59
7	贵州轮胎	000589.SZ	地方国有控股	汽车	贵阳市	70.91
8	贵州茅台	600519.SH	地方国有控股	食品饮料	遵义市	68.59
9	勘设股份	603458.SH	非国有控股	建筑装饰	贵阳市	68.48
10	信邦制药	002390.SZ	非国有控股	医药生物	黔南布依族苗族自治州	64.92

数据来源：同花顺（iFinD），首经贸资产评估研究院和浙工商中国智能管理研究院整理。

6.8.5 数字化创新绩效指数

2023年贵州省传统产业27家上市公司数字化创新绩效指数平均水平为69.01，高于传统产业上市公司该项指数平均水平66.22。具体而言，该项指数最高的上市公司是贵州茅台，数字化创新绩效指数为92.04。从省内市、自治州分布来看，如图6-40所示，数字化创新绩效指数平均水平最高的城市是铜仁市（80.60）。从指数分布来看，高于传统产业上市公司该项指数平均水平的上市公司有17家，占比62.96%。其中，数字化创新绩效指数处于［80，100］的有5家，占比18.52%；［70，80）的有8家，占比29.63%；［60，70）的有7家，占比25.93%；［0，60）的有7家，占比25.92%。

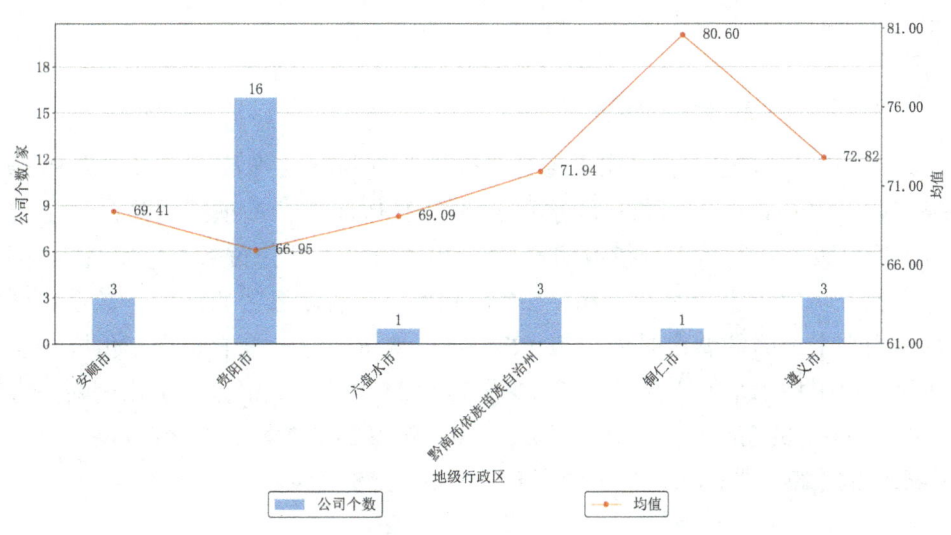

图6-40 2023年贵州省传统产业上市公司数字化创新绩效指数均值分布图

贵州省数字化创新绩效指数排名前10的传统产业上市公司如表6-40所示。

表6-40 2023年贵州省传统产业上市公司数字化创新绩效指数前10排名

排名	证券名称	证券代码	产权性质	一级行业	地级行政区	数字化创新绩效指数
1	贵州茅台	600519.SH	地方国有控股	食品饮料	遵义市	92.04
2	航宇科技	688239.SH	非国有控股	国防军工	贵阳市	82.89
3	中伟股份	300919.SZ	非国有控股	电力设备	铜仁市	80.60
4	中航重机	600765.SH	中央国有控股	国防军工	贵阳市	80.58
5	贵州三力	603439.SH	非国有控股	医药生物	安顺市	80.00
6	贵州轮胎	000589.SZ	地方国有控股	汽车	贵阳市	78.17
7	川恒股份	002895.SZ	非国有控股	基础化工	黔南布依族苗族自治州	77.66
8	贵州燃气	600903.SH	地方国有控股	公用事业	贵阳市	77.17
9	信邦制药	002390.SZ	非国有控股	医药生物	黔南布依族苗族自治州	76.47
10	华夏航空	002928.SZ	非国有控股	交通运输	贵阳市	75.97

数据来源：同花顺（iFinD），首经贸资产评估研究院和浙工商中国智能管理研究院整理。

6.9 海南省传统产业上市公司数字化创新评价

截至2023年底，A股市场海南省共有传统产业上市公司24家，总市值共计2467.51亿元，营业收入合计1960.86亿元，平均市值102.81亿元/家，平均营业收入81.70亿元/家。2023年，海南省传统产业上市公司研发投入合计为24.96亿元，占营业收入的比例为1.27%；无形资产账面价值合计为111.06亿元，占总资产的比例为3.60%。根据本报告分析口径，共对海南省24家传统产业上市公司开展数字化创新指数评价，具体情况如下：

6.9.1 数字化创新综合指数

2023年海南省传统产业24家上市公司数字化创新综合指数平均水平为58.79，低于传统产业上市公司该项指数平均水平62.91。具体而言，该项指数最高的上市公司是金盘科技，数字化创新综合指数为87.01。从省内市、县分布来看，如图6-41所示，海南省传统产业24家上市公司分布在2个市和部分省直辖县级行政区，数字化创新综合指数平均水平最高的城市是海口市（59.35）。从指数分布来看，高于传统产业上市公司该项指数平均水平的上市公司有6家，占比25.00%。其中，数字化创新综合指数处于［80，100］的有1家，占比4.17%；［70，80）的有2家，占比8.33%；［60，70）的有7家，占比29.17%；［0，60）的有14家，占比58.33%。

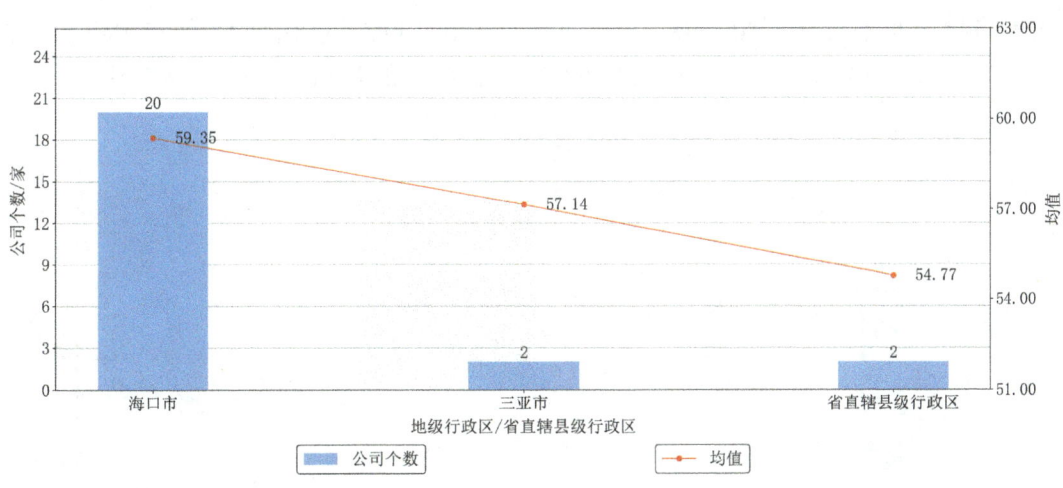

图6-41　2023年海南省传统产业上市公司数字化创新综合指数均值分布图

海南省数字化创新综合指数排名前10的传统产业上市公司如表6-41所示。

表6-41　2023年海南省传统产业上市公司数字化创新综合指数前10排名

排名	证券名称	证券代码	产权性质	一级行业	地级行政区/省直辖县级行政区	数字化创新综合指数
1	金盘科技	688676.SH	非国有控股	电力设备	海口市	87.01
2	中钨高新	000657.SZ	中央国有控股	有色金属	海口市	71.40
3	广晟有色	600259.SH	中央国有控股	有色金属	海口市	70.41
4	海南橡胶	601118.SH	地方国有控股	农林牧渔	海口市	68.10
5	海峡股份	002320.SZ	中央国有控股	交通运输	海口市	66.04
6	钧达股份	002865.SZ	非国有控股	电力设备	海口市	63.96
7	海南矿业	601969.SH	非国有控股	钢铁	省直辖县级行政区	62.83
8	海航控股	600221.SH	非国有控股	交通运输	海口市	62.78
9	ST凯撒	000796.SZ	地方国有控股	社会服务	三亚市	61.86
10	葫芦娃	605199.SH	非国有控股	医药生物	海口市	61.04

数据来源：同花顺（iFinD），首经贸资产评估研究院和浙工商中国智能管理研究院整理。

6.9.2　数字化战略导向指数

2023年海南省传统产业24家上市公司数字化战略导向指数平均水平为60.18，低于传统产业上市公司该项指数平均水平62.85。具体而言，该项指数最高的上市公司是金盘科技，数字化战略导向指数为95.49。从省内市、县分布来看，如图6-42所示，数字化战略导向指数平均水平最高的城市是海口市（60.51）。从指数分布来看，高于传统产业上市公司该项指数平均水平的上市公司有9家，占比37.50%。其中，数字化战略导向指数处于［80，100］的有1家，占比4.17%；［70，80）的有5家，占比20.83%；［60，70）的有4家，占比16.67%；［0，60）的有14家，占比58.33%。

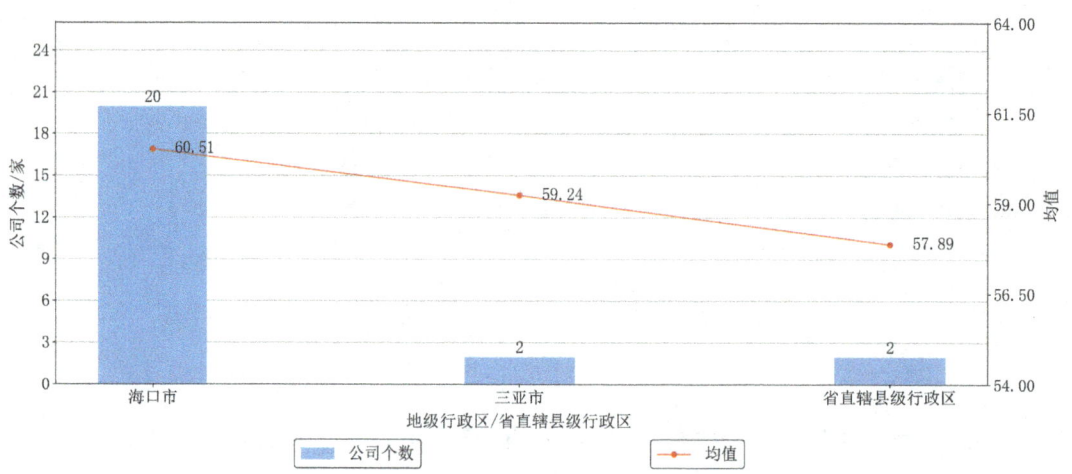

图6-42 2023年海南省传统产业上市公司数字化战略导向指数均值分布图

海南省数字化战略导向指数排名前10的传统产业上市公司如表6-42所示。

表6-42 2023年海南省传统产业上市公司数字化战略导向指数前10排名

排名	证券名称	证券代码	产权性质	一级行业	地级行政区	数字化战略导向指数
1	金盘科技	688676.SH	非国有控股	电力设备	海口市	95.49
2	海南橡胶	601118.SH	地方国有控股	农林牧渔	海口市	73.67
3	广晟有色	600259.SH	中央国有控股	有色金属	海口市	72.90
4	海峡股份	002320.SZ	中央国有控股	交通运输	海口市	72.76
5	中钨高新	000657.SZ	中央国有控股	有色金属	海口市	72.40
6	康芝药业	300086.SZ	非国有控股	医药生物	海口市	70.71
7	海南海药	000566.SZ	中央国有控股	医药生物	海口市	68.15
8	ST凯撒	000796.SZ	地方国有控股	社会服务	三亚市	67.66
9	海汽集团	603069.SH	地方国有控股	交通运输	海口市	65.99
10	洲际油气	600759.SH	非国有控股	石油石化	海口市	61.12

数据来源：同花顺（iFinD），首经贸资产评估研究院和浙工商中国智能管理研究院整理。

6.9.3 数字化要素投入指数

2023年海南省传统产业24家上市公司数字化要素投入指数平均水平为54.23，低于传统产业上市公司该项指数平均水平57.94。具体而言，该项指数最高的上市公司是金盘科技，数字化要素投入指数为78.75。从省内市、县分布来看，如图6-43所示，数字化要素投入指数平均水平最高的城市是海口市（55.36）。从指数分布来看，高于传统产业上市公司该项指数平均水平的上市公司有6家，占比25.00%。其中，数字化要素投入指数处于[70，80)的有1家，占比4.17%；[60，70)的有4家，占比16.67%；[0，60)的有19家，占比79.16%。

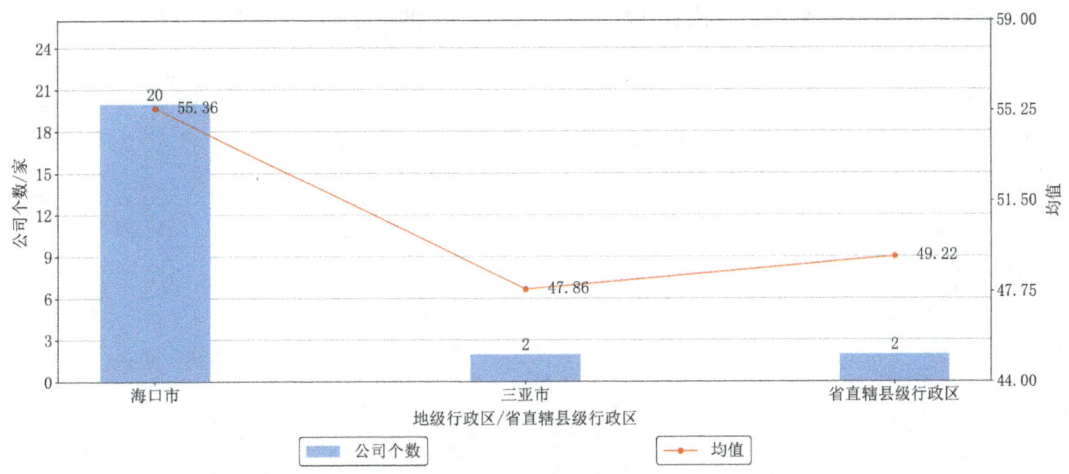

图6-43　2023年海南省传统产业上市公司数字化要素投入指数均值分布图

海南省数字化要素投入指数排名前10的传统产业上市公司如表6-43所示。

表6-43　2023年海南省传统产业上市公司数字化要素投入指数前10排名

排名	证券名称	证券代码	产权性质	一级行业	地级行政区/省直辖县级行政区	数字化要素投入指数
1	金盘科技	688676.SH	非国有控股	电力设备	海口市	78.75
2	钧达股份	002865.SZ	非国有控股	电力设备	海口市	67.54
3	海南海药	000566.SZ	中央国有控股	医药生物	海口市	66.42
4	中钨高新	000657.SZ	中央国有控股	有色金属	海口市	63.53
5	海航控股	600221.SH	非国有控股	交通运输	海口市	62.00
6	海峡股份	002320.SZ	中央国有控股	交通运输	海口市	59.24
7	洲际油气	600759.SH	非国有控股	石油石化	海口市	58.06
8	广晟有色	600259.SH	中央国有控股	有色金属	海口市	58.04
9	普利制药	300630.SZ	非国有控股	医药生物	海口市	57.94
10	海南矿业	601969.SH	非国有控股	钢铁	省直辖县级行政区	56.75

数据来源：同花顺（iFinD），首经贸资产评估研究院和浙工商中国智能管理研究院整理。

6.9.4　数字化创新成果指数

2023年海南省传统产业24家上市公司数字化创新成果指数平均水平为55.18，低于传统产业上市公司该项指数平均水平63.16。具体而言，该项指数最高的上市公司是金盘科技，数字化创新成果指数为94.75。从省内市、县分布来看，如图6-44所示，数字化创新成果指数平均水平最高的城市是海口市（55.76）。从指数分布来看，高于传统产业上市公司该项指数平均水平的上市公司有3家，占比12.50%。其中，数字化创新成果指数处于［80，100］的有1家，占比4.17%；［70，80）的有2家，占比8.33%；［60，70）的有3家，占比12.50%；［0，60）的有18家，占比75.00%。

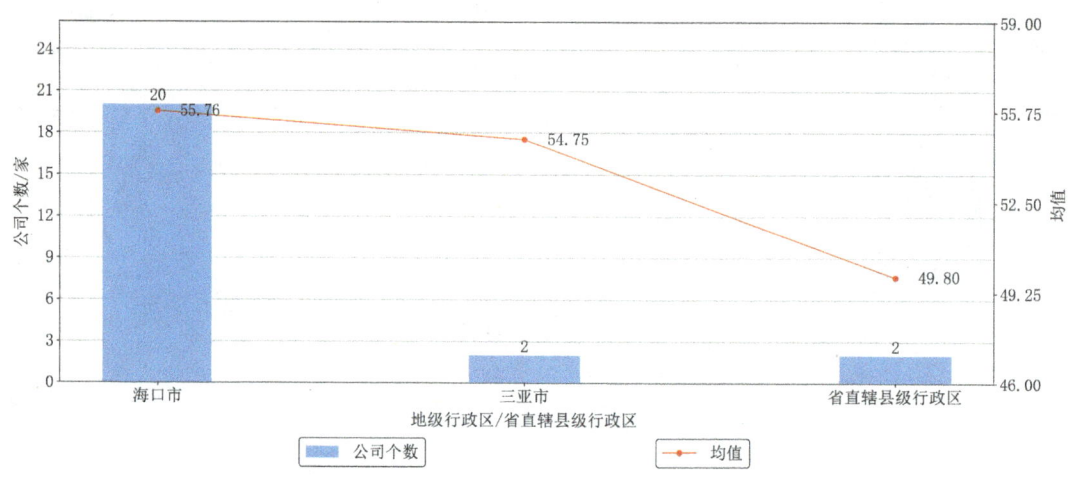

图6-44　2023年海南省传统产业上市公司数字化创新成果指数均值分布图

海南省数字化创新成果指数排名前10的传统产业上市公司如表6-44所示。

表6-44　2023年海南省传统产业上市公司数字化创新成果指数前10排名

排名	证券名称	证券代码	产权性质	一级行业	地级行政区/省直辖县级行政区	数字化创新成果指数
1	金盘科技	688676.SH	非国有控股	电力设备	海口市	94.75
2	中钨高新	000657.SZ	中央国有控股	有色金属	海口市	74.10
3	广晟有色	600259.SH	中央国有控股	有色金属	海口市	73.78
4	海南橡胶	601118.SH	地方国有控股	农林牧渔	海口市	63.09
5	海汽集团	603069.SH	地方国有控股	交通运输	海口市	60.72
6	葫芦娃	605199.SH	非国有控股	医药生物	海口市	60.62
7	海峡股份	002320.SZ	中央国有控股	交通运输	海口市	57.95
8	海南矿业	601969.SH	非国有控股	钢铁	省直辖县级行政区	55.58
9	ST凯撒	000796.SZ	地方国有控股	社会服务	三亚市	54.84
10	海南瑞泽	002596.SZ	非国有控股	建筑材料	三亚市	54.66

数据来源：同花顺（iFinD），首经贸资产评估研究院和浙工商中国智能管理研究院整理。

6.9.5 数字化创新绩效指数

2023年海南省传统产业24家上市公司数字化创新绩效指数平均水平为65.33，低于传统产业上市公司该项指数平均水平66.22。具体而言，该项指数最高的上市公司是海航控股，数字化创新绩效指数为82.96。从省内市、县分布来看，如图6-45所示，数字化创新绩效指数平均水平最高的城市是海口市（65.62）。从指数分布来看，高于传统产业上市公司该项指数平均水平的上市公司有13家，占比54.17%。其中，数字化创新绩效指数处于[80，100]的有3家，占比12.50%；[70，80)的有7家，占比29.17%；[60，70)的有7家，占比29.17%；[0，60)的有7家，占比29.16%。

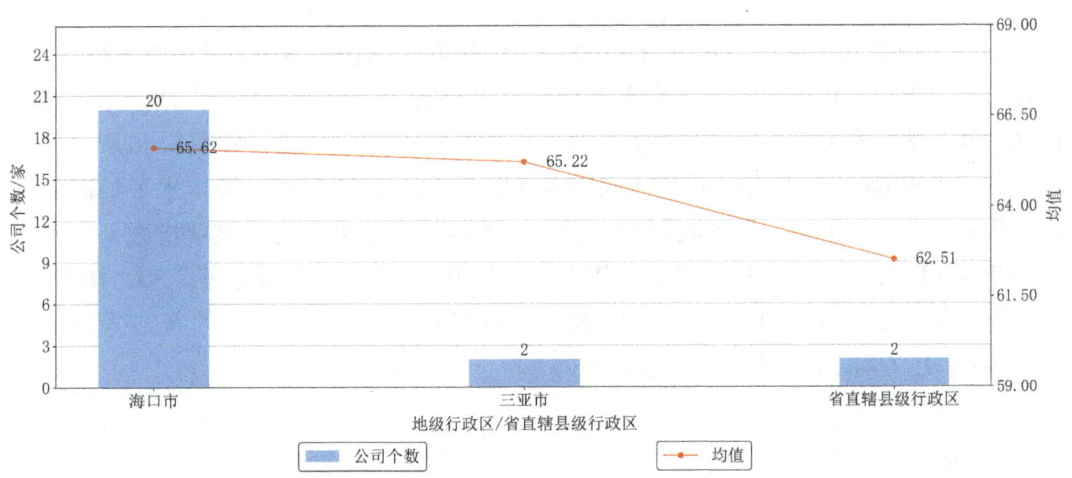

图6-45　2023年海南省传统产业上市公司数字化创新绩效指数均值分布图

海南省数字化创新绩效指数排名前10的传统产业上市公司如表6-45所示。

表6-45　2023年海南省传统产业上市公司数字化创新绩效指数前10排名

排名	证券名称	证券代码	产权性质	一级行业	地级行政区/省直辖县级行政区	数字化创新绩效指数
1	海航控股	600221.SH	非国有控股	交通运输	海口市	82.96
2	钧达股份	002865.SZ	非国有控股	电力设备	海口市	81.15
3	海南橡胶	601118.SH	地方国有控股	农林牧渔	海口市	80.73
4	海南矿业	601969.SH	非国有控股	钢铁	省直辖县级行政区	79.06
5	金盘科技	688676.SH	非国有控股	电力设备	海口市	78.84
6	海峡股份	002320.SZ	中央国有控股	交通运输	海口市	76.01
7	广晟有色	600259.SH	中央国有控股	有色金属	海口市	73.88
8	洲际油气	600759.SH	非国有控股	石油石化	海口市	73.49
9	ST凯撒	000796.SZ	地方国有控股	社会服务	三亚市	73.46
10	中钨高新	000657.SZ	中央国有控股	有色金属	海口市	73.33

数据来源：同花顺（iFinD），首经贸资产评估研究院和浙工商中国智能管理研究院整理。

6.10 河北省传统产业上市公司数字化创新评价

截至2023年底，A股市场河北省共有传统产业上市公司64家，总市值共计9123.87亿元，营业收入合计9237.78亿元，平均市值142.56亿元/家，平均营业收入144.34亿元/家。2023年，河北省传统产业上市公司研发投入合计为333.88亿元，占营业收入的比例为3.61%；无形资产账面价值合计为697.43亿元，占总资产的比例为4.77%。根据本报告分析口径，共对河北省64家传统产业上市公司开展数字化创新指数评价，具体情况如下：

6.10.1 数字化创新综合指数

2023年河北省传统产业64家上市公司数字化创新综合指数平均水平为62.69，低于传统产业上市公司该项指数平均水平62.91。具体而言，该项指数最高的上市公司是青鸟消防，数字化创新综合指数为86.38。从省内城市分布来看，如图6-46所示，河北省传统产业64家上市公司分布在11个市，数字化创新综合指数平均水平最高的城市是张家口市（70.05）。从指数分布来看，高于传统产业上市公司该项指数平均水平的上市公司有28家，占比43.75%。其中，数字化创新综合指数处于［80，100］的有3家，占比4.69%；［70，80）的有12家，占比18.75%；［60，70）的有21家，占比32.81%；［0，60）的有28家，占比43.75%。

图6-46　2023年河北省传统产业上市公司数字化创新综合指数均值分布图

河北省数字化创新综合指数排名前10的传统产业上市公司如表6-46所示。

表 6-46 2023 年河北省传统产业上市公司数字化创新综合指数前 10 排名

排名	证券名称	证券代码	产权性质	一级行业	地级行政区	数字化创新综合指数
1	青鸟消防	002960.SZ	非国有控股	机械设备	张家口市	86.38
2	新奥股份	600803.SH	非国有控股	公用事业	石家庄市	83.12
3	长城汽车	601633.SH	非国有控股	汽车	保定市	80.31
4	通合科技	300491.SZ	非国有控股	电力设备	石家庄市	77.78
5	汇中股份	300371.SZ	非国有控股	机械设备	唐山市	76.90
6	立中集团	300428.SZ	非国有控股	汽车	保定市	75.67
7	同飞股份	300990.SZ	非国有控股	机械设备	廊坊市	74.91
8	康泰医学	300869.SZ	非国有控股	医药生物	秦皇岛市	74.56
9	中国动力	600482.SH	中央国有控股	电力设备	保定市	74.50
10	惠达卫浴	603385.SH	非国有控股	轻工制造	唐山市	74.37

数据来源：同花顺（iFinD），首经贸资产评估研究院和浙工商中国智能管理研究院整理。

6.10.2 数字化战略导向指数

2023年河北省传统产业64家上市公司数字化战略导向指数平均水平为62.58，低于传统产业上市公司该项指数平均水平62.85。具体而言，该项指数最高的上市公司是新奥股份，数字化战略导向指数为91.34。从省内城市分布来看，如图6-47所示，数字化战略导向指数平均水平最高的城市是石家庄市（67.93）。从指数分布来看，高于传统产业上市公司该项指数平均水平的上市公司有26家，占比40.63%。其中，数字化战略导向指数处于［80，100］的有8家，占比12.50%；［70，80）的有9家，占比14.06%；［60，70）的有16家，占比25.00%；［0，60）的有31家，占比48.44%。

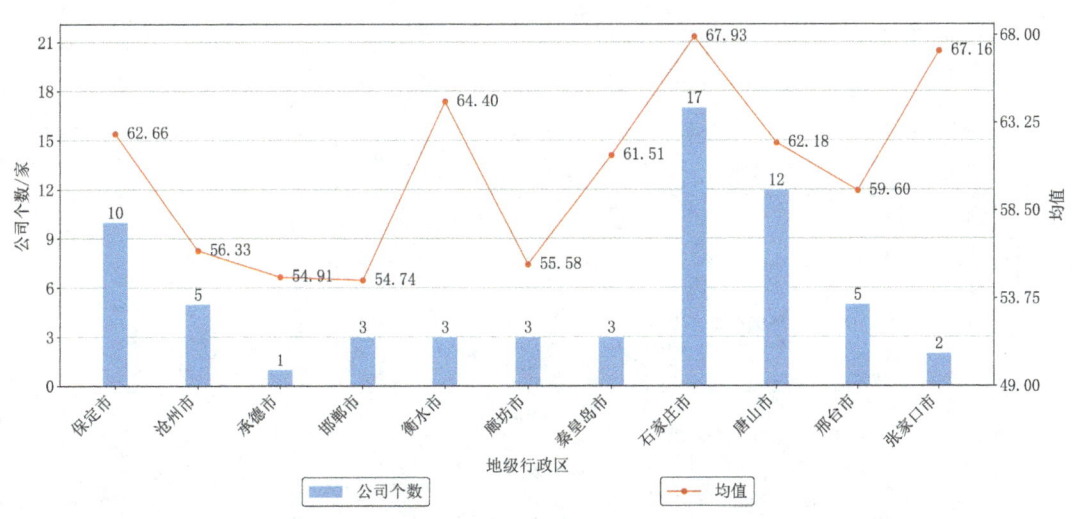

图6-47 2023年河北省传统产业上市公司数字化战略导向指数均值分布图

河北省数字化战略导向指数排名前10的传统产业上市公司如表6-47所示。

表6-47 2023年河北省传统产业上市公司数字化战略导向指数前10排名

排名	证券名称	证券代码	产权性质	一级行业	地级行政区	数字化战略导向指数
1	新奥股份	600803.SH	非国有控股	公用事业	石家庄市	91.34
2	汇中股份	300371.SZ	非国有控股	机械设备	唐山市	90.68
3	青鸟消防	002960.SZ	非国有控股	机械设备	张家口市	89.57
4	康泰医学	300869.SZ	非国有控股	医药生物	秦皇岛市	86.90
5	工大科雅	301197.SZ	非国有控股	机械设备	石家庄市	86.39
6	立中集团	300428.SZ	非国有控股	汽车	保定市	85.68
7	长城汽车	601633.SH	非国有控股	汽车	保定市	84.72
8	以岭药业	002603.SZ	非国有控股	医药生物	石家庄市	82.80
9	先河环保	300137.SZ	非国有控股	环保	石家庄市	79.55
10	新天绿能	600956.SH	地方国有控股	公用事业	石家庄市	77.49

数据来源：同花顺（iFinD），首经贸资产评估研究院和浙工商中国智能管理研究院整理。

6.10.3 数字化要素投入指数

2023年河北省传统产业64家上市公司数字化要素投入指数平均水平为57.72，低于传统产业上市公司该项指数平均水平57.94。具体而言，该项指数最高的上市公司是青鸟消防，数字化要素投入指数为87.37。从省内城市分布来看，如图6-48所示，数字化要素投入指数平均水平最高的城市是张家口市（64.90）。从指数分布来看，高于传统产业上市公司该项指数平均水平的上市公司有27家，占比42.19%。其中，数字化要素投入指数处于［80，100］的有1家，占比1.56%；［70，80）的有8家，占比12.50%；［60，70）的有16家，占比25.00%；［0，60）的有39家，占比60.94%。

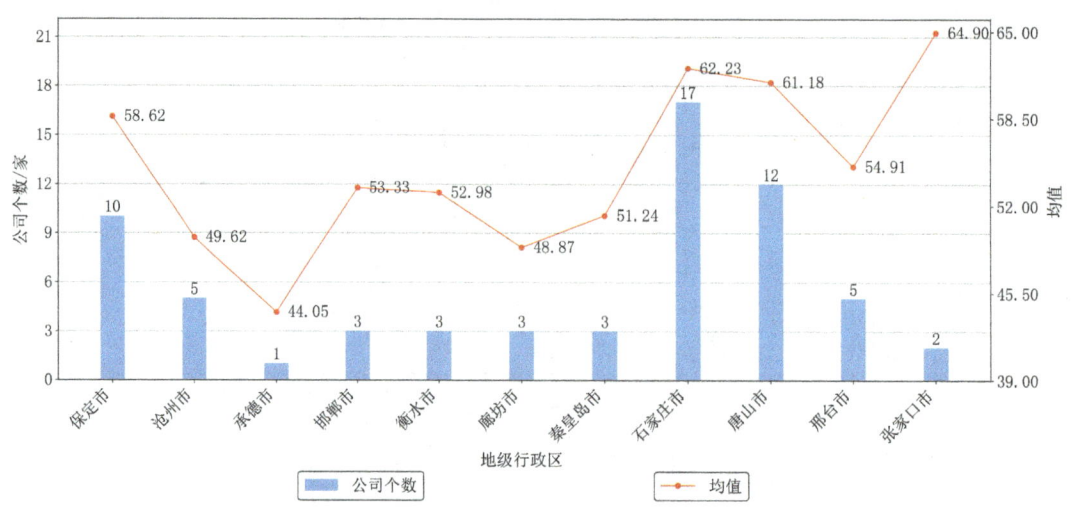

图6-48 2023年河北省传统产业上市公司数字化要素投入指数均值分布图

河北省数字化要素投入指数排名前10的传统产业上市公司如表6-48所示。

表6-48 2023年河北省传统产业上市公司数字化要素投入指数前10排名

排名	证券名称	证券代码	产权性质	一级行业	地级行政区	数字化要素投入指数
1	青鸟消防	002960.SZ	非国有控股	机械设备	张家口市	87.37
2	通合科技	300491.SZ	非国有控股	电力设备	石家庄市	79.92
3	新奥股份	600803.SH	非国有控股	公用事业	石家庄市	77.06
4	工大科雅	301197.SZ	非国有控股	机械设备	石家庄市	75.18
5	先河环保	300137.SZ	非国有控股	环保	石家庄市	74.59
6	汇中股份	300371.SZ	非国有控股	机械设备	唐山市	74.37
7	康泰医学	300869.SZ	非国有控股	医药生物	秦皇岛市	73.13
8	长城汽车	601633.SH	非国有控股	汽车	保定市	73.07
9	建投能源	000600.SZ	地方国有控股	公用事业	石家庄市	71.42
10	冀东水泥	000401.SZ	地方国有控股	建筑材料	唐山市	68.48

数据来源：同花顺（iFinD），首经贸资产评估研究院和浙工商中国智能管理研究院整理。

6.10.4 数字化创新成果指数

2023年河北省传统产业64家上市公司数字化创新成果指数平均水平为61.93，低于传统产业上市公司该项指数平均水平63.16。具体而言，该项指数最高的上市公司是青鸟消防，数字化创新成果指数为91.60。从省内城市分布来看，如图6-49所示，数字化创新成果指数平均水平最高的城市是张家口市（69.46）。从指数分布来看，高于传统产业上市公司该项指数平均水平的上市公司有26家，占比40.63%。其中，数字化创新成果指数处于［80，100］的有6家，占比9.38%；［70，80）的有8家，占比12.50%；［60，70）的有19家，占比29.69%；［0，60）的有31家，占比48.43%。

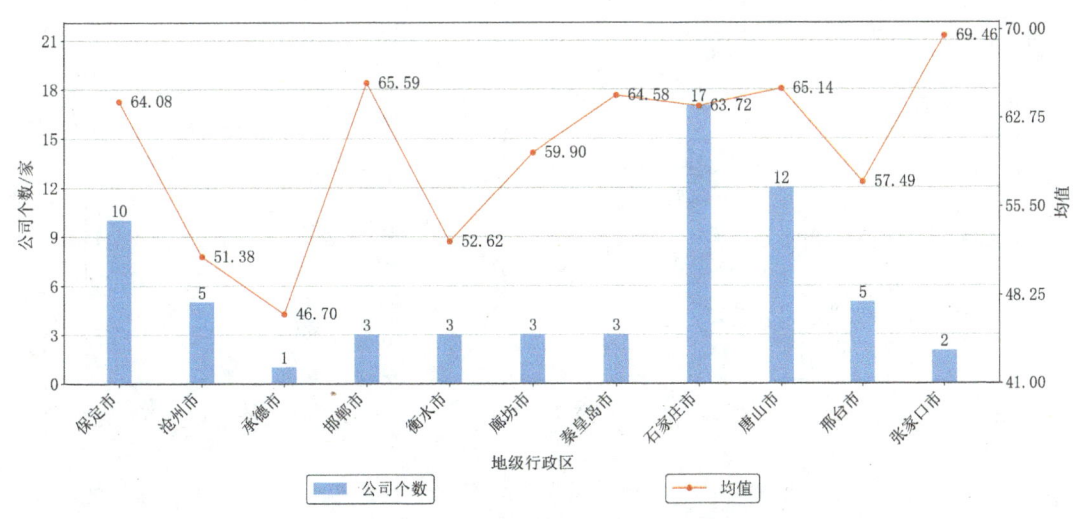

图6-49 2023年河北省传统产业上市公司数字化创新成果指数均值分布图

河北省数字化创新成果指数排名前10的传统产业上市公司如表6-49所示。

表6-49　2023年河北省传统产业上市公司数字化创新成果指数前10排名

排名	证券名称	证券代码	产权性质	一级行业	地级行政区	数字化创新成果指数
1	青鸟消防	002960.SZ	非国有控股	机械设备	张家口市	91.60
2	惠达卫浴	603385.SH	非国有控股	轻工制造	唐山市	88.52
3	汇中股份	300371.SZ	非国有控股	机械设备	唐山市	87.67
4	通合科技	300491.SZ	非国有控股	电力设备	石家庄市	82.98
5	同飞股份	300990.SZ	非国有控股	机械设备	廊坊市	82.48
6	新奥股份	600803.SH	非国有控股	公用事业	石家庄市	80.05
7	立中集团	300428.SZ	非国有控股	汽车	保定市	79.61
8	康泰医学	300869.SZ	非国有控股	医药生物	秦皇岛市	79.26
9	科林电气	603050.SH	地方国有控股	电力设备	石家庄市	76.01
10	中国动力	600482.SH	中央国有控股	电力设备	保定市	75.62

数据来源：同花顺（iFinD），首经贸资产评估研究院和浙工商中国智能管理研究院整理。

6.10.5　数字化创新绩效指数

2023年河北省传统产业64家上市公司数字化创新绩效指数平均水平为67.20，高于传统产业上市公司该项指数平均水平66.22。具体而言，该项指数最高的上市公司是长城汽车，数字化创新绩效指数为90.00。从省内城市分布来看，如图6-50所示，数字化创新绩效指数平均水平最高的城市是承德市（81.52）。从指数分布来看，高于传统产业上市公司该项指数平均水平的上市公司有34家，占比53.13%。其中，数字化创新绩效指数处于［80，100］的有7家，占比10.94%；［70，80）的有22家，占比34.38%；［60，70）的有16家，占比25.00%；［0，60）的有19家，占比29.68%。

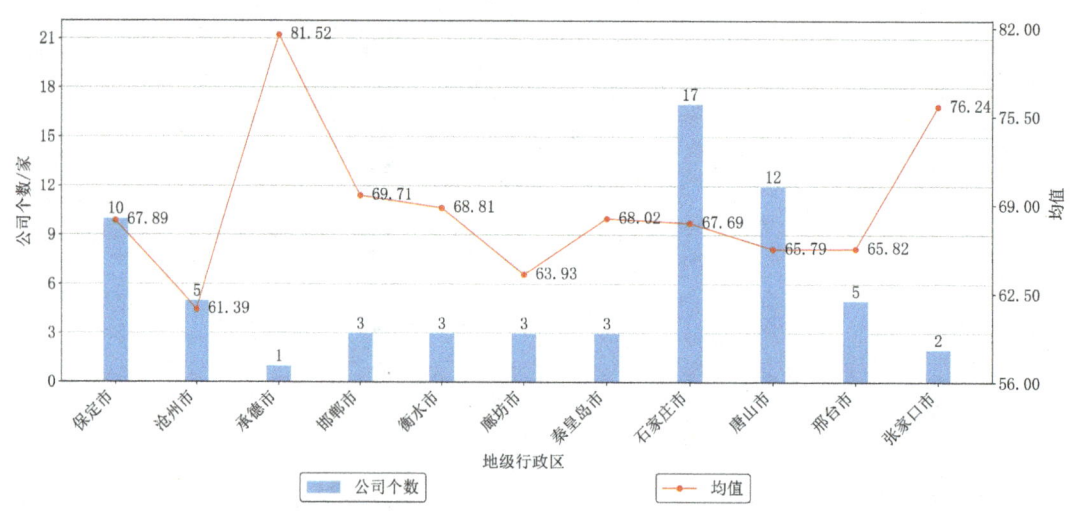

图6-50　2023年河北省传统产业上市公司数字化创新绩效指数均值分布图

河北省数字化创新绩效指数排名前10的传统产业上市公司如表6-50所示。

表6-50 2023年河北省传统产业上市公司数字化创新绩效指数前10排名

排名	证券名称	证券代码	产权性质	一级行业	地级行政区	数字化创新绩效指数
1	长城汽车	601633.SH	非国有控股	汽车	保定市	90.00
2	新天绿能	600956.SH	地方国有控股	公用事业	石家庄市	86.42
3	新奥股份	600803.SH	非国有控股	公用事业	石家庄市	85.92
4	养元饮品	603156.SH	非国有控股	食品饮料	衡水市	83.70
5	唐山港	601000.SH	地方国有控股	交通运输	唐山市	82.96
6	承德露露	000848.SZ	非国有控股	食品饮料	承德市	81.52
7	秦港股份	601326.SH	地方国有控股	交通运输	秦皇岛市	81.40
8	晶澳科技	002459.SZ	非国有控股	电力设备	邢台市	79.36
9	中国动力	600482.SH	中央国有控股	电力设备	保定市	77.99
10	青鸟消防	002960.SZ	非国有控股	机械设备	张家口市	77.73

数据来源：同花顺（iFinD），首经贸资产评估研究院和浙工商中国智能管理研究院整理。

6.11 河南省传统产业上市公司数字化创新评价

截至2023年底，A股市场河南省共有传统产业上市公司91家，总市值共计11822.18亿元，营业收入合计9158.34亿元，平均市值129.91亿元/家，平均营业收入100.64亿元/家。2023年，河南省传统产业上市公司研发投入合计为222.23亿元，占营业收入的比例为2.43%；无形资产账面价值合计为1299.19亿元，占总资产的比例为9.13%。根据本报告分析口径，共对河南省91家传统产业上市公司开展数字化创新指数评价，具体情况如下：

6.11.1 数字化创新综合指数

2023年河南省传统产业91家上市公司数字化创新综合指数平均水平为62.97，高于传统产业上市公司该项指数平均水平62.91。具体而言，该项指数最高的上市公司是宇通客车，数字化创新综合指数为83.95。从省内城市分布来看，如图6-51所示，河南省传统产业91家上市公司分布在16个市和部分省直辖县级行政区，数字化创新综合指数平均水平最高的城市是焦作市（68.47）。从指数分布来看，高于传统产业上市公司该项指数平均水平的上市公司有42家，占比46.15%。其中，数字化创新综合指数处于［80，100］的有5家，占比5.49%；［70，80）的有14家，占比15.38%；［60，70）的有41家，占比45.05%；［0，60）的有31家，占比34.08%。

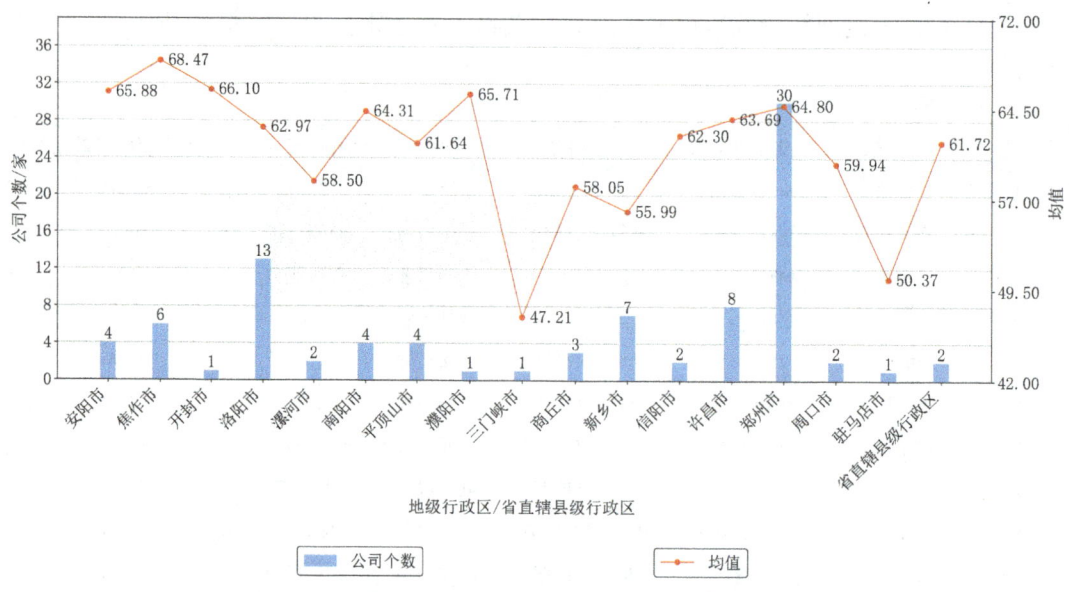

图6-51　2023年河南省传统产业上市公司数字化创新综合指数均值分布图

河南省数字化创新综合指数排名前10的传统产业上市公司如表6-51所示。

表6-51　2023年河南省传统产业上市公司数字化创新综合指数前10排名

排名	证券名称	证券代码	产权性质	一级行业	地级行政区	数字化创新综合指数
1	宇通客车	600066.SH	非国有控股	汽车	郑州市	83.95
2	汉威科技	300007.SZ	非国有控股	机械设备	郑州市	83.30
3	新天科技	300259.SZ	非国有控股	机械设备	郑州市	82.70
4	中信重工	601608.SH	中央国有控股	机械设备	洛阳市	82.31
5	翔宇医疗	688626.SH	非国有控股	医药生物	安阳市	80.59
6	许继电气	000400.SZ	中央国有控股	电力设备	许昌市	79.76
7	新开源	300109.SZ	非国有控股	基础化工	焦作市	79.41
8	平高电气	600312.SH	中央国有控股	电力设备	平顶山市	76.47
9	郑煤机	601717.SH	地方国有控股	机械设备	郑州市	75.15
10	中原内配	002448.SZ	非国有控股	汽车	焦作市	74.62

数据来源：同花顺（iFinD），首经贸资产评估研究院和浙工商中国智能管理研究院整理。

6.11.2　数字化战略导向指数

2023年河南省传统产业91家上市公司数字化战略导向指数平均水平为62.44，低于传统产业上市公司该项指数平均水平62.85。具体而言，该项指数最高的上市公司是汉威科技，数字化战略导向指数为96.95。从省内城市分布来看，如图6-52所示，数字化战略导向指数平均水平最高的城市是开封市（74.13）。从指数分布来看，高于传统产业上市公司该项指数平均水平的上市公司有43家，占比47.25%。其中，数字化战略导向指数处于［80，100］的有11家，占比12.09%；［70，80）的有19家，占比20.88%；［60，70）的有16家，占比17.58%；［0，60）的有45家，占比49.45%。

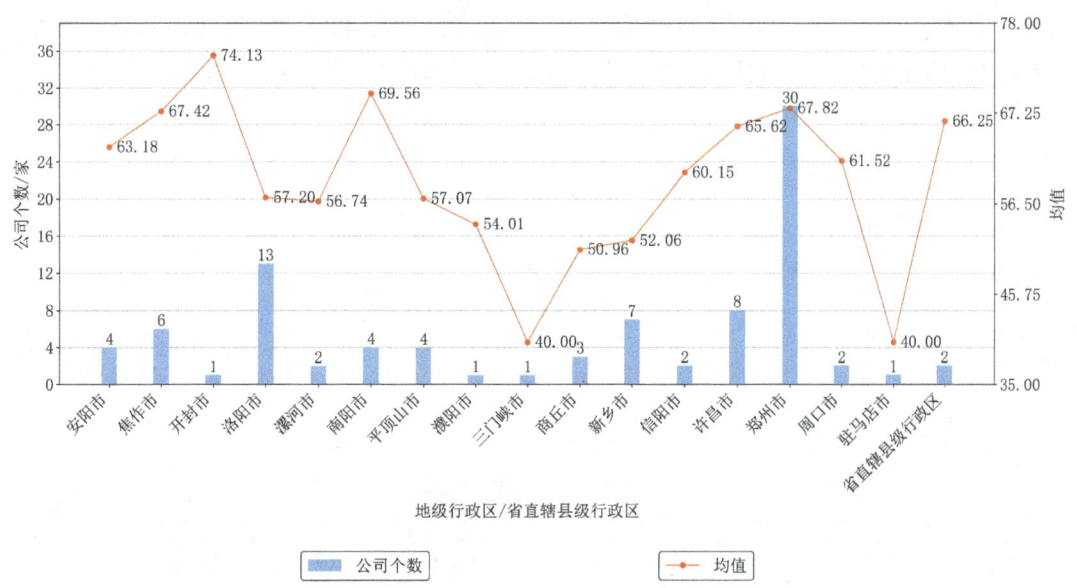

图6-52　2023年河南省传统产业上市公司数字化战略导向指数均值分布图

河南省数字化战略导向指数排名前10的传统产业上市公司如表6-52所示。

表6-52　2023年河南省传统产业上市公司数字化战略导向指数前10排名

排名	证券名称	证券代码	产权性质	一级行业	地级行政区	数字化战略导向指数
1	汉威科技	300007.SZ	非国有控股	机械设备	郑州市	96.95
2	新天科技	300259.SZ	非国有控股	机械设备	郑州市	94.37
3	宇通客车	600066.SH	非国有控股	汽车	郑州市	89.04
4	新开源	300109.SZ	非国有控股	基础化工	焦作市	87.12
5	中信重工	601608.SH	中央国有控股	机械设备	洛阳市	86.28
6	*ST新宁	300013.SZ	非国有控股	交通运输	郑州市	85.56
7	三全食品	002216.SZ	非国有控股	食品饮料	郑州市	85.00
8	翔宇医疗	688626.SH	非国有控股	医药生物	安阳市	84.95
9	致欧科技	301376.SZ	非国有控股	轻工制造	郑州市	84.50
10	金冠电气	688517.SH	非国有控股	电力设备	南阳市	82.15

数据来源：同花顺（iFinD），首经贸资产评估研究院和浙工商中国智能管理研究院整理。

6.11.3　数字化要素投入指数

2023年河南省传统产业91家上市公司数字化要素投入指数平均水平为57.39，低于传统产业上市公司该项指数平均水平57.94。具体而言，该项指数最高的上市公司是新天科技，数字化要素投入指数为91.28。从省内城市分布来看，如图6-53所示，数字化要素投入指数平均水平最高的城市是开封市（62.43）。从指数分布来看，高于传统产业上市公司该项指数平均水平的上市公司有41家，占比45.05%。其中，数字化要素投入指数处于［80，100］的有2家，占比2.20%；［70，80）的有8家，占比8.79%；［60，70）的有24家，占比26.37%；［0，60）的有57家，占比62.64%。

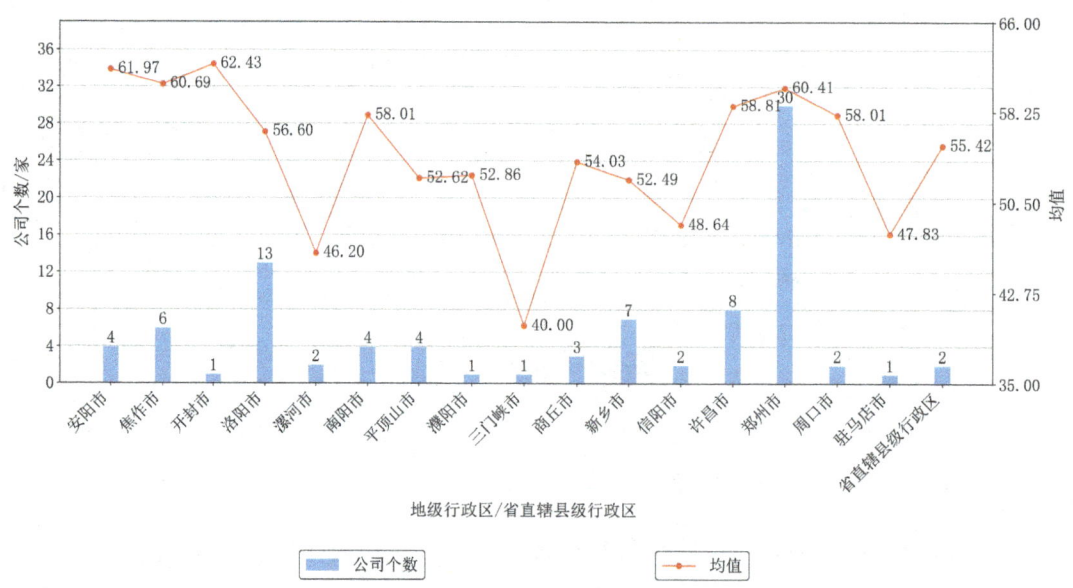

图6-53　2023年河南省传统产业上市公司数字化要素投入指数均值分布图

河南省数字化要素投入指数排名前10的传统产业上市公司如表6-53所示。

表6-53　2023年河南省传统产业上市公司数字化要素投入指数前10排名

排名	证券名称	证券代码	产权性质	一级行业	地级行政区	数字化要素投入指数
1	新天科技	300259.SZ	非国有控股	机械设备	郑州市	91.28
2	汉威科技	300007.SZ	非国有控股	机械设备	郑州市	83.41
3	国机精工	002046.SZ	中央国有控股	机械设备	洛阳市	78.12
4	翔宇医疗	688626.SH	非国有控股	医药生物	安阳市	77.28
5	中信重工	601608.SH	中央国有控股	机械设备	洛阳市	77.23
6	宇通客车	600066.SH	非国有控股	汽车	郑州市	76.00
7	新开源	300109.SZ	非国有控股	基础化工	焦作市	75.17
8	许继电气	000400.SZ	中央国有控股	电力设备	许昌市	74.26
9	中原内配	002448.SZ	非国有控股	汽车	焦作市	74.04
10	棕榈股份	002431.SZ	地方国有控股	建筑装饰	郑州市	70.00

数据来源：同花顺（iFinD），首经贸资产评估研究院和浙工商中国智能管理研究院整理。

6.11.4 数字化创新成果指数

2023年河南省传统产业91家上市公司数字化创新成果指数平均水平为62.42，低于传统产业上市公司该项指数平均水平63.16。具体而言，该项指数最高的上市公司是汉威科技，数字化创新成果指数为91.19。从省内城市分布来看，如图6-54所示，数字化创新成果指数平均水平最高的城市是濮阳市（74.01）。从指数分布来看，高于传统产业上市公司该项指数平均水平的上市公司有40家，占比43.96%。其中，数字化创新成果指数处于［80，100］的有10家，占比10.99%；［70，80）的有16家，占比17.58%；［60，70）的有24家，占比26.37%；［0，60）的有41家，占比45.06%。

图6-54 2023年河南省传统产业上市公司数字化创新成果指数均值分布图

河南省数字化创新成果指数排名前10的传统产业上市公司如表6-54所示。

表 6-54 2023年河南省传统产业上市公司数字化创新成果指数前10排名

排名	证券名称	证券代码	产权性质	一级行业	地级行政区	数字化创新成果指数
1	汉威科技	300007.SZ	非国有控股	机械设备	郑州市	91.19
2	新天科技	300259.SZ	非国有控股	机械设备	郑州市	86.99
3	中信重工	601608.SH	中央国有控股	机械设备	洛阳市	86.86
4	翔宇医疗	688626.SH	非国有控股	医药生物	安阳市	86.00
5	宇通客车	600066.SH	非国有控股	汽车	郑州市	83.41
6	郑煤机	601717.SH	地方国有控股	机械设备	郑州市	81.75
7	安图生物	603658.SH	非国有控股	医药生物	郑州市	81.51
8	金冠电气	688517.SH	非国有控股	电力设备	南阳市	81.49
9	森源电气	002358.SZ	地方国有控股	电力设备	许昌市	80.87
10	*ST新宁	300013.SZ	非国有控股	交通运输	郑州市	80.41

数据来源：同花顺（iFinD），首经贸资产评估研究院和浙工商中国智能管理研究院整理。

6.11.5 数字化创新绩效指数

2023年河南省传统产业91家上市公司数字化创新绩效指数平均水平为67.95，高于传统产业上市公司该项指数平均水平66.22。具体而言，该项指数最高的上市公司是华兰生物，数字化创新绩效指数为87.64。从省内城市分布来看，如图6-55所示，数字化创新绩效指数平均水平最高的城市是信阳市（76.87）。从指数分布来看，高于传统产业上市公司该项指数平均水平的上市公司有46家，占比50.55%。其中，数字化创新绩效指数处于［80，100］的有12家，占比13.19%；［70，80）的有28家，占比30.77%；［60，70）的有33家，占比36.26%；［0，60）的有18家，占比19.78%。

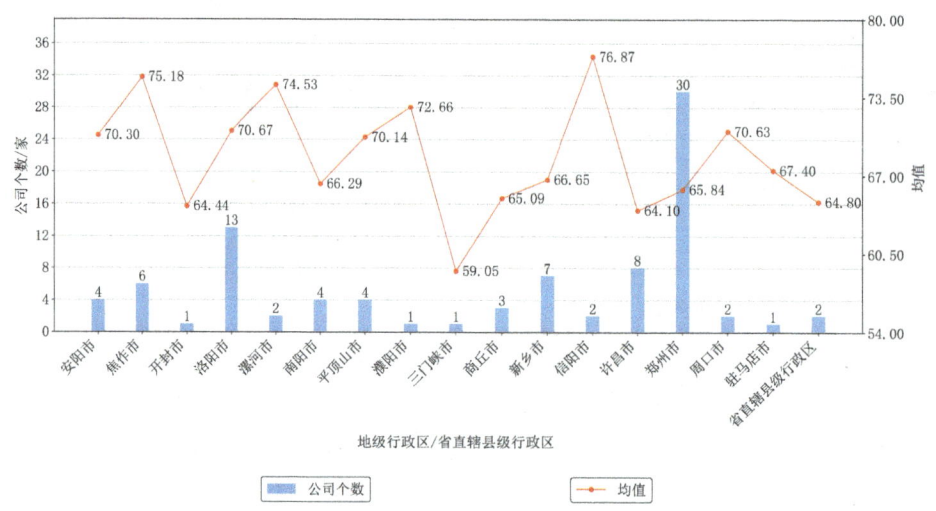

图6-55　2023年河南省传统产业上市公司数字化创新绩效指数均值分布图

河南省数字化创新绩效指数排名前10的传统产业上市公司如表6-55所示。

表6-55　2023年河南省传统产业上市公司数字化创新绩效指数前10排名

排名	证券名称	证券代码	产权性质	一级行业	地级行政区	数字化创新绩效指数
1	华兰生物	002007.SZ	非国有控股	医药生物	新乡市	87.64
2	宇通客车	600066.SH	非国有控股	汽车	郑州市	87.15
3	洛阳钼业	603993.SH	非国有控股	有色金属	洛阳市	86.21
4	许继电气	000400.SZ	中央国有控股	电力设备	许昌市	84.58
5	致欧科技	301376.SZ	非国有控股	轻工制造	郑州市	84.54
6	龙佰集团	002601.SZ	非国有控股	基础化工	焦作市	84.34
7	双汇发展	000895.SZ	非国有控股	食品饮料	漯河市	83.18
8	凯盛新能	600876.SH	中央国有控股	建筑材料	洛阳市	82.09
9	平高电气	600312.SH	中央国有控股	电力设备	平顶山市	81.41
10	新开源	300109.SZ	非国有控股	基础化工	焦作市	81.15

数据来源：同花顺（iFinD），首经贸资产评估研究院和浙工商中国智能管理研究院整理。

6.12 黑龙江省传统产业上市公司数字化创新评价

截至2023年底，A股市场黑龙江省共有传统产业上市公司32家，总市值共计2599.13亿元，营业收入合计1749.88亿元，平均市值81.22亿元/家，平均营业收入54.68亿元/家。2023年，黑龙江省传统产业上市公司研发投入合计为44.34亿元，占营业收入的比例为2.53%；无形资产账面价值合计为161.91亿元，占总资产的比例为4.85%。根据本报告分析口径，共对黑龙江省32家传统产业上市公司开展数字化创新指数评价，具体情况如下：

6.12.1 数字化创新综合指数

2023年黑龙江省传统产业32家上市公司数字化创新综合指数平均水平为61.23，低于传统产业上市公司该项指数平均水平62.91。具体而言，该项指数最高的上市公司是博实股份，数字化创新综合指数为84.45。从省内城市分布来看，如图6-56所示，黑龙江省传统产业32家上市公司分布在7个市，数字化创新综合指数平均水平最高的城市是鸡西市（73.13）。从指数分布来看，高于传统产业上市公司该项指数平均水平的上市公司有12家，占比37.50%。其中，数字化创新综合指数处于[80，100]的有2家，占比6.25%；[70，80）的有4家，占比12.50%；[60，70）的有13家，占比40.63%；[0，60）的有13家，占比40.62%。

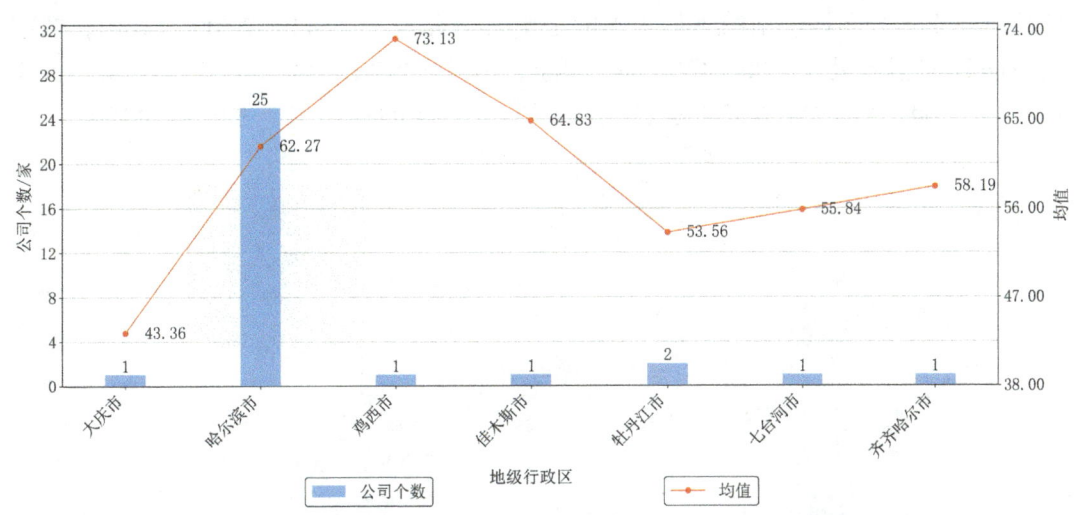

图6-56　2023年黑龙江省传统产业上市公司数字化创新综合指数均值分布图

黑龙江省数字化创新综合指数排名前10的传统产业上市公司如表6-56所示。

表6-56 2023年黑龙江省传统产业上市公司数字化创新综合指数前10排名

排名	证券名称	证券代码	产权性质	一级行业	地级行政区	数字化创新综合指数
1	博实股份	002698.SZ	非国有控股	机械设备	哈尔滨市	84.45
2	航天科技	000901.SZ	中央国有控股	汽车	哈尔滨市	84.09
3	珍宝岛	603567.SH	非国有控股	医药生物	鸡西市	73.13
4	哈铁科技	688459.SH	中央国有控股	机械设备	哈尔滨市	70.49
5	九洲集团	300040.SZ	非国有控股	公用事业	哈尔滨市	70.17
6	敷尔佳	301371.SZ	非国有控股	美容护理	哈尔滨市	70.13
7	哈药股份	600664.SH	地方国有控股	医药生物	哈尔滨市	68.86
8	广联航空	300900.SZ	非国有控股	国防军工	哈尔滨市	68.53
9	佳电股份	000922.SZ	中央国有控股	电力设备	佳木斯市	64.83
10	葵花药业	002737.SZ	非国有控股	医药生物	哈尔滨市	64.72

数据来源：同花顺（iFinD），首经贸资产评估研究院和浙工商中国智能管理研究院整理。

6.12.2 数字化战略导向指数

2023年黑龙江省传统产业32家上市公司数字化战略导向指数平均水平为58.57，低于传统产业上市公司该项指数平均水平62.85。具体而言，该项指数最高的上市公司是航天科技，数字化战略导向指数为90.22。从省内城市分布来看，如图6-57所示，数字化战略导向指数平均水平最高的城市是鸡西市（83.22）。从指数分布来看，高于传统产业上市公司该项指数平均水平的上市公司有12家，占比37.50%。其中，数字化战略导向指数处于［80，100］的有3家，占比9.38%；［70，80）的有5家，占比15.63%；［60，70）的有6家，占比18.75%；［0，60）的有18家，占比56.24%。

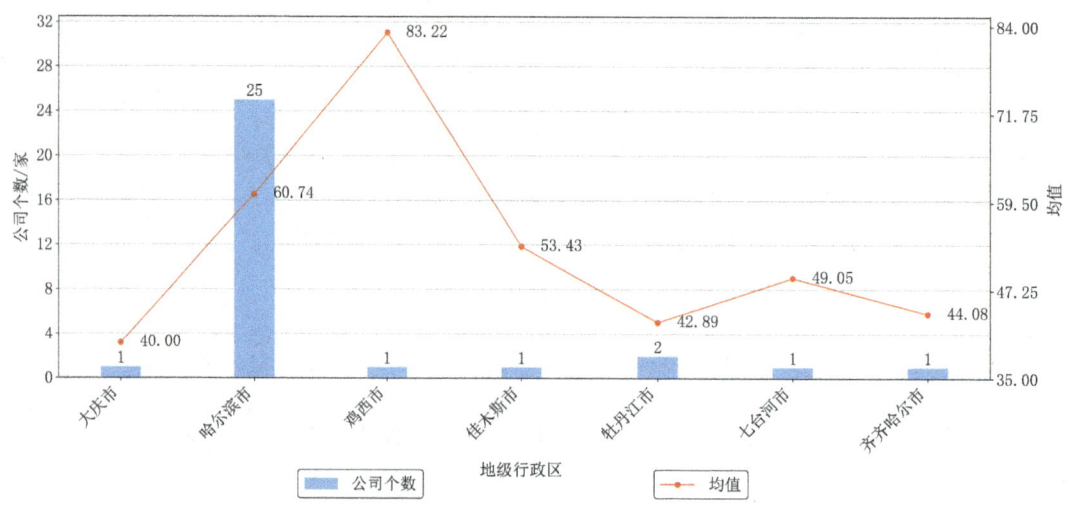

图6-57 2023年黑龙江省传统产业上市公司数字化战略导向指数均值分布图

黑龙江省数字化战略导向指数排名前10的传统产业上市公司如表6-57所示。

表6-57　2023年黑龙江省传统产业上市公司数字化战略导向指数前10排名

排名	证券名称	证券代码	产权性质	一级行业	地级行政区	数字化战略导向指数
1	航天科技	000901.SZ	中央国有控股	汽车	哈尔滨市	90.22
2	敷尔佳	301371.SZ	非国有控股	美容护理	哈尔滨市	86.28
3	珍宝岛	603567.SH	非国有控股	医药生物	鸡西市	83.22
4	博实股份	002698.SZ	非国有控股	机械设备	哈尔滨市	77.39
5	人民同泰	600829.SH	地方国有控股	医药生物	哈尔滨市	77.32
6	哈药股份	600664.SH	地方国有控股	医药生物	哈尔滨市	75.72
7	哈铁科技	688459.SH	中央国有控股	机械设备	哈尔滨市	72.80
8	九洲集团	300040.SZ	非国有控股	公用事业	哈尔滨市	71.11
9	广联航空	300900.SZ	非国有控股	国防军工	哈尔滨市	66.89
10	葵花药业	002737.SZ	非国有控股	医药生物	哈尔滨市	66.54

数据来源：同花顺（iFinD），首经贸资产评估研究院和浙工商中国智能管理研究院整理。

6.12.3　数字化要素投入指数

2023年黑龙江省传统产业32家上市公司数字化要素投入指数平均水平为55.01，低于传统产业上市公司该项指数平均水平57.94。具体而言，该项指数最高的上市公司是航天科技，数字化要素投入指数为89.36。从省内城市分布来看，如图6-58所示，数字化要素投入指数平均水平最高的城市是鸡西市（67.77）。从指数分布来看，高于传统产业上市公司该项指数平均水平的上市公司有11家，占比34.38%。其中，数字化要素投入指数处于［80，100］的有1家，占比3.13%；［70，80）的有3家，占比9.38%；［60，70）的有6家，占比18.75%；［0，60）的有22家，占比68.74%。

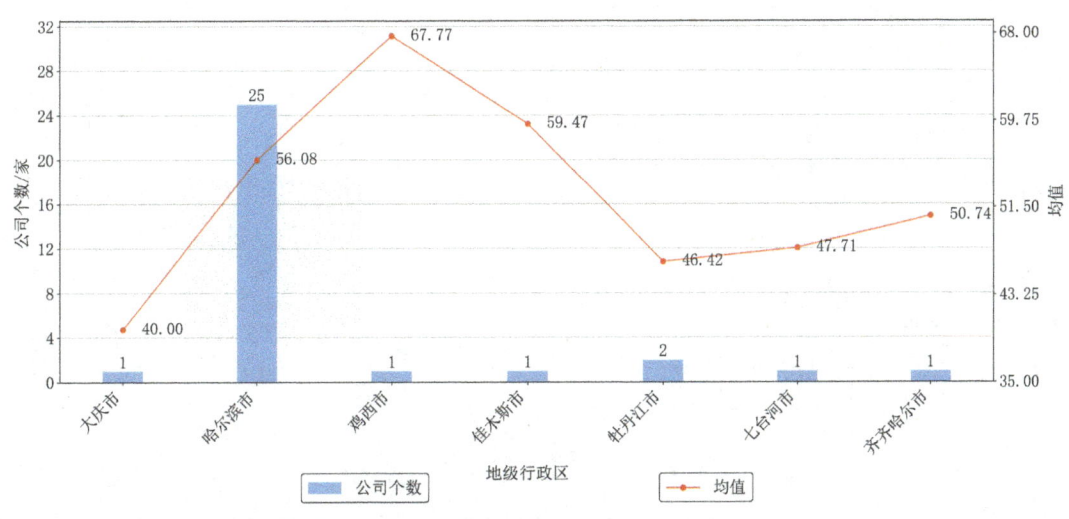

图6-58　2023年黑龙江省传统产业上市公司数字化要素投入指数均值分布图

黑龙江省数字化要素投入指数排名前10的传统产业上市公司如表6-58所示。

表6-58　2023年黑龙江省传统产业上市公司数字化要素投入指数前10排名

排名	证券名称	证券代码	产权性质	一级行业	地级行政区	数字化要素投入指数
1	航天科技	000901.SZ	中央国有控股	汽车	哈尔滨市	89.36
2	博实股份	002698.SZ	非国有控股	机械设备	哈尔滨市	76.24
3	哈铁科技	688459.SH	中央国有控股	机械设备	哈尔滨市	71.51
4	九洲集团	300040.SZ	非国有控股	公用事业	哈尔滨市	71.28
5	珍宝岛	603567.SH	非国有控股	医药生物	鸡西市	67.77
6	誉衡药业	002437.SZ	非国有控股	医药生物	哈尔滨市	61.67
7	敷尔佳	301371.SZ	非国有控股	美容护理	哈尔滨市	61.62
8	*ST京蓝	000711.SZ	非国有控股	环保	哈尔滨市	61.55
9	龙建股份	600853.SH	地方国有控股	建筑装饰	哈尔滨市	61.52
10	广联航空	300900.SZ	非国有控股	国防军工	哈尔滨市	61.21

数据来源：同花顺（iFinD），首经贸资产评估研究院和浙工商中国智能管理研究院整理。

6.12.4　数字化创新成果指数

2023年黑龙江省传统产业32家上市公司数字化创新成果指数平均水平为60.56，低于传统产业上市公司该项指数平均水平63.16。具体而言，该项指数最高的上市公司是博实股份，数字化创新成果指数为95.98。从省内城市分布来看，如图6-59所示，数字化创新成果指数平均水平最高的城市是鸡西市（74.66）。从指数分布来看，高于传统产业上市公司该项指数平均水平的上市公司有11家，占比34.38%。其中，数字化创新成果指数处于［80，100］的有3家，占比9.38%；［70，80）的有4家，占比12.50%；［60，70）的有9家，占比28.13%；［0，60）的有16家，占比49.99%。

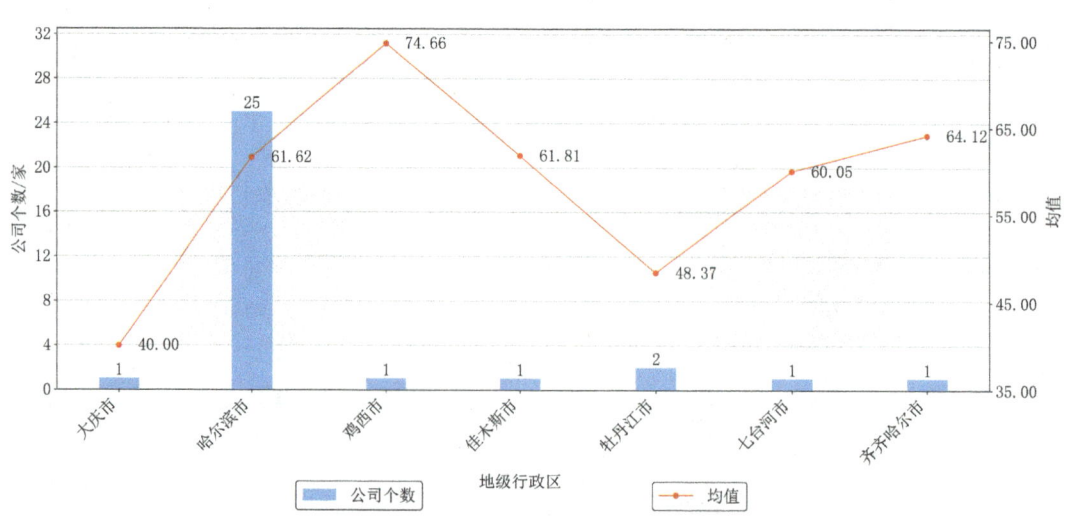

图6-59　2023年黑龙江省传统产业上市公司数字化创新成果指数均值分布图

黑龙江省数字化创新成果指数排名前10的传统产业上市公司如表6-59所示。

表6-59 2023年黑龙江省传统产业上市公司数字化创新成果指数前10排名

排名	证券名称	证券代码	产权性质	一级行业	地级行政区	数字化创新成果指数
1	博实股份	002698.SZ	非国有控股	机械设备	哈尔滨市	95.98
2	航天科技	000901.SZ	中央国有控股	汽车	哈尔滨市	86.19
3	哈铁科技	688459.SH	中央国有控股	机械设备	哈尔滨市	81.37
4	广联航空	300900.SZ	非国有控股	国防军工	哈尔滨市	78.84
5	森鹰窗业	301227.SZ	非国有控股	轻工制造	哈尔滨市	75.82
6	珍宝岛	603567.SH	非国有控股	医药生物	鸡西市	74.66
7	九洲集团	300040.SZ	非国有控股	公用事业	哈尔滨市	74.58
8	哈药股份	600664.SH	地方国有控股	医药生物	哈尔滨市	67.22
9	东安动力	600178.SH	中央国有控股	汽车	哈尔滨市	65.25
10	人民同泰	600829.SH	地方国有控股	医药生物	哈尔滨市	64.42

数据来源：同花顺（iFinD），首经贸资产评估研究院和浙工商中国智能管理研究院整理。

6.12.5 数字化创新绩效指数

2023年黑龙江省传统产业32家上市公司数字化创新绩效指数平均水平为68.09，高于传统产业上市公司该项指数平均水平66.22。具体而言，该项指数最高的上市公司是葵花药业，数字化创新绩效指数为81.97。从省内城市分布来看，如图6-60所示，数字化创新绩效指数平均水平最高的城市是佳木斯市（79.19）。从指数分布来看，高于传统产业上市公司该项指数平均水平的上市公司有16家，占比50.00%。其中，数字化创新绩效指数处于［80，100］的有4家，占比12.50%；［70，80）的有9家，占比28.13%；［60，70）的有14家，占比43.75%；［0，60）的有5家，占比15.62%。

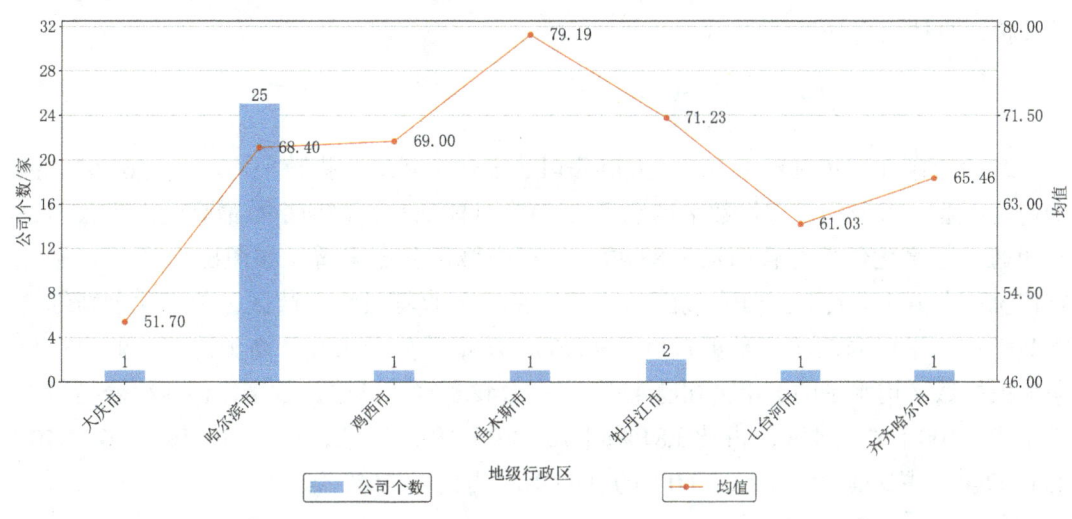

图6-60 2023年黑龙江省传统产业上市公司数字化创新绩效指数均值分布图

黑龙江省数字化创新绩效指数排名前10的传统产业上市公司如表6-60所示。

表6-60　2023年黑龙江省传统产业上市公司数字化创新绩效指数前10排名

排名	证券名称	证券代码	产权性质	一级行业	地级行政区	数字化创新绩效指数
1	葵花药业	002737.SZ	非国有控股	医药生物	哈尔滨市	81.97
2	北大荒	600598.SH	中央国有控股	农林牧渔	哈尔滨市	81.57
3	博实股份	002698.SZ	非国有控股	机械设备	哈尔滨市	81.52
4	中直股份	600038.SH	中央国有控股	国防军工	哈尔滨市	80.43
5	佳电股份	000922.SZ	中央国有控股	电力设备	佳木斯市	79.19
6	S佳通	600182.SH	非国有控股	汽车	牡丹江市	78.97
7	敷尔佳	301371.SZ	非国有控股	美容护理	哈尔滨市	78.63
8	哈药股份	600664.SH	地方国有控股	医药生物	哈尔滨市	77.02
9	华电能源	600726.SH	中央国有控股	公用事业	哈尔滨市	75.06
10	航天科技	000901.SZ	中央国有控股	汽车	哈尔滨市	74.13

数据来源：同花顺（iFinD），首经贸资产评估研究院和浙工商中国智能管理研究院整理。

6.13　湖北省传统产业上市公司数字化创新评价

截至2023年底，A股市场湖北省共有传统产业上市公司105家，总市值共计8417.96亿元，营业收入合计7247.40亿元，平均市值80.17亿元/家，平均营业收入69.02亿元/家。2023年，湖北省传统产业上市公司研发投入合计为194.51亿元，占营业收入的比例为2.68%；无形资产账面价值合计为919.13亿元，占总资产的比例为8.02%。根据本报告分析口径，共对湖北省105家传统产业上市公司开展数字化创新指数评价，具体情况如下：

6.13.1　数字化创新综合指数

2023年湖北省传统产业105家上市公司数字化创新综合指数平均水平为61.92，低于传统产业上市公司该项指数平均水平62.91。具体而言，该项指数最高的上市公司是九州通，数字化创新综合指数为83.49。从省内城市分布来看，如图6-61所示，湖北省传统产业105家上市公司分布在10个市和部分省直辖县级行政区，数字化创新综合指数平均水平最高的城市是黄石市（66.06）。从指数分布来看，高于传统产业上市公司该项指数平均水平的上市公司有45家，占比42.86%。其中，数字化创新综合指数处于［80，100］的有4家，占比3.81%；［70，80）的有22家，占比20.95%；［60，70）的有32家，占比30.48%；［0，60）的有47家，占比44.76%。

第6章 传统产业上市公司数字化创新评价——省份维度

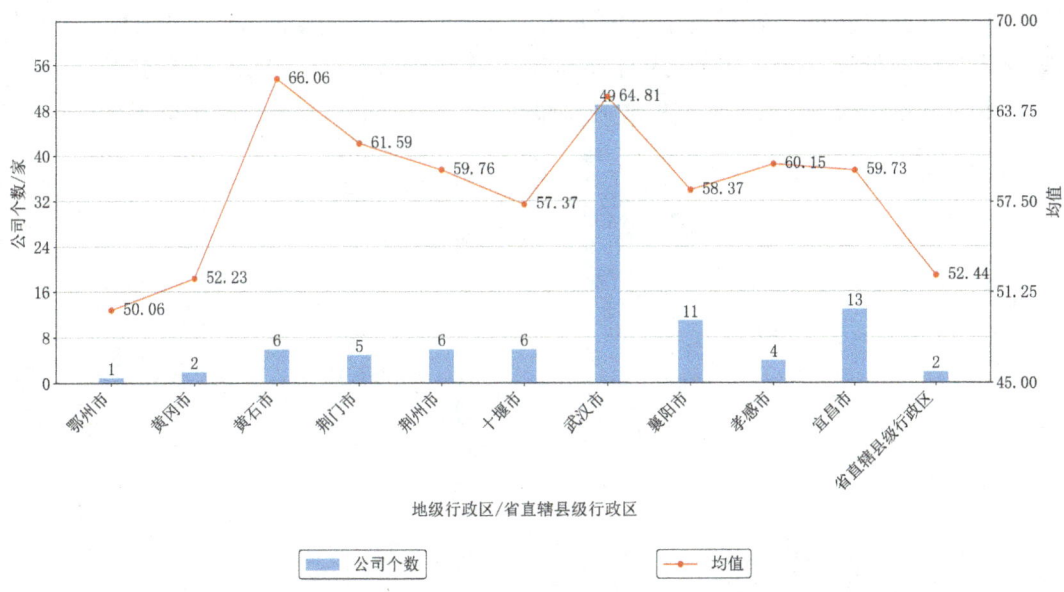

图6-61 2023年湖北省传统产业上市公司数字化创新综合指数均值分布图

湖北省数字化创新综合指数排名前10的传统产业上市公司如表6-61所示。

表6-61 2023年湖北省传统产业上市公司数字化创新综合指数前10排名

排名	证券名称	证券代码	产权性质	一级行业	地级行政区	数字化创新综合指数
1	九州通	600998.SH	非国有控股	医药生物	武汉市	83.49
2	光庭信息	301221.SZ	非国有控股	汽车	武汉市	83.34
3	精测电子	300567.SZ	非国有控股	机械设备	武汉市	81.87
4	居然之家	000785.SZ	非国有控股	商贸零售	武汉市	80.96
5	三丰智能	300276.SZ	非国有控股	机械设备	黄石市	78.25
6	华昌达	300278.SZ	非国有控股	机械设备	十堰市	78.20
7	菱电电控	688667.SH	非国有控股	汽车	武汉市	77.70
8	四方光电	688665.SH	非国有控股	机械设备	武汉市	77.02
9	逸飞激光	688646.SH	非国有控股	机械设备	武汉市	76.40
10	京山轻机	000821.SZ	非国有控股	电力设备	荆门市	76.40

数据来源：同花顺（iFinD），首经贸资产评估研究院和浙工商中国智能管理研究院整理。

6.13.2 数字化战略导向指数

2023年湖北省传统产业105家上市公司数字化战略导向指数平均水平为62.34，低于传统产业上市公司该项指数平均水平62.85。具体而言，该项指数最高的上市公司是九州通，数字化战略导向指数为95.76。从省内城市分布来看，如图6-62所示，数字化战略导向指数平均水平最高的城市是武汉市（68.02）。从指数分布来看，高于传

253

统产业上市公司该项指数平均水平的上市公司有47家，占比44.76%。其中，数字化战略导向指数处于［80，100］的有16家，占比15.24%；［70，80）的有17家，占比16.19%；［60，70）的有23家，占比21.90%；［0，60）的有49家，占比46.67%。

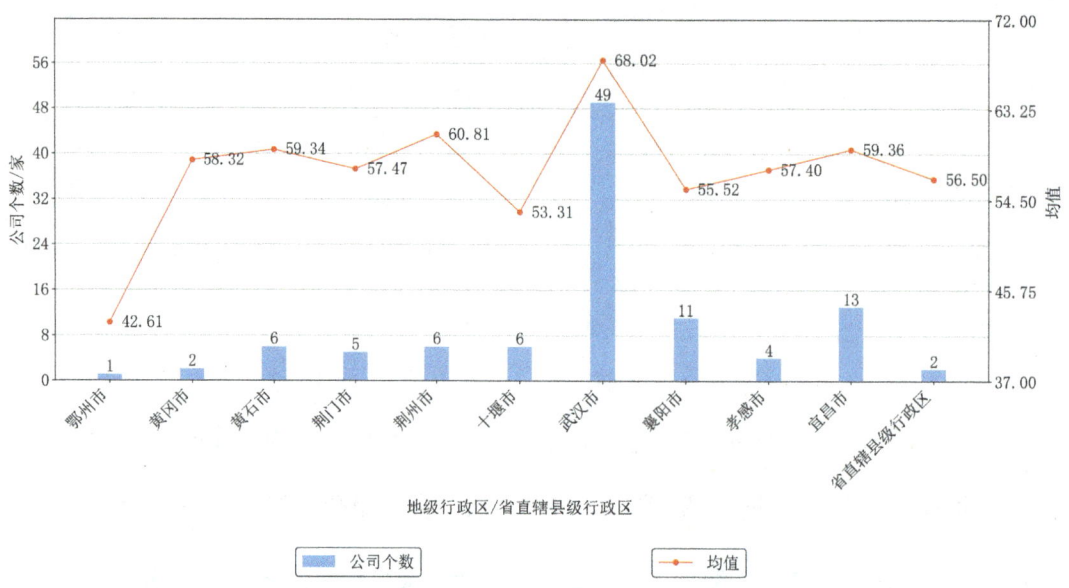

图6-62　2023年湖北省传统产业上市公司数字化战略导向指数均值分布图

湖北省数字化战略导向指数排名前10的传统产业上市公司如表6-62所示。

表 6-62　2023 年湖北省传统产业上市公司数字化战略导向指数前 10 排名

排名	证券名称	证券代码	产权性质	一级行业	地级行政区	数字化战略导向指数
1	九州通	600998.SH	非国有控股	医药生物	武汉市	95.76
2	居然之家	000785.SZ	非国有控股	商贸零售	武汉市	94.05
3	光庭信息	301221.SZ	非国有控股	汽车	武汉市	92.31
4	菱电电控	688667.SH	非国有控股	汽车	武汉市	91.79
5	良品铺子	603719.SH	非国有控股	食品饮料	武汉市	88.98
6	中元股份	300018.SZ	非国有控股	电力设备	武汉市	88.33
7	塞力医疗	603716.SH	非国有控股	医药生物	武汉市	87.29
8	嘉必优	688089.SH	非国有控股	基础化工	武汉市	86.34
9	理工光科	300557.SZ	中央国有控股	机械设备	武汉市	85.91
10	逸飞激光	688646.SH	非国有控股	机械设备	武汉市	84.09

数据来源：同花顺（iFinD），首经贸资产评估研究院和浙工商中国智能管理研究院整理。

6.13.3　数字化要素投入指数

2023年湖北省传统产业105家上市公司数字化要素投入指数平均水平为57.64，低于传统产业上市公司该项指数平均水平57.94。具体而言，该项指数最高的上市公司是菱电电控，数字化要素投入指数为89.88。从省内城市分布来看，如图6-63所示，数字化要素投入指数平均水平最高的城市是武汉市（61.30）。从指数分布来看，高于传统产业上市公司该项指数平均水平的上市公司有46家，占比43.81%。其中，数字化要素投入指数处于［80，100］的有4家，占比3.81%；［70，80）的有13家，占比12.38%；［60，70）的有25家，占比23.81%；［0，60）的有63家，占比60.00%。

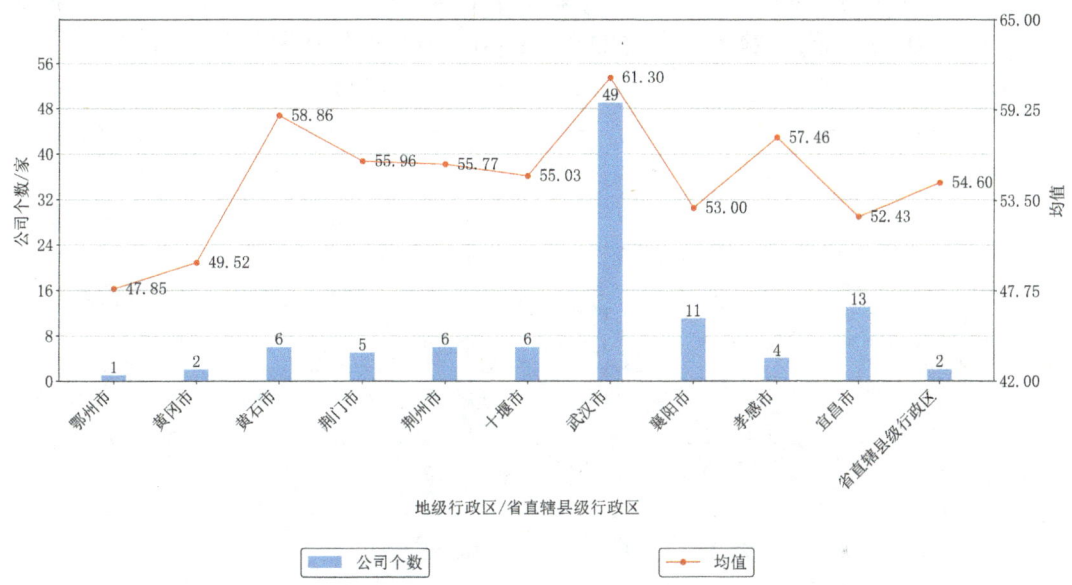

图6-63　2023年湖北省传统产业上市公司数字化要素投入指数均值分布图

湖北省数字化要素投入指数排名前10的传统产业上市公司如表6-63所示。

表6-63　2023年湖北省传统产业上市公司数字化要素投入指数前10排名

排名	证券名称	证券代码	产权性质	一级行业	地级行政区	数字化要素投入指数
1	菱电电控	688667.SH	非国有控股	汽车	武汉市	89.88
2	光庭信息	301221.SZ	非国有控股	汽车	武汉市	89.11
3	华昌达	300278.SZ	非国有控股	机械设备	十堰市	82.73
4	四方光电	688665.SH	非国有控股	机械设备	武汉市	80.45
5	精测电子	300567.SZ	非国有控股	机械设备	武汉市	79.97
6	锐科激光	300747.SZ	中央国有控股	机械设备	武汉市	77.17
7	理工光科	300557.SZ	中央国有控股	机械设备	武汉市	75.47
8	中元股份	300018.SZ	非国有控股	电力设备	武汉市	75.45
9	三丰智能	300276.SZ	非国有控股	机械设备	黄石市	74.11
10	东湖高新	600133.SH	地方国有控股	建筑装饰	武汉市	73.57

数据来源：同花顺（iFinD），首经贸资产评估研究院和浙工商中国智能管理研究院整理。

6.13.4 数字化创新成果指数

2023年湖北省传统产业105家上市公司数字化创新成果指数平均水平为62.28，低于传统产业上市公司该项指数平均水平63.16。具体而言，该项指数最高的上市公司是三丰智能，数字化创新成果指数为92.02。从省内城市分布来看，如图6-64所示，数字化创新成果指数平均水平最高的城市是黄石市（68.34）。从指数分布来看，高于传统产业上市公司该项指数平均水平的上市公司有46家，占比43.81%。其中，数字化创新成果指数处于［80，100］的有15家，占比14.29%；［70，80）的有15家，占比14.29%；［60，70）的有24家，占比22.86%；［0，60）的有51家，占比48.56%。

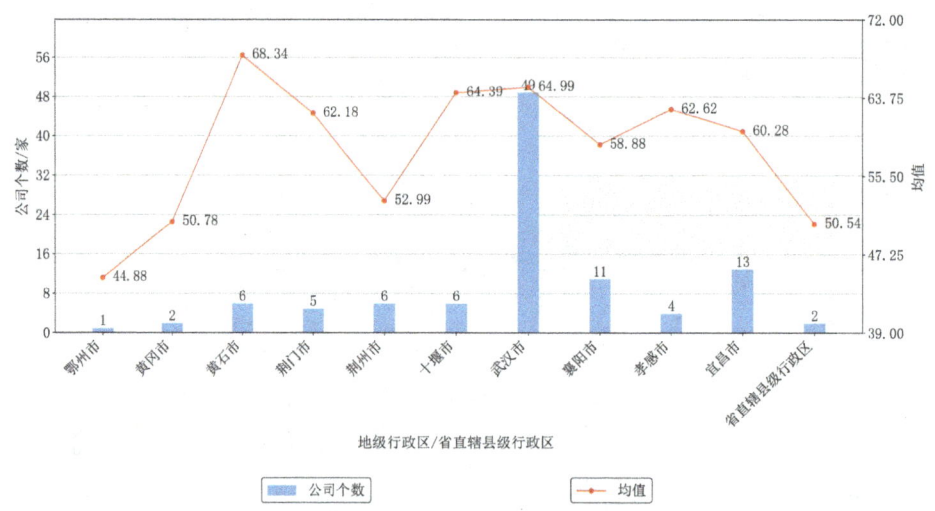

图6-64　2023年湖北省传统产业上市公司数字化创新成果指数均值分布图

湖北省数字化创新成果指数排名前10的传统产业上市公司如表6-64所示。

表6-64　2023年湖北省传统产业上市公司数字化创新成果指数前10排名

排名	证券名称	证券代码	产权性质	一级行业	地级行政区	数字化创新成果指数
1	三丰智能	300276.SZ	非国有控股	机械设备	黄石市	92.02
2	精测电子	300567.SZ	非国有控股	机械设备	武汉市	91.70
3	光庭信息	301221.SZ	非国有控股	汽车	武汉市	91.66
4	华昌达	300278.SZ	非国有控股	机械设备	十堰市	89.91
5	逸飞激光	688646.SH	非国有控股	机械设备	武汉市	89.44
6	九州通	600998.SH	非国有控股	医药生物	武汉市	85.35
7	富邦股份	300387.SZ	非国有控股	基础化工	孝感市	83.89
8	嘉必优	688089.SH	非国有控股	基础化工	武汉市	82.86
9	帝尔激光	300776.SZ	非国有控股	电力设备	武汉市	82.54
10	明德生物	002932.SZ	非国有控股	医药生物	武汉市	82.34

数据来源：同花顺（iFinD），首经贸资产评估研究院和浙工商中国智能管理研究院整理。

6.13.5 数字化创新绩效指数

2023年湖北省传统产业105家上市公司数字化创新绩效指数平均水平为64.32，低于传统产业上市公司该项指数平均水平66.22。具体而言，该项指数最高的上市公司是居然之家，数字化创新绩效指数为87.69。从省内城市分布来看，如图6-65所示，数字化创新绩效指数平均水平最高的城市是黄石市（72.76）。从指数分布来看，高于传统产业上市公司该项指数平均水平的上市公司有49家，占比46.67%。其中，数字化创新绩效指数处于[80, 100]的有10家，占比9.52%；[70, 80)的有26家，占比24.76%；[60, 70)的有25家，占比23.81%；[0, 60)的有44家，占比41.91%。

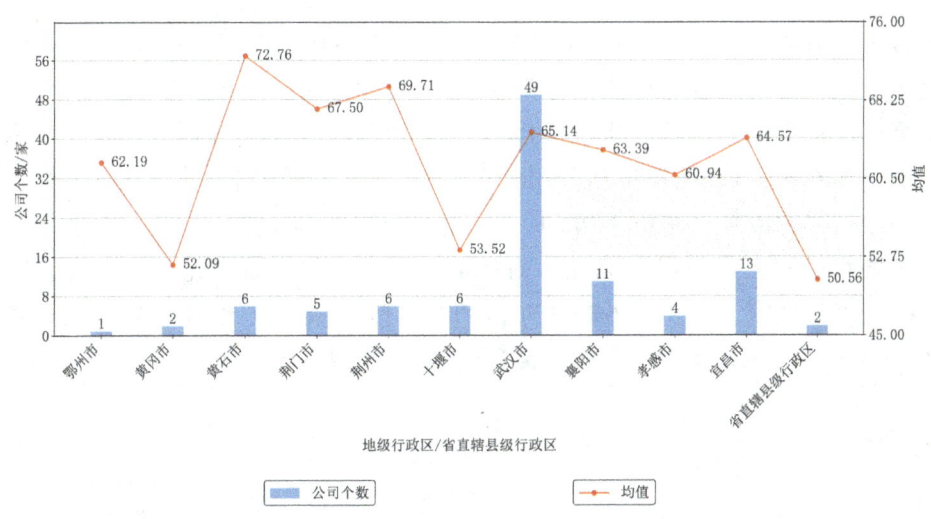

图6-65　2023年湖北省传统产业上市公司数字化创新绩效指数均值分布图

湖北省数字化创新绩效指数排名前10的传统产业上市公司如表6-65所示。

表6-65　2023年湖北省传统产业上市公司数字化创新绩效指数前10排名

排名	证券名称	证券代码	产权性质	一级行业	地级行政区	数字化创新绩效指数
1	居然之家	000785.SZ	非国有控股	商贸零售	武汉市	87.69
2	东湖高新	600133.SH	地方国有控股	建筑装饰	武汉市	86.04
3	人福医药	600079.SH	非国有控股	医药生物	武汉市	84.97
4	中信特钢	000708.SZ	中央国有控股	钢铁	黄石市	84.41
5	九州通	600998.SH	非国有控股	医药生物	武汉市	82.79
6	华新水泥	600801.SH	非国有控股	建筑材料	黄石市	82.44
7	宏发股份	600885.SH	非国有控股	电力设备	武汉市	82.29
8	健民集团	600976.SH	非国有控股	医药生物	武汉市	80.73
9	湖北能源	000883.SZ	中央国有控股	公用事业	武汉市	80.22
10	安琪酵母	600298.SH	地方国有控股	食品饮料	宜昌市	80.22

数据来源：同花顺（iFinD），首经贸资产评估研究院和浙工商中国智能管理研究院整理。

6.14 湖南省传统产业上市公司数字化创新评价

截至2023年底，A股市场湖南省共有传统产业上市公司119家，总市值共计10206.74亿元，营业收入合计7128.17亿元，平均市值85.77亿元/家，平均营业收入59.90亿元/家。2023年，湖南省传统产业上市公司研发投入合计为252.91亿元，占营业收入的比例为3.55%；无形资产账面价值合计为913.93亿元，占总资产的比例为8.49%。根据本报告分析口径，共对湖南省119家传统产业上市公司开展数字化创新指数评价，具体情况如下：

6.14.1 数字化创新综合指数

2023年湖南省传统产业119家上市公司数字化创新综合指数平均水平为61.82，低于传统产业上市公司该项指数平均水平62.91。具体而言，该项指数最高的上市公司是中联重科，数字化创新综合指数为88.04。从省内市、自治州分布来看，如图6-66所示，湖南省传统产业119家上市公司分布在13个市、自治州，数字化创新综合指数平均水平最高的城市是永州市（74.24）。从指数分布来看，高于传统产业上市公司该项指数平均水平的上市公司有50家，占比42.02%。其中，数字化创新综合指数处于［80，100］的有4家，占比3.36%；［70，80）的有24家，占比20.17%；［60，70）的有36家，占比30.25%；［0，60）的有55家，占比46.22%。

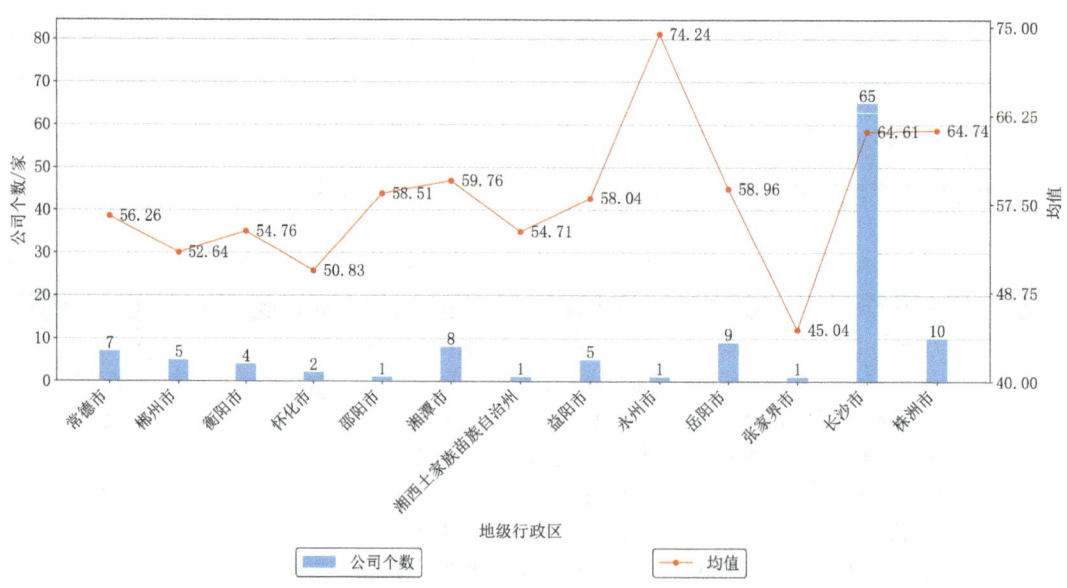

图6-66　2023年湖南省传统产业上市公司数字化创新综合指数均值分布图

湖南省数字化创新综合指数排名前10的传统产业上市公司如表6-66所示。

表 6-66 2023 年湖南省传统产业上市公司数字化创新综合指数前 10 排名

排名	证券名称	证券代码	产权性质	一级行业	地级行政区	数字化创新综合指数
1	中联重科	000157.SZ	地方国有控股	机械设备	长沙市	88.04
2	三诺生物	300298.SZ	非国有控股	医药生物	长沙市	85.12
3	铁建重工	688425.SH	中央国有控股	机械设备	长沙市	84.29
4	爱尔眼科	300015.SZ	非国有控股	医药生物	长沙市	83.30
5	泰嘉股份	002843.SZ	非国有控股	机械设备	长沙市	79.42
6	易普力	002096.SZ	中央国有控股	基础化工	长沙市	78.53
7	金杯电工	002533.SZ	非国有控股	电力设备	长沙市	78.43
8	楚天科技	300358.SZ	非国有控股	医药生物	长沙市	78.23
9	华自科技	300490.SZ	非国有控股	电力设备	长沙市	76.82
10	力合科技	300800.SZ	非国有控股	环保	长沙市	75.81

数据来源：同花顺（iFinD），首经贸资产评估研究院和浙工商中国智能管理研究院整理。

6.14.2 数字化战略导向指数

2023年湖南省传统产业119家上市公司数字化战略导向指数平均水平为62.83，低于传统产业上市公司该项指数平均水平62.85。具体而言，该项指数最高的上市公司是三诺生物，数字化战略导向指数为94.69。从省内市、自治州分布来看，如图6-67所示，数字化战略导向指数平均水平最高的城市是永州市（80.01）。从指数分布来看，高于传统产业上市公司该项指数平均水平的上市公司有52家，占比43.70%。其中，数字化战略导向指数处于［80，100］的有11家，占比9.24%；［70，80）的有27家，占比22.69%；［60，70）的有29家，占比24.37%；［0，60）的有52家，占比43.70%。

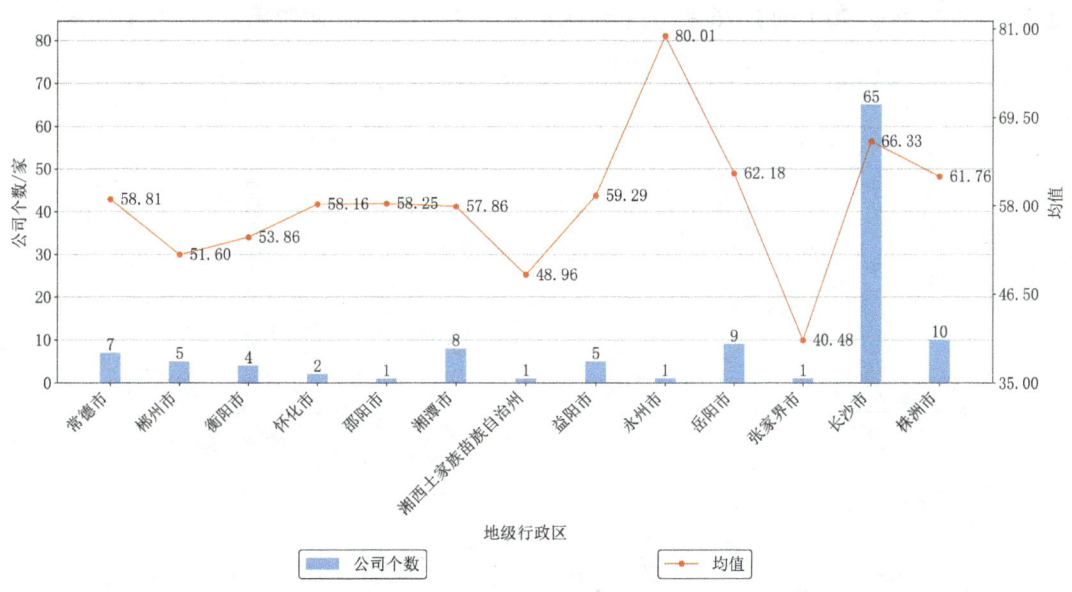

图 6-67 2023 年湖南省传统产业上市公司数字化战略导向指数均值分布图

湖南省数字化战略导向指数排名前10的传统产业上市公司如表6-67所示。

表 6-67　2023年湖南省传统产业上市公司数字化战略导向指数前10排名

排名	证券名称	证券代码	产权性质	一级行业	地级行政区	数字化战略导向指数
1	三诺生物	300298.SZ	非国有控股	医药生物	长沙市	94.69
2	中联重科	000157.SZ	地方国有控股	机械设备	长沙市	92.30
3	爱尔眼科	300015.SZ	非国有控股	医药生物	长沙市	90.76
4	铁建重工	688425.SH	中央国有控股	机械设备	长沙市	86.46
5	老百姓	603883.SH	非国有控股	医药生物	长沙市	85.80
6	山河智能	002097.SZ	地方国有控股	机械设备	长沙市	85.04
7	可孚医疗	301087.SZ	非国有控股	医药生物	长沙市	84.46
8	水羊股份	300740.SZ	非国有控股	美容护理	长沙市	83.13
9	*ST开元	300338.SZ	非国有控股	社会服务	长沙市	81.07
10	易普力	002096.SZ	中央国有控股	基础化工	长沙市	80.94

数据来源：同花顺（iFinD），首经贸资产评估研究院和浙工商中国智能管理研究院整理。

6.14.3　数字化要素投入指数

2023年湖南省传统产业119家上市公司数字化要素投入指数平均水平为57.29，低于传统产业上市公司该项指数平均水平57.94。具体而言，该项指数最高的上市公司是中联重科，数字化要素投入指数为90.27。从省内市、自治州分布来看，如图6-68所示，数字化要素投入指数平均水平最高的城市是永州市（68.76）。从指数分布来看，高于传统产业上市公司该项指数平均水平的上市公司有46家，占比38.66%。其中，数字化要素投入指数处于［80，100］的有3家，占比2.52%；［70，80）的有13家，占比10.92%；［60，70）的有26家，占比21.85%；［0，60）的有77家，占比64.71%。

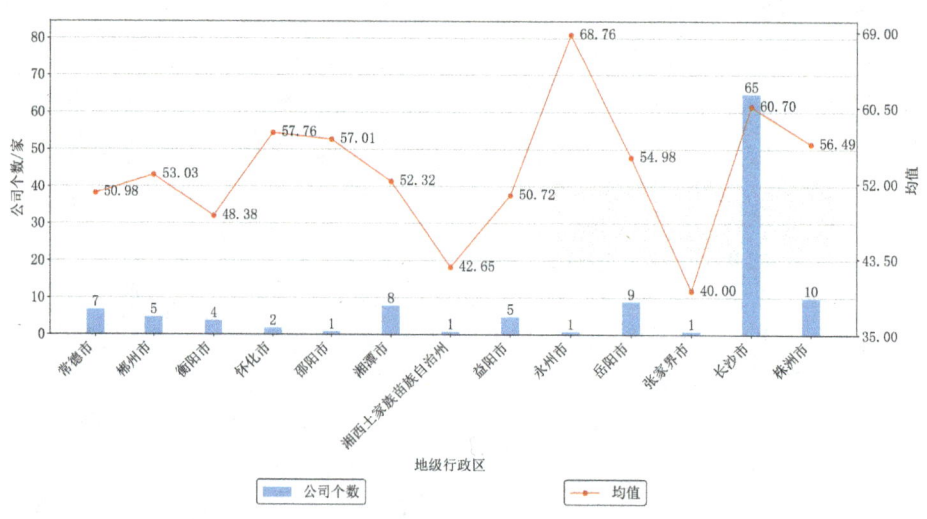

图6-68　2023年湖南省传统产业上市公司数字化要素投入指数均值分布图

湖南省数字化要素投入指数排名前10的传统产业上市公司如表6-68所示。

表6-68　2023年湖南省传统产业上市公司数字化要素投入指数前10排名

排名	证券名称	证券代码	产权性质	一级行业	地级行政区	数字化要素投入指数
1	中联重科	000157.SZ	地方国有控股	机械设备	长沙市	90.27
2	爱尔眼科	300015.SZ	非国有控股	医药生物	长沙市	85.75
3	金杯电工	002533.SZ	非国有控股	电力设备	长沙市	80.75
4	铁建重工	688425.SH	中央国有控股	机械设备	长沙市	78.57
5	三诺生物	300298.SZ	非国有控股	医药生物	长沙市	77.08
6	易普力	002096.SZ	中央国有控股	基础化工	长沙市	75.99
7	泰嘉股份	002843.SZ	非国有控股	机械设备	长沙市	75.57
8	楚天科技	300358.SZ	非国有控股	医药生物	长沙市	75.23
9	华自科技	300490.SZ	非国有控股	电力设备	长沙市	74.69
10	高斯贝尔	002848.SZ	地方国有控股	家用电器	郴州市	74.24

数据来源：同花顺（iFinD），首经贸资产评估研究院和浙工商中国智能管理研究院整理。

6.14.4　数字化创新成果指数

2023年湖南省传统产业119家上市公司数字化创新成果指数平均水平为61.86，低于传统产业上市公司该项指数平均水平63.16。具体而言，该项指数最高的上市公司是铁建重工，数字化创新成果指数为92.45。从省内市、自治州分布来看，如图6-69所示，数字化创新成果指数平均水平最高的城市是永州市（77.96）。从指数分布来看，高于传统产业上市公司该项指数平均水平的上市公司有54家，占比45.38%。其中，数字化创新成果指数处于［80，100］的有12家，占比10.08%；［70，80）的有24家，占比20.17%；［60，70）的有23家，占比19.33%；［0，60）的有60家，占比50.42%。

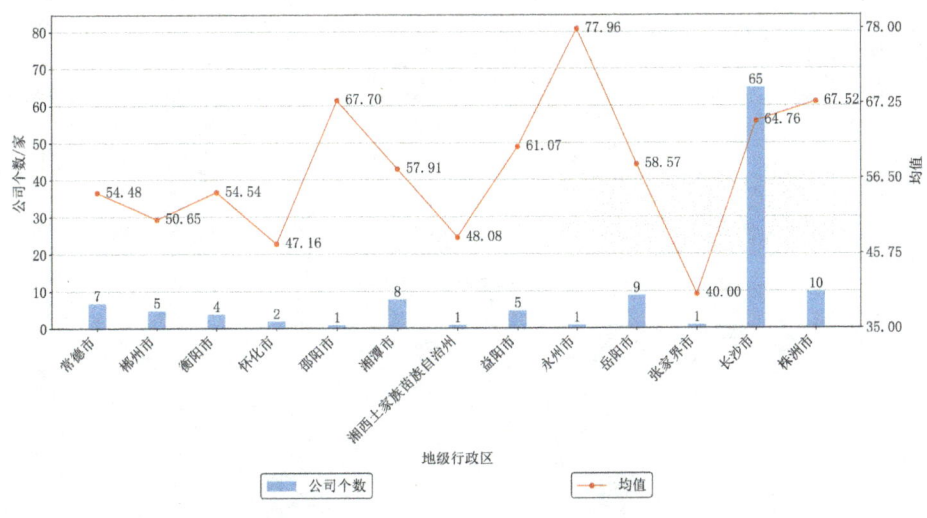

图6-69　2023年湖南省传统产业上市公司数字化创新成果指数均值分布图

湖南省数字化创新成果指数排名前10的传统产业上市公司如表6-69所示。

表6-69　2023年湖南省传统产业上市公司数字化创新成果指数前10排名

排名	证券名称	证券代码	产权性质	一级行业	地级行政区	数字化创新成果指数
1	铁建重工	688425.SH	中央国有控股	机械设备	长沙市	92.45
2	三诺生物	300298.SZ	非国有控股	医药生物	长沙市	89.99
3	华自科技	300490.SZ	非国有控股	电力设备	长沙市	88.65
4	楚天科技	300358.SZ	非国有控股	医药生物	长沙市	88.33
5	中联重科	000157.SZ	地方国有控股	机械设备	长沙市	87.62
6	泰嘉股份	002843.SZ	非国有控股	机械设备	长沙市	86.40
7	力合科技	300800.SZ	非国有控股	环保	长沙市	85.50
8	ST百利	603959.SH	非国有控股	建筑装饰	岳阳市	83.20
9	华曙高科	688433.SH	非国有控股	机械设备	长沙市	82.81
10	三德科技	300515.SZ	非国有控股	机械设备	长沙市	82.72

数据来源：同花顺（iFinD），首经贸资产评估研究院和浙工商中国智能管理研究院整理。

6.14.5　数字化创新绩效指数

2023年湖南省传统产业119家上市公司数字化创新绩效指数平均水平为64.39，低于传统产业上市公司该项指数平均水平66.22。具体而言，该项指数最高的上市公司是爱尔眼科，数字化创新绩效指数为85.87。从省内市、自治州分布来看，如图6-70所示，数字化创新绩效指数平均水平最高的是湘西土家族苗族自治州（74.51）。从指数分布来看，高于传统产业上市公司该项指数平均水平的上市公司有46家，占比38.66%。其中，数字化创新绩效指数处于［80，100］的有8家，占比6.72%；［70，80）的有29家，占比24.37%；［60，70）的有44家，占比36.97%；［0，60）的有38家，占比31.94%。

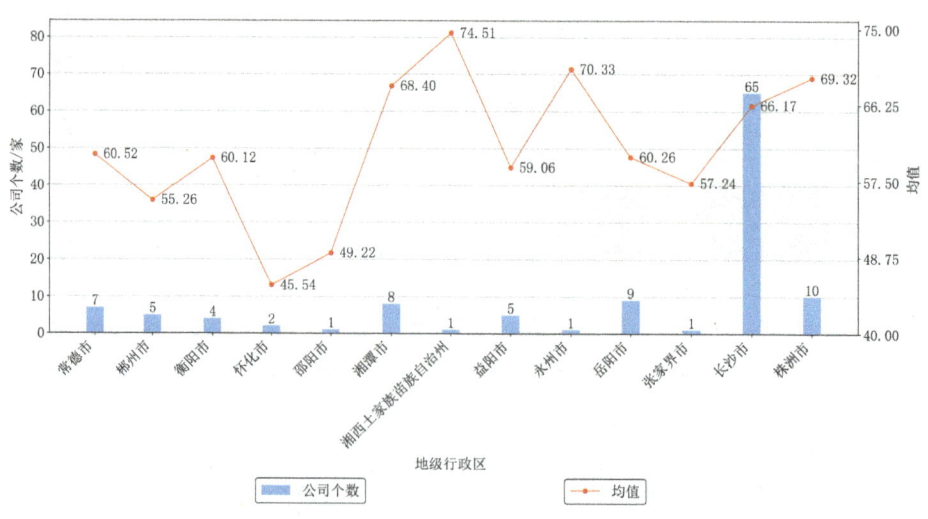

图6-70　2023年湖南省传统产业上市公司数字化创新绩效指数均值分布图

湖南省数字化创新绩效指数排名前10的传统产业上市公司如表6-70所示。

表 6-70　2023 年湖南省传统产业上市公司数字化创新绩效指数前 10 排名

排名	证券名称	证券代码	产权性质	一级行业	地级行政区	数字化创新绩效指数
1	爱尔眼科	300015.SZ	非国有控股	医药生物	长沙市	85.87
2	易普力	002096.SZ	中央国有控股	基础化工	长沙市	84.36
3	中联重科	000157.SZ	地方国有控股	机械设备	长沙市	84.29
4	隆平高科	000998.SZ	中央国有控股	农林牧渔	长沙市	83.64
5	益丰药房	603939.SH	非国有控股	医药生物	常德市	82.40
6	株冶集团	600961.SH	中央国有控股	有色金属	株洲市	82.40
7	旗滨集团	601636.SH	非国有控股	建筑材料	株洲市	82.13
8	盐津铺子	002847.SZ	非国有控股	食品饮料	长沙市	80.43
9	老百姓	603883.SH	非国有控股	医药生物	长沙市	79.98
10	三诺生物	300298.SZ	非国有控股	医药生物	长沙市	79.39

数据来源：同花顺（iFinD），首经贸资产评估研究院和浙工商中国智能管理研究院整理。

6.15　吉林省传统产业上市公司数字化创新评价

截至2023年底，A股市场吉林省共有传统产业上市公司35家，总市值共计3290.59亿元，营业收入合计2156.94亿元，平均市值94.02亿元/家，平均营业收入61.63亿元/家。2023年，吉林省传统产业上市公司研发投入合计为93.58亿元，占营业收入的比例为4.34%；无形资产账面价值合计为165.44亿元，占总资产的比例为3.74%。根据本报告分析口径，共对吉林省35家传统产业上市公司开展数字化创新指数评价，具体情况如下：

6.15.1　数字化创新综合指数

2023年吉林省传统产业35家上市公司数字化创新综合指数平均水平为60.17，低于传统产业上市公司该项指数平均水平62.91。具体而言，该项指数最高的上市公司是一汽解放，数字化创新综合指数为80.74。从省内市、自治州分布来看，如图6-71所示，吉林省传统产业35家上市公司分布在5个市、自治州，数字化创新综合指数平均水平最高的城市是长春市（63.10）。从指数分布来看，高于传统产业上市公司该项指数平均水平的上市公司有14家，占比40.00%。其中，数字化创新综合指数处于［80，100］的有1家，占比2.86%；［70，80）的有6家，占比17.14%；［60，70）的有7家，占比20.00%；［0，60）的有21家，占比60.00%。

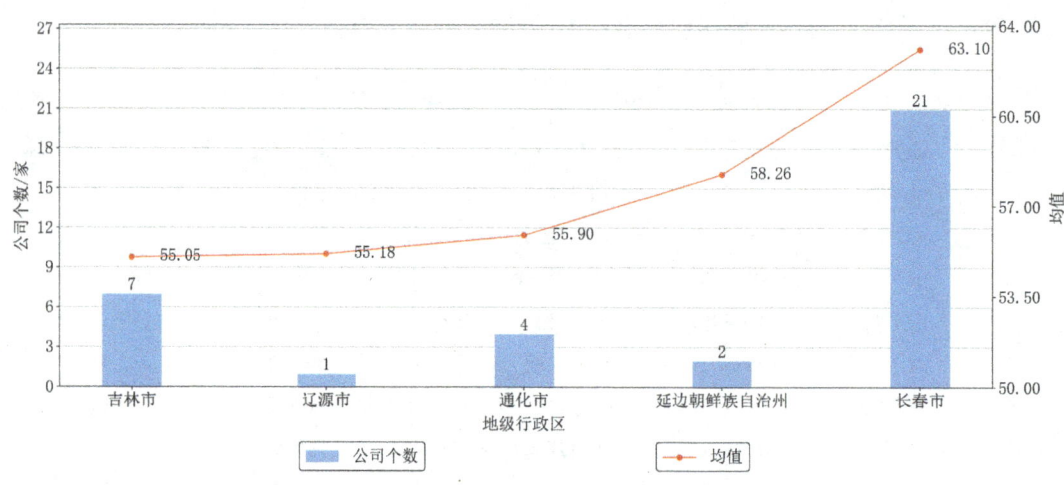

图6-71 2023年吉林省传统产业上市公司数字化创新综合指数均值分布图

吉林省数字化创新综合指数排名前10的传统产业上市公司如表6-71所示。

表6-71 2023年吉林省传统产业上市公司数字化创新综合指数前10排名

排名	证券名称	证券代码	产权性质	一级行业	地级行政区	数字化创新综合指数
1	一汽解放	000800.SZ	中央国有控股	汽车	长春市	80.74
2	中钢国际	000928.SZ	中央国有控股	建筑装饰	吉林市	77.07
3	派斯林	600215.SH	非国有控股	机械设备	长春市	76.75
4	金冠股份	300510.SZ	地方国有控股	电力设备	长春市	75.68
5	长春高新	000661.SZ	地方国有控股	医药生物	长春市	74.66
6	富奥股份	000030.SZ	地方国有控股	汽车	长春市	72.79
7	研奥股份	300923.SZ	非国有控股	机械设备	长春市	70.27
8	吉林敖东	000623.SZ	非国有控股	医药生物	延边朝鲜族自治州	69.47
9	致远新能	300985.SZ	非国有控股	机械设备	长春市	69.42
10	吉电股份	000875.SZ	中央国有控股	公用事业	长春市	68.15

数据来源：同花顺（iFinD），首经贸资产评估研究院和浙工商中国智能管理研究院整理。

6.15.2 数字化战略导向指数

2023年吉林省传统产业35家上市公司数字化战略导向指数平均水平为58.85，低于传统产业上市公司该项指数平均水平62.85。具体而言，该项指数最高的上市公司是一汽解放，数字化战略导向指数为82.88。从省内市、自治州分布来看，如图6-72所示，数字化战略导向指数平均水平最高的城市是长春市（61.94）。从指数分布来看，高于传统产业上市公司该项指数平均水平的上市公司有13家，占比37.14%。其中，数字化战略导向指数处于［80，100］的有5家，占比14.29%；［70，80）的有4家，占比11.43%；［60，70）的有4家，占比11.43%；［0，60）的有22家，占比62.85%。

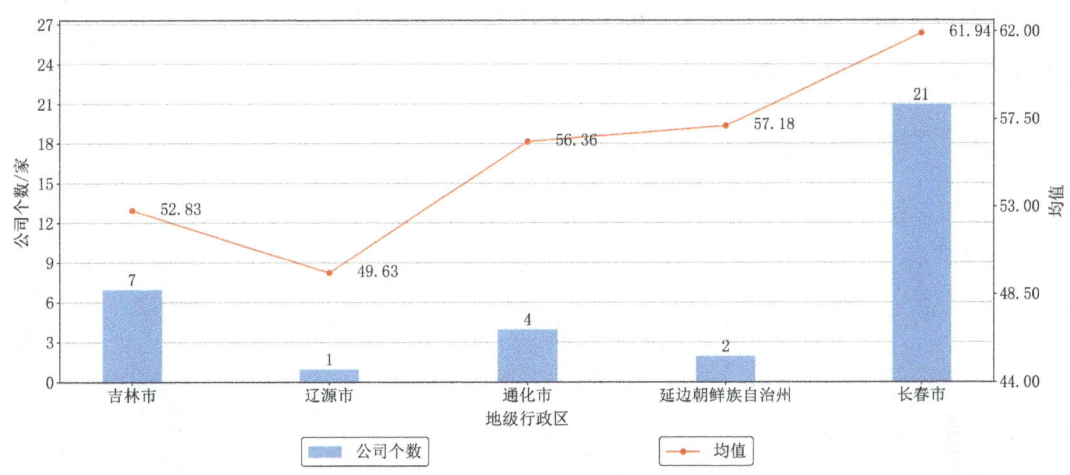

图6-72 2023年吉林省传统产业上市公司数字化战略导向指数均值分布图

吉林省数字化战略导向指数排名前10的传统产业上市公司如表6-72所示。

表6-72 2023年吉林省传统产业上市公司数字化战略导向指数前10排名

排名	证券名称	证券代码	产权性质	一级行业	地级行政区	数字化战略导向指数
1	一汽解放	000800.SZ	中央国有控股	汽车	长春市	82.88
2	研奥股份	300923.SZ	非国有控股	机械设备	长春市	82.52
3	长春高新	000661.SZ	地方国有控股	医药生物	长春市	82.07
4	金冠股份	300510.SZ	地方国有控股	电力设备	长春市	81.88
5	富奥股份	000030.SZ	地方国有控股	汽车	长春市	80.47
6	中钢国际	000928.SZ	中央国有控股	建筑装饰	吉林市	77.76
7	吉林敖东	000623.SZ	非国有控股	医药生物	延边朝鲜族自治州	74.35
8	百克生物	688276.SH	地方国有控股	医药生物	长春市	73.15
9	吉电股份	000875.SZ	中央国有控股	公用事业	长春市	71.05
10	派斯林	600215.SH	非国有控股	机械设备	长春市	69.07

数据来源：同花顺（iFinD），首经贸资产评估研究院和浙工商中国智能管理研究院整理。

6.15.3 数字化要素投入指数

2023年吉林省传统产业35家上市公司数字化要素投入指数平均水平为54.58，低于传统产业上市公司该项指数平均水平57.94。具体而言，该项指数最高的上市公司是一汽解放，数字化要素投入指数为76.76。从省内市、自治州分布来看，如图6-73所示，数字化要素投入指数平均水平最高的城市是长春市（57.13）。从指数分布来看，高于传统产业上市公司该项指数平均水平的上市公司有12家，占比34.29%。其中，数字化要素投入指数处于［70，80）的有5家，占比14.29%；［60，70）的有5家，占比14.29%；［0，60）的有25家，占比71.42%。

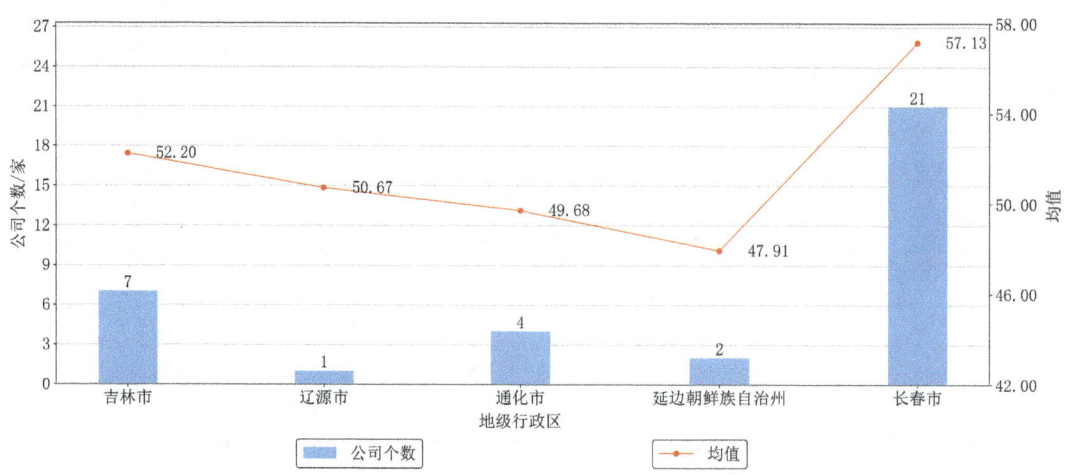

图6-73　2023年吉林省传统产业上市公司数字化要素投入指数均值分布图

吉林省数字化要素投入指数排名前10的传统产业上市公司如表6-73所示。

表6-73　2023年吉林省传统产业上市公司数字化要素投入指数前10排名

排名	证券名称	证券代码	产权性质	一级行业	地级行政区	数字化要素投入指数
1	一汽解放	000800.SZ	中央国有控股	汽车	长春市	76.76
2	派斯林	600215.SH	非国有控股	机械设备	长春市	73.41
3	金冠股份	300510.SZ	地方国有控股	电力设备	长春市	72.35
4	长春高新	000661.SZ	地方国有控股	医药生物	长春市	70.80
5	中钢国际	000928.SZ	中央国有控股	建筑装饰	吉林市	70.67
6	富奥股份	000030.SZ	地方国有控股	汽车	长春市	66.73
7	吉电股份	000875.SZ	中央国有控股	公用事业	长春市	66.01
8	研奥股份	300923.SZ	非国有控股	机械设备	长春市	64.28
9	致远新能	300985.SZ	非国有控股	机械设备	长春市	62.02
10	百克生物	688276.SH	地方国有控股	医药生物	长春市	61.75

数据来源：同花顺（iFinD），首经贸资产评估研究院和浙工商中国智能管理研究院整理。

6.15.4 数字化创新成果指数

2023年吉林省传统产业35家上市公司数字化创新成果指数平均水平为58.59，低于传统产业上市公司该项指数平均水平63.16。具体而言，该项指数最高的上市公司是金冠股份，数字化创新成果指数为85.65。从省内市、自治州分布来看，如图6-74所示，数字化创新成果指数平均水平最高的城市是长春市（62.37）。从指数分布来看，高于传统产业上市公司该项指数平均水平的上市公司有9家，占比25.71%。其中，数字化创新成果指数处于［80，100］的有2家，占比5.71%；［70，80）的有6家，占比17.14%；［60，70）的有7家，占比20.00%；［0，60）的有20家，占比57.15%。

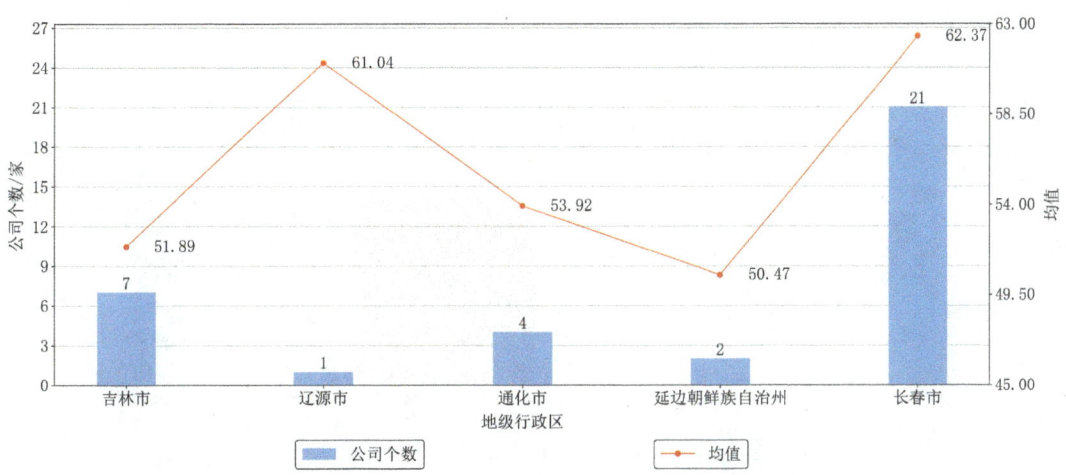

图6-74　2023年吉林省传统产业上市公司数字化创新成果指数均值分布图

吉林省数字化创新成果指数排名前10的传统产业上市公司如表6-74所示。

表6-74　2023年吉林省传统产业上市公司数字化创新成果指数前10排名

排名	证券名称	证券代码	产权性质	一级行业	地级行政区	数字化创新成果指数
1	金冠股份	300510.SZ	地方国有控股	电力设备	长春市	85.65
2	派斯林	600215.SH	非国有控股	机械设备	长春市	83.36
3	研奥股份	300923.SZ	非国有控股	机械设备	长春市	79.88
4	一汽解放	000800.SZ	中央国有控股	汽车	长春市	76.62
5	致远新能	300985.SZ	非国有控股	机械设备	长春市	76.26
6	中钢国际	000928.SZ	中央国有控股	建筑装饰	吉林市	74.47
7	迪瑞医疗	300396.SZ	中央国有控股	医药生物	长春市	74.20
8	一汽富维	600742.SH	地方国有控股	汽车	长春市	73.76
9	富奥股份	000030.SZ	地方国有控股	汽车	长春市	65.42
10	通化东宝	600867.SH	非国有控股	医药生物	通化市	63.65

数据来源：同花顺（iFinD），首经贸资产评估研究院和浙工商中国智能管理研究院整理。

6.15.5 数字化创新绩效指数

2023年吉林省传统产业35家上市公司数字化创新绩效指数平均水平为66.79，高于传统产业上市公司该项指数平均水平66.22。具体而言，该项指数最高的上市公司是长春高新，数字化创新绩效指数为90.48。从省内市、自治州分布来看，如图6-75所示，数字化创新绩效指数平均水平最高的是延边朝鲜族自治州（75.31）。从指数分布来看，高于传统产业上市公司该项指数平均水平的上市公司有17家，占比48.57%。其中，数字化创新绩效指数处于［80，100］的有6家，占比17.14%；［70，80）的有10家，占比28.57%；［60，70）的有6家，占比17.14%；［0，60）的有13家，占比37.15%。

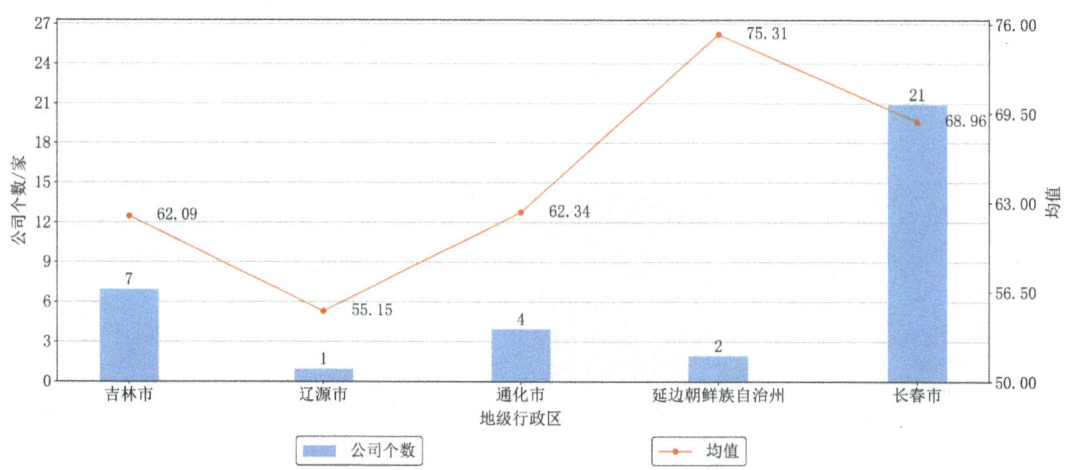

图6-75 2023年吉林省传统产业上市公司数字化创新绩效指数均值分布图

吉林省数字化创新绩效指数排名前10的传统产业上市公司如表6-75所示。

表6-75 2023年吉林省传统产业上市公司数字化创新绩效指数前10排名

排名	证券名称	证券代码	产权性质	一级行业	地级行政区	数字化创新绩效指数
1	长春高新	000661.SZ	地方国有控股	医药生物	长春市	90.48
2	百克生物	688276.SH	地方国有控股	医药生物	长春市	87.47
3	一汽解放	000800.SZ	中央国有控股	汽车	长春市	87.02
4	吉林敖东	000623.SZ	非国有控股	医药生物	延边朝鲜族自治州	86.03
5	中钢国际	000928.SZ	中央国有控股	建筑装饰	吉林市	84.23
6	富奥股份	000030.SZ	地方国有控股	汽车	长春市	80.84
7	吉电股份	000875.SZ	中央国有控股	公用事业	长春市	79.77
8	通化东宝	600867.SH	非国有控股	医药生物	通化市	77.25
9	派斯林	600215.SH	非国有控股	机械设备	长春市	76.33
10	致远新能	300985.SZ	非国有控股	机械设备	长春市	75.68

数据来源：同花顺（iFinD），首经贸资产评估研究院和浙工商中国智能管理研究院整理。

6.16 江苏省传统产业上市公司数字化创新评价

截至2023年底，A股市场江苏省共有传统产业上市公司522家，总市值共计43805.52亿元，营业收入合计24919.49亿元，平均市值83.92亿元/家，平均营业收入47.74亿元/家。2023年，江苏省传统产业上市公司研发投入合计为906.34亿元，占营业收入的比例为3.64%；无形资产账面价值合计为1791.73亿元，占总资产的比例为4.73%。根据本报告分析口径，共对江苏省522家传统产业上市公司开展数字化创新指数评价，具体情况如下：

6.16.1 数字化创新综合指数

2023年江苏省传统产业522家上市公司数字化创新综合指数平均水平为62.40，低于传统产业上市公司该项指数平均水平62.91。具体而言，该项指数最高的上市公司是国电南瑞，数字化创新综合指数为88.24。从省内城市分布来看，如图6-76所示，江苏省传统产业522家上市公司分布在13个市，数字化创新综合指数平均水平最高的城市是南京市（65.28）。从指数分布来看，高于传统产业上市公司该项指数平均水平的上市公司有223家，占比42.72%。其中，数字化创新综合指数处于［80，100］的有27家，占比5.17%；［70，80）的有95家，占比18.20%；［60，70）的有171家，占比32.76%；［0，60）的有229家，占比43.87%。

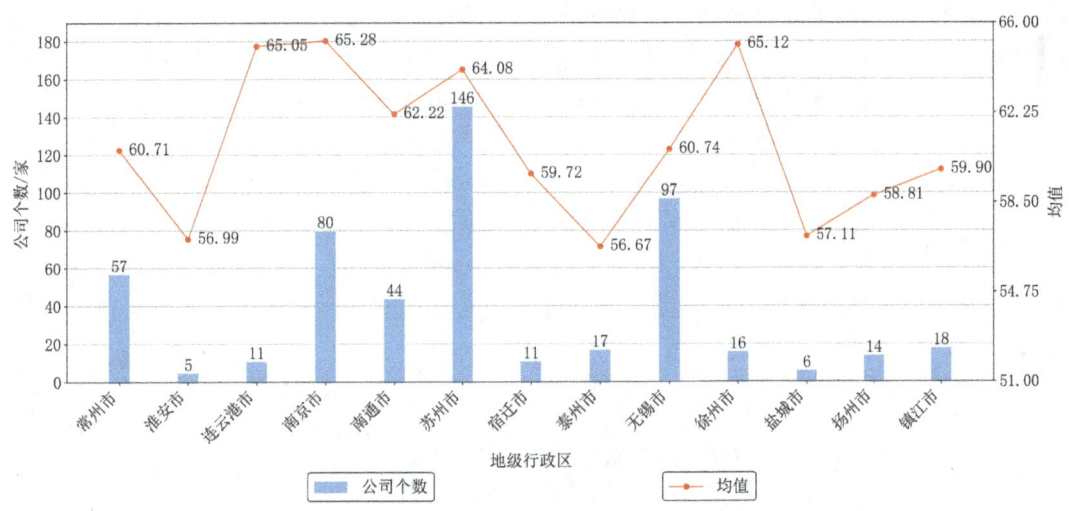

图6-76 2023年江苏省传统产业上市公司数字化创新综合指数均值分布图

江苏省数字化创新综合指数排名前10的传统产业上市公司如表6-76所示。

表 6-76　2023 年江苏省传统产业上市公司数字化创新综合指数前 10 排名

排名	证券名称	证券代码	产权性质	一级行业	地级行政区	数字化创新综合指数
1	国电南瑞	600406.SH	中央国有控股	电力设备	南京市	88.24
2	林洋能源	601222.SH	非国有控股	公用事业	南通市	86.14
3	埃斯顿	002747.SZ	非国有控股	机械设备	南京市	86.14
4	华兴源创	688001.SH	非国有控股	机械设备	苏州市	86.11
5	伟创电气	688698.SH	非国有控股	机械设备	苏州市	85.91
6	天合光能	688599.SH	非国有控股	电力设备	常州市	85.91
7	博众精工	688097.SH	非国有控股	机械设备	苏州市	85.27
8	徐工机械	000425.SZ	地方国有控股	机械设备	徐州市	83.93
9	南钢股份	600282.SH	中央国有控股	钢铁	南京市	83.79
10	固德威	688390.SH	非国有控股	电力设备	苏州市	83.60

数据来源：同花顺（iFinD），首经贸资产评估研究院和浙工商中国智能管理研究院整理。

6.16.2　数字化战略导向指数

2023年江苏省传统产业522家上市公司数字化战略导向指数平均水平为60.98，低于传统产业上市公司该项指数平均水平62.85。具体而言，该项指数最高的上市公司是科沃斯，数字化战略导向指数为93.60。从省内城市分布来看，如图6-77所示，数字化战略导向指数平均水平最高的城市是南京市（67.68）。从指数分布来看，高于传统产业上市公司该项指数平均水平的上市公司有196家，占比37.55%。其中，数字化战略导向指数处于［80，100］的有76家，占比14.56%；［70，80）的有71家，占比13.60%；［60，70）的有99家，占比18.97%；［0，60）的有276家，占比52.87%。

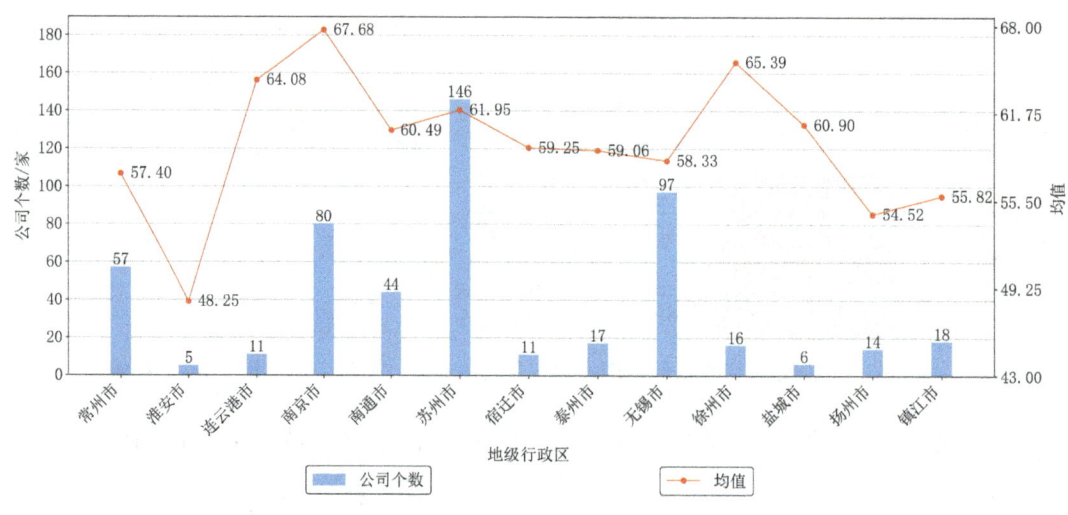

图6-77　2023年江苏省传统产业上市公司数字化战略导向指数均值分布图

江苏省数字化战略导向指数排名前10的传统产业上市公司如表6-77所示。

表6-77 2023年江苏省传统产业上市公司数字化战略导向指数前10排名

排名	证券名称	证券代码	产权性质	一级行业	地级行政区	数字化战略导向指数
1	科沃斯	603486.SH	非国有控股	家用电器	苏州市	93.60
2	瀚川智能	688022.SH	非国有控股	机械设备	苏州市	93.36
3	美年健康	002044.SZ	非国有控股	医药生物	南通市	92.82
4	华设集团	603018.SH	非国有控股	建筑装饰	南京市	92.75
5	博众精工	688097.SH	非国有控股	机械设备	苏州市	92.29
6	测绘股份	300826.SZ	非国有控股	建筑装饰	南京市	92.17
7	恒瑞医药	600276.SH	非国有控股	医药生物	连云港市	92.15
8	埃斯顿	002747.SZ	非国有控股	机械设备	南京市	91.98
9	徐工机械	000425.SZ	地方国有控股	机械设备	徐州市	91.93
10	华兴源创	688001.SH	非国有控股	机械设备	苏州市	91.80

数据来源：同花顺（iFinD），首经贸资产评估研究院和浙工商中国智能管理研究院整理。

6.16.3 数字化要素投入指数

2023年江苏省传统产业522家上市公司数字化要素投入指数平均水平为57.17，低于传统产业上市公司该项指数平均水平57.94。具体而言，该项指数最高的上市公司是华兴源创，数字化要素投入指数为89.71。从省内城市分布来看，如图6-78所示，数字化要素投入指数平均水平最高的城市是南京市（60.98）。从指数分布来看，高于传统产业上市公司该项指数平均水平的上市公司有213家，占比40.80%。其中，数字化要素投入指数处于［80，100］的有19家，占比3.64%；［70，80）的有60家，占比11.49%；［60，70）的有121家，占比23.18%；［0，60）的有322家，占比61.69%。

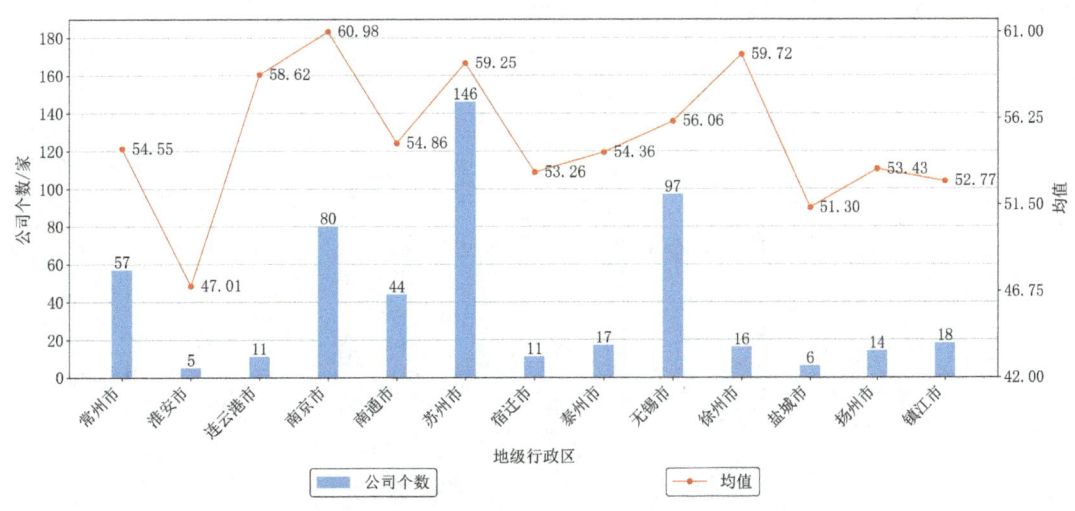

图6-78 2023年江苏省传统产业上市公司数字化要素投入指数均值分布图

江苏省数字化要素投入指数排名前10的传统产业上市公司如表6-78所示。

表6-78　2023年江苏省传统产业上市公司数字化要素投入指数前10排名

排名	证券名称	证券代码	产权性质	一级行业	地级行政区	数字化要素投入指数
1	华兴源创	688001.SH	非国有控股	机械设备	苏州市	89.71
2	埃斯顿	002747.SZ	非国有控股	机械设备	南京市	87.80
3	国电南自	600268.SH	中央国有控股	电力设备	南京市	87.38
4	天合光能	688599.SH	非国有控股	电力设备	常州市	84.49
5	林洋能源	601222.SH	非国有控股	公用事业	南通市	83.16
6	国电南瑞	600406.SH	中央国有控股	电力设备	南京市	82.92
7	固德威	688390.SH	非国有控股	电力设备	苏州市	82.68
8	天准科技	688003.SH	非国有控股	机械设备	苏州市	82.34
9	银河电子	002519.SZ	非国有控股	国防军工	苏州市	82.13
10	伟创电气	688698.SH	非国有控股	机械设备	苏州市	82.06

数据来源：同花顺（iFinD），首经贸资产评估研究院和浙工商中国智能管理研究院整理。

6.16.4　数字化创新成果指数

2023年江苏省传统产业522家上市公司数字化创新成果指数平均水平为64.28，高于传统产业上市公司该项指数平均水平63.16。具体而言，该项指数最高的上市公司是博众精工，数字化创新成果指数为96.24。从省内城市分布来看，如图6-79所示，数字化创新成果指数平均水平最高的城市是徐州市（68.87）。从指数分布来看，高于传统产业上市公司该项指数平均水平的上市公司有254家，占比48.66%。其中，数字化创新成果指数处于［80，100］的有71家，占比13.60%；［70，80）的有99家，占比18.97%；［60，70）的有135家，占比25.86%；［0，60）的有217家，占比41.57%。

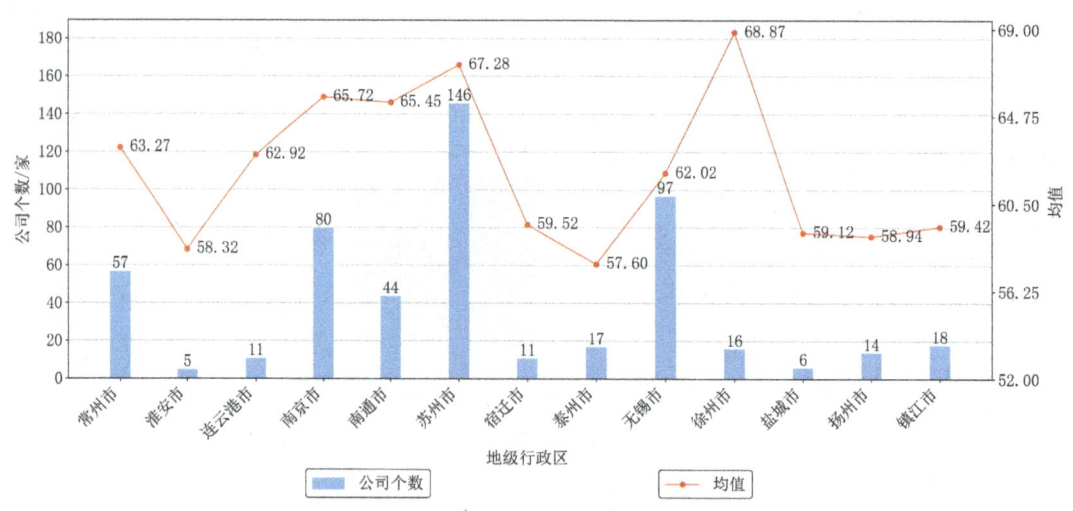

图6-79　2023年江苏省传统产业上市公司数字化创新成果指数均值分布图

江苏省数字化创新成果指数排名前10的传统产业上市公司如表6-79所示。

表6-79 2023年江苏省传统产业上市公司数字化创新成果指数前10排名

排名	证券名称	证券代码	产权性质	一级行业	地级行政区	数字化创新成果指数
1	博众精工	688097.SH	非国有控股	机械设备	苏州市	96.24
2	瀚川智能	688022.SH	非国有控股	机械设备	苏州市	96.12
3	华兴源创	688001.SH	非国有控股	机械设备	苏州市	95.20
4	罗博特科	300757.SZ	非国有控股	机械设备	苏州市	94.86
5	中科微至	688211.SH	非国有控股	机械设备	无锡市	94.05
6	伟创电气	688698.SH	非国有控股	机械设备	苏州市	93.54
7	南钢股份	600282.SH	中央国有控股	钢铁	南京市	91.83
8	华设集团	603018.SH	非国有控股	建筑装饰	南京市	91.33
9	赛腾股份	603283.SH	非国有控股	机械设备	苏州市	90.88
10	海晨股份	300873.SZ	非国有控股	交通运输	苏州市	90.87

数据来源：同花顺（iFinD），首经贸资产评估研究院和浙工商中国智能管理研究院整理。

6.16.5 数字化创新绩效指数

2023年江苏省传统产业522家上市公司数字化创新绩效指数平均水平为64.90，低于传统产业上市公司该项指数平均水平66.22。具体而言，该项指数最高的上市公司是石英股份，数字化创新绩效指数为91.52。从省内城市分布来看，如图6-80所示，数字化创新绩效指数平均水平最高的城市是连云港市（72.69）。从指数分布来看，高于传统产业上市公司该项指数平均水平的上市公司有220家，占比42.15%。其中，数字化创新绩效指数处于［80，100］的有50家，占比9.58%；［70，80）的有124家，占比23.75%；［60，70）的有168家，占比32.18%；［0，60）的有180家，占比34.49%。

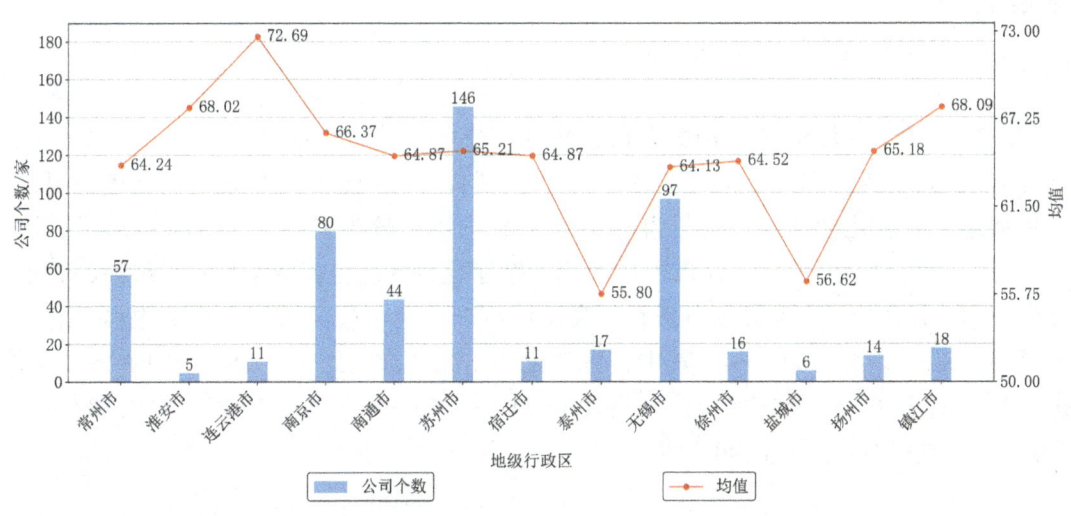

图6-80 2023年江苏省传统产业上市公司数字化创新绩效指数均值分布图

江苏省数字化创新绩效指数排名前10的传统产业上市公司如表6-80所示。

表6-80　2023年江苏省传统产业上市公司数字化创新绩效指数前10排名

排名	证券名称	证券代码	产权性质	一级行业	地级行政区	数字化创新绩效指数
1	石英股份	603688.SH	非国有控股	基础化工	连云港市	91.52
2	国电南瑞	600406.SH	中央国有控股	电力设备	南京市	90.86
3	洋河股份	002304.SZ	地方国有控股	食品饮料	宿迁市	90.45
4	海澜之家	600398.SH	非国有控股	纺织服饰	无锡市	90.42
5	星宇股份	601799.SH	非国有控股	汽车	常州市	88.49
6	恒瑞医药	600276.SH	非国有控股	医药生物	连云港市	88.15
7	今世缘	603369.SH	地方国有控股	食品饮料	淮安市	87.48
8	中材科技	002080.SZ	中央国有控股	建筑材料	南京市	87.30
9	药明康德	603259.SH	非国有控股	医药生物	无锡市	87.08
10	林洋能源	601222.SH	非国有控股	公用事业	南通市	86.42

数据来源：同花顺（iFinD），首经贸资产评估研究院和浙工商中国智能管理研究院整理。

6.17　江西省传统产业上市公司数字化创新评价

截至2023年底，A股市场江西省共有传统产业上市公司70家，总市值共计7535.24亿元，营业收入合计11190.62亿元，平均市值107.65亿元/家，平均营业收入159.87亿元/家。2023年，江西省传统产业上市公司研发投入合计为232.32亿元，占营业收入的比例为2.08%；无形资产账面价值合计为543.71亿元，占总资产的比例为5.64%。根据本报告分析口径，共对江西省70家传统产业上市公司开展数字化创新指数评价，具体情况如下：

6.17.1　数字化创新综合指数

2023年江西省传统产业70家上市公司数字化创新综合指数平均水平为61.35，低于传统产业上市公司该项指数平均水平62.91。具体而言，该项指数最高的上市公司是三川智慧，数字化创新综合指数为83.79。从省内城市分布来看，如图6-81所示，江西省传统产业70家上市公司分布在11个市，数字化创新综合指数平均水平最高的城市是鹰潭市（73.17）。从指数分布来看，高于传统产业上市公司该项指数平均水平的上市公司有30家，占比42.86%。其中，数字化创新综合指数处于［80，100］的有1家，占比1.43%；［70，80）的有11家，占比15.71%；［60，70）的有27家，占比38.57%；［0，60）的有31家，占比44.29%。

第6章 传统产业上市公司数字化创新评价——省份维度

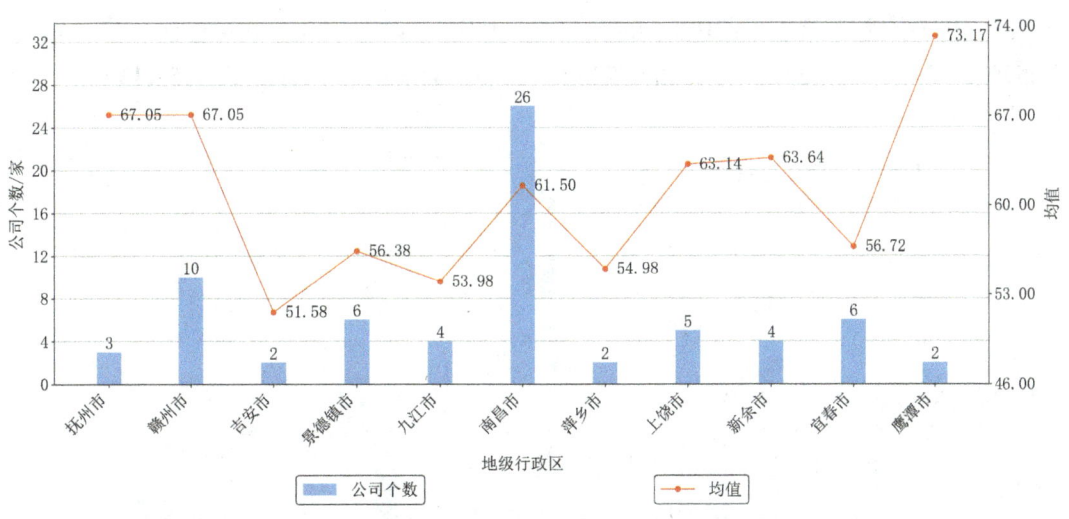

图6-81 2023年江西省传统产业上市公司数字化创新综合指数均值分布图

江西省数字化创新综合指数排名前10的传统产业上市公司如表6-81所示。

表6-81 2023年江西省传统产业上市公司数字化创新综合指数前10排名

排名	证券名称	证券代码	产权性质	一级行业	地级行政区	数字化创新综合指数
1	三川智慧	300066.SZ	非国有控股	机械设备	鹰潭市	83.79
2	天音控股	000829.SZ	地方国有控股	商贸零售	赣州市	78.35
3	晶科能源	688223.SH	非国有控股	电力设备	上饶市	76.64
4	国泰集团	603977.SH	地方国有控股	基础化工	南昌市	75.43
5	美克家居	600337.SH	非国有控股	轻工制造	赣州市	72.67
6	江铃汽车	000550.SZ	地方国有控股	汽车	南昌市	72.66
7	赣能股份	000899.SZ	地方国有控股	公用事业	南昌市	72.65
8	新余国科	300722.SZ	地方国有控股	国防军工	新余市	72.15
9	江中药业	600750.SH	中央国有控股	医药生物	南昌市	71.55
10	孚能科技	688567.SH	非国有控股	电力设备	赣州市	71.13

数据来源：同花顺（iFinD），首经贸资产评估研究院和浙工商中国智能管理研究院整理。

6.17.2 数字化战略导向指数

2023年江西省传统产业70家上市公司数字化战略导向指数平均水平为60.75，低于传统产业上市公司该项指数平均水平62.85。具体而言，该项指数最高的上市公司是天音控股，数字化战略导向指数为91.09。从省内城市分布来看，如图6-82所示，数字化战略导向指数平均水平最高的城市是抚州市（72.32）。从指数分布来看，高于传统产业上市公司该项指数平均水平的上市公司有30家，占比42.86%。其中，数字化战略导向指数处于[80,100]的有5家,占比7.14%;[70,80)的有13家,占比18.57%;[60,70)的有16家,占比22.86%;[0,60)的有36家,占比51.43%。

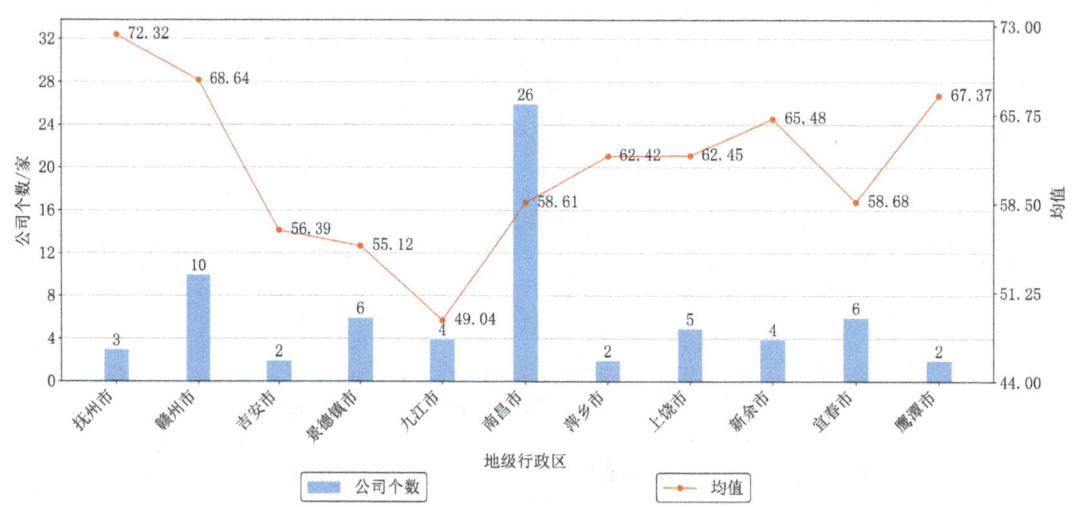

图6-82　2023年江西省传统产业上市公司数字化战略导向指数均值分布图

江西省数字化战略导向指数排名前10的传统产业上市公司如表6-82所示。

表6-82　2023年江西省传统产业上市公司数字化战略导向指数前10排名

排名	证券名称	证券代码	产权性质	一级行业	地级行政区	数字化战略导向指数
1	天音控股	000829.SZ	地方国有控股	商贸零售	赣州市	91.09
2	三川智慧	300066.SZ	非国有控股	机械设备	鹰潭市	87.54
3	美克家居	600337.SH	非国有控股	轻工制造	赣州市	84.82
4	志特新材	300986.SZ	非国有控股	建筑装饰	抚州市	84.37
5	新余国科	300722.SZ	地方国有控股	国防军工	新余市	83.37
6	江中药业	600750.SH	中央国有控股	医药生物	南昌市	78.02
7	赣能股份	000899.SZ	地方国有控股	公用事业	南昌市	76.39
8	孚能科技	688567.SH	非国有控股	电力设备	赣州市	76.34
9	国泰集团	603977.SH	地方国有控股	基础化工	南昌市	76.27
10	甘源食品	002991.SZ	非国有控股	食品饮料	萍乡市	73.79

数据来源:同花顺(iFinD),首经贸资产评估研究院和浙工商中国智能管理研究院整理。

6.17.3　数字化要素投入指数

2023年江西省传统产业70家上市公司数字化要素投入指数平均水平为56.76,低于传统产业上市公司该项指数平均水平57.94。具体而言,该项指数最高的上市公司是天音控股，数字化要素投入指数为79.21。从省内城市分布来看，如图6-83所示，数字化要素投入指数平均水平最高的城市是鹰潭市（65.83）。从指数分布来看，高于传统产业上市公司该项指数平均水平的上市公司有28家，占比40.00%。其中，数字化要素投入指数处于［70，80）的有6家，占比8.57%；［60，70）的有20家，占比28.57%；［0，60）的有44家，占比62.86%。

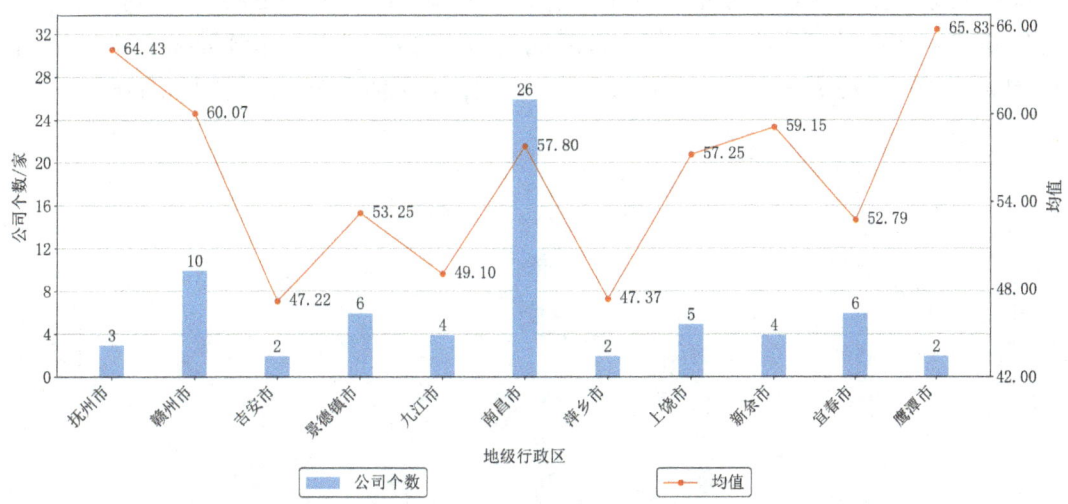

图6-83　2023年江西省传统产业上市公司数字化要素投入指数均值分布图

江西省数字化要素投入指数排名前10的传统产业上市公司如表6-83所示。

表6-83　2023年江西省传统产业上市公司数字化要素投入指数前10排名

排名	证券名称	证券代码	产权性质	一级行业	地级行政区	数字化要素投入指数
1	天音控股	000829.SZ	地方国有控股	商贸零售	赣州市	79.21
2	三川智慧	300066.SZ	非国有控股	机械设备	鹰潭市	76.75
3	新元科技	300472.SZ	非国有控股	机械设备	抚州市	75.79
4	金力永磁	300748.SZ	非国有控股	有色金属	赣州市	71.29
5	新余国科	300722.SZ	地方国有控股	国防军工	新余市	70.63
6	赣能股份	000899.SZ	地方国有控股	公用事业	南昌市	70.00
7	长虹华意	000404.SZ	地方国有控股	家用电器	景德镇市	69.27
8	孚能科技	688567.SH	非国有控股	电力设备	赣州市	67.93
9	华伍股份	300095.SZ	非国有控股	机械设备	宜春市	67.50
10	晶科能源	688223.SH	非国有控股	电力设备	上饶市	67.01

数据来源：同花顺（iFinD），首经贸资产评估研究院和浙工商中国智能管理研究院整理。

6.17.4 数字化创新成果指数

2023年江西省传统产业70家上市公司数字化创新成果指数平均水平为60.66，低于传统产业上市公司该项指数平均水平63.16。具体而言，该项指数最高的上市公司是三川智慧，数字化创新成果指数为88.67。从省内城市分布来看，如图6-84所示，数字化创新成果指数平均水平最高的城市是抚州市（74.70）。从指数分布来看，高于传统产业上市公司该项指数平均水平的上市公司有26家，占比37.14%。其中，数字化创新成果指数处于［80，100］的有3家，占比4.29%；［70，80）的有11家，占比15.71%；［60，70）的有21家，占比30.00%；［0，60）的有35家，占比50.00%。

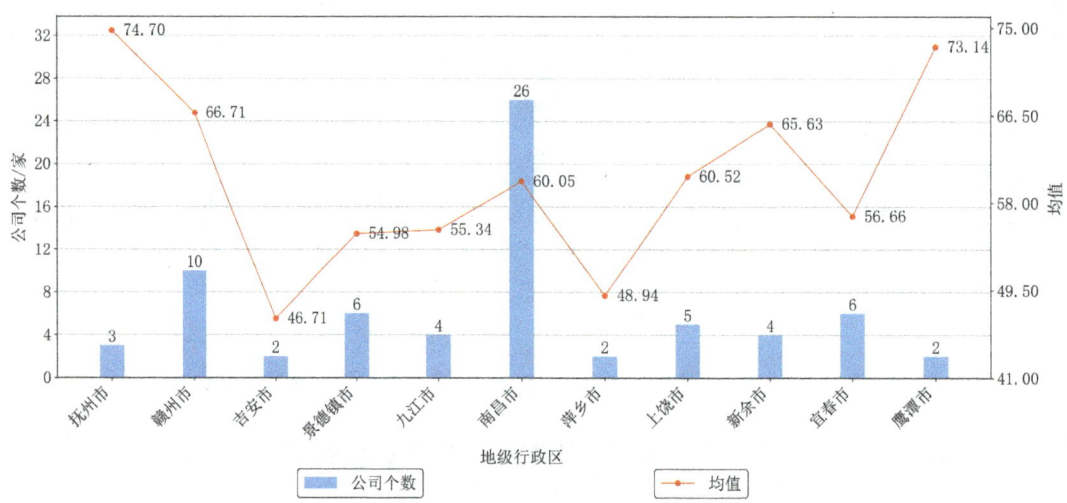

图6-84　2023年江西省传统产业上市公司数字化创新成果指数均值分布图

江西省数字化创新成果指数排名前10的传统产业上市公司如表6-84所示。

表6-84　2023年江西省传统产业上市公司数字化创新成果指数前10排名

排名	证券名称	证券代码	产权性质	一级行业	地级行政区	数字化创新成果指数
1	三川智慧	300066.SZ	非国有控股	机械设备	鹰潭市	88.67
2	国泰集团	603977.SH	地方国有控股	基础化工	南昌市	82.47
3	新元科技	300472.SZ	非国有控股	机械设备	抚州市	80.68
4	晶科能源	688223.SH	非国有控股	电力设备	上饶市	79.36
5	美克家居	600337.SH	非国有控股	轻工制造	赣州市	78.00
6	欧克科技	001223.SZ	非国有控股	机械设备	九江市	77.27
7	悦安新材	688786.SH	非国有控股	有色金属	赣州市	75.66
8	江铃汽车	000550.SZ	地方国有控股	汽车	南昌市	75.63
9	志特新材	300986.SZ	非国有控股	建筑装饰	抚州市	73.08
10	新余国科	300722.SZ	地方国有控股	国防军工	新余市	72.72

数据来源：同花顺（iFinD），首经贸资产评估研究院和浙工商中国智能管理研究院整理。

6.17.5 数字化创新绩效指数

2023年江西省传统产业70家上市公司数字化创新绩效指数平均水平为65.82，低于传统产业上市公司该项指数平均水平66.22。具体而言，该项指数最高的上市公司是晶科能源，数字化创新绩效指数为87.50。从省内城市分布来看，如图6-85所示，数字化创新绩效指数平均水平最高的城市是鹰潭市（82.05）。从指数分布来看，高于传统产业上市公司该项指数平均水平的上市公司有29家，占比41.43%。其中，数字化创新绩效指数处于［80，100］的有10家，占比14.29%；［70，80）的有17家，占比24.29%；［60，70）的有21家，占比30.00%；［0，60）的有22家，占比31.42%。

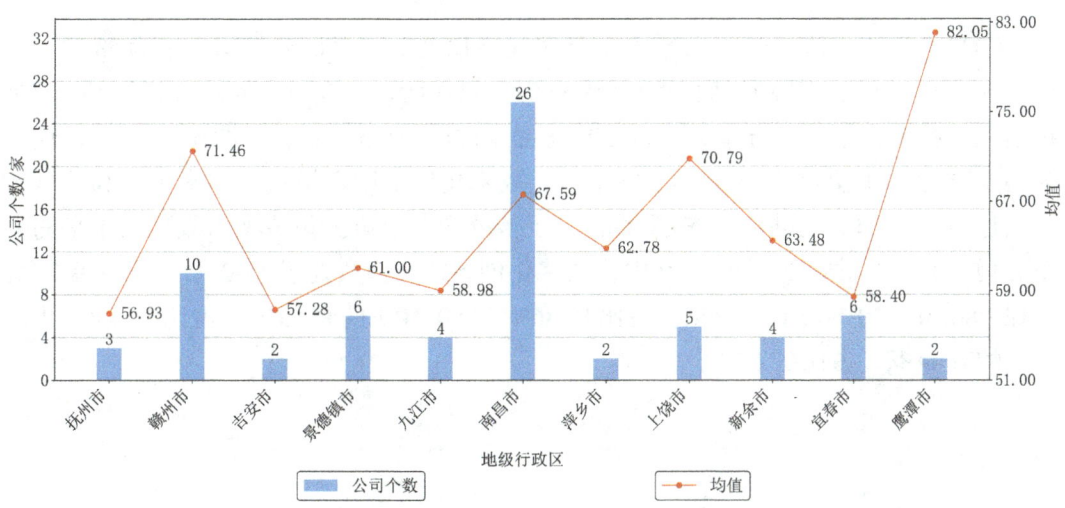

图6-85　2023年江西省传统产业上市公司数字化创新绩效指数均值分布图

江西省数字化创新绩效指数排名前10的传统产业上市公司如表6-85所示。

表6-85　2023年江西省传统产业上市公司数字化创新绩效指数前10排名

排名	证券名称	证券代码	产权性质	一级行业	地级行政区	数字化创新绩效指数
1	晶科能源	688223.SH	非国有控股	电力设备	上饶市	87.50
2	赣能股份	000899.SZ	地方国有控股	公用事业	南昌市	84.20
3	晶科科技	601778.SH	非国有控股	公用事业	上饶市	84.18
4	江西铜业	600362.SH	地方国有控股	有色金属	鹰潭市	83.17
5	方大特钢	600507.SH	非国有控股	钢铁	南昌市	82.98
6	江中药业	600750.SH	中央国有控股	医药生物	南昌市	81.95
7	天音控股	000829.SZ	地方国有控股	商贸零售	赣州市	81.59
8	腾远钴业	301219.SZ	非国有控股	有色金属	赣州市	81.24
9	赣粤高速	600269.SH	地方国有控股	交通运输	南昌市	80.97
10	三川智慧	300066.SZ	非国有控股	机械设备	鹰潭市	80.93

数据来源：同花顺（iFinD），首经贸资产评估研究院和浙工商中国智能管理研究院整理。

6.18 辽宁省传统产业上市公司数字化创新评价

截至2023年底，A股市场辽宁省共有传统产业上市公司70家，总市值共计6885.82亿元，营业收入合计9628.58亿元，平均市值98.37亿元/家，平均营业收入137.55亿元/家。2023年，辽宁省传统产业上市公司研发投入合计为146.10亿元，占营业收入的比例为1.52%；无形资产账面价值合计为558.55亿元，占总资产的比例为3.95%。根据本报告分析口径，共对辽宁省70家传统产业上市公司开展数字化创新指数评价，具体情况如下：

6.18.1 数字化创新综合指数

2023年辽宁省传统产业70家上市公司数字化创新综合指数平均水平为58.93，低于传统产业上市公司该项指数平均水平62.91。具体而言，该项指数最高的上市公司是机器人，数字化创新综合指数为85.30。从省内城市分布来看，如图6-86所示，辽宁省传统产业70家上市公司分布在13个市；数字化创新综合指数平均水平最高的城市是大连市（61.24）。从指数分布来看，高于传统产业上市公司该项指数平均水平的上市公司有19家，占比27.14%。其中，数字化创新综合指数处于［80，100］的有2家，占比2.86%；［70，80）的有9家，占比12.86%；［60，70）的有15家，占比21.43%；［0，60）的有44家，占比62.85%。

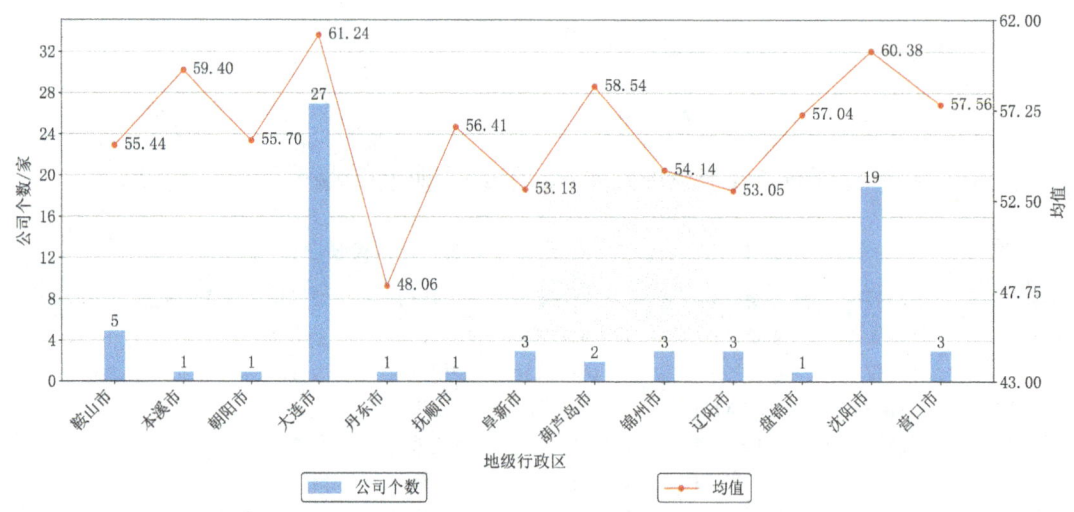

图6-86　2023年辽宁省传统产业上市公司数字化创新综合指数均值分布图

辽宁省数字化创新综合指数排名前10的传统产业上市公司如表6-86所示。

第6章 传统产业上市公司数字化创新评价——省份维度

表6-86 2023年辽宁省传统产业上市公司数字化创新综合指数前10排名

排名	证券名称	证券代码	产权性质	一级行业	地级行政区	数字化创新综合指数
1	机器人	300024.SZ	中央国有控股	机械设备	沈阳市	85.30
2	圆通速递	600233.SH	非国有控股	交通运输	大连市	81.49
3	连城数控	835368.BJ	非国有控股	电力设备	大连市	79.77
4	恒力石化	600346.SH	非国有控股	石油石化	大连市	79.76
5	豪森智能	688529.SH	非国有控股	机械设备	大连市	79.28
6	蓝英装备	300293.SZ	非国有控股	机械设备	沈阳市	78.44
7	大连重工	002204.SZ	地方国有控股	机械设备	大连市	76.09
8	科德数控	688305.SH	非国有控股	机械设备	大连市	75.63
9	何氏眼科	301103.SZ	非国有控股	医药生物	沈阳市	73.44
10	金辰股份	603396.SH	非国有控股	电力设备	营口市	71.97

数据来源：同花顺（iFinD），首经贸资产评估研究院和浙工商中国智能管理研究院整理。

6.18.2 数字化战略导向指数

2023年辽宁省传统产业70家上市公司数字化战略导向指数平均水平为57.04，低于传统产业上市公司该项指数平均水平62.85。具体而言，该项指数最高的上市公司是机器人，数字化战略导向指数为92.91。从省内城市分布来看，如图6-87所示，数字化战略导向指数平均水平最高的城市是大连市（61.08）。从指数分布来看，高于传统产业上市公司该项指数平均水平的上市公司有17家，占比24.29%。其中，数字化战略导向指数处于［80，100］的有6家，占比8.57%；［70，80）的有7家，占比10.00%；［60，70）的有12家，占比17.14%；［0，60）的有45家，占比64.29%。

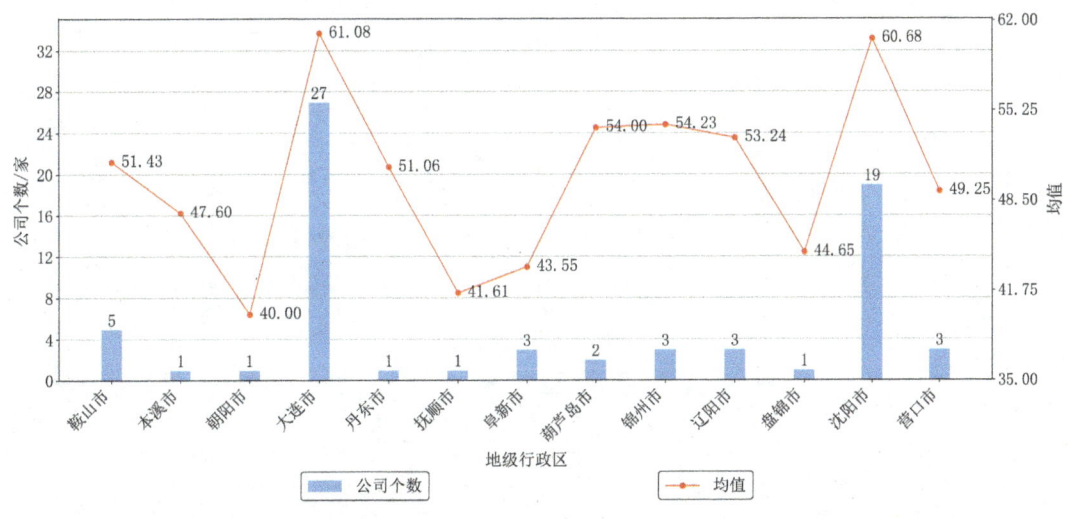

图6-87 2023年辽宁省传统产业上市公司数字化战略导向指数均值分布图

辽宁省数字化战略导向指数排名前10的传统产业上市公司如表6-87所示。

表6-87 2023年辽宁省传统产业上市公司数字化战略导向指数前10排名

排名	证券名称	证券代码	产权性质	一级行业	地级行政区	数字化战略导向指数
1	机器人	300024.SZ	中央国有控股	机械设备	沈阳市	92.91
2	圆通速递	600233.SH	非国有控股	交通运输	大连市	88.23
3	何氏眼科	301103.SZ	非国有控股	医药生物	沈阳市	85.59
4	豪森智能	688529.SH	非国有控股	机械设备	大连市	84.44
5	科德数控	688305.SH	非国有控股	机械设备	大连市	81.00
6	蓝英装备	300293.SZ	非国有控股	机械设备	沈阳市	80.79
7	成大生物	688739.SH	地方国有控股	医药生物	沈阳市	79.97
8	德迈仕	301007.SZ	非国有控股	汽车	大连市	79.92
9	恒力石化	600346.SH	非国有控股	石油石化	大连市	78.90
10	连城数控	835368.BJ	非国有控股	电力设备	大连市	78.36

数据来源：同花顺（iFinD），首经贸资产评估研究院和浙工商中国智能管理研究院整理。

6.18.3 数字化要素投入指数

2023年辽宁省传统产业70家上市公司数字化要素投入指数平均水平为53.55，低于传统产业上市公司该项指数平均水平57.94。具体而言，该项指数最高的上市公司是机器人，数字化要素投入指数为83.56。从省内城市分布来看，如图6-88所示，数字化要素投入指数平均水平最高的城市是大连市（57.16）。从指数分布来看，高于传统产业上市公司该项指数平均水平的上市公司有22家，占比31.43%。其中，数字化要素投入指数处于［80，100］的有1家，占比1.43%；［70，80）的有6家，占比8.57%；［60，70）的有13家，占比18.57%；［0，60）的有50家，占比71.43%。

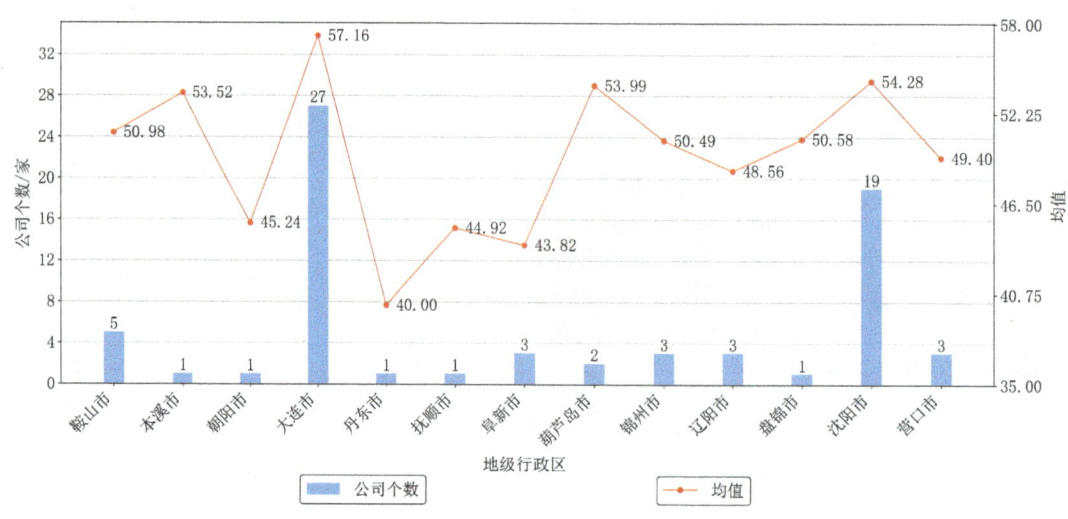

图6-88 2023年辽宁省传统产业上市公司数字化要素投入指数均值分布图

辽宁省数字化要素投入指数排名前10的传统产业上市公司如表6-88所示。

表6-88　2023年辽宁省传统产业上市公司数字化要素投入指数前10排名

排名	证券名称	证券代码	产权性质	一级行业	地级行政区	数字化要素投入指数
1	机器人	300024.SZ	中央国有控股	机械设备	沈阳市	83.56
2	何氏眼科	301103.SZ	非国有控股	医药生物	沈阳市	78.85
3	连城数控	835368.BJ	非国有控股	电力设备	大连市	78.48
4	豪森智能	688529.SH	非国有控股	机械设备	大连市	77.20
5	蓝英装备	300293.SZ	非国有控股	机械设备	沈阳市	77.02
6	圆通速递	600233.SH	非国有控股	交通运输	大连市	71.56
7	远大智能	002689.SZ	非国有控股	机械设备	沈阳市	70.53
8	恒力石化	600346.SH	非国有控股	石油石化	大连市	68.59
9	辽港股份	601880.SH	中央国有控股	交通运输	大连市	67.85
10	科德数控	688305.SH	非国有控股	机械设备	大连市	67.22

数据来源：同花顺（iFinD），首经贸资产评估研究院和浙工商中国智能管理研究院整理。

6.18.4　数字化创新成果指数

2023年辽宁省传统产业70家上市公司数字化创新成果指数平均水平为58.59，低于传统产业上市公司该项指数平均水平63.16。具体而言，该项指数最高的上市公司是机器人，数字化创新成果指数为89.90。从省内城市分布来看，如图6-89所示，数字化创新成果指数平均水平最高的城市是营口市（67.61）。从指数分布来看，高于传统产业上市公司该项指数平均水平的上市公司有18家，占比25.71%。其中，数字化创新成果指数处于［80，100］的有8家，占比11.43%；［70，80）的有5家，占比7.14%；［60，70）的有12家，占比17.14%；［0，60）的有45家，占比64.29%。

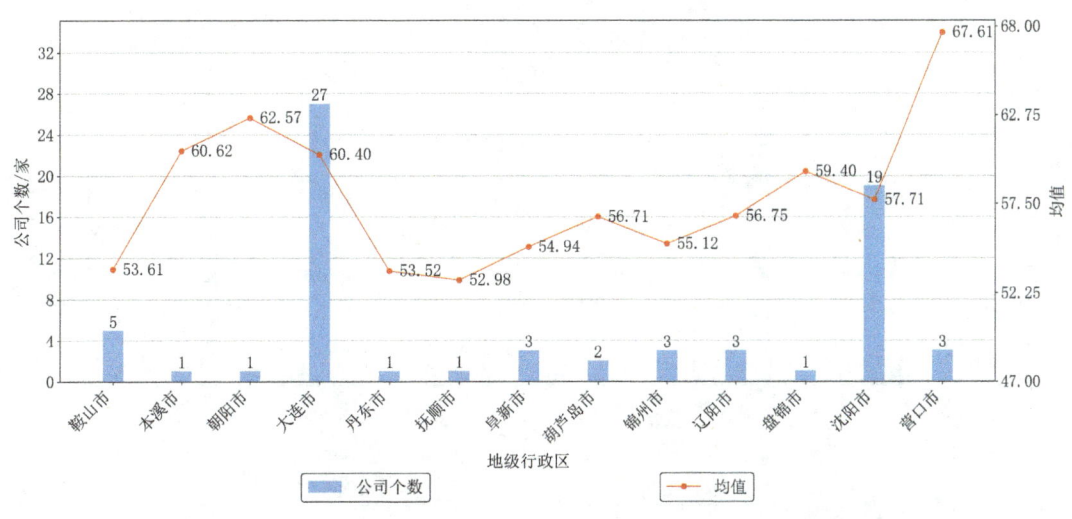

图6-89　2023年辽宁省传统产业上市公司数字化创新成果指数均值分布图

辽宁省数字化创新成果指数排名前10的传统产业上市公司如表6-89所示。

表6-89 2023年辽宁省传统产业上市公司数字化创新成果指数前10排名

排名	证券名称	证券代码	产权性质	一级行业	地级行政区	数字化创新成果指数
1	机器人	300024.SZ	中央国有控股	机械设备	沈阳市	89.90
2	豪森智能	688529.SH	非国有控股	机械设备	大连市	89.54
3	金辰股份	603396.SH	非国有控股	电力设备	营口市	88.08
4	大连重工	002204.SZ	地方国有控股	机械设备	大连市	87.52
5	智云股份	300097.SZ	非国有控股	机械设备	大连市	86.30
6	蓝英装备	300293.SZ	非国有控股	机械设备	沈阳市	84.20
7	连城数控	835368.BJ	非国有控股	电力设备	大连市	81.98
8	科德数控	688305.SH	非国有控股	机械设备	大连市	81.76
9	恒力石化	600346.SH	非国有控股	石油石化	大连市	79.25
10	圆通速递	600233.SH	非国有控股	交通运输	大连市	78.30

数据来源：同花顺（iFinD），首经贸资产评估研究院和浙工商中国智能管理研究院整理。

6.18.5　数字化创新绩效指数

2023年辽宁省传统产业70家上市公司数字化创新绩效指数平均水平为64.36，低于传统产业上市公司该项指数平均水平66.22。具体而言，该项指数最高的上市公司是恒力石化，数字化创新绩效指数为88.88。从省内城市分布来看，如图6-90所示，数字化创新绩效指数平均水平最高的城市是抚顺市（77.75）。从指数分布来看，高于传统产业上市公司该项指数平均水平的上市公司有27家，占比38.57%。其中，数字化创新绩效指数处于［80，100］的有6家，占比8.57%；［70，80）的有12家，占比17.14%；［60，70）的有29家，占比41.43%；［0，60）的有23家，占比32.86%。

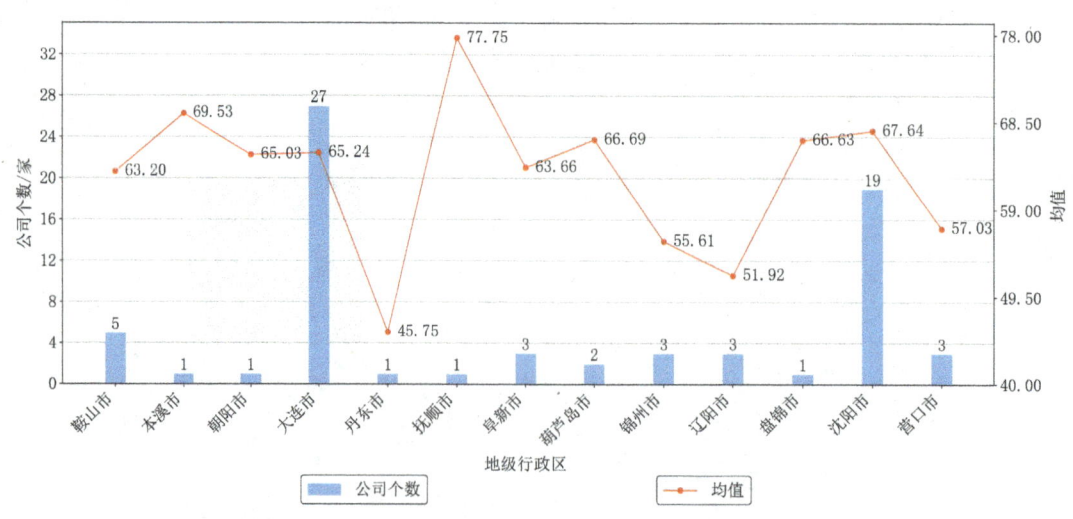

图6-90　2023年辽宁省传统产业上市公司数字化创新绩效指数均值分布图

辽宁省数字化创新绩效指数排名前10的传统产业上市公司如表6-90所示。

表6-90 2023年辽宁省传统产业上市公司数字化创新绩效指数前10排名

排名	证券名称	证券代码	产权性质	一级行业	地级行政区	数字化创新绩效指数
1	恒力石化	600346.SH	非国有控股	石油石化	大连市	88.88
2	圆通速递	600233.SH	非国有控股	交通运输	大连市	88.09
3	国电电力	600795.SH	中央国有控股	公用事业	大连市	85.13
4	铁龙物流	600125.SH	中央国有控股	交通运输	大连市	83.19
5	兴齐眼药	300573.SZ	非国有控股	医药生物	沈阳市	82.04
6	辽港股份	601880.SH	中央国有控股	交通运输	大连市	80.05
7	连城数控	835368.BJ	非国有控股	电力设备	大连市	79.05
8	抚顺特钢	600399.SH	非国有控股	钢铁	抚顺市	77.75
9	机器人	300024.SZ	中央国有控股	机械设备	沈阳市	76.56
10	桃李面包	603866.SH	非国有控股	食品饮料	沈阳市	74.72

数据来源：同花顺（iFinD），首经贸资产评估研究院和浙工商中国智能管理研究院整理。

6.19 内蒙古自治区传统产业上市公司数字化创新评价

截至2023年底，A股市场内蒙古自治区共有传统产业上市公司25家，总市值共计6270.34亿元，营业收入合计4063.30亿元，平均市值250.81亿元/家，平均营业收入162.53亿元/家。2023年，内蒙古自治区传统产业上市公司研发投入合计为78.55亿元，占营业收入的比例为1.93%；无形资产账面价值合计为514.18亿元，占总资产的比例为7.31%。根据本报告分析口径，共对内蒙古自治区25家传统产业上市公司开展数字化创新指数评价，具体情况如下：

6.19.1 数字化创新综合指数

2023年内蒙古自治区传统产业25家上市公司数字化创新综合指数平均水平为63.44，高于传统产业上市公司该项指数平均水平62.91。具体而言，该项指数最高的上市公司是北方稀土，数字化创新综合指数为76.90。从自治区内市、盟分布来看，如图6-91所示，内蒙古自治区传统产业25家上市公司分布在10个市、盟，数字化创新综合指数平均水平最高的城市是通辽市（72.74）。从指数分布来看，高于传统产业上市公司该项指数平均水平的上市公司有14家，占比56.00%。其中，数字化创新综合指数处于［70，80）的有5家，占比20.00%；［60，70）的有14家，占比56.00%；［0，60）的有6家，占比24.00%。

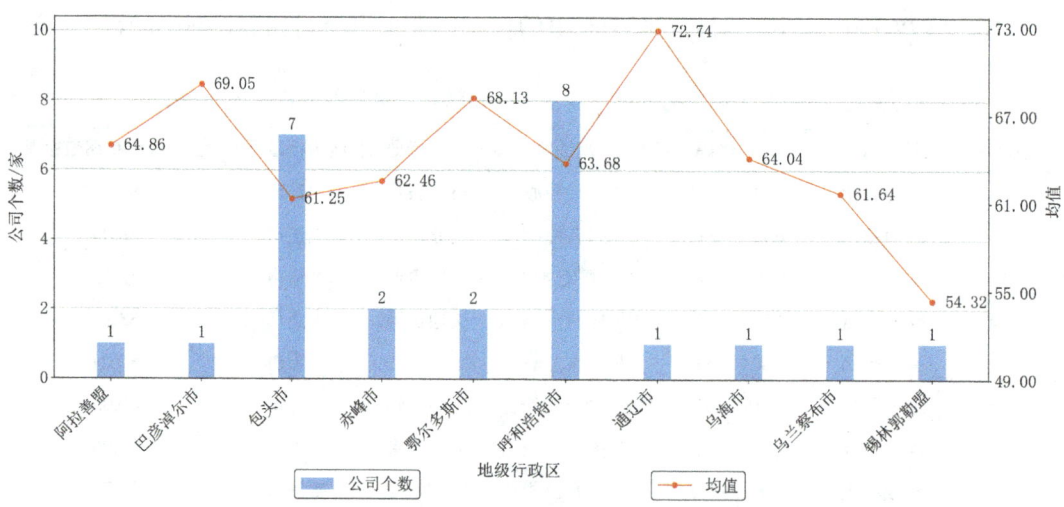

图6-91 2023年内蒙古自治区传统产业上市公司数字化创新综合指数均值分布图

内蒙古自治区数字化创新综合指数排名前10的传统产业上市公司如表6-91所示。

表6-91 2023年内蒙古自治区传统产业上市公司数字化创新综合指数前10排名

排名	证券名称	证券代码	产权性质	一级行业	地级行政区	数字化创新综合指数
1	北方稀土	600111.SH	地方国有控股	有色金属	包头市	76.90
2	伊利股份	600887.SH	非国有控股	食品饮料	呼和浩特市	76.61
3	蒙草生态	300355.SZ	非国有控股	建筑装饰	呼和浩特市	74.17
4	生物股份	600201.SH	非国有控股	农林牧渔	呼和浩特市	73.31
5	电投能源	002128.SZ	中央国有控股	煤炭	通辽市	72.74
6	鄂尔多斯	600295.SH	非国有控股	钢铁	鄂尔多斯市	69.86
7	大中矿业	001203.SZ	非国有控股	钢铁	巴彦淖尔市	69.05
8	包钢股份	600010.SH	地方国有控股	钢铁	包头市	67.49
9	欧晶科技	001269.SZ	非国有控股	电力设备	呼和浩特市	67.12
10	远兴能源	000683.SZ	非国有控股	基础化工	鄂尔多斯市	66.41

数据来源：同花顺（iFinD），首经贸资产评估研究院和浙工商中国智能管理研究院整理。

6.19.2 数字化战略导向指数

2023年内蒙古自治区传统产业25家上市公司数字化战略导向指数平均水平为61.88，低于传统产业上市公司该项指数平均水平62.85。具体而言，该项指数最高的上市公司是蒙草生态，数字化战略导向指数为83.54。从自治区内市、盟分布来看，如图6-92所示，数字化战略导向指数平均水平最高的城市是通辽市（74.53）。从指数分布来看，高于传统产业上市公司该项指数平均水平的上市公司有13家，占比52.00%。

其中，数字化战略导向指数处于［80，100］的有2家，占比8.00%；［70，80）的有7家，占比28.00%；［60，70）的有5家，占比20.00%；［0，60）的有11家，占比44.00%。

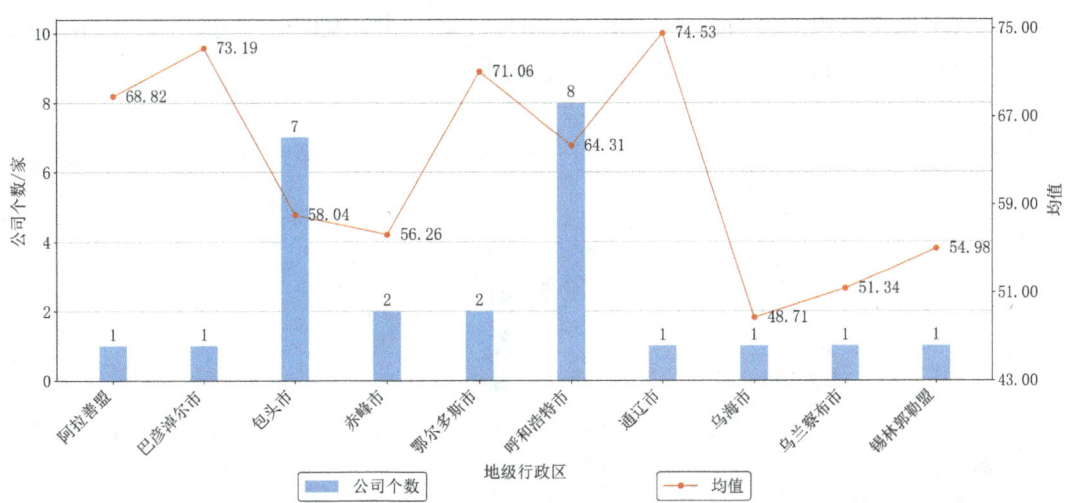

图6-92　2023年内蒙古自治区传统产业上市公司数字化战略导向指数均值分布图

内蒙古自治区数字化战略导向指数排名前10的传统产业上市公司如表6-92所示。

表6-92　2023年内蒙古自治区传统产业上市公司数字化战略导向指数前10排名

排名	证券名称	证券代码	产权性质	一级行业	地级行政区	数字化战略导向指数
1	蒙草生态	300355.SZ	非国有控股	建筑装饰	呼和浩特市	83.54
2	北方稀土	600111.SH	地方国有控股	有色金属	包头市	81.59
3	伊利股份	600887.SH	非国有控股	食品饮料	呼和浩特市	78.16
4	生物股份	600201.SH	非国有控股	农林牧渔	呼和浩特市	78.12
5	电投能源	002128.SZ	中央国有控股	煤炭	通辽市	74.53
6	大中矿业	001203.SZ	非国有控股	钢铁	巴彦淖尔市	73.19
7	鄂尔多斯	600295.SH	非国有控股	钢铁	鄂尔多斯市	71.22
8	远兴能源	000683.SZ	非国有控股	基础化工	鄂尔多斯市	70.91
9	包钢股份	600010.SH	地方国有控股	钢铁	包头市	70.84
10	中盐化工	600328.SH	中央国有控股	基础化工	阿拉善盟	68.82

数据来源：同花顺（iFinD），首经贸资产评估研究院和浙工商中国智能管理研究院整理。

6.19.3　数字化要素投入指数

2023年内蒙古自治区传统产业25家上市公司数字化要素投入指数平均水平为55.45，低于传统产业上市公司该项指数平均水平57.94。具体而言，该项指数最高的上市公司是蒙草生态，数字化要素投入指数为78.28。从自治区内市、盟分布来看，如图6-93所示，数字化要素投入指数平均水平最高的城市是通辽市（65.84）。从指数分布来看，高于传统产业上市公司该项指数平均水平的上市公司有8家，占比32.00%。其中，数字化要素投入指数处于［70,80）的有2家，占比8.00%；［60,70）的有4家，占比16.00%；［0,60）的有19家，占比76.00%。

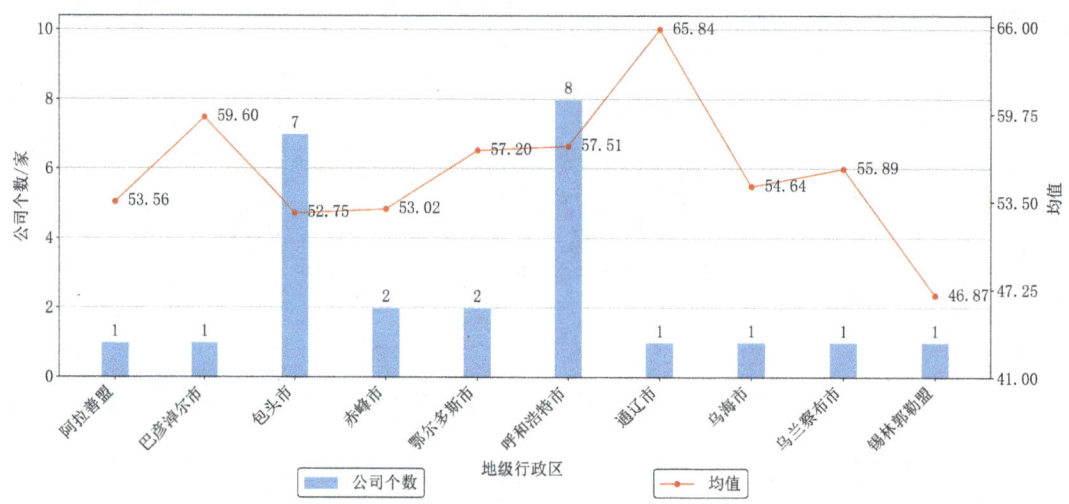

图6-93 2023年内蒙古自治区传统产业上市公司数字化要素投入指数均值分布图

内蒙古自治区数字化要素投入指数排名前10的传统产业上市公司如表6-93所示。

表6-93 2023年内蒙古自治区传统产业上市公司数字化要素投入指数前10排名

排名	证券名称	证券代码	产权性质	一级行业	地级行政区	数字化要素投入指数
1	蒙草生态	300355.SZ	非国有控股	建筑装饰	呼和浩特市	78.28
2	伊利股份	600887.SH	非国有控股	食品饮料	呼和浩特市	70.24
3	生物股份	600201.SH	非国有控股	农林牧渔	呼和浩特市	69.16
4	电投能源	002128.SZ	中央国有控股	煤炭	通辽市	65.84
5	内蒙一机	600967.SH	中央国有控股	国防军工	包头市	65.36
6	北方稀土	600111.SH	地方国有控股	有色金属	包头市	64.83
7	大中矿业	001203.SZ	非国有控股	钢铁	巴彦淖尔市	59.60
8	兴业银锡	000426.SZ	非国有控股	有色金属	赤峰市	59.20
9	鄂尔多斯	600295.SH	非国有控股	钢铁	鄂尔多斯市	58.72
10	金河生物	002688.SZ	非国有控股	农林牧渔	呼和浩特市	56.67

数据来源：同花顺（iFinD），首经贸资产评估研究院和浙工商中国智能管理研究院整理。

6.19.4 数字化创新成果指数

2023年内蒙古自治区传统产业25家上市公司数字化创新成果指数平均水平为60.29，低于传统产业上市公司该项指数平均水平63.16。具体而言，该项指数最高的上市公司是北方稀土，数字化创新成果指数为75.30。从自治区内市、盟分布来看，如图6-94所示，数字化创新成果指数平均水平最高的城市是通辽市（67.66）。从指数分布来看，高于传统产业上市公司该项指数平均水平的上市公司有11家，占比44.00%。其中，数字化创新成果指数处于[70，80）的有5家，占比20.00%；[60，70）的有11家，占比44.00%；[0，60）的有9家，占比36.00%。

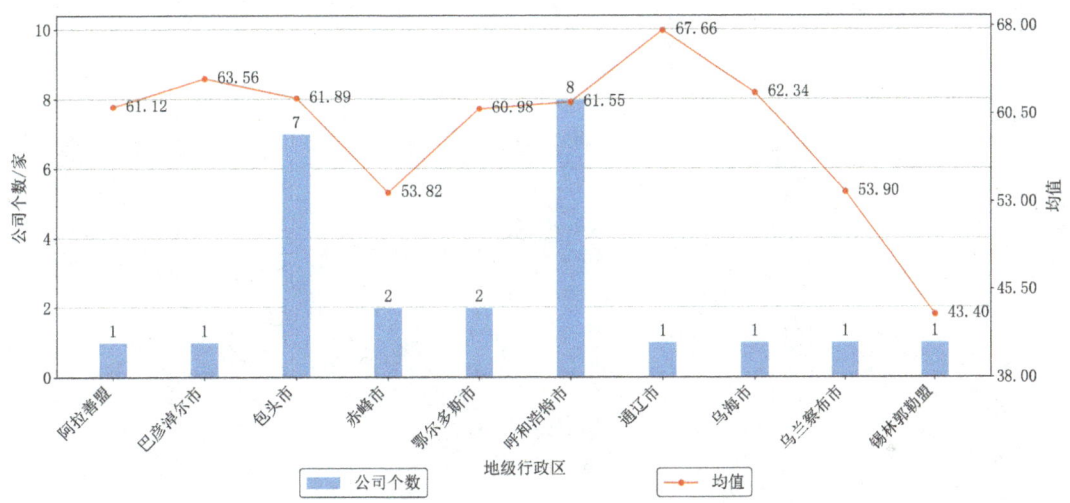

图6-94　2023年内蒙古自治区传统产业上市公司数字化创新成果指数均值分布图

内蒙古自治区数字化创新成果指数排名前10的传统产业上市公司如表6-94所示。

表6-94　2023年内蒙古自治区传统产业上市公司数字化创新成果指数前10排名

排名	证券名称	证券代码	产权性质	一级行业	地级行政区	数字化创新成果指数
1	北方稀土	600111.SH	地方国有控股	有色金属	包头市	75.30
2	蒙草生态	300355.SZ	非国有控股	建筑装饰	呼和浩特市	73.08
3	北方股份	600262.SH	中央国有控股	机械设备	包头市	70.41
4	伊利股份	600887.SH	非国有控股	食品饮料	呼和浩特市	70.37
5	内蒙一机	600967.SH	中央国有控股	国防军工	包头市	70.24
6	东宝生物	300239.SZ	非国有控股	医药生物	包头市	69.99
7	欧晶科技	001269.SZ	非国有控股	电力设备	呼和浩特市	69.81
8	生物股份	600201.SH	非国有控股	农林牧渔	呼和浩特市	69.16
9	电投能源	002128.SZ	中央国有控股	煤炭	通辽市	67.66
10	包钢股份	600010.SH	地方国有控股	钢铁	包头市	67.29

数据来源：同花顺（iFinD），首经贸资产评估研究院和浙工商中国智能管理研究院整理。

6.19.5 数字化创新绩效指数

2023年内蒙古自治区传统产业25家上市公司数字化创新绩效指数平均水平为73.75，高于传统产业上市公司该项指数平均水平66.22。具体而言，该项指数最高的上市公司是伊利股份，数字化创新绩效指数为87.37。从自治区内市、盟分布来看，如图6-95所示，数字化创新绩效指数平均水平最高的城市是赤峰市（82.95）。从指数分布来看，高于传统产业上市公司该项指数平均水平的上市公司有19家，占比76.00%。其中，数字化创新绩效指数处于［80，100］的有9家，占比36.00%；［70，80）的有8家，占比32.00%；［60，70）的有4家，占比16.00%；［0，60）的有4家，占比16.00%。

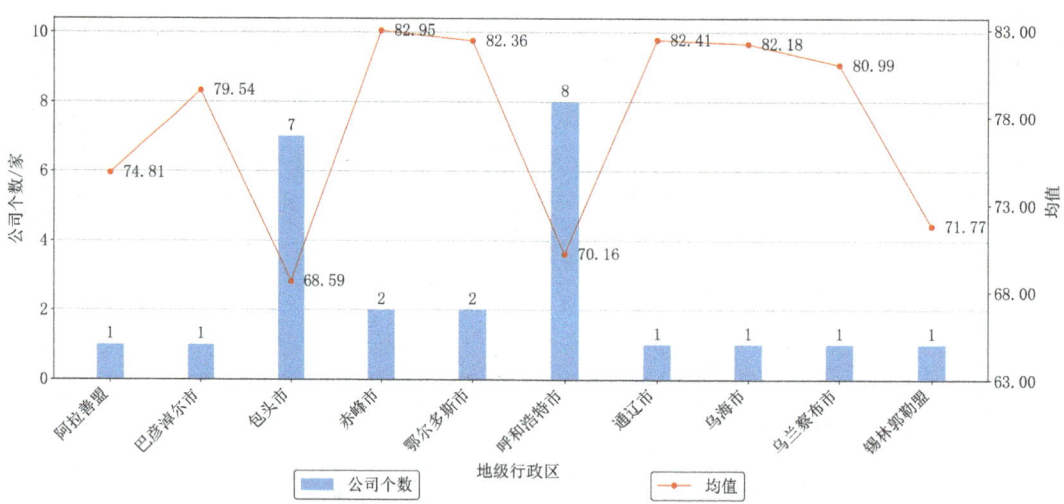

图6-95　2023年内蒙古自治区传统产业上市公司数字化创新绩效指数均值分布图

内蒙古自治区数字化创新绩效指数排名前10的传统产业上市公司如表6-95所示。

表6-95　2023年内蒙古自治区传统产业上市公司数字化创新绩效指数前10排名

排名	证券名称	证券代码	产权性质	一级行业	地级行政区	数字化创新绩效指数
1	伊利股份	600887.SH	非国有控股	食品饮料	呼和浩特市	87.37
2	兴业银锡	000426.SZ	非国有控股	有色金属	赤峰市	85.21
3	北方稀土	600111.SH	地方国有控股	有色金属	包头市	84.51
4	远兴能源	000683.SZ	非国有控股	基础化工	鄂尔多斯市	84.47
5	电投能源	002128.SZ	中央国有控股	煤炭	通辽市	82.41
6	君正集团	601216.SH	非国有控股	基础化工	乌海市	82.18
7	福瑞股份	300049.SZ	非国有控股	医药生物	乌兰察布市	80.99
8	赤峰黄金	600988.SH	非国有控股	有色金属	赤峰市	80.69
9	鄂尔多斯	600295.SH	非国有控股	钢铁	鄂尔多斯市	80.25
10	大中矿业	001203.SZ	非国有控股	钢铁	巴彦淖尔市	79.54

数据来源：同花顺（iFinD），首经贸资产评估研究院和浙工商中国智能管理研究院整理。

6.20 宁夏回族自治区传统产业上市公司数字化创新评价

截至2023年底，A股市场宁夏回族自治区共有传统产业上市公司15家，总市值共计1719.57亿元，营业收入合计586.31亿元，平均市值114.64亿元/家，平均营业收入39.09亿元/家。2023年，宁夏回族自治区传统产业上市公司研发投入合计为7.77亿元，占营业收入的比例为1.33%；无形资产账面价值合计为91.84亿元，占总资产的比例为6.30%。根据本报告分析口径，共对宁夏回族自治区15家传统产业上市公司开展数字化创新指数评价，具体情况如下：

6.20.1 数字化创新综合指数

2023年宁夏回族自治区传统产业15家上市公司数字化创新综合指数平均水平为57.45，低于传统产业上市公司该项指数平均水平62.91。具体而言，该项指数最高的上市公司是宁夏建材，数字化创新综合指数为79.59。从自治区内城市分布来看，如图6-96所示，宁夏回族自治区传统产业15家上市公司分布在3个市，数字化创新综合指数平均水平最高的城市是银川市（58.65）。从指数分布来看，高于传统产业上市公司该项指数平均水平的上市公司有2家，占比13.33%。其中，数字化创新综合指数处于［70，80）的有1家，占比6.67%；［60，70）的有4家，占比26.67%；［0，60）的有10家，占比66.66%。

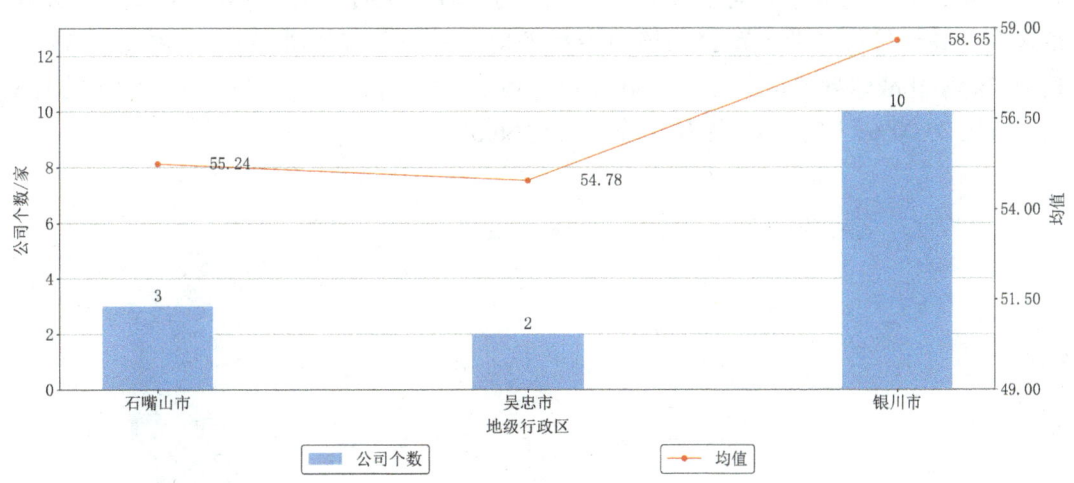

图6-96　2023年宁夏回族自治区传统产业上市公司数字化创新综合指数均值分布图

宁夏回族自治区数字化创新综合指数排名前10的传统产业上市公司如表6-96所示。

表 6-96 2023 年宁夏回族自治区传统产业上市公司数字化创新综合指数前 10 排名

排名	证券名称	证券代码	产权性质	一级行业	地级行政区	数字化创新综合指数
1	宁夏建材	600449.SH	中央国有控股	建筑材料	银川市	79.59
2	巨能股份	871478.BJ	非国有控股	机械设备	银川市	68.49
3	晓鸣股份	300967.SZ	非国有控股	农林牧渔	银川市	63.03
4	新华百货	600785.SH	非国有控股	商贸零售	银川市	61.83
5	宝丰能源	600989.SH	非国有控股	基础化工	银川市	61.61
6	东方钽业	000962.SZ	中央国有控股	有色金属	石嘴山市	58.13
7	英力特	000635.SZ	中央国有控股	基础化工	石嘴山市	57.73
8	青龙管业	002457.SZ	非国有控股	建筑材料	吴忠市	54.93
9	嘉泽新能	601619.SH	非国有控股	公用事业	吴忠市	54.63
10	银星能源	000862.SZ	中央国有控股	公用事业	银川市	52.64

数据来源：同花顺（iFinD），首经贸资产评估研究院和浙工商中国智能管理研究院整理。

6.20.2 数字化战略导向指数

2023年宁夏回族自治区传统产业15家上市公司数字化战略导向指数平均水平为58.13，低于传统产业上市公司该项指数平均水平62.85。具体而言，该项指数最高的上市公司是宁夏建材，数字化战略导向指数为82.14。从自治区内城市分布来看，如图6-97所示，数字化战略导向指数平均水平最高的城市是石嘴山市（60.35）。从指数分布来看，高于传统产业上市公司该项指数平均水平的上市公司有5家，占比33.33%。其中，数字化战略导向指数处于［80，100］的有2家，占比13.33%；［70，80）的有3家，占比20.00%；［0，60）的有10家，占比66.67%。

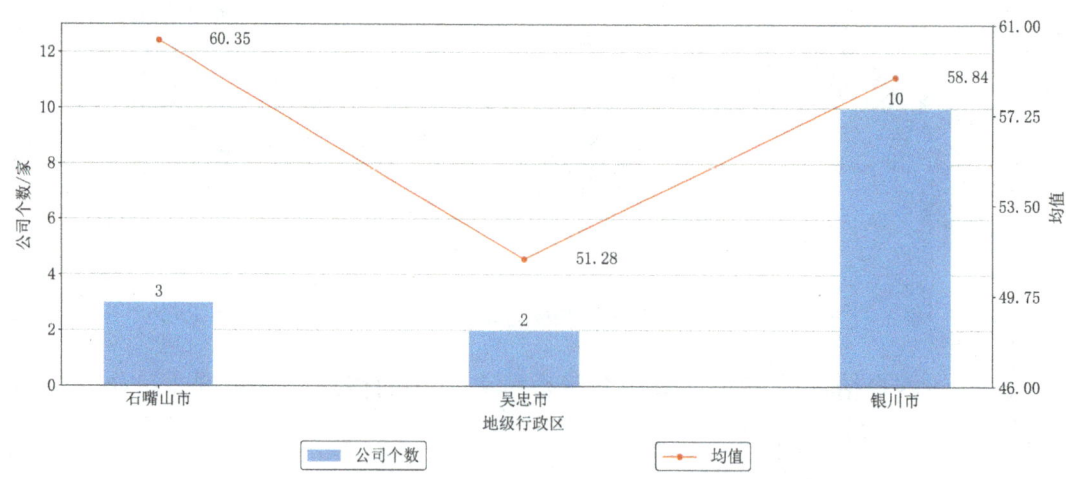

图 6-97 2023 年宁夏回族自治区传统产业上市公司数字化战略导向指数均值分布图

宁夏回族自治区数字化战略导向指数排名前10的传统产业上市公司如表6-97所示。

表6-97 2023年宁夏回族自治区传统产业上市公司数字化战略导向指数前10排名

排名	证券名称	证券代码	产权性质	一级行业	地级行政区	数字化战略导向指数
1	宁夏建材	600449.SH	中央国有控股	建筑材料	银川市	82.14
2	晓鸣股份	300967.SZ	非国有控股	农林牧渔	银川市	81.37
3	巨能股份	871478.BJ	非国有控股	机械设备	银川市	77.80
4	新华百货	600785.SH	非国有控股	商贸零售	银川市	75.93
5	英力特	000635.SZ	中央国有控股	基础化工	石嘴山市	73.99
6	青龙管业	002457.SZ	非国有控股	建筑材料	吴忠市	58.73
7	*ST宁科	600165.SH	非国有控股	基础化工	石嘴山市	58.12
8	宝塔实业	000595.SZ	地方国有控股	机械设备	银川市	50.74
9	东方钽业	000962.SZ	中央国有控股	有色金属	石嘴山市	48.93
10	银星能源	000862.SZ	中央国有控股	公用事业	银川市	48.52

数据来源：同花顺（iFinD），首经贸资产评估研究院和浙工商中国智能管理研究院整理。

6.20.3 数字化要素投入指数

2023年宁夏回族自治区传统产业15家上市公司数字化要素投入指数平均水平为52.51，低于传统产业上市公司该项指数平均水平57.94。具体而言，该项指数最高的上市公司是宁夏建材，数字化要素投入指数为77.03。从自治区内城市分布来看，如图6-98所示，数字化要素投入指数平均水平最高的城市是吴忠市（53.50）。从指数分布来看，高于传统产业上市公司该项指数平均水平的上市公司有3家，占比20.00%。其中，数字化要素投入指数处于[70，80)的有1家，占比6.67%；[60，70)的有2家，占比13.33%；[0，60)的有12家，占比80.00%。

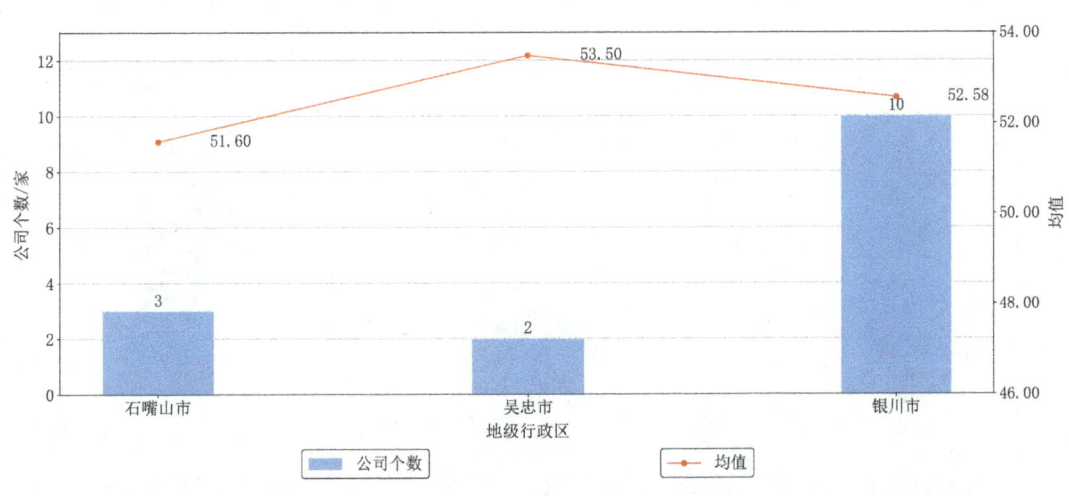

图6-98 2023年宁夏回族自治区传统产业上市公司数字化要素投入指数均值分布图

宁夏回族自治区数字化要素投入指数排名前10的传统产业上市公司如表6-98所示。

表6-98　2023年宁夏回族自治区传统产业上市公司数字化要素投入指数前10排名

排名	证券名称	证券代码	产权性质	一级行业	地级行政区	数字化要素投入指数
1	宁夏建材	600449.SH	中央国有控股	建筑材料	银川市	77.03
2	晓鸣股份	300967.SZ	非国有控股	农林牧渔	银川市	63.95
3	巨能股份	871478.BJ	非国有控股	机械设备	银川市	63.42
4	东方钽业	000962.SZ	中央国有控股	有色金属	石嘴山市	55.31
5	青龙管业	002457.SZ	非国有控股	建筑材料	吴忠市	54.77
6	英力特	000635.SZ	中央国有控股	基础化工	石嘴山市	54.61
7	嘉泽新能	601619.SH	非国有控股	公用事业	吴忠市	52.24
8	新华百货	600785.SH	非国有控股	商贸零售	银川市	51.58
9	银星能源	000862.SZ	中央国有控股	公用事业	银川市	47.22
10	宝丰能源	600989.SH	非国有控股	基础化工	银川市	45.65

数据来源：同花顺（iFinD），首经贸资产评估研究院和浙工商中国智能管理研究院整理。

6.20.4　数字化创新成果指数

2023年宁夏回族自治区传统产业15家上市公司数字化创新成果指数平均水平为55.23，低于传统产业上市公司该项指数平均水平63.16。具体而言，该项指数最高的上市公司是巨能股份，数字化创新成果指数为82.92。从自治区内城市分布来看，如图6-99所示，数字化创新成果指数平均水平最高的城市是银川市（57.41）。从指数分布来看，高于传统产业上市公司该项指数平均水平的上市公司有2家，占比13.33%。其中，数字化创新成果指数处于［80，100］的有1家，占比6.67%；［70，80）的有1家，占比6.67%；［60，70）的有1家，占比6.67%；［0，60）的有12家，占比79.99%。

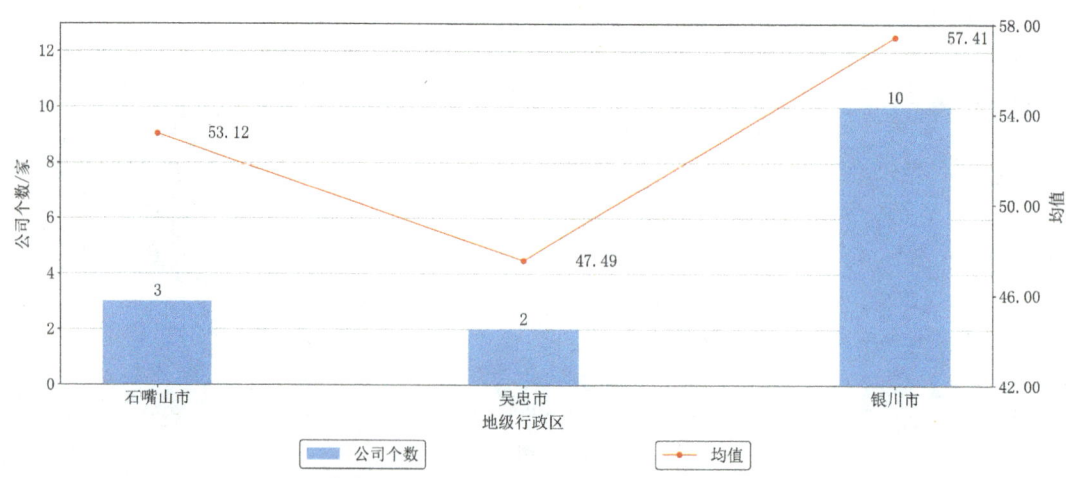

图6-99　2023年宁夏回族自治区传统产业上市公司数字化创新成果指数均值分布图

宁夏回族自治区数字化创新成果指数排名前10的传统产业上市公司如表6-99所示。

表6-99　2023年宁夏回族自治区传统产业上市公司数字化创新成果指数前10排名

排名	证券名称	证券代码	产权性质	一级行业	地级行政区	数字化创新成果指数
1	巨能股份	871478.BJ	非国有控股	机械设备	银川市	82.92
2	宁夏建材	600449.SH	中央国有控股	建筑材料	银川市	79.57
3	宝丰能源	600989.SH	非国有控股	基础化工	银川市	61.56
4	晓鸣股份	300967.SZ	非国有控股	农林牧渔	银川市	59.75
5	新华百货	600785.SH	非国有控股	商贸零售	银川市	59.41
6	*ST宁科	600165.SH	非国有控股	基础化工	石嘴山市	55.22
7	威力传动	300904.SZ	非国有控股	电力设备	银川市	55.22
8	英力特	000635.SZ	中央国有控股	基础化工	石嘴山市	53.35
9	东方钽业	000962.SZ	中央国有控股	有色金属	石嘴山市	50.79
10	青龙管业	002457.SZ	非国有控股	建筑材料	吴忠市	48.92

数据来源：同花顺（iFinD），首经贸资产评估研究院和浙工商中国智能管理研究院整理。

6.20.5　数字化创新绩效指数

2023年宁夏回族自治区传统产业15家上市公司数字化创新绩效指数平均水平为63.13，低于传统产业上市公司该项指数平均水平66.22。具体而言，该项指数最高的上市公司是宝丰能源，数字化创新绩效指数为86.39。从自治区内城市分布来看，如图6-100所示，数字化创新绩效指数平均水平最高的城市是吴忠市（66.20）。从指数分布来看，高于传统产业上市公司该项指数平均水平的上市公司有6家，占比40.00%。其中，数字化创新绩效指数处于［80,100］的有1家，占比6.67%；［70,80）的有3家，占比20.00%；［60,70）的有4家，占比26.67%；［0,60）的有7家，占比46.66%。

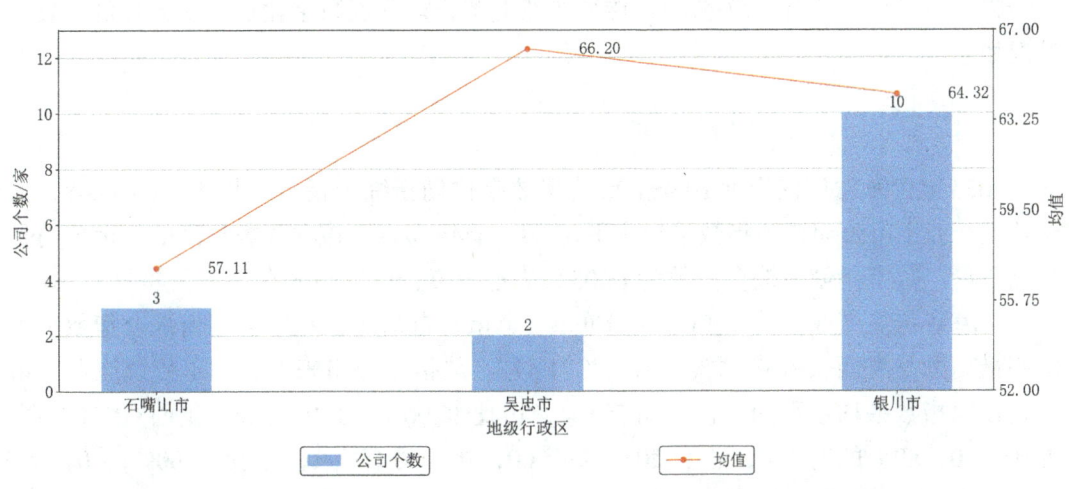

图6-100　2023年宁夏回族自治区传统产业上市公司数字化创新绩效指数均值分布图

宁夏回族自治区数字化创新绩效指数排名前 10 的传统产业上市公司如表 6-100 所示。

表 6-100　2023 年宁夏回族自治区传统产业上市公司数字化创新绩效指数前 10 排名

排名	证券名称	证券代码	产权性质	一级行业	地级行政区	数字化创新绩效指数
1	宝丰能源	600989.SH	非国有控股	基础化工	银川市	86.39
2	宁夏建材	600449.SH	中央国有控股	建筑材料	银川市	79.86
3	东方钽业	000962.SZ	中央国有控股	有色金属	石嘴山市	74.26
4	嘉泽新能	601619.SH	非国有控股	公用事业	吴忠市	72.83
5	银星能源	000862.SZ	中央国有控股	公用事业	银川市	69.57
6	西部创业	000557.SZ	地方国有控股	交通运输	银川市	69.07
7	新华百货	600785.SH	非国有控股	商贸零售	银川市	63.25
8	凯添燃气	831010.BJ	非国有控股	公用事业	银川市	62.84
9	青龙管业	002457.SZ	非国有控股	建筑材料	吴忠市	59.58
10	宝塔实业	000595.SZ	地方国有控股	机械设备	银川市	55.24

数据来源：同花顺（iFinD），首经贸资产评估研究院和浙工商中国智能管理研究院整理。

6.21　青海省传统产业上市公司数字化创新评价

截至 2023 年底，A 股市场青海省共有传统产业上市公司 10 家，总市值共计 1996.90 亿元，营业收入合计 1029.17 亿元，平均市值 199.69 亿元/家，平均营业收入 102.92 亿元/家。2023 年，青海省传统产业上市公司研发投入合计为 17.50 亿元，占营业收入的比例为 1.70%；无形资产账面价值合计为 106.42 亿元，占总资产的比例为 6.59%。根据本报告分析口径，共对青海省 10 家传统产业上市公司开展数字化创新指数评价，具体情况如下：

6.21.1　数字化创新综合指数

2023 年青海省传统产业 10 家上市公司数字化创新综合指数平均水平为 58.08，低于传统产业上市公司该项指数平均水平 62.91。具体而言，该项指数最高的上市公司是盐湖股份，数字化创新综合指数为 78.05。从省内市、自治州分布来看，如图 6-101 所示，青海省传统产业 10 家上市公司分布在 3 个市、自治州，数字化创新综合指数平均水平最高的是海西蒙古族藏族自治州（71.47）。从指数分布来看，高于传统产业上市公司该项指数平均水平的上市公司有 4 家，占比 40.00%。其中，数字化创新综合指数处于［70，80）的有 2 家，占比 20.00%；［60，70）的有 2 家，占比 20.00%；［0，60）的有 6 家，占比 60.00%。

第6章 传统产业上市公司数字化创新评价——省份维度

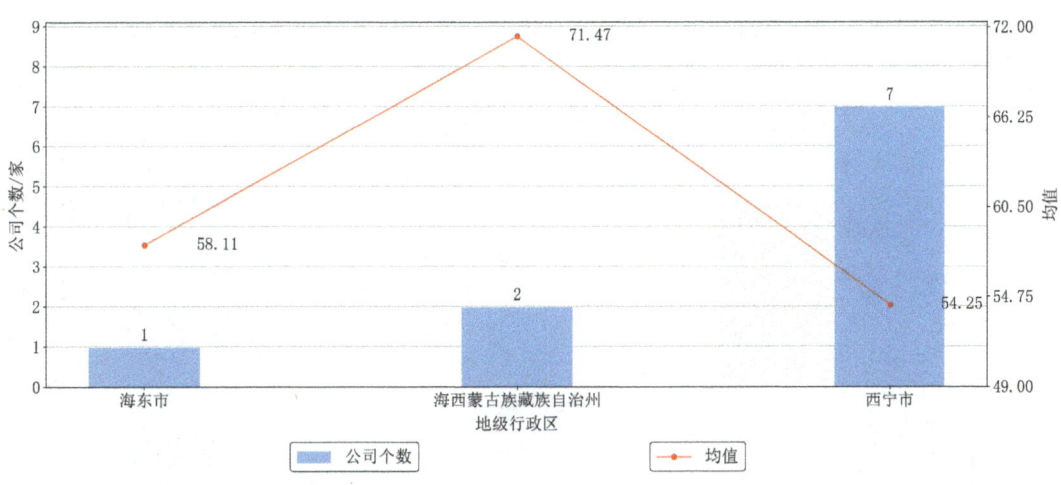

图6-101 2023年青海省传统产业上市公司数字化创新综合指数均值分布图

青海省数字化创新综合指数排名前10的传统产业上市公司如表6-101所示。

表6-101 2023年青海省传统产业上市公司数字化创新综合指数前10排名

排名	证券名称	证券代码	产权性质	一级行业	地级行政区	数字化创新综合指数
1	盐湖股份	000792.SZ	地方国有控股	基础化工	海西蒙古族藏族自治州	78.05
2	远东股份	600869.SH	非国有控股	电力设备	西宁市	75.08
3	西部矿业	601168.SH	地方国有控股	有色金属	西宁市	66.21
4	藏格矿业	000408.SZ	非国有控股	有色金属	海西蒙古族藏族自治州	64.90
5	天佑德酒	002646.SZ	非国有控股	食品饮料	海东市	58.11
6	西宁特钢	600117.SH	非国有控股	钢铁	西宁市	57.19
7	金瑞矿业	600714.SH	地方国有控股	基础化工	西宁市	47.34
8	ST春天	600381.SH	非国有控股	食品饮料	西宁市	46.36
9	正平股份	603843.SH	非国有控股	建筑装饰	西宁市	45.51
10	青海华鼎	600243.SH	非国有控股	机械设备	西宁市	42.08

数据来源：同花顺（iFinD），首经贸资产评估研究院和浙工商中国智能管理研究院整理。

6.21.2 数字化战略导向指数

2023年青海省传统产业10家上市公司数字化战略导向指数平均水平为57.45，低于传统产业上市公司该项指数平均水平62.85。具体而言，该项指数最高的上市公司是远东股份，数字化战略导向指数为81.16。从省内市、自治州分布来看，如图6-102所示，数字化战略导向指数平均水平最高的是海西蒙古族藏族自治州（74.24）。从指数分布来看，高于传统产业上市公司该项指数平均水平的上市公司有3家，占比30.00%。其中，数字化战略导向指数处于［80,100］的有1家，占比10.00%；［70,80）的有1家，占比10.00%；[60，70）的有2家，占比20.00%；[0，60）的有6家，占比60.00%。

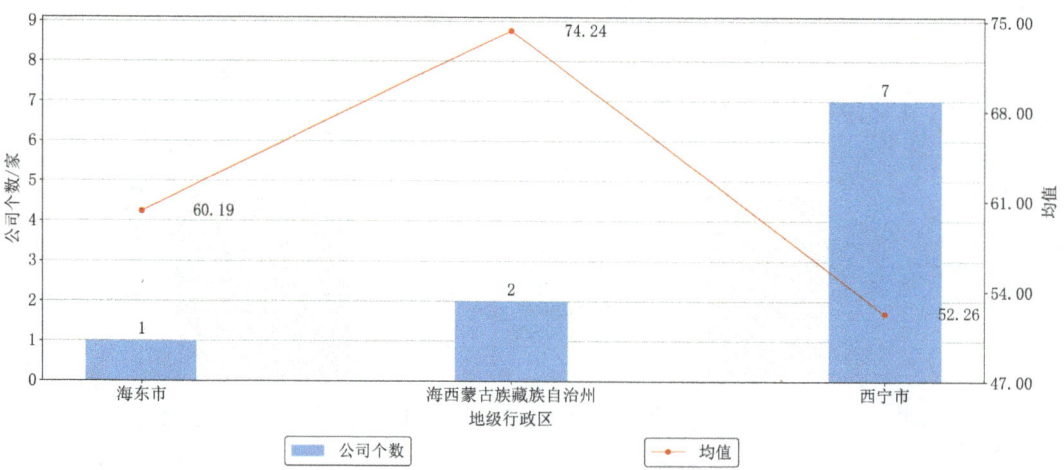

图6-102　2023年青海省传统产业上市公司数字化战略导向指数均值分布图

青海省数字化战略导向指数排名前10的传统产业上市公司如表6-102所示。

表6-102　2023年青海省传统产业上市公司数字化战略导向指数前10排名

排名	证券名称	证券代码	产权性质	一级行业	地级行政区	数字化战略导向指数
1	远东股份	600869.SH	非国有控股	电力设备	西宁市	81.16
2	盐湖股份	000792.SZ	地方国有控股	基础化工	海西蒙古族藏族自治州	79.31
3	藏格矿业	000408.SZ	非国有控股	有色金属	海西蒙古族藏族自治州	69.16
4	天佑德酒	002646.SZ	非国有控股	食品饮料	海东市	60.19
5	西部矿业	601168.SH	地方国有控股	有色金属	西宁市	58.55
6	西宁特钢	600117.SH	非国有控股	钢铁	西宁市	53.12
7	金瑞矿业	600714.SH	地方国有控股	基础化工	西宁市	46.44
8	ST春天	600381.SH	非国有控股	食品饮料	西宁市	44.34
9	正平股份	603843.SH	非国有控股	建筑装饰	西宁市	42.23
10	青海华鼎	600243.SH	非国有控股	机械设备	西宁市	40.00

数据来源：同花顺（iFinD），首经贸资产评估研究院和浙工商中国智能管理研究院整理。

6.21.3　数字化要素投入指数

2023年青海省传统产业10家上市公司数字化要素投入指数平均水平为53.96，低于传统产业上市公司该项指数平均水平57.94。具体而言，该项指数最高的上市公司是盐湖股份，数字化要素投入指数为76.44。从省内市、自治州分布来看，如图6-103所示，数字化要素投入指数平均水平最高的是海西蒙古族藏族自治州（66.33）。从指数分布来看，高于传统产业上市公司该项指数平均水平的上市公司有3家，占比30.00%。其中，数字化要素投入指数处于[70，80)的有2家，占比20.00%；[0，60)的有8家，占比80.00%。

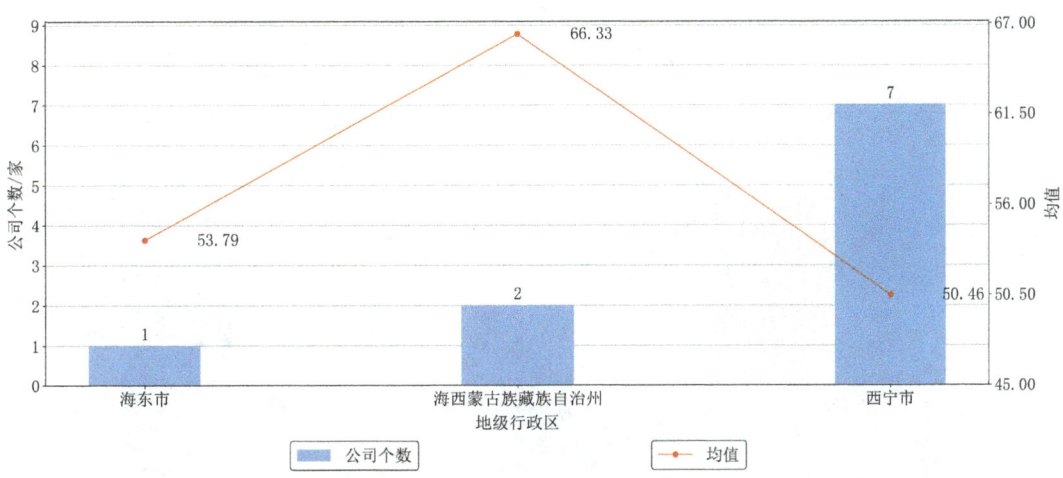

图6-103 2023年青海省传统产业上市公司数字化要素投入指数均值分布图

青海省数字化要素投入指数排名前10的传统产业上市公司如表6-103所示。

表6-103 2023年青海省传统产业上市公司数字化要素投入指数前10排名

排名	证券名称	证券代码	产权性质	一级行业	地级行政区	数字化要素投入指数
1	盐湖股份	000792.SZ	地方国有控股	基础化工	海西蒙古族藏族自治州	76.44
2	远东股份	600869.SH	非国有控股	电力设备	西宁市	73.95
3	西部矿业	601168.SH	地方国有控股	有色金属	西宁市	59.21
4	藏格矿业	000408.SZ	非国有控股	有色金属	海西蒙古族藏族自治州	56.22
5	天佑德酒	002646.SZ	非国有控股	食品饮料	海东市	53.79
6	正平股份	603843.SH	非国有控股	建筑装饰	西宁市	48.89
7	西宁特钢	600117.SH	非国有控股	钢铁	西宁市	46.37
8	金瑞矿业	600714.SH	地方国有控股	基础化工	西宁市	43.04
9	青海华鼎	600243.SH	非国有控股	机械设备	西宁市	41.73
10	ST春天	600381.SH	非国有控股	食品饮料	西宁市	40.00

数据来源：同花顺（iFinD），首经贸资产评估研究院和浙工商中国智能管理研究院整理。

6.21.4 数字化创新成果指数

2023年青海省传统产业10家上市公司数字化创新成果指数平均水平为54.17，低于传统产业上市公司该项指数平均水平63.16。具体而言，该项指数最高的上市公司是盐湖股份，数字化创新成果指数为75.67。从省内市、自治州分布来看，如图6-104所示，数字化创新成果指数平均水平最高的是海西蒙古族藏族自治州（67.08）。从指数分布来看，高于传统产业上市公司该项指数平均水平的上市公司有2家，占比20.00%。其中，数字化创新成果指数处于［70，80）的有2家，占比20.00%；［0，60）的有8家，占比80.00%。

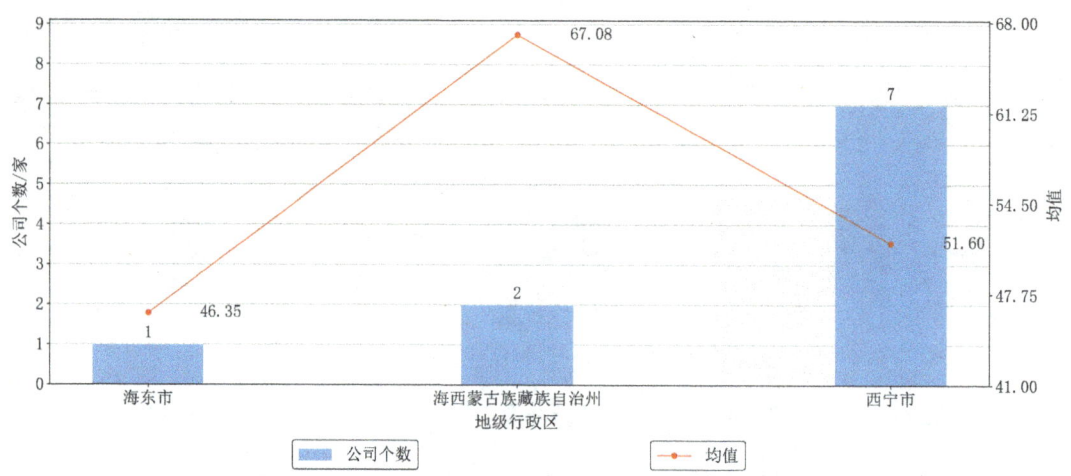

图6-104　2023年青海省传统产业上市公司数字化创新成果指数均值分布图

青海省数字化创新成果指数排名前10的传统产业上市公司如表6-104所示。

表6-104　2023年青海省传统产业上市公司数字化创新成果指数前10排名

排名	证券名称	证券代码	产权性质	一级行业	地级行政区	数字化创新成果指数
1	盐湖股份	000792.SZ	地方国有控股	基础化工	海西蒙古族藏族自治州	75.67
2	远东股份	600869.SH	非国有控股	电力设备	西宁市	74.28
3	西部矿业	601168.SH	地方国有控股	有色金属	西宁市	59.00
4	藏格矿业	000408.SZ	非国有控股	有色金属	海西蒙古族藏族自治州	58.49
5	西宁特钢	600117.SH	非国有控股	钢铁	西宁市	49.75
6	金瑞矿业	600714.SH	地方国有控股	基础化工	西宁市	49.62
7	天佑德酒	002646.SZ	非国有控股	食品饮料	海东市	46.35
8	青海华鼎	600243.SH	非国有控股	机械设备	西宁市	45.25
9	正平股份	603843.SH	非国有控股	建筑装饰	西宁市	42.86
10	ST春天	600381.SH	非国有控股	食品饮料	西宁市	40.45

数据来源：同花顺（iFinD），首经贸资产评估研究院和浙工商中国智能管理研究院整理。

6.21.5 数字化创新绩效指数

2023年青海省传统产业10家上市公司数字化创新绩效指数平均水平为65.91，低于传统产业上市公司该项指数平均水平66.22。具体而言，该项指数最高的上市公司是西部矿业，数字化创新绩效指数为84.21。从省内市、自治州分布来看，如图6-105所示，数字化创新绩效指数平均水平最高的是海西蒙古族藏族自治州（78.50）。从指数分布来看，高于传统产业上市公司该项指数平均水平的上市公司有6家，占比60.00%。其中，数字化创新绩效指数处于［80，100］的有2家，占比20.00%；［70，80）的有4家，占比40.00%；［0，60）的有4家，占比40.00%。

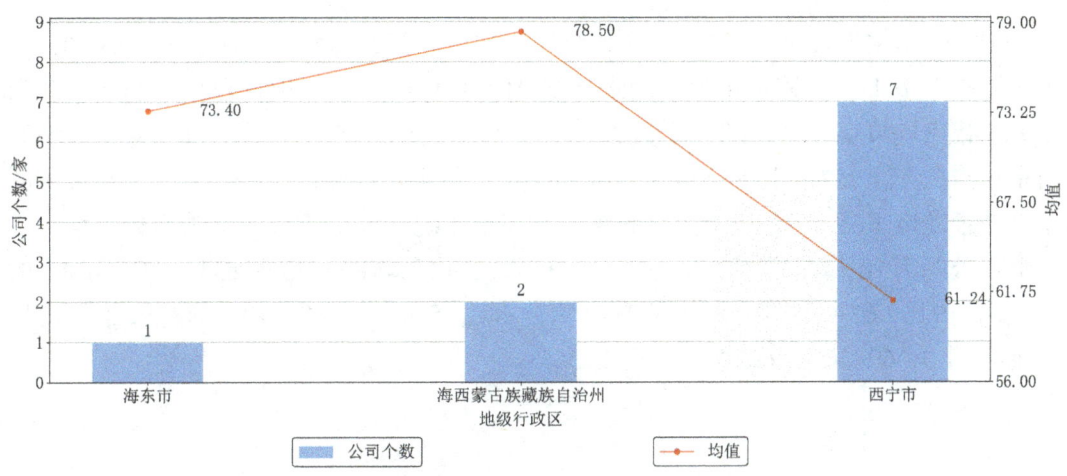

图6-105　2023年青海省传统产业上市公司数字化创新绩效指数均值分布图

青海省数字化创新绩效指数排名前10的传统产业上市公司如表6-105所示。

表6-105　2023年青海省传统产业上市公司数字化创新绩效指数前10排名

排名	证券名称	证券代码	产权性质	一级行业	地级行政区	数字化创新绩效指数
1	西部矿业	601168.SH	地方国有控股	有色金属	西宁市	84.21
2	盐湖股份	000792.SZ	地方国有控股	基础化工	海西蒙古族藏族自治州	81.16
3	西宁特钢	600117.SH	非国有控股	钢铁	西宁市	75.98
4	藏格矿业	000408.SZ	非国有控股	有色金属	海西蒙古族藏族自治州	75.85
5	天佑德酒	002646.SZ	非国有控股	食品饮料	海东市	73.40
6	远东股份	600869.SH	非国有控股	电力设备	西宁市	73.07
7	ST春天	600381.SH	非国有控股	食品饮料	西宁市	58.92
8	金瑞矿业	600714.SH	地方国有控股	基础化工	西宁市	48.36
9	正平股份	603843.SH	非国有控股	建筑装饰	西宁市	48.13
10	青海华鼎	600243.SH	非国有控股	机械设备	西宁市	40.00

数据来源：同花顺（iFinD），首经贸资产评估研究院和浙工商中国智能管理研究院整理。

6.22 山东省传统产业上市公司数字化创新评价

截至2023年底，A股市场山东省共有传统产业上市公司267家，总市值共计30221.58亿元，营业收入合计25364.19亿元，平均市值113.19亿元/家，平均营业收入95.00亿元/家。2023年，山东省传统产业上市公司研发投入合计为792.99亿元，占营业收入的比例为3.13%；无形资产账面价值合计为3315.65亿元，占总资产的比例为8.19%。根据本报告分析口径，共对山东省267家传统产业上市公司开展数字化创新指数评价，具体情况如下：

6.22.1 数字化创新综合指数

2023年山东省传统产业267家上市公司数字化创新综合指数平均水平为61.10，低于传统产业上市公司该项指数平均水平62.91。具体而言，该项指数最高的上市公司是海尔智家，数字化创新综合指数为90.09。从省内城市分布来看，如图6-106所示，山东省传统产业267家上市公司分布在16个市，数字化创新综合指数平均水平最高的城市是青岛市（65.77）。从指数分布来看，高于传统产业上市公司该项指数平均水平的上市公司有101家，占比37.83%。其中，数字化创新综合指数处于［80，100］的有7家，占比2.62%；［70，80）的有41家，占比15.36%；［60，70）的有92家，占比34.46%；［0，60）的有127家，占比47.56%。

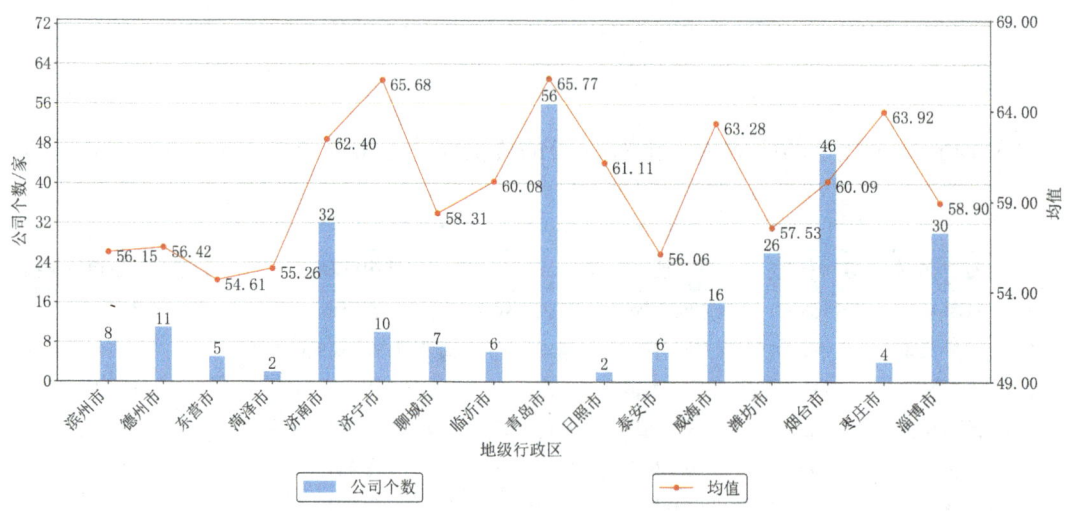

图6-106　2023年山东省传统产业上市公司数字化创新综合指数均值分布图

山东省数字化创新综合指数排名前10的传统产业上市公司如表6-106所示。

表 6-106　2023 年山东省传统产业上市公司数字化创新综合指数前 10 排名

排名	证券名称	证券代码	产权性质	一级行业	地级行政区	数字化创新综合指数
1	海尔智家	600690.SH	非国有控股	家用电器	青岛市	90.09
2	东方电子	000682.SZ	地方国有控股	电力设备	烟台市	86.00
3	海尔生物	688139.SH	非国有控股	医药生物	青岛市	83.13
4	特锐德	300001.SZ	非国有控股	电力设备	青岛市	82.78
5	智洋创新	688191.SH	非国有控股	电力设备	淄博市	82.18
6	潍柴动力	000338.SZ	地方国有控股	汽车	潍坊市	81.80
7	山东高速	600350.SH	地方国有控股	交通运输	济南市	81.45
8	玲珑轮胎	601966.SH	非国有控股	汽车	烟台市	79.67
9	盈康生命	300143.SZ	非国有控股	医药生物	青岛市	79.61
10	华熙生物	688363.SH	非国有控股	美容护理	济南市	79.45

数据来源：同花顺（iFinD），首经贸资产评估研究院和浙工商中国智能管理研究院整理。

6.22.2　数字化战略导向指数

2023年山东省传统产业267家上市公司数字化战略导向指数平均水平为59.68，低于传统产业上市公司该项指数平均水平62.85。具体而言，该项指数最高的上市公司是东方电子，数字化战略导向指数为93.46。从省内城市分布来看，如图6-107所示，数字化战略导向指数平均水平最高的城市是青岛市（66.76）。从指数分布来看，高于传统产业上市公司该项指数平均水平的上市公司有92家，占比34.46%。其中，数字化战略导向指数处于［80，100］的有28家，占比10.49%；［70，80）的有34家，占比12.73%；［60，70）的有62家，占比23.22%；［0，60）的有143家，占比53.56%。

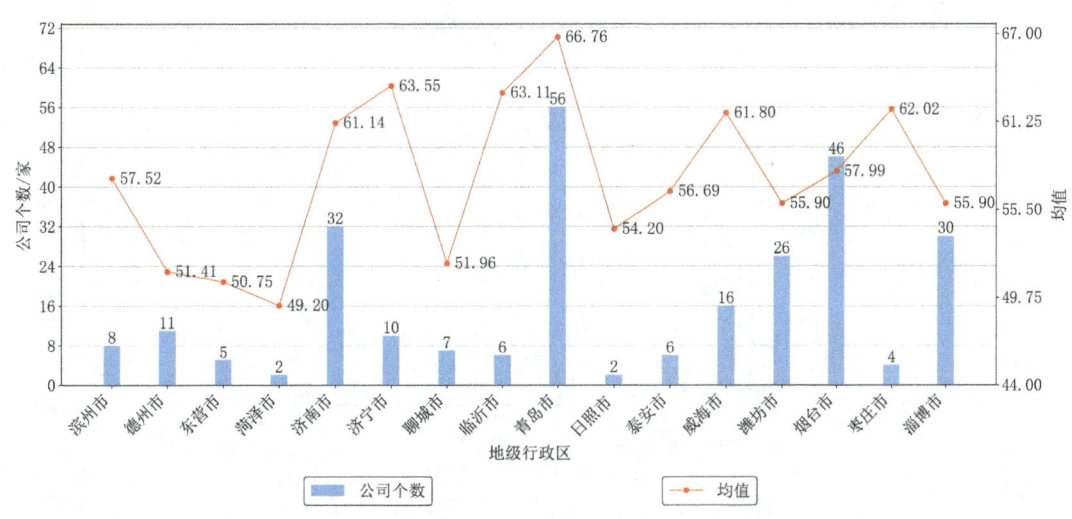

图6-107　2023年山东省传统产业上市公司数字化战略导向指数均值分布图

山东省数字化战略导向指数排名前10的传统产业上市公司如表6-107所示。

表6-107　2023年山东省传统产业上市公司数字化战略导向指数前10排名

排名	证券名称	证券代码	产权性质	一级行业	地级行政区	数字化战略导向指数
1	东方电子	000682.SZ	地方国有控股	电力设备	烟台市	93.46
2	智洋创新	688191.SH	非国有控股	电力设备	淄博市	93.01
3	海尔生物	688139.SH	非国有控股	医药生物	青岛市	92.26
4	海尔智家	600690.SH	非国有控股	家用电器	青岛市	92.00
5	酷特智能	300840.SZ	非国有控股	纺织服饰	青岛市	91.88
6	科捷智能	688455.SH	非国有控股	机械设备	青岛市	90.79
7	兰剑智能	688557.SH	非国有控股	机械设备	济南市	90.10
8	威海广泰	002111.SZ	非国有控股	国防军工	威海市	89.89
9	盈康生命	300143.SZ	非国有控股	医药生物	青岛市	89.38
10	华熙生物	688363.SH	非国有控股	美容护理	济南市	89.23

数据来源：同花顺（iFinD），首经贸资产评估研究院和浙工商中国智能管理研究院整理。

6.22.3　数字化要素投入指数

2023年山东省传统产业267家上市公司数字化要素投入指数平均水平为55.05，低于传统产业上市公司该项指数平均水平57.94。具体而言，该项指数最高的上市公司是智洋创新，数字化要素投入指数为90.98。从省内城市分布来看，如图6-108所示，数字化要素投入指数平均水平最高的城市是青岛市（59.50）。从指数分布来看，高于传统产业上市公司该项指数平均水平的上市公司有87家，占比32.58%。其中，数字化要素投入指数处于［80，100］的有7家，占比2.62%；［70，80）的有15家，占比5.62%；［60，70）的有58家，占比21.72%；［0，60）的有187家，占比70.04%。

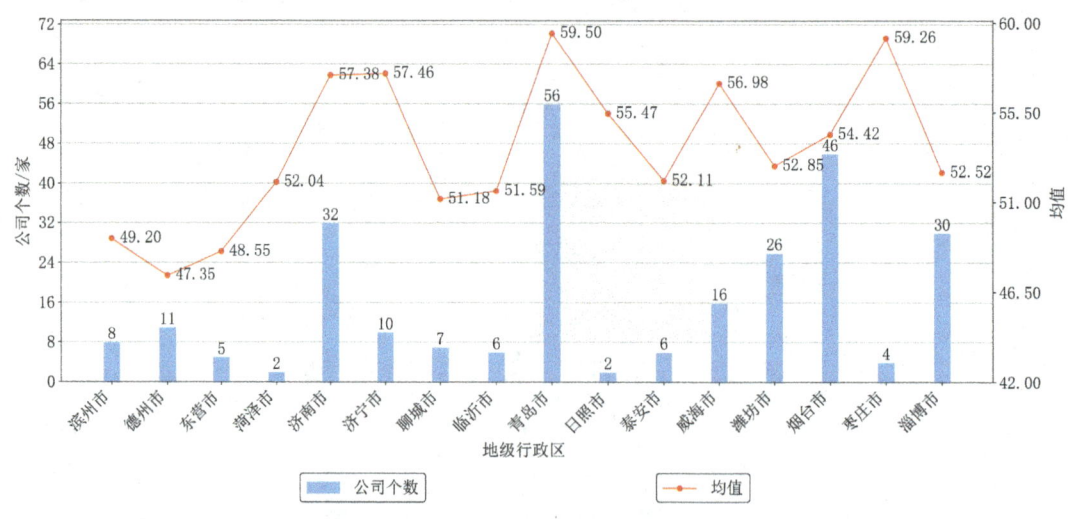

图6-108　2023年山东省传统产业上市公司数字化要素投入指数均值分布图

山东省数字化要素投入指数排名前10的传统产业上市公司如表6-108所示。

表 6-108　2023 年山东省传统产业上市公司数字化要素投入指数前 10 排名

排名	证券名称	证券代码	产权性质	一级行业	地级行政区	数字化要素投入指数
1	智洋创新	688191.SH	非国有控股	电力设备	淄博市	90.98
2	海尔智家	600690.SH	非国有控股	家用电器	青岛市	86.81
3	数字人	835670.BJ	非国有控股	医药生物	济南市	85.16
4	科捷智能	688455.SH	非国有控股	机械设备	青岛市	84.84
5	特锐德	300001.SZ	非国有控股	电力设备	青岛市	83.62
6	东方电子	000682.SZ	地方国有控股	电力设备	烟台市	83.24
7	盈康生命	300143.SZ	非国有控股	医药生物	青岛市	80.53
8	海尔生物	688139.SH	非国有控股	医药生物	青岛市	79.56
9	兰剑智能	688557.SH	非国有控股	机械设备	济南市	77.34
10	东港股份	002117.SZ	非国有控股	轻工制造	济南市	76.22

数据来源：同花顺（iFinD），首经贸资产评估研究院和浙工商中国智能管理研究院整理。

6.22.4　数字化创新成果指数

2023年山东省传统产业267家上市公司数字化创新成果指数平均水平为61.30，低于传统产业上市公司该项指数平均水平63.16。具体而言，该项指数最高的上市公司是海尔智家，数字化创新成果指数为94.17。从省内城市分布来看，如图6-109所示，数字化创新成果指数平均水平最高的城市是济宁市（70.21）。从指数分布来看，高于传统产业上市公司该项指数平均水平的上市公司有105家，占比39.33%。其中，数字化创新成果指数处于［80，100］的有26家，占比9.74%；［70，80）的有38家，占比14.23%；［60，70）的有72家，占比26.97%；［0，60）的有131家，占比49.06%。

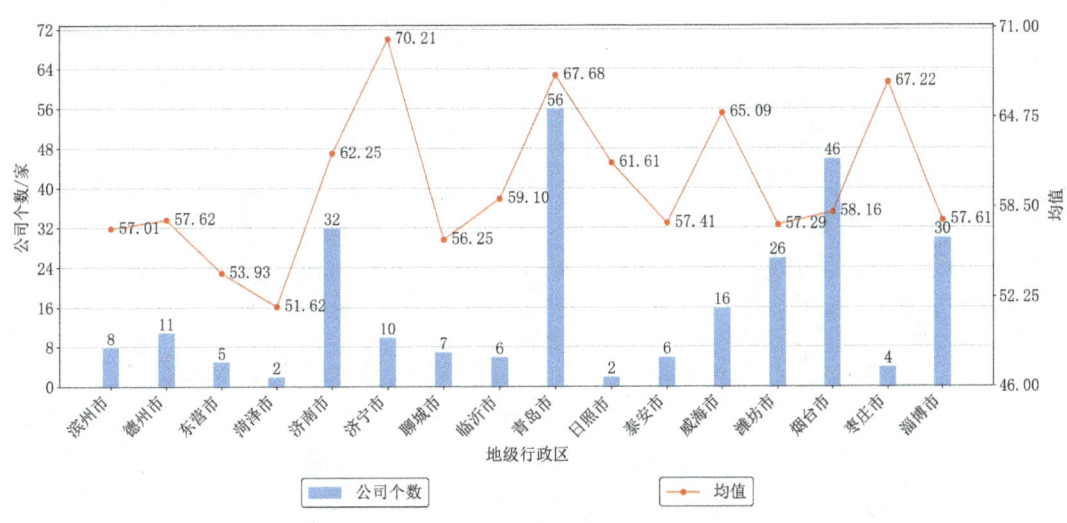

图 6-109　2023 年山东省传统产业上市公司数字化创新成果指数均值分布图

山东省数字化创新成果指数排名前10的传统产业上市公司如表6-109所示。

表6-109　2023年山东省传统产业上市公司数字化创新成果指数前10排名

排名	证券名称	证券代码	产权性质	一级行业	地级行政区	数字化创新成果指数
1	海尔智家	600690.SH	非国有控股	家用电器	青岛市	94.17
2	东方电子	000682.SZ	地方国有控股	电力设备	烟台市	92.29
3	智洋创新	688191.SH	非国有控股	电力设备	淄博市	90.55
4	海尔生物	688139.SH	非国有控股	医药生物	青岛市	90.06
5	山东威达	002026.SZ	非国有控股	机械设备	威海市	89.90
6	威海广泰	002111.SZ	非国有控股	国防军工	威海市	88.63
7	科捷智能	688455.SH	非国有控股	机械设备	青岛市	87.99
8	迈赫股份	301199.SZ	非国有控股	机械设备	潍坊市	87.93
9	澳柯玛	600336.SH	地方国有控股	家用电器	青岛市	86.47
10	酷特智能	300840.SZ	非国有控股	纺织服饰	青岛市	85.73

数据来源：同花顺（iFinD），首经贸资产评估研究院和浙工商中国智能管理研究院整理。

6.22.5　数字化创新绩效指数

2023年山东省传统产业267家上市公司数字化创新绩效指数平均水平为66.08，低于传统产业上市公司该项指数平均水平66.22。具体而言，该项指数最高的上市公司是万华化学，数字化创新绩效指数为92.76。从省内城市分布来看，如图6-110所示，数字化创新绩效指数平均水平最高的城市是聊城市（69.70）。从指数分布来看，高于传统产业上市公司该项指数平均水平的上市公司有118家，占比44.19%。其中，数字化创新绩效指数处于［80，100］的有30家，占比11.24%；［70，80）的有68家，占比25.47%；［60，70）的有96家，占比35.96%；［0，60）的有73家，占比27.33%。

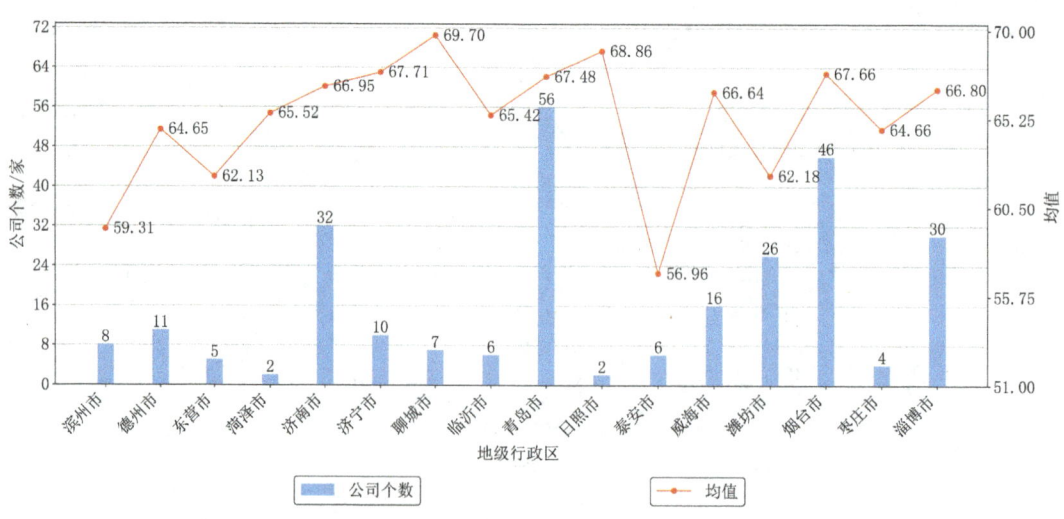

图6-110　2023年山东省传统产业上市公司数字化创新绩效指数均值分布图

山东省数字化创新绩效指数排名前10的传统产业上市公司如表6-110所示。

表 6-110 2023 年山东省传统产业上市公司数字化创新绩效指数前 10 排名

排名	证券名称	证券代码	产权性质	一级行业	地级行政区	数字化创新绩效指数
1	万华化学	600309.SH	地方国有控股	基础化工	烟台市	92.76
2	中航沈飞	600760.SH	中央国有控股	国防军工	威海市	90.36
3	潍柴动力	000338.SZ	地方国有控股	汽车	潍坊市	88.20
4	海信视像	600060.SH	地方国有控股	家用电器	青岛市	87.63
5	山东高速	600350.SH	地方国有控股	交通运输	济南市	86.82
6	海尔智家	600690.SH	非国有控股	家用电器	青岛市	86.58
7	杰瑞股份	002353.SZ	非国有控股	机械设备	烟台市	86.31
8	惠城环保	300779.SZ	非国有控股	环保	青岛市	86.29
9	森麒麟	002984.SZ	非国有控股	汽车	青岛市	85.01
10	东阿阿胶	000423.SZ	中央国有控股	医药生物	聊城市	84.66

数据来源：同花顺（iFinD），首经贸资产评估研究院和浙工商中国智能管理研究院整理。

6.23 山西省传统产业上市公司数字化创新评价

截至2023年底，A股市场山西省共有传统产业上市公司37家，总市值共计8755.39亿元，营业收入合计5892.07亿元，平均市值236.63亿元/家，平均营业收入159.25亿元/家。2023年，山西省传统产业上市公司研发投入合计为107.78亿元，占营业收入的比例为1.83%；无形资产账面价值合计为1449.04亿元，占总资产的比例为13.14%。根据本报告分析口径，共对山西省37家传统产业上市公司开展数字化创新指数评价，具体情况如下：

6.23.1 数字化创新综合指数

2023年山西省传统产业37家上市公司数字化创新综合指数平均水平为58.47，低于传统产业上市公司该项指数平均水平62.91。具体而言，该项指数最高的上市公司是东杰智能，数字化创新综合指数为74.00。从省内城市分布来看，如图6-111所示，山西省传统产业37家上市公司分布在10个市，数字化创新综合指数平均水平最高的城市是吕梁市（65.50）。从指数分布来看，高于传统产业上市公司该项指数平均水平的上市公司有11家，占比29.73%。其中，数字化创新综合指数处于[70，80)的有2家，占比5.41%；[60，70)的有13家，占比35.14%；[0，60)的有22家，占比59.45%。

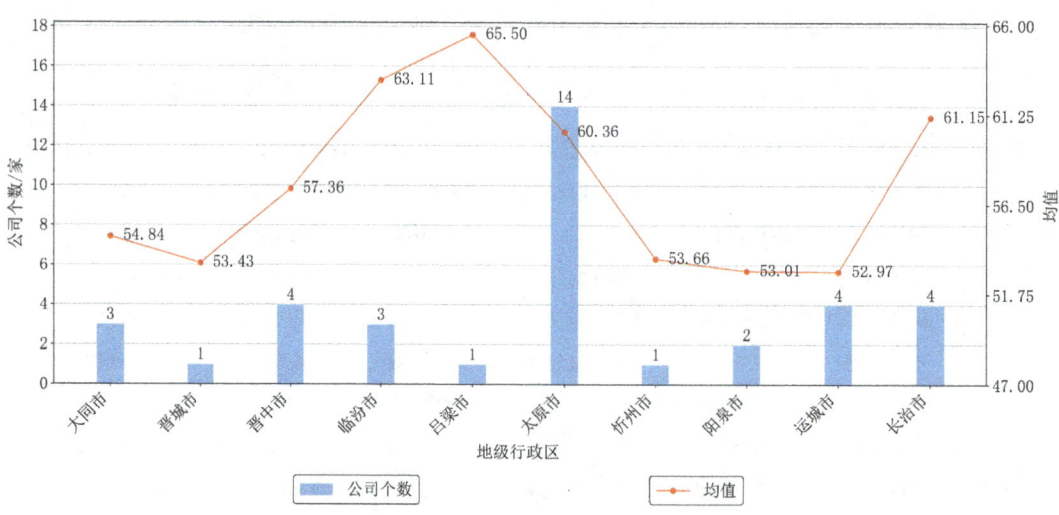

图6-111 2023年山西省传统产业上市公司数字化创新综合指数均值分布图

山西省数字化创新综合指数排名前10的传统产业上市公司如表6-111所示。

表6-111 2023年山西省传统产业上市公司数字化创新综合指数前10排名

排名	证券名称	证券代码	产权性质	一级行业	地级行政区	数字化创新综合指数
1	东杰智能	300486.SZ	地方国有控股	机械设备	太原市	74.00
2	太原重工	600169.SH	地方国有控股	机械设备	太原市	72.80
3	太钢不锈	000825.SZ	中央国有控股	钢铁	太原市	68.01
4	振东制药	300158.SZ	非国有控股	医药生物	长治市	67.81
5	潞安环能	601699.SH	地方国有控股	煤炭	长治市	67.16
6	美锦能源	000723.SZ	非国有控股	煤炭	太原市	65.90
7	山西汾酒	600809.SH	地方国有控股	食品饮料	吕梁市	65.50
8	山西焦化	600740.SH	地方国有控股	煤炭	临汾市	65.17
9	山煤国际	600546.SH	地方国有控股	煤炭	太原市	65.04
10	广誉远	600771.SH	地方国有控股	医药生物	晋中市	64.81

数据来源：同花顺（iFinD），首经贸资产评估研究院和浙工商中国智能管理研究院整理。

6.23.2 数字化战略导向指数

2023年山西省传统产业37家上市公司数字化战略导向指数平均水平为55.08，低于传统产业上市公司该项指数平均水平62.85。具体而言，该项指数最高的上市公司是东杰智能，数字化战略导向指数为88.71。从省内城市分布来看，如图6-112所示，数字化战略导向指数平均水平最高的城市是太原市（59.32）。从指数分布来看，高于传统产业上市公司该项指数平均水平的上市公司有9家，占比24.32%。其中，数字化战略导向指数处于［80，100］的有1家，占比2.70%；［70，80）的有3家，占比8.11%；［60，70）的有6家，占比16.22%；［0，60）的有27家，占比72.97%。

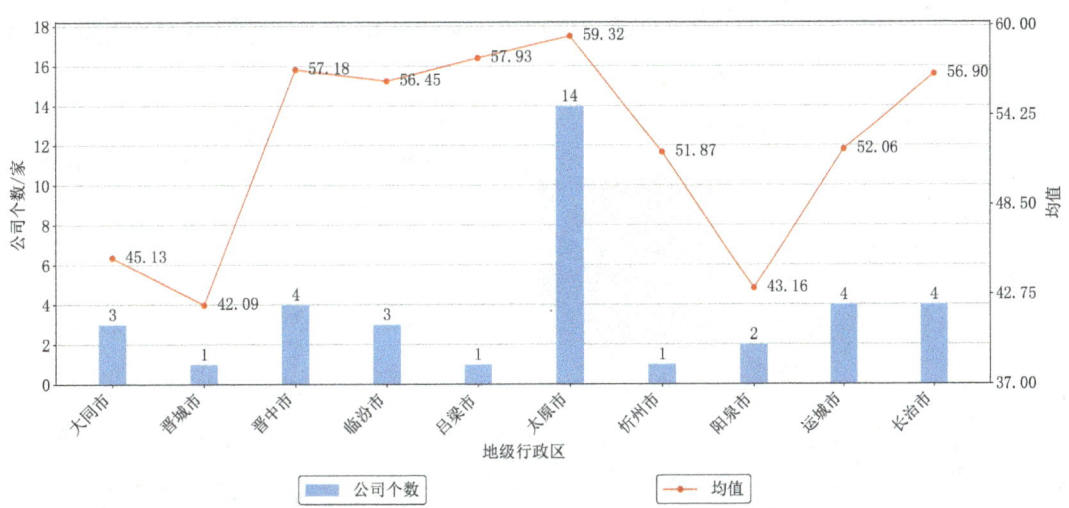

图6-112　2023年山西省传统产业上市公司数字化战略导向指数均值分布图

山西省数字化战略导向指数排名前10的传统产业上市公司如表6-112所示。

表6-112　2023年山西省传统产业上市公司数字化战略导向指数前10排名

排名	证券名称	证券代码	产权性质	一级行业	地级行政区	数字化战略导向指数
1	东杰智能	300486.SZ	地方国有控股	机械设备	太原市	88.71
2	振东制药	300158.SZ	非国有控股	医药生物	长治市	76.72
3	广誉远	600771.SH	地方国有控股	医药生物	晋中市	73.25
4	美锦能源	000723.SZ	非国有控股	煤炭	太原市	71.45
5	亚宝药业	600351.SH	非国有控股	医药生物	运城市	67.96
6	太原重工	600169.SH	地方国有控股	机械设备	太原市	67.11
7	太钢不锈	000825.SZ	中央国有控股	钢铁	太原市	65.47
8	潞安环能	601699.SH	地方国有控股	煤炭	长治市	65.31
9	山西焦煤	000983.SZ	地方国有控股	煤炭	太原市	65.16
10	晋控电力	000767.SZ	地方国有控股	公用事业	太原市	61.79

数据来源：同花顺（iFinD），首经贸资产评估研究院和浙工商中国智能管理研究院整理。

6.23.3　数字化要素投入指数

2023年山西省传统产业37家上市公司数字化要素投入指数平均水平为50.77，低于传统产业上市公司该项指数平均水平57.94。具体而言，该项指数最高的上市公司是东杰智能，数字化要素投入指数为77.37。从省内城市分布来看，如图6-113所示，数字化要素投入指数平均水平最高的城市是太原市（55.18）。从指数分布来看，高于传统产业上市公司该项指数平均水平的上市公司有4家，占比10.81%。其中，数字化要素投入指数处于［70，80）的有1家，占比2.70%；［60，70）的有2家，占比5.41%；［0，60）的有34家，占比91.89%。

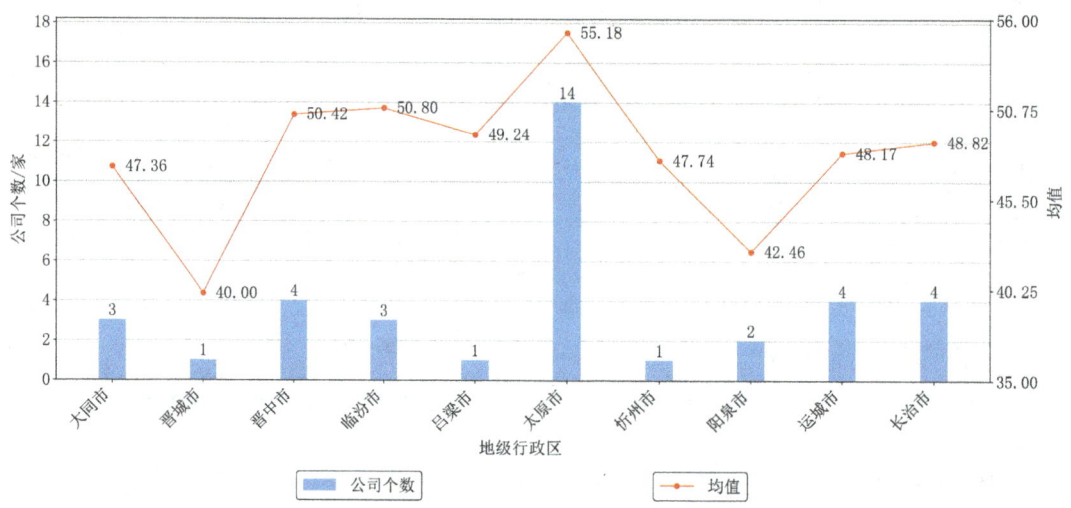

图6-113　2023年山西省传统产业上市公司数字化要素投入指数均值分布图

山西省数字化要素投入指数排名前10的传统产业上市公司如表6-113所示。

表6-113　2023年山西省传统产业上市公司数字化要素投入指数前10排名

排名	证券名称	证券代码	产权性质	一级行业	地级行政区	数字化要素投入指数
1	东杰智能	300486.SZ	地方国有控股	机械设备	太原市	77.37
2	太原重工	600169.SH	地方国有控股	机械设备	太原市	65.67
3	晋控电力	000767.SZ	地方国有控股	公用事业	太原市	65.67
4	振东制药	300158.SZ	非国有控股	医药生物	长治市	59.79
5	山西焦煤	000983.SZ	地方国有控股	煤炭	太原市	58.41
6	美锦能源	000723.SZ	非国有控股	煤炭	太原市	57.50
7	太钢不锈	000825.SZ	中央国有控股	钢铁	太原市	56.27
8	永泰能源	600157.SH	非国有控股	煤炭	晋中市	55.47
9	广誉远	600771.SH	地方国有控股	医药生物	晋中市	55.17
10	国新能源	600617.SH	地方国有控股	公用事业	太原市	53.81

数据来源：同花顺（iFinD），首经贸资产评估研究院和浙工商中国智能管理研究院整理。

6.23.4 数字化创新成果指数

2023年山西省传统产业37家上市公司数字化创新成果指数平均水平为55.89，低于传统产业上市公司该项指数平均水平63.16。具体而言，该项指数最高的上市公司是东杰智能，数字化创新成果指数为89.29。从省内城市分布来看，如图6-114所示，数字化创新成果指数平均水平最高的城市是临汾市（65.13）。从指数分布来看，高于传统产业上市公司该项指数平均水平的上市公司有10家，占比27.03%。其中，数字化创新成果指数处于［80，100］的有1家，占比2.70%；［70，80）的有2家，占比5.41%；［60，70）的有8家，占比21.62%；［0，60）的有26家，占比70.27%。

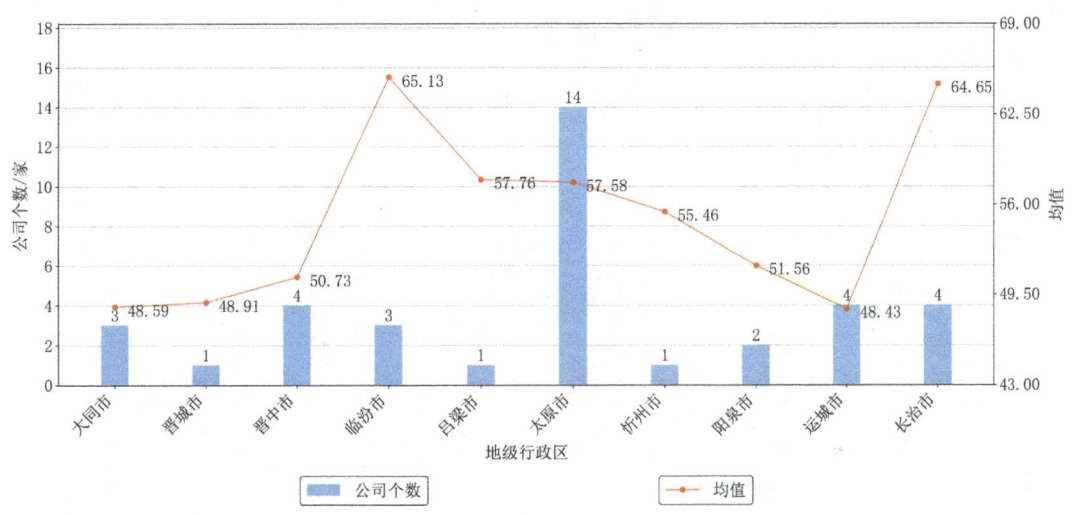

图6-114　2023年山西省传统产业上市公司数字化创新成果指数均值分布图

山西省数字化创新成果指数排名前10的传统产业上市公司如表6-114所示。

表6-114　2023年山西省传统产业上市公司数字化创新成果指数前10排名

排名	证券名称	证券代码	产权性质	一级行业	地级行政区	数字化创新成果指数
1	东杰智能	300486.SZ	地方国有控股	机械设备	太原市	89.29
2	太原重工	600169.SH	地方国有控股	机械设备	太原市	79.32
3	潞安环能	601699.SH	地方国有控股	煤炭	长治市	70.80
4	太钢不锈	000825.SZ	中央国有控股	钢铁	太原市	68.52
5	振东制药	300158.SZ	非国有控股	医药生物	长治市	67.72
6	华翔股份	603112.SH	非国有控股	家用电器	临汾市	67.33
7	山煤国际	600546.SH	地方国有控股	煤炭	太原市	67.14
8	山西焦化	600740.SH	地方国有控股	煤炭	临汾市	67.08
9	壶化股份	003002.SZ	非国有控股	基础化工	长治市	66.55
10	美锦能源	000723.SZ	非国有控股	煤炭	太原市	64.57

数据来源：同花顺（iFinD），首经贸资产评估研究院和浙工商中国智能管理研究院整理。

6.23.5 数字化创新绩效指数

2023年山西省传统产业37家上市公司数字化创新绩效指数平均水平为69.05，高于传统产业上市公司该项指数平均水平66.22。具体而言，该项指数最高的上市公司是山西汾酒，数字化创新绩效指数为90.70。从省内城市分布来看，如图6-115所示，数字化创新绩效指数平均水平最高的城市是吕梁市（90.70）。从指数分布来看，高于传统产业上市公司该项指数平均水平的上市公司有25家，占比67.57%。其中，数字化创新绩效指数处于［80，100］的有3家，占比8.11%；［70，80）的有20家，占比54.05%；［60，70）的有6家，占比16.22%；［0，60）的有8家，占比21.62%。

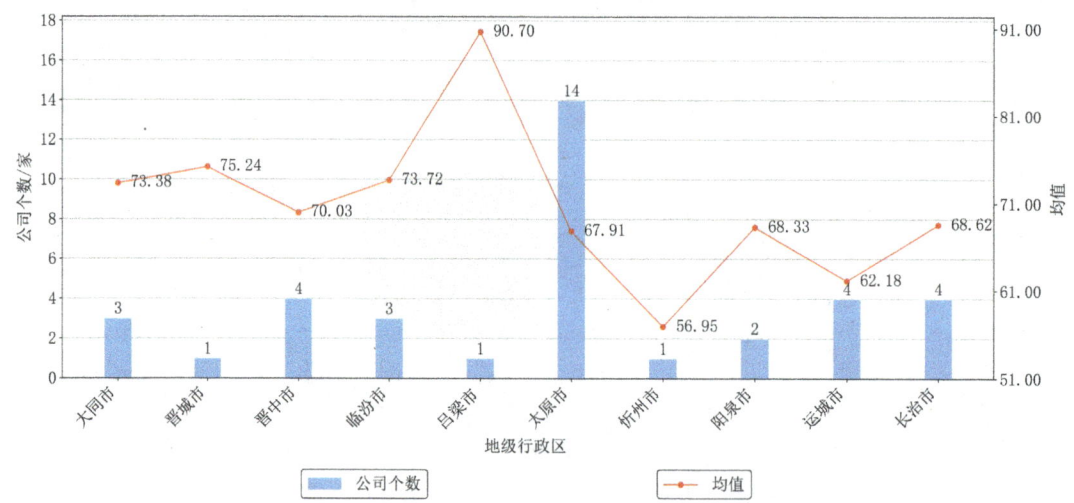

图6-115 2023年山西省传统产业上市公司数字化创新绩效指数均值分布图

山西省数字化创新绩效指数排名前10的传统产业上市公司如表6-115所示。

表6-115 2023年山西省传统产业上市公司数字化创新绩效指数前10排名

排名	证券名称	证券代码	产权性质	一级行业	地级行政区	数字化创新绩效指数
1	山西汾酒	600809.SH	地方国有控股	食品饮料	吕梁市	90.70
2	大秦铁路	601006.SH	中央国有控股	交通运输	大同市	86.02
3	山煤国际	600546.SH	地方国有控股	煤炭	太原市	81.31
4	山西焦煤	000983.SZ	地方国有控股	煤炭	太原市	79.13
5	晋控煤业	601001.SH	地方国有控股	煤炭	大同市	79.07
6	派林生物	000403.SZ	地方国有控股	医药生物	太原市	77.68
7	永泰能源	600157.SH	非国有控股	煤炭	晋中市	77.64
8	太钢不锈	000825.SZ	中央国有控股	钢铁	太原市	77.43
9	广誉远	600771.SH	地方国有控股	医药生物	晋中市	77.18
10	锦波生物	832982.BJ	非国有控股	美容护理	太原市	76.66

数据来源：同花顺（iFinD），首经贸资产评估研究院和浙工商中国智能管理研究院整理。

6.24 陕西省传统产业上市公司数字化创新评价

截至2023年底，A股市场陕西省共有传统产业上市公司57家，总市值共计10567.92亿元，营业收入合计7478.10亿元，平均市值185.40亿元/家，平均营业收入131.19亿元/家。2023年，陕西省传统产业上市公司研发投入合计为168.38亿元，占营业收入的比例为2.25%；无形资产账面价值合计为731.27亿元，占总资产的比例为5.46%。根据本报告分析口径，共对陕西省57家传统产业上市公司开展数字化创新指数评价，具体情况如下：

6.24.1 数字化创新综合指数

2023年陕西省传统产业57家上市公司数字化创新综合指数平均水平为61.98，低于传统产业上市公司该项指数平均水平62.91。具体而言，该项指数最高的上市公司是铂力特，数字化创新综合指数为80.46。从省内城市分布来看，如图6-116所示，陕西省传统产业57家上市公司分布在8个市，数字化创新综合指数平均水平最高的城市是榆林市（70.14）。从指数分布来看，高于传统产业上市公司该项指数平均水平的上市公司有24家，占比42.11%。其中，数字化创新综合指数处于［80，100］的有1家，占比1.75%；［70，80）的有10家，占比17.54%；［60，70）的有21家，占比36.84%；［0，60）的有25家，占比43.87%。

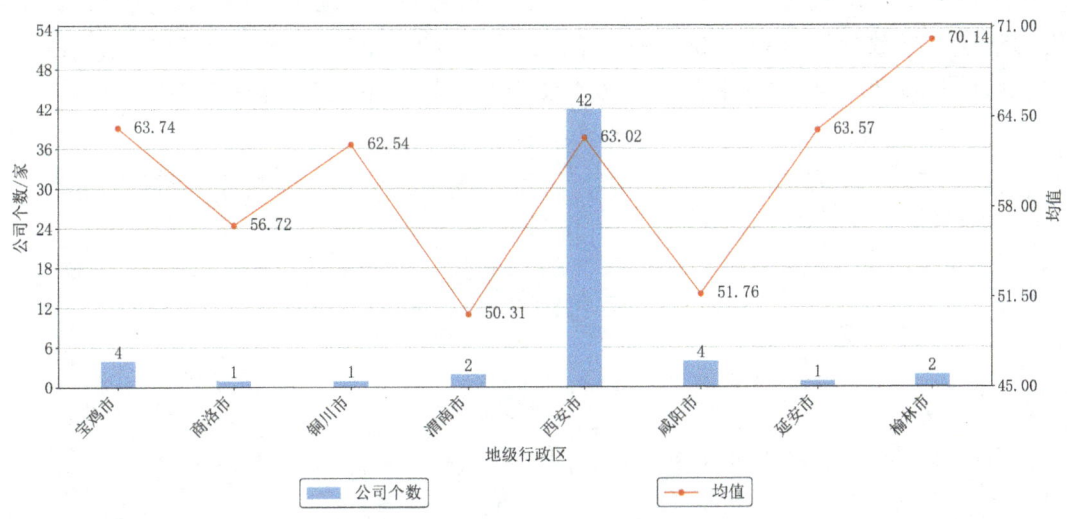

图6-116 2023年陕西省传统产业上市公司数字化创新综合指数均值分布图

陕西省数字化创新综合指数排名前10的传统产业上市公司如表6-116所示。

表 6-116　2023 年陕西省传统产业上市公司数字化创新综合指数前 10 排名

排名	证券名称	证券代码	产权性质	一级行业	地级行政区	数字化创新综合指数
1	铂力特	688333.SH	非国有控股	机械设备	西安市	80.46
2	陕鼓动力	601369.SH	地方国有控股	机械设备	西安市	78.90
3	爱科赛博	688719.SH	非国有控股	电力设备	西安市	76.14
4	隆基绿能	601012.SH	非国有控股	电力设备	西安市	73.88
5	环球印务	002799.SZ	地方国有控股	轻工制造	西安市	73.65
6	节能环境	300140.SZ	中央国有控股	环保	西安市	73.29
7	斯瑞新材	688102.SH	非国有控股	有色金属	西安市	71.95
8	陕西能源	001286.SZ	地方国有控股	公用事业	榆林市	71.91
9	同力股份	834599.BJ	非国有控股	机械设备	西安市	71.64
10	国际医学	000516.SZ	非国有控股	医药生物	西安市	71.43

数据来源：同花顺（iFinD），首经贸资产评估研究院和浙工商中国智能管理研究院整理。

6.24.2　数字化战略导向指数

2023年陕西省传统产业57家上市公司数字化战略导向指数平均水平为59.51，低于传统产业上市公司该项指数平均水平62.85。具体而言，该项指数最高的上市公司是爱科赛博，数字化战略导向指数为85.85。从省内城市分布来看，如图6-117所示，数字化战略导向指数平均水平最高的城市是商洛市（70.65）。从指数分布来看，高于传统产业上市公司该项指数平均水平的上市公司有19家，占比33.33%。其中，数字化战略导向指数处于［80，100］的有3家，占比5.26%；［70，80）的有10家，占比17.54%；［60，70）的有15家，占比26.32%；［0，60）的有29家，占比50.88%。

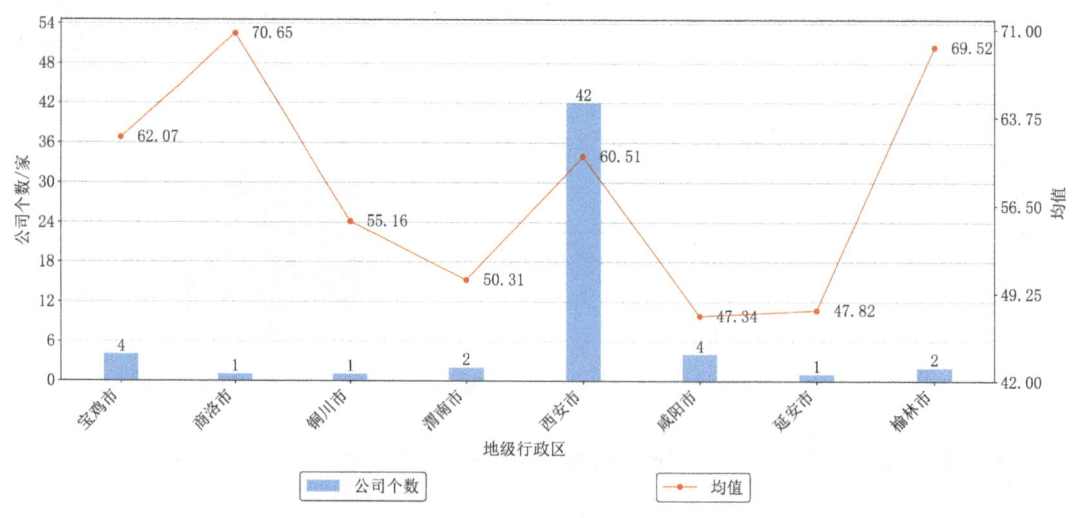

图 6-117　2023 年陕西省传统产业上市公司数字化战略导向指数均值分布图

陕西省数字化战略导向指数排名前10的传统产业上市公司如表6-117所示。

表 6-117　2023 年陕西省传统产业上市公司数字化战略导向指数前 10 排名

排名	证券名称	证券代码	产权性质	一级行业	地级行政区	数字化战略导向指数
1	爱科赛博	688719.SH	非国有控股	电力设备	西安市	85.85
2	环球印务	002799.SZ	地方国有控股	轻工制造	西安市	83.75
3	斯瑞新材	688102.SH	非国有控股	有色金属	西安市	80.71
4	铂力特	688333.SH	非国有控股	机械设备	西安市	78.94
5	国际医学	000516.SZ	非国有控股	医药生物	西安市	78.46
6	晨曦航空	300581.SZ	非国有控股	国防军工	西安市	78.06
7	西高院	688334.SH	中央国有控股	社会服务	西安市	76.62
8	陕西能源	001286.SZ	地方国有控股	公用事业	榆林市	73.87
9	陕鼓动力	601369.SH	地方国有控股	机械设备	西安市	73.71
10	供销大集	000564.SZ	非国有控股	商贸零售	西安市	73.25

数据来源：同花顺（iFinD），首经贸资产评估研究院和浙工商中国智能管理研究院整理。

6.24.3　数字化要素投入指数

2023年陕西省传统产业57家上市公司数字化要素投入指数平均水平为56.37，低于传统产业上市公司该项指数平均水平57.94。具体而言，该项指数最高的上市公司是铂力特，数字化要素投入指数为78.58。从省内城市分布来看，如图6-118所示，数字化要素投入指数平均水平最高的城市是西安市（58.48）。从指数分布来看，高于传统产业上市公司该项指数平均水平的上市公司有24家，占比42.11%。其中，数字化要素投入指数处于［70，80）的有7家，占比12.28%；［60，70）的有14家，占比24.56%；［0，60）的有36家，占比63.16%。

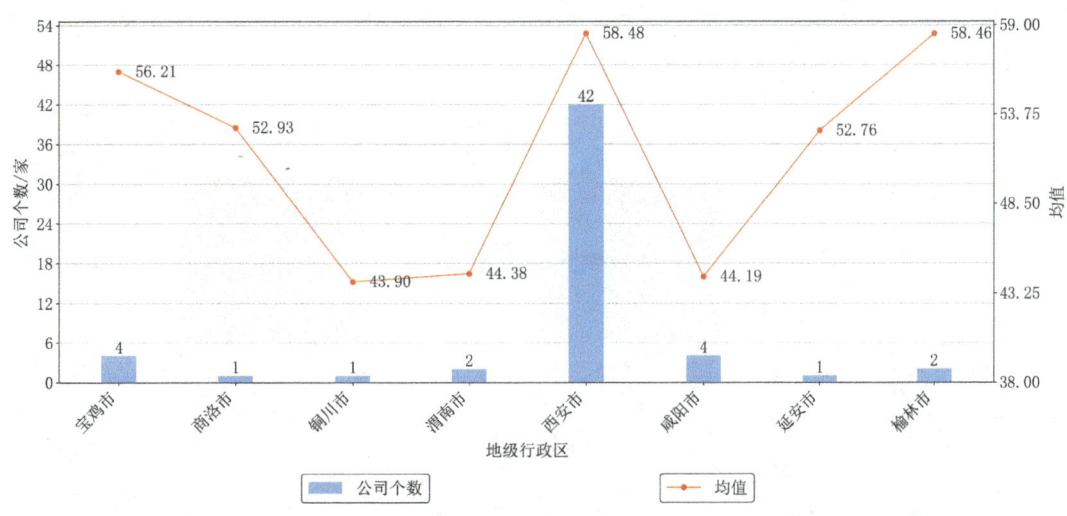

图 6-118　2023 年陕西省传统产业上市公司数字化要素投入指数均值分布图

陕西省数字化要素投入指数排名前10的传统产业上市公司如表6-118所示。

表6-118 2023年陕西省传统产业上市公司数字化要素投入指数前10排名

排名	证券名称	证券代码	产权性质	一级行业	地级行政区	数字化要素投入指数
1	铂力特	688333.SH	非国有控股	机械设备	西安市	78.58
2	国际医学	000516.SZ	非国有控股	医药生物	西安市	76.85
3	晨曦航空	300581.SZ	非国有控股	国防军工	西安市	72.49
4	爱科赛博	688719.SH	非国有控股	电力设备	西安市	71.72
5	航发动力	600893.SH	中央国有控股	国防军工	西安市	71.00
6	中天火箭	003009.SZ	中央国有控股	国防军工	西安市	70.41
7	环球印务	002799.SZ	地方国有控股	轻工制造	西安市	70.39
8	同力股份	834599.BJ	非国有控股	机械设备	西安市	68.39
9	陕鼓动力	601369.SH	地方国有控股	机械设备	西安市	68.26
10	隆基绿能	601012.SH	非国有控股	电力设备	西安市	68.10

数据来源：同花顺（iFinD），首经贸资产评估研究院和浙工商中国智能管理研究院整理。

6.24.4 数字化创新成果指数

2023年陕西省传统产业57家上市公司数字化创新成果指数平均水平为61.50，低于传统产业上市公司该项指数平均水平63.16。具体而言，该项指数最高的上市公司是铂力特，数字化创新成果指数为89.96。从省内城市分布来看，如图6-119所示，数字化创新成果指数平均水平最高的城市是榆林市（71.22）。从指数分布来看，高于传统产业上市公司该项指数平均水平的上市公司有24家，占比42.11%。其中，数字化创新成果指数处于［80，100］的有4家，占比7.02%；［70，80）的有9家，占比15.79%；［60，70）的有17家，占比29.82%；［0，60）的有27家，占比47.37%。

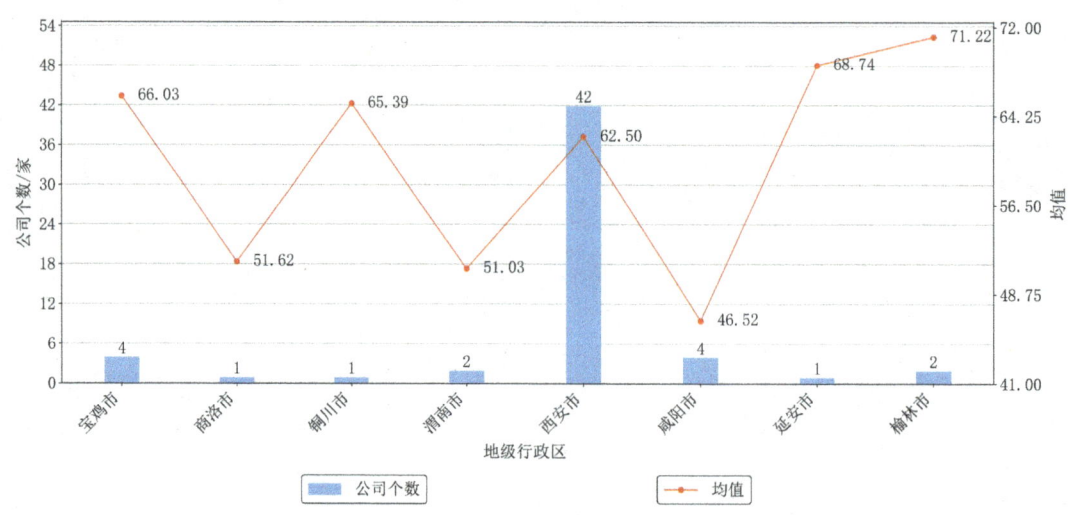

图6-119 2023年陕西省传统产业上市公司数字化创新成果指数均值分布图

陕西省数字化创新成果指数排名前10的传统产业上市公司如表6-119所示。

表6-119 2023年陕西省传统产业上市公司数字化创新成果指数前10排名

排名	证券名称	证券代码	产权性质	一级行业	地级行政区	数字化创新成果指数
1	铂力特	688333.SH	非国有控股	机械设备	西安市	89.96
2	陕鼓动力	601369.SH	地方国有控股	机械设备	西安市	87.68
3	环球印务	002799.SZ	地方国有控股	轻工制造	西安市	86.10
4	爱科赛博	688719.SH	非国有控股	电力设备	西安市	83.80
5	秦川机床	000837.SZ	地方国有控股	机械设备	宝鸡市	78.45
6	隆基绿能	601012.SH	非国有控股	电力设备	西安市	75.92
7	节能环境	300140.SZ	中央国有控股	环保	西安市	74.74
8	华秦科技	688281.SH	非国有控股	国防军工	西安市	73.79
9	宝光股份	600379.SH	中央国有控股	电力设备	宝鸡市	73.27
10	斯瑞新材	688102.SH	非国有控股	有色金属	西安市	71.85

数据来源：同花顺（iFinD），首经贸资产评估研究院和浙工商中国智能管理研究院整理。

6.24.5 数字化创新绩效指数

2023年陕西省传统产业57家上市公司数字化创新绩效指数平均水平为68.07，高于传统产业上市公司该项指数平均水平66.22。具体而言，该项指数最高的上市公司是航发动力，数字化创新绩效指数为89.56。从省内城市分布来看，如图6-120所示，数字化创新绩效指数平均水平最高的城市是榆林市（77.68）。从指数分布来看，高于传统产业上市公司该项指数平均水平的上市公司有31家，占比54.39%。其中，数字化创新绩效指数处于［80，100］的有10家，占比17.54%；［70，80）的有15家，占比26.32%；［60，70）的有17家，占比29.82%；［0，60）的有15家，占比26.32%。

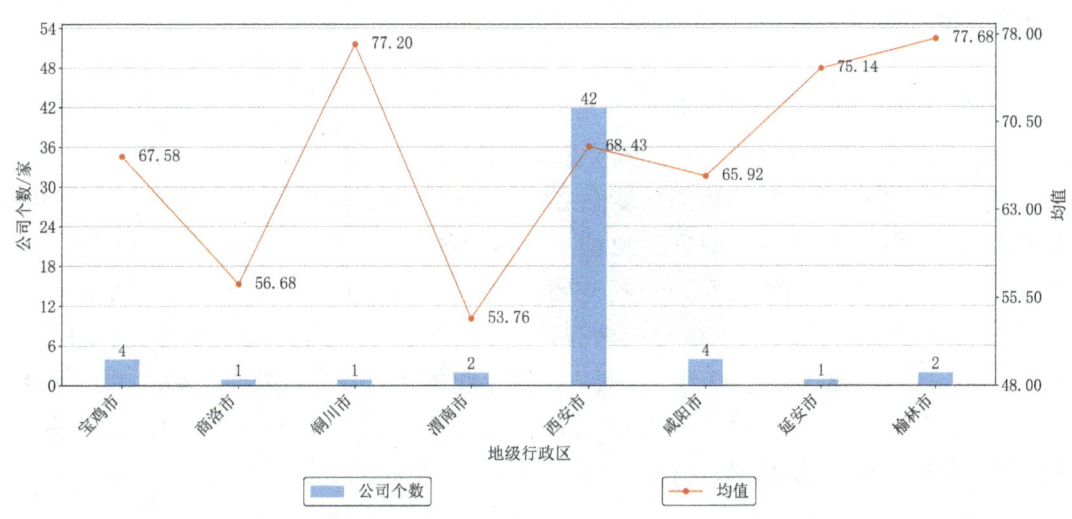

图6-120 2023年陕西省传统产业上市公司数字化创新绩效指数均值分布图

陕西省数字化创新绩效指数排名前10的传统产业上市公司如表6-120所示。

表6-120 2023年陕西省传统产业上市公司数字化创新绩效指数前10排名

排名	证券名称	证券代码	产权性质	一级行业	地级行政区	数字化创新绩效指数
1	航发动力	600893.SH	中央国有控股	国防军工	西安市	89.56
2	陕西煤业	601225.SH	地方国有控股	煤炭	西安市	89.41
3	节能环境	300140.SZ	中央国有控股	环保	西安市	88.09
4	中航西飞	000768.SZ	中央国有控股	国防军工	西安市	85.42
5	金钼股份	601958.SH	地方国有控股	有色金属	西安市	85.01
6	美畅股份	300861.SZ	非国有控股	机械设备	咸阳市	84.77
7	隆基绿能	601012.SH	非国有控股	电力设备	西安市	84.09
8	蓝晓科技	300487.SZ	非国有控股	基础化工	西安市	83.94
9	三角防务	300775.SZ	地方国有控股	国防军工	西安市	83.48
10	中国西电	601179.SH	中央国有控股	电力设备	西安市	83.46

数据来源：同花顺（iFinD），首经贸资产评估研究院和浙工商中国智能管理研究院整理。

6.25 上海市传统产业上市公司数字化创新评价

截至2023年底，A股市场上海市共有传统产业上市公司291家，总市值共计36406.72亿元，营业收入合计41551.31亿元，平均市值125.11亿元/家，平均营业收入142.79亿元/家。2023年，上海市传统产业上市公司研发投入合计为1223.13亿元，占营业收入的比例为2.94%；无形资产账面价值合计为2290.44亿元，占总资产的比例为3.44%。根据本报告分析口径，共对上海市291家传统产业上市公司开展数字化创新指数评价，具体情况如下：

6.25.1 数字化创新综合指数

2023年上海市传统产业291家上市公司数字化创新综合指数平均水平为64.57，高于传统产业上市公司该项指数平均水平62.91。具体而言，该项指数最高的上市公司是联影医疗，数字化创新综合指数为90.64。从市内各区分布来看，如图6-121所示，上海市传统产业291家上市公司分布在15个区，数字化创新综合指数平均水平最高的市辖区是虹口区（73.60）。从指数分布来看，高于传统产业上市公司该项指数平均水平的上市公司有153家，占比52.58%。其中，数字化创新综合指数处于［80，100］的有13家，占比4.47%；［70，80）的有65家，占比22.34%；［60，70）的有125家，占比42.96%；［0，60）的有88家，占比30.23%。

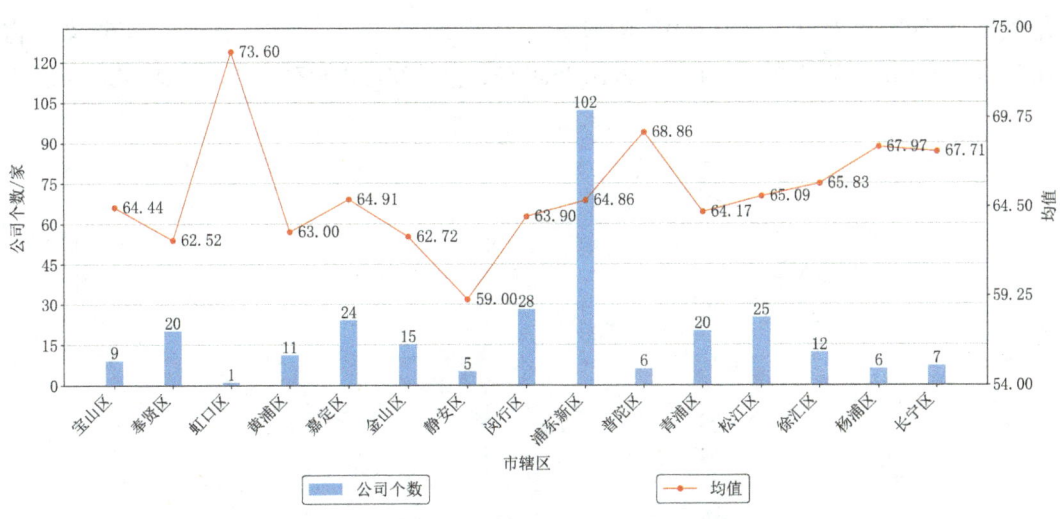

图6-121 2023年上海市传统产业上市公司数字化创新综合指数均值分布图

上海市数字化创新综合指数排名前10的传统产业上市公司如表6-121所示。

表6-121 2023年上海市传统产业上市公司数字化创新综合指数前10排名

排名	证券名称	证券代码	产权性质	一级行业	市辖区	数字化创新综合指数
1	联影医疗	688271.SH	非国有控股	医药生物	嘉定区	90.64
2	上海电气	601727.SH	地方国有控股	电力设备	长宁区	84.92
3	外服控股	600662.SH	地方国有控股	社会服务	浦东新区	83.33
4	威派格	603956.SH	非国有控股	机械设备	嘉定区	83.04
5	东航物流	601156.SH	中央国有控股	交通运输	浦东新区	82.57
6	海得控制	002184.SZ	非国有控股	机械设备	闵行区	82.11
7	先惠技术	688155.SH	非国有控股	电力设备	松江区	81.99
8	新时达	002527.SZ	非国有控股	机械设备	嘉定区	81.76
9	皓元医药	688131.SH	非国有控股	医药生物	浦东新区	81.36
10	奕瑞科技	688301.SH	非国有控股	医药生物	浦东新区	81.26

数据来源：同花顺（iFinD），首经贸资产评估研究院和浙工商中国智能管理研究院整理。

6.25.2 数字化战略导向指数

2023年上海市传统产业291家上市公司数字化战略导向指数平均水平为65.71，高于传统产业上市公司该项指数平均水平62.85。具体而言，该项指数最高的上市公司是联影医疗，数字化战略导向指数为94.57。从市内各区分布来看，如图6-122所示，数字化战略导向指数平均水平最高的市辖区是虹口区（87.36）。从指数分布来看，高于传统产业上市公司该项指数平均水平的上市公司有161家，占比55.33%。其中，数字化战略导向指数处于［80，100］的有50家，占比17.18%；［70，80）的有68家，占比23.37%；［60，70）的有74家，占比25.43%；［0，60）的有99家，占比34.02%。

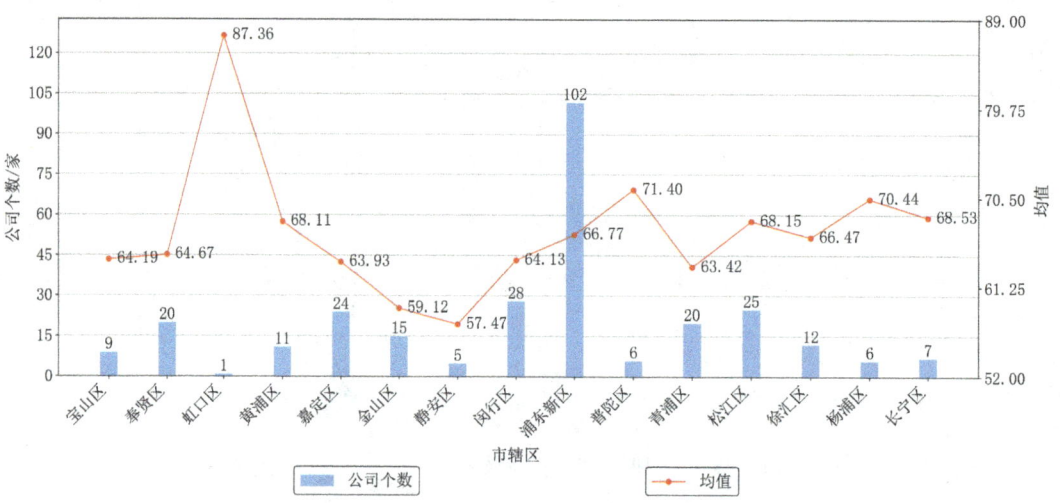

图6-122　2023年上海市传统产业上市公司数字化战略导向指数均值分布图

上海市数字化战略导向指数排名前10的传统产业上市公司如表6-122所示。

表6-122　2023年上海市传统产业上市公司数字化战略导向指数前10排名

排名	证券名称	证券代码	产权性质	一级行业	市辖区	数字化战略导向指数
1	联影医疗	688271.SH	非国有控股	医药生物	嘉定区	94.57
2	威派格	603956.SH	非国有控股	机械设备	嘉定区	93.68
3	皓元医药	688131.SH	非国有控股	医药生物	浦东新区	92.44
4	电气风电	688660.SH	地方国有控股	电力设备	闵行区	90.83
5	外服控股	600662.SH	地方国有控股	社会服务	浦东新区	90.51
6	来伊份	603777.SH	非国有控股	食品饮料	松江区	90.39
7	中邮科技	688648.SH	中央国有控股	机械设备	普陀区	90.26
8	力盛体育	002858.SZ	非国有控股	社会服务	松江区	90.16
9	步科股份	688160.SH	非国有控股	机械设备	浦东新区	89.18
10	泓博医药	301230.SZ	非国有控股	医药生物	浦东新区	89.02

数据来源：同花顺（iFinD），首经贸资产评估研究院和浙工商中国智能管理研究院整理。

6.25.3　数字化要素投入指数

2023年上海市传统产业291家上市公司数字化要素投入指数平均水平为60.39，高于传统产业上市公司该项指数平均水平57.94。具体而言，该项指数最高的上市公司是新时达，数字化要素投入指数为86.86。从市内各区分布来看，如图6-123所示，数字化要素投入指数平均水平最高的市辖区是长宁区（64.74）。从指数分布来看，高于传统产业上市公司该项指数平均水平的上市公司有155家，占比53.26%。其中，数字化要素投入指数处于[80，100]的有9家，占比3.09%；[70，80）的有45家，占比15.46%；[60，70）的有90家，占比30.93%；[0，60）的有147家，占比50.52%。

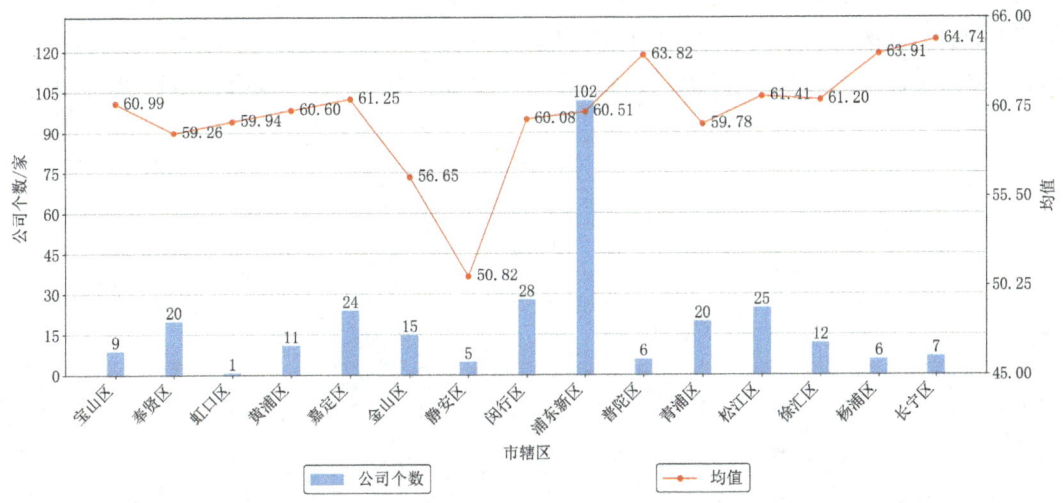

图6-123　2023年上海市传统产业上市公司数字化要素投入指数均值分布图

上海市数字化要素投入指数排名前10的传统产业上市公司如表6-123所示。

表6-123　2023年上海市传统产业上市公司数字化要素投入指数前10排名

排名	证券名称	证券代码	产权性质	一级行业	市辖区	数字化要素投入指数
1	新时达	002527.SZ	非国有控股	机械设备	嘉定区	86.86
2	联影医疗	688271.SH	非国有控股	医药生物	嘉定区	85.81
3	上海电气	601727.SH	地方国有控股	电力设备	长宁区	85.13
4	步科股份	688160.SH	非国有控股	机械设备	浦东新区	84.90
5	科大智能	300222.SZ	非国有控股	电力设备	浦东新区	84.47
6	华贸物流	603128.SH	中央国有控股	交通运输	黄浦区	83.39
7	中船科技	600072.SH	中央国有控股	电力设备	浦东新区	83.39
8	泰坦科技	688133.SH	非国有控股	基础化工	徐汇区	82.28
9	上港集团	600018.SH	地方国有控股	交通运输	浦东新区	80.20
10	电气风电	688660.SH	地方国有控股	电力设备	闵行区	79.98

数据来源：同花顺（iFinD），首经贸资产评估研究院和浙工商中国智能管理研究院整理。

6.25.4 数字化创新成果指数

2023年上海市传统产业291家上市公司数字化创新成果指数平均水平为64.16，高于传统产业上市公司该项指数平均水平63.16。具体而言，该项指数最高的上市公司是联影医疗，数字化创新成果指数为94.74。从市内各区分布来看，如图6-124所示，数字化创新成果指数平均水平最高的市辖区是普陀区（71.99）。从指数分布来看，高于传统产业上市公司该项指数平均水平的上市公司有143家，占比49.14%。其中，数字化创新成果指数处于［80，100］的有42家，占比14.43%；［70，80）的有53家，占比18.21%；［60，70）的有77家，占比26.46%；［0，60）的有119家，占比40.90%。

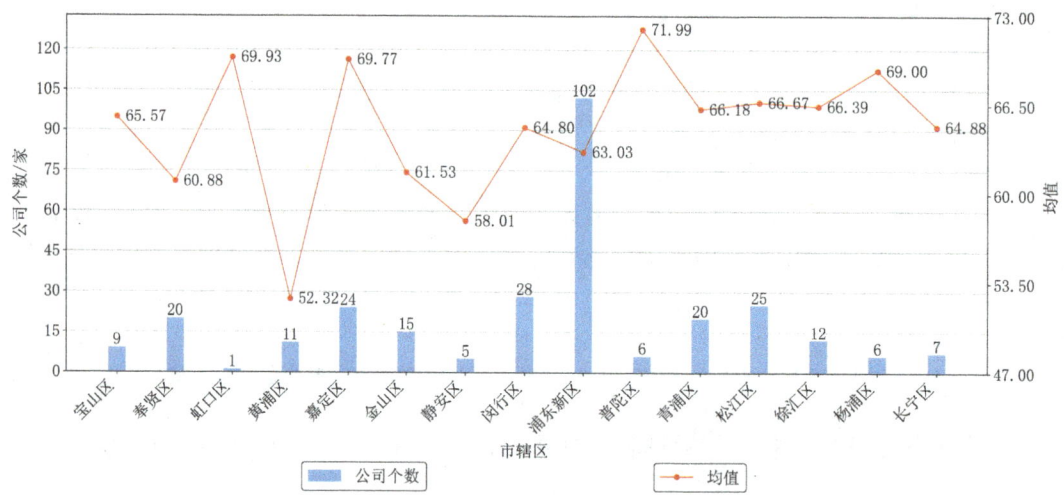

图6-124 2023年上海市传统产业上市公司数字化创新成果指数均值分布图

上海市数字化创新成果指数排名前10的传统产业上市公司如表6-124所示。

表6-124 2023年上海市传统产业上市公司数字化创新成果指数前10排名

排名	证券名称	证券代码	产权性质	一级行业	市辖区	数字化创新成果指数
1	联影医疗	688271.SH	非国有控股	医药生物	嘉定区	94.74
2	科大智能	300222.SZ	非国有控股	电力设备	浦东新区	92.17
3	先惠技术	688155.SH	非国有控股	电力设备	松江区	91.38
4	威派格	603956.SH	非国有控股	机械设备	嘉定区	90.98
5	上海电气	601727.SH	地方国有控股	电力设备	长宁区	89.95
6	开能健康	300272.SZ	非国有控股	家用电器	浦东新区	89.94
7	新时达	002527.SZ	非国有控股	机械设备	嘉定区	89.77
8	克来机电	603960.SH	非国有控股	机械设备	宝山区	89.41
9	中邮科技	688648.SH	中央国有控股	机械设备	普陀区	88.74
10	步科股份	688160.SH	非国有控股	机械设备	浦东新区	88.46

数据来源：同花顺（iFinD），首经贸资产评估研究院和浙工商中国智能管理研究院整理。

6.25.5 数字化创新绩效指数

2023年上海市传统产业291家上市公司数字化创新绩效指数平均水平为67.35，高于传统产业上市公司该项指数平均水平66.22。具体而言，该项指数最高的上市公司是中远海能，数字化创新绩效指数为92.35。从市内各区分布来看，如图6-125所示，数字化创新绩效指数平均水平最高的市辖区是虹口区（79.10）。从指数分布来看，高于传统产业上市公司该项指数平均水平的上市公司有147家，占比50.52%。其中，数字化创新绩效指数处于［80，100］的有45家，占比15.46%；［70，80）的有79家，占比27.15%；［60，70）的有81家，占比27.84%；［0，60）的有86家，占比29.55%。

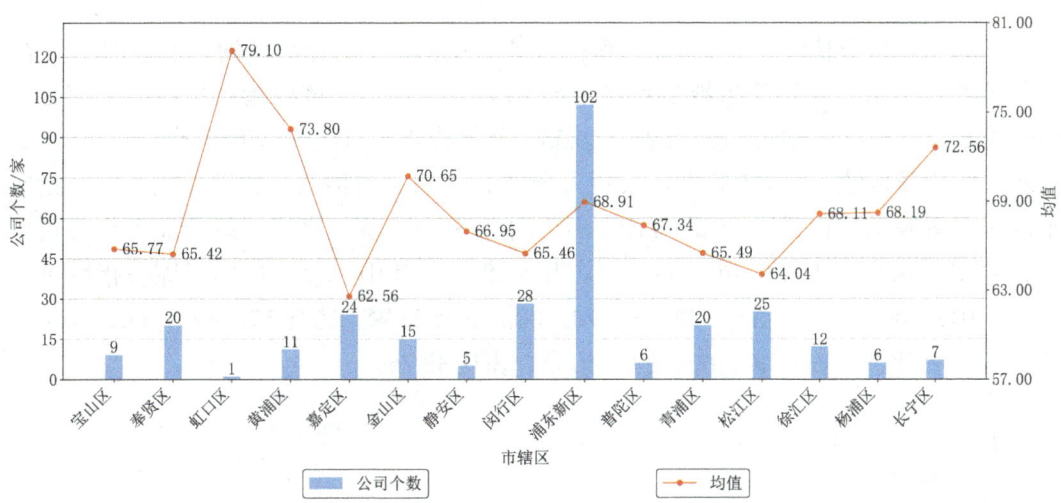

图6-125　2023年上海市传统产业上市公司数字化创新绩效指数均值分布图

上海市数字化创新绩效指数排名前10的传统产业上市公司如表6-125所示。

表6-125　2023年上海市传统产业上市公司数字化创新绩效指数前10排名

排名	证券名称	证券代码	产权性质	一级行业	市辖区	数字化创新绩效指数
1	中远海能	600026.SH	中央国有控股	交通运输	浦东新区	92.35
2	上海莱士	002252.SZ	非国有控股	医药生物	奉贤区	92.08
3	外服控股	600662.SH	地方国有控股	社会服务	浦东新区	90.92
4	吉祥航空	603885.SH	非国有控股	交通运输	浦东新区	90.31
5	老凤祥	600612.SH	地方国有控股	纺织服饰	黄浦区	90.23
6	春秋航空	601021.SH	非国有控股	交通运输	长宁区	89.86
7	中国船舶	600150.SH	中央国有控股	国防军工	浦东新区	88.96
8	晨光股份	603899.SH	非国有控股	轻工制造	奉贤区	88.92
9	上海机场	600009.SH	地方国有控股	交通运输	浦东新区	87.49
10	兰生股份	600826.SH	地方国有控股	社会服务	浦东新区	87.27

数据来源：同花顺（iFinD），首经贸资产评估研究院和浙工商中国智能管理研究院整理。

6.26 四川省传统产业上市公司数字化创新评价

截至2023年底，A股市场四川省共有传统产业上市公司129家，总市值共计22671.10亿元，营业收入合计11051.29亿元，平均市值175.74亿元/家，平均营业收入85.67亿元/家。2023年，四川省传统产业上市公司研发投入合计为288.39亿元，占营业收入的比例为2.61%；无形资产账面价值合计为1653.32亿元，占总资产的比例为8.56%。根据本报告分析口径，共对四川省129家传统产业上市公司开展数字化创新指数评价，具体情况如下：

6.26.1 数字化创新综合指数

2023年四川省传统产业129家上市公司数字化创新综合指数平均水平为62.98，高于传统产业上市公司该项指数平均水平62.91。具体而言，该项指数最高的上市公司是创维数字，数字化创新综合指数为86.33。从省内市、自治州分布来看，如图6-126所示，四川省传统产业129家上市公司分布在17个市、自治州，数字化创新综合指数平均水平最高的城市是遂宁市（71.51）。从指数分布来看，高于传统产业上市公司该项指数平均水平的上市公司有54家，占比41.86%。其中，数字化创新综合指数处于［80，100］的有5家，占比3.88%；［70，80）的有23家，占比17.83%；［60，70）的有51家，占比39.53%；［0，60）的有50家，占比38.76%。

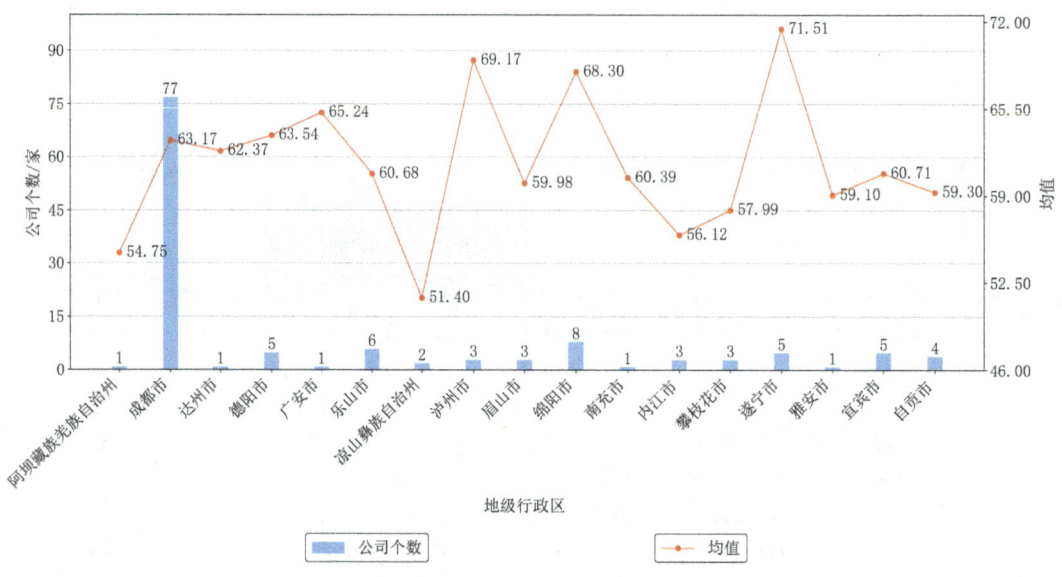

图6-126　2023年四川省传统产业上市公司数字化创新综合指数均值分布图

四川省数字化创新综合指数排名前10的传统产业上市公司如表6-126所示。

表 6-126　2023 年四川省传统产业上市公司数字化创新综合指数前 10 排名

排名	证券名称	证券代码	产权性质	一级行业	地级行政区	数字化创新综合指数
1	创维数字	000810.SZ	非国有控股	家用电器	遂宁市	86.33
2	天齐锂业	002466.SZ	非国有控股	有色金属	遂宁市	82.75
3	高新发展	000628.SZ	地方国有控股	建筑装饰	成都市	81.72
4	四川长虹	600839.SH	地方国有控股	家用电器	绵阳市	81.02
5	中无人机	688297.SH	中央国有控股	国防军工	成都市	80.23
6	泸州老窖	000568.SZ	地方国有控股	食品饮料	泸州市	79.48
7	成都先导	688222.SH	非国有控股	医药生物	成都市	77.01
8	英杰电气	300820.SZ	非国有控股	电力设备	德阳市	76.35
9	东材科技	601208.SH	非国有控股	基础化工	绵阳市	76.10
10	安控科技	300370.SZ	地方国有控股	机械设备	宜宾市	75.64

数据来源：同花顺（iFinD），首经贸资产评估研究院和浙工商中国智能管理研究院整理。

6.26.2　数字化战略导向指数

2023年四川省传统产业129家上市公司数字化战略导向指数平均水平为63.82，高于传统产业上市公司该项指数平均水平62.85。具体而言，该项指数最高的上市公司是创维数字，数字化战略导向指数为92.62。从省内市、自治州分布来看，如图6-127所示，数字化战略导向指数平均水平最高的城市是南充市（78.18）。从指数分布来看，高于传统产业上市公司该项指数平均水平的上市公司有69家，占比53.49%。其中，数字化战略导向指数处于［80，100］的有20家，占比15.50%；［70，80）的有20家，占比15.50%；［60，70）的有41家，占比31.78%；［0，60）的有48家，占比37.22%。

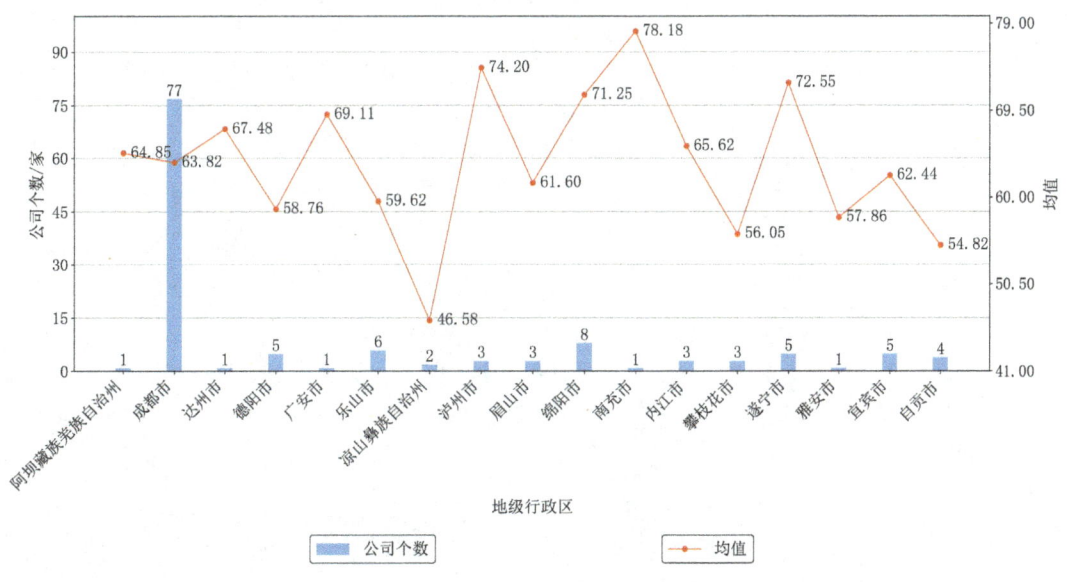

图6-127　2023年四川省传统产业上市公司数字化战略导向指数均值分布图

四川省数字化战略导向指数排名前10的传统产业上市公司如表6-127所示。

表6-127 2023年四川省传统产业上市公司数字化战略导向指数前10排名

排名	证券名称	证券代码	产权性质	一级行业	地级行政区	数字化战略导向指数
1	创维数字	000810.SZ	非国有控股	家用电器	遂宁市	92.62
2	成都先导	688222.SH	非国有控股	医药生物	成都市	90.91
3	秦川物联	688528.SH	非国有控股	机械设备	成都市	90.62
4	德恩精工	300780.SZ	非国有控股	机械设备	眉山市	90.31
5	纵横股份	688070.SH	非国有控股	国防军工	成都市	89.02
6	苑东生物	688513.SH	非国有控股	医药生物	成都市	86.98
7	海创药业	688302.SH	非国有控股	医药生物	成都市	85.87
8	泸州老窖	000568.SZ	地方国有控股	食品饮料	泸州市	83.45
9	四川长虹	600839.SH	地方国有控股	家用电器	绵阳市	83.17
10	安控科技	300370.SZ	地方国有控股	机械设备	宜宾市	82.97

数据来源：同花顺（iFinD），首经贸资产评估研究院和浙工商中国智能管理研究院整理。

6.26.3 数字化要素投入指数

2023年四川省传统产业129家上市公司数字化要素投入指数平均水平为59.55，高于传统产业上市公司该项指数平均水平57.94。具体而言，该项指数最高的上市公司是创维数字，数字化要素投入指数为90.77。从省内市、自治州分布来看，如图6-128所示，数字化要素投入指数平均水平最高的城市是遂宁市（66.94）。从指数分布来看，高于传统产业上市公司该项指数平均水平的上市公司有59家，占比45.74%。其中，数字化要素投入指数处于［80，100］的有5家，占比3.88%；［70，80）的有19家，占比14.73%；［60，70）的有32家，占比24.81%；［0，60）的有73家，占比56.58%。

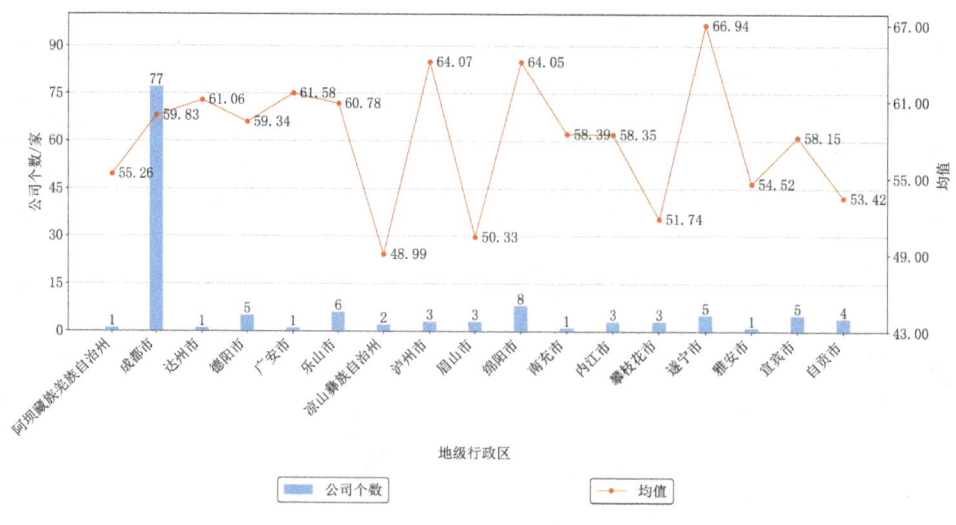

图6-128 2023年四川省传统产业上市公司数字化要素投入指数均值分布图

四川省数字化要素投入指数排名前10的传统产业上市公司如表6-128所示。

表6-128 2023年四川省传统产业上市公司数字化要素投入指数前10排名

排名	证券名称	证券代码	产权性质	一级行业	地级行政区	数字化要素投入指数
1	创维数字	000810.SZ	非国有控股	家用电器	遂宁市	90.77
2	高新发展	000628.SZ	地方国有控股	建筑装饰	成都市	87.55
3	天齐锂业	002466.SZ	非国有控股	有色金属	遂宁市	83.85
4	四川九洲	000801.SZ	地方国有控股	家用电器	绵阳市	82.75
5	安控科技	300370.SZ	地方国有控股	机械设备	宜宾市	81.01
6	英杰电气	300820.SZ	非国有控股	电力设备	德阳市	79.28
7	通威股份	600438.SH	非国有控股	电力设备	成都市	79.01
8	四川路桥	600039.SH	地方国有控股	建筑装饰	成都市	78.98
9	成都先导	688222.SH	非国有控股	医药生物	成都市	78.38
10	中无人机	688297.SH	中央国有控股	国防军工	成都市	78.13

数据来源：同花顺（iFinD），首经贸资产评估研究院和浙工商中国智能管理研究院整理。

6.26.4 数字化创新成果指数

2023年四川省传统产业129家上市公司数字化创新成果指数平均水平为61.87，低于传统产业上市公司该项指数平均水平63.16。具体而言，该项指数最高的上市公司是创维数字，数字化创新成果指数为93.73。从省内市、自治州分布来看，如图6-129所示，数字化创新成果指数平均水平最高的城市是遂宁市（70.85）。从指数分布来看，高于传统产业上市公司该项指数平均水平的上市公司有49家，占比37.98%。其中，数字化创新成果指数处于［80，100］的有10家，占比7.75%；［70，80）的有21家，占比16.28%；［60，70）的有34家，占比26.36%；［0，60）的有64家，占比49.61%。

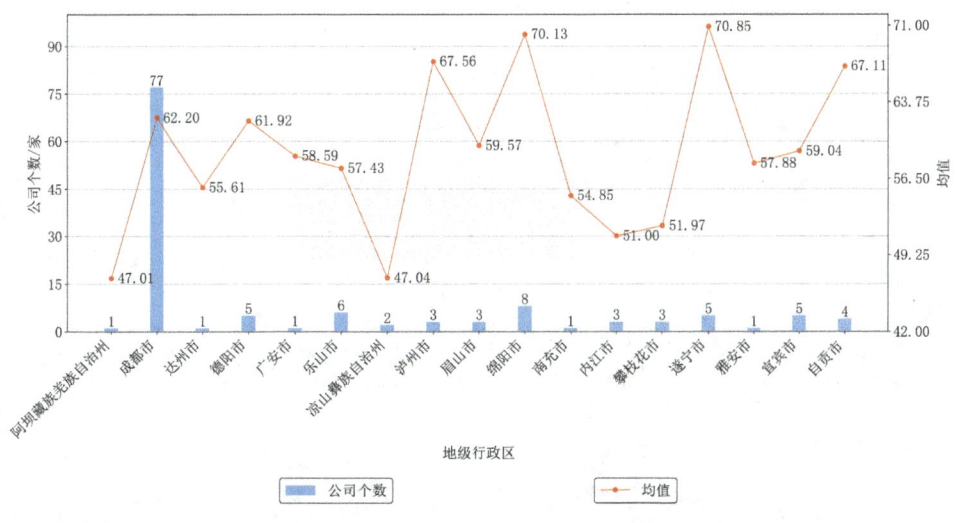

图6-129 2023年四川省传统产业上市公司数字化创新成果指数均值分布图

四川省数字化创新成果指数排名前10的传统产业上市公司如表6-129所示。

表6-129 2023年四川省传统产业上市公司数字化创新成果指数前10排名

排名	证券名称	证券代码	产权性质	一级行业	地级行政区	数字化创新成果指数
1	创维数字	000810.SZ	非国有控股	家用电器	遂宁市	93.73
2	秦川物联	688528.SH	非国有控股	机械设备	成都市	88.13
3	安控科技	300370.SZ	地方国有控股	机械设备	宜宾市	84.68
4	四川长虹	600839.SH	地方国有控股	家用电器	绵阳市	84.62
5	纵横股份	688070.SH	非国有控股	国防军工	成都市	83.65
6	中无人机	688297.SH	中央国有控股	国防军工	成都市	83.35
7	中建环能	300425.SZ	中央国有控股	环保	成都市	82.82
8	德恩精工	300780.SZ	非国有控股	机械设备	眉山市	82.33
9	天齐锂业	002466.SZ	非国有控股	有色金属	遂宁市	82.20
10	迈克生物	300463.SZ	非国有控股	医药生物	成都市	81.92

数据来源：同花顺（iFinD），首经贸资产评估研究院和浙工商中国智能管理研究院整理。

6.26.5 数字化创新绩效指数

2023年四川省传统产业129家上市公司数字化创新绩效指数平均水平为66.21，低于传统产业上市公司该项指数平均水平66.22。具体而言，该项指数最高的上市公司是五粮液，数字化创新绩效指数为91.93。从省内市、自治州分布来看，如图6-130所示，数字化创新绩效指数平均水平最高的城市是遂宁市（74.91）。从指数分布来看，高于传统产业上市公司该项指数平均水平的上市公司有63家，占比48.84%。其中，数字化创新绩效指数处于[80，100]的有16家，占比12.40%；[70，80)的有40家，占比31.01%；[60，70)的有30家，占比23.26%；[0，60)的有43家，占比33.33%。

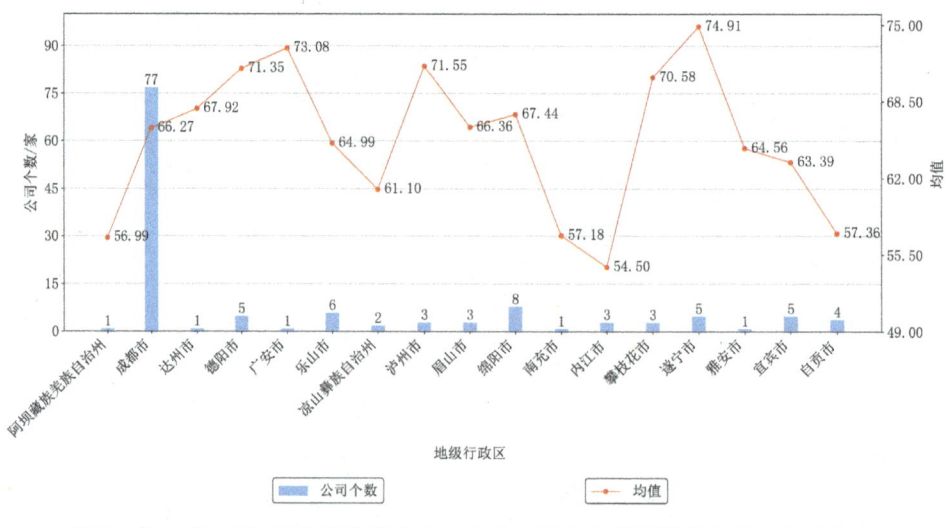

图6-130 2023年四川省传统产业上市公司数字化创新绩效指数均值分布图

四川省数字化创新绩效指数排名前10的传统产业上市公司如表6-130所示。

表6-130 2023年四川省传统产业上市公司数字化创新绩效指数前10排名

排名	证券名称	证券代码	产权性质	一级行业	地级行政区	数字化创新绩效指数
1	五粮液	000858.SZ	地方国有控股	食品饮料	宜宾市	91.93
2	高新发展	000628.SZ	地方国有控股	建筑装饰	成都市	89.80
3	川投能源	600674.SH	地方国有控股	公用事业	成都市	89.39
4	泸州老窖	000568.SZ	地方国有控股	食品饮料	泸州市	88.33
5	东方电气	600875.SH	中央国有控股	电力设备	成都市	86.73
6	科伦药业	002422.SZ	非国有控股	医药生物	成都市	84.65
7	水井坊	600779.SH	非国有控股	食品饮料	成都市	84.46
8	舍得酒业	600702.SH	非国有控股	食品饮料	遂宁市	84.31
9	通威股份	600438.SH	非国有控股	电力设备	成都市	84.07
10	天齐锂业	002466.SZ	非国有控股	有色金属	遂宁市	83.12

数据来源：同花顺（iFinD），首经贸资产评估研究院和浙工商中国智能管理研究院整理。

6.27 天津市传统产业上市公司数字化创新评价

截至2023年底，A股市场天津市共有传统产业上市公司52家，总市值共计7907.39亿元，营业收入合计6871.61亿元，平均市值152.07亿元/家，平均营业收入132.15亿元/家。2023年，天津市传统产业上市公司研发投入合计为151.64亿元，占营业收入的比例为2.21%；无形资产账面价值合计为1405.00亿元，占总资产的比例为10.06%。根据本报告分析口径，共对天津市52家传统产业上市公司开展数字化创新指数评价，具体情况如下：

6.27.1 数字化创新综合指数

2023年天津市传统产业52家上市公司数字化创新综合指数平均水平为66.42，高于传统产业上市公司该项指数平均水平62.91。具体而言，该项指数最高的上市公司是招商公路，数字化创新综合指数为84.09。从市内各区分布来看，如图6-131所示，天津市传统产业52家上市公司分布在10个区，数字化创新综合指数平均水平最高的市辖区是静海区（68.88）。从指数分布来看，高于传统产业上市公司该项指数平均水平的上市公司有32家，占比61.54%。其中，数字化创新综合指数处于［80，100］的有4家，占比7.69%；［70，80）的有11家，占比21.15%；［60，70）的有25家，占比48.08%；［0，60）的有12家，占比23.08%。

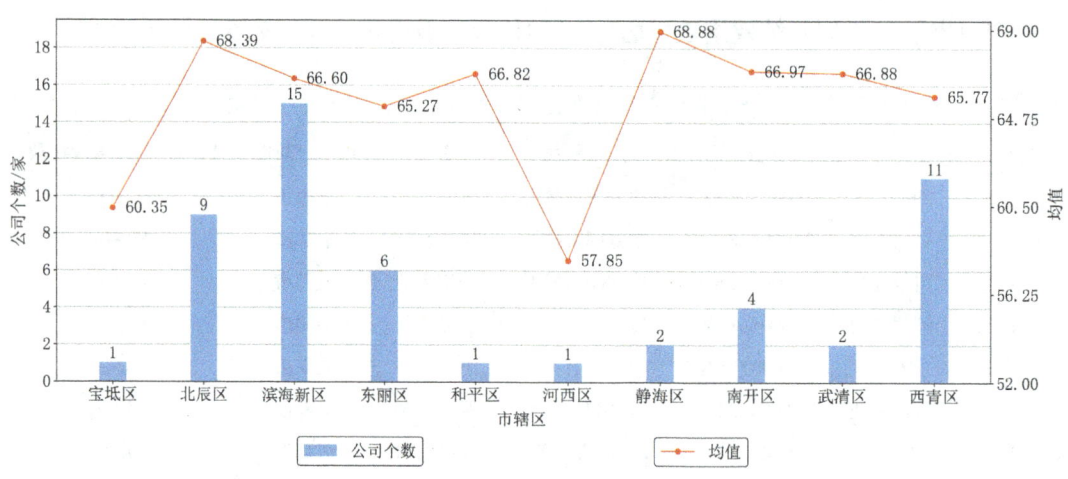

图 6-131　2023 年天津市传统产业上市公司数字化创新综合指数均值分布图

天津市数字化创新综合指数排名前 10 的传统产业上市公司如表 6-131 所示。

表 6-131　2023 年天津市传统产业上市公司数字化创新综合指数前 10 排名

排名	证券名称	证券代码	产权性质	一级行业	市辖区	数字化创新综合指数
1	招商公路	001965.SZ	中央国有控股	交通运输	滨海新区	84.09
2	中海油服	601808.SH	中央国有控股	石油石化	滨海新区	82.72
3	爱玛科技	603529.SH	非国有控股	汽车	静海区	81.19
4	凯莱英	002821.SZ	非国有控股	医药生物	滨海新区	80.75
5	天士力	600535.SH	非国有控股	医药生物	北辰区	78.66
6	海油工程	600583.SH	中央国有控股	石油石化	东丽区	77.56
7	中国铁物	000927.SZ	中央国有控股	机械设备	南开区	77.54
8	中储股份	600787.SH	中央国有控股	交通运输	北辰区	76.40
9	美腾科技	688420.SH	非国有控股	机械设备	滨海新区	76.16
10	瑞普生物	300119.SZ	非国有控股	农林牧渔	东丽区	75.13

数据来源：同花顺（iFinD），首经贸资产评估研究院和浙工商中国智能管理研究院整理。

6.27.2　数字化战略导向指数

2023 年天津市传统产业 52 家上市公司数字化战略导向指数平均水平为 66.53，高于传统产业上市公司该项指数平均水平 62.85。具体而言，该项指数最高的上市公司是凯莱英，数字化战略导向指数为 91.85。从市内各区分布来看，如图 6-132 所示，数字化战略导向指数平均水平最高的市辖区是河西区（69.44）。从指数分布来看，高于传统产业上市公司该项指数平均水平的上市公司有 30 家，占比 57.69%。其中，数字化战略导向指数处于 [80, 100] 的有 10 家，占比 19.23%；[70, 80) 的有 10 家，占比

19.23%；[60，70)的有11家，占比21.15%；[0，60)的有21家，占比40.39%。

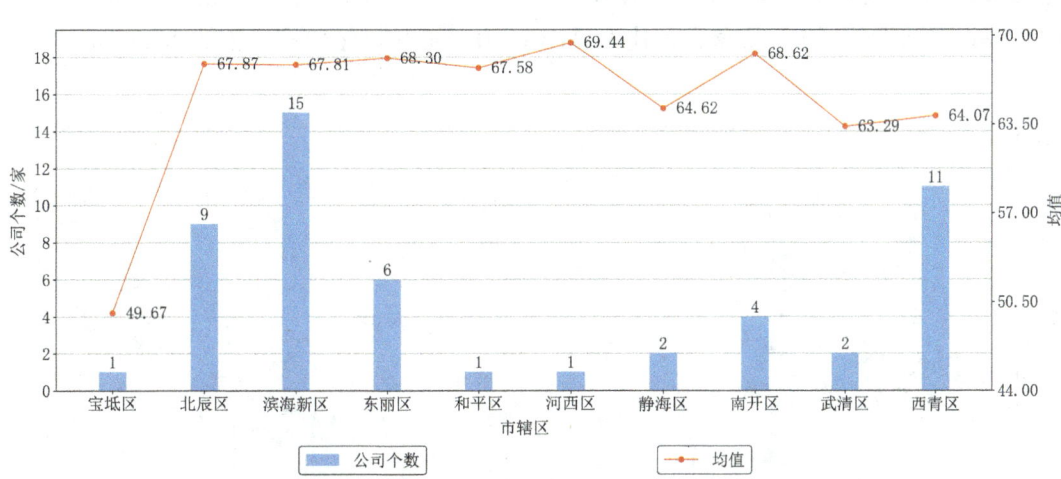

图6-132 2023年天津市传统产业上市公司数字化战略导向指数均值分布图

天津市数字化战略导向指数排名前10的传统产业上市公司如表6-132所示。

表6-132 2023年天津市传统产业上市公司数字化战略导向指数前10排名

排名	证券名称	证券代码	产权性质	一级行业	市辖区	数字化战略导向指数
1	凯莱英	002821.SZ	非国有控股	医药生物	滨海新区	91.85
2	招商公路	001965.SZ	中央国有控股	交通运输	滨海新区	91.26
3	天士力	600535.SH	非国有控股	医药生物	北辰区	90.11
4	中储股份	600787.SH	中央国有控股	交通运输	北辰区	89.82
5	中国铁物	000927.SZ	中央国有控股	机械设备	南开区	87.72
6	美腾科技	688420.SH	非国有控股	机械设备	滨海新区	87.52
7	中海油服	601808.SH	中央国有控股	石油石化	滨海新区	85.98
8	爱玛科技	603529.SH	非国有控股	汽车	静海区	85.51
9	海油工程	600583.SH	中央国有控股	石油石化	东丽区	81.92
10	瑞普生物	300119.SZ	非国有控股	农林牧渔	东丽区	80.23

数据来源：同花顺（iFinD），首经贸资产评估研究院和浙工商中国智能管理研究院整理。

6.27.3 数字化要素投入指数

2023年天津市传统产业52家上市公司数字化要素投入指数平均水平为61.98，高于传统产业上市公司该项指数平均水平57.94。具体而言，该项指数最高的上市公司是凯莱英，数字化要素投入指数为82.63。从市内各区分布来看，如图6-133所示，数字化要素投入指数平均水平最高的市辖区是滨海新区（64.27）。从指数分布来看，高于传统产业上市公司该项指数平均水平的上市公司有34家，占比65.38%。其中，数字化要素投入指数处于［80，100］的有1家，占比1.92%；［70，80）的有10家，占比19.23%；［60，70）的有22家，占比42.31%；［0，60）的有19家，占比36.54%。

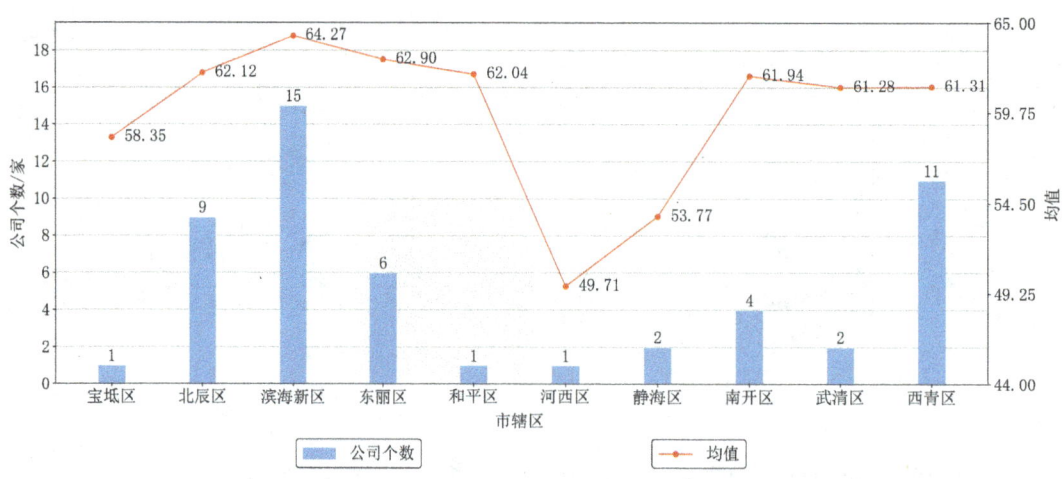

图6-133　2023年天津市传统产业上市公司数字化要素投入指数均值分布图

天津市数字化要素投入指数排名前10的传统产业上市公司如表6-133所示。

表6-133　2023年天津市传统产业上市公司数字化要素投入指数前10排名

排名	证券名称	证券代码	产权性质	一级行业	市辖区	数字化要素投入指数
1	凯莱英	002821.SZ	非国有控股	医药生物	滨海新区	82.63
2	招商公路	001965.SZ	中央国有控股	交通运输	滨海新区	79.98
3	中国铁物	000927.SZ	中央国有控股	机械设备	南开区	78.07
4	TCL中环	002129.SZ	非国有控股	电力设备	西青区	76.33
5	美腾科技	688420.SH	非国有控股	机械设备	滨海新区	75.65
6	中储股份	600787.SH	中央国有控股	交通运输	北辰区	74.72
7	凯发电气	300407.SZ	非国有控股	电力设备	西青区	74.07
8	海油工程	600583.SH	中央国有控股	石油石化	东丽区	72.89
9	天士力	600535.SH	非国有控股	医药生物	北辰区	71.88
10	津荣天宇	300988.SZ	非国有控股	机械设备	西青区	71.45

数据来源：同花顺（iFinD），首经贸资产评估研究院和浙工商中国智能管理研究院整理。

6.27.4　数字化创新成果指数

2023年天津市传统产业52家上市公司数字化创新成果指数平均水平为67.27，高于传统产业上市公司该项指数平均水平63.16。具体而言，该项指数最高的上市公司是美腾科技，数字化创新成果指数为89.25。从市内各区分布来看，如图6-134所示，数字化创新成果指数平均水平最高的市辖区是北辰区（74.43）。从指数分布来看，高于传统产业上市公司该项指数平均水平的上市公司有29家，占比55.77%。其中，数字化创新成果指数处于［80，100］的有7家，占比13.46%；［70，80）的有14家，占比26.92%；［60，70）的有17家，占比32.69%；［0，60）的有14家，占比26.93%。

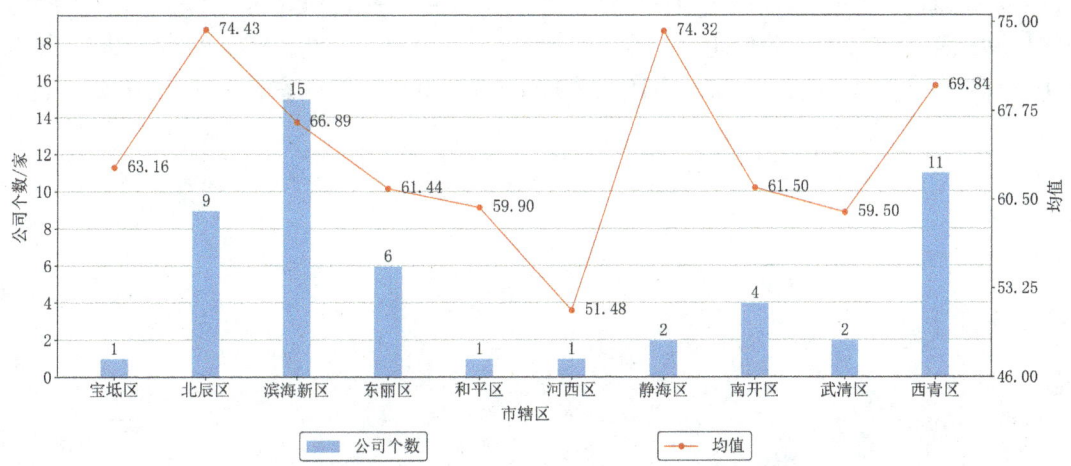

图6-134　2023年天津市传统产业上市公司数字化创新成果指数均值分布图

天津市数字化创新成果指数排名前10的传统产业上市公司如表6-134所示。

表6-134　2023年天津市传统产业上市公司数字化创新成果指数前10排名

排名	证券名称	证券代码	产权性质	一级行业	市辖区	数字化创新成果指数
1	美腾科技	688420.SH	非国有控股	机械设备	滨海新区	89.25
2	爱玛科技	603529.SH	非国有控股	汽车	静海区	88.79
3	赛象科技	002337.SZ	非国有控股	机械设备	西青区	85.16
4	中海油服	601808.SH	中央国有控股	石油石化	滨海新区	84.97
5	建科智能	300823.SZ	非国有控股	机械设备	北辰区	84.71
6	津荣天宇	300988.SZ	非国有控股	机械设备	西青区	83.04
7	中重科技	603135.SH	非国有控股	机械设备	北辰区	81.49
8	招商公路	001965.SZ	中央国有控股	交通运输	滨海新区	79.75
9	久日新材	688199.SH	非国有控股	基础化工	北辰区	79.41
10	凯莱英	002821.SZ	非国有控股	医药生物	滨海新区	78.52

数据来源：同花顺（iFinD），首经贸资产评估研究院和浙工商中国智能管理研究院整理。

6.27.5 数字化创新绩效指数

2023年天津市传统产业52家上市公司数字化创新绩效指数平均水平为68.57，高于传统产业上市公司该项指数平均水平66.22。具体而言，该项指数最高的上市公司是中海油服，数字化创新绩效指数为91.69。从市内各区分布来看，如图6-135所示，数字化创新绩效指数平均水平最高的市辖区是武清区（81.56）。从指数分布来看，高于传统产业上市公司该项指数平均水平的上市公司有28家，占比53.85%。其中，数字化创新绩效指数处于［80，100］的有8家，占比15.38%；［70，80）的有16家，占比30.77%；［60，70）的有17家，占比32.69%；［0，60）的有11家，占比21.16%。

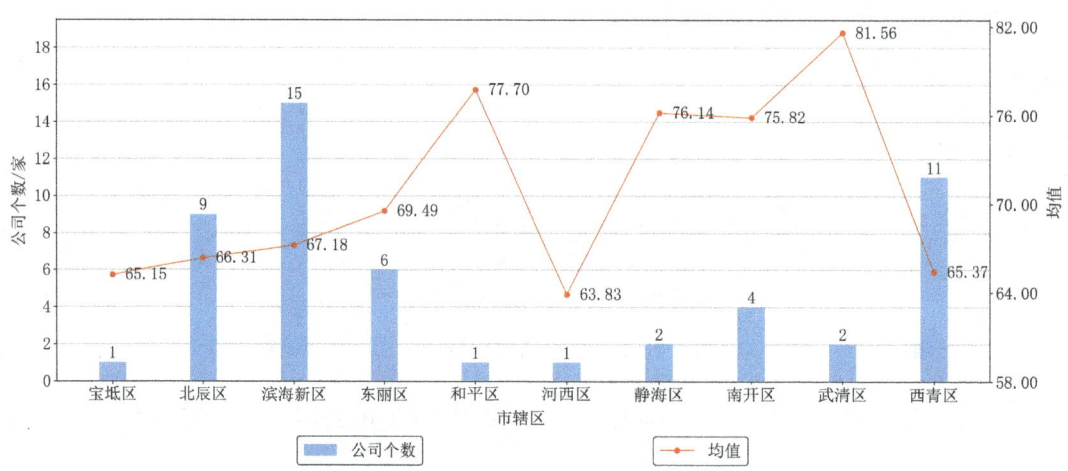

图6-135　2023年天津市传统产业上市公司数字化创新绩效指数均值分布图

天津市数字化创新绩效指数排名前10的传统产业上市公司如表6-135所示。

表6-135　2023年天津市传统产业上市公司数字化创新绩效指数前10排名

排名	证券名称	证券代码	产权性质	一级行业	市辖区	数字化创新绩效指数
1	中海油服	601808.SH	中央国有控股	石油石化	滨海新区	91.69
2	中体产业	600158.SH	中央国有控股	社会服务	武清区	88.95
3	招商公路	001965.SZ	中央国有控股	交通运输	滨海新区	87.57
4	中绿电	000537.SZ	中央国有控股	公用事业	滨海新区	83.50
5	天津港	600717.SH	地方国有控股	交通运输	滨海新区	82.19
6	TCL中环	002129.SZ	非国有控股	电力设备	西青区	82.17
7	达仁堂	600329.SH	地方国有控股	医药生物	南开区	80.72
8	瑞普生物	300119.SZ	非国有控股	农林牧渔	东丽区	80.45
9	爱玛科技	603529.SH	非国有控股	汽车	静海区	79.95
10	天士力	600535.SH	非国有控股	医药生物	北辰区	78.73

数据来源：同花顺（iFinD），首经贸资产评估研究院和浙工商中国智能管理研究院整理。

6.28 西藏自治区传统产业上市公司数字化创新评价

截至2023年底，A股市场西藏自治区共有传统产业上市公司18家，总市值共计1581.98亿元，营业收入合计511.01亿元，平均市值87.89亿元/家，平均营业收入28.39亿元/家。2023年，西藏自治区传统产业上市公司研发投入合计为23.78亿元，占营业收入的比例为4.65%；无形资产账面价值合计为91.40亿元，占总资产的比例为9.58%。根据本报告分析口径，共对西藏自治区18家传统产业上市公司开展数字化创新指数评价，具体情况如下：

6.28.1 数字化创新综合指数

2023年西藏自治区传统产业18家上市公司数字化创新综合指数平均水平为58.22，低于传统产业上市公司该项指数平均水平62.91。具体而言，该项指数最高的上市公司是奇正藏药，数字化创新综合指数为71.57。从自治区内城市分布来看，如图6-136所示，西藏自治区传统产业18家上市公司分布在4个市，数字化创新综合指数平均水平最高的城市是林芝市（71.57）。从指数分布来看，高于传统产业上市公司该项指数平均水平的上市公司有6家，占比33.33%。其中，数字化创新综合指数处于［70，80）的有2家，占比11.11%；［60，70）的有7家，占比38.89%；［0，60）的有9家，占比50.00%。

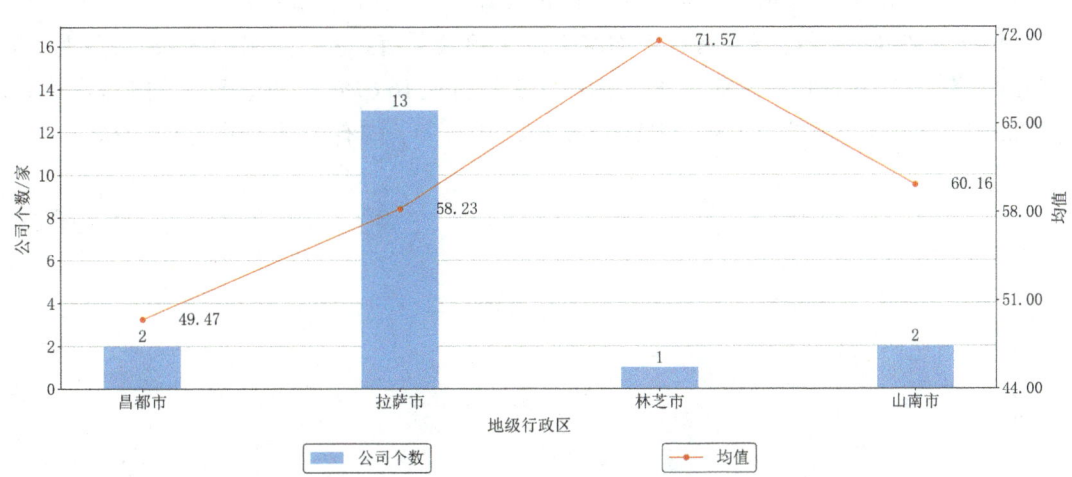

图6-136　2023年西藏自治区传统产业上市公司数字化创新综合指数均值分布图

西藏自治区数字化创新综合指数排名前10的传统产业上市公司如表6-136所示。

表 6-136   2023 年西藏自治区传统产业上市公司数字化创新综合指数前 10 排名

排名	证券名称	证券代码	产权性质	一级行业	地级行政区	数字化创新综合指数
1	奇正藏药	002287.SZ	非国有控股	医药生物	林芝市	71.57
2	海思科	002653.SZ	非国有控股	医药生物	山南市	71.49
3	华宝股份	300741.SZ	非国有控股	基础化工	拉萨市	68.88
4	筑博设计	300564.SZ	非国有控股	建筑装饰	拉萨市	68.65
5	梅花生物	600873.SH	非国有控股	基础化工	拉萨市	65.90
6	高争民爆	002827.SZ	地方国有控股	基础化工	拉萨市	65.64
7	西藏药业	600211.SH	非国有控股	医药生物	拉萨市	63.39
8	西藏旅游	600749.SH	非国有控股	社会服务	拉萨市	62.85
9	西藏天路	600326.SH	地方国有控股	建筑材料	拉萨市	60.75
10	卫信康	603676.SH	非国有控股	医药生物	拉萨市	59.21

数据来源：同花顺（iFinD），首经贸资产评估研究院和浙工商中国智能管理研究院整理。

6.28.2　数字化战略导向指数

2023年西藏自治区传统产业18家上市公司数字化战略导向指数平均水平为59.40，低于传统产业上市公司该项指数平均水平62.85。具体而言，该项指数最高的上市公司是筑博设计，数字化战略导向指数为85.94。从自治区内城市分布来看，如图6-137所示，数字化战略导向指数平均水平最高的城市是林芝市（81.61）。从指数分布来看，高于传统产业上市公司该项指数平均水平的上市公司有6家，占比33.33%。其中，数字化战略导向指数处于［80，100］的有3家，占比16.67%；［70，80）的有1家，占比5.56%；［60，70）的有3家，占比16.67%；［0，60）的有11家，占比61.10%。

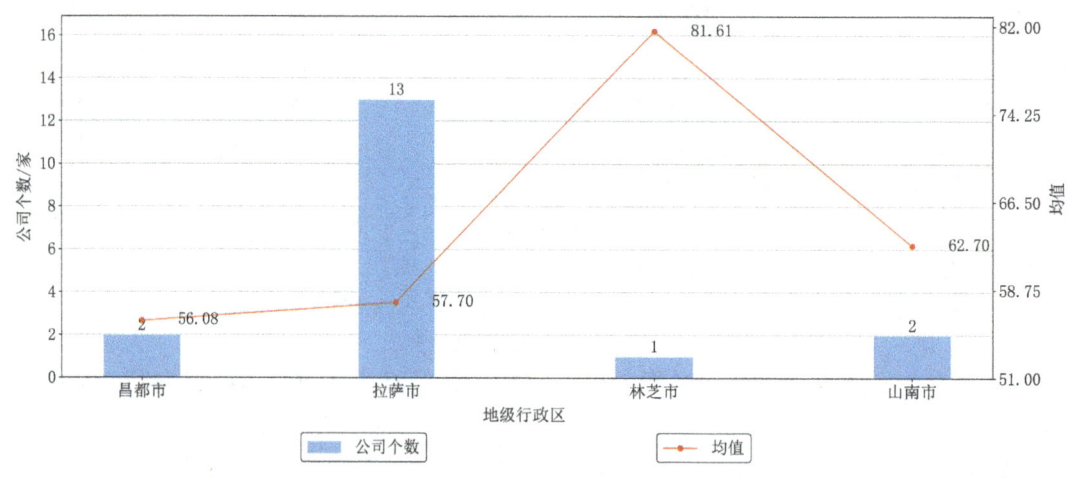

图6-137   2023年西藏自治区传统产业上市公司数字化战略导向指数均值分布图

西藏自治区数字化战略导向指数排名前10的传统产业上市公司如表6-137所示。

表6-137 2023年西藏自治区传统产业上市公司数字化战略导向指数前10排名

排名	证券名称	证券代码	产权性质	一级行业	地级行政区	数字化战略导向指数
1	筑博设计	300564.SZ	非国有控股	建筑装饰	拉萨市	85.94
2	海思科	002653.SZ	非国有控股	医药生物	山南市	82.55
3	奇正藏药	002287.SZ	非国有控股	医药生物	林芝市	81.61
4	西藏旅游	600749.SH	非国有控股	社会服务	拉萨市	76.21
5	恩威医药	301331.SZ	非国有控股	医药生物	昌都市	65.35
6	梅花生物	600873.SH	非国有控股	基础化工	拉萨市	64.84
7	西藏药业	600211.SH	非国有控股	医药生物	拉萨市	62.95
8	高争民爆	002827.SZ	地方国有控股	基础化工	拉萨市	59.04
9	西藏天路	600326.SH	地方国有控股	建筑材料	拉萨市	58.11
10	华宝股份	300741.SZ	非国有控股	基础化工	拉萨市	58.01

数据来源：同花顺（iFinD），首经贸资产评估研究院和浙工商中国智能管理研究院整理。

6.28.3 数字化要素投入指数

2023年西藏自治区传统产业18家上市公司数字化要素投入指数平均水平为53.96，低于传统产业上市公司该项指数平均水平57.94。具体而言，该项指数最高的上市公司是海思科，数字化要素投入指数为79.49。从自治区内城市分布来看，如图6-138所示，数字化要素投入指数平均水平最高的城市是山南市（64.34）。从指数分布来看，高于传统产业上市公司该项指数平均水平的上市公司有6家，占比33.33%。其中，数字化要素投入指数处于［70，80）的有2家，占比11.11%；［60，70）的有2家，占比11.11%；［0，60）的有14家，占比77.78%。

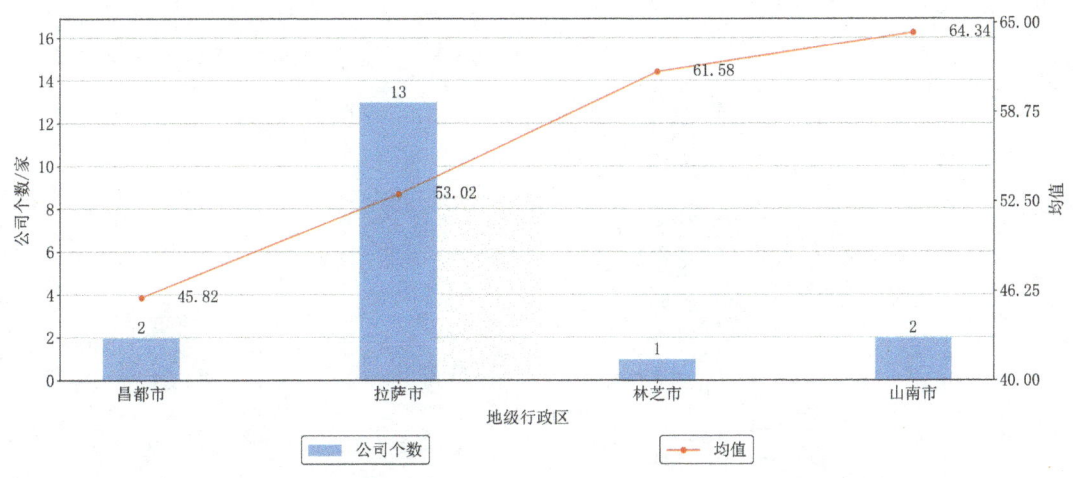

图6-138 2023年西藏自治区传统产业上市公司数字化要素投入指数均值分布图

西藏自治区数字化要素投入指数排名前10的传统产业上市公司如表6-138所示。

表6-138 2023年西藏自治区传统产业上市公司数字化要素投入指数前10排名

排名	证券名称	证券代码	产权性质	一级行业	地级行政区	数字化要素投入指数
1	海思科	002653.SZ	非国有控股	医药生物	山南市	79.49
2	筑博设计	300564.SZ	非国有控股	建筑装饰	拉萨市	76.70
3	西藏药业	600211.SH	非国有控股	医药生物	拉萨市	62.32
4	奇正藏药	002287.SZ	非国有控股	医药生物	林芝市	61.58
5	卫信康	603676.SH	非国有控股	医药生物	拉萨市	59.44
6	华宝股份	300741.SZ	非国有控股	基础化工	拉萨市	59.36
7	西藏天路	600326.SH	地方国有控股	建筑材料	拉萨市	58.15
8	高争民爆	002827.SZ	地方国有控股	基础化工	拉萨市	57.05
9	梅花生物	600873.SH	非国有控股	基础化工	拉萨市	53.89
10	西藏旅游	600749.SH	非国有控股	社会服务	拉萨市	52.40

数据来源：同花顺（iFinD），首经贸资产评估研究院和浙工商中国智能管理研究院整理。

6.28.4 数字化创新成果指数

2023年西藏自治区传统产业18家上市公司数字化创新成果指数平均水平为55.23，低于传统产业上市公司该项指数平均水平63.16。具体而言，该项指数最高的上市公司是华宝股份，数字化创新成果指数为77.68。从自治区内城市分布来看，如图6-139所示，数字化创新成果指数平均水平最高的城市是林芝市（67.30）。从指数分布来看，高于传统产业上市公司该项指数平均水平的上市公司有5家，占比27.78%。其中，数字化创新成果指数处于[70，80）的有1家，占比5.56%；[60，70）的有5家，占比27.78%；[0，60）的有12家，占比66.66%。

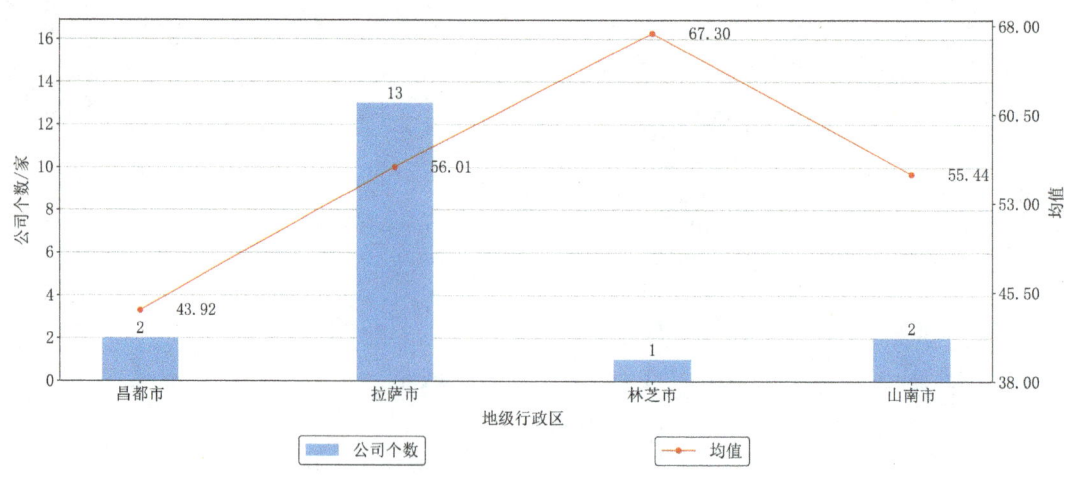

图6-139 2023年西藏自治区传统产业上市公司数字化创新成果指数均值分布图

西藏自治区数字化创新成果指数排名前10的传统产业上市公司如表6-139所示。

表 6-139 2023 年西藏自治区传统产业上市公司数字化创新成果指数前 10 排名

排名	证券名称	证券代码	产权性质	一级行业	地级行政区	数字化创新成果指数
1	华宝股份	300741.SZ	非国有控股	基础化工	拉萨市	77.68
2	奇正藏药	002287.SZ	非国有控股	医药生物	林芝市	67.30
3	高争民爆	002827.SZ	地方国有控股	基础化工	拉萨市	66.68
4	筑博设计	300564.SZ	非国有控股	建筑装饰	拉萨市	65.25
5	西藏旅游	600749.SH	非国有控股	社会服务	拉萨市	64.01
6	梅花生物	600873.SH	非国有控股	基础化工	拉萨市	62.36
7	西藏天路	600326.SH	地方国有控股	建筑材料	拉萨市	57.86
8	ST西发	000752.SZ	非国有控股	食品饮料	拉萨市	57.47
9	海思科	002653.SZ	非国有控股	医药生物	山南市	57.38
10	卫信康	603676.SH	非国有控股	医药生物	拉萨市	55.45

数据来源：同花顺（iFinD），首经贸资产评估研究院和浙工商中国智能管理研究院整理。

6.28.5 数字化创新绩效指数

2023年西藏自治区传统产业18家上市公司数字化创新绩效指数平均水平为63.96，低于传统产业上市公司该项指数平均水平66.22。具体而言，该项指数最高的上市公司是梅花生物，数字化创新绩效指数为79.23。从自治区内城市分布来看，如图6-140所示，数字化创新绩效指数平均水平最高的城市是林芝市（77.44）。从指数分布来看，高于传统产业上市公司该项指数平均水平的上市公司有8家，占比44.44%。其中，数字化创新绩效指数处于[70，80)的有6家，占比33.33%；[60，70)的有6家，占比33.33%；[0，60)的有6家，占比33.34%。

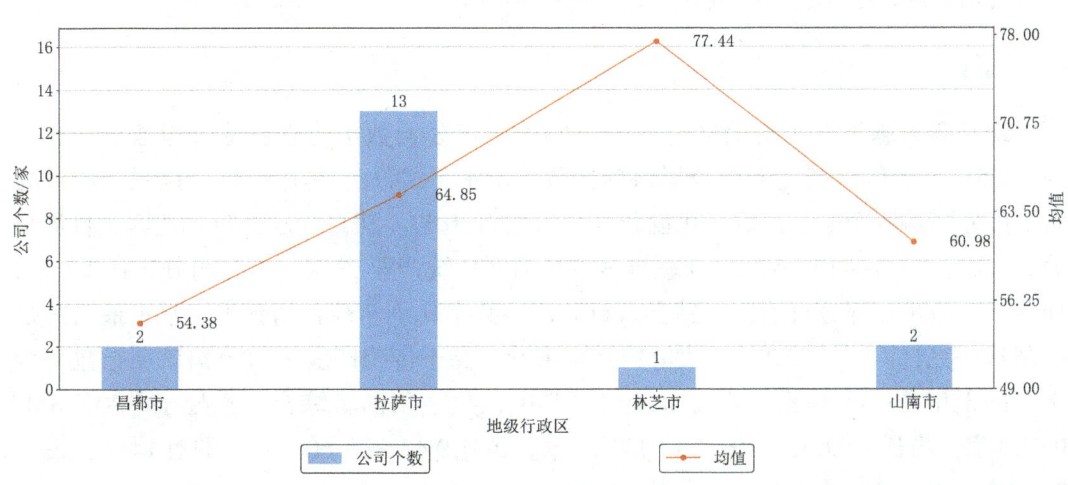

图6-140 2023年西藏自治区传统产业上市公司数字化创新绩效指数均值分布图

西藏自治区数字化创新绩效指数排名前10的传统产业上市公司如表6-140所示。

表6-140 2023年西藏自治区传统产业上市公司数字化创新绩效指数前10排名

排名	证券名称	证券代码	产权性质	一级行业	地级行政区	数字化创新绩效指数
1	梅花生物	600873.SH	非国有控股	基础化工	拉萨市	79.23
2	奇正藏药	002287.SZ	非国有控股	医药生物	林芝市	77.44
3	西藏药业	600211.SH	非国有控股	医药生物	拉萨市	77.14
4	海思科	002653.SZ	非国有控股	医药生物	山南市	75.06
5	高争民爆	002827.SZ	地方国有控股	基础化工	拉萨市	74.69
6	华宝股份	300741.SZ	非国有控股	基础化工	拉萨市	72.37
7	卫信康	603676.SH	非国有控股	医药生物	拉萨市	68.76
8	西藏天路	600326.SH	地方国有控股	建筑材料	拉萨市	67.55
9	华钰矿业	601020.SH	非国有控股	有色金属	拉萨市	67.00
10	恩威医药	301331.SZ	非国有控股	医药生物	昌都市	62.02

数据来源：同花顺（iFinD），首经贸资产评估研究院和浙工商中国智能管理研究院整理。

6.29 新疆维吾尔自治区传统产业上市公司数字化创新评价

截至2023年底，A股市场新疆维吾尔自治区共有传统产业上市公司53家，总市值共计5666.97亿元，营业收入合计6616.58亿元，平均市值106.92亿元/家，平均营业收入124.84亿元/家。2023年，新疆维吾尔自治区传统产业上市公司研发投入合计为190.37亿元，占营业收入的比例为2.88%；无形资产账面价值合计为1013.87亿元，占总资产的比例为7.78%。根据本报告分析口径，共对新疆维吾尔自治区53家传统产业上市公司开展数字化创新指数评价，具体情况如下：

6.29.1 数字化创新综合指数

2023年新疆维吾尔自治区传统产业53家上市公司数字化创新综合指数平均水平为58.25，低于传统产业上市公司该项指数平均水平62.91。具体而言，该项指数最高的上市公司是特变电工，数字化创新综合指数为80.37。从自治区内市、地区、自治州分布来看，如图6-141所示，新疆维吾尔自治区传统产业53家上市公司分布在8个市、地区、自治州和部分自治区直辖县级行政区，数字化创新综合指数平均水平最高的是伊犁哈萨克自治州（72.39）。从指数分布来看，高于传统产业上市公司该项指数平均水平的上市公司有16家，占比30.19%。其中，数字化创新综合指数处于［80，100］的有1家，占比1.89%；［70，80）的有5家，占比9.43%；［60，70）的有14家，占比26.42%；［0，60）的有33家，占比62.26%。

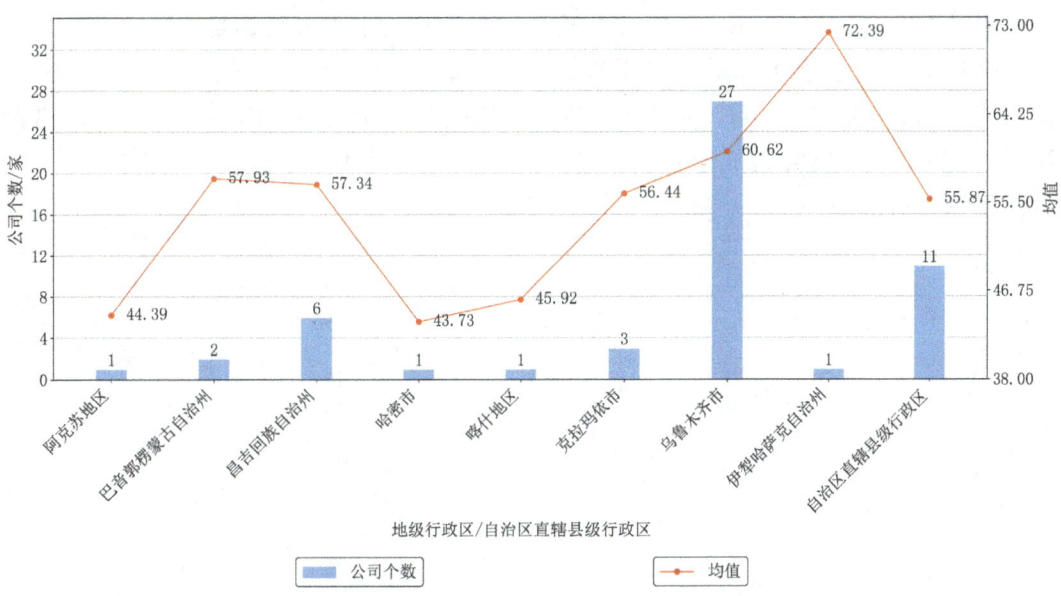

图6-141　2023年新疆维吾尔自治区传统产业上市公司数字化创新综合指数均值分布图

新疆维吾尔自治区数字化创新综合指数排名前10的传统产业上市公司如表6-141所示。

表6-141　2023年新疆维吾尔自治区传统产业上市公司数字化创新综合指数前10排名

排名	证券名称	证券代码	产权性质	一级行业	地级行政区/自治区直辖县级行政区	数字化创新综合指数
1	特变电工	600089.SH	非国有控股	电力设备	昌吉回族自治州	80.37
2	金风科技	002202.SZ	地方国有控股	电力设备	乌鲁木齐市	77.40
3	雪峰科技	603227.SH	地方国有控股	基础化工	乌鲁木齐市	75.83
4	西部建设	002302.SZ	中央国有控股	建筑材料	乌鲁木齐市	73.33
5	新疆交建	002941.SZ	地方国有控股	建筑装饰	乌鲁木齐市	72.67
6	川宁生物	301301.SZ	非国有控股	医药生物	伊犁哈萨克自治州	72.39
7	新疆众和	600888.SH	非国有控股	有色金属	乌鲁木齐市	69.72
8	八一钢铁	600581.SH	中央国有控股	钢铁	乌鲁木齐市	68.47
9	中油工程	600339.SH	中央国有控股	石油石化	克拉玛依市	68.27
10	冠农股份	600251.SH	地方国有控股	农林牧渔	自治区直辖县级行政区	67.29

数据来源：同花顺（iFinD），首经贸资产评估研究院和浙工商中国智能管理研究院整理。

6.29.2　数字化战略导向指数

2023年新疆维吾尔自治区传统产业53家上市公司数字化战略导向指数平均水平为56.45，低于传统产业上市公司该项指数平均水平62.85。具体而言，该项指数最高的上市公司是西部建设，数字化战略导向指数为84.13。从自治区内市、地区、自治州分布来看，如图6-142所示，数字化战略导向指数平均水平最高的是伊犁哈萨克自治州（80.10）。从指数分布来看，高于传统产业上市公司该项指数平均水平的上市公司有11家，占比20.75%。其中，数字化战略导向指数处于［80，100］的有4家，占比7.55%；［70，80）的有2家，占比3.77%；［60，70）的有9家，占比16.98%；［0，60）的有38家，占比71.70%。

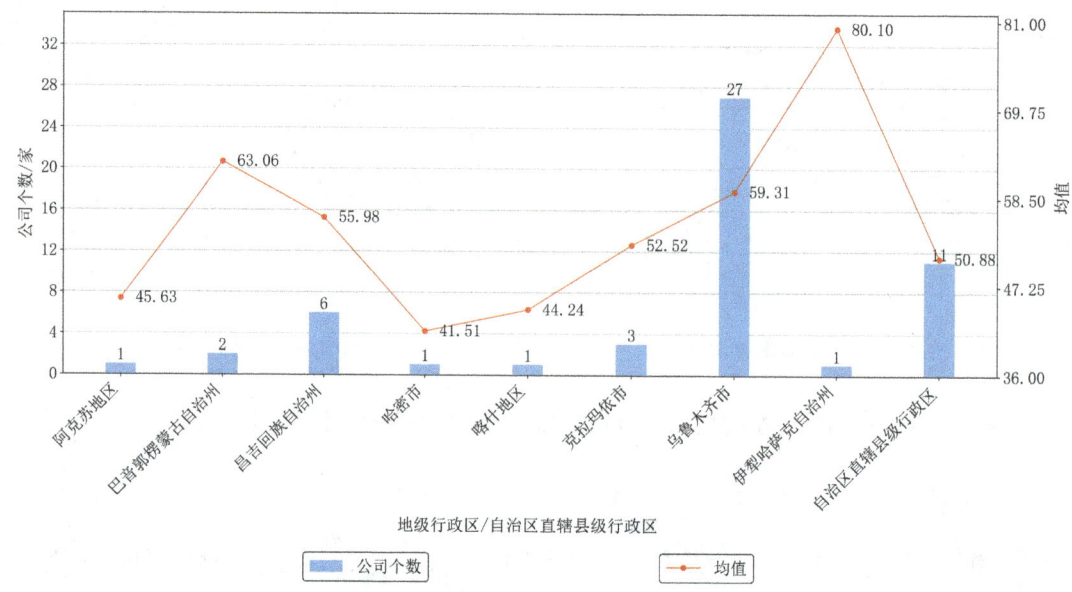

图6-142　2023年新疆维吾尔自治区传统产业上市公司数字化战略导向指数均值分布图

新疆维吾尔自治区数字化战略导向指数排名前10的传统产业上市公司如表6-142所示。

表6-142　2023年新疆维吾尔自治区传统产业上市公司数字化战略导向指数前10排名

排名	证券名称	证券代码	产权性质	一级行业	地级行政区	数字化战略导向指数
1	西部建设	002302.SZ	中央国有控股	建筑材料	乌鲁木齐市	84.13
2	雪峰科技	603227.SH	地方国有控股	基础化工	乌鲁木齐市	83.98
3	金风科技	002202.SZ	地方国有控股	电力设备	乌鲁木齐市	80.96
4	川宁生物	301301.SZ	非国有控股	医药生物	伊犁哈萨克自治州	80.10
5	新疆交建	002941.SZ	地方国有控股	建筑装饰	乌鲁木齐市	78.16
6	特变电工	600089.SH	非国有控股	电力设备	昌吉回族自治州	77.84
7	汇嘉时代	603101.SH	非国有控股	商贸零售	乌鲁木齐市	68.17
8	天山股份	000877.SZ	中央国有控股	建筑材料	乌鲁木齐市	68.11
9	天润乳业	600419.SH	地方国有控股	食品饮料	乌鲁木齐市	67.85
10	八一钢铁	600581.SH	中央国有控股	钢铁	乌鲁木齐市	66.43

数据来源：同花顺（iFinD），首经贸资产评估研究院和浙工商中国智能管理研究院整理。

6.29.3 数字化要素投入指数

2023年新疆维吾尔自治区传统产业53家上市公司数字化要素投入指数平均水平为53.24，低于传统产业上市公司该项指数平均水平57.94。具体而言，该项指数最高的上市公司是金风科技，数字化要素投入指数为84.14。从自治区内市、地区、自治州分布来看，如图6-143所示，数字化要素投入指数平均水平最高的是伊犁哈萨克自治州（66.89）。从指数分布来看，高于传统产业上市公司该项指数平均水平的上市公司有13家，占比24.53%。其中，数字化要素投入指数处于［80，100］的有1家，占比1.89%；［70，80）的有3家，占比5.66%；［60，70）的有6家，占比11.32%；［0，60）的有43家，占比81.13%。

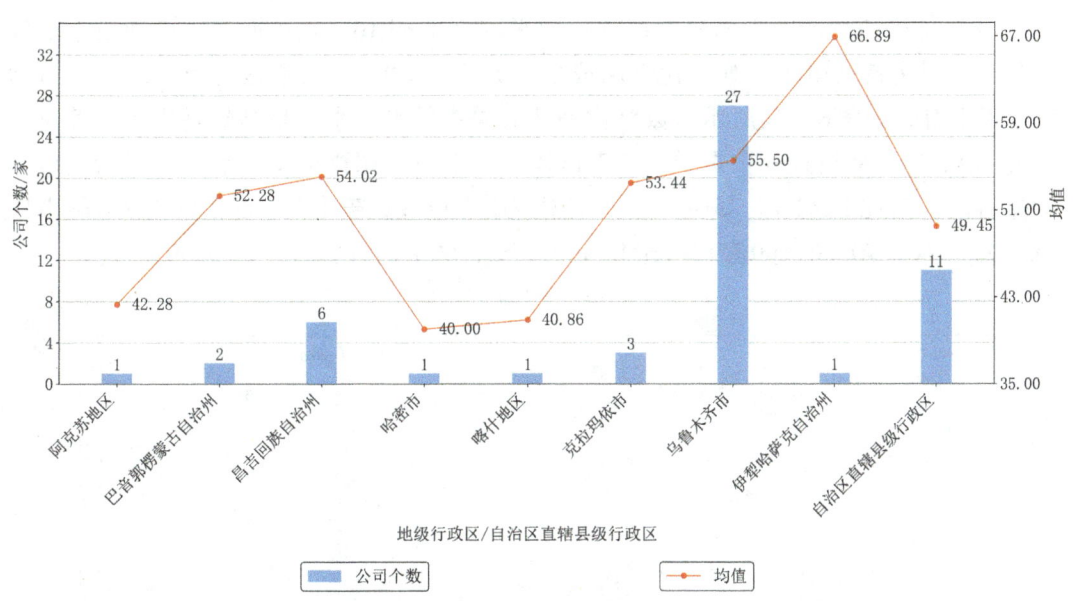

图6-143 2023年新疆维吾尔自治区传统产业上市公司数字化要素投入指数均值分布图

新疆维吾尔自治区数字化要素投入指数排名前10的传统产业上市公司如表6-143所示。

表6-143 2023年新疆维吾尔自治区传统产业上市公司数字化要素投入指数前10排名

排名	证券名称	证券代码	产权性质	一级行业	地级行政区	数字化要素投入指数
1	金风科技	002202.SZ	地方国有控股	电力设备	乌鲁木齐市	84.14
2	雪峰科技	603227.SH	地方国有控股	基础化工	乌鲁木齐市	78.85
3	特变电工	600089.SH	非国有控股	电力设备	昌吉回族自治州	78.01
4	新疆交建	002941.SZ	地方国有控股	建筑装饰	乌鲁木齐市	74.75
5	西部建设	002302.SZ	中央国有控股	建筑材料	乌鲁木齐市	69.48
6	中油工程	600339.SH	中央国有控股	石油石化	克拉玛依市	67.50

续表

排名	证券名称	证券代码	产权性质	一级行业	地级行政区	数字化要素投入指数
7	川宁生物	301301.SZ	非国有控股	医药生物	伊犁哈萨克自治州	66.89
8	新疆众和	600888.SH	非国有控股	有色金属	乌鲁木齐市	64.75
9	光正眼科	002524.SZ	非国有控股	医药生物	乌鲁木齐市	64.60
10	天润乳业	600419.SH	地方国有控股	食品饮料	乌鲁木齐市	63.12

数据来源：同花顺（iFinD），首经贸资产评估研究院和浙工商中国智能管理研究院整理。

6.29.4 数字化创新成果指数

2023年新疆维吾尔自治区传统产业53家上市公司数字化创新成果指数平均水平为55.28，低于传统产业上市公司该项指数平均水平63.16。具体而言，该项指数最高的上市公司是特变电工，数字化创新成果指数为78.70。从自治区内市、地区、自治州分布来看，如图6-144所示，数字化创新成果指数平均水平最高的是伊犁哈萨克自治州（58.95）。从指数分布来看，高于传统产业上市公司该项指数平均水平的上市公司有14家，占比26.42%。其中，数字化创新成果指数处于［70，80）的有7家，占比13.21%；［60，70）的有9家，占比16.98%；［0，60）的有37家，占比69.81%。

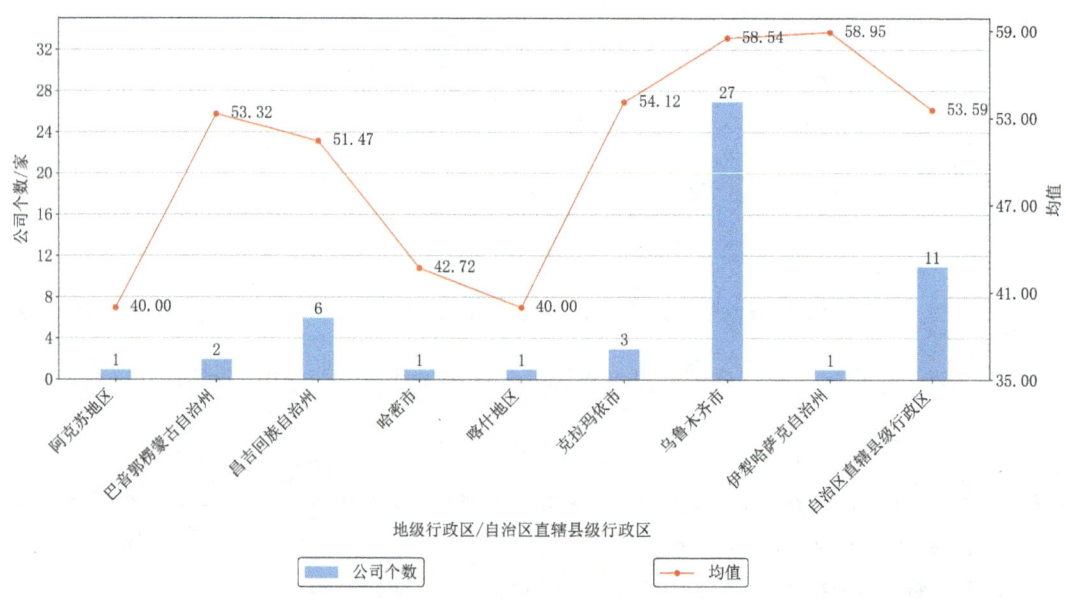

图6-144　2023年新疆维吾尔自治区传统产业上市公司数字化创新成果指数均值分布图

新疆维吾尔自治区数字化创新成果指数排名前10的传统产业上市公司如表6-144所示。

表 6-144　2023 年新疆维吾尔自治区传统产业上市公司数字化创新成果指数前 10 排名

排名	证券名称	证券代码	产权性质	一级行业	地级行政区/自治区直辖县级行政区	数字化创新成果指数
1	特变电工	600089.SH	非国有控股	电力设备	昌吉回族自治州	78.70
2	卓郎智能	600545.SH	非国有控股	机械设备	乌鲁木齐市	75.02
3	新疆天业	600075.SH	地方国有控股	基础化工	自治区直辖县级行政区	74.81
4	八一钢铁	600581.SH	中央国有控股	钢铁	乌鲁木齐市	74.24
5	新疆众和	600888.SH	非国有控股	有色金属	乌鲁木齐市	73.13
6	西部建设	002302.SZ	中央国有控股	建筑材料	乌鲁木齐市	71.95
7	新研股份	300159.SZ	非国有控股	机械设备	乌鲁木齐市	70.66
8	中油工程	600339.SH	中央国有控股	石油石化	克拉玛依市	69.88
9	雪峰科技	603227.SH	地方国有控股	基础化工	乌鲁木齐市	69.06
10	ST中泰	002092.SZ	地方国有控股	基础化工	乌鲁木齐市	67.70

数据来源：同花顺（iFinD），首经贸资产评估研究院和浙工商中国智能管理研究院整理。

6.29.5　数字化创新绩效指数

2023年新疆维吾尔自治区传统产业53家上市公司数字化创新绩效指数平均水平为66.35，高于传统产业上市公司该项指数平均水平66.22。具体而言，该项指数最高的上市公司是川宁生物，数字化创新绩效指数为86.96。从自治区内市、地区、自治州分布来看，如图6-145所示，数字化创新绩效指数平均水平最高的是伊犁哈萨克自治州（86.96）。从指数分布来看，高于传统产业上市公司该项指数平均水平的上市公司有26家，占比49.06%。其中，数字化创新绩效指数处于［80，100］的有8家，占比15.09%；［70，80）的有15家，占比28.30%；［60，70）的有14家，占比26.42%；［0，60）的有16家，占比30.19%。

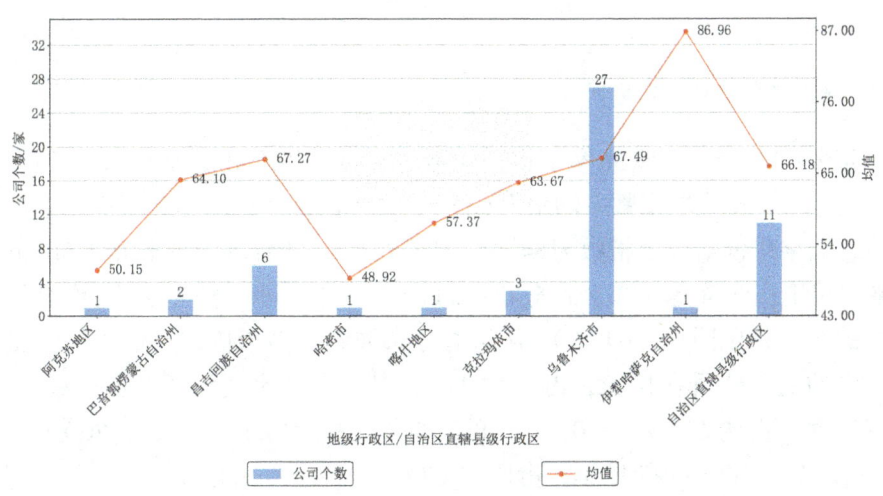

图6-145　2023年新疆维吾尔自治区传统产业上市公司数字化创新绩效指数均值分布图

新疆维吾尔自治区数字化创新绩效指数排名前10的传统产业上市公司如表6-145所示。

表6-145 2023年新疆维吾尔自治区传统产业上市公司数字化创新绩效指数前10排名

排名	证券名称	证券代码	产权性质	一级行业	地级行政区/自治区直辖县级行政区	数字化创新绩效指数
1	川宁生物	301301.SZ	非国有控股	医药生物	伊犁哈萨克自治州	86.96
2	中粮糖业	600737.SH	中央国有控股	农林牧渔	昌吉回族自治州	86.69
3	冠农股份	600251.SH	地方国有控股	农林牧渔	自治区直辖县级行政区	85.81
4	特变电工	600089.SH	非国有控股	电力设备	昌吉回族自治州	85.53
5	金风科技	002202.SZ	地方国有控股	电力设备	乌鲁木齐市	83.60
6	天富能源	600509.SH	地方国有控股	公用事业	自治区直辖县级行政区	82.78
7	广汇能源	600256.SH	非国有控股	石油石化	乌鲁木齐市	82.70
8	青松建化	600425.SH	地方国有控股	建筑材料	自治区直辖县级行政区	82.10
9	伊力特	600197.SH	地方国有控股	食品饮料	自治区直辖县级行政区	79.99
10	大全能源	688303.SH	非国有控股	电力设备	自治区直辖县级行政区	77.94

数据来源：同花顺（iFinD），首经贸资产评估研究院和浙工商中国智能管理研究院整理。

6.30 云南省传统产业上市公司数字化创新评价

截至2023年底，A股市场云南省共有传统产业上市公司36家，总市值共计6969.32亿元，营业收入合计5387.22亿元，平均市值193.59亿元/家，平均营业收入149.65亿元/家。2023年，云南省传统产业上市公司研发投入合计为100.79亿元，占营业收入的比例为1.87%；无形资产账面价值合计为408.77亿元，占总资产的比例为5.84%。根据本报告分析口径，共对云南省36家传统产业上市公司开展数字化创新指数评价，具体情况如下：

6.30.1 数字化创新综合指数

2023年云南省传统产业36家上市公司数字化创新综合指数平均水平为61.86，低于传统产业上市公司该项指数平均水平62.91。具体而言，该项指数最高的上市公司是云南白药，数字化创新综合指数为84.79。从省内市、自治州分布来看，如图6-146所示，云南省传统产业36家上市公司分布在11个市、自治州，数字化创新综合指数平均水平最高的城市是昆明市（64.56）。从指数分布来看，高于传统产业上市公司该项指数平均水平的上市公司有16家，占比44.44%。其中，数字化创新综合指数处于［80，100］的有1家，占比2.78%；［70，80）的有7家，占比19.44%；［60，70）的有13家，占比36.11%；［0，60）的有15家，占比41.67%。

第6章 传统产业上市公司数字化创新评价——省份维度

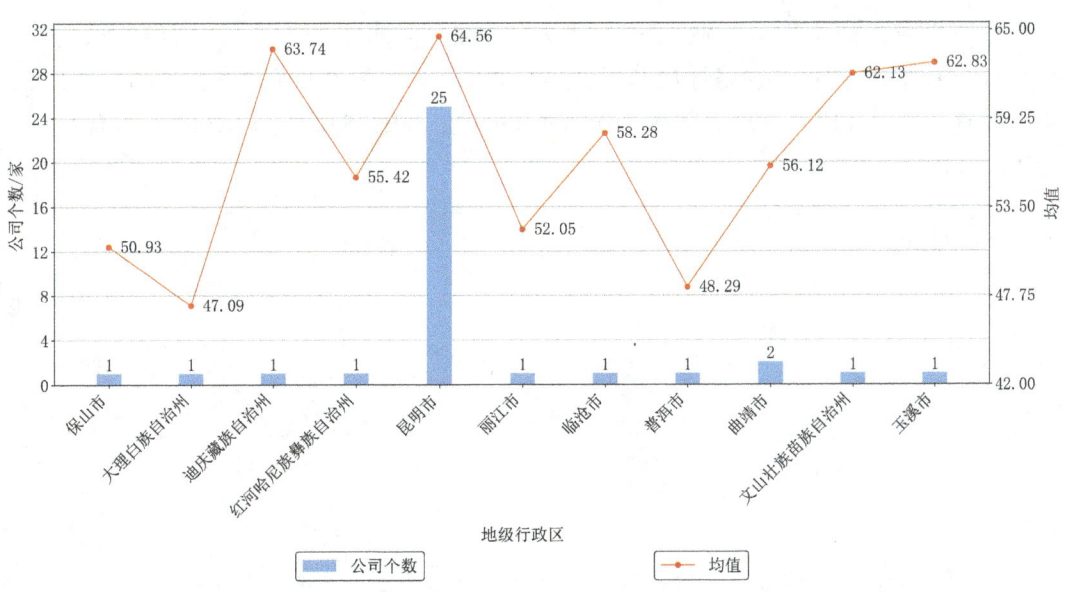

图6-146 2023年云南省传统产业上市公司数字化创新综合指数均值分布图

云南省数字化创新综合指数排名前10的传统产业上市公司如表6-146所示。

表 6-146　2023 年云南省传统产业上市公司数字化创新综合指数前 10 排名

排名	证券名称	证券代码	产权性质	一级行业	地级行政区	数字化创新综合指数
1	云南白药	000538.SZ	地方国有控股	医药生物	昆明市	84.79
2	昆船智能	301311.SZ	中央国有控股	机械设备	昆明市	79.38
3	贝泰妮	300957.SZ	非国有控股	美容护理	昆明市	78.96
4	贵研铂业	600459.SH	地方国有控股	有色金属	昆明市	78.61
5	一心堂	002727.SZ	非国有控股	医药生物	昆明市	73.25
6	云铝股份	000807.SZ	中央国有控股	有色金属	昆明市	72.78
7	云天化	600096.SH	地方国有控股	基础化工	昆明市	71.65
8	沃森生物	300142.SZ	非国有控股	医药生物	昆明市	70.59
9	健之佳	605266.SH	非国有控股	医药生物	昆明市	69.62
10	华能水电	600025.SH	中央国有控股	公用事业	昆明市	67.93

数据来源：同花顺（iFinD），首经贸资产评估研究院和浙工商中国智能管理研究院整理。

6.30.2　数字化战略导向指数

2023年云南省传统产业36家上市公司数字化战略导向指数平均水平为62.97，高于传统产业上市公司该项指数平均水平62.85。具体而言，该项指数最高的上市公司是云南白药，数字化战略导向指数为91.46。从省内市、自治州分布来看，如图6-147所示，数字化战略导向指数平均水平最高的是红河哈尼族彝族自治州（68.17）。从指数分布来看，高于传统产业上市公司该项指数平均水平的上市公司有15家，占比41.67%。其中，数字化战略导向指数处于[80，100]的有6家，占比16.67%；[70，80）的有5家，占比13.89%；[60，70）的有9家，占比25.00%；[0，60）的有16家，占比44.44%。

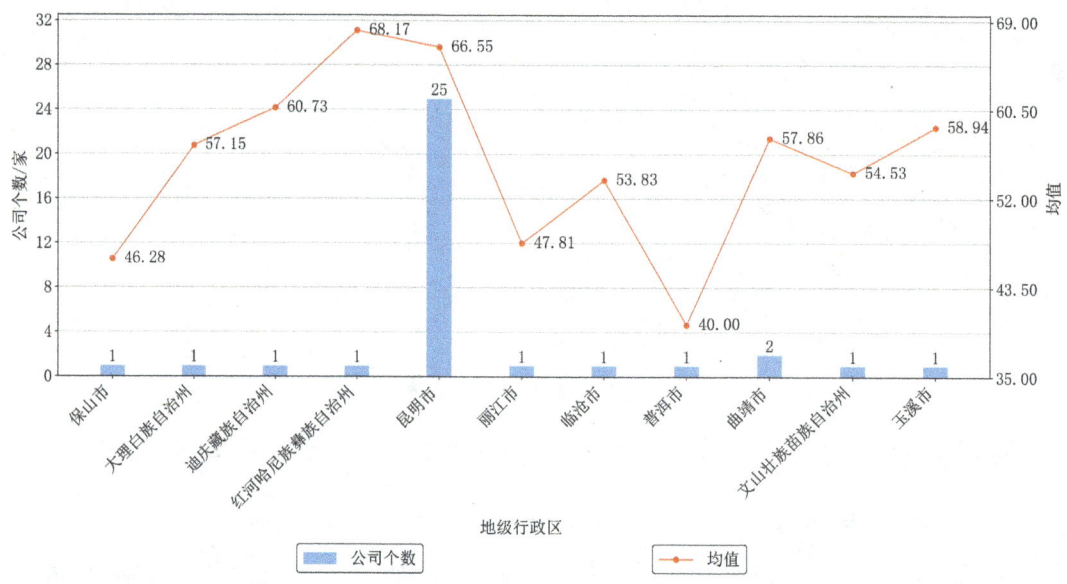

图6-147　2023年云南省传统产业上市公司数字化战略导向指数均值分布图

云南省数字化战略导向指数排名前10的传统产业上市公司如表6-147所示。

表6-147　2023年云南省传统产业上市公司数字化战略导向指数前10排名

排名	证券名称	证券代码	产权性质	一级行业	地级行政区	数字化战略导向指数
1	云南白药	000538.SZ	地方国有控股	医药生物	昆明市	91.46
2	贝泰妮	300957.SZ	非国有控股	美容护理	昆明市	89.57
3	昆船智能	301311.SZ	中央国有控股	机械设备	昆明市	86.11
4	健之佳	605266.SH	非国有控股	医药生物	昆明市	85.59
5	沃森生物	300142.SZ	非国有控股	医药生物	昆明市	81.78
6	贵研铂业	600459.SH	地方国有控股	有色金属	昆明市	81.58
7	昆药集团	600422.SH	中央国有控股	医药生物	昆明市	78.02
8	一心堂	002727.SZ	非国有控股	医药生物	昆明市	76.85
9	云南能投	002053.SZ	地方国有控股	基础化工	昆明市	74.44
10	云天化	600096.SH	地方国有控股	基础化工	昆明市	70.29

数据来源：同花顺（iFinD），首经贸资产评估研究院和浙工商中国智能管理研究院整理。

6.30.3 数字化要素投入指数

2023年云南省传统产业36家上市公司数字化要素投入指数平均水平为55.66，低于传统产业上市公司该项指数平均水平57.94。具体而言，该项指数最高的上市公司是云南白药，数字化要素投入指数为74.72。从省内市、自治州分布来看，如图6-148所示，数字化要素投入指数平均水平最高的城市是临沧市（66.84）。从指数分布来看，高于传统产业上市公司该项指数平均水平的上市公司有13家，占比36.11%。其中，数字化要素投入指数处于[70，80）的有3家，占比8.33%；[60，70）的有9家，占比25.00%；[0，60）的有24家，占比66.67%。

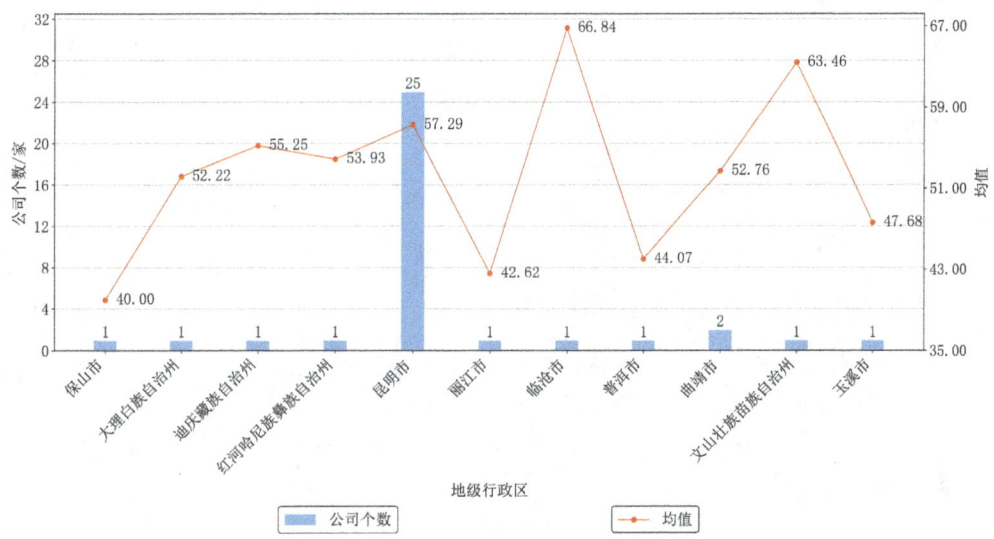

图6-148　2023年云南省传统产业上市公司数字化要素投入指数均值分布图

云南省数字化要素投入指数排名前10的传统产业上市公司如表6-148所示。

表6-148　2023年云南省传统产业上市公司数字化要素投入指数前10排名

排名	证券名称	证券代码	产权性质	一级行业	地级行政区	数字化要素投入指数
1	云南白药	000538.SZ	地方国有控股	医药生物	昆明市	74.72
2	昆船智能	301311.SZ	中央国有控股	机械设备	昆明市	74.61
3	贵研铂业	600459.SH	地方国有控股	有色金属	昆明市	72.79
4	贝泰妮	300957.SZ	非国有控股	美容护理	昆明市	69.36
5	云南锗业	002428.SZ	非国有控股	有色金属	临沧市	66.84
6	一心堂	002727.SZ	非国有控股	医药生物	昆明市	66.71
7	沃森生物	300142.SZ	非国有控股	医药生物	昆明市	65.81
8	南网储能	600995.SH	中央国有控股	公用事业	文山壮族苗族自治州	63.46
9	云内动力	000903.SZ	地方国有控股	汽车	昆明市	62.63
10	云铝股份	000807.SZ	中央国有控股	有色金属	昆明市	61.25

数据来源：同花顺（iFinD），首经贸资产评估研究院和浙工商中国智能管理研究院整理。

6.30.4 数字化创新成果指数

2023年云南省传统产业36家上市公司数字化创新成果指数平均水平为59.94，低于传统产业上市公司该项指数平均水平63.16。具体而言，该项指数最高的上市公司是昆船智能，数字化创新成果指数为92.83。从省内市、自治州分布来看，如图6-149所示，数字化创新成果指数平均水平最高的城市是昆明市（63.85）。从指数分布来看，高于传统产业上市公司该项指数平均水平的上市公司有12家，占比33.33%。其中，数字化创新成果指数处于［80，100］的有2家，占比5.56%；［70，80）的有6家，占比16.67%；［60，70）的有10家，占比27.78%；［0，60）的有18家，占比49.99%。

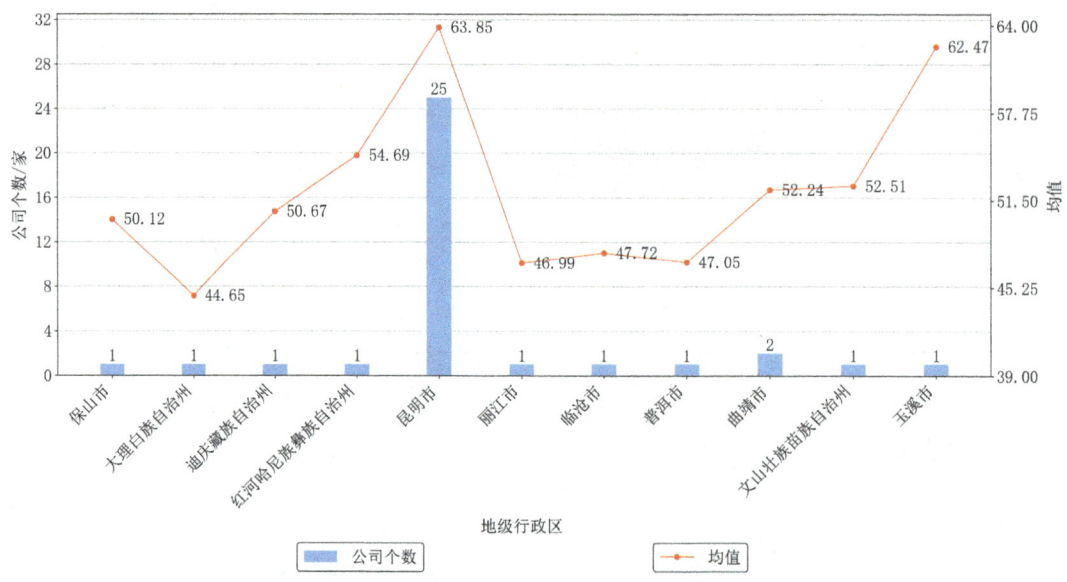

图6-149 2023年云南省传统产业上市公司数字化创新成果指数均值分布图

云南省数字化创新成果指数排名前10的传统产业上市公司如表6-149所示。

表6-149 2023年云南省传统产业上市公司数字化创新成果指数前10排名

排名	证券名称	证券代码	产权性质	一级行业	地级行政区	数字化创新成果指数
1	昆船智能	301311.SZ	中央国有控股	机械设备	昆明市	92.83
2	云南白药	000538.SZ	地方国有控股	医药生物	昆明市	81.56
3	云铝股份	000807.SZ	中央国有控股	有色金属	昆明市	76.52
4	贵研铂业	600459.SH	地方国有控股	有色金属	昆明市	76.18
5	贝泰妮	300957.SZ	非国有控股	美容护理	昆明市	75.30
6	一心堂	002727.SZ	非国有控股	医药生物	昆明市	75.21
7	云天化	600096.SH	地方国有控股	基础化工	昆明市	72.29
8	昆工科技	831152.BJ	非国有控股	电力设备	昆明市	71.62

续表

排名	证券名称	证券代码	产权性质	一级行业	地级行政区	数字化创新成果指数
9	云内动力	000903.SZ	地方国有控股	汽车	昆明市	69.87
10	健之佳	605266.SH	非国有控股	医药生物	昆明市	65.97

数据来源：同花顺（iFinD），首经贸资产评估研究院和浙工商中国智能管理研究院整理。

6.30.5　数字化创新绩效指数

2023年云南省传统产业36家上市公司数字化创新绩效指数平均水平为67.84，高于传统产业上市公司该项指数平均水平66.22。具体而言，该项指数最高的上市公司是云南白药，数字化创新绩效指数为91.61。从省内市、自治州分布来看，如图6-150所示，数字化创新绩效指数平均水平最高的是迪庆藏族自治州（86.66）。从指数分布来看，高于传统产业上市公司该项指数平均水平的上市公司有22家，占比61.11%。其中，数字化创新绩效指数处于［80，100］的有7家，占比19.44%；［70，80）的有13家，占比36.11%；［60，70）的有6家，占比16.67%；［0，60）的有10家，占比27.78%。

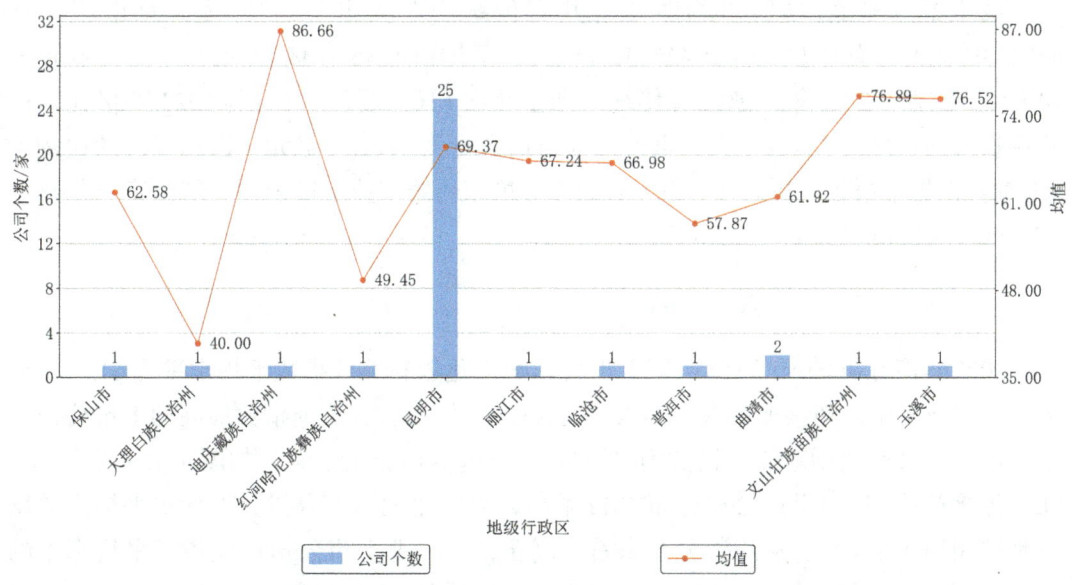

图6-150　2023年云南省传统产业上市公司数字化创新绩效指数均值分布图

云南省数字化创新绩效指数排名前10的传统产业上市公司如表6-150所示。

表 6-150 2023 年云南省传统产业上市公司数字化创新绩效指数前 10 排名

排名	证券名称	证券代码	产权性质	一级行业	地级行政区	数字化创新绩效指数
1	云南白药	000538.SZ	地方国有控股	医药生物	昆明市	91.61
2	华能水电	600025.SH	中央国有控股	公用事业	昆明市	88.43
3	华致酒行	300755.SZ	非国有控股	商贸零售	迪庆藏族自治州	86.66
4	贵研铂业	600459.SH	地方国有控股	有色金属	昆明市	83.74
5	贝泰妮	300957.SZ	非国有控股	美容护理	昆明市	83.49
6	云天化	600096.SH	地方国有控股	基础化工	昆明市	82.07
7	云南铜业	000878.SZ	中央国有控股	有色金属	昆明市	80.35
8	驰宏锌锗	600497.SH	中央国有控股	有色金属	曲靖市	79.72
9	云铝股份	000807.SZ	中央国有控股	有色金属	昆明市	78.47
10	沃森生物	300142.SZ	非国有控股	医药生物	昆明市	77.55

数据来源：同花顺（iFinD），首经贸资产评估研究院和浙工商中国智能管理研究院整理。

6.31 浙江省传统产业上市公司数字化创新评价

截至2023年底，A股市场浙江省共有传统产业上市公司570家，总市值共计48772.91亿元，营业收入合计42675.94亿元，平均市值85.57亿元/家，平均营业收入74.87亿元/家。2023年，浙江省传统产业上市公司研发投入合计为1023.37亿元，占营业收入的比例为2.40%；无形资产账面价值合计为2212.41亿元，占总资产的比例为4.12%。根据本报告分析口径，共对浙江省570家传统产业上市公司开展数字化创新指数评价，具体情况如下：

6.31.1 数字化创新综合指数

2023年浙江省传统产业570家上市公司数字化创新综合指数平均水平为61.89，低于传统产业上市公司该项指数平均水平62.91。具体而言，该项指数最高的上市公司是中控技术，数字化创新综合指数为93.05。从省内城市分布来看，如图6-151所示，浙江省传统产业570家上市公司分布在11个市，数字化创新综合指数平均水平最高的城市是杭州市（64.65）。从指数分布来看，高于传统产业上市公司该项指数平均水平的上市公司有232家，占比40.70%。其中，数字化创新综合指数处于［80，100］的有15家，占比2.63%；［70，80）的有110家，占比19.30%；［60，70）的有184家，占比32.28%；［0，60）的有261家，占比45.79%。

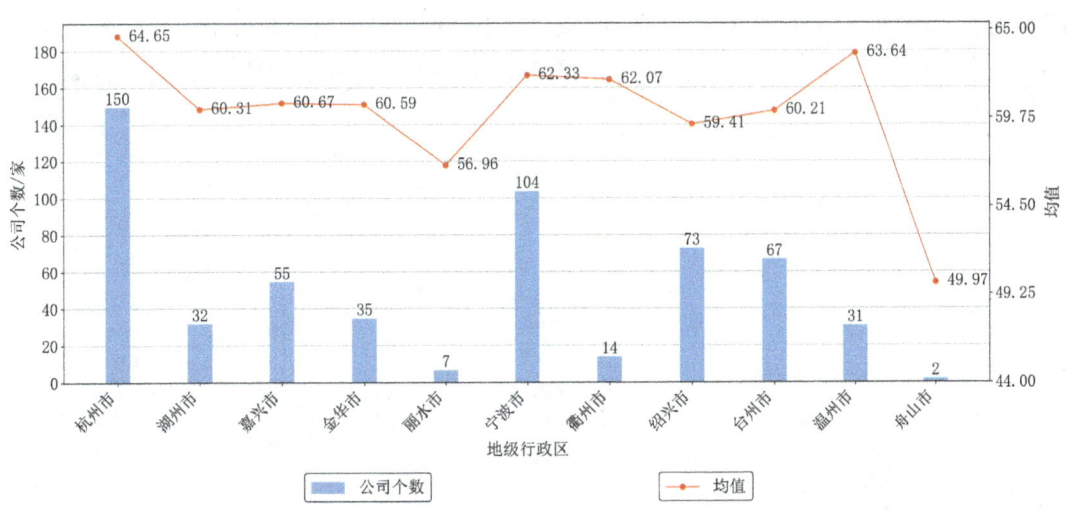

图6-151　2023年浙江省传统产业上市公司数字化创新综合指数均值分布图

浙江省数字化创新综合指数排名前10的传统产业上市公司如表6-151所示。

表6-151　2023年浙江省传统产业上市公司数字化创新综合指数前10排名

排名	证券名称	证券代码	产权性质	一级行业	地级行政区	数字化创新综合指数
1	中控技术	688777.SH	非国有控股	机械设备	杭州市	93.05
2	正泰电器	601877.SH	非国有控股	电力设备	温州市	87.97
3	公牛集团	603195.SH	非国有控股	轻工制造	宁波市	85.71
4	小商品城	600415.SH	地方国有控股	商贸零售	金华市	85.05
5	乐歌股份	300729.SZ	非国有控股	轻工制造	宁波市	84.96
6	禾川科技	688320.SH	非国有控股	机械设备	衢州市	83.79
7	金卡智能	300349.SZ	非国有控股	机械设备	温州市	83.36
8	晶盛机电	300316.SZ	非国有控股	电力设备	绍兴市	82.48
9	众合科技	000925.SZ	非国有控股	机械设备	杭州市	81.94
10	三星医疗	601567.SH	非国有控股	电力设备	宁波市	81.89

数据来源：同花顺（iFinD），首经贸资产评估研究院和浙工商中国智能管理研究院整理。

6.31.2　数字化战略导向指数

2023年浙江省传统产业570家上市公司数字化战略导向指数平均水平为61.01，低于传统产业上市公司该项指数平均水平62.85。具体而言，该项指数最高的上市公司是中控技术，数字化战略导向指数为96.80。从省内城市分布来看，如图6-152所示，数字化战略导向指数平均水平最高的城市是杭州市（65.39）。从指数分布来看，高于传统产业上市公司该项指数平均水平的上市公司有230家，占比40.35%。其中，数字化战略导向指数处于［80，100］的有77家，占比13.51%；［70，80）的有79家，占比13.86%；［60，70）的有123家，占比21.58%；［0，60）的有291家，占比51.05%。

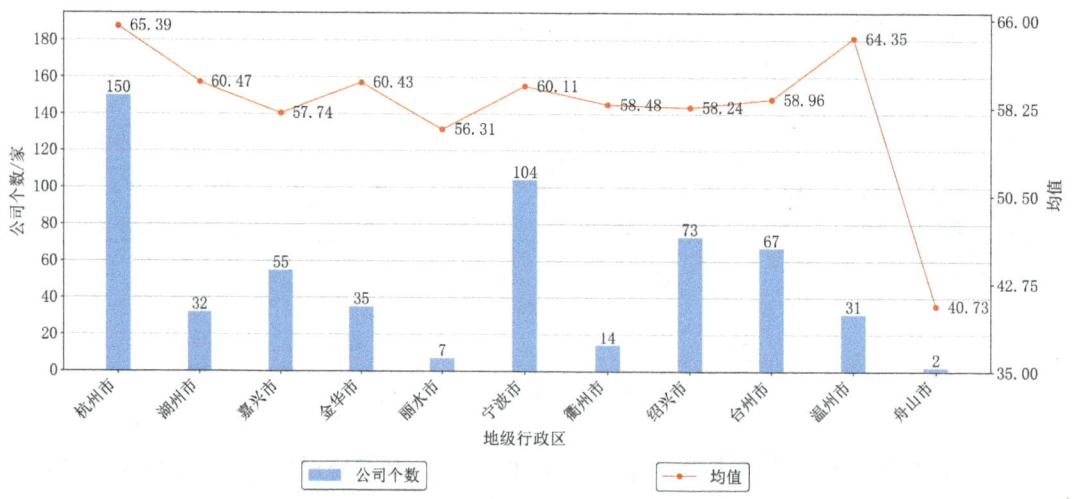

图6-152 2023年浙江省传统产业上市公司数字化战略导向指数均值分布图

浙江省数字化战略导向指数排名前10的传统产业上市公司如表6-152所示。

表 6-152 2023 年浙江省传统产业上市公司数字化战略导向指数前 10 排名

排名	证券名称	证券代码	产权性质	一级行业	地级行政区	数字化战略导向指数
1	中控技术	688777.SH	非国有控股	机械设备	杭州市	96.80
2	众合科技	000925.SZ	非国有控股	机械设备	杭州市	96.17
3	小商品城	600415.SH	地方国有控股	商贸零售	金华市	94.15
4	利欧股份	002131.SZ	非国有控股	机械设备	台州市	92.18
5	韵达股份	002120.SZ	非国有控股	交通运输	宁波市	91.67
6	迪安诊断	300244.SZ	非国有控股	医药生物	杭州市	91.66
7	曼卡龙	300945.SZ	非国有控股	纺织服饰	杭州市	91.39
8	乐歌股份	300729.SZ	非国有控股	轻工制造	宁波市	91.25
9	金卡智能	300349.SZ	非国有控股	机械设备	温州市	90.29
10	禾川科技	688320.SH	非国有控股	机械设备	衢州市	90.18

数据来源：同花顺（iFinD），首经贸资产评估研究院和浙工商中国智能管理研究院整理。

6.31.3 数字化要素投入指数

2023年浙江省传统产业570家上市公司数字化要素投入指数平均水平为56.35，低于传统产业上市公司该项指数平均水平57.94。具体而言，该项指数最高的上市公司是中控技术，数字化要素投入指数为94.81。从省内城市分布来看，如图6-153所示，数字化要素投入指数平均水平最高的城市是杭州市（59.68）。从指数分布来看，高于传统产业上市公司该项指数平均水平的上市公司有215家，占比37.72%。其中，数字化要素投入指数处于［80，100］的有17家，占比2.98%；［70，80）的有56家，占比9.82%；［60，70）的有127家，占比22.28%；［0，60）的有370家，占比64.92%。

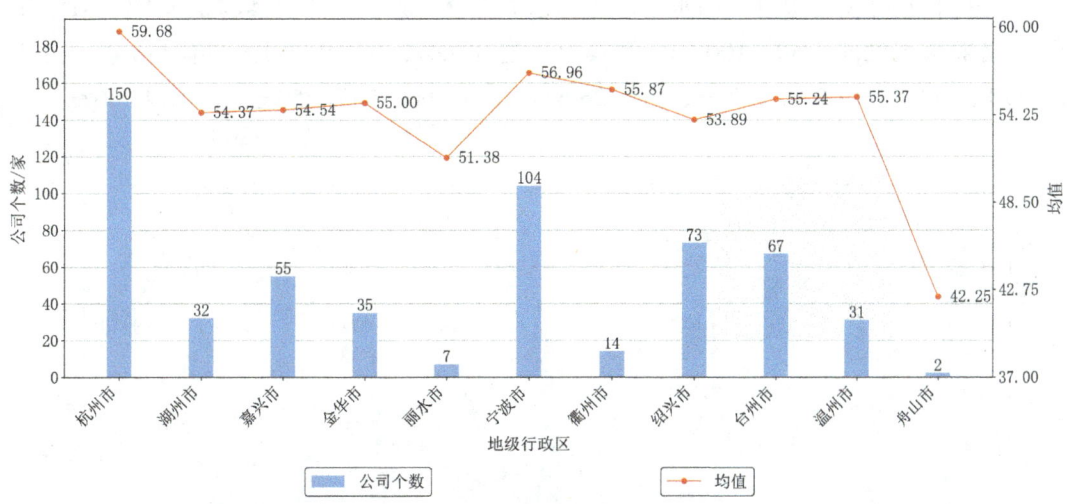

图6-153 2023年浙江省传统产业上市公司数字化要素投入指数均值分布图

浙江省数字化要素投入指数排名前10的传统产业上市公司如表6-153所示。

表6-153 2023年浙江省传统产业上市公司数字化要素投入指数前10排名

排名	证券名称	证券代码	产权性质	一级行业	地级行政区	数字化要素投入指数
1	中控技术	688777.SH	非国有控股	机械设备	杭州市	94.81
2	中恒电气	002364.SZ	非国有控股	电力设备	杭州市	88.83
3	禾川科技	688320.SH	非国有控股	机械设备	衢州市	88.03
4	威星智能	002849.SZ	非国有控股	机械设备	杭州市	86.63
5	万胜智能	300882.SZ	非国有控股	电力设备	台州市	85.82
6	众合科技	000925.SZ	非国有控股	机械设备	杭州市	84.55
7	三星医疗	601567.SH	非国有控股	电力设备	宁波市	84.50
8	弘讯科技	603015.SH	非国有控股	机械设备	宁波市	84.45
9	小商品城	600415.SH	地方国有控股	商贸零售	金华市	84.31
10	物产中大	600704.SH	地方国有控股	交通运输	杭州市	84.20

数据来源：同花顺（iFinD），首经贸资产评估研究院和浙工商中国智能管理研究院整理。

6.31.4 数字化创新成果指数

2023年浙江省传统产业570家上市公司数字化创新成果指数平均水平为62.93，低于传统产业上市公司该项指数平均水平63.16。具体而言，该项指数最高的上市公司是中控技术，数字化创新成果指数为96.18。从省内城市分布来看，如图6-154所示，数字化创新成果指数平均水平最高的城市是温州市（67.10）。从指数分布来看，高于传统产业上市公司该项指数平均水平的上市公司有259家，占比45.44%。其中，数字化创新成果指数处于［80，100］的有54家，占比9.47%；［70，80）的有114家，占比20.00%；［60，70）的有152家，占比26.67%；［0，60）的有250家，占比43.86%。

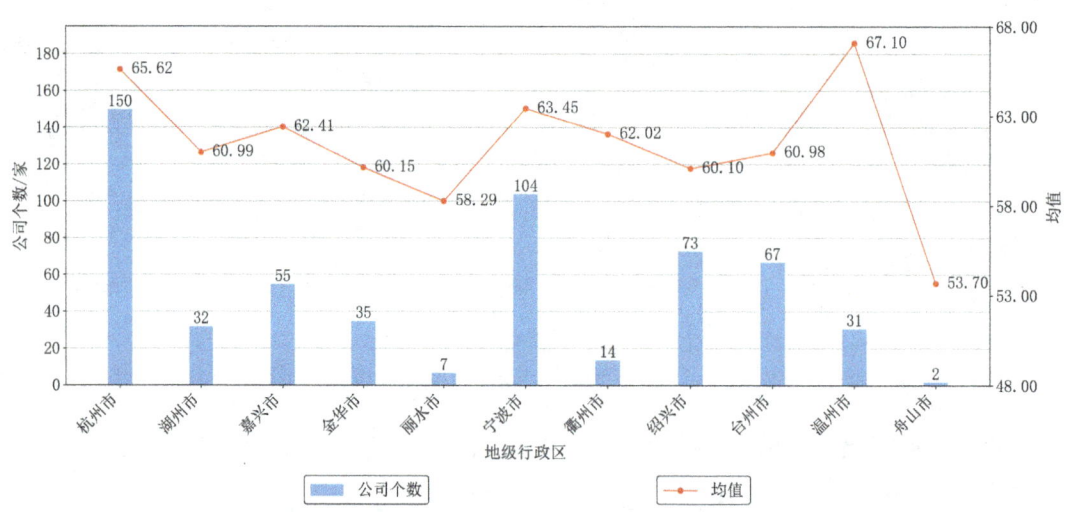

图6-154　2023年浙江省传统产业上市公司数字化创新成果指数均值分布图

浙江省数字化创新成果指数排名前10的传统产业上市公司如表6-154所示。

表6-154　2023年浙江省传统产业上市公司数字化创新成果指数前10排名

排名	证券名称	证券代码	产权性质	一级行业	地级行政区	数字化创新成果指数
1	中控技术	688777.SH	非国有控股	机械设备	杭州市	96.18
2	公牛集团	603195.SH	非国有控股	轻工制造	宁波市	93.10
3	德马科技	688360.SH	非国有控股	机械设备	湖州市	92.65
4	禾川科技	688320.SH	非国有控股	机械设备	衢州市	92.36
5	景业智能	688290.SH	非国有控股	机械设备	杭州市	91.92
6	正泰电器	601877.SH	非国有控股	电力设备	温州市	91.64
7	金卡智能	300349.SZ	非国有控股	机械设备	温州市	90.51
8	田中精机	300461.SZ	非国有控股	机械设备	嘉兴市	90.48
9	众合科技	000925.SZ	非国有控股	机械设备	杭州市	89.81
10	乐歌股份	300729.SZ	非国有控股	轻工制造	宁波市	88.11

数据来源：同花顺（iFinD），首经贸资产评估研究院和浙工商中国智能管理研究院整理。

6.31.5 数字化创新绩效指数

2023年浙江省传统产业570家上市公司数字化创新绩效指数平均水平为65.24，低于传统产业上市公司该项指数平均水平66.22。具体而言，该项指数最高的上市公司是晶盛机电，数字化创新绩效指数为93.46。从省内城市分布来看，如图6-155所示，数字化创新绩效指数平均水平最高的城市是衢州市（68.80）。从指数分布来看，高于传统产业上市公司该项指数平均水平的上市公司有239家，占比41.93%。其中，数字化创新绩效指数处于［80，100］的有52家，占比9.12%；［70，80）的有150家，占比26.32%；［60，70）的有159家，占比27.89%；［0，60）的有209家，占比36.67%。

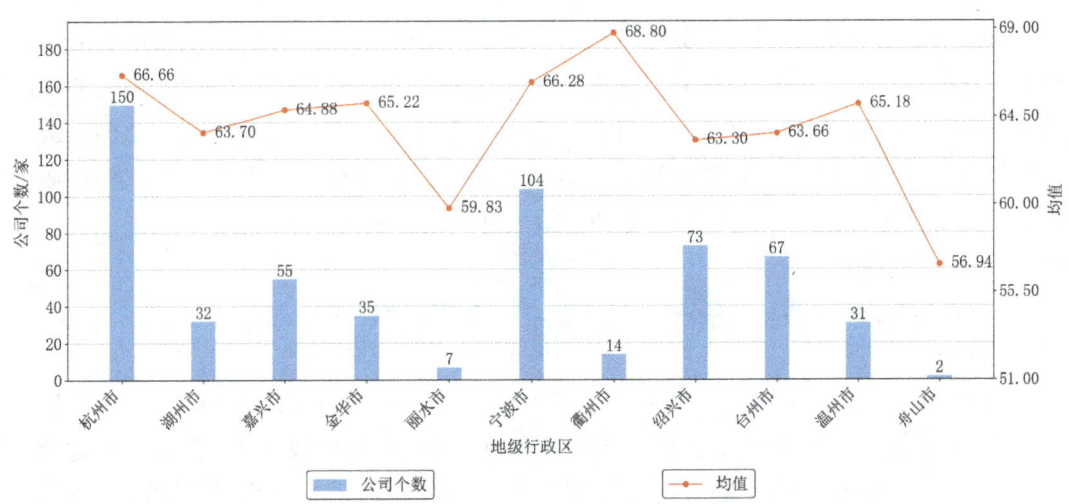

图6-155 2023年浙江省传统产业上市公司数字化创新绩效指数均值分布图

浙江省数字化创新绩效指数排名前10的传统产业上市公司如表6-155所示。

表6-155 2023年浙江省传统产业上市公司数字化创新绩效指数前10排名

排名	证券名称	证券代码	产权性质	一级行业	地级行政区	数字化创新绩效指数
1	晶盛机电	300316.SZ	非国有控股	电力设备	绍兴市	93.46
2	小商品城	600415.SH	地方国有控股	商贸零售	金华市	93.09
3	卫星化学	002648.SZ	非国有控股	基础化工	嘉兴市	89.77
4	浙能电力	600023.SH	地方国有控股	公用事业	杭州市	89.60
5	苏泊尔	002032.SZ	非国有控股	家用电器	台州市	89.44
6	珀莱雅	603605.SH	非国有控股	美容护理	杭州市	89.23
7	正泰电器	601877.SH	非国有控股	电力设备	温州市	88.37
8	华东医药	000963.SZ	非国有控股	医药生物	杭州市	87.69
9	海兴电力	603556.SH	非国有控股	电力设备	杭州市	87.56
10	三花智控	002050.SZ	非国有控股	家用电器	绍兴市	87.27

数据来源：同花顺（iFinD），首经贸资产评估研究院和浙工商中国智能管理研究院整理。

第7章
传统产业上市公司数字化创新评价——产权维度

企业的产权性质不同，可能会导致企业的数字化创新投入和产出也有所差异。本章从产权维度，对中央国有控股、地方国有控股和非国有控股的传统产业上市公司的数字化创新综合指数、数字化战略导向指数、数字化要素投入指数、数字化创新成果指数和数字化创新绩效指数进行评价，以期有助于广大市场参与者对不同产权性质的传统产业上市公司的数字化创新程度和绩效表现进行分析和判断。

7.1 中央国有控股传统产业上市公司数字化创新评价

截至2023年底，A股市场中央国有控股传统产业上市公司共有334家，总市值共计127695.53亿元，营业收入合计225326.12亿元，平均市值382.32亿元/家，平均营业收入674.63亿元/家。中央国有控股传统产业上市公司研发投入合计为4685.34亿元，占营业收入的比例为2.08%；无形资产账面价值合计为19914.34亿元，占总资产的比例为6.05%。根据本报告分析口径，共对中央国有控股334家传统产业上市公司开展数字化创新指数评价，具体情况如下：

7.1.1 数字化创新综合指数

2023年中央国有控股传统产业334家上市公司数字化创新综合指数平均水平为66.78，高于传统产业上市公司该项指数平均水平62.91。具体而言，该项指数最高的上市公司是国电南瑞，数字化创新综合指数为88.24。从指数分布来看，高于传统产业上市公司该项指数平均水平的上市公司有213家，占中央国有控股传统产业上市公司总数的63.77%。从省份分布来看，如图7-1所示，数字化创新综合指数平均水平较高的有广东省（71.73）、河南省（70.94）、天津市（70.17）。具体来看，数字化创新综合指数处于［80，100］的有25家，占比7.49%；［70，80）的有97家，占比29.04%；［60，70）的有131家，占比39.22%；［0，60）的有81家，占比24.25%。

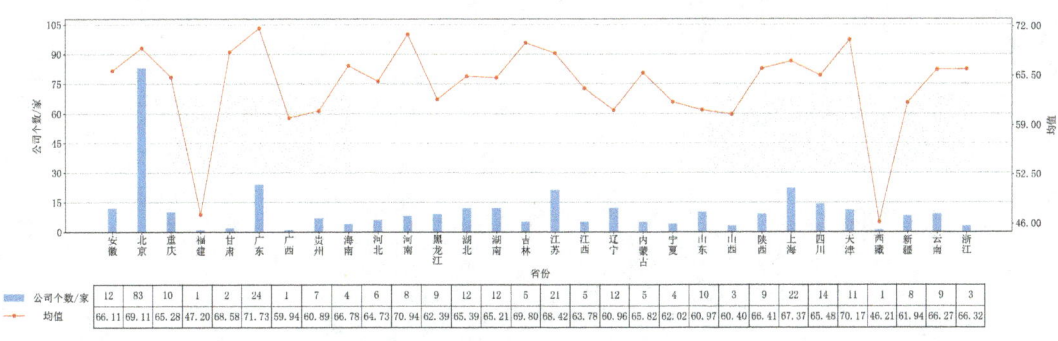

图 7-1 2023 年中央国有控股传统产业上市公司数字化创新综合指数均值分布图

中央国有控股传统产业上市公司数字化创新综合指数排名前 10 的上市公司如表 7-1 所示。

表 7-1 2023 年中央国有控股传统产业上市公司数字化创新综合指数前 10 排名

排名	证券名称	证券代码	一级行业	省份	上市板块	数字化创新综合指数
1	国电南瑞	600406.SH	电力设备	江苏	沪市主板	88.24
2	南网科技	688248.SH	电力设备	广东	科创板	86.91
3	深桑达A	000032.SZ	建筑装饰	广东	深市主板	86.36
4	机器人	300024.SZ	机械设备	辽宁	创业板	85.30
5	天玛智控	688570.SH	机械设备	北京市	科创板	85.23
6	铁建重工	688425.SH	机械设备	湖南	科创板	84.29
7	招商公路	001965.SZ	交通运输	天津市	深市主板	84.09
8	航天科技	000901.SZ	汽车	黑龙江	深市主板	84.09
9	中集集团	000039.SZ	机械设备	广东	深市主板	84.01
10	南钢股份	600282.SH	钢铁	江苏	沪市主板	83.79

数据来源：同花顺（iFinD），首经贸资产评估研究院和浙工商中国智能管理研究院整理。

7.1.2 数字化战略导向指数

2023年中央国有控股传统产业334家上市公司数字化战略导向指数平均水平为65.05，高于传统产业上市公司该项指数平均水平62.85。具体而言，该项指数最高的上市公司是深桑达A，数字化战略导向指数为96.95。从指数分布来看，高于传统产业上市公司该项指数平均水平的上市公司有172家，占中央国有控股传统产业上市公司总数的51.50%。从省份分布来看，如图7-2所示，数字化战略导向指数平均水平较高的有广东省（75.73）、甘肃省（72.47）、海南省（71.55）。具体来看，数字化战略导向指数处于［80，100］的有55家，占比16.47%；［70，80）的有75家，占比22.46%；［60，70）的有77家，占比23.05%；［0，60）的有127家，占比38.02%。

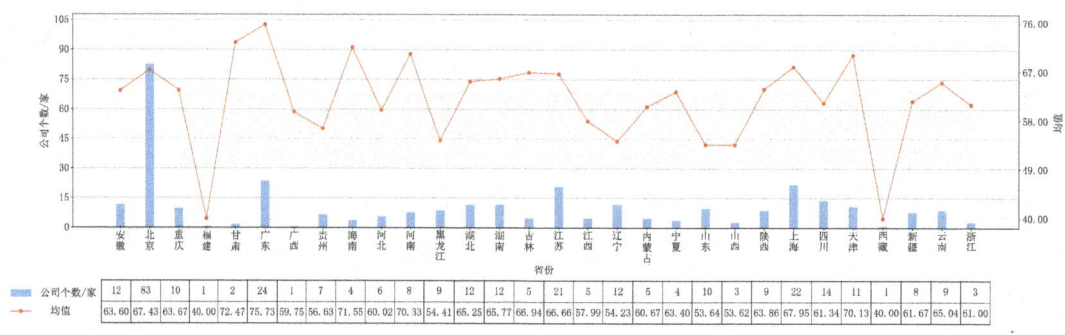

图 7-2 2023 年中央国有控股传统产业上市公司数字化战略导向指数均值分布图

中央国有控股传统产业上市公司数字化战略导向指数排名前 10 的上市公司如表 7-2 所示。

表 7-2 2023 年中央国有控股传统产业上市公司数字化战略导向指数前 10 排名

排名	证券名称	证券代码	一级行业	省份	上市板块	数字化战略导向指数
1	深桑达A	000032.SZ	建筑装饰	广东	深市主板	96.95
2	中集集团	000039.SZ	机械设备	广东	深市主板	95.30
3	中国电研	688128.SH	机械设备	广东	科创板	93.35
4	天玛智控	688570.SH	机械设备	北京	科创板	92.98
5	机器人	300024.SZ	机械设备	辽宁	创业板	92.91
6	南网科技	688248.SH	电力设备	广东	科创板	91.90
7	招商公路	001965.SZ	交通运输	天津	深市主板	91.26
8	中邮科技	688648.SH	机械设备	上海	科创板	90.26
9	航天科技	000901.SZ	汽车	黑龙江	深市主板	90.22
10	中国外运	601598.SH	交通运输	北京	沪市主板	89.89

数据来源：同花顺（iFinD），首经贸资产评估研究院和浙工商中国智能管理研究院整理。

7.1.3 数字化要素投入指数

2023年中央国有控股传统产业334家上市公司数字化要素投入指数平均水平为60.95，高于传统产业上市公司该项指数平均水平57.94。具体而言，该项指数最高的上市公司是深桑达A，数字化要素投入指数为93.86。从指数分布来看，高于传统产业上市公司该项指数平均水平的上市公司有182家，占中央国有控股传统产业上市公司总数的54.49%。从省份分布来看，如图7-3所示，数字化要素投入指数平均水平较高的有甘肃省（73.77）、广东省（65.66）、河南省（63.59）。具体来看，数字化要素投入指数处于［80,100］的有17家，占比5.09%；［70,80）的有51家，占比15.27%；［60,70）的有96家，占比28.74%；［0,60）的有170家，占比50.90%。

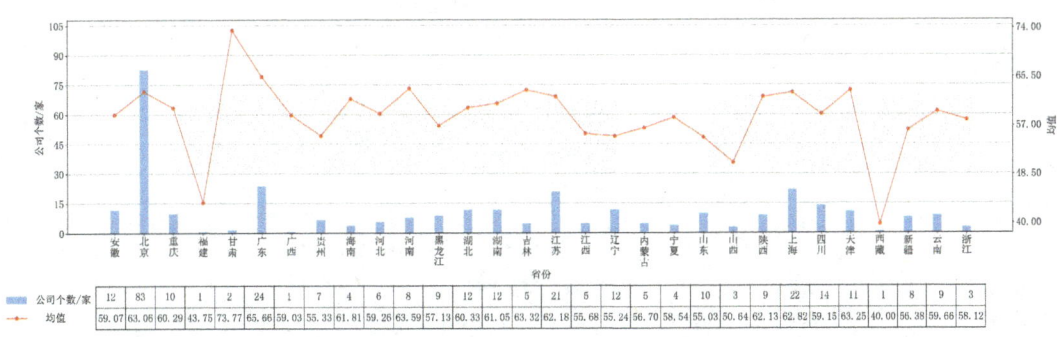

图7-3 2023年中央国有控股传统产业上市公司数字化要素投入指数均值分布图

中央国有控股传统产业上市公司数字化要素投入指数排名前10的上市公司如表7-3所示。

表7-3 2023年中央国有控股传统产业上市公司数字化要素投入指数前10排名

排名	证券名称	证券代码	一级行业	省份	上市板块	数字化要素投入指数
1	深桑达A	000032.SZ	建筑装饰	广东	深市主板	93.86
2	航天科技	000901.SZ	汽车	黑龙江	深市主板	89.36
3	国电南自	600268.SH	电力设备	江苏	沪市主板	87.38
4	招商港口	001872.SZ	交通运输	广东	深市主板	86.66
5	南网科技	688248.SH	电力设备	广东	科创板	86.09
6	中交设计	600720.SH	建筑装饰	甘肃	沪市主板	85.72
7	中国中冶	601618.SH	建筑装饰	北京	沪市主板	84.18
8	机器人	300024.SZ	机械设备	辽宁	创业板	83.56
9	华贸物流	603128.SH	交通运输	上海	沪市主板	83.39
10	中船科技	600072.SH	电力设备	上海	沪市主板	83.39

数据来源：同花顺（iFinD），首经贸资产评估研究院和浙工商中国智能管理研究院整理。

7.1.4 数字化创新成果指数

2023年中央国有控股传统产业334家上市公司数字化创新成果指数平均水平为64.70，高于传统产业上市公司该项指数平均水平63.16。具体而言，该项指数最高的上市公司是中集集团，数字化创新成果指数为93.94。从指数分布来看，高于传统产业上市公司该项指数平均水平的上市公司有170家，占中央国有控股传统产业上市公司总数的50.90%。从省份分布来看，如图7-4所示，数字化创新成果指数平均水平较高的有河南省（71.62）、广东省（70.23）、吉林省（68.81）。具体来看，数字化创新成果指数处于［80,100］的有38家，占比11.38%；［70,80）的有74家，占比22.16%；［60,70）的有97家，占比29.04%；［0,60）的有125家，占比37.42%。

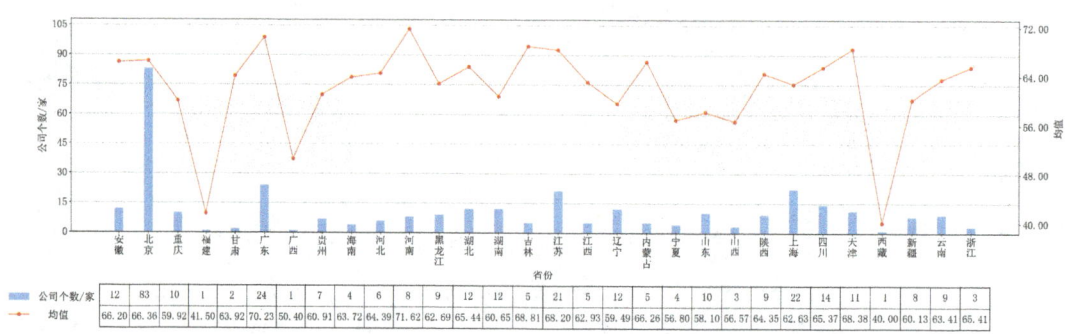

图 7-4　2023 年中央国有控股传统产业上市公司数字化创新成果指数均值分布图

中央国有控股传统产业上市公司数字化创新成果指数排名前 10 的上市公司如表 7-4 所示。

表 7-4　2023 年中央国有控股传统产业上市公司数字化创新成果指数前 10 排名

排名	证券名称	证券代码	一级行业	省份	上市板块	数字化创新成果指数
1	中集集团	000039.SZ	机械设备	广东	深市主板	93.94
2	昆船智能	301311.SZ	机械设备	云南	创业板	92.83
3	华电重工	601226.SH	建筑装饰	北京	沪市主板	92.74
4	铁建重工	688425.SH	机械设备	湖南	科创板	92.45
5	南钢股份	600282.SH	钢铁	江苏	沪市主板	91.83
6	东方中科	002819.SZ	机械设备	北京	深市主板	91.56
7	中国电研	688128.SH	机械设备	广东	科创板	91.54
8	国电南瑞	600406.SH	电力设备	江苏	沪市主板	90.73
9	天玛智控	688570.SH	机械设备	北京	科创板	90.64
10	南网科技	688248.SH	电力设备	广东	科创板	90.54

数据来源：同花顺（iFinD），首经贸资产评估研究院和浙工商中国智能管理研究院整理。

7.1.5　数字化创新绩效指数

2023年中央国有控股传统产业334家上市公司数字化创新绩效指数平均水平为74.42，高于传统产业上市公司该项指数平均水平66.22。具体而言，该项指数最高的上市公司是天坛生物，数字化创新绩效指数为92.47。从指数分布来看，高于传统产业上市公司该项指数平均水平的上市公司有261家，占中央国有控股传统产业上市公司总数的78.14%。从省份分布来看，如图7-5所示，数字化创新绩效指数平均水平较高的有北京市（77.62）、吉林省（77.36）、天津市（77.20）。具体来看，数字化创新绩效指数处于［80，100］的有104家，占比31.14%；［70，80）的有129家，占比38.62%；［60，70）的有72家，占比21.56%；［0，60）的有29家，占比8.68%。

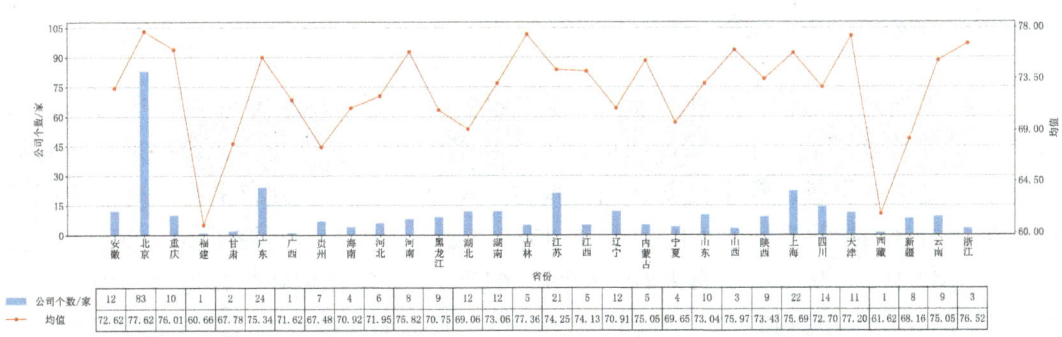

图 7-5　2023 年中央国有控股传统产业上市公司数字化创新绩效指数均值分布图

中央国有控股传统产业上市公司数字化创新绩效指数排名前 10 的上市公司如表 7-5 所示。

表 7-5　2023 年中央国有控股传统产业上市公司数字化创新绩效指数前 10 排名

排名	证券名称	证券代码	一级行业	省份	上市板块	数字化创新绩效指数
1	天坛生物	600161.SH	医药生物	北京	沪市主板	92.47
2	中远海能	600026.SH	交通运输	上海	沪市主板	92.35
3	中信金属	601061.SH	商贸零售	北京	沪市主板	92.23
4	京沪高铁	601816.SH	交通运输	北京	沪市主板	91.98
5	长江电力	600900.SH	公用事业	北京	沪市主板	91.88
6	中海油服	601808.SH	石油石化	天津	沪市主板	91.69
7	中国核电	601985.SH	公用事业	北京	沪市主板	91.42
8	中国黄金	600916.SH	纺织服饰	北京	沪市主板	91.30
9	长安汽车	000625.SZ	汽车	重庆	深市主板	90.98
10	国电南瑞	600406.SH	电力设备	江苏	沪市主板	90.86

数据来源：同花顺（iFinD），首经贸资产评估研究院和浙工商中国智能管理研究院整理。

7.2　地方国有控股传统产业上市公司数字化创新评价

截至 2023 年底，A 股市场地方国有控股传统产业上市公司共有 751 家，总市值共计 129881.87 亿元，营业收入合计 143924.52 亿元，平均市值 172.95 亿元/家，平均营业收入 191.64 亿元/家。地方国有控股传统产业上市公司研发投入合计为 2740.40 亿元，占营业收入的比例为 1.90%；无形资产账面价值合计为 15564.98 亿元，占总资产的比例为 7.64%。根据本报告分析口径，共对地方国有控股 751 家传统产业上市公司开展数字化创新指数评价，具体情况如下：

7.2.1 数字化创新综合指数

2023年地方国有控股传统产业751家上市公司数字化创新综合指数平均水平为61.79，低于传统产业上市公司该项指数平均水平62.91。具体而言，该项指数最高的上市公司是中联重科，数字化创新综合指数为88.04。从指数分布来看，高于传统产业上市公司该项指数平均水平的上市公司有317家，占地方国有控股传统产业上市公司总数的42.21%。从省份分布来看，如图7-6所示，数字化创新综合指数平均水平较高的有内蒙古自治区（66.24）、江西省（64.80）、广东省（64.57）。具体来看，数字化创新综合指数处于[80，100]的有19家，占比2.53%；[70，80)的有122家，占比16.25%；[60，70)的有282家，占比37.55%；[0，60)的有328家，占比43.67%。

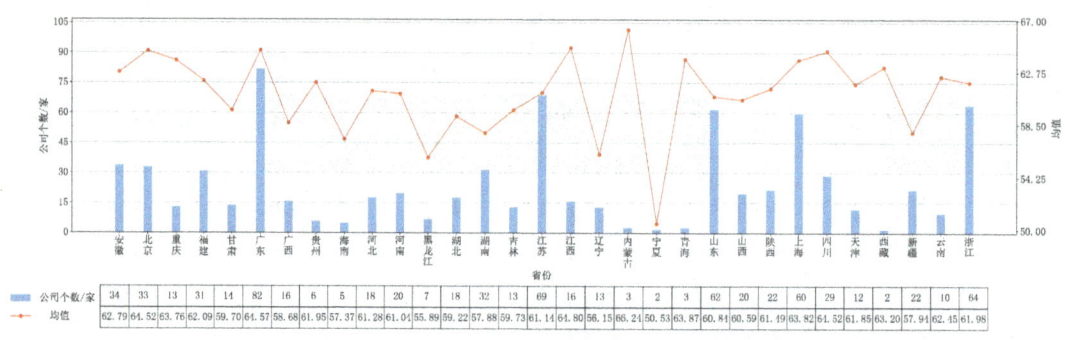

图7-6　2023年地方国有控股传统产业上市公司数字化创新综合指数均值分布图

地方国有控股传统产业上市公司数字化创新综合指数排名前10的上市公司如表7-6所示。

表7-6　2023年地方国有控股传统产业上市公司数字化创新综合指数前10排名

排名	证券名称	证券代码	一级行业	省份	上市板块	数字化创新综合指数
1	中联重科	000157.SZ	机械设备	湖南	深市主板	88.04
2	深城交	301091.SZ	建筑装饰	广东	创业板	87.08
3	东方电子	000682.SZ	电力设备	山东	深市主板	86.00
4	大豪科技	603025.SH	机械设备	北京	沪市主板	86.00
5	埃夫特	688165.SH	机械设备	安徽	科创板	85.80
6	小商品城	600415.SH	商贸零售	浙江	沪市主板	85.05
7	上海电气	601727.SH	电力设备	上海	沪市主板	84.92
8	云南白药	000538.SZ	医药生物	云南	深市主板	84.79
9	徐工机械	000425.SZ	机械设备	江苏	深市主板	83.93
10	外服控股	600662.SH	社会服务	上海	沪市主板	83.33

数据来源：同花顺（iFinD），首经贸资产评估研究院和浙工商中国智能管理研究院整理。

7.2.2 数字化战略导向指数

2023年地方国有控股传统产业751家上市公司数字化战略导向指数平均水平为61.07，低于传统产业上市公司该项指数平均水平62.85。具体而言，该项指数最高的上市公司是埃夫特，数字化战略导向指数为96.71。从指数分布来看，高于传统产业上市公司该项指数平均水平的上市公司有298家，占地方国有控股传统产业上市公司总数的39.68%。从省份分布来看，如图7-7所示，数字化战略导向指数平均水平较高的有内蒙古自治区（69.14）、广东省（65.70）、北京市（65.55）。具体来看，数字化战略导向指数处于［80，100］的有81家，占比10.79%；［70，80）的有122家，占比16.25%；［60，70）的有170家，占比22.64%；［0，60）的有378家，占比50.32%。

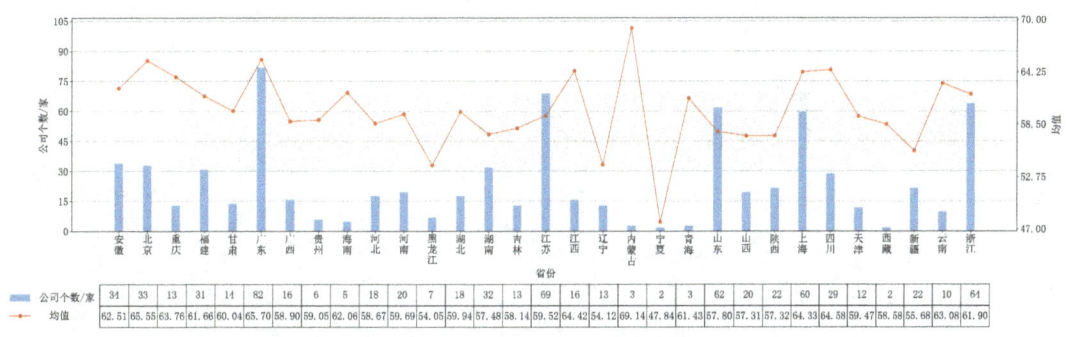

图 7-7 2023年地方国有控股传统产业上市公司数字化战略导向指数均值分布图

地方国有控股传统产业上市公司数字化战略导向指数排名前10的上市公司如表7-7所示。

表 7-7 2023 年地方国有控股传统产业上市公司数字化战略导向指数前 10 排名

排名	证券名称	证券代码	一级行业	省份	上市板块	数字化战略导向指数
1	埃夫特	688165.SH	机械设备	安徽	科创板	96.71
2	深城交	301091.SZ	建筑装饰	广东	创业板	96.32
3	怡亚通	002183.SZ	商贸零售	广东	深市主板	94.21
4	小商品城	600415.SH	商贸零售	浙江	沪市主板	94.15
5	东方电子	000682.SZ	电力设备	山东	深市主板	93.46
6	中联重科	000157.SZ	机械设备	湖南	深市主板	92.30
7	徐工机械	000425.SZ	机械设备	江苏	深市主板	91.93
8	建发股份	600153.SH	交通运输	福建	沪市主板	91.69
9	云南白药	000538.SZ	医药生物	云南	深市主板	91.46
10	天音控股	000829.SZ	商贸零售	江西	深市主板	91.09

数据来源：同花顺（iFinD），首经贸资产评估研究院和浙工商中国智能管理研究院整理。

7.2.3 数字化要素投入指数

2023年地方国有控股传统产业751家上市公司数字化要素投入指数平均水平为56.37，低于传统产业上市公司该项指数平均水平57.94。具体而言，该项指数最高的上市公司是深城交，数字化要素投入指数为90.72。从指数分布来看，高于传统产业上市公司该项指数平均水平的上市公司有292家，占地方国有控股传统产业上市公司总数的38.88%。从省份分布来看，如图7-8所示，数字化要素投入指数平均水平较高的有四川省（61.88）、江西省（60.78）、广东省（60.44）。具体来看，数字化要素投入指数处于［80，100］的有14家，占比1.86%；［70，80）的有76家，占比10.12%；[60，70）的有164家，占比21.84%；［0，60）的有497家，占比66.18%。

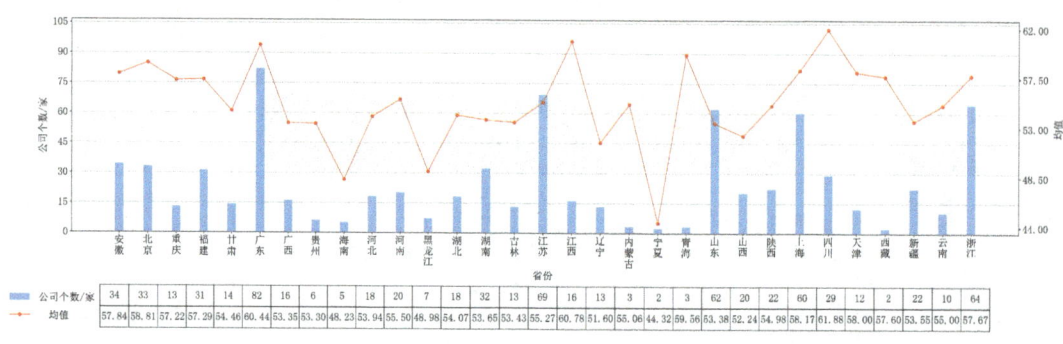

图7-8 2023年地方国有控股传统产业上市公司数字化要素投入指数均值分布图

地方国有控股传统产业上市公司数字化要素投入指数排名前10的上市公司如表7-8所示。

表7-8 2023年地方国有控股传统产业上市公司数字化要素投入指数前10排名

排名	证券名称	证券代码	一级行业	省份	上市板块	数字化要素投入指数
1	深城交	301091.SZ	建筑装饰	广东	创业板	90.72
2	中联重科	000157.SZ	机械设备	湖南	深市主板	90.27
3	高新发展	000628.SZ	建筑装饰	四川	深市主板	87.55
4	大豪科技	603025.SH	机械设备	北京	沪市主板	87.34
5	上海电气	601727.SH	电力设备	上海	沪市主板	85.13
6	小商品城	600415.SH	商贸零售	浙江	沪市主板	84.31
7	物产中大	600704.SH	交通运输	浙江	沪市主板	84.20
8	金风科技	002202.SZ	电力设备	新疆	深市主板	84.14
9	东方电子	000682.SZ	电力设备	山东	深市主板	83.24
10	埃夫特	688165.SH	机械设备	安徽	科创板	83.11

数据来源：同花顺（iFinD），首经贸资产评估研究院和浙工商中国智能管理研究院整理。

7.2.4 数字化创新成果指数

2023年地方国有控股传统产业751家上市公司数字化创新成果指数平均水平为59.46，低于传统产业上市公司该项指数平均水平63.16。具体而言，该项指数最高的上市公司是埃夫特，数字化创新成果指数为94.20。从指数分布来看，高于传统产业上市公司该项指数平均水平的上市公司有253家，占地方国有控股传统产业上市公司总数的33.69%。从省份分布来看，如图7-9所示，数字化创新成果指数平均水平较高的有重庆市（63.08）、西藏自治区（62.27）、广东省（62.05）。具体来看，数字化创新成果指数处于［80，100］的有44家，占比5.86%；［70，80）的有104家，占比13.85%；［60，70）的有188家，占比25.03%；［0，60）的有415家，占比55.26%。

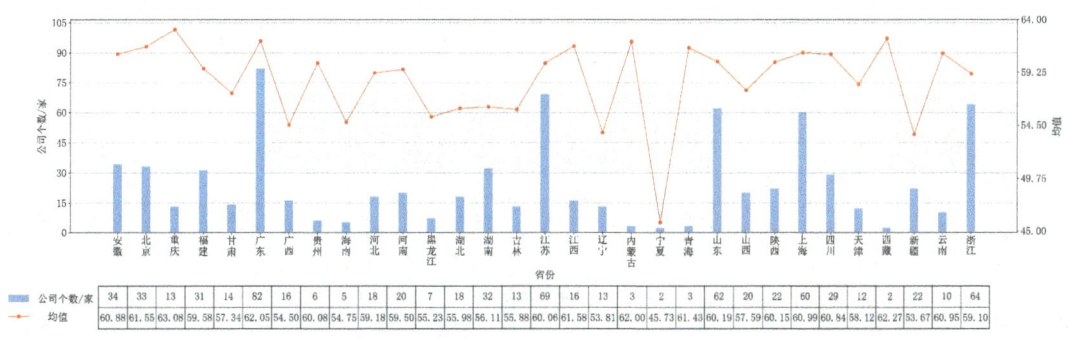

图7-9 2023年地方国有控股传统产业上市公司数字化创新成果指数均值分布图

中央国有控股传统产业上市公司数字化创新成果指数排名前10的上市公司如表7-9所示。

表7-9 2023年地方国有控股传统产业上市公司数字化创新成果指数前10排名

排名	证券名称	证券代码	一级行业	省份	上市板块	数字化创新成果指数
1	埃夫特	688165.SH	机械设备	安徽	科创板	94.20
2	东方电子	000682.SZ	电力设备	山东	深市主板	92.29
3	深城交	301091.SZ	建筑装饰	广东	创业板	90.33
4	上海电气	601727.SH	电力设备	上海	沪市主板	89.95
5	东杰智能	300486.SZ	机械设备	山西	创业板	89.29
6	阳普医疗	300030.SZ	医药生物	广东	创业板	89.02
7	鼎汉技术	300011.SZ	机械设备	北京	创业板	88.67
8	音飞储存	603066.SH	交通运输	江苏	沪市主板	88.52
9	陕鼓动力	601369.SH	机械设备	陕西	沪市主板	87.68
10	中联重科	000157.SZ	机械设备	湖南	深市主板	87.62

数据来源：同花顺（iFinD），首经贸资产评估研究院和浙工商中国智能管理研究院整理。

7.2.5 数字化创新绩效指数

2023年地方国有控股传统产业751家上市公司数字化创新绩效指数平均水平为68.78，高于传统产业上市公司该项指数平均水平66.22。具体而言，该项指数最高的上市公司是小商品城，数字化创新绩效指数为93.09。从指数分布来看，高于传统产业上市公司该项指数平均水平的上市公司有439家，占地方国有控股传统产业上市公司总数的58.46%。从省份分布来看，如图7-10所示，数字化创新绩效指数平均水平较高的有内蒙古自治区（77.33）、贵州省（72.08）、山西省（72.06）。具体来看，数字化创新绩效指数处于［80，100］的有114家，占比15.18%；［70，80）的有251家，占比33.42%；［60，70）的有241家，占比32.09%；［0，60）的有145家，占比19.31%。

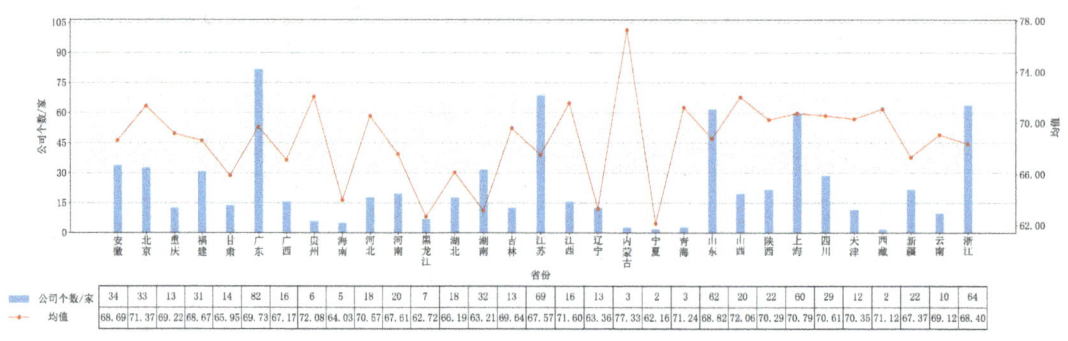

图7-10　2023年地方国有控股传统产业上市公司数字化创新绩效指数均值分布图

地方国有控股传统产业上市公司数字化创新绩效指数排名前10的上市公司如表7-10所示。

表7-10　2023年地方国有控股传统产业上市公司数字化创新绩效指数前10排名

排名	证券名称	证券代码	一级行业	省份	上市板块	数字化创新绩效指数
1	小商品城	600415.SH	商贸零售	浙江	沪市主板	93.09
2	菜百股份	605599.SH	纺织服饰	北京	沪市主板	92.89
3	万华化学	600309.SH	基础化工	山东	沪市主板	92.76
4	贵州茅台	600519.SH	食品饮料	贵州	沪市主板	92.04
5	五粮液	000858.SZ	食品饮料	四川	深市主板	91.93
6	云南白药	000538.SZ	医药生物	云南	深市主板	91.61
7	外服控股	600662.SH	社会服务	上海	沪市主板	90.92
8	山西汾酒	600809.SH	食品饮料	山西	沪市主板	90.70
9	长春高新	000661.SZ	医药生物	吉林	深市主板	90.48
10	洋河股份	002304.SZ	食品饮料	江苏	深市主板	90.45

数据来源：同花顺（iFinD），首经贸资产评估研究院和浙工商中国智能管理研究院整理。

7.3 非国有控股传统产业上市公司数字化创新评价

截至2023年底，A股市场非国有控股传统产业上市公司共有2780家，总市值共计271608.05亿元，营业收入合计159326.40亿元，平均市值97.70亿元/家，平均营业收入57.31亿元/家。非国有控股传统产业上市公司研发投入合计为5732.77亿元，占营业收入的比例为3.60%；无形资产账面价值合计为11211.37亿元，占总资产的比例为4.70%。根据本报告分析口径，共对非国有控股2780家传统产业上市公司开展数字化创新指数评价，具体情况如下：

7.3.1 数字化创新综合指数

2023年非国有控股传统产业2780家上市公司数字化创新综合指数平均水平为62.75，低于传统产业上市公司该项指数平均水平62.91。具体而言，该项指数最高的上市公司是迈瑞医疗，数字化创新综合指数为93.14。从指数分布来看，高于传统产业上市公司该项指数平均水平的上市公司有1251家，占非国有控股传统产业上市公司总数的45.00%。从省份分布来看，如图7-11所示，数字化创新综合指数平均水平较高的有天津市（66.90）、广东省（65.85）、北京市（65.81）。具体来看，数字化创新综合指数处于［80，100］的有121家，占比4.35%；［70，80）的有577家，占比20.76%；［60，70）的有924家，占比33.24%；［0，60）的有1158家，占比41.65%。

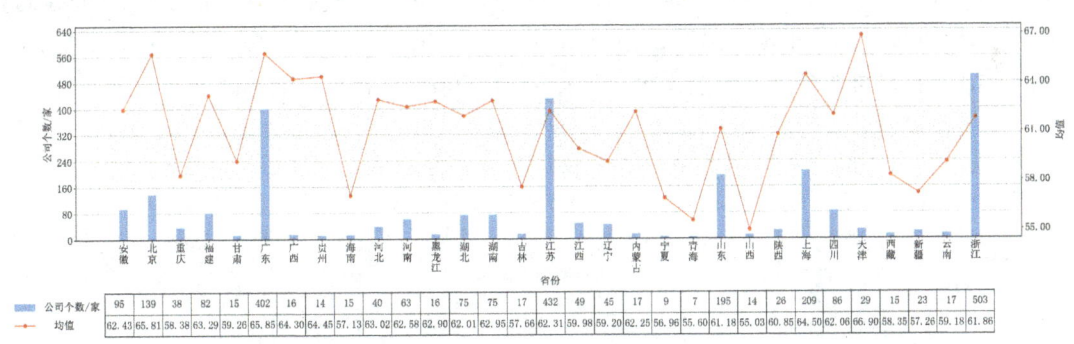

图7-11 2023年非国有控股传统产业上市公司数字化创新综合指数均值分布图

非国有控股传统产业上市公司数字化创新综合指数排名前10的上市公司如表7-11所示。

表7-11 2023年非国有控股传统产业上市公司数字化创新综合指数前10排名

排名	证券名称	证券代码	一级行业	省份	上市板块	数字化创新综合指数
1	迈瑞医疗	300760.SZ	医药生物	广东	创业板	93.14
2	中控技术	688777.SH	机械设备	浙江	科创板	93.05

续表

排名	证券名称	证券代码	一级行业	省份	上市板块	数字化创新综合指数
3	汇川技术	300124.SZ	机械设备	广东	创业板	91.92
4	联影医疗	688271.SH	医药生物	上海	科创板	90.64
5	海尔智家	600690.SH	家用电器	山东	沪市主板	90.09
6	美的集团	000333.SZ	家用电器	广东	深市主板	89.66
7	顺丰控股	002352.SZ	交通运输	广东	深市主板	88.16
8	正泰电器	601877.SH	电力设备	浙江	沪市主板	87.97
9	阳光电源	300274.SZ	电力设备	安徽	创业板	87.93
10	九联科技	688609.SH	家用电器	广东	科创板	87.24

数据来源：同花顺（iFinD），首经贸资产评估研究院和浙工商中国智能管理研究院整理。

7.3.2 数字化战略导向指数

2023年非国有控股传统产业2780家上市公司数字化战略导向指数平均水平为63.06，高于传统产业上市公司该项指数平均水平62.85。具体而言，该项指数最高的上市公司是美的集团，数字化战略导向指数为98.05。从指数分布来看，高于传统产业上市公司该项指数平均水平的上市公司有1277家，占非国有控股传统产业上市公司总数的45.94%。从省份分布来看，如图7-12所示，数字化战略导向指数平均水平较高的有北京市（68.92）、广东省（68.17）、天津市（68.08）。具体来看，数字化战略导向指数处于［80,100］的有454家，占比16.33%；［70,80）的有476家，占比17.12%；［60,70）的有587家，占比21.12%；［0,60）的有1263家，占比45.43%。

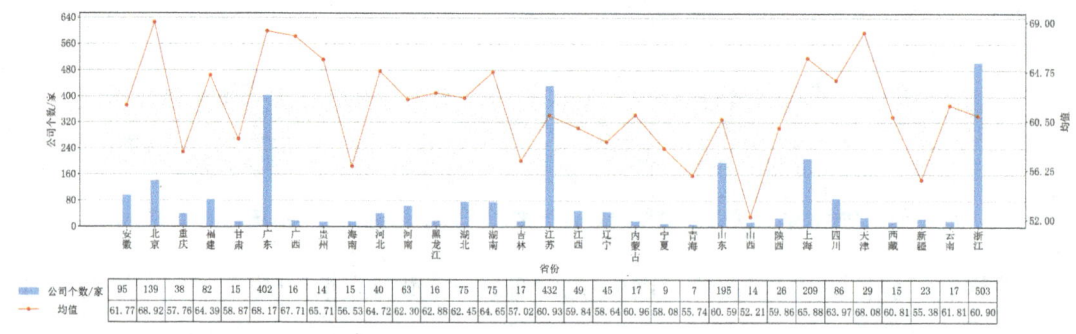

图7-12　2023年非国有控股传统产业上市公司数字化战略导向指数均值分布图

非国有控股传统产业上市公司数字化战略导向指数排名前10的上市公司如表7-12所示。

第7章 传统产业上市公司数字化创新评价——产权维度

表7-12 2023年非国有控股传统产业上市公司数字化战略导向指数前10排名

排名	证券名称	证券代码	一级行业	省份	上市板块	数字化战略导向指数
1	美的集团	000333.SZ	家用电器	广东	深市主板	98.05
2	汉威科技	300007.SZ	机械设备	河南	创业板	96.95
3	中控技术	688777.SH	机械设备	浙江	科创板	96.80
4	迈瑞医疗	300760.SZ	医药生物	广东	创业板	96.75
5	九联科技	688609.SH	家用电器	广东	科创板	96.73
6	众合科技	000925.SZ	机械设备	浙江	深市主板	96.17
7	九州通	600998.SH	医药生物	湖北	沪市主板	95.76
8	汇川技术	300124.SZ	机械设备	广东	创业板	95.62
9	顺丰控股	002352.SZ	交通运输	广东	深市主板	95.56
10	金盘科技	688676.SH	电力设备	海南	科创板	95.49

数据来源：同花顺（iFinD），首经贸资产评估研究院和浙工商中国智能管理研究院整理。

7.3.3 数字化要素投入指数

2023年非国有控股传统产业2780家上市公司数字化要素投入指数平均水平为58.00，高于传统产业上市公司该项指数平均水平57.94。具体而言，该项指数最高的上市公司是九联科技，数字化要素投入指数为97.80。从指数分布来看，高于传统产业上市公司该项指数平均水平的上市公司有1231家，占非国有控股传统产业上市公司总数的44.28%。从省份分布来看，如图7-13所示，数字化要素投入指数平均水平较高的有北京市（63.46）、天津市（63.14）、广东省（61.62）。具体来看，数字化要素投入指数处于［80，100］的有91家，占比3.27%；［70，80）的有360家，占比12.95%；［60，70）的有692家，占比24.89%；［0，60）的有1637家，占比58.89%。

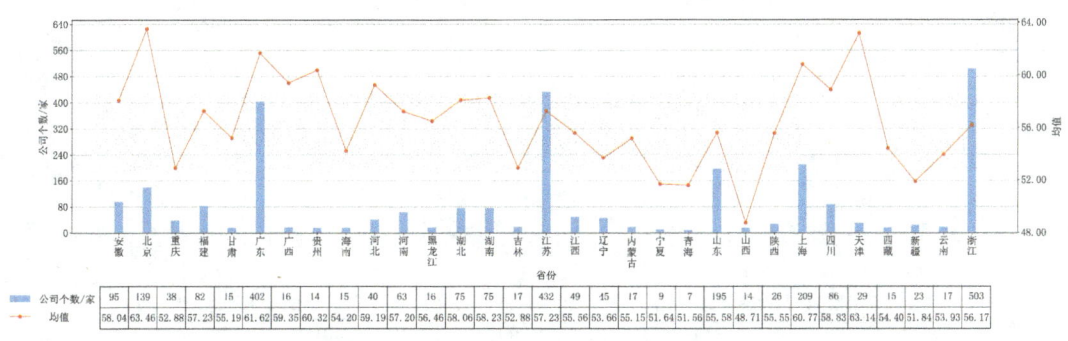

图7-13 2023年非国有控股传统产业上市公司数字化要素投入指数均值分布图

非国有控股传统产业上市公司数字化要素投入指数排名前10的上市公司如表7-13所示。

表 7-13 2023 年非国有控股传统产业上市公司数字化要素投入指数前 10 排名

排名	证券名称	证券代码	一级行业	省份	上市板块	数字化要素投入指数
1	九联科技	688609.SH	家用电器	广东	科创板	97.80
2	中控技术	688777.SH	机械设备	浙江	科创板	94.81
3	顺丰控股	002352.SZ	交通运输	广东	深市主板	94.07
4	新天科技	300259.SZ	机械设备	河南	创业板	91.28
5	智洋创新	688191.SH	电力设备	山东	科创板	90.98
6	创维数字	000810.SZ	家用电器	四川	深市主板	90.77
7	拓斯达	300607.SZ	机械设备	广东	创业板	90.43
8	菱电电控	688667.SH	汽车	湖北	科创板	89.88
9	华兴源创	688001.SH	机械设备	江苏	科创板	89.71
10	光庭信息	301221.SZ	汽车	湖北	创业板	89.11

数据来源：同花顺（iFinD），首经贸资产评估研究院和浙工商中国智能管理研究院整理。

7.3.4 数字化创新成果指数

2023年非国有控股传统产业2780家上市公司数字化创新成果指数平均水平为63.97，高于传统产业上市公司该项指数平均水平63.16。具体而言，该项指数最高的上市公司是美的集团，数字化创新成果指数为97.25。从指数分布来看，高于传统产业上市公司该项指数平均水平的上市公司有1342家，占非国有控股传统产业上市公司总数的48.27%。从省份分布来看，如图7-14所示，数字化创新成果指数平均水平较高的有天津市（70.64）、广东省（68.69）、广西壮族自治区（67.10）。具体来看，数字化创新成果指数处于［80，100］的有386家，占比13.88%；［70，80）的有539家，占比19.39%；［60，70）的有682家，占比24.53%；［0，60）的有1173家，占比42.20%。

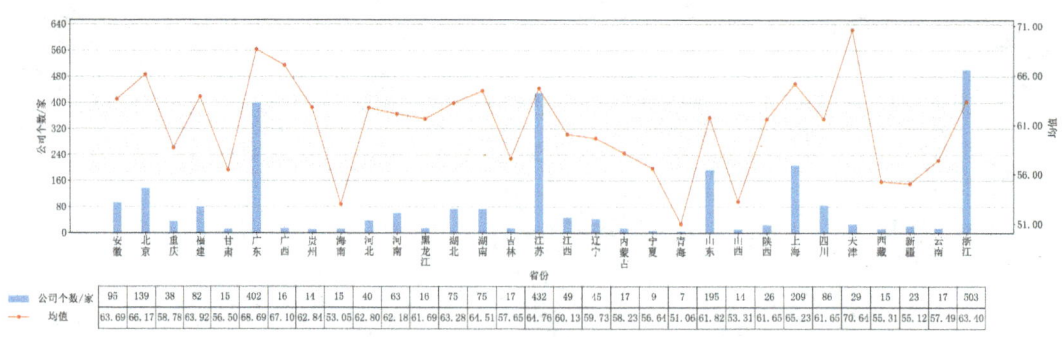

图 7-14 2023年非国有控股传统产业上市公司数字化创新成果指数均值分布图

非国有控股传统产业上市公司数字化创新成果指数排名前10的上市公司如表7-14所示。

表 7-14　2023 年非国有控股传统产业上市公司数字化创新成果指数前 10 排名

排名	证券名称	证券代码	一级行业	省份	上市板块	数字化创新成果指数
1	美的集团	000333.SZ	家用电器	广东	深市主板	97.25
2	汇川技术	300124.SZ	机械设备	广东	创业板	97.07
3	迈瑞医疗	300760.SZ	医药生物	广东	创业板	96.84
4	博众精工	688097.SH	机械设备	江苏	科创板	96.24
5	中控技术	688777.SH	机械设备	浙江	科创板	96.18
6	瀚川智能	688022.SH	机械设备	江苏	科创板	96.12
7	博实股份	002698.SZ	机械设备	黑龙江	深市主板	95.98
8	巨一科技	688162.SH	机械设备	安徽	科创板	95.28
9	华兴源创	688001.SH	机械设备	江苏	科创板	95.20
10	九联科技	688609.SH	家用电器	广东	科创板	95.15

数据来源：同花顺（iFinD），首经贸资产评估研究院和浙工商中国智能管理研究院整理。

7.3.5　数字化创新绩效指数

2023年非国有控股传统产业2780家上市公司数字化创新绩效指数平均水平为64.55，低于传统产业上市公司该项指数平均水平66.22。具体而言，该项指数最高的上市公司是智飞生物，数字化创新绩效指数为95.47。从指数分布来看，高于传统产业上市公司该项指数平均水平的上市公司有1124家，占非国有控股传统产业上市公司总数的40.43%。从省份分布来看，如图7-15所示，数字化创新绩效指数平均水平较高的有内蒙古自治区（72.73）、黑龙江省（68.94）、贵州省（68.46）。具体来看，数字化创新绩效指数处于［80，100］的有256家，占比9.21%；［70，80）的有663家，占比23.85%；［60，70）的有822家，占比29.57%；［0，60）的有1039家，占比37.37%。

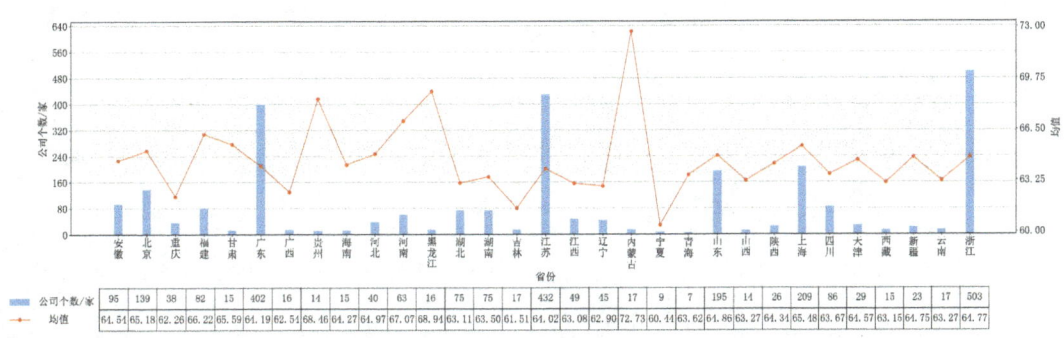

图 7-15　2023 年非国有控股传统产业上市公司数字化创新绩效指数均值分布图

非国有控股传统产业上市公司数字化创新绩效指数排名前10的上市公司如表7-15所示。

表 7-15 2023 年非国有控股传统产业上市公司数字化创新绩效指数前 10 排名

排名	证券名称	证券代码	一级行业	省份	上市板块	数字化创新绩效指数
1	智飞生物	300122.SZ	医药生物	重庆	创业板	95.47
2	阳光电源	300274.SZ	电力设备	安徽	创业板	95.02
3	爱美客	300896.SZ	美容护理	北京	创业板	93.82
4	晶盛机电	300316.SZ	电力设备	浙江	创业板	93.46
5	迈瑞医疗	300760.SZ	医药生物	广东	创业板	93.13
6	上海莱士	002252.SZ	医药生物	上海	深市主板	92.08
7	石英股份	603688.SH	基础化工	江苏	沪市主板	91.52
8	汇川技术	300124.SZ	机械设备	广东	创业板	90.77
9	海澜之家	600398.SH	纺织服饰	江苏	沪市主板	90.42
10	吉祥航空	603885.SH	交通运输	上海	沪市主板	90.31

数据来源：同花顺（iFinD），首经贸资产评估研究院和浙工商中国智能管理研究院整理。

数字原生产业评价篇

第8章
数字原生产业上市公司数字化创新评价——区域维度

数字产业化是我国数字经济发展的重要组成部分，数字原生产业的数字化创新对实现我国数字经济高质量可持续发展具有重要促进作用。本章从区域维度，对东北地区、华北地区、华东地区、华南地区、华中地区、西北地区和西南地区数字原生产业上市公司的数字化创新综合指数、数字化战略导向指数、数字化要素投入指数、数字化创新成果指数和数字化创新绩效指数进行评价，以期有助于广大市场参与者对不同区域内数字原生产业上市公司的数字化创新程度和绩效表现进行分析和判断。

8.1 东北地区数字原生产业上市公司数字化创新评价

截至2023年底，A股市场东北地区共有数字原生产业上市公司28家，总市值共计2209.43亿元，营业收入合计449.03亿元，平均市值78.91亿元/家，平均营业收入16.04亿元/家。2023年，东北地区数字原生产业上市公司研发投入合计为37.09亿元，占营业收入的比例为8.26%；无形资产账面价值合计为35.93亿元，占总资产的比例为2.99%。根据本报告分析口径，共对东北地区28家数字原生产业上市公司开展数字化创新指数评价，具体情况如下：

8.1.1 数字化创新综合指数

2023年东北地区28家数字原生产业上市公司数字化创新综合指数平均水平为66.45，低于数字原生产业上市公司该项指数平均水平73.09。具体而言，该项指数最高的上市公司是东软集团，数字化创新综合指数为88.65。从区域内省份分布来看，如图8-1所示，东北地区28家数字原生产业上市公司分布在3个省份，数字化创新综合指数平均水平最高的省份是辽宁省（68.53）。从指数分布来看，高于数字原生产业上市公司该项指数平均水平的上市公司有8家，占比28.57%。其中，数字化创新综合指数处于［80，100］的有4家，占比14.29%；［70，80）的有7家，占比25.00%；［60，70）的有7家，占比25.00%；［0，60）的有10家，占比35.71%。

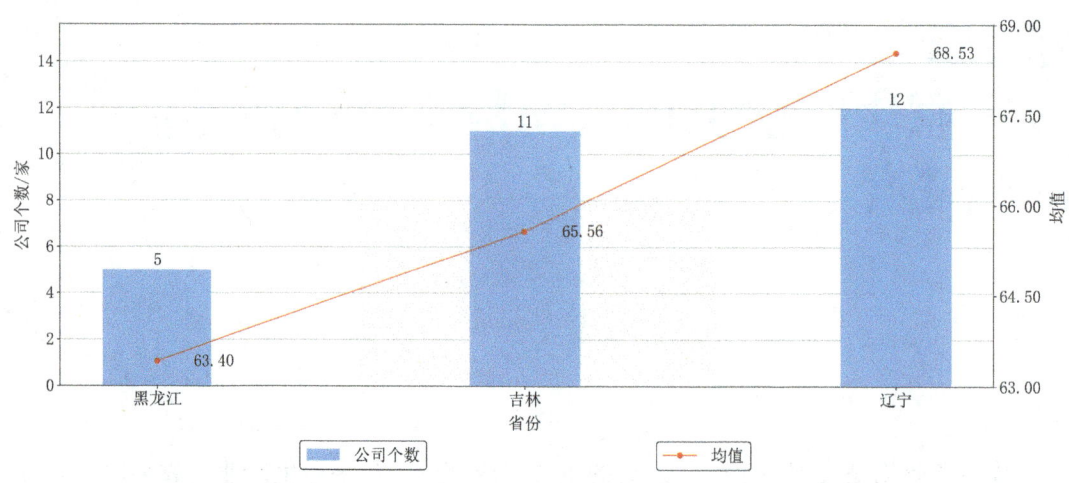

图 8-1 2023 年东北地区数字原生产业上市公司数字化创新综合指数均值分布图

东北地区数字化创新综合指数排名前 10 的数字原生产业上市公司如表 8-1 所示。

表 8-1 2023 年东北地区数字原生产业上市公司数字化创新综合指数前 10 排名

排名	证券名称	证券代码	产权性质	省份	一级行业	数字化创新综合指数
1	东软集团	600718.SH	非国有控股	辽宁	计算机	88.65
2	启明信息	002232.SZ	中央国有控股	吉林	计算机	83.59
3	梦网科技	002123.SZ	非国有控股	辽宁	通信	82.45
4	拓荆科技	688072.SH	非国有控股	辽宁	电子	80.11
5	荣科科技	300290.SZ	地方国有控股	辽宁	计算机	79.27
6	吉视传媒	601929.SH	地方国有控股	吉林	传媒	76.81
7	天娱数科	002354.SZ	非国有控股	辽宁	传媒	76.58
8	吉大正元	003029.SZ	非国有控股	吉林	计算机	74.39
9	吉大通信	300597.SZ	中央国有控股	吉林	通信	73.84
10	*ST信通	600289.SH	非国有控股	黑龙江	通信	72.91

数据来源：同花顺（iFinD），首经贸资产评估研究院和浙工商中国智能管理研究院整理。

8.1.2 数字化战略导向指数

2023 年东北地区 28 家数字原生产业上市公司数字化战略导向指数平均水平为 69.90，低于数字原生产业上市公司该项指数平均水平 76.89。具体而言，该项指数最高的上市公司是东软集团，数字化战略导向指数为 96.19。从区域内省份分布来看，如图 8-2 所示，数字化战略导向指数平均水平最高的省份是吉林省（71.11）。从指数分布来看，高于数字原生产业上市公司该项指数平均水平的上市公司有 10 家，占比 35.71%。其中，数字化战略导向指数处于［80，100］的有 9 家，占比 32.14%；［70，

80）的有5家，占比17.86%；[60，70）的有3家，占比10.71%；[0，60）的有11家，占比39.29%。

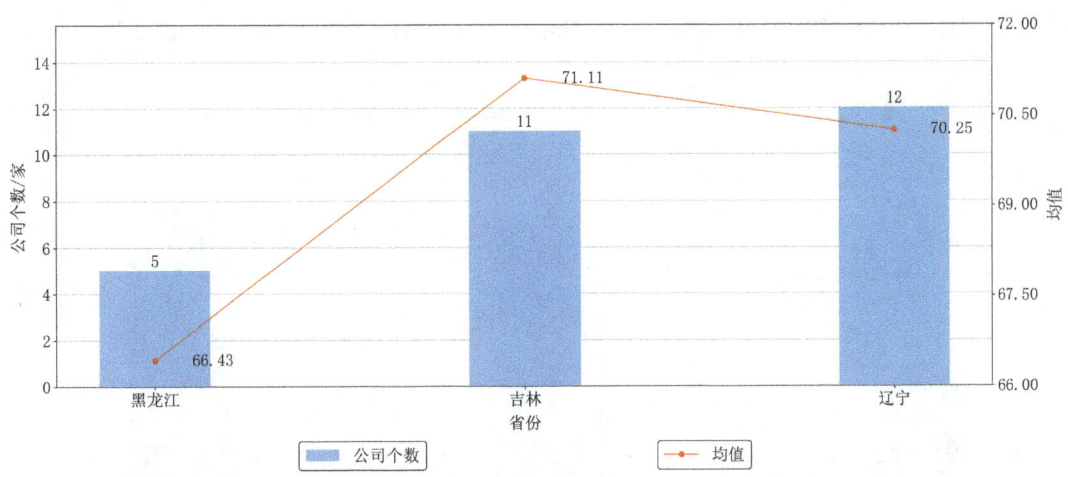

图8-2　2023年东北地区数字原生产业上市公司数字化战略导向指数均值分布图

东北地区数字化战略导向指数排名前10的数字原生产业上市公司如表8-2所示。

表 8-2　2023 年东北地区数字原生产业上市公司数字化战略导向指数前 10 排名

排名	证券名称	证券代码	产权性质	省份	一级行业	数字化战略导向指数
1	东软集团	600718.SH	非国有控股	辽宁	计算机	96.19
2	梦网科技	002123.SZ	非国有控股	辽宁	通信	95.44
3	天娱数科	002354.SZ	非国有控股	辽宁	传媒	93.93
4	启明信息	002232.SZ	中央国有控股	吉林	计算机	93.66
5	荣科科技	300290.SZ	地方国有控股	辽宁	计算机	93.57
6	吉视传媒	601929.SH	地方国有控股	吉林	传媒	92.78
7	吉大正元	003029.SZ	非国有控股	吉林	计算机	89.04
8	*ST信通	600289.SH	非国有控股	黑龙江	通信	84.88
9	拓荆科技	688072.SH	非国有控股	辽宁	电子	82.88
10	吉大通信	300597.SZ	中央国有控股	吉林	通信	79.02

数据来源：同花顺（iFinD），首经贸资产评估研究院和浙工商中国智能管理研究院整理。

8.1.3　数字化要素投入指数

2023年东北地区28家数字原生产业上市公司数字化要素投入指数平均水平为70.45，低于数字原生产业上市公司该项指数平均水平77.42。具体而言，该项指数最高的上市公司是东软集团，数字化要素投入指数为95.84。从区域内省份分布来看，如

图8-3所示，数字化要素投入指数平均水平最高的省份是辽宁省（73.52）。从指数分布来看，高于数字原生产业上市公司该项指数平均水平的上市公司有10家，占比35.71%。其中，数字化要素投入指数处于［80，100］的有6家，占比21.43%；［70，80）的有8家，占比28.57%；［60，70）的有6家，占比21.43%；［0，60）的有8家，占比28.57%。

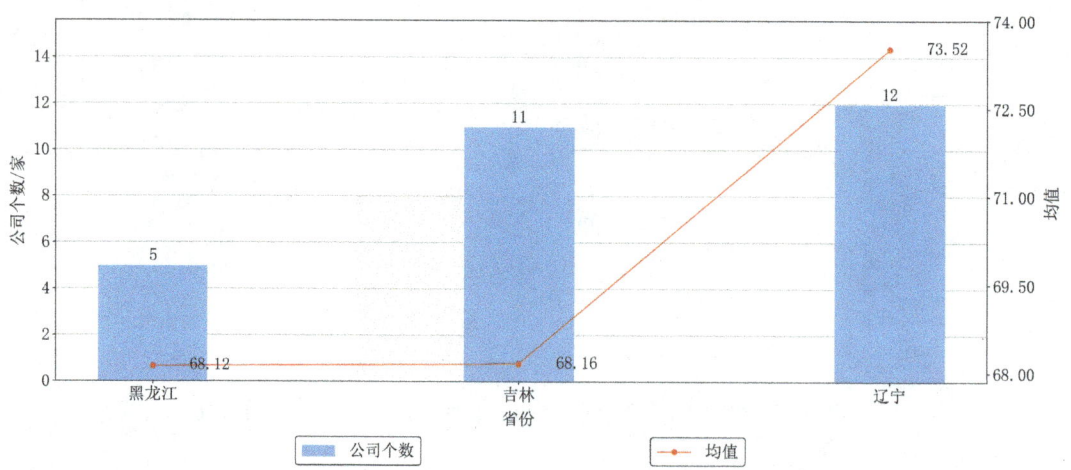

图8-3　2023年东北地区数字原生产业上市公司数字化要素投入指数均值分布图

东北地区数字化要素投入指数排名前10的数字原生产业上市公司如表8-3所示。

表8-3　2023年东北地区数字原生产业上市公司数字化要素投入指数前10排名

排名	证券名称	证券代码	产权性质	省份	一级行业	数字化要素投入指数
1	东软集团	600718.SH	非国有控股	辽宁	计算机	95.84
2	启明信息	002232.SZ	中央国有控股	吉林	计算机	92.45
3	梦网科技	002123.SZ	非国有控股	辽宁	通信	91.54
4	吉大正元	003029.SZ	非国有控股	吉林	计算机	87.68
5	天娱数科	002354.SZ	非国有控股	辽宁	传媒	87.43
6	拓荆科技	688072.SH	非国有控股	辽宁	电子	86.05
7	吉大通信	300597.SZ	中央国有控股	吉林	通信	79.97
8	荣科科技	300290.SZ	地方国有控股	辽宁	计算机	79.95
9	吉视传媒	601929.SH	地方国有控股	吉林	传媒	79.76
10	*ST信通	600289.SH	非国有控股	黑龙江	通信	79.27

数据来源：同花顺（iFinD），首经贸资产评估研究院和浙工商中国智能管理研究院整理。

8.1.4　数字化创新成果指数

2023年东北地区28家数字原生产业上市公司数字化创新成果指数平均水平为

66.77，低于数字原生产业上市公司该项指数平均水平75.03。具体而言，该项指数最高的上市公司是东软集团，数字化创新成果指数为92.19。从区域内省份分布来看，如图8-4所示，数字化创新成果指数平均水平最高的省份是辽宁省（67.59）。从指数分布来看，高于数字原生产业上市公司该项指数平均水平的上市公司有7家，占比25.00%。其中，数字化创新成果指数处于[80，100]的有6家，占比21.43%；[70，80)的有6家，占比21.43%；[60，70)的有5家，占比17.86%；[0，60)的有11家，占比39.28%。

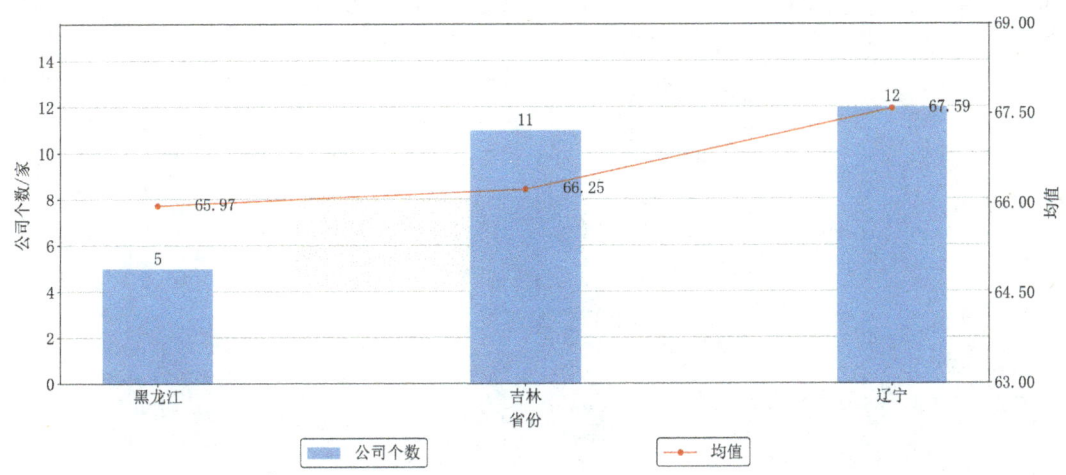

图8-4　2023年东北地区数字原生产业上市公司数字化创新成果指数均值分布图

东北地区数字化创新成果指数排名前10的数字原生产业上市公司如表8-4所示。

表8-4　2023年东北地区数字原生产业上市公司数字化创新成果指数前10排名

排名	证券名称	证券代码	产权性质	省份	一级行业	数字化创新成果指数
1	东软集团	600718.SH	非国有控股	辽宁	计算机	92.19
2	启明信息	002232.SZ	中央国有控股	吉林	计算机	90.53
3	荣科科技	300290.SZ	地方国有控股	辽宁	计算机	86.83
4	*ST信通	600289.SH	非国有控股	黑龙江	通信	84.96
5	吉大通信	300597.SZ	中央国有控股	吉林	通信	83.35
6	梦网科技	002123.SZ	非国有控股	辽宁	通信	81.17
7	吉大正元	003029.SZ	非国有控股	吉林	计算机	79.51
8	芯源微	688037.SH	中央国有控股	辽宁	电子	76.51
9	吉视传媒	601929.SH	地方国有控股	吉林	传媒	76.15
10	新光光电	688011.SH	非国有控股	黑龙江	国防军工	75.49

数据来源：同花顺（iFinD），首经贸资产评估研究院和浙工商中国智能管理研究院整理。

8.1.5 数字化创新绩效指数

2023年东北地区28家数字原生产业上市公司数字化创新绩效指数平均水平为61.07，低于数字原生产业上市公司该项指数平均水平65.43。具体而言，该项指数最高的上市公司是拓荆科技，数字化创新绩效指数为79.63。从区域内省份分布来看，如图8-5所示，数字化创新绩效指数平均水平最高的省份是辽宁省（64.98）。从指数分布来看，高于数字原生产业上市公司该项指数平均水平的上市公司有11家，占比39.29%。其中，数字化创新绩效指数处于［70，80）的有8家，占比28.57%；［60，70）的有8家，占比28.57%；［0，60）的有12家，占比42.86%。

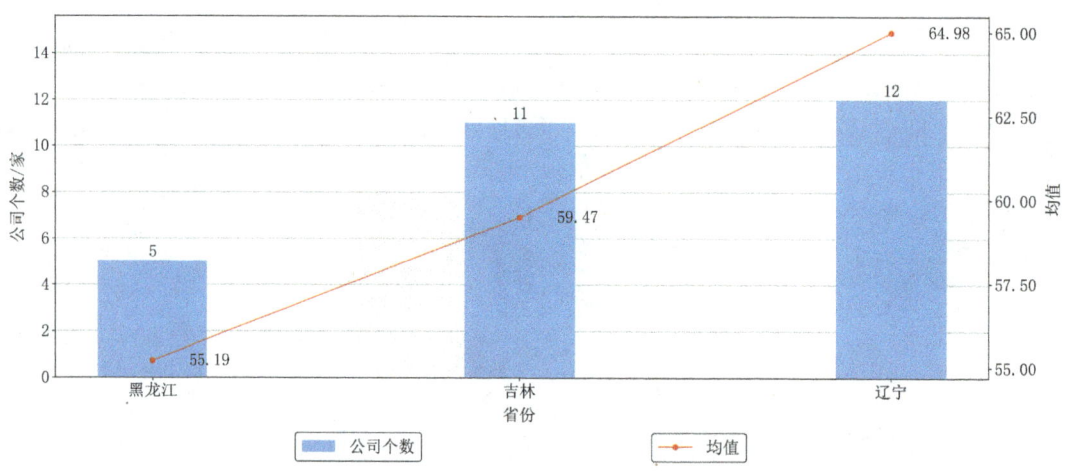

图8-5　2023年东北地区数字原生产业上市公司数字化创新绩效指数均值分布图

东北地区数字化创新绩效指数排名前10的数字原生产业上市公司如表8-5所示。

表8-5　2023年东北地区数字原生产业上市公司数字化创新绩效指数前10排名

排名	证券名称	证券代码	产权性质	省份	一级行业	数字化创新绩效指数
1	拓荆科技	688072.SH	非国有控股	辽宁	电子	79.63
2	龙版传媒	605577.SH	地方国有控股	黑龙江	传媒	75.69
3	富创精密	688409.SH	非国有控股	辽宁	电子	74.91
4	东软集团	600718.SH	非国有控股	辽宁	计算机	74.79
5	芯源微	688037.SH	中央国有控股	辽宁	电子	72.43
6	奥普光电	002338.SZ	中央国有控股	吉林	国防军工	71.71
7	出版传媒	601999.SH	地方国有控股	辽宁	传媒	70.86
8	天娱数科	002354.SZ	非国有控股	辽宁	传媒	70.28
9	梦网科技	002123.SZ	非国有控股	辽宁	通信	69.34
10	奥来德	688378.SH	非国有控股	吉林	电子	69.16

数据来源：同花顺（iFinD），首经贸资产评估研究院和浙工商中国智能管理研究院整理。

8.2 华北地区数字原生产业上市公司数字化创新评价

截至2023年底，A股市场华北地区共有数字原生产业上市公司204家，总市值共计37578.82亿元，营业收入合计17953.01亿元，平均市值184.21亿元/家，平均营业收入88.00亿元/家。2023年，华北地区数字原生产业上市公司研发投入合计为1188.94亿元，占营业收入的比例为6.62%；无形资产账面价值合计为1567.91亿元，占总资产的比例为4.56%。根据本报告分析口径，共对华北地区204家数字原生产业上市公司开展数字化创新指数评价，具体情况如下：

8.2.1 数字化创新综合指数

2023年华北地区204家数字原生产业上市公司数字化创新综合指数平均水平为76.71，高于数字原生产业上市公司该项指数平均水平73.09。具体而言，该项指数最高的上市公司是金山办公，数字化创新综合指数为93.10。从区域内省份分布来看，如图8-6所示，华北地区204家数字原生产业上市公司分布在5个省份，数字化创新综合指数平均水平最高的省份是北京市（78.01）。从指数分布来看，高于数字原生产业上市公司该项指数平均水平的上市公司有131家，占比64.22%。其中，数字化创新综合指数处于[80，100]的有82家，占比40.20%；[70，80)的有82家，占比40.20%；[60，70)的有27家，占比13.24%；[0，60)的有13家，占比6.36%。

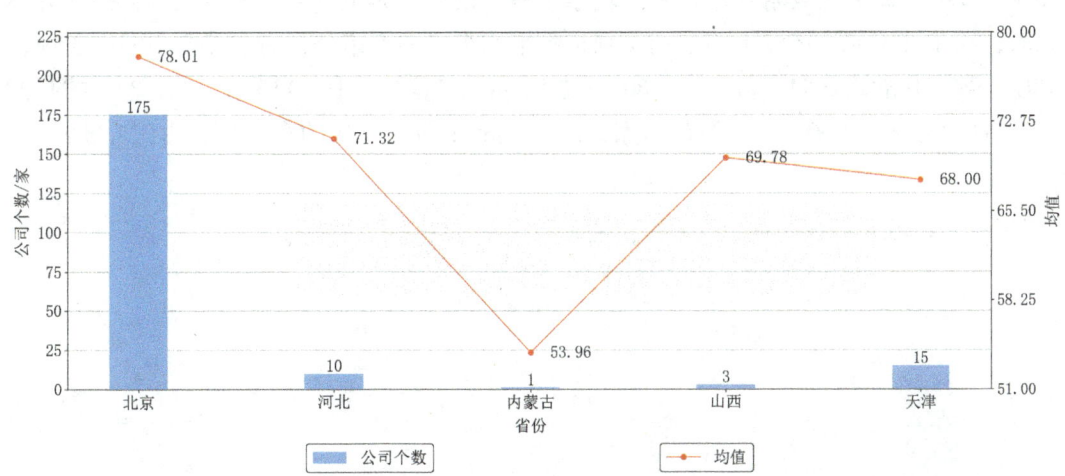

图8-6 2023年华北地区数字原生产业上市公司数字化创新综合指数均值分布图

华北地区数字化创新综合指数排名前10的数字原生产业上市公司如表8-6所示。

表 8-6 2023 年华北地区数字原生产业上市公司数字化创新综合指数前 10 排名

排名	证券名称	证券代码	产权性质	省份	一级行业	数字化创新综合指数
1	金山办公	688111.SH	非国有控股	北京	计算机	93.10
2	软通动力	301236.SZ	非国有控股	北京	计算机	91.70
3	神州泰岳	300002.SZ	非国有控股	北京	传媒	91.70
4	石基信息	002153.SZ	非国有控股	北京	计算机	91.32
5	中科星图	688568.SH	中央国有控股	北京	计算机	90.97
6	中国电信	601728.SH	中央国有控股	北京	通信	90.86
7	石头科技	688169.SH	非国有控股	北京	家用电器	90.67
8	宇信科技	300674.SZ	非国有控股	北京	计算机	89.77
9	用友网络	600588.SH	非国有控股	北京	计算机	89.61
10	超图软件	300036.SZ	非国有控股	北京	计算机	89.45

数据来源：同花顺（iFinD），首经贸资产评估研究院和浙工商中国智能管理研究院整理。

8.2.2 数字化战略导向指数

2023年华北地区204家数字原生产业上市公司数字化战略导向指数平均水平为83.95，高于数字原生产业上市公司该项指数平均水平76.89。具体而言，该项指数最高的上市公司是软通动力，数字化战略导向指数为98.85。从区域内省份分布来看，如图8-7所示，数字化战略导向指数平均水平最高的省份是北京市（85.72）。从指数分布来看，高于数字原生产业上市公司该项指数平均水平的上市公司有150家，占比73.53%。其中，数字化战略导向指数处于［80，100］的有143家，占比70.10%；［70，80）的有32家，占比15.69%；［60，70）的有14家，占比6.86%；［0，60）的有15家，占比7.35%。

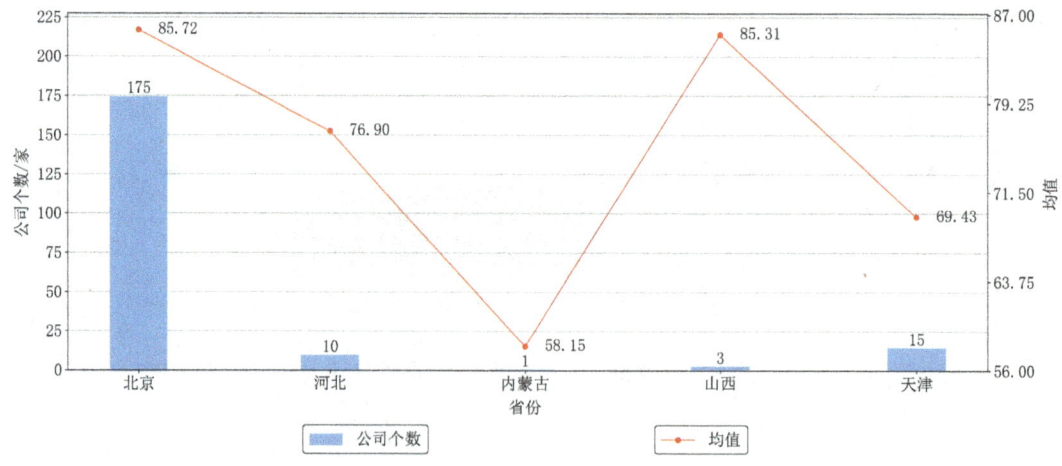

图 8-7 2023 年华北地区数字原生产业上市公司数字化战略导向指数均值分布图

华北地区数字化战略导向指数排名前10的数字原生产业上市公司如表8-7所示。

表8-7　2023年华北地区数字原生产业上市公司数字化战略导向指数前10排名

排名	证券名称	证券代码	产权性质	省份	一级行业	数字化战略导向指数
1	软通动力	301236.SZ	非国有控股	北京	计算机	98.85
2	东方国信	300166.SZ	非国有控股	北京	计算机	97.83
3	科蓝软件	300663.SZ	非国有控股	北京	计算机	97.68
4	金山办公	688111.SH	非国有控股	北京	计算机	97.22
5	神州泰岳	300002.SZ	非国有控股	北京	传媒	96.99
6	常山北明	000158.SZ	地方国有控股	河北	计算机	96.90
7	奇安信	688561.SH	非国有控股	北京	计算机	96.88
8	中国电信	601728.SH	中央国有控股	北京	通信	96.87
9	启明星辰	002439.SZ	中央国有控股	北京	计算机	96.85
10	石基信息	002153.SZ	非国有控股	北京	计算机	96.73

数据来源：同花顺（iFinD），首经贸资产评估研究院和浙工商中国智能管理研究院整理。

8.2.3　数字化要素投入指数

2023年华北地区204家数字原生产业上市公司数字化要素投入指数平均水平为82.52，高于数字原生产业上市公司该项指数平均水平77.42。具体而言，该项指数最高的上市公司是软通动力，数字化要素投入指数为99.82。从区域内省份分布来看，如图8-8所示，数字化要素投入指数平均水平最高的省份是北京市（84.26）。从指数分布来看，高于数字原生产业上市公司该项指数平均水平的上市公司有141家，占比69.12%。其中，数字化要素投入指数处于[80，100]的有138家，占比67.65%；[70，80)的有35家，占比17.16%；[60，70)的有17家，占比8.33%；[0，60)的有14家，占比6.86%。

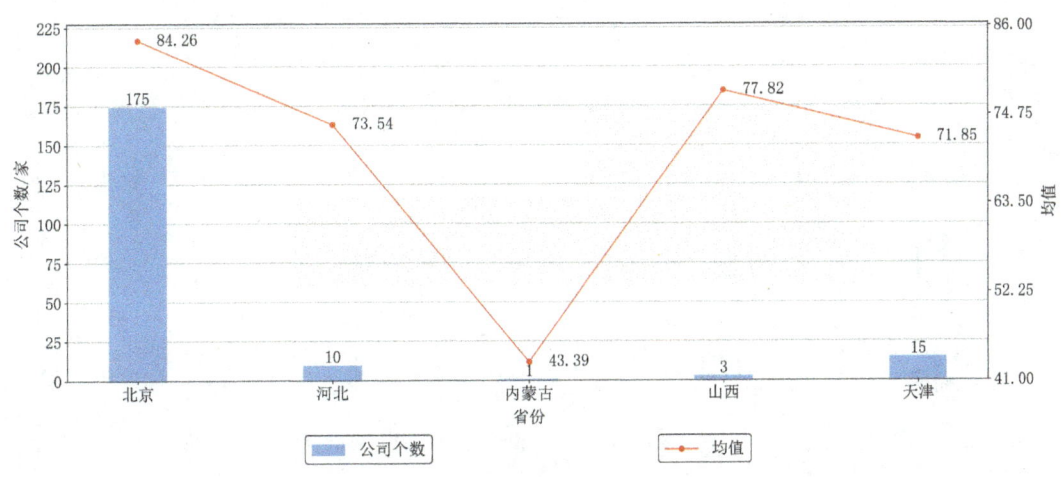

图8-8　2023年华北地区数字原生产业上市公司数字化要素投入指数均值分布图

华北地区数字化要素投入指数排名前10的数字原生产业上市公司如表8-8所示。

表8-8 2023年华北地区数字原生产业上市公司数字化要素投入指数前10排名

排名	证券名称	证券代码	产权性质	省份	一级行业	数字化要素投入指数
1	软通动力	301236.SZ	非国有控股	北京	计算机	99.82
2	亚康股份	301085.SZ	非国有控股	北京	计算机	97.86
3	紫光股份	000938.SZ	非国有控股	北京	计算机	97.30
4	神州泰岳	300002.SZ	非国有控股	北京	传媒	97.01
5	金山办公	688111.SH	非国有控股	北京	计算机	96.98
6	用友网络	600588.SH	非国有控股	北京	计算机	96.61
7	中科创达	300496.SZ	非国有控股	北京	计算机	96.40
8	航天宏图	688066.SH	非国有控股	北京	计算机	96.09
9	科蓝软件	300663.SZ	非国有控股	北京	计算机	96.05
10	先进数通	300541.SZ	非国有控股	北京	计算机	95.88

数据来源：同花顺（iFinD），首经贸资产评估研究院和浙工商中国智能管理研究院整理。

8.2.4 数字化创新成果指数

2023年华北地区204家数字原生产业上市公司数字化创新成果指数平均水平为77.58，高于数字原生产业上市公司该项指数平均水平75.03。具体而言，该项指数最高的上市公司是软通动力，数字化创新成果指数为97.27。从区域内省份分布来看，如图8-9所示，数字化创新成果指数平均水平最高的省份是北京市（79.37）。从指数分布来看，高于数字原生产业上市公司该项指数平均水平的上市公司有128家，占比62.75%。其中，数字化创新成果指数处于［80，100］的有101家，占比49.51%；［70，80）的有55家，占比26.96%；［60，70）的有26家，占比12.75%；［0，60）的有22家，占比10.78%。

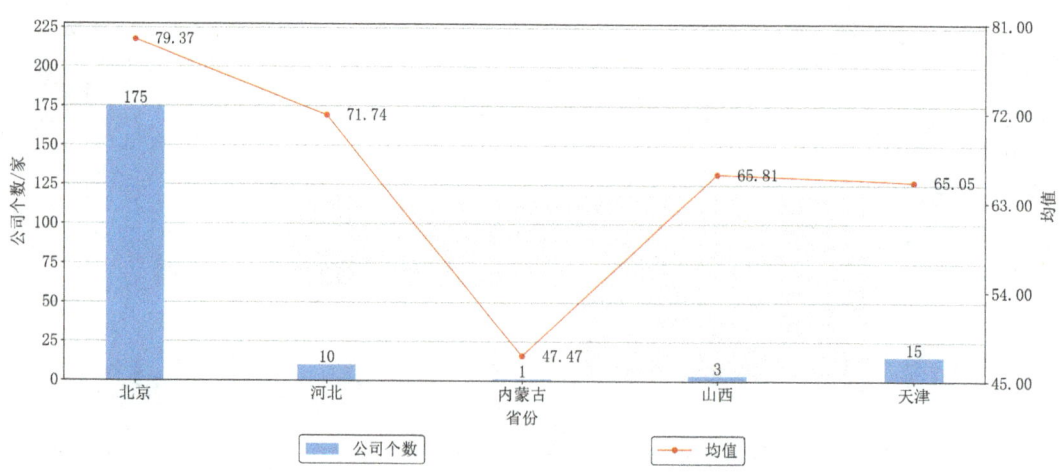

图8-9 2023年华北地区数字原生产业上市公司数字化创新成果指数均值分布图

华北地区数字化创新成果指数排名前10的数字原生产业上市公司如表8-9所示。

表8-9　2023年华北地区数字原生产业上市公司数字化创新成果指数前10排名

排名	证券名称	证券代码	产权性质	省份	一级行业	数字化创新成果指数
1	软通动力	301236.SZ	非国有控股	北京	计算机	97.27
2	石基信息	002153.SZ	非国有控股	北京	计算机	96.69
3	东土科技	300353.SZ	非国有控股	北京	通信	94.96
4	光环新网	300383.SZ	非国有控股	北京	通信	94.59
5	航天宏图	688066.SH	非国有控股	北京	计算机	94.58
6	思特奇	300608.SZ	非国有控股	北京	计算机	94.52
7	汉王科技	002362.SZ	非国有控股	北京	计算机	93.98
8	宇信科技	300674.SZ	非国有控股	北京	计算机	93.62
9	超图软件	300036.SZ	非国有控股	北京	计算机	92.80
10	奇安信	688561.SH	非国有控股	北京	计算机	92.78

数据来源：同花顺（iFinD），首经贸资产评估研究院和浙工商中国智能管理研究院整理。

8.2.5　数字化创新绩效指数

2023年华北地区204家数字原生产业上市公司数字化创新绩效指数平均水平为67.07，高于数字原生产业上市公司该项指数平均水平65.43。具体而言，该项指数最高的上市公司是北方华创，数字化创新绩效指数为93.01。从区域内省份分布来看，如图8-10所示，数字化创新绩效指数平均水平最高的省份是天津市（67.72）。从指数分布来看，高于数字原生产业上市公司该项指数平均水平的上市公司有103家，占比50.49%。其中，数字化创新绩效指数处于［80，100］的有35家，占比17.16%；［70，80）的有41家，占比20.10%；［60，70）的有66家，占比32.35%；［0，60）的有62家，占比30.39%。

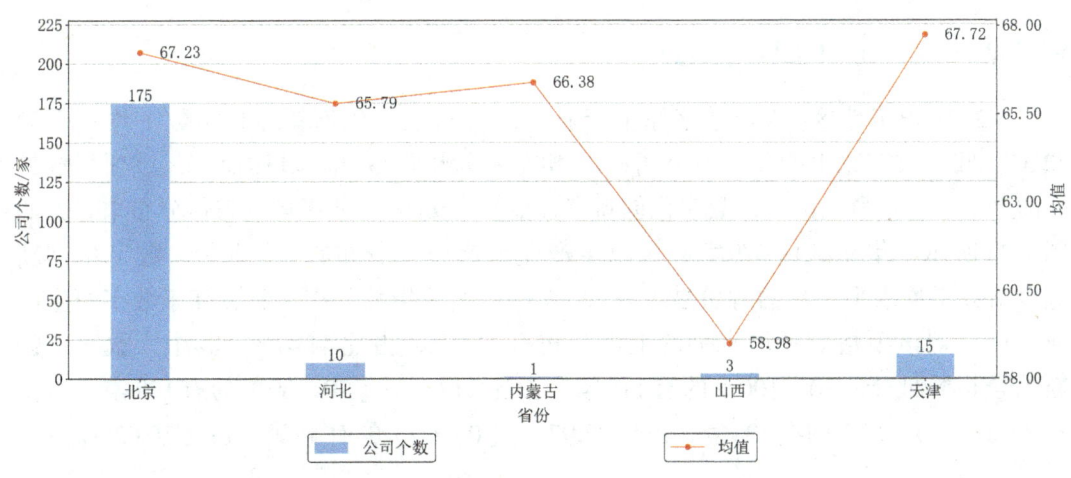

图8-10　2023年华北地区数字原生产业上市公司数字化创新绩效指数均值分布图

华北地区数字化创新绩效指数排名前10的数字原生产业上市公司如表8-10所示。

表8-10　2023年华北地区数字原生产业上市公司数字化创新绩效指数前10排名

排名	证券名称	证券代码	产权性质	省份	一级行业	数字化创新绩效指数
1	北方华创	002371.SZ	地方国有控股	北京	电子	93.01
2	万达电影	002739.SZ	非国有控股	北京	传媒	92.71
3	石头科技	688169.SH	非国有控股	北京	家用电器	91.63
4	光线传媒	300251.SZ	非国有控股	北京	传媒	91.20
5	中科曙光	603019.SH	中央国有控股	天津	计算机	90.19
6	中国科传	601858.SH	中央国有控股	北京	传媒	89.27
7	神州泰岳	300002.SZ	非国有控股	北京	传媒	88.44
8	金山办公	688111.SH	非国有控股	北京	计算机	88.18
9	中国出版	601949.SH	中央国有控股	北京	传媒	88.06
10	中国电影	600977.SH	中央国有控股	北京	传媒	87.31

数据来源：同花顺（iFinD），首经贸资产评估研究院和浙工商中国智能管理研究院整理。

8.3　华东地区数字原生产业上市公司数字化创新评价

截至2023年底，A股市场华东地区共有数字原生产业上市公司479家，总市值共计57060.64亿元，营业收入合计19358.78亿元，平均市值119.12亿元/家，平均营业收入40.41亿元/家。2023年，华东地区数字原生产业上市公司研发投入合计为1446.81亿元，占营业收入的比例为7.47%；无形资产账面价值合计为902.27亿元，占总资产的比例为2.82%。根据本报告分析口径，共对华东地区479家数字原生产业上市公司开展数字化创新指数评价，具体情况如下：

8.3.1　数字化创新综合指数

2023年华东地区479家数字原生产业上市公司数字化创新综合指数平均水平为72.53，低于数字原生产业上市公司该项指数平均水平73.09。具体而言，该项指数最高的上市公司是科大讯飞，数字化创新综合指数为93.98。从区域内省份分布来看，如图8-11所示，华东地区479家数字原生产业上市公司分布在7个省份，数字化创新综合指数平均水平最高的省份是山东省（75.31）。从指数分布来看，高于数字原生产业上市公司该项指数平均水平的上市公司有213家，占比44.47%。其中，数字化创新综合指数处于［80，100］的有118家，占比24.63%；［70，80）的有179家，占比37.37%；［60，70）的有134家，占比27.97%；［0，60）的有48家，占比10.03%。

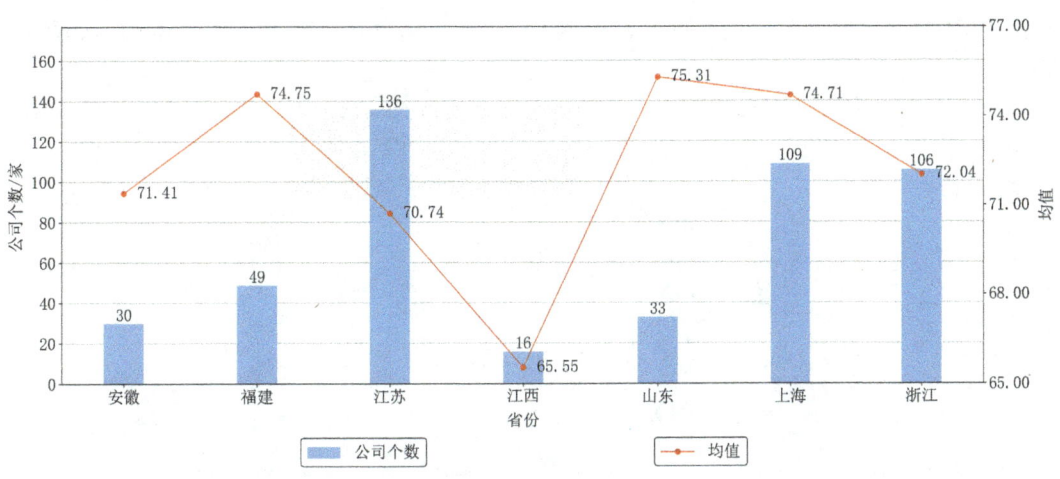

图8-11 2023年华东地区数字原生产业上市公司数字化创新综合指数均值分布图

华东地区数字化创新综合指数排名前10的数字原生产业上市公司如表8-11所示。

表8-11 2023年华东地区数字原生产业上市公司数字化创新综合指数前10排名

排名	证券名称	证券代码	产权性质	省份	一级行业	数字化创新综合指数
1	科大讯飞	002230.SZ	非国有控股	安徽	计算机	93.98
2	大华股份	002236.SZ	非国有控股	浙江	计算机	92.70
3	海康威视	002415.SZ	中央国有控股	浙江	计算机	91.92
4	萤石网络	688475.SH	中央国有控股	浙江	计算机	91.03
5	卓胜微	300782.SZ	非国有控股	江苏	电子	90.36
6	中远海科	002401.SZ	中央国有控股	上海	计算机	89.72
7	宝信软件	600845.SH	中央国有控股	上海	计算机	89.62
8	科大国创	300520.SZ	非国有控股	安徽	计算机	88.86
9	虹软科技	688088.SH	非国有控股	浙江	计算机	88.80
10	润和软件	300339.SZ	非国有控股	江苏	计算机	88.51

数据来源：同花顺（iFinD），首经贸资产评估研究院和浙工商中国智能管理研究院整理。

8.3.2 数字化战略导向指数

2023年华东地区479家数字原生产业上市公司数字化战略导向指数平均水平为75.58，低于数字原生产业上市公司该项指数平均水平76.89。具体而言，该项指数最高的上市公司是萤石网络，数字化战略导向指数为98.74。从区域内省份分布来看，如图8-12所示，数字化战略导向指数平均水平最高的省份是山东省（82.13）。从指数分布来看，高于数字原生产业上市公司该项指数平均水平的上市公司有238家，占比49.69%。其中，数字化战略导向指数处于［80，100］的有224家，占比46.76%；［70，80）的有80家，占比16.70%；[60，70)的有76家，占比15.87%；[0，60)的有99家，占比20.67%。

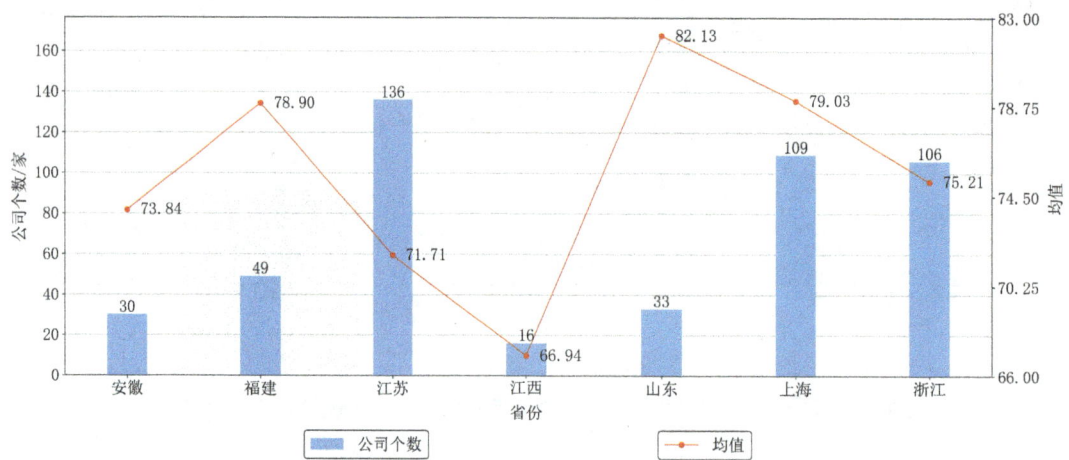

图 8-12　2023年华东地区数字原生产业上市公司数字化战略导向指数均值分布图

华东地区数字化战略导向指数排名前10的数字原生产业上市公司如表8-12所示。

表 8-12　2023 年华东地区数字原生产业上市公司数字化战略导向指数前 10 排名

排名	证券名称	证券代码	产权性质	省份	一级行业	数字化战略导向指数
1	萤石网络	688475.SH	中央国有控股	浙江	计算机	98.74
2	大华股份	002236.SZ	非国有控股	浙江	计算机	98.70
3	科大讯飞	002230.SZ	非国有控股	安徽	计算机	98.55
4	科大国创	300520.SZ	非国有控股	安徽	计算机	98.17
5	海康威视	002415.SZ	中央国有控股	浙江	计算机	97.79
6	芯原股份	688521.SH	非国有控股	上海	电子	97.74
7	南威软件	603636.SH	非国有控股	福建	计算机	97.67
8	中电兴发	002298.SZ	非国有控股	安徽	计算机	97.66
9	润和软件	300339.SZ	非国有控股	江苏	计算机	97.62
10	新点软件	688232.SH	非国有控股	江苏	计算机	97.56

数据来源：同花顺（iFinD），首经贸资产评估研究院和浙工商中国智能管理研究院整理。

8.3.3　数字化要素投入指数

2023年华东地区479家数字原生产业上市公司数字化要素投入指数平均水平为76.64，低于数字原生产业上市公司该项指数平均水平77.42。具体而言，该项指数最高的上市公司是科大国创，数字化要素投入指数为99.64。从区域内省份分布来看，如图8-13所示，数字化要素投入指数平均水平最高的省份是上海市（80.67）。从指数分布来看，高于数字原生产业上市公司该项指数平均水平的上市公司有232家，占比48.43%。其中，数字化要素投入指数处于［80，100］的有214家，占比44.68%；［70，80）的有130家，占比27.14%；［60，70）的有76家，占比15.87%；［0，60）的有59家，占比12.31%。

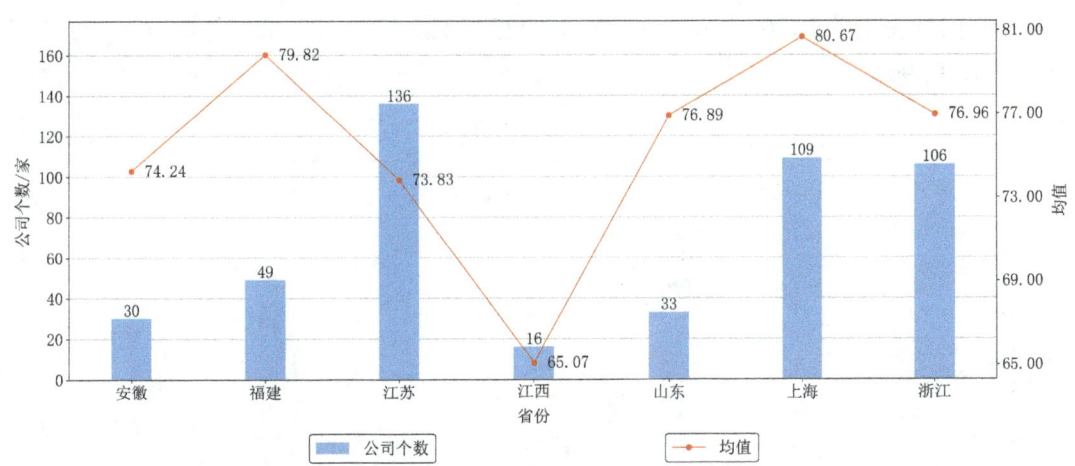

图8-13　2023年华东地区数字原生产业上市公司数字化要素投入指数均值分布图

华东地区数字化要素投入指数排名前10的数字原生产业上市公司如表8-13所示。

表8-13　2023年华东地区数字原生产业上市公司数字化要素投入指数前10排名

排名	证券名称	证券代码	产权性质	省份	一级行业	数字化要素投入指数
1	科大国创	300520.SZ	非国有控股	安徽	计算机	99.64
2	科大讯飞	002230.SZ	非国有控股	安徽	计算机	99.15
3	澜起科技	688008.SH	非国有控股	上海	电子	99.14
4	剑桥科技	603083.SH	非国有控股	上海	通信	98.03
5	宝信软件	600845.SH	中央国有控股	上海	计算机	96.73
6	萤石网络	688475.SH	中央国有控股	浙江	计算机	96.34
7	国投智能	300188.SZ	中央国有控股	福建	计算机	96.34
8	润和软件	300339.SZ	非国有控股	江苏	计算机	96.13
9	慧博云通	301316.SZ	非国有控股	浙江	计算机	96.12
10	中富通	300560.SZ	非国有控股	福建	通信	96.09

数据来源：同花顺（iFinD），首经贸资产评估研究院和浙工商中国智能管理研究院整理。

8.3.4　数字化创新成果指数

2023年华东地区479家数字原生产业上市公司数字化创新成果指数平均水平为74.79，低于数字原生产业上市公司该项指数平均水平75.03。具体而言，该项指数最高的上市公司是大华股份，数字化创新成果指数为98.31。从区域内省份分布来看，如图8-14所示，数字化创新成果指数平均水平最高的省份是山东省（78.46）。从指数分布来看，高于数字原生产业上市公司该项指数平均水平的上市公司有220家，占比45.93%。其中，数字化创新成果指数处于［80，100］的有181家，占比37.79%；［70，80）的有129家，占比26.93%；［60，70）的有112家，占比23.38%；［0，60）的有57家，占比11.90%。

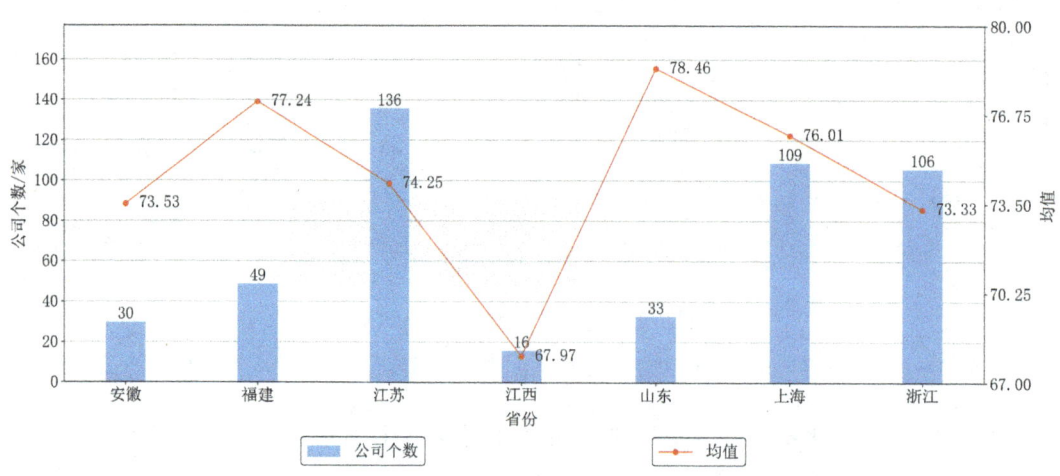

图8-14　2023年华东地区数字原生产业上市公司数字化创新成果指数均值分布图

华东地区数字化创新成果指数排名前10的数字原生产业上市公司如表8-14所示。

表8-14　2023年华东地区数字原生产业上市公司数字化创新成果指数前10排名

排名	证券名称	证券代码	产权性质	省份	一级行业	数字化创新成果指数
1	大华股份	002236.SZ	非国有控股	浙江	计算机	98.31
2	科大讯飞	002230.SZ	非国有控股	安徽	计算机	98.19
3	海康威视	002415.SZ	中央国有控股	浙江	计算机	97.97
4	萤石网络	688475.SH	中央国有控股	浙江	计算机	97.30
5	科大国创	300520.SZ	非国有控股	安徽	计算机	97.08
6	先导智能	300450.SZ	非国有控股	江苏	电力设备	96.04
7	飞乐音响	600651.SH	地方国有控股	上海	汽车	95.32
8	泛微网络	603039.SH	非国有控股	上海	计算机	95.29
9	安恒信息	688023.SH	非国有控股	浙江	计算机	95.21
10	宝通科技	300031.SZ	非国有控股	江苏	传媒	94.88

8.3.5　数字化创新绩效指数

2023年华东地区479家数字原生产业上市公司数字化创新绩效指数平均水平为

65.10，低于数字原生产业上市公司该项指数平均水平65.43。具体而言，该项指数最高的上市公司是卓胜微，数字化创新绩效指数为92.23。从区域内省份分布来看，如图8-15所示，数字化创新绩效指数平均水平最高的省份是山东省（66.35）。从指数分布来看，高于数字原生产业上市公司该项指数平均水平的上市公司有222家，占比46.35%。其中，数字化创新绩效指数处于［80，100］的有44家，占比9.19%；［70，80）的有121家，占比25.26%；［60，70）的有144家，占比30.06%；［0，60）的有170家，占比35.49%。

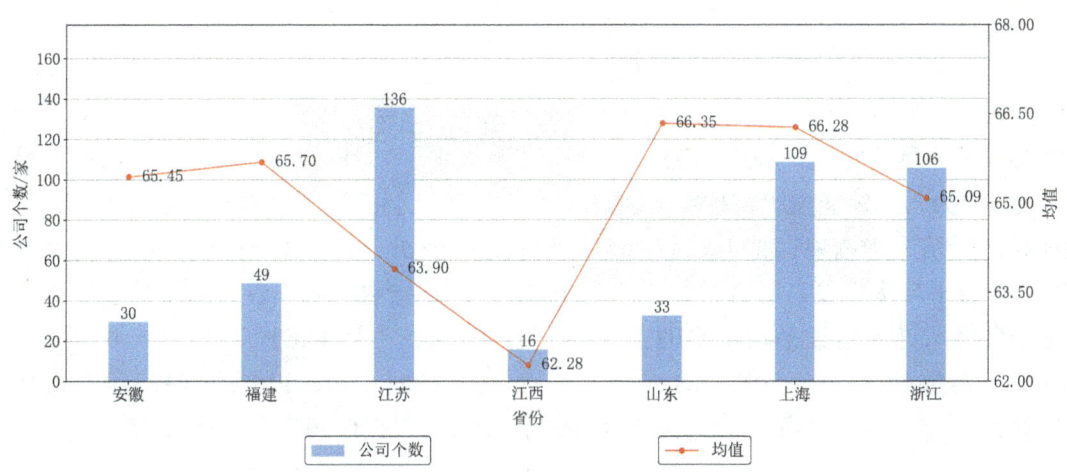

图8-15　2023年华东地区数字原生产业上市公司数字化创新绩效指数均值分布图

华东地区数字化创新绩效指数排名前10的数字原生产业上市公司如表8-15所示。

表 8-15　2023 年华东地区数字原生产业上市公司数字化创新绩效指数前 10 排名

排名	证券名称	证券代码	产权性质	省份	一级行业	数字化创新绩效指数
1	卓胜微	300782.SZ	非国有控股	江苏	电子	92.23
2	中际旭创	300308.SZ	非国有控股	山东	通信	90.71
3	天孚通信	300394.SZ	非国有控股	江苏	通信	90.53
4	中微公司	688012.SH	地方国有控股	上海	电子	88.90
5	恺英网络	002517.SZ	非国有控股	福建	传媒	88.06
6	盛美上海	688082.SH	非国有控股	上海	电子	86.60
7	东方明珠	600637.SH	地方国有控股	上海	传媒	86.01
8	先导智能	300450.SZ	非国有控股	江苏	电力设备	85.93
9	沪电股份	002463.SZ	非国有控股	江苏	电子	85.65
10	大华股份	002236.SZ	非国有控股	浙江	计算机	85.48

数据来源：同花顺（iFinD），首经贸资产评估研究院和浙工商中国智能管理研究院整理。

8.4 华南地区数字原生产业上市公司数字化创新评价

截至2023年底，A股市场华南地区共有数字原生产业上市公司324家，总市值共计37718.76亿元，营业收入合计22988.42亿元，平均市值116.42亿元/家，平均营业收入70.95亿元/家。2023年，华南地区数字原生产业上市公司研发投入合计为1351.91亿元，占营业收入的比例为5.88%；无形资产账面价值合计为885.51亿元，占总资产的比例为2.97%。根据本报告分析口径，共对华南地区324家数字原生产业上市公司开展数字化创新指数评价，具体情况如下：

8.4.1 数字化创新综合指数

2023年华南地区324家数字原生产业上市公司数字化创新综合指数平均水平为73.09，低于数字原生产业上市公司该项指数平均水平73.09。具体而言，该项指数最高的上市公司是传音控股，数字化创新综合指数为92.48。从区域内省份分布来看，如图8-16所示，华南地区324家数字原生产业上市公司分布在3个省份，数字化创新综合指数平均水平最高的省份是广东省（73.17）。从指数分布来看，高于数字原生产业上市公司该项指数平均水平的上市公司有161家，占比49.69%。其中，数字化创新综合指数处于［80，100］的有85家，占比26.23%；［70，80）的有123家，占比37.96%；［60，70）的有86家，占比26.54%；［0，60）的有30家，占比9.27%。

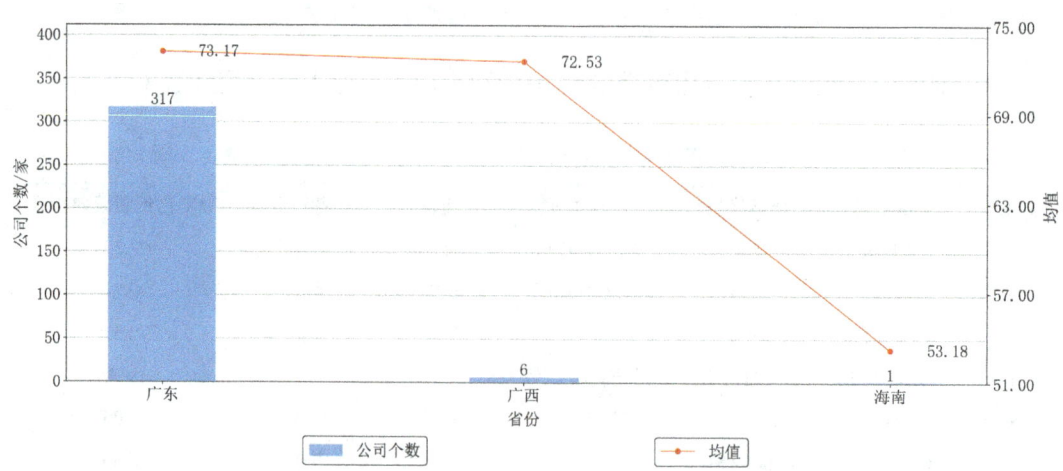

图8-16 2023年华南地区数字原生产业上市公司数字化创新综合指数均值分布图

华南地区数字化创新综合指数排名前10的数字原生产业上市公司如表8-16所示。

表 8-16 2023 年华南地区数字原生产业上市公司数字化创新综合指数前 10 排名

排名	证券名称	证券代码	产权性质	省份	一级行业	数字化创新综合指数
1	传音控股	688036.SH	非国有控股	广东	电子	92.48
2	协创数据	300857.SZ	非国有控股	广东	电子	90.95
3	彩讯股份	300634.SZ	非国有控股	广东	计算机	90.07
4	盛视科技	002990.SZ	非国有控股	广东	计算机	89.58
5	中兴通讯	000063.SZ	非国有控股	广东	通信	89.56
6	工业富联	601138.SH	非国有控股	广东	电子	89.18
7	锐明技术	002970.SZ	非国有控股	广东	计算机	88.95
8	广电运通	002152.SZ	地方国有控股	广东	计算机	88.89
9	智度股份	000676.SZ	非国有控股	广东	传媒	88.82
10	佳都科技	600728.SH	非国有控股	广东	计算机	88.72

数据来源：同花顺（iFinD），首经贸资产评估研究院和浙工商中国智能管理研究院整理。

8.4.2 数字化战略导向指数

2023年华南地区324家数字原生产业上市公司数字化战略导向指数平均水平为76.14，低于数字原生产业上市公司该项指数平均水平76.89。具体而言，该项指数最高的上市公司是天融信，数字化战略导向指数为97.82。从区域内省份分布来看，如图8-17所示，数字化战略导向指数平均水平最高的省份是广西壮族自治区（82.68）。从指数分布来看，高于数字原生产业上市公司该项指数平均水平的上市公司有166家，占比51.23%。其中，数字化战略导向指数处于［80，100］的有149家，占比45.99%；［70，80）的有56家，占比17.28%；［60，70）的有58家，占比17.90%；［0，60）的有61家，占比18.83%。

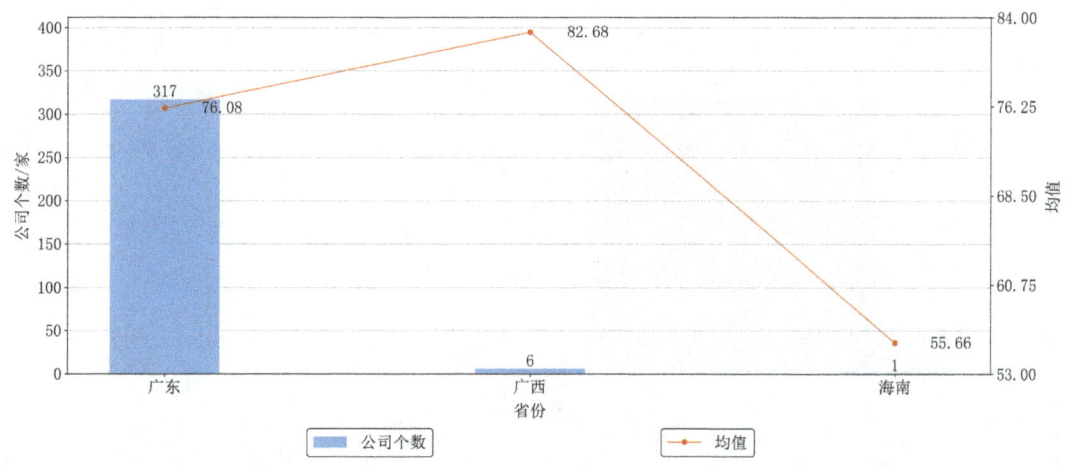

图 8-17 2023 年华南地区数字原生产业上市公司数字化战略导向指数均值分布图

华南地区数字化战略导向指数排名前10的数字原生产业上市公司如表8-17所示。

表8-17 2023年华南地区数字原生产业上市公司数字化战略导向指数前10排名

排名	证券名称	证券代码	产权性质	省份	一级行业	数字化战略导向指数
1	天融信	002212.SZ	非国有控股	广东	计算机	97.82
2	广电运通	002152.SZ	地方国有控股	广东	计算机	97.61
3	华大基因	300676.SZ	非国有控股	广东	医药生物	97.28
4	ST英飞拓	002528.SZ	地方国有控股	广东	计算机	97.25
5	彩讯股份	300634.SZ	非国有控股	广东	计算机	97.17
6	熵基科技	301330.SZ	非国有控股	广东	计算机	97.11
7	高新兴	300098.SZ	非国有控股	广东	通信	97.02
8	锐明技术	002970.SZ	非国有控股	广东	计算机	96.85
9	润建股份	002929.SZ	非国有控股	广西	通信	96.69
10	天源迪科	300047.SZ	非国有控股	广东	计算机	96.42

数据来源：同花顺（iFinD），首经贸资产评估研究院和浙工商中国智能管理研究院整理。

8.4.3 数字化要素投入指数

2023年华南地区324家数字原生产业上市公司数字化要素投入指数平均水平为76.42，低于数字原生产业上市公司该项指数平均水平77.42。具体而言，该项指数最高的上市公司是彩讯股份，数字化要素投入指数为96.94。从区域内省份分布来看，如图8-18所示，数字化要素投入指数平均水平最高的省份是广东省（76.54）。从指数分布来看，高于数字原生产业上市公司该项指数平均水平的上市公司有145家，占比44.75%。其中，数字化要素投入指数处于［80，100］的有139家，占比42.90%；［70，80）的有99家，占比30.56%；［60，70）的有54家，占比16.67%；［0，60）的有32家，占比9.87%。

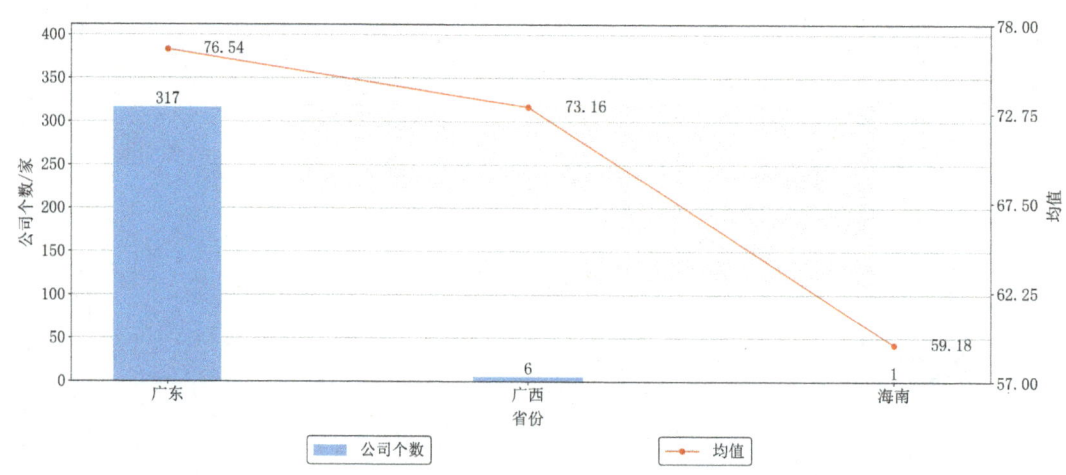

图8-18 2023年华南地区数字原生产业上市公司数字化要素投入指数均值分布图

华南地区数字化要素投入指数排名前10的数字原生产业上市公司如表8-18所示。

表 8-18　2023 年华南地区数字原生产业上市公司数字化要素投入指数前 10 排名

排名	证券名称	证券代码	产权性质	省份	一级行业	数字化要素投入指数
1	彩讯股份	300634.SZ	非国有控股	广东	计算机	96.94
2	奥飞数据	300738.SZ	非国有控股	广东	通信	96.86
3	智度股份	000676.SZ	非国有控股	广东	传媒	96.59
4	中兴通讯	000063.SZ	非国有控股	广东	通信	96.44
5	宜通世纪	300310.SZ	非国有控股	广东	通信	95.66
6	天融信	002212.SZ	非国有控股	广东	计算机	95.47
7	盛视科技	002990.SZ	非国有控股	广东	计算机	95.31
8	佳都科技	600728.SH	非国有控股	广东	计算机	95.18
9	工业富联	601138.SH	非国有控股	广东	电子	95.09
10	银之杰	300085.SZ	非国有控股	广东	计算机	94.81

数据来源：同花顺（iFinD），首经贸资产评估研究院和浙工商中国智能管理研究院整理。

8.4.4　数字化创新成果指数

2023年华南地区324家数字原生产业上市公司数字化创新成果指数平均水平为76.50，高于数字原生产业上市公司该项指数平均水平75.03。具体而言，该项指数最高的上市公司是锐明技术，数字化创新成果指数为96.01。从区域内省份分布来看，如图8-19所示，数字化创新成果指数平均水平最高的省份是广东省（76.60）。从指数分布来看，高于数字原生产业上市公司该项指数平均水平的上市公司有180家，占比55.56%。其中，数字化创新成果指数处于［80,100］的有138家，占比42.59%；［70,80）的有102家，占比31.48%；［60,70）的有50家，占比15.43%；［0,60）的有34家，占比10.50%。

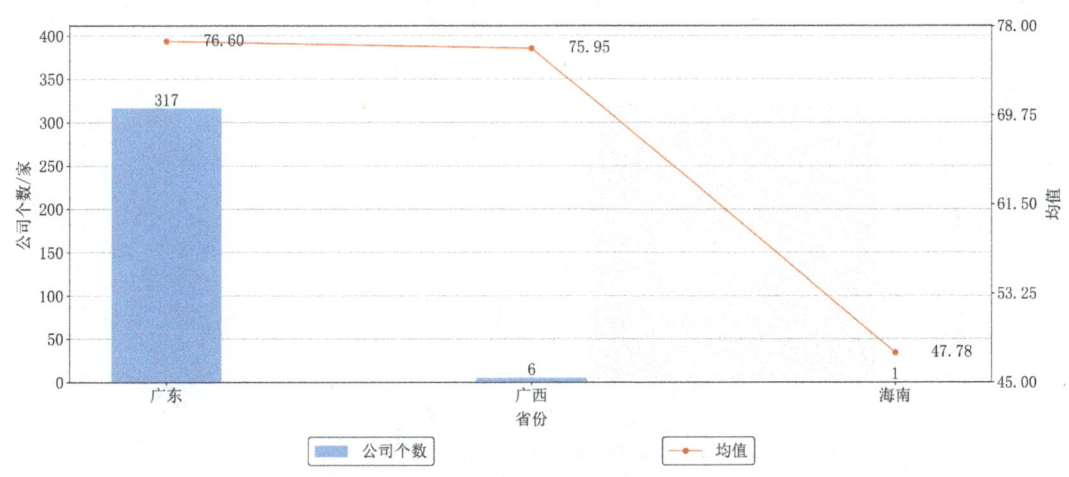

图 8-19　2023 年华南地区数字原生产业上市公司数字化创新成果指数均值分布图

华南地区数字化创新成果指数排名前10的数字原生产业上市公司如表8-19所示。

表8-19 2023年华南地区数字原生产业上市公司数字化创新成果指数前10排名

排名	证券名称	证券代码	产权性质	省份	一级行业	数字化创新成果指数
1	锐明技术	002970.SZ	非国有控股	广东	计算机	96.01
2	领益智造	002600.SZ	非国有控股	广东	电子	95.97
3	拓邦股份	002139.SZ	非国有控股	广东	电子	95.11
4	天融信	002212.SZ	非国有控股	广东	计算机	94.97
5	智微智能	001339.SZ	非国有控股	广东	计算机	94.81
6	视源股份	002841.SZ	非国有控股	广东	电子	94.77
7	云从科技	688327.SH	非国有控股	广东	计算机	94.50
8	盛视科技	002990.SZ	非国有控股	广东	计算机	94.42
9	广电运通	002152.SZ	地方国有控股	广东	计算机	94.06
10	协创数据	300857.SZ	非国有控股	广东	电子	93.77

数据来源：同花顺（iFinD），首经贸资产评估研究院和浙工商中国智能管理研究院整理。

8.4.5 数字化创新绩效指数

2023年华南地区324家数字原生产业上市公司数字化创新绩效指数平均水平为64.93，低于数字原生产业上市公司该项指数平均水平65.43。具体而言，该项指数最高的上市公司是传音控股，数字化创新绩效指数为92.22。从区域内省份分布来看，如图8-20所示，数字化创新绩效指数平均水平最高的省份是广东省（65.02）。从指数分布来看，高于数字原生产业上市公司该项指数平均水平的上市公司有151家，占比46.60%。其中，数字化创新绩效指数处于［80，100］的有26家，占比8.02%；［70，80）的有91家，占比28.09%；［60，70）的有95家，占比29.32%；［0，60）的有112家，占比34.57%。

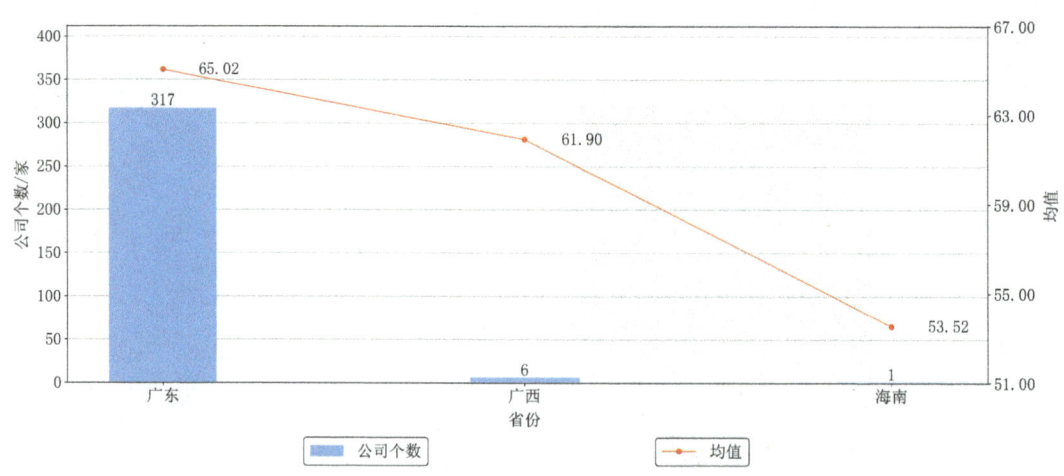

图8-20 2023年华南地区数字原生产业上市公司数字化创新绩效指数均值分布图

华南地区数字化创新绩效指数排名前10的数字原生产业上市公司如表8-20所示。

表8-20　2023年华南地区数字原生产业上市公司数字化创新绩效指数前10排名

排名	证券名称	证券代码	产权性质	省份	一级行业	数字化创新绩效指数
1	传音控股	688036.SH	非国有控股	广东	电子	92.22
2	分众传媒	002027.SZ	非国有控股	广东	传媒	91.70
3	德赛西威	002920.SZ	地方国有控股	广东	计算机	90.96
4	赛维时代	301381.SZ	非国有控股	广东	商贸零售	87.37
5	智度股份	000676.SZ	非国有控股	广东	传媒	86.19
6	三环集团	300408.SZ	非国有控股	广东	电子	86.00
7	冰川网络	300533.SZ	非国有控股	广东	传媒	85.03
8	广和通	300638.SZ	非国有控股	广东	通信	84.30
9	亿纬锂能	300014.SZ	非国有控股	广东	电力设备	84.11
10	立讯精密	002475.SZ	非国有控股	广东	电子	84.04

数据来源：同花顺（iFinD），首经贸资产评估研究院和浙工商中国智能管理研究院整理。

8.5　华中地区数字原生产业上市公司数字化创新评价

截至2023年底，A股市场华中地区共有数字原生产业上市公司73家，总市值共计9860.28亿元，营业收入合计4100.83亿元，平均市值135.07亿元/家，平均营业收入56.18亿元/家。2023年，华中地区数字原生产业上市公司研发投入合计为299.63亿元，占营业收入的比例为7.31%；无形资产账面价值合计为399.61亿元，占总资产的比例为5.28%。根据本报告分析口径，共对华中地区73家数字原生产业上市公司开展数字化创新指数评价，具体情况如下：

8.5.1　数字化创新综合指数

2023年华中地区73家数字原生产业上市公司数字化创新综合指数平均水平为71.82，低于数字原生产业上市公司该项指数平均水平73.09。具体而言，该项指数最高的上市公司是威胜信息，数字化创新综合指数为90.42。从区域内省份分布来看，如图8-21所示，华中地区73家数字原生产业上市公司分布在3个省份，数字化创新综合指数平均水平最高的省份是湖南省（74.70）。从指数分布来看，高于数字原生产业上市公司该项指数平均水平的上市公司有29家，占比39.73%。其中，数字化创新综合指数处于［80，100］的有16家，占比21.92%；［70，80）的有26家，占比35.62%；［60，70）的有22家，占比30.14%；［0，60）的有9家，占比12.32%。

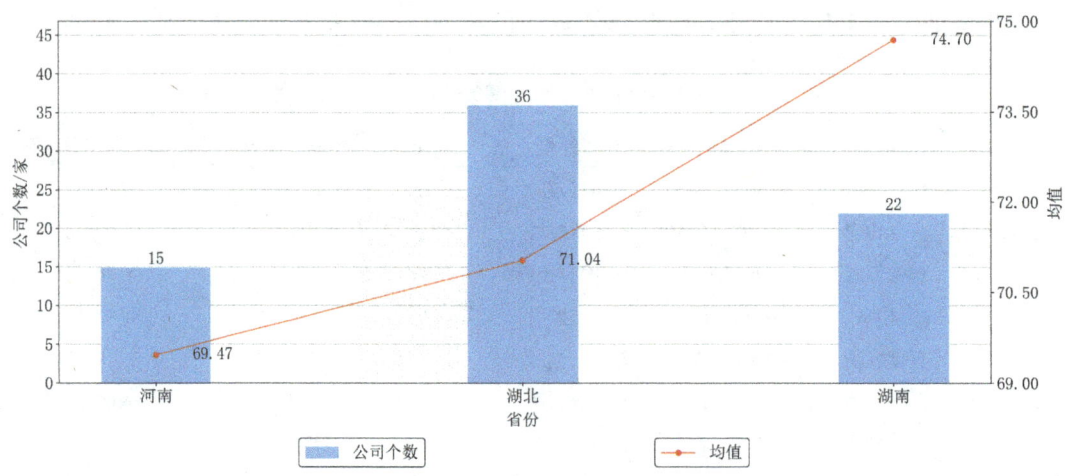

图 8-21 2023 年华中地区数字原生产业上市公司数字化创新综合指数均值分布图

华中地区数字化创新综合指数排名前 10 的数字原生产业上市公司如表 8-21 所示。

表 8-21 2023 年华中地区数字原生产业上市公司数字化创新综合指数前 10 排名

排名	证券名称	证券代码	产权性质	省份	一级行业	数字化创新综合指数
1	威胜信息	688100.SH	非国有控股	湖南	通信	90.42
2	时代电气	688187.SH	中央国有控股	湖南	机械设备	89.72
3	拓维信息	002261.SZ	非国有控股	湖南	计算机	87.96
4	新开普	300248.SZ	非国有控股	河南	计算机	87.14
5	华凯易佰	300592.SZ	非国有控股	湖南	商贸零售	86.96
6	安克创新	300866.SZ	非国有控股	湖南	电子	86.51
7	华中数控	300161.SZ	非国有控股	湖北	机械设备	85.83
8	芒果超媒	300413.SZ	地方国有控股	湖南	传媒	85.78
9	中安科	600654.SH	非国有控股	湖北	计算机	83.98
10	盛天网络	300494.SZ	非国有控股	湖北	传媒	83.32

数据来源：同花顺（iFinD），首经贸资产评估研究院和浙工商中国智能管理研究院整理。

8.5.2 数字化战略导向指数

2023 年华中地区 73 家数字原生产业上市公司数字化战略导向指数平均水平为 74.52，低于数字原生产业上市公司该项指数平均水平 76.89。具体而言，该项指数最高的上市公司是华凯易佰，数字化战略导向指数为 97.50。从区域内省份分布来看，如图 8-22 所示，数字化战略导向指数平均水平最高的省份是湖南省（80.03）。从指数分布来看，高于数字原生产业上市公司该项指数平均水平的上市公司有 30 家，占比 41.10%。其中，数字化战略导向指数处于 [80, 100] 的有 28 家，占比 38.36%；[70, 80) 的有 18 家，占比24.66%；[60，70) 的有12家，占比16.44%；[0，60) 的有15家，占比20.54%。

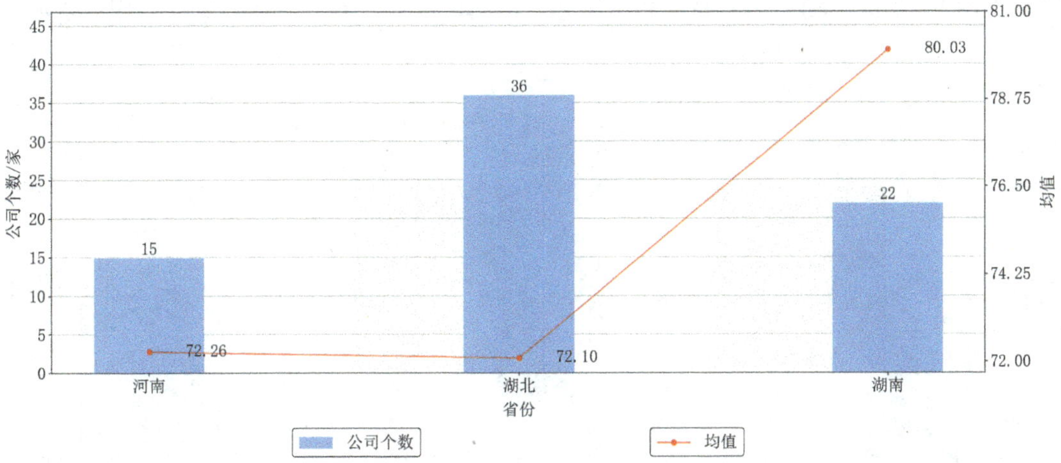

图8-22　2023年华中地区数字原生产业上市公司数字化战略导向指数均值分布图

华中地区数字化战略导向指数排名前10的数字原生产业上市公司如表8-22所示。

表8-22　2023年华中地区数字原生产业上市公司数字化战略导向指数前10排名

排名	证券名称	证券代码	产权性质	省份	一级行业	数字化战略导向指数
1	华凯易佰	300592.SZ	非国有控股	湖南	商贸零售	97.50
2	新开普	300248.SZ	非国有控股	河南	计算机	97.45
3	盛天网络	300494.SZ	非国有控股	湖北	传媒	97.21
4	威胜信息	688100.SH	非国有控股	湖南	通信	95.59
5	时代电气	688187.SH	中央国有控股	湖南	机械设备	94.72
6	芒果超媒	300413.SZ	地方国有控股	湖南	传媒	94.20
7	中科通达	688038.SH	非国有控股	湖北	计算机	94.18
8	拓维信息	002261.SZ	非国有控股	湖南	计算机	93.76
9	中安科	600654.SH	非国有控股	湖北	计算机	93.54
10	兴图新科	688081.SH	非国有控股	湖北	国防军工	92.92

数据来源：同花顺（iFinD），首经贸资产评估研究院和浙工商中国智能管理研究院整理。

8.5.3　数字化要素投入指数

2023年华中地区73家数字原生产业上市公司数字化要素投入指数平均水平为77.36，低于数字原生产业上市公司该项指数平均水平77.42。具体而言，该项指数最高的上市公司是盛天网络，数字化要素投入指数为98.18。从区域内省份分布来看，如图8-23所示，数字化要素投入指数平均水平最高的省份是湖南省（79.60）。从指数分布来看，高于数字原生产业上市公司该项指数平均水平的上市公司有38家，占比52.05%。其中，数字化要素投入指数处于［80，100］的有37家，占比50.68%；［70，80）的有19家，占比26.03%；［60，70）的有12家，占比16.44%；［0，60）的有5家，占比6.85%。

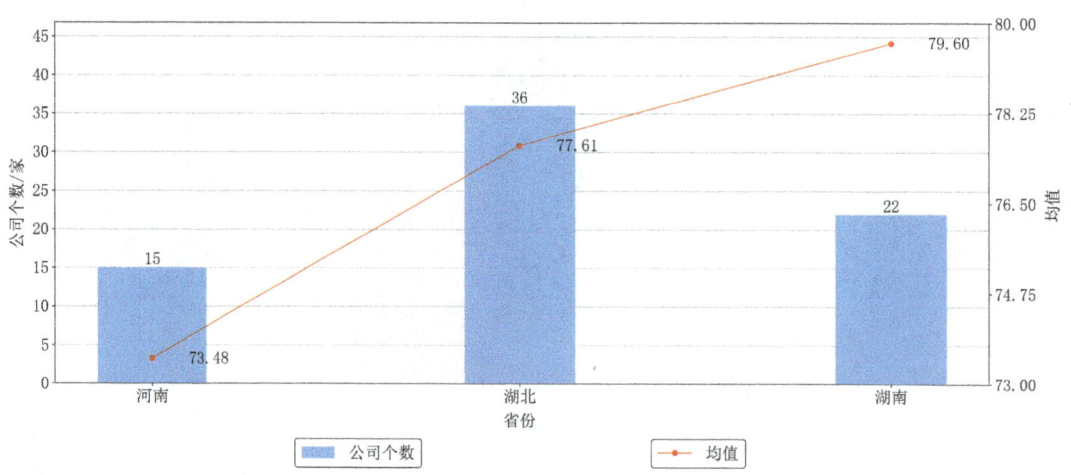

图8-23　2023年华中地区数字原生产业上市公司数字化要素投入指数均值分布图

华中地区数字化要素投入指数排名前10的数字原生产业上市公司如表8-23所示。

表8-23　2023年华中地区数字原生产业上市公司数字化要素投入指数前10排名

排名	证券名称	证券代码	产权性质	省份	一级行业	数字化要素投入指数
1	盛天网络	300494.SZ	非国有控股	湖北	传媒	98.18
2	拓维信息	002261.SZ	非国有控股	湖南	计算机	97.99
3	新开普	300248.SZ	非国有控股	河南	计算机	94.20
4	威胜信息	688100.SH	非国有控股	湖南	通信	94.20
5	国科微	300672.SZ	非国有控股	湖南	电子	92.03
6	安克创新	300866.SZ	非国有控股	湖南	电子	89.34
7	兴图新科	688081.SH	非国有控股	湖北	国防军工	89.22
8	思维列控	603508.SH	非国有控股	河南	计算机	88.86
9	湖北广电	000665.SZ	地方国有控股	湖北	传媒	88.52
10	光迅科技	002281.SZ	中央国有控股	湖北	通信	88.44

数据来源：同花顺（iFinD），首经贸资产评估研究院和浙工商中国智能管理研究院整理。

8.5.4　数字化创新成果指数

2023年华中地区73家数字原生产业上市公司数字化创新成果指数平均水平为

71.49，低于数字原生产业上市公司该项指数平均水平75.03。具体而言，该项指数最高的上市公司是华中数控，数字化创新成果指数为95.20。从区域内省份分布来看，如图8-24所示，数字化创新成果指数平均水平最高的省份是湖南省（72.83）。从指数分布来看，高于数字原生产业上市公司该项指数平均水平的上市公司有28家，占比38.36%。其中，数字化创新成果指数处于［80，100］的有20家，占比27.40%；［70，80）的有22家，占比30.14%；［60，70）的有18家，占比24.66%；［0，60）的有13家，占比17.80%。

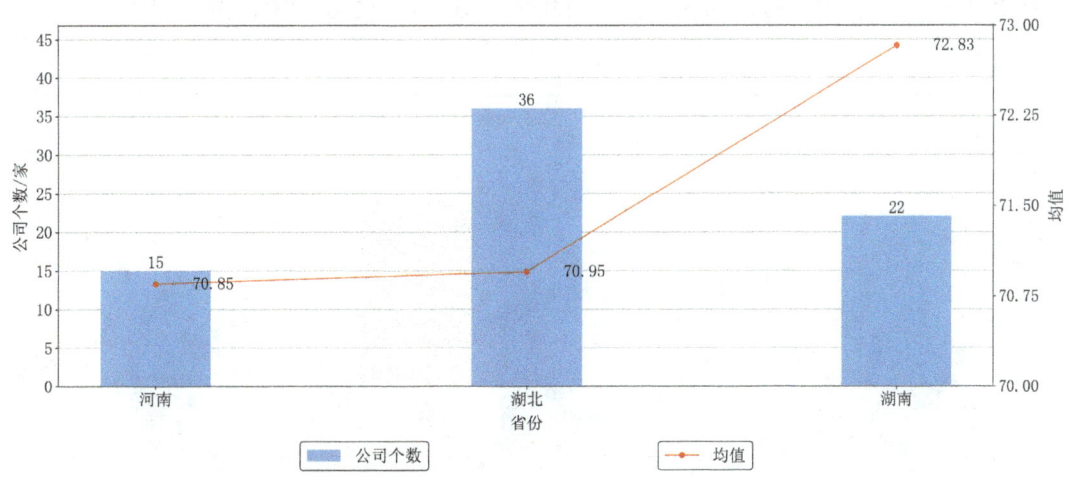

图8-24　2023年华中地区数字原生产业上市公司数字化创新成果指数均值分布图

华中地区数字化创新成果指数排名前10的数字原生产业上市公司如表8-24所示。

表8-24　2023年华中地区数字原生产业上市公司数字化创新成果指数前10排名

排名	证券名称	证券代码	产权性质	省份	一级行业	数字化创新成果指数
1	华中数控	300161.SZ	非国有控股	湖北	机械设备	95.20
2	新开普	300248.SZ	非国有控股	河南	计算机	94.33
3	威胜信息	688100.SH	非国有控股	湖南	通信	93.35
4	中安科	600654.SH	非国有控股	湖北	计算机	89.43
5	中科通达	688038.SH	非国有控股	湖北	计算机	88.89
6	时代电气	688187.SH	中央国有控股	湖南	机械设备	88.35
7	华工科技	000988.SZ	地方国有控股	湖北	机械设备	87.49
8	信科移动	688387.SH	中央国有控股	湖北	通信	85.91
9	麒麟信安	688152.SH	非国有控股	湖南	计算机	84.90
10	兴图新科	688081.SH	非国有控股	湖北	国防军工	84.44

数据来源：同花顺（iFinD），首经贸资产评估研究院和浙工商中国智能管理研究院整理。

8.5.5 数字化创新绩效指数

2023年华中地区73家数字原生产业上市公司数字化创新绩效指数平均水平为66.54，高于数字原生产业上市公司该项指数平均水平65.43。具体而言，该项指数最高的上市公司是时代电气，数字化创新绩效指数为92.03。从区域内省份分布来看，如图8-25所示，数字化创新绩效指数平均水平最高的省份是湖南省（70.03）。从指数分布来看，高于数字原生产业上市公司该项指数平均水平的上市公司有35家，占比47.95%。其中，数字化创新绩效指数处于［80，100］的有11家，占比15.07%；［70，80）的有21家，占比28.77%；［60，70）的有16家，占比21.92%；［0，60）的有25家，占比34.24%。

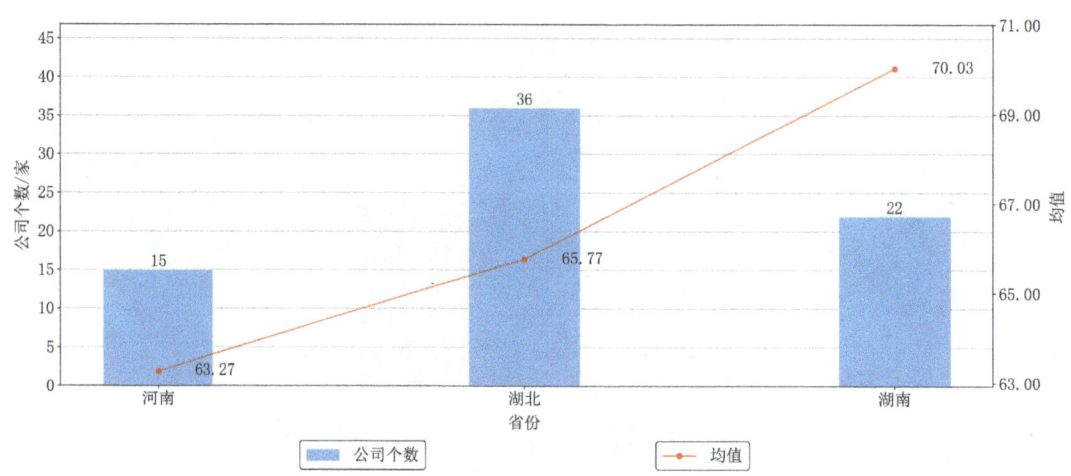

图8-25　2023年华中地区数字原生产业上市公司数字化创新绩效指数均值分布图

华中地区数字化创新绩效指数排名前10的数字原生产业上市公司如表8-25所示。

表8-25　2023年华中地区数字原生产业上市公司数字化创新绩效指数前10排名

排名	证券名称	证券代码	产权性质	省份	一级行业	数字化创新绩效指数
1	时代电气	688187.SH	中央国有控股	湖南	机械设备	92.03
2	华凯易佰	300592.SZ	非国有控股	湖南	商贸零售	90.85
3	中航光电	002179.SZ	中央国有控股	河南	国防军工	90.04
4	芒果超媒	300413.SZ	地方国有控股	湖南	传媒	88.11
5	安克创新	300866.SZ	非国有控股	湖南	电子	87.43
6	蓝思科技	300433.SZ	非国有控股	湖南	电子	84.71
7	长江传媒	600757.SH	地方国有控股	湖北	传媒	82.90
8	中南传媒	601098.SH	地方国有控股	湖南	传媒	82.67
9	拓维信息	002261.SZ	非国有控股	湖南	计算机	82.48
10	威胜信息	688100.SH	非国有控股	湖南	通信	81.18

数据来源：同花顺（iFinD），首经贸资产评估研究院和浙工商中国智能管理研究院整理。

8.6 西北地区数字原生产业上市公司数字化创新评价

截至2023年底，A股市场西北地区共有数字原生产业上市公司26家，总市值共计2105.08亿元，营业收入合计486.83亿元，平均市值80.96亿元/家，平均营业收入18.72亿元/家。2023年，西北地区数字原生产业上市公司研发投入合计为25.76亿元，占营业收入的比例为5.29%；无形资产账面价值合计为38.17亿元，占总资产的比例为2.51%。根据本报告分析口径，共对西北地区26家数字原生产业上市公司开展数字化创新指数评价，具体情况如下：

8.6.1 数字化创新综合指数

2023年西北地区26家数字原生产业上市公司数字化创新综合指数平均水平为65.55，低于数字原生产业上市公司该项指数平均水平73.09。具体而言，该项指数最高的上市公司是易点天下，数字化创新综合指数为80.70。从区域内省份分布来看，如图8-26所示，西北地区26家数字原生产业上市公司分布在4个省份，数字化创新综合指数平均水平最高的省份是新疆维吾尔自治区（69.97）。从指数分布来看，高于数字原生产业上市公司该项指数平均水平的上市公司有5家，占比19.23%。其中，数字化创新综合指数处于［80，100］的有1家，占比3.85%；［70，80）的有10家，占比38.46%；［60，70）的有8家，占比30.77%；［0，60）的有7家，占比26.92%。

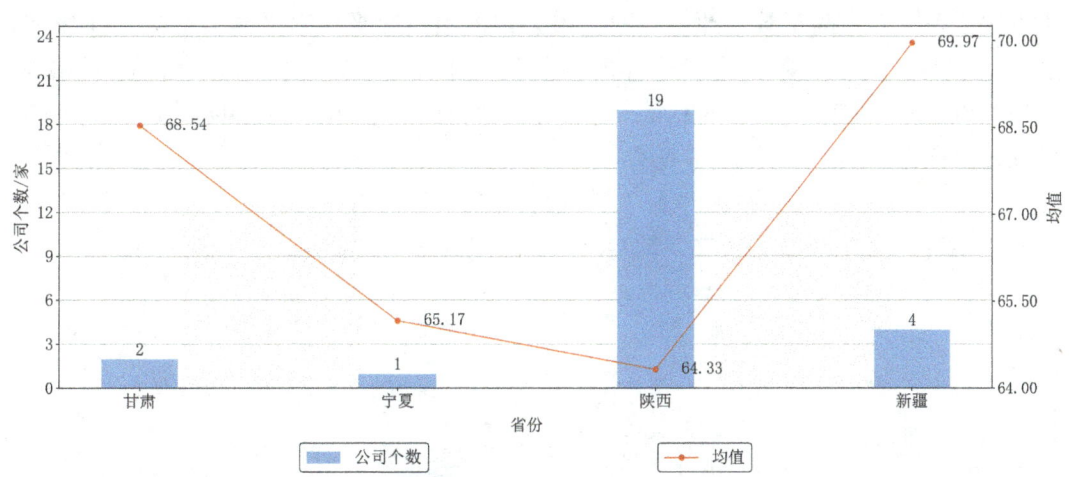

图8-26　2023年西北地区数字原生产业上市公司数字化创新综合指数均值分布图

西北地区数字化创新综合指数排名前10的数字原生产业上市公司如表8-26所示。

表 8-26 2023 年西北地区数字原生产业上市公司数字化创新综合指数前 10 排名

排名	证券名称	证券代码	产权性质	省份	一级行业	数字化创新综合指数
1	易点天下	301171.SZ	非国有控股	陕西	传媒	80.70
2	天和防务	300397.SZ	非国有控股	陕西	国防军工	78.59
3	熙菱信息	300588.SZ	非国有控股	新疆	计算机	78.34
4	立昂技术	300603.SZ	非国有控股	新疆	通信	77.67
5	元道通信	301139.SZ	非国有控股	新疆	通信	74.48
6	ST广网	600831.SH	地方国有控股	陕西	传媒	72.90
7	中航电测	300114.SZ	中央国有控股	陕西	国防军工	72.85
8	富士达	835640.BJ	中央国有控股	陕西	通信	72.53
9	三人行	605168.SH	非国有控股	陕西	传媒	72.06
10	读者传媒	603999.SH	地方国有控股	甘肃	传媒	71.49

数据来源：同花顺（iFinD），首经贸资产评估研究院和浙工商中国智能管理研究院整理。

8.6.2 数字化战略导向指数

2023年西北地区26家数字原生产业上市公司数字化战略导向指数平均水平为68.10，低于数字原生产业上市公司该项指数平均水平76.89。具体而言，该项指数最高的上市公司是易点天下，数字化战略导向指数为94.51。从区域内省份分布来看，如图8-27所示，数字化战略导向指数平均水平最高的省份是新疆维吾尔自治区（79.94）。从指数分布来看，高于数字原生产业上市公司该项指数平均水平的上市公司有10家，占比38.46%。其中，数字化战略导向指数处于［80，100］的有9家，占比34.62%；［70，80）的有4家，占比15.38%；［60，70）的有3家，占比11.54%；［0，60）的有10家，占比38.46%。

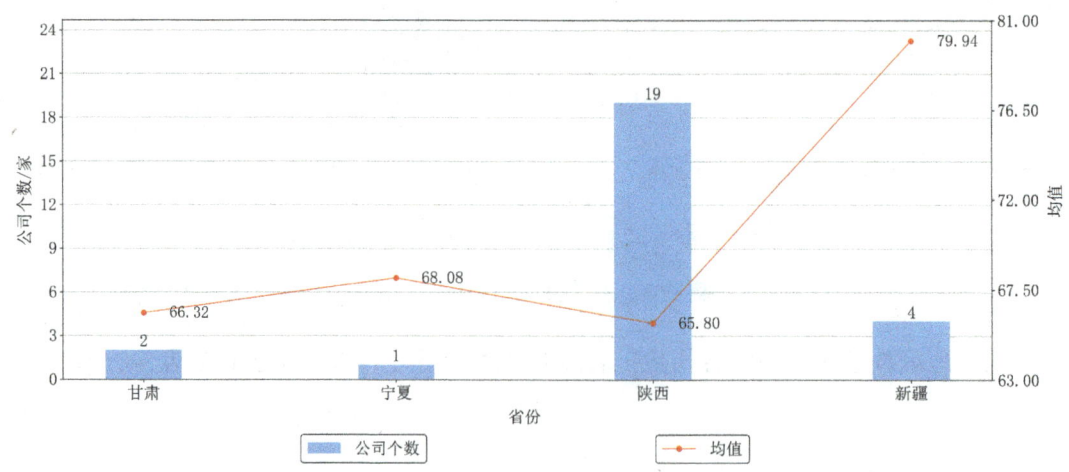

图 8-27 2023 年西北地区数字原生产业上市公司数字化战略导向指数均值分布图

西北地区数字化战略导向指数排名前10的数字原生产业上市公司如表8-27所示。

表8-27　2023年西北地区数字原生产业上市公司数字化战略导向指数前10排名

排名	证券名称	证券代码	产权性质	省份	一级行业	数字化战略导向指数
1	易点天下	301171.SZ	非国有控股	陕西	传媒	94.51
2	熙菱信息	300588.SZ	非国有控股	新疆	计算机	93.18
3	天和防务	300397.SZ	非国有控股	陕西	国防军工	92.24
4	天润科技	430564.BJ	非国有控股	陕西	计算机	90.74
5	ST广网	600831.SH	地方国有控股	陕西	传媒	90.22
6	立昂技术	300603.SZ	非国有控股	新疆	通信	88.56
7	元道通信	301139.SZ	非国有控股	新疆	通信	87.09
8	源杰科技	688498.SH	非国有控股	陕西	电子	85.59
9	读者传媒	603999.SH	地方国有控股	甘肃	传媒	82.02
10	富士达	835640.BJ	中央国有控股	陕西	通信	78.26

数据来源：同花顺（iFinD），首经贸资产评估研究院和浙工商中国智能管理研究院整理。

8.6.3　数字化要素投入指数

2023年西北地区26家数字原生产业上市公司数字化要素投入指数平均水平为68.72，低于数字原生产业上市公司该项指数平均水平77.42。具体而言，该项指数最高的上市公司是立昂技术，数字化要素投入指数为89.80。从区域内省份分布来看，如图8-28所示，数字化要素投入指数平均水平最高的省份是新疆维吾尔自治区（77.74）。从指数分布来看，高于数字原生产业上市公司该项指数平均水平的上市公司有6家，占比23.08%。其中，数字化要素投入指数处于［80，100］的有5家，占比19.23%；［70，80）的有7家，占比26.92%；［60，70）的有8家，占比30.77%；［0，60）的有6家，占比23.08%。

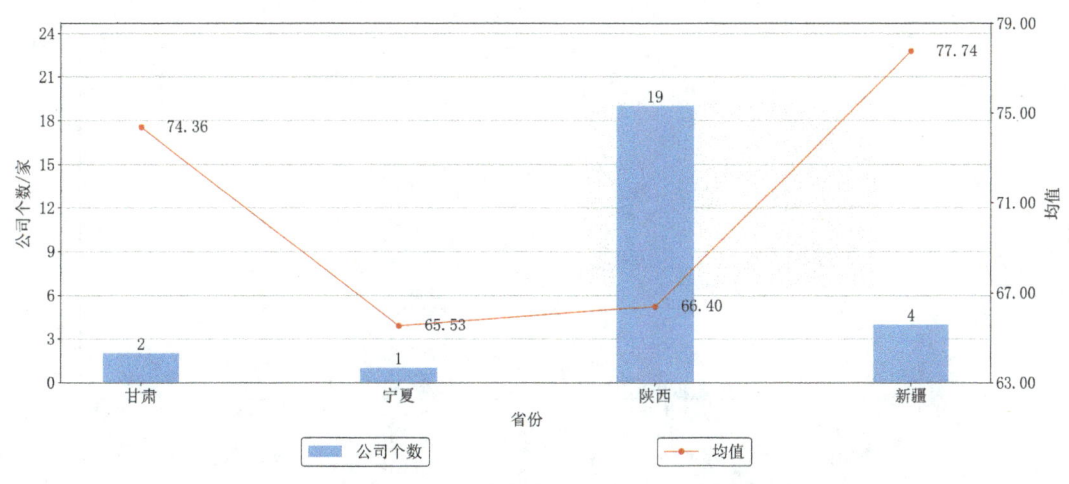

图8-28　2023年西北地区数字原生产业上市公司数字化要素投入指数均值分布图

西北地区数字化要素投入指数排名前10的数字原生产业上市公司如表8-28所示。

表8-28 2023年西北地区数字原生产业上市公司数字化要素投入指数前10排名

排名	证券名称	证券代码	产权性质	省份	一级行业	数字化要素投入指数
1	立昂技术	300603.SZ	非国有控股	新疆	通信	89.80
2	熙菱信息	300588.SZ	非国有控股	新疆	计算机	89.13
3	天和防务	300397.SZ	非国有控股	陕西	国防军工	86.02
4	富士达	835640.BJ	中央国有控股	陕西	通信	83.99
5	元道通信	301139.SZ	非国有控股	新疆	通信	83.23
6	易点天下	301171.SZ	非国有控股	陕西	传媒	79.37
7	ST广网	600831.SH	地方国有控股	陕西	传媒	78.81
8	读者传媒	603999.SH	地方国有控股	甘肃	传媒	75.15
9	源杰科技	688498.SH	非国有控股	陕西	电子	74.93
10	华天科技	002185.SZ	非国有控股	甘肃	电子	73.57

数据来源：同花顺（iFinD），首经贸资产评估研究院和浙工商中国智能管理研究院整理。

8.6.4 数字化创新成果指数

2023年西北地区26家数字原生产业上市公司数字化创新成果指数平均水平为65.26，低于数字原生产业上市公司该项指数平均水平75.03。具体而言，该项指数最高的上市公司是天和防务，数字化创新成果指数为89.77。从区域内省份分布来看，如图8-29所示，数字化创新成果指数平均水平最高的省份是新疆维吾尔自治区（71.56）。从指数分布来看，高于数字原生产业上市公司该项指数平均水平的上市公司有6家，占比23.08%。其中，数字化创新成果指数处于［80，100］的有3家，占比11.54%；［70，80）的有7家，占比26.92%；［60，70）的有5家，占比19.23%；［0，60）的有11家，占比42.31%。

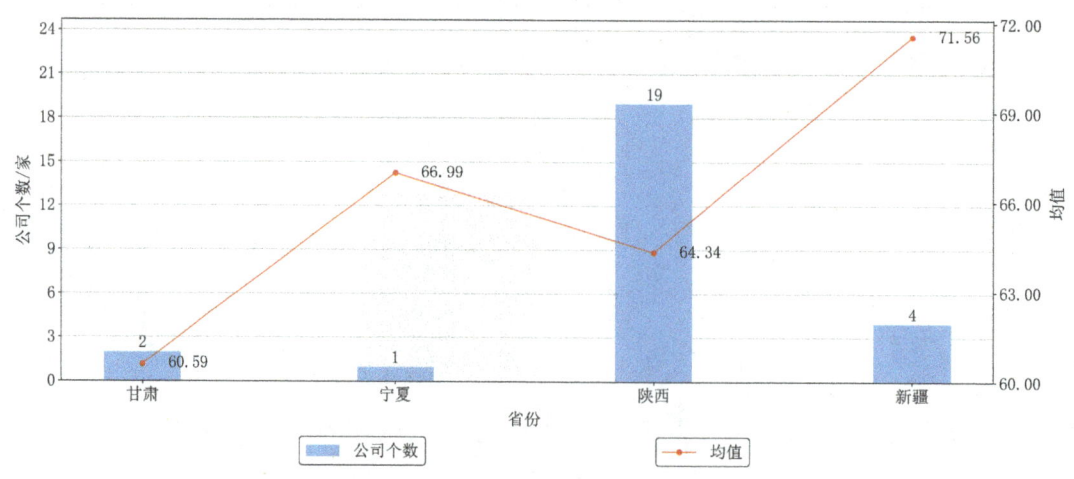

图8-29 2023年西北地区数字原生产业上市公司数字化创新成果指数均值分布图

西北地区数字化创新成果指数排名前10的数字原生产业上市公司如表8-29所示。

表8-29　2023年西北地区数字原生产业上市公司数字化创新成果指数前10排名

排名	证券名称	证券代码	产权性质	省份	一级行业	数字化创新成果指数
1	天和防务	300397.SZ	非国有控股	陕西	国防军工	89.77
2	熙菱信息	300588.SZ	非国有控股	新疆	计算机	88.20
3	立昂技术	300603.SZ	非国有控股	新疆	通信	83.68
4	炬光科技	688167.SH	非国有控股	陕西	电子	79.06
5	天润科技	430564.BJ	非国有控股	陕西	计算机	78.63
6	易点天下	301171.SZ	非国有控股	陕西	传媒	77.06
7	中航电测	300114.SZ	中央国有控股	陕西	国防军工	75.42
8	富士达	835640.BJ	中央国有控股	陕西	通信	74.08
9	元道通信	301139.SZ	非国有控股	新疆	通信	72.97
10	ST广网	600831.SH	地方国有控股	陕西	传媒	72.03

数据来源：同花顺（iFinD），首经贸资产评估研究院和浙工商中国智能管理研究院整理。

8.6.5　数字化创新绩效指数

2023年西北地区26家数字原生产业上市公司数字化创新绩效指数平均水平为62.04，低于数字原生产业上市公司该项指数平均水平65.43。具体而言，该项指数最高的上市公司是彩虹股份，数字化创新绩效指数为89.04。从区域内省份分布来看，如图8-30所示，数字化创新绩效指数平均水平最高的省份是甘肃省（74.86）。从指数分布来看，高于数字原生产业上市公司该项指数平均水平的上市公司有8家，占比30.77%。其中，数字化创新绩效指数处于［80，100］的有1家，占比3.85%；[70，80）的有6家，占比23.08%；[60，70）的有6家，占比23.08%；[0，60）的有13家，占比49.99%。

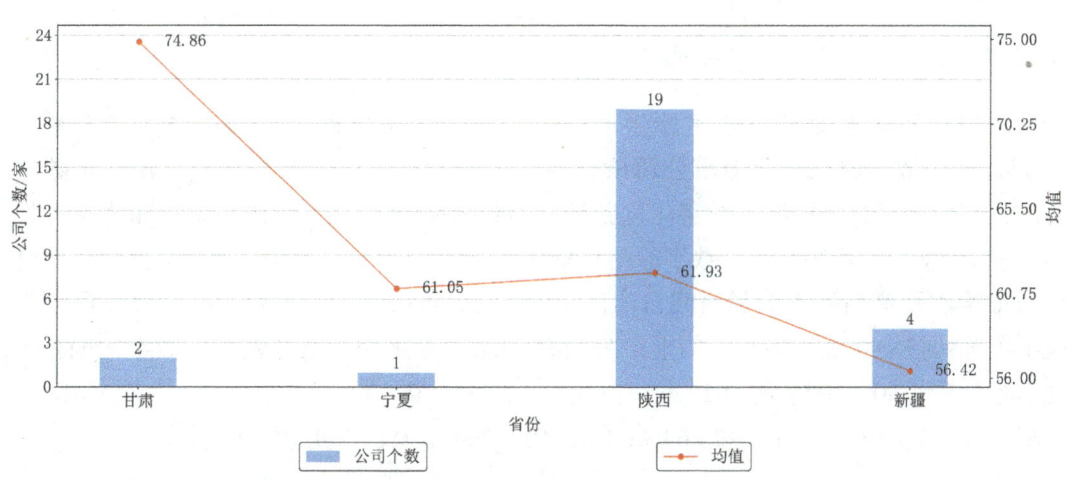

图8-30　2023年西北地区数字原生产业上市公司数字化创新绩效指数均值分布图

西北地区数字化创新绩效指数排名前10的数字原生产业上市公司如表8-30所示。

表 8-30　2023 年西北地区数字原生产业上市公司数字化创新绩效指数前 10 排名

排名	证券名称	证券代码	产权性质	省份	一级行业	数字化创新绩效指数
1	彩虹股份	600707.SH	地方国有控股	陕西	电子	89.04
2	三人行	605168.SH	非国有控股	陕西	传媒	77.46
3	易点天下	301171.SZ	非国有控股	陕西	传媒	77.28
4	华天科技	002185.SZ	非国有控股	甘肃	电子	75.95
5	中熔电气	301031.SZ	非国有控股	陕西	电子	75.46
6	读者传媒	603999.SH	地方国有控股	甘肃	传媒	73.76
7	中航电测	300114.SZ	中央国有控股	陕西	国防军工	71.30
8	炬光科技	688167.SH	非国有控股	陕西	电子	66.18
9	莱特光电	688150.SH	非国有控股	陕西	电子	64.37
10	瑞联新材	688550.SH	非国有控股	陕西	电子	63.53

数据来源：同花顺（iFinD），首经贸资产评估研究院和浙工商中国智能管理研究院整理。

8.7　西南地区数字原生产业上市公司数字化创新评价

截至2023年底，A股市场西南地区共有数字原生产业上市公司55家，总市值共计5783.81亿元，营业收入合计1411.65亿元，平均市值105.16亿元/家，平均营业收入25.67亿元/家。2023年，西南地区数字原生产业上市公司研发投入合计为125.46亿元，占营业收入的比例为8.89%；无形资产账面价值合计为153.30亿元，占总资产的比例为5.51%。根据本报告分析口径，共对西南地区55家数字原生产业上市公司开展数字化创新指数评价，具体情况如下：

8.7.1　数字化创新综合指数

2023年西南地区55家数字原生产业上市公司数字化创新综合指数平均水平为72.95，低于数字原生产业上市公司该项指数平均水平73.09。具体而言，该项指数最高的上市公司是久远银海，数字化创新综合指数为87.08。从区域内省份分布来看，如图8-31所示，西南地区55家数字原生产业上市公司分布在5个省份，数字化创新综合指数平均水平最高的省份是西藏自治区（85.94）。从指数分布来看，高于数字原生产业上市公司该项指数平均水平的上市公司有30家，占比54.55%。其中，数字化创新综合指数处于［80，100］的有12家，占比21.82%；［70，80）的有24家，占比43.64%；［60，70）的有13家，占比23.64%；［0，60）的有6家，占比10.90%。

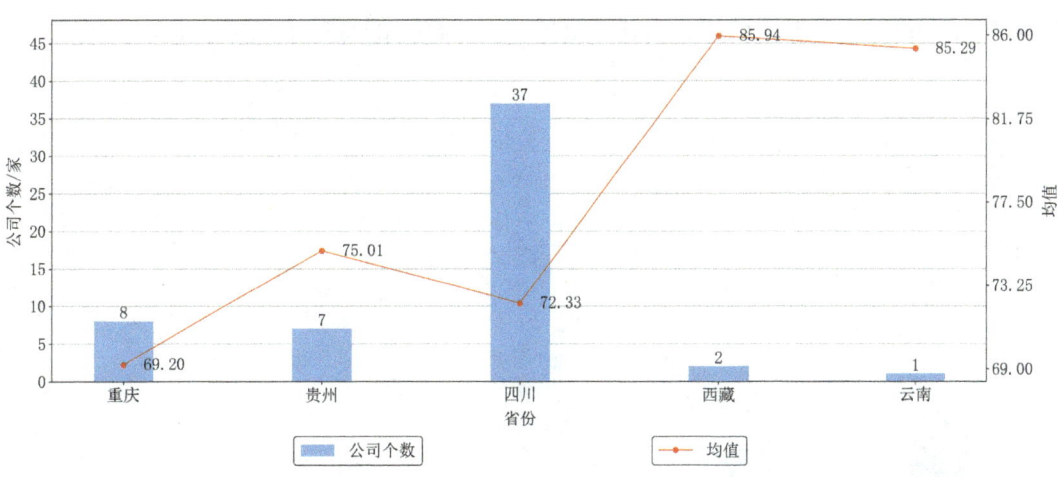

图 8-31　2023 年西南地区数字原生产业上市公司数字化创新综合指数均值分布图

西南地区数字化创新综合指数排名前 10 的数字原生产业上市公司如表 8-31 所示。

表 8-31　2023 年西南地区数字原生产业上市公司数字化创新综合指数前 10 排名

排名	证券名称	证券代码	产权性质	省份	一级行业	数字化创新综合指数
1	久远银海	002777.SZ	中央国有控股	四川	计算机	87.08
2	万兴科技	300624.SZ	非国有控股	西藏	计算机	86.96
3	中科信息	300678.SZ	中央国有控股	四川	计算机	86.39
4	国网信通	600131.SH	中央国有控股	四川	计算机	85.69
5	南天信息	000948.SZ	地方国有控股	云南	计算机	85.29
6	天阳科技	300872.SZ	非国有控股	西藏	计算机	84.92
7	电科网安	002268.SZ	中央国有控股	四川	计算机	84.57
8	唐源电气	300789.SZ	非国有控股	四川	计算机	83.89
9	佳发教育	300559.SZ	非国有控股	四川	计算机	83.82
10	运达科技	300440.SZ	非国有控股	四川	计算机	83.67

数据来源：同花顺（iFinD），首经贸资产评估研究院和浙工商中国智能管理研究院整理。

8.7.2　数字化战略导向指数

2023 年西南地区 55 家数字原生产业上市公司数字化战略导向指数平均水平为 76.64，低于数字原生产业上市公司该项指数平均水平 76.89。具体而言，该项指数最高的上市公司是久远银海，数字化战略导向指数为 97.95。从区域内省份分布来看，如图 8-32 所示，数字化战略导向指数平均水平最高的省份是云南省（96.67）。从指数分布来看，高于数字原生产业上市公司该项指数平均水平的上市公司有 29 家，占比 52.73%。其中，数字化战略导向指数处于［80，100］的有 29 家，占比 52.73%；［70，80）的有 5 家，占比9.09%；[60，70)的有12家，占比21.82%；[0，60)的有9家，占比16.36%。

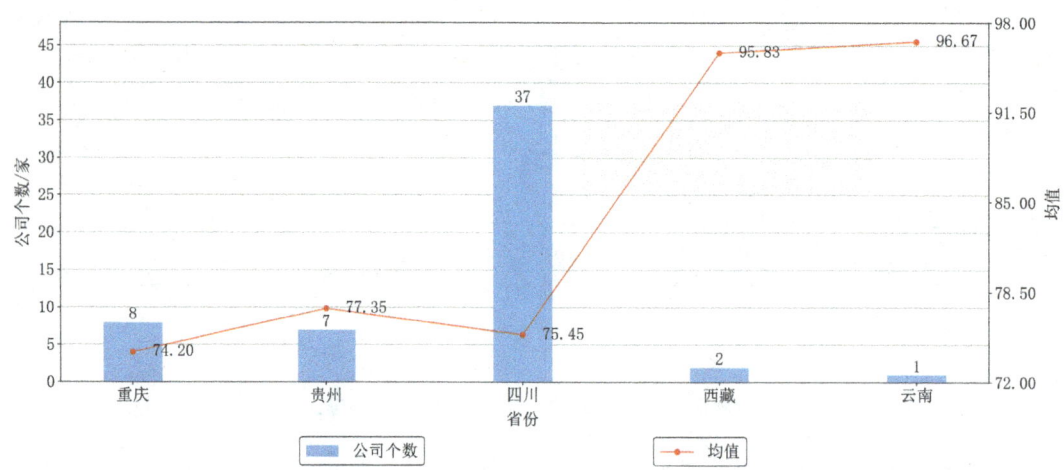

图8-32　2023年西南地区数字原生产业上市公司数字化战略导向指数均值分布图

西南地区数字化战略导向指数排名前10的数字原生产业上市公司如表8-32所示。

表8-32　2023年西南地区数字原生产业上市公司数字化战略导向指数前10排名

排名	证券名称	证券代码	产权性质	省份	一级行业	数字化战略导向指数
1	久远银海	002777.SZ	中央国有控股	四川	计算机	97.95
2	ST高鸿	000851.SZ	中央国有控股	贵州	通信	97.70
3	南天信息	000948.SZ	地方国有控股	云南	计算机	96.67
4	创意信息	300366.SZ	非国有控股	四川	计算机	96.28
5	万兴科技	300624.SZ	非国有控股	西藏	计算机	96.17
6	天阳科技	300872.SZ	非国有控股	西藏	计算机	95.49
7	中科信息	300678.SZ	中央国有控股	四川	计算机	95.49
8	药易购	300937.SZ	非国有控股	四川	医药生物	94.64
9	佳发教育	300559.SZ	非国有控股	四川	计算机	93.48
10	佳缘科技	301117.SZ	非国有控股	四川	计算机	92.77

数据来源：同花顺（iFinD），首经贸资产评估研究院和浙工商中国智能管理研究院整理。

8.7.3　数字化要素投入指数

2023年西南地区55家数字原生产业上市公司数字化要素投入指数平均水平为79.30，高于数字原生产业上市公司该项指数平均水平77.42。具体而言，该项指数最高的上市公司是万兴科技，数字化要素投入指数为97.24。从区域内省份分布来看，如图8-33所示，数字化要素投入指数平均水平最高的省份是云南省（95.91）。从指数分布来看，高于数字原生产业上市公司该项指数平均水平的上市公司有27家，占比49.09%。其中，数字化要素投入指数处于［80，100］的有27家，占比49.09%；［70，80）的有17家，占比30.91%；［60，70）的有8家，占比14.55%；［0，60）的有3家，占比5.45%。

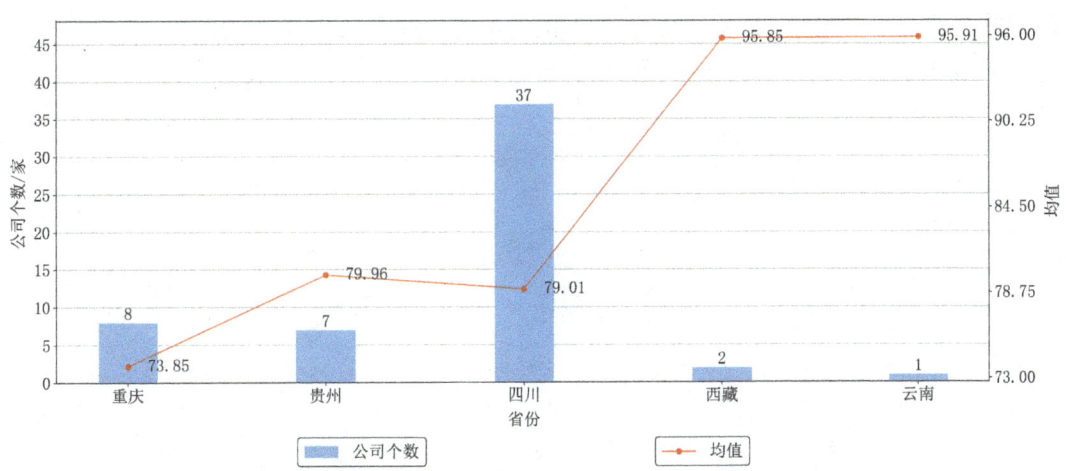

图8-33　2023年西南地区数字原生产业上市公司数字化要素投入指数均值分布图

西南地区数字化要素投入指数排名前10的数字原生产业上市公司如表8-33所示。

表8-33　2023年西南地区数字原生产业上市公司数字化要素投入指数前10排名

排名	证券名称	证券代码	产权性质	省份	一级行业	数字化要素投入指数
1	万兴科技	300624.SZ	非国有控股	西藏	计算机	97.24
2	创意信息	300366.SZ	非国有控股	四川	计算机	96.23
3	南天信息	000948.SZ	地方国有控股	云南	计算机	95.91
4	久远银海	002777.SZ	中央国有控股	四川	计算机	94.84
5	天阳科技	300872.SZ	非国有控股	西藏	计算机	94.47
6	中科信息	300678.SZ	中央国有控股	四川	计算机	93.94
7	电科网安	002268.SZ	中央国有控股	四川	计算机	92.39
8	运达科技	300440.SZ	非国有控股	四川	计算机	91.70
9	唐源电气	300789.SZ	非国有控股	四川	计算机	91.38
10	巨人网络	002558.SZ	非国有控股	重庆	传媒	89.85

数据来源：同花顺（iFinD），首经贸资产评估研究院和浙工商中国智能管理研究院整理。

8.7.4　数字化创新成果指数

2023年西南地区55家数字原生产业上市公司数字化创新成果指数平均水平为73.13，低于数字原生产业上市公司该项指数平均水平75.03。具体而言，该项指数最高的上市公司是创意信息，数字化创新成果指数为92.08。从区域内省份分布来看，如图8-34所示，数字化创新成果指数平均水平最高的省份是云南省（87.03）。从指数分布来看，高于数字原生产业上市公司该项指数平均水平的上市公司有24家，占比43.64%。其中，数字化创新成果指数处于［80，100］的有20家，占比36.36%；［70，80）的有15家，占比27.27%；［60，70）的有7家，占比12.73%；［0，60）的有13家，占比23.64%。

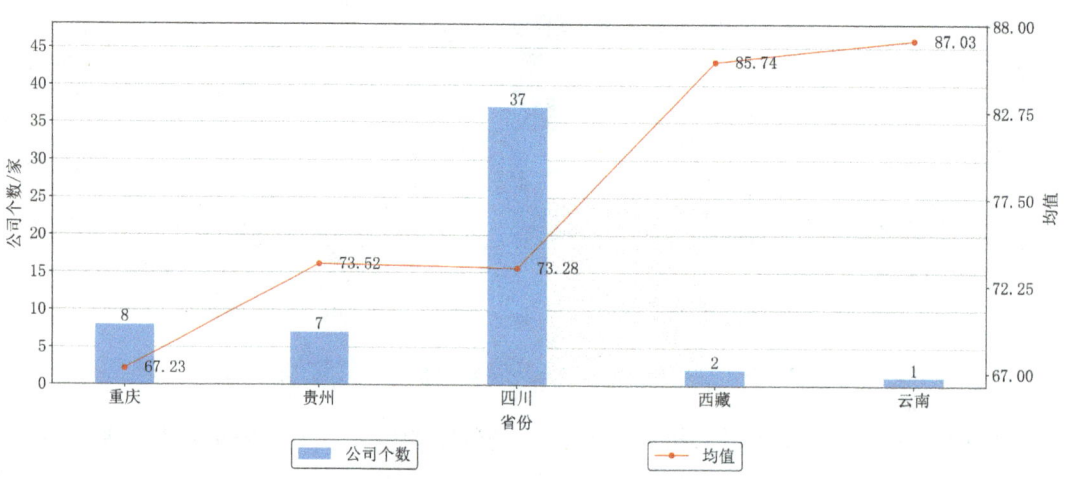

图8-34　2023年西南地区数字原生产业上市公司数字化创新成果指数均值分布图

西南地区数字化创新成果指数排名前10的数字原生产业上市公司如表8-34所示。

表8-34　2023年西南地区数字原生产业上市公司数字化创新成果指数前10排名

排名	证券名称	证券代码	产权性质	省份	一级行业	数字化创新成果指数
1	创意信息	300366.SZ	非国有控股	四川	计算机	92.08
2	中科信息	300678.SZ	中央国有控股	四川	计算机	91.88
3	国网信通	600131.SH	中央国有控股	四川	计算机	90.29
4	唐源电气	300789.SZ	非国有控股	四川	计算机	90.24
5	天阳科技	300872.SZ	非国有控股	西藏	计算机	90.03
6	久远银海	002777.SZ	中央国有控股	四川	计算机	89.89
7	华体科技	603679.SH	非国有控股	四川	电子	88.80
8	运达科技	300440.SZ	非国有控股	四川	计算机	88.09
9	南天信息	000948.SZ	地方国有控股	云南	计算机	87.03
10	华丰科技	688629.SH	地方国有控股	四川	国防军工	86.20

数据来源：同花顺（iFinD），首经贸资产评估研究院和浙工商中国智能管理研究院整理。

8.7.5 数字化创新绩效指数

2023年西南地区55家数字原生产业上市公司数字化创新绩效指数平均水平为65.90，高于数字原生产业上市公司该项指数平均水平65.43。具体而言，该项指数最高的上市公司是巨人网络，数字化创新绩效指数为87.56。从区域内省份分布来看，如图8-35所示，数字化创新绩效指数平均水平最高的省份是西藏自治区（72.94）。从指数分布来看，高于数字原生产业上市公司该项指数平均水平的上市公司有28家，占比50.91%。其中，数字化创新绩效指数处于［80，100］的有8家，占比14.55%；［70，80）的有9家，占比16.36%；［60，70）的有22家，占比40.00%；［0，60）的有16家，占比29.09%。

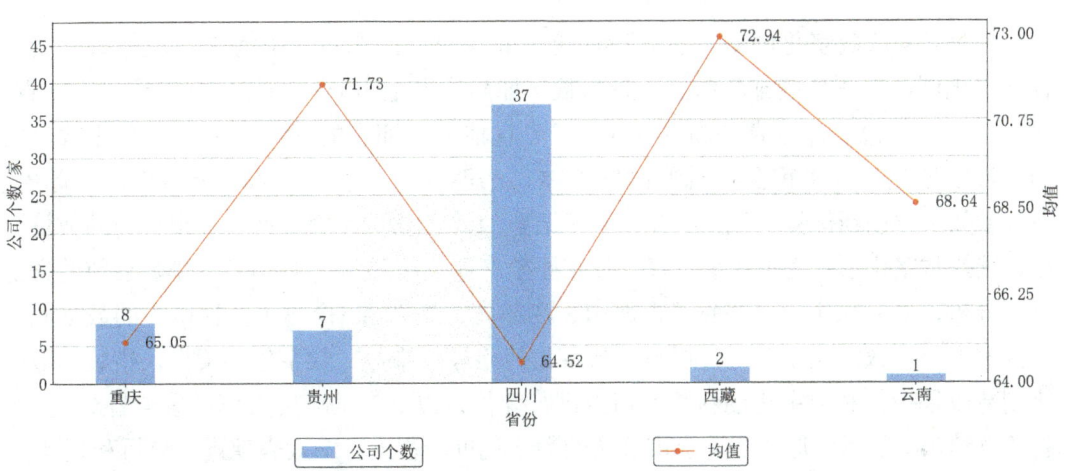

图8-35　2023年西南地区数字原生产业上市公司数字化创新绩效指数均值分布图

西南地区数字化创新绩效指数排名前10的数字原生产业上市公司如表8-35所示。

表8-35　2023年西南地区数字原生产业上市公司数字化创新绩效指数前10排名

排名	证券名称	证券代码	产权性质	省份	一级行业	数字化创新绩效指数
1	巨人网络	002558.SZ	非国有控股	重庆	传媒	87.56
2	振华科技	000733.SZ	中央国有控股	贵州	国防军工	86.86
3	振华风光	688439.SH	中央国有控股	贵州	国防军工	86.72
4	新易盛	300502.SZ	非国有控股	四川	通信	85.13
5	新华文轩	601811.SH	地方国有控股	四川	传媒	84.59
6	国网信通	600131.SH	中央国有控股	四川	计算机	80.49
7	万兴科技	300624.SZ	非国有控股	西藏	计算机	80.20
8	航天电器	002025.SZ	中央国有控股	贵州	国防军工	80.11
9	赛力斯	601127.SH	非国有控股	重庆	汽车	77.61
10	电科芯片	600877.SH	中央国有控股	重庆	电子	75.49

数据来源：同花顺（iFinD），首经贸资产评估研究院和浙工商中国智能管理研究院整理。

第9章
数字原生产业上市公司数字化创新评价——省份维度

根据第4章数字化创新生态环境评价，北京市、广东省、上海市、江苏省、浙江省数字化创新生态环境排名前五，且从数字原生产业上市公司的省份分布看，广东省、北京市、上海市、江苏省和浙江省5个省（直辖市）拥有的数字原生产业企业数量之和占数字原生产业上市公司总量的70.54%，表明北京市、广东省、上海市、江苏省、浙江省数字化创新优势明显。因此，本章结合31个省份数字原生产业上市公司的数量分布，选择数字化创新生态环境较好、数字原生产业上市公司大于50家且排名靠前的省份进行分析，对北京市、广东省、上海市、江苏省、浙江省5个省（直辖市）的数字原生产业上市公司数字化创新综合指数、数字化战略导向指数、数字化要素投入指数、数字化创新成果指数和数字化创新绩效指数进行评价，以期有助于广大市场参与者对这5个省（直辖市）的数字原生产业上市公司的数字化创新程度和绩效表现进行分析和判断。

9.1 北京市数字原生产业上市公司数字化创新评价

截至2023年底，A股市场北京市共有数字原生产业上市公司175家，总市值共计31710.71亿元，营业收入合计17057.49亿元，平均市值181.20亿元/家，平均营业收入97.47亿元/家。2023年，北京市数字原生产业上市公司研发投入合计为1056.70亿元，占营业收入的比例为6.19%；无形资产账面价值合计为1414.87亿元，占总资产的比例为4.49%。根据本报告分析口径，共对北京市175家数字原生产业上市公司开展数字化创新指数评价，具体情况如下：

9.1.1 数字化创新综合指数

2023年北京市数字原生产业175家上市公司数字化创新综合指数平均水平为78.01，高于数字原生产业上市公司该项指数平均水平73.09。具体而言，该项指数最高的上市公司是金山办公，数字化创新综合指数为93.10。从市内各区分布来看，如图9-1所示，北京市数字原生产业175家上市公司分布在14个区，数字化创新综合指数平均水平最高的市辖区是西城区（81.27）。从指数分布来看，高于数字原生产业上市公司该项指数平均水平的上市公司有120家，占比68.57%。其中，数字化创新综合指数处于［80，100］的有76家，占比43.43%；［70，80）的有75家，占比42.86%；［60，70）的有20家，占比11.43%；［0，60）的有4家，占比2.28%。

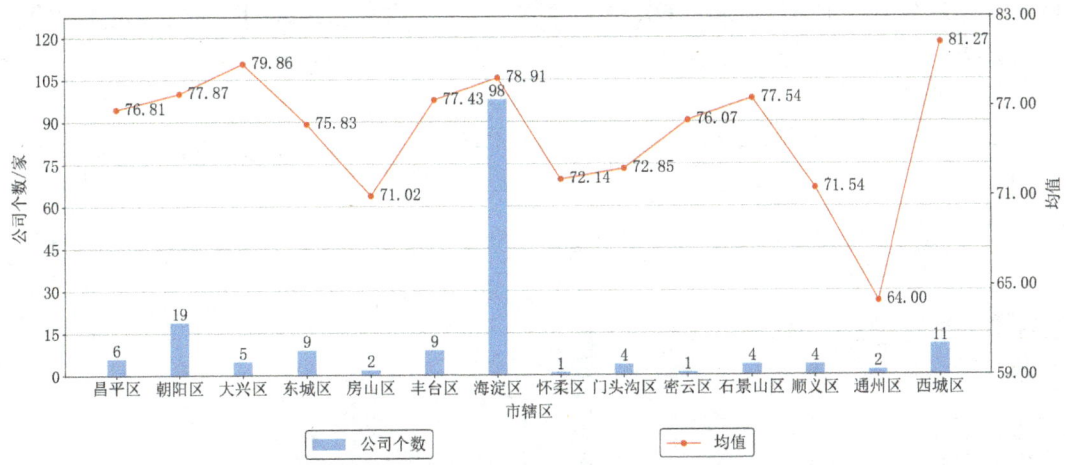

图9-1　2023年北京市数字原生产业上市公司数字化创新综合指数均值分布图

北京市数字化创新综合指数排名前10的数字原生产业上市公司如表9-1所示。

表9-1　2023年北京市数字原生产业上市公司数字化创新综合指数前10排名

排名	证券名称	证券代码	产权性质	一级行业	市辖区	数字化创新综合指数
1	金山办公	688111.SH	非国有控股	计算机	海淀区	93.10
2	神州泰岳	300002.SZ	非国有控股	传媒	海淀区	91.70
3	软通动力	301236.SZ	非国有控股	计算机	海淀区	91.70
4	石基信息	002153.SZ	非国有控股	计算机	海淀区	91.32
5	中科星图	688568.SH	中央国有控股	计算机	顺义区	90.97
6	中国电信	601728.SH	中央国有控股	通信	西城区	90.86
7	石头科技	688169.SH	非国有控股	家用电器	昌平区	90.67
8	宇信科技	300674.SZ	非国有控股	计算机	大兴区	89.77
9	用友网络	600588.SH	非国有控股	计算机	海淀区	89.61
10	超图软件	300036.SZ	非国有控股	计算机	朝阳区	89.45

数据来源：同花顺（iFinD），首经贸资产评估研究院和浙工商中国智能管理研究院整理。

9.1.2　数字化战略导向指数

2023年北京市数字原生产业175家上市公司数字化战略导向指数平均水平为

85.72，高于数字原生产业上市公司该项指数平均水平76.89。具体而言，该项指数最高的上市公司是软通动力，数字化战略导向指数为98.85。从市内各区分布来看，如图9-2所示，数字化战略导向指数平均水平最高的市辖区是密云区（93.22）。从指数分布来看，高于数字原生产业上市公司该项指数平均水平的上市公司有138家，占比78.86%。其中，数字化战略导向指数处于［80，100］的有134家，占比76.57%；［70，80）的有22家，占比12.57%；［60，70）的有11家，占比6.29%；［0，60）的有8家，占比4.57%。

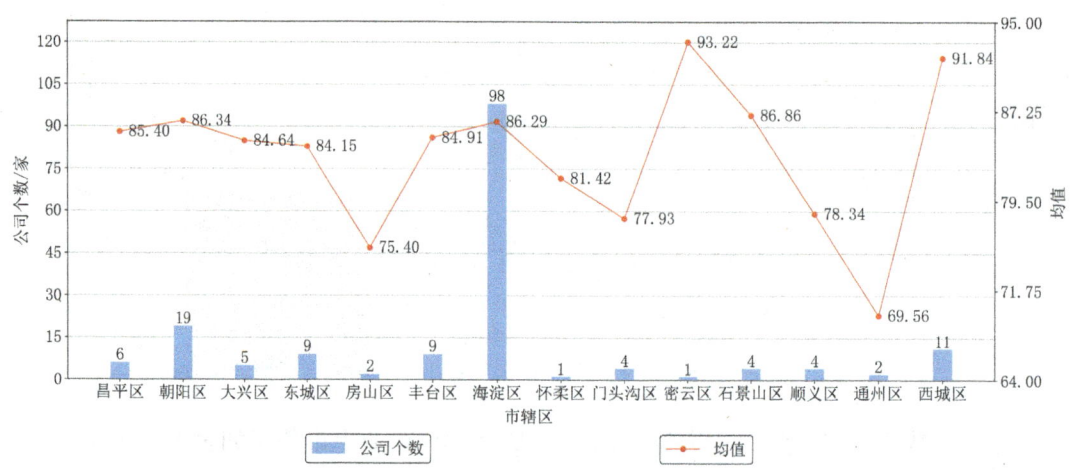

图9-2 2023年北京市数字原生产业上市公司数字化战略导向指数均值分布图

北京市数字化战略导向指数排名前10的数字原生产业上市公司如表9-2所示。

表9-2 2023年北京市数字原生产业上市公司数字化战略导向指数前10排名

排名	证券名称	证券代码	产权性质	一级行业	市辖区	数字化战略导向指数
1	软通动力	301236.SZ	非国有控股	计算机	海淀区	98.85
2	东方国信	300166.SZ	非国有控股	计算机	朝阳区	97.83
3	科蓝软件	300663.SZ	非国有控股	计算机	大兴区	97.68
4	金山办公	688111.SH	非国有控股	计算机	海淀区	97.22
5	神州泰岳	300002.SZ	非国有控股	传媒	海淀区	96.99
6	奇安信	688561.SH	非国有控股	计算机	西城区	96.88
7	中国电信	601728.SH	中央国有控股	通信	西城区	96.87
8	启明星辰	002439.SZ	中央国有控股	计算机	海淀区	96.85
9	石基信息	002153.SZ	非国有控股	计算机	海淀区	96.73
10	值得买	300785.SZ	非国有控股	传媒	丰台区	96.62

数据来源：同花顺（iFinD），首经贸资产评估研究院和浙工商中国智能管理研究院整理。

9.1.3 数字化要素投入指数

2023年北京市数字原生产业175家上市公司数字化要素投入指数平均水平为84.26，高于数字原生产业上市公司该项指数平均水平77.42。具体而言，该项指数最高的上市公司是软通动力，数字化要素投入指数为99.82。从市内各区分布来看，如图9-3所示，数字化要素投入指数平均水平最高的市辖区是密云区（90.06）。从指数分布来看，高于数字原生产业上市公司该项指数平均水平的上市公司有129家，占比73.71%。其中，数字化要素投入指数处于［80，100］的有126家，占比72.00%；［70，80）的有31家，占比17.71%；［60，70）的有13家，占比7.43%；[0，60）的有5家，占比2.86%。

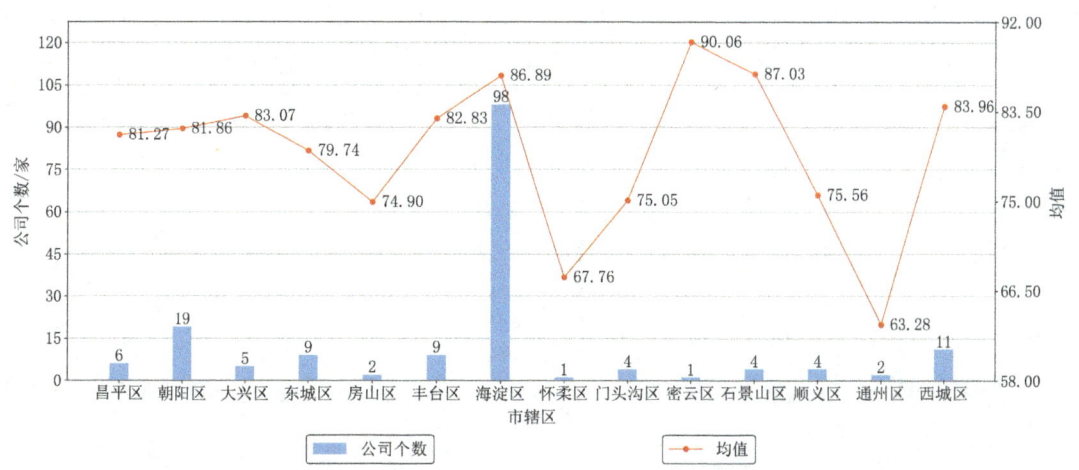

图9-3　2023年北京市数字原生产业上市公司数字化要素投入指数均值分布图

北京市数字化要素投入指数排名前10的数字原生产业上市公司如表9-3所示。

表9-3　2023年北京市数字原生产业上市公司数字化要素投入指数前10排名

排名	证券名称	证券代码	产权性质	一级行业	市辖区	数字化要素投入指数
1	软通动力	301236.SZ	非国有控股	计算机	海淀区	99.82
2	亚康股份	301085.SZ	非国有控股	计算机	海淀区	97.86
3	紫光股份	000938.SZ	非国有控股	计算机	海淀区	97.30
4	神州泰岳	300002.SZ	非国有控股	传媒	海淀区	97.01
5	金山办公	688111.SH	非国有控股	计算机	海淀区	96.98
6	用友网络	600588.SH	非国有控股	计算机	海淀区	96.61
7	中科创达	300496.SZ	非国有控股	计算机	海淀区	96.40
8	航天宏图	688066.SH	非国有控股	计算机	海淀区	96.09
9	科蓝软件	300663.SZ	非国有控股	计算机	大兴区	96.05
10	先进数通	300541.SZ	非国有控股	计算机	海淀区	95.88

数据来源：同花顺（iFinD），首经贸资产评估研究院和浙工商中国智能管理研究院整理。

9.1.4 数字化创新成果指数

2023年北京市数字原生产业175家上市公司数字化创新成果指数平均水平为79.37，高于数字原生产业上市公司该项指数平均水平75.03。具体而言，该项指数最高的上市公司是软通动力，数字化创新成果指数为97.27。从市内各区分布来看，如图9-4所示，数字化创新成果指数平均水平最高的市辖区是大兴区（85.02）。从指数分布来看，高于数字原生产业上市公司该项指数平均水平的上市公司有118家，占比67.43%。其中，数字化创新成果指数处于［80,100］的有95家，占比54.29%；［70,80）的有47家，占比26.86%；［60,70）的有21家，占比12.00%；［0,60）的有12家，占比6.85%。

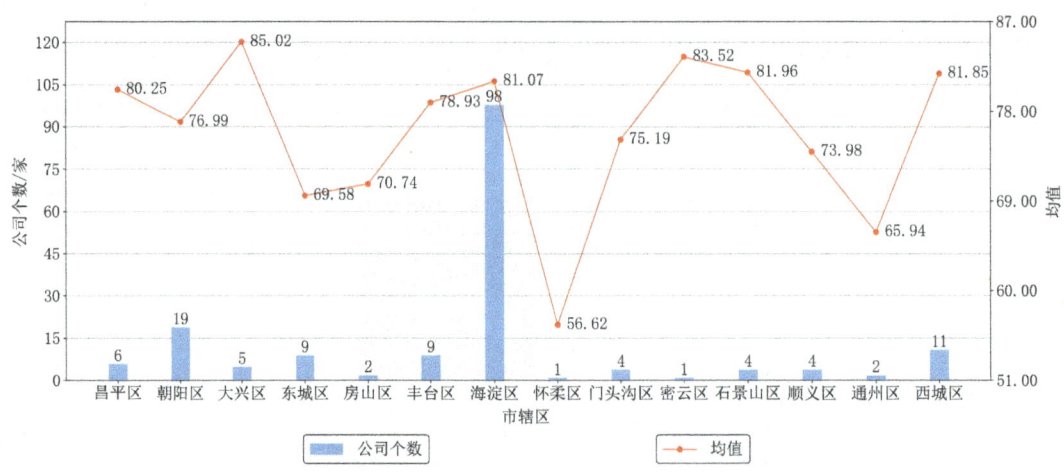

图9-4 2023年北京市数字原生产业上市公司数字化创新成果指数均值分布图

北京市数字化创新成果指数排名前10的数字原生产业上市公司如表9-4所示。

表9-4 2023年北京市数字原生产业上市公司数字化创新成果指数前10排名

排名	证券名称	证券代码	产权性质	一级行业	市辖区	数字化创新成果指数
1	软通动力	301236.SZ	非国有控股	计算机	海淀区	97.27
2	石基信息	002153.SZ	非国有控股	计算机	海淀区	96.69
3	东土科技	300353.SZ	非国有控股	通信	石景山区	94.96
4	光环新网	300383.SZ	非国有控股	通信	门头沟区	94.59
5	航天宏图	688066.SH	非国有控股	计算机	海淀区	94.58
6	思特奇	300608.SZ	非国有控股	计算机	海淀区	94.52
7	汉王科技	002362.SZ	非国有控股	计算机	海淀区	93.98
8	宇信科技	300674.SZ	非国有控股	计算机	大兴区	93.62
9	超图软件	300036.SZ	非国有控股	计算机	朝阳区	92.80
10	奇安信	688561.SH	非国有控股	计算机	西城区	92.78

数据来源：同花顺（iFinD），首经贸资产评估研究院和浙工商中国智能管理研究院整理。

9.1.5 数字化创新绩效指数

2023年北京市数字原生产业175家上市公司数字化创新绩效指数平均水平为67.23，高于数字原生产业上市公司该项指数平均水平65.43。具体而言，该项指数最高的上市公司是北方华创，数字化创新绩效指数为93.01。从市内各区分布来看，如图9-5所示，数字化创新绩效指数平均水平最高的市辖区是怀柔区（87.31）。从指数分布来看，高于数字原生产业上市公司该项指数平均水平的上市公司有88家，占比50.29%。其中，数字化创新绩效指数处于［80，100］的有28家，占比16.00%；［70，80）的有38家，占比21.71%；［60，70）的有56家，占比32.00%；［0，60）的有53家，占比30.29%。

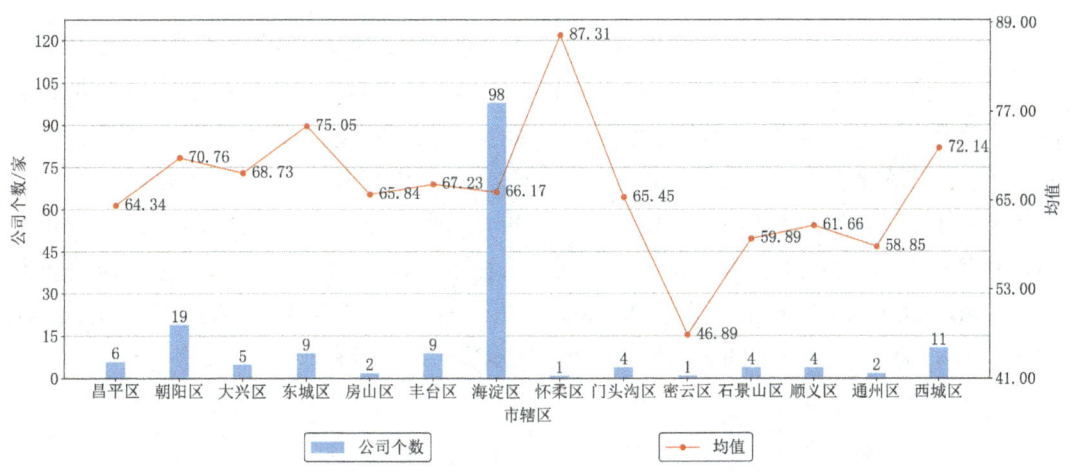

图9-5　2023年北京市数字原生产业上市公司数字化创新绩效指数均值分布图

北京市数字化创新绩效指数排名前10的数字原生产业上市公司如表9-5所示。

表9-5　2023年北京市数字原生产业上市公司数字化创新绩效指数前10排名

排名	证券名称	证券代码	产权性质	一级行业	市辖区	数字化创新绩效指数
1	北方华创	002371.SZ	地方国有控股	电子	朝阳区	93.01
2	万达电影	002739.SZ	非国有控股	传媒	朝阳区	92.71
3	石头科技	688169.SH	非国有控股	家用电器	昌平区	91.63
4	光线传媒	300251.SZ	非国有控股	传媒	东城区	91.20
5	中国科传	601858.SH	中央国有控股	传媒	东城区	89.27
6	神州泰岳	300002.SZ	非国有控股	传媒	海淀区	88.44
7	金山办公	688111.SH	非国有控股	计算机	海淀区	88.18
8	中国出版	601949.SH	中央国有控股	传媒	东城区	88.06
9	中国电影	600977.SH	中央国有控股	传媒	怀柔区	87.31
10	昆仑万维	300418.SZ	非国有控股	传媒	东城区	87.18

数据来源：同花顺（iFinD），首经贸资产评估研究院和浙工商中国智能管理研究院整理。

9.2 广东省数字原生产业上市公司数字化创新评价

截至2023年底，A股市场广东省共有数字原生产业上市公司317家，总市值共计37280.08亿元，营业收入合计22813.80亿元，平均市值117.60亿元/家，平均营业收入71.97亿元/家。2023年，广东省数字原生产业上市公司研发投入合计为1344.72亿元，占营业收入的比例为5.89%；无形资产账面价值合计为873.63亿元，占总资产的比例为2.97%。根据本报告分析口径，共对广东省317家数字原生产业上市公司开展数字化创新指数评价，具体情况如下：

9.2.1 数字化创新综合指数

2023年广东省数字原生产业317家上市公司数字化创新综合指数平均水平为73.17，高于数字原生产业上市公司该项指数平均水平73.09。具体而言，该项指数最高的上市公司是传音控股，数字化创新综合指数为92.48。从省内城市分布来看，如图9-6所示，广东省数字原生产业317家上市公司分布在14个市，数字化创新综合指数平均水平最高的城市是江门市（81.43）。从指数分布来看，高于数字原生产业上市公司该项指数平均水平的上市公司有157家，占比49.53%。其中，数字化创新综合指数处于［80，100］的有83家，占比26.18%；［70，80）的有121家，占比38.17%；［60，70）的有85家，占比26.81%；［0，60）的有28家，占比8.84%。

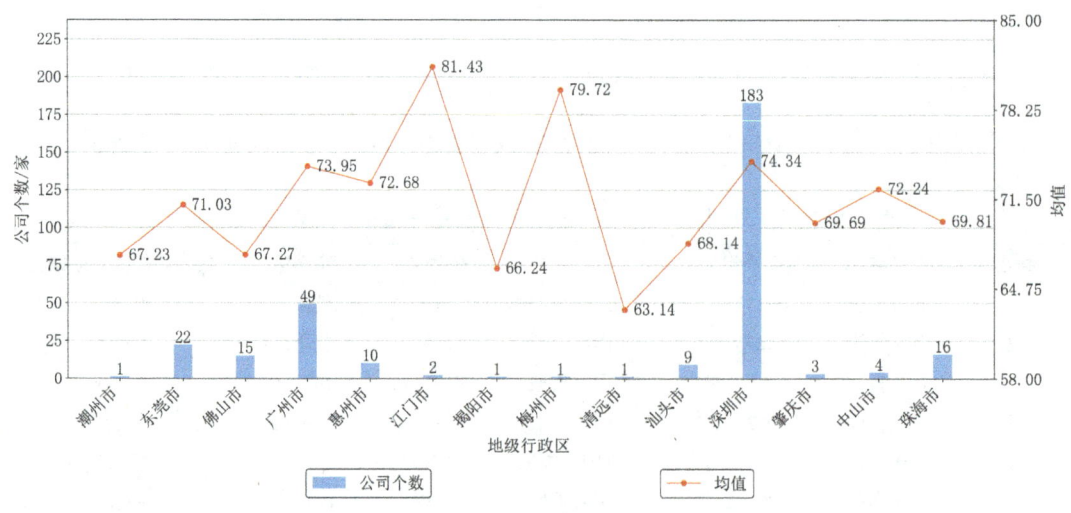

图9-6 2023年广东省数字原生产业上市公司数字化创新综合指数均值分布图

广东省数字化创新综合指数排名前10的数字原生产业上市公司如表9-6所示。

表 9-6 2023 年广东省数字原生产业上市公司数字化创新综合指数前 10 排名

排名	证券名称	证券代码	产权性质	一级行业	地级行政区	数字化创新综合指数
1	传音控股	688036.SH	非国有控股	电子	深圳市	92.48
2	协创数据	300857.SZ	非国有控股	电子	深圳市	90.95
3	彩讯股份	300634.SZ	非国有控股	计算机	深圳市	90.07
4	盛视科技	002990.SZ	非国有控股	计算机	深圳市	89.58
5	中兴通讯	000063.SZ	非国有控股	通信	深圳市	89.56
6	工业富联	601138.SH	非国有控股	电子	深圳市	89.18
7	锐明技术	002970.SZ	非国有控股	计算机	深圳市	88.95
8	广电运通	002152.SZ	地方国有控股	计算机	广州市	88.89
9	智度股份	000676.SZ	非国有控股	传媒	广州市	88.82
10	佳都科技	600728.SH	非国有控股	计算机	广州市	88.72

数据来源：同花顺（iFinD），首经贸资产评估研究院和浙工商中国智能管理研究院整理。

9.2.2 数字化战略导向指数

2023 年广东省数字原生产业 317 家上市公司数字化战略导向指数平均水平为 76.08，低于数字原生产业上市公司该项指数平均水平 76.89。具体而言，该项指数最高的上市公司是天融信，数字化战略导向指数为 97.82。从省内城市分布来看，如图 9-7 所示，数字化战略导向指数平均水平最高的城市是梅州市（82.38）。从指数分布来看，高于数字原生产业上市公司该项指数平均水平的上市公司有 162 家，占比 51.10%。其中，数字化战略导向指数处于 [80，100] 的有 145 家，占比 45.74%；[70，80) 的有 55 家，占比 17.35%；[60，70) 的有 58 家，占比 18.30%；[0，60) 的有 59 家，占比 18.61%。

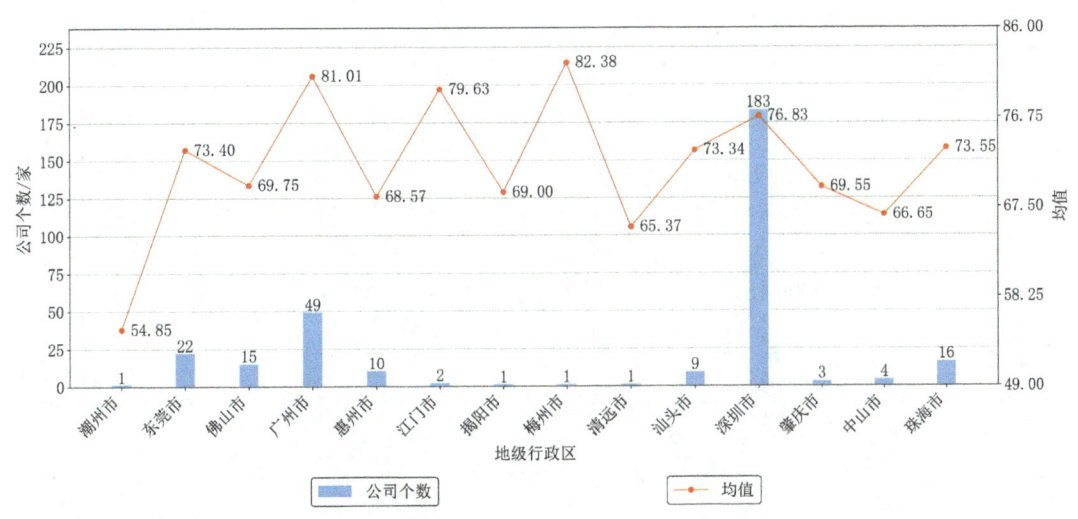

图 9-7 2023 年广东省数字原生产业上市公司数字化战略导向指数均值分布图

广东省数字化战略导向指数排名前10的数字原生产业上市公司如表9-7所示。

表9-7 2023年广东省数字原生产业上市公司数字化战略导向指数前10排名

排名	证券名称	证券代码	产权性质	一级行业	地级行政区	数字化战略导向指数
1	天融信	002212.SZ	非国有控股	计算机	汕头市	97.82
2	广电运通	002152.SZ	地方国有控股	计算机	广州市	97.61
3	华大基因	300676.SZ	非国有控股	医药生物	深圳市	97.28
4	ST英飞拓	002528.SZ	地方国有控股	计算机	深圳市	97.25
5	彩讯股份	300634.SZ	非国有控股	计算机	深圳市	97.17
6	熵基科技	301330.SZ	非国有控股	计算机	东莞市	97.11
7	高新兴	300098.SZ	非国有控股	通信	广州市	97.02
8	锐明技术	002970.SZ	非国有控股	计算机	深圳市	96.85
9	天源迪科	300047.SZ	非国有控股	计算机	深圳市	96.42
10	ST证通	002197.SZ	非国有控股	计算机	深圳市	96.34

数据来源：同花顺（iFinD），首经贸资产评估研究院和浙工商中国智能管理研究院整理。

9.2.3 数字化要素投入指数

2023年广东省数字原生产业317家上市公司数字化要素投入指数平均水平为76.54，低于数字原生产业上市公司该项指数平均水平77.42。具体而言，该项指数最高的上市公司是彩讯股份，数字化要素投入指数为96.94。从省内城市分布来看，如图9-8所示，数字化要素投入指数平均水平最高的城市是梅州市（87.18）。从指数分布来看，高于数字原生产业上市公司该项指数平均水平的上市公司有143家，占比45.11%。其中，数字化要素投入指数处于［80，100］的有137家，占比43.22%；［70，80）的有97家，占比30.60%；［60，70）的有53家，占比16.72%；［0，60）的有30家，占比9.46%。

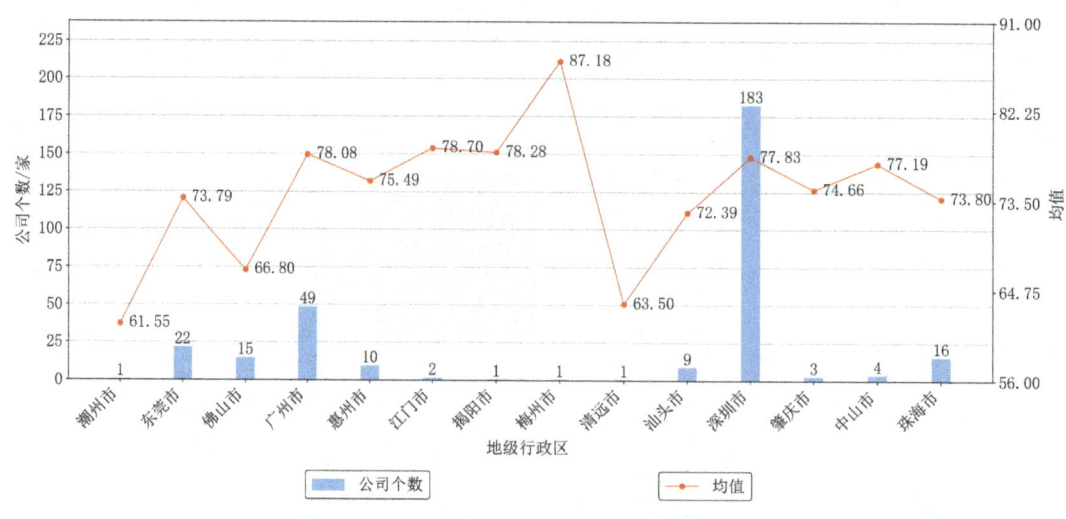

图9-8 2023年广东省数字原生产业上市公司数字化要素投入指数均值分布图

广东省数字化要素投入指数排名前10的数字原生产业上市公司如表9-8所示。

表9-8　2023年广东省数字原生产业上市公司数字化要素投入指数前10排名

排名	证券名称	证券代码	产权性质	一级行业	地级行政区	数字化要素投入指数
1	彩讯股份	300634.SZ	非国有控股	计算机	深圳市	96.94
2	奥飞数据	300738.SZ	非国有控股	通信	广州市	96.86
3	智度股份	000676.SZ	非国有控股	传媒	广州市	96.59
4	中兴通讯	000063.SZ	非国有控股	通信	深圳市	96.44
5	宜通世纪	300310.SZ	非国有控股	通信	广州市	95.66
6	天融信	002212.SZ	非国有控股	计算机	汕头市	95.47
7	盛视科技	002990.SZ	非国有控股	计算机	深圳市	95.31
8	佳都科技	600728.SH	非国有控股	计算机	广州市	95.18
9	工业富联	601138.SH	非国有控股	电子	深圳市	95.09
10	银之杰	300085.SZ	非国有控股	计算机	深圳市	94.81

数据来源：同花顺（iFinD），首经贸资产评估研究院和浙工商中国智能管理研究院整理。

9.2.4　数字化创新成果指数

2023年广东省数字原生产业317家上市公司数字化创新成果指数平均水平为76.60，高于数字原生产业上市公司该项指数平均水平75.03。具体而言，该项指数最高的上市公司是锐明技术，数字化创新成果指数为96.01。从省内城市分布来看，如图9-9所示，数字化创新成果指数平均水平最高的城市是梅州市（88.51）。从指数分布来看，高于数字原生产业上市公司该项指数平均水平的上市公司有177家，占比55.84%。其中，数字化创新成果指数处于［80，100］的有135家，占比42.59%；［70，80）的有101家，占比31.86%；［60，70）的有49家，占比15.46%；［0，60）的有32家，占比10.09%。

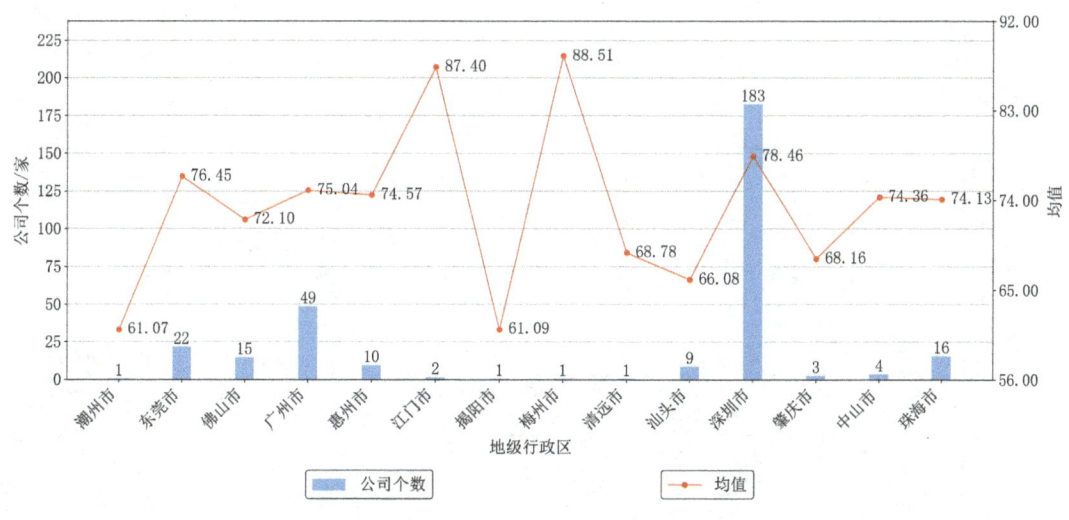

图9-9　2023年广东省数字原生产业上市公司数字化创新成果指数均值分布图

广东省数字化创新成果指数排名前10的数字原生产业上市公司如表9-9所示。

表9-9 2023年广东省数字原生产业上市公司数字化创新成果指数前10排名

排名	证券名称	证券代码	产权性质	一级行业	地级行政区	数字化创新成果指数
1	锐明技术	002970.SZ	非国有控股	计算机	深圳市	96.01
2	领益智造	002600.SZ	非国有控股	电子	江门市	95.97
3	拓邦股份	002139.SZ	非国有控股	电子	深圳市	95.11
4	天融信	002212.SZ	非国有控股	计算机	汕头市	94.97
5	智微智能	001339.SZ	非国有控股	计算机	深圳市	94.81
6	视源股份	002841.SZ	非国有控股	电子	广州市	94.77
7	云从科技	688327.SH	非国有控股	计算机	广州市	94.50
8	盛视科技	002990.SZ	非国有控股	计算机	深圳市	94.42
9	广电运通	002152.SZ	地方国有控股	计算机	广州市	94.06
10	协创数据	300857.SZ	非国有控股	电子	深圳市	93.77

数据来源：同花顺（iFinD），首经贸资产评估研究院和浙工商中国智能管理研究院整理。

9.2.5 数字化创新绩效指数

2023年广东省数字原生产业317家上市公司数字化创新绩效指数平均水平为65.02，低于数字原生产业上市公司该项指数平均水平65.43。具体而言，该项指数最高的上市公司是传音控股，数字化创新绩效指数为92.22。从省内城市分布来看，如图9-10所示，数字化创新绩效指数平均水平最高的城市是潮州市（86.00）。从指数分布来看，高于数字原生产业上市公司该项指数平均水平的上市公司有149家，占比47.00%。其中，数字化创新绩效指数处于［80，100］的有26家，占比8.20%；［70，80）的有89家，占比28.08%；［60，70）的有94家，占比29.65%；［0，60）的有108家，占比34.07%。

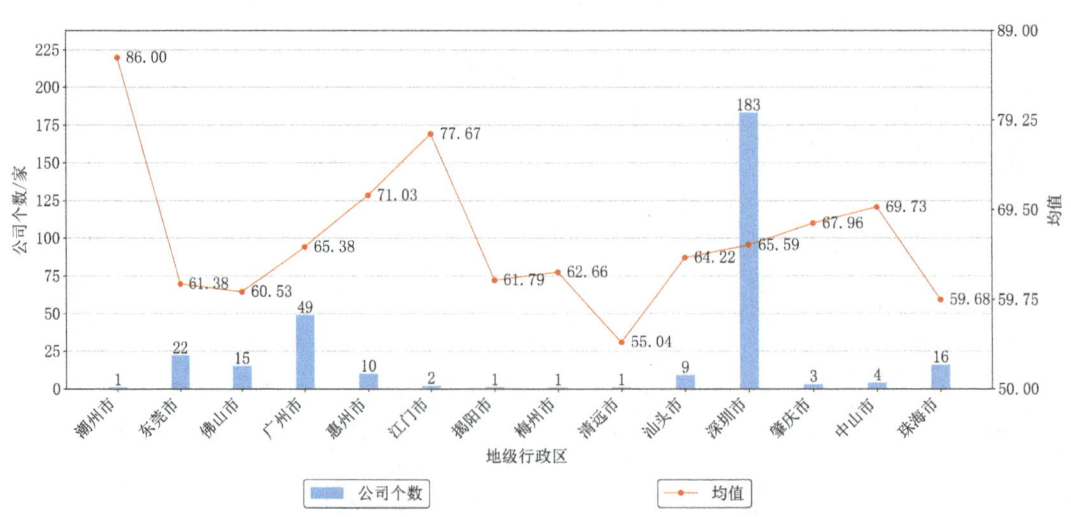

图9-10 2023年广东省数字原生产业上市公司数字化创新绩效指数均值分布图

广东省数字化创新绩效指数排名前10的数字原生产业上市公司如表9-10所示。

表 9-10　2023 年广东省数字原生产业上市公司数字化创新绩效指数前 10 排名

排名	证券名称	证券代码	产权性质	一级行业	地级行政区	数字化创新绩效指数
1	传音控股	688036.SH	非国有控股	电子	深圳市	92.22
2	分众传媒	002027.SZ	非国有控股	传媒	广州市	91.70
3	德赛西威	002920.SZ	地方国有控股	计算机	惠州市	90.96
4	赛维时代	301381.SZ	非国有控股	商贸零售	深圳市	87.37
5	智度股份	000676.SZ	非国有控股	传媒	广州市	86.19
6	三环集团	300408.SZ	非国有控股	电子	潮州市	86.00
7	冰川网络	300533.SZ	非国有控股	传媒	深圳市	85.03
8	广和通	300638.SZ	非国有控股	通信	深圳市	84.30
9	亿纬锂能	300014.SZ	非国有控股	电力设备	惠州市	84.11
10	立讯精密	002475.SZ	非国有控股	电子	深圳市	84.04

数据来源：同花顺（iFinD），首经贸资产评估研究院和浙工商中国智能管理研究院整理。

9.3　江苏省数字原生产业上市公司数字化创新评价

截至2023年底，A股市场江苏省共有数字原生产业上市公司136家，总市值共计13732.01亿元，营业收入合计5330.49亿元，平均市值100.97亿元/家，平均营业收入39.19亿元/家。2023年，江苏省数字原生产业上市公司研发投入合计为301.20亿元，占营业收入的比例为5.65%；无形资产账面价值合计为274.66亿元，占总资产的比例为2.78%。根据本报告分析口径，共对江苏省136家数字原生产业上市公司开展数字化创新指数评价，具体情况如下：

9.3.1　数字化创新综合指数

2023年江苏省数字原生产业136家上市公司数字化创新综合指数平均水平为70.74，低于数字原生产业上市公司该项指数平均水平73.09。具体而言，该项指数最高的上市公司是卓胜微，数字化创新综合指数为90.36。从省内城市分布来看，如图9-11所示，江苏省数字原生产业136家上市公司分布在10个市，数字化创新综合指数平均水平最高的城市是盐城市（79.89）。从指数分布来看，高于数字原生产业上市公司该项指数平均水平的上市公司有51家，占比37.50%。其中，数字化创新综合指数处于［80，100］的有26家，占比19.12%；［70，80）的有46家，占比33.82%；［60，70）的有47家，占比34.56%；［0，60）的有17家，占比12.50%。

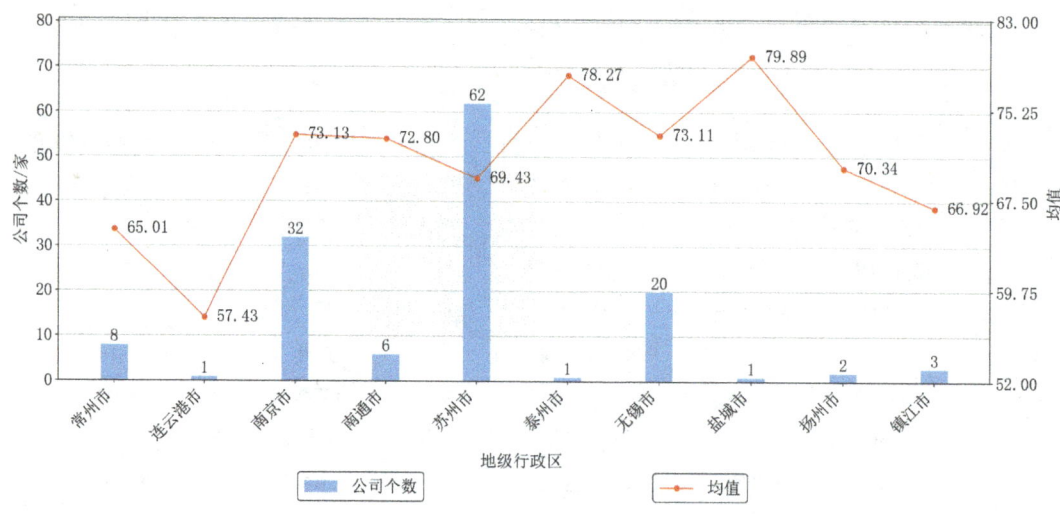

图9-11　2023年江苏省数字原生产业上市公司数字化创新综合指数均值分布图

江苏省数字化创新综合指数排名前10的数字原生产业上市公司如表9-11所示。

表9-11　2023年江苏省数字原生产业上市公司数字化创新综合指数前10排名

排名	证券名称	证券代码	产权性质	一级行业	地级行政区	数字化创新综合指数
1	卓胜微	300782.SZ	非国有控股	电子	无锡市	90.36
2	润和软件	300339.SZ	非国有控股	计算机	南京市	88.51
3	先导智能	300450.SZ	非国有控股	电力设备	无锡市	87.68
4	宝通科技	300031.SZ	非国有控股	传媒	无锡市	87.23
5	焦点科技	002315.SZ	非国有控股	商贸零售	南京市	86.64
6	朗新集团	300682.SZ	非国有控股	计算机	无锡市	86.12
7	中天科技	600522.SH	非国有控股	通信	南通市	86.05
8	亚信安全	688225.SH	非国有控股	计算机	南京市	85.67
9	苏州科达	603660.SH	非国有控股	计算机	苏州市	85.48
10	天孚通信	300394.SZ	非国有控股	通信	苏州市	85.21

数据来源：同花顺（iFinD），首经贸资产评估研究院和浙工商中国智能管理研究院整理。

9.3.2　数字化战略导向指数

2023年江苏省数字原生产业136家上市公司数字化战略导向指数平均水平为71.71，低于数字原生产业上市公司该项指数平均水平76.89。具体而言，该项指数最高的上市公司是润和软件，数字化战略导向指数为97.62。从省内城市分布来看，如图9-12所示，数字化战略导向指数平均水平最高的城市是泰州市（93.65）。从指数分布来看，高于数字原生产业上市公司该项指数平均水平的上市公司有58家，占比42.65%。其中，数字化战略导向指数处于[80，100]的有52家，占比38.24%；[70，80)的有18家，占比13.24%；[60，70)的有27家，占比19.85%；[0，60)的有39家，占比28.67%。

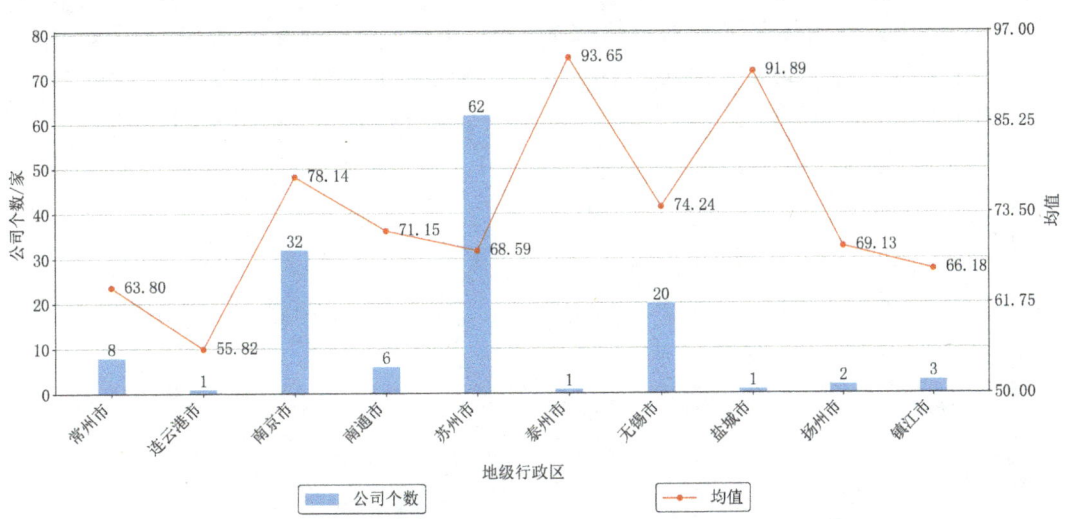

图9-12 2023年江苏省数字原生产业上市公司数字化战略导向指数均值分布图

江苏省数字化战略导向指数排名前10的数字原生产业上市公司如表9-12所示。

表9-12 2023年江苏省数字原生产业上市公司数字化战略导向指数前10排名

排名	证券名称	证券代码	产权性质	一级行业	地级行政区	数字化战略导向指数
1	润和软件	300339.SZ	非国有控股	计算机	南京市	97.62
2	新点软件	688232.SH	非国有控股	计算机	苏州市	97.56
3	亚信安全	688225.SH	非国有控股	计算机	南京市	96.59
4	焦点科技	002315.SZ	非国有控股	商贸零售	南京市	96.46
5	莱斯信息	688631.SH	中央国有控股	计算机	南京市	95.88
6	吴通控股	300292.SZ	非国有控股	通信	苏州市	95.16
7	凌志软件	688588.SH	非国有控股	计算机	苏州市	94.47
8	朗新集团	300682.SZ	非国有控股	计算机	无锡市	94.18
9	云涌科技	688060.SH	非国有控股	计算机	泰州市	93.65
10	宝通科技	300031.SZ	非国有控股	传媒	无锡市	93.54

数据来源：同花顺（iFinD），首经贸资产评估研究院和浙工商中国智能管理研究院整理。

9.3.3 数字化要素投入指数

2023年江苏省数字原生产业136家上市公司数字化要素投入指数平均水平为73.83，低于数字原生产业上市公司该项指数平均水平77.42。具体而言，该项指数最高的上市公司是润和软件，数字化要素投入指数为96.13。从省内城市分布来看，如图9-13所示，数字化要素投入指数平均水平最高的城市是盐城市（80.15）。从指数分布来看，高于数字原生产业上市公司该项指数平均水平的上市公司有51家，占比37.50%。其中，数字化要素投入指数处于［80，100］的有46家，占比33.82%；［70，80）的有42家，占比30.88%；［60，70）的有27家，占比19.85%；［0，60）的有21家，占比15.45%。

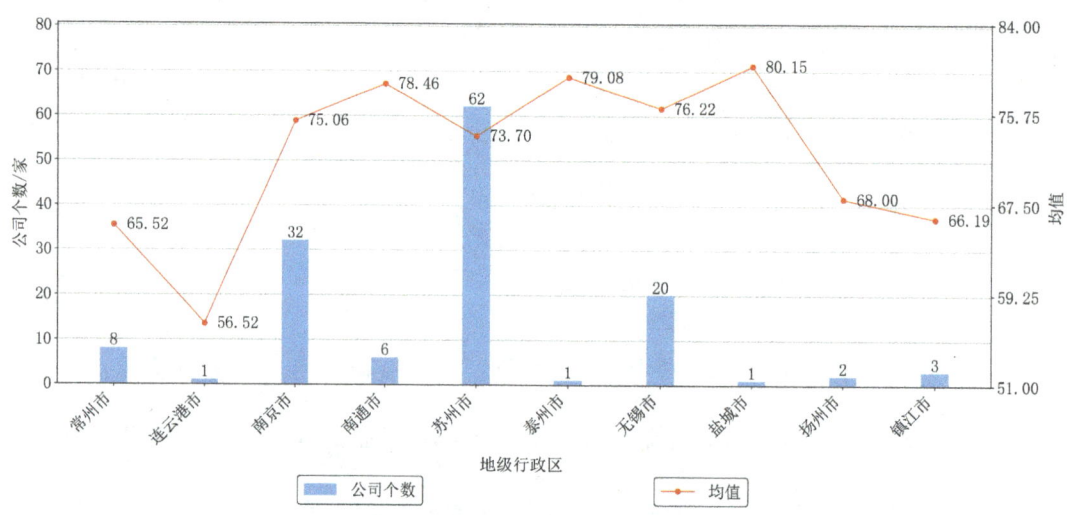

图9-13　2023年江苏省数字原生产业上市公司数字化要素投入指数均值分布图

江苏省数字化要素投入指数排名前10的数字原生产业上市公司如表9-13所示。

表9-13　2023年江苏省数字原生产业上市公司数字化要素投入指数前10排名

排名	证券名称	证券代码	产权性质	一级行业	地级行政区	数字化要素投入指数
1	润和软件	300339.SZ	非国有控股	计算机	南京市	96.13
2	亚信安全	688225.SH	非国有控股	计算机	南京市	95.26
3	苏州科达	603660.SH	非国有控股	计算机	苏州市	94.91
4	诚迈科技	300598.SZ	非国有控股	计算机	南京市	94.41
5	朗新集团	300682.SZ	非国有控股	计算机	无锡市	94.18
6	卓胜微	300782.SZ	非国有控股	电子	无锡市	93.60
7	焦点科技	002315.SZ	非国有控股	商贸零售	南京市	93.19
8	新点软件	688232.SH	非国有控股	计算机	苏州市	92.17
9	凌志软件	688588.SH	非国有控股	计算机	苏州市	91.43
10	卓易信息	688258.SH	非国有控股	计算机	无锡市	91.12

数据来源：同花顺（iFinD），首经贸资产评估研究院和浙工商中国智能管理研究院整理。

9.3.4 数字化创新成果指数

2023年江苏省数字原生产业136家上市公司数字化创新成果指数平均水平为74.25，低于数字原生产业上市公司该项指数平均水平75.03。具体而言，该项指数最高的上市公司是先导智能，数字化创新成果指数为96.04。从省内城市分布来看，如图9-14所示，数字化创新成果指数平均水平最高的城市是盐城市（90.58）。从指数分布来看，高于数字原生产业上市公司该项指数平均水平的上市公司有52家，占比38.24%。其中，数字化创新成果指数处于［80，100］的有46家，占比33.82%；［70，80）的有39家，占比28.68%；［60，70）的有37家，占比27.21%；［0，60）的有14家，占比10.29%。

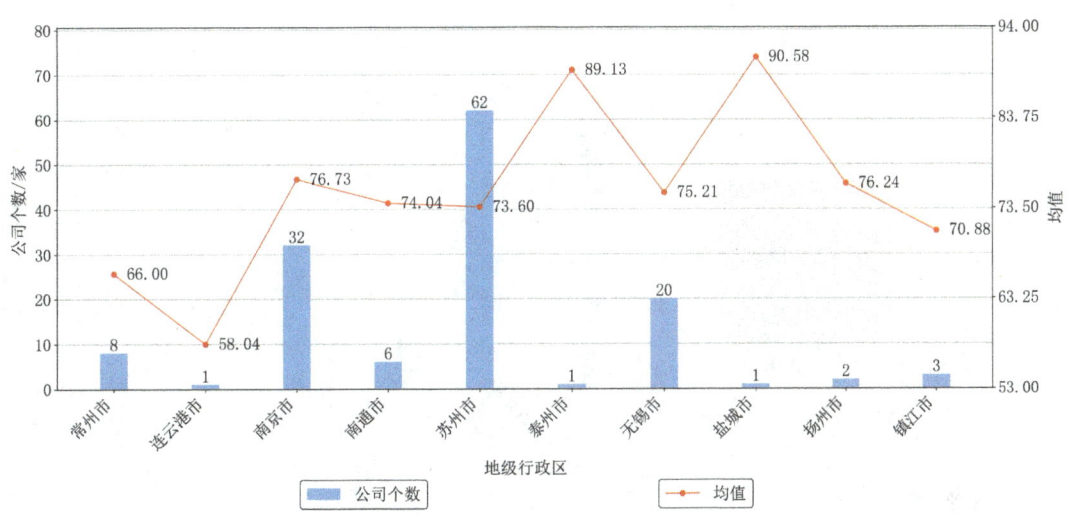

图9-14　2023年江苏省数字原生产业上市公司数字化创新成果指数均值分布图

江苏省数字化创新成果指数排名前10的数字原生产业上市公司如表9-14所示。

表 9-14　2023年江苏省数字原生产业上市公司数字化创新成果指数前10排名

序号	证券名称	证券代码	产权性质	一级行业	地级行政区	数字化创新成果指数
1	先导智能	300450.SZ	非国有控股	电力设备	无锡市	96.04
2	宝通科技	300031.SZ	非国有控股	传媒	无锡市	94.88
3	吴通控股	300292.SZ	非国有控股	通信	苏州市	92.94
4	亚信安全	688225.SH	非国有控股	计算机	南京市	92.77
5	北路智控	301195.SZ	非国有控股	计算机	南京市	91.75
6	润和软件	300339.SZ	非国有控股	计算机	南京市	91.59
7	莱斯信息	688631.SH	中央国有控股	计算机	南京市	91.25
8	凌志软件	688588.SH	非国有控股	计算机	苏州市	91.02
9	南京熊猫	600775.SH	中央国有控股	通信	南京市	90.70
10	金财互联	002530.SZ	非国有控股	机械设备	盐城市	90.58

数据来源：同花顺（iFinD），首经贸资产评估研究院和浙工商中国智能管理研究院整理。

9.3.5 数字化创新绩效指数

2023年江苏省数字原生产业136家上市公司数字化创新绩效指数平均水平为63.90，低于数字原生产业上市公司该项指数平均水平65.43。具体而言，该项指数最高的上市公司是卓胜微，数字化创新绩效指数为92.23。从省内城市分布来看，如图9-15所示，数字化创新绩效指数平均水平最高的城市是南通市（68.33）。从指数分布来看，高于数字原生产业上市公司该项指数平均水平的上市公司有54家，占比39.71%。其中，数字化创新绩效指数处于［80，100］的有12家，占比8.82%；［70，80）的有29家，占比21.32%；［60，70）的有38家，占比27.94%；［0，60）的有57家，占比41.92%。

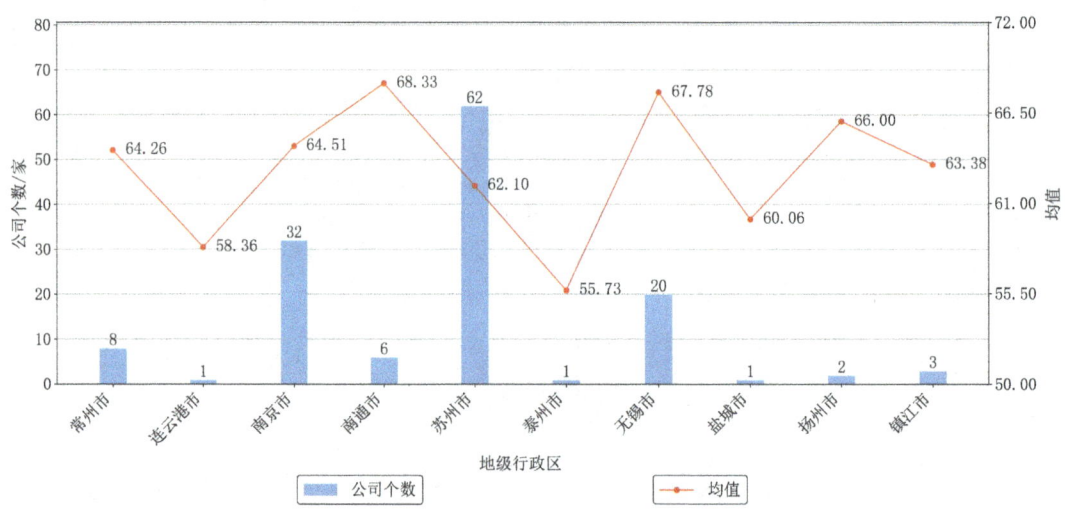

图9-15　2023年江苏省数字原生产业上市公司数字化创新绩效指数均值分布图

江苏省数字化创新绩效指数排名前10的数字原生产业上市公司如表9-15所示。

表9-15　2023年江苏省数字原生产业上市公司数字化创新绩效指数前10排名

排名	证券名称	证券代码	产权性质	一级行业	地级行政区	数字化创新绩效指数
1	卓胜微	300782.SZ	非国有控股	电子	无锡市	92.23
2	天孚通信	300394.SZ	非国有控股	通信	苏州市	90.53
3	先导智能	300450.SZ	非国有控股	电力设备	无锡市	85.93
4	沪电股份	002463.SZ	非国有控股	电子	苏州市	85.65
5	中天科技	600522.SH	非国有控股	通信	南通市	84.80
6	凤凰传媒	601928.SH	地方国有控股	传媒	南京市	83.89
7	东山精密	002384.SZ	非国有控股	电子	苏州市	83.50
8	雅克科技	002409.SZ	非国有控股	电子	无锡市	81.76
9	亨通光电	600487.SH	非国有控股	通信	苏州市	81.33
10	国睿科技	600562.SH	中央国有控股	国防军工	南京市	81.28

数据来源：同花顺（iFinD），首经贸资产评估研究院和浙工商中国智能管理研究院整理。

9.4 上海市数字原生产业上市公司数字化创新评价

截至2023年底，A股市场上海市共有数字原生产业上市公司109家，总市值共计15783.46亿元，营业收入合计4623.82亿元，平均市值144.80亿元/家，平均营业收入42.42亿元/家。2023年，上海市数字原生产业上市公司研发投入合计为368.80亿元，占营业收入的比例为7.98%；无形资产账面价值合计为188.11亿元，占总资产的比例为2.73%。根据本报告分析口径，共对上海市109家数字原生产业上市公司开展数字化创新指数评价，具体情况如下：

9.4.1 数字化创新综合指数

2023年上海市数字原生产业109家上市公司数字化创新综合指数平均水平为74.71，高于数字原生产业上市公司该项指数平均水平73.09。具体而言，该项指数最高的上市公司是中远海科，数字化创新综合指数为89.72。从市内各区分布来看，如图9-16所示，上海市数字原生产业109家上市公司分布在16个区，数字化创新综合指数平均水平最高的市辖区是杨浦区（78.23）。从指数分布来看，高于数字原生产业上市公司该项指数平均水平的上市公司有57家，占比52.29%。其中，数字化创新综合指数处于［80，100］的有37家，占比33.94%；［70，80）的有37家，占比33.94%；［60，70）的有30家，占比27.52%；［0，60）的有5家，占比4.60%。

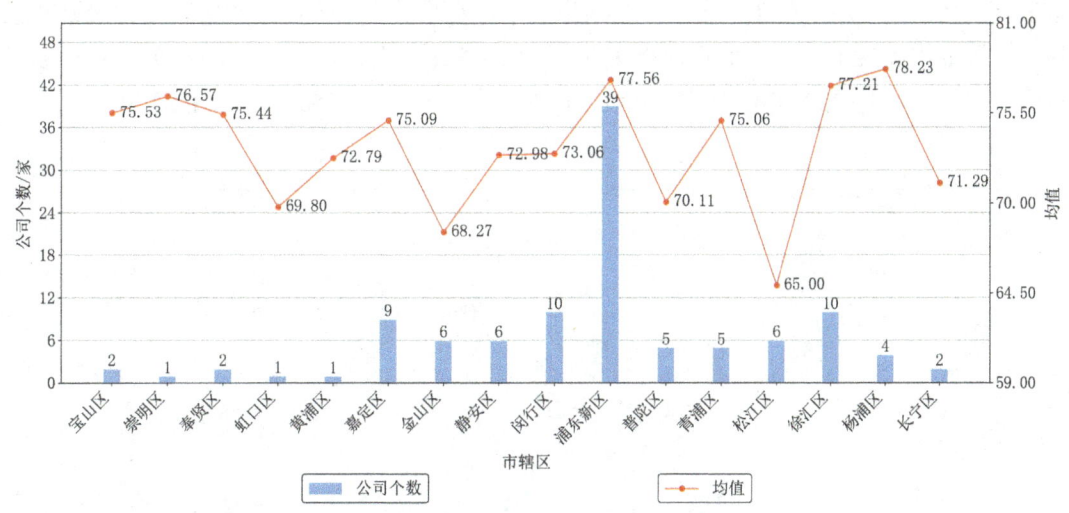

图9-16　2023年上海市数字原生产业上市公司数字化创新综合指数均值分布图

上海市数字化创新综合指数排名前10的数字原生产业上市公司如表9-16所示。

表 9-16　2023 年上海市数字原生产业上市公司数字化创新综合指数前 10 排名

排名	证券名称	证券代码	产权性质	一级行业	市辖区	数字化创新综合指数
1	中远海科	002401.SZ	中央国有控股	计算机	浦东新区	89.72
2	宝信软件	600845.SH	中央国有控股	计算机	浦东新区	89.62
3	华测导航	300627.SZ	非国有控股	通信	青浦区	88.48
4	乐鑫科技	688018.SH	非国有控股	电子	浦东新区	88.08
5	芯原股份	688521.SH	非国有控股	电子	浦东新区	86.98
6	电科数字	600850.SH	中央国有控股	计算机	嘉定区	86.50
7	恒玄科技	688608.SH	非国有控股	电子	浦东新区	86.31
8	剑桥科技	603083.SH	非国有控股	通信	闵行区	86.31
9	泛微网络	603039.SH	非国有控股	计算机	奉贤区	86.26
10	新致软件	688590.SH	非国有控股	计算机	浦东新区	86.11

数据来源：同花顺（iFinD），首经贸资产评估研究院和浙工商中国智能管理研究院整理。

9.4.2　数字化战略导向指数

2023年上海市数字原生产业109家上市公司数字化战略导向指数平均水平为79.03，高于数字原生产业上市公司该项指数平均水平76.89。具体而言，该项指数最高的上市公司是芯原股份，数字化战略导向指数为97.74。从市内各区分布来看，如图9-17所示，数字化战略导向指数平均水平最高的市辖区是崇明区（92.87）。从指数分布来看，高于数字原生产业上市公司该项指数平均水平的上市公司有60家，占比55.05%。其中，数字化战略导向指数处于［80，100］的有58家，占比53.21%；［70，80）的有19家，占比17.43%；［60，70）的有21家，占比19.27%；［0，60）的有11家，占比10.09%。

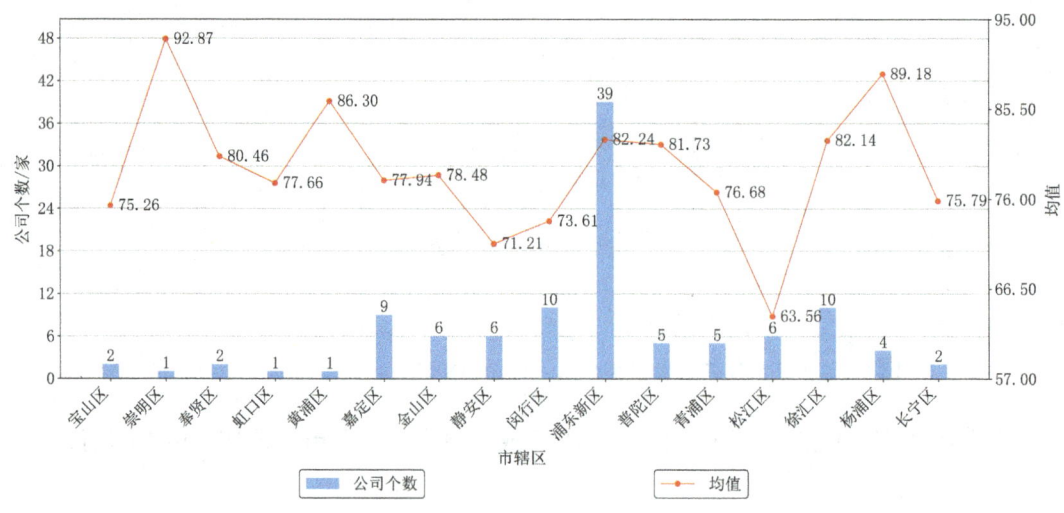

图 9-17　2023 年上海市数字原生产业上市公司数字化战略导向指数均值分布图

上海市数字化战略导向指数排名前10的数字原生产业上市公司如表9-17所示。

表9-17　2023年上海市数字原生产业上市公司数字化战略导向指数前10排名

排名	证券名称	证券代码	产权性质	一级行业	市辖区	数字化战略导向指数
1	芯原股份	688521.SH	非国有控股	电子	浦东新区	97.74
2	中远海科	002401.SZ	中央国有控股	计算机	浦东新区	97.53
3	万达信息	300168.SZ	非国有控股	计算机	徐汇区	97.29
4	新致软件	688590.SH	非国有控股	计算机	浦东新区	97.10
5	优刻得	688158.SH	非国有控股	计算机	杨浦区	96.26
6	上海钢联	300226.SZ	非国有控股	计算机	宝山区	95.80
7	澜起科技	688008.SH	非国有控股	电子	徐汇区	95.79
8	汉得信息	300170.SZ	非国有控股	计算机	青浦区	95.49
9	鼎捷软件	300378.SZ	非国有控股	计算机	静安区	95.45
10	东方明珠	600637.SH	地方国有控股	传媒	徐汇区	94.78

数据来源：同花顺（iFinD），首经贸资产评估研究院和浙工商中国智能管理研究院整理。

9.4.3　数字化要素投入指数

2023年上海市数字原生产业109家上市公司数字化要素投入指数平均水平为80.67，高于数字原生产业上市公司该项指数平均水平77.42。具体而言，该项指数最高的上市公司是澜起科技，数字化要素投入指数为99.14。从市内各区分布来看，如图9-18所示，数字化要素投入指数平均水平最高的市辖区是崇明区（88.97）。从指数分布来看，高于数字原生产业上市公司该项指数平均水平的上市公司有68家，占比62.39%。其中，数字化要素投入指数处于［80，100］的有63家，占比57.80%；［70，80）的有26家，占比23.85%；［60，70）的有13家，占比11.93%；［0，60）的有7家，占比6.42%。

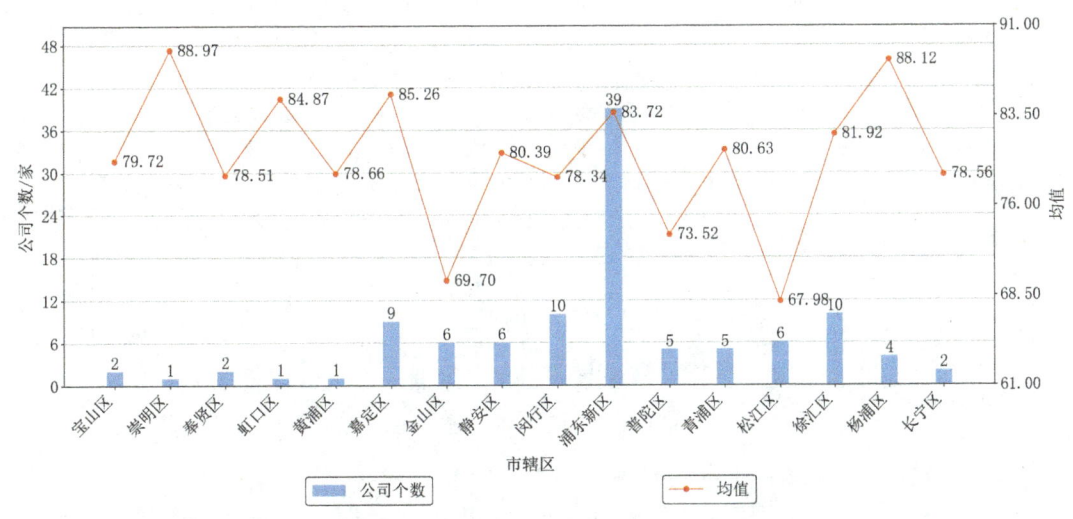

图9-18　2023年上海市数字原生产业上市公司数字化要素投入指数均值分布图

上海市数字化要素投入指数排名前10的数字原生产业上市公司如表9-18所示。

表9-18 2023年上海市数字原生产业上市公司数字化要素投入指数前10排名

排名	证券名称	证券代码	产权性质	一级行业	市辖区	数字化要素投入指数
1	澜起科技	688008.SH	非国有控股	电子	徐汇区	99.14
2	剑桥科技	603083.SH	非国有控股	通信	闵行区	98.03
3	宝信软件	600845.SH	中央国有控股	计算机	浦东新区	96.73
4	芯原股份	688521.SH	非国有控股	电子	浦东新区	95.31
5	翱捷科技	688220.SH	非国有控股	电子	浦东新区	95.08
6	优刻得	688158.SH	非国有控股	计算机	杨浦区	94.66
7	乐鑫科技	688018.SH	非国有控股	电子	浦东新区	94.32
8	移远通信	603236.SH	非国有控股	通信	松江区	93.95
9	恒为科技	603496.SH	非国有控股	计算机	徐汇区	93.86
10	鼎捷软件	300378.SZ	非国有控股	计算机	静安区	93.71

数据来源：同花顺（iFinD），首经贸资产评估研究院和浙工商中国智能管理研究院整理。

9.4.4 数字化创新成果指数

2023年上海市数字原生产业109家上市公司数字化创新成果指数平均水平为76.01，高于数字原生产业上市公司该项指数平均水平75.03。具体而言，该项指数最高的上市公司是飞乐音响，数字化创新成果指数为95.32。从市内各区分布来看，如图9-19所示，数字化创新成果指数平均水平最高的市辖区是奉贤区（84.00）。从指数分布来看，高于数字原生产业上市公司该项指数平均水平的上市公司有57家，占比52.29%。其中，数字化创新成果指数处于［80，100］的有42家，占比38.53%；［70，80）的有37家，占比33.94%；［60，70）的有19家，占比17.43%；［0，60）的有11家，占比10.10%。

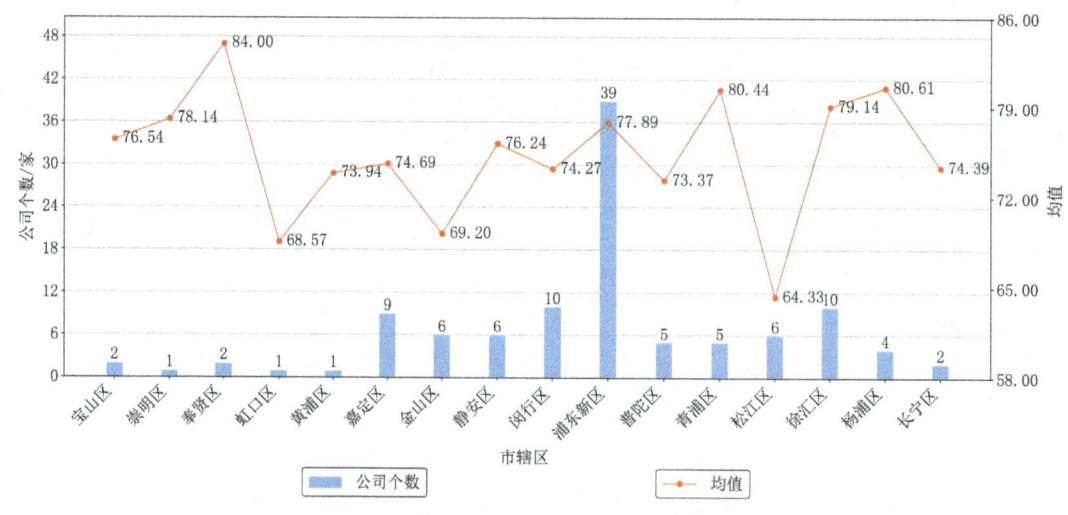

图9-19 2023年上海市数字原生产业上市公司数字化创新成果指数均值分布图

上海市数字化创新成果指数排名前10的数字原生产业上市公司如表9-19所示。

表9-19　2023年上海市数字原生产业上市公司数字化创新成果指数前10排名

排名	证券名称	证券代码	产权性质	一级行业	市辖区	数字化创新成果指数
1	飞乐音响	600651.SH	地方国有控股	汽车	嘉定区	95.32
2	泛微网络	603039.SH	非国有控股	计算机	奉贤区	95.29
3	中远海科	002401.SZ	中央国有控股	计算机	浦东新区	94.30
4	芯原股份	688521.SH	非国有控股	电子	浦东新区	92.98
5	金桥信息	603918.SH	非国有控股	计算机	浦东新区	92.65
6	万达信息	300168.SZ	非国有控股	计算机	徐汇区	92.64
7	鼎捷软件	300378.SZ	非国有控股	计算机	静安区	92.09
8	恒为科技	603496.SH	非国有控股	计算机	徐汇区	91.50
9	乐鑫科技	688018.SH	非国有控股	电子	浦东新区	90.92
10	星环科技	688031.SH	非国有控股	计算机	徐汇区	90.89

数据来源：同花顺（iFinD），首经贸资产评估研究院和浙工商中国智能管理研究院整理。

9.4.5　数字化创新绩效指数

2023年上海市数字原生产业109家上市公司数字化创新绩效指数平均水平为66.28，高于数字原生产业上市公司该项指数平均水平65.43。具体而言，该项指数最高的上市公司是中微公司，数字化创新绩效指数为88.90。从市内各区分布来看，如图9-20所示，数字化创新绩效指数平均水平最高的市辖区是宝山区（71.53）。从指数分布来看，高于数字原生产业上市公司该项指数平均水平的上市公司有54家，占比49.54%。其中，数字化创新绩效指数处于［80，100］的有11家，占比10.09%；［70，80）的有30家，占比27.52%；［60，70）的有32家，占比29.36%；［0，60）的有36家，占比33.03%。

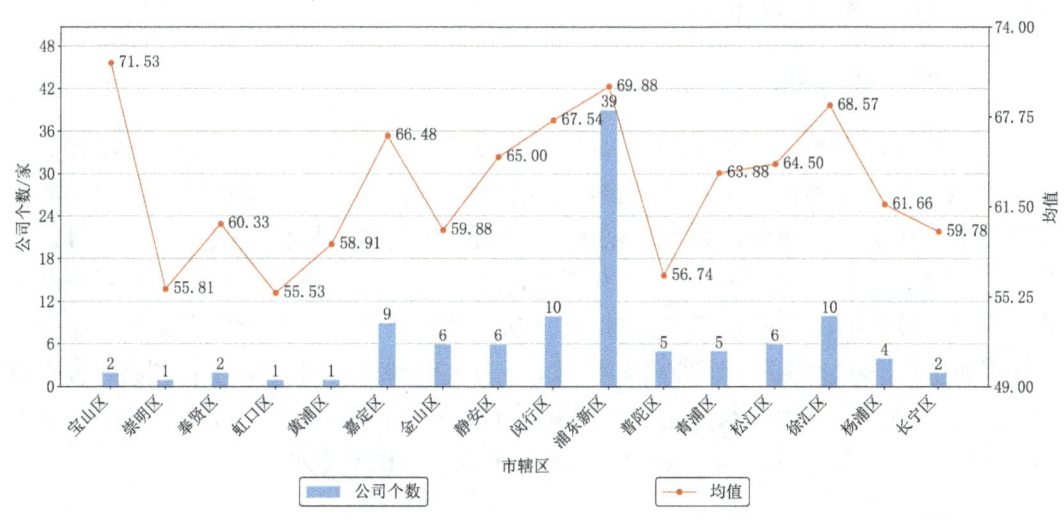

图9-20　2023年上海市数字原生产业上市公司数字化创新绩效指数均值分布图

上海市数字化创新绩效指数排名前10的数字原生产业上市公司如表9-20所示。

表 9-20　2023 年上海市数字原生产业上市公司数字化创新绩效指数前 10 排名

排名	证券名称	证券代码	产权性质	一级行业	市辖区	数字化创新绩效指数
1	中微公司	688012.SH	地方国有控股	电子	浦东新区	88.90
2	盛美上海	688082.SH	非国有控股	电子	浦东新区	86.60
3	东方明珠	600637.SH	地方国有控股	传媒	徐汇区	86.01
4	柏楚电子	688188.SH	非国有控股	计算机	闵行区	85.17
5	宝信软件	600845.SH	中央国有控股	计算机	浦东新区	85.12
6	韦尔股份	603501.SH	非国有控股	电子	浦东新区	84.54
7	华测导航	300627.SZ	非国有控股	通信	青浦区	82.60
8	恒玄科技	688608.SH	非国有控股	电子	浦东新区	82.42
9	风语筑	603466.SH	非国有控股	传媒	静安区	81.97
10	润泽科技	300442.SZ	非国有控股	通信	金山区	81.50

数据来源：同花顺（iFinD），首经贸资产评估研究院和浙工商中国智能管理研究院整理。

9.5　浙江省数字原生产业上市公司数字化创新评价

截至2023年底，A股市场浙江省共有数字原生产业上市公司106家，总市值共计13717.02亿元，营业收入合计3585.11亿元，平均市值129.41亿元/家，平均营业收入33.82亿元/家。2023年，浙江省数字原生产业上市公司研发投入合计为400.86亿元，占营业收入的比例为11.18%；无形资产账面价值合计为185.49亿元，占总资产的比例为2.59%。根据本报告分析口径，共对浙江省106家数字原生产业上市公司开展数字化创新指数评价，具体情况如下：

9.5.1　数字化创新综合指数

2023年浙江省数字原生产业106家上市公司数字化创新综合指数平均水平为72.04，低于数字原生产业上市公司该项指数平均水平73.09。具体而言，该项指数最高的上市公司是大华股份，数字化创新综合指数为92.70。从省内城市分布来看，如图9-21所示，浙江省数字原生产业106家上市公司分布在9个市，数字化创新综合指数平均水平最高的城市是台州市（75.68）。从指数分布来看，高于数字原生产业上市公司该项指数平均水平的上市公司有45家，占比42.45%。其中，数字化创新综合指数处于［80，100］的有23家，占比21.70%；［70，80）的有43家，占比40.57%；［60，70）的有24家，占比22.64%；［0，60）的有16家，占比15.09%。

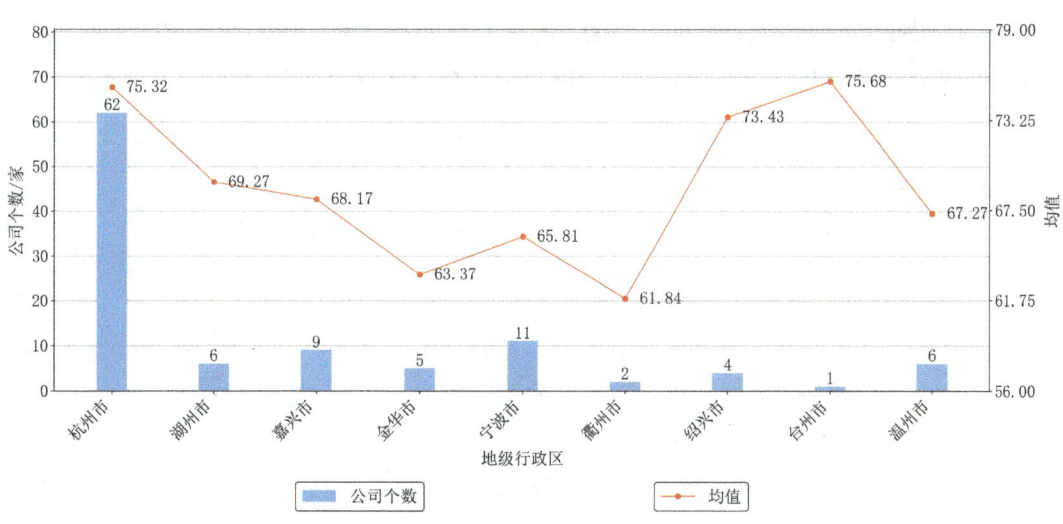

图9-21　2023年浙江省数字原生产业上市公司数字化创新综合指数均值分布图

浙江省数字化创新综合指数排名前10的数字原生产业上市公司如表9-21所示。

表9-21　2023年浙江省数字原生产业上市公司数字化创新综合指数前10排名

排名	证券名称	证券代码	产权性质	一级行业	地级行政区	数字化创新综合指数
1	大华股份	002236.SZ	非国有控股	计算机	杭州市	92.70
2	海康威视	002415.SZ	中央国有控股	计算机	杭州市	91.92
3	萤石网络	688475.SH	中央国有控股	计算机	杭州市	91.03
4	虹软科技	688088.SH	非国有控股	计算机	杭州市	88.80
5	安恒信息	688023.SH	非国有控股	计算机	杭州市	88.19
6	税友股份	603171.SH	非国有控股	计算机	杭州市	87.10
7	慧博云通	301316.SZ	非国有控股	计算机	杭州市	86.59
8	恒生电子	600570.SH	非国有控股	计算机	杭州市	85.58
9	理工能科	002322.SZ	非国有控股	计算机	宁波市	85.45
10	顺网科技	300113.SZ	非国有控股	传媒	杭州市	85.17

数据来源：同花顺（iFinD），首经贸资产评估研究院和浙工商中国智能管理研究院整理。

9.5.2　数字化战略导向指数

2023年浙江省数字原生产业106家上市公司数字化战略导向指数平均水平为75.21，低于数字原生产业上市公司该项指数平均水平76.89。具体而言，该项指数最高的上市公司是萤石网络，数字化战略导向指数为98.74。从省内城市分布来看，如图9-22所示，数字化战略导向指数平均水平最高的城市是杭州市（81.41）。从指数分布来看，高于数字原生产业上市公司该项指数平均水平的上市公司有50家，占比47.17%。其中，数字化战略导向指数处于［80，100］的有49家，占比46.23%；［70，80）的有18家，占比16.98%；［60，70）的有15家，占比14.15%；［0，60）的有24家，占比22.64%。

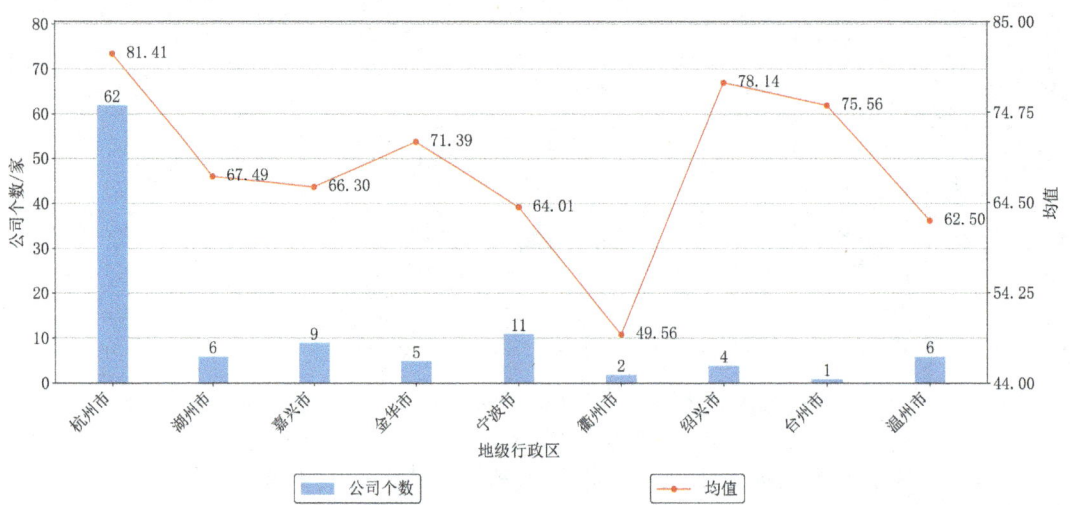

图9-22 2023年浙江省数字原生产业上市公司数字化战略导向指数均值分布图

浙江省数字化战略导向指数排名前10的数字原生产业上市公司如表9-22所示。

表 9-22 2023年浙江省数字原生产业上市公司数字化战略导向指数前10排名

排名	证券名称	证券代码	产权性质	一级行业	地级行政区	数字化战略导向指数
1	萤石网络	688475.SH	中央国有控股	计算机	杭州市	98.74
2	大华股份	002236.SZ	非国有控股	计算机	杭州市	98.70
3	海康威视	002415.SZ	中央国有控股	计算机	杭州市	97.79
4	安恒信息	688023.SH	非国有控股	计算机	杭州市	97.16
5	思创医惠	300078.SZ	非国有控股	计算机	温州市	96.96
6	创业慧康	300451.SZ	非国有控股	计算机	杭州市	96.40
7	慧博云通	301316.SZ	非国有控股	计算机	杭州市	94.91
8	迪普科技	300768.SZ	非国有控股	计算机	杭州市	94.84
9	虹软科技	688088.SH	非国有控股	计算机	杭州市	94.57
10	信息发展	300469.SZ	中央国有控股	计算机	嘉兴市	94.41

数据来源：同花顺（iFinD），首经贸资产评估研究院和浙工商中国智能管理研究院整理。

9.5.3 数字化要素投入指数

2023年浙江省数字原生产业106家上市公司数字化要素投入指数平均水平为76.96，低于数字原生产业上市公司该项指数平均水平77.42。具体而言，该项指数最高的上市公司是萤石网络,数字化要素投入指数为96.34。从省内城市分布来看,如图9-23所示,数字化要素投入指数平均水平最高的城市是杭州市(82.46)。从指数分布来看,高于数字原生产业上市公司该项指数平均水平的上市公司有58家,占比54.72%。其中,数字化要素投入指数处于[80,100]的有55家,占比51.89%;[70,80)的有21家,占比19.81%;[60,70)的有14家,占比13.21%;[0,60)的有16家,占比15.09%。

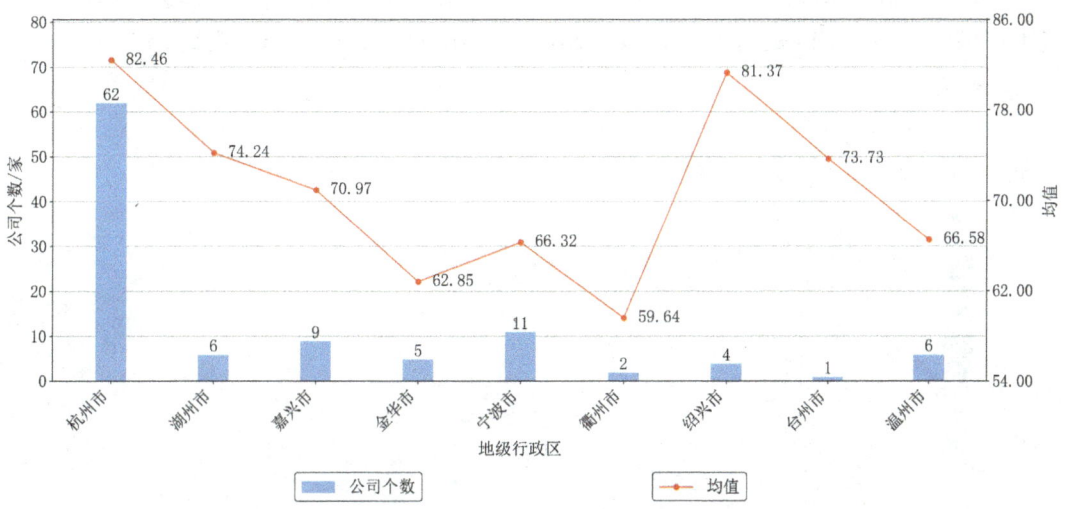

图9-23 2023年浙江省数字原生产业上市公司数字化要素投入指数均值分布图

浙江省数字化要素投入指数排名前10的数字原生产业上市公司如表9-23所示。

表9-23 2023年浙江省数字原生产业上市公司数字化要素投入指数前10排名

排名	证券名称	证券代码	产权性质	一级行业	地级行政区	数字化要素投入指数
1	萤石网络	688475.SH	中央国有控股	计算机	杭州市	96.34
2	慧博云通	301316.SZ	非国有控股	计算机	杭州市	96.12
3	思创医惠	300078.SZ	非国有控股	计算机	温州市	95.90
4	浙大网新	600797.SH	中央国有控股	计算机	杭州市	95.25
5	安恒信息	688023.SH	非国有控股	计算机	杭州市	95.03
6	虹软科技	688088.SH	非国有控股	计算机	杭州市	93.97
7	同花顺	300033.SZ	非国有控股	计算机	杭州市	93.68
8	顺网科技	300113.SZ	非国有控股	传媒	杭州市	93.28
9	迪普科技	300768.SZ	非国有控股	计算机	杭州市	93.13
10	世纪华通	002602.SZ	非国有控股	传媒	绍兴市	92.15

数据来源:同花顺(iFinD),首经贸资产评估研究院和浙工商中国智能管理研究院整理。

9.5.4 数字化创新成果指数

2023年浙江省数字原生产业106家上市公司数字化创新成果指数平均水平为73.33，低于数字原生产业上市公司该项指数平均水平75.03。具体而言，该项指数最高的上市公司是大华股份，数字化创新成果指数为98.31。从省内城市分布来看，如图9-24所示，数字化创新成果指数平均水平最高的城市是杭州市（76.22）。从指数分布来看，高于数字原生产业上市公司该项指数平均水平的上市公司有48家，占比45.28%。其中，数字化创新成果指数处于［80，100］的有41家，占比38.68%；［70，80）的有19家，占比17.92%；［60，70）的有28家，占比26.42%；［0，60）的有18家，占比16.98%。

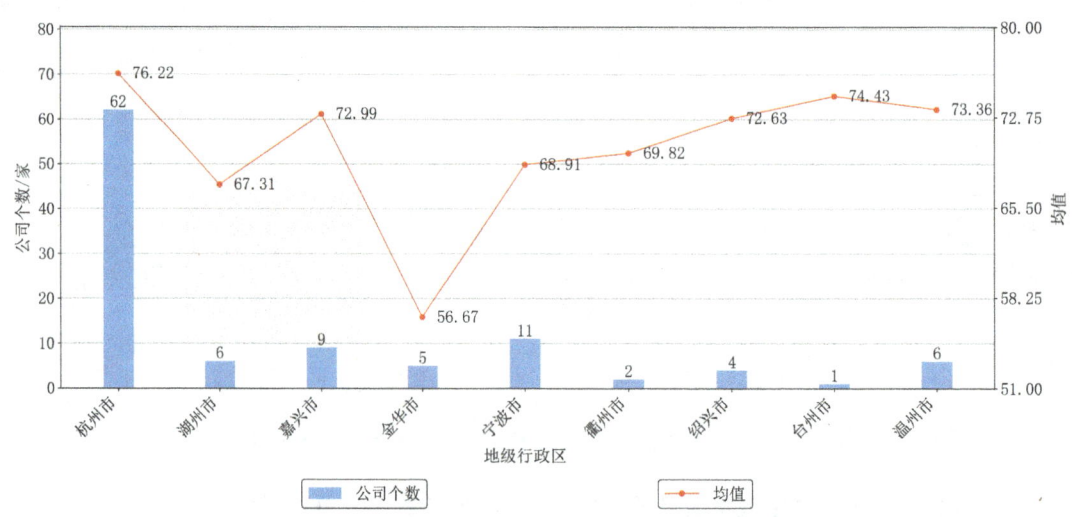

图9-24 2023年浙江省数字原生产业上市公司数字化创新成果指数均值分布图

浙江省数字化创新成果指数排名前10的数字原生产业上市公司如表9-24所示。

表 9-24 2023年浙江省数字原生产业上市公司数字化创新成果指数前10排名

排名	证券名称	证券代码	产权性质	一级行业	地级行政区	数字化创新成果指数
1	大华股份	002236.SZ	非国有控股	计算机	杭州市	98.31
2	海康威视	002415.SZ	中央国有控股	计算机	杭州市	97.97
3	萤石网络	688475.SH	中央国有控股	计算机	杭州市	97.30
4	安恒信息	688023.SH	非国有控股	计算机	杭州市	95.21
5	初灵信息	300250.SZ	非国有控股	计算机	杭州市	94.35
6	虹软科技	688088.SH	非国有控股	计算机	杭州市	93.47
7	税友股份	603171.SH	非国有控股	计算机	杭州市	93.46
8	信息发展	300469.SZ	中央国有控股	计算机	嘉兴市	92.74
9	理工能科	002322.SZ	非国有控股	计算机	宁波市	89.64
10	广立微	301095.SZ	非国有控股	计算机	杭州市	89.42

数据来源：同花顺（iFinD），首经贸资产评估研究院和浙工商中国智能管理研究院整理。

9.5.5 数字化创新绩效指数

2023年浙江省数字原生产业106家上市公司数字化创新绩效指数平均水平为65.09，低于数字原生产业上市公司该项指数平均水平65.43。具体而言，该项指数最高的上市公司是大华股份，数字化创新绩效指数为85.48。从省内城市分布来看，如图9-25所示，数字化创新绩效指数平均水平最高的城市是台州市（78.57）。从指数分布来看，高于数字原生产业上市公司该项指数平均水平的上市公司有54家，占比50.94%。其中，数字化创新绩效指数处于[80,100]的有7家，占比6.60%；[70,80)的有30家，占比28.30%；[60,70)的有34家，占比32.08%；[0,60)的有35家，占比33.02%。

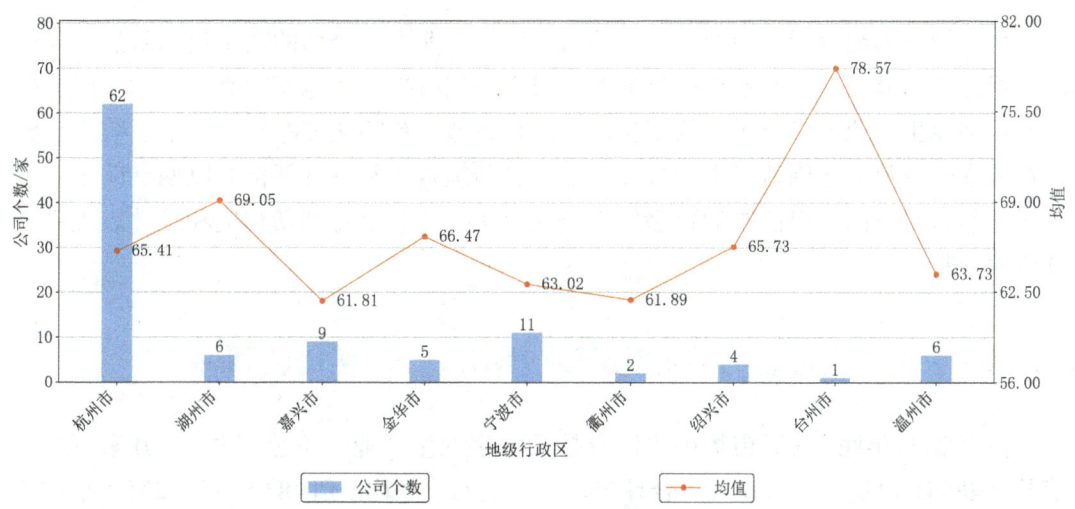

图9-25　2023年浙江省数字原生产业上市公司数字化创新绩效指数均值分布图

浙江省数字化创新绩效指数排名前10的数字原生产业上市公司如表9-25所示。

表9-25　2023年浙江省数字原生产业上市公司数字化创新绩效指数前10排名

排名	证券名称	证券代码	产权性质	一级行业	地级行政区	数字化创新绩效指数
1	大华股份	002236.SZ	非国有控股	计算机	杭州市	85.48
2	恒生电子	600570.SH	非国有控股	计算机	杭州市	84.37
3	海康威视	002415.SZ	中央国有控股	计算机	杭州市	84.26
4	顺网科技	300113.SZ	非国有控股	传媒	杭州市	82.89
5	斯达半导	603290.SH	非国有控股	电子	嘉兴市	82.69
6	世纪华通	002602.SZ	非国有控股	传媒	绍兴市	80.14
7	完美世界	002624.SZ	非国有控股	传媒	湖州市	80.11
8	华策影视	300133.SZ	非国有控股	传媒	杭州市	79.99
9	浙版传媒	601921.SH	地方国有控股	传媒	杭州市	79.64
10	华数传媒	000156.SZ	地方国有控股	传媒	杭州市	79.63

数据来源：同花顺（iFinD），首经贸资产评估研究院和浙工商中国智能管理研究院整理。

第10章
数字原生产业上市公司数字化创新评价——产权维度

为更加清晰地分析不同产权性质的数字原生产业上市公司的数字化创新投入和产出是否存在明显差异，本章从产权维度，对中央国有控股、地方国有控股和非国有控股的数字原生产业上市公司的数字化创新综合指数、数字化战略导向指数、数字化要素投入指数、数字化创新成果指数和数字化创新绩效指数进行评价，以期有助于广大市场参与者对不同产权性质的数字原生产业上市公司数字化创新程度和绩效表现进行分析和判断。

10.1 中央国有控股数字原生产业上市公司数字化创新评价

截至2023年底，A股市场中央国有控股数字原生产业上市公司共有101家，总市值共计48841.72亿元，营业收入合计25895.27亿元，平均市值483.58亿元/家，平均营业收入256.39亿元/家。中央国有控股数字原生产业上市公司研发投入合计为1237.85亿元，占营业收入的比例为4.78%；无形资产账面价值合计为1660.74亿元，占总资产的比例为3.45%。根据本报告分析口径，共对中央国有控股101家数字原生产业上市公司开展数字化创新指数评价，具体情况如下：

10.1.1 数字化创新综合指数

2023年中央国有控股101家数字原生产业上市公司数字化创新综合指数平均水平为77.41，高于数字原生产业上市公司该项指数平均水平73.09。具体而言，该项指数最高的上市公司是海康威视，数字化创新综合指数为91.92。从指数分布来看，高于数字原生产业上市公司该项指数平均水平的有93家，占中央国有控股数字原生产业上市公司总数的92.08%。从省份分布来看，如图10-1所示，数字化创新综合指数平均水平较高的有天津市（86.58）、浙江省（85.63）、四川省（81.97）。具体来看，数字化创新综合指数处于[80,100]的有44家，占比43.56%；[70,80)的有40家，占比39.60%；[60,70)的有14家，占比13.86%；[0,60)的有3家，占比2.98%。

第10章　数字原生产业上市公司数字化创新评价——产权维度

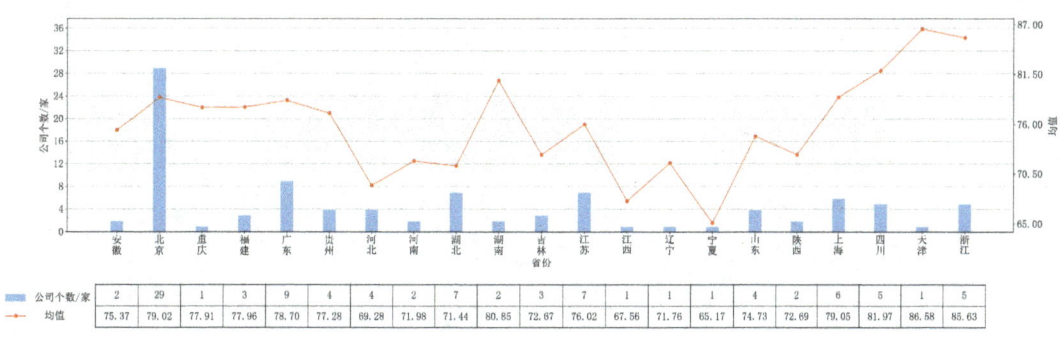

图 10-1　2023 年中央国有控股数字原生产业上市公司数字化创新综合指数均值分布图

中央国有控股数字原生产业上市公司数字化创新综合指数排名前 10 的上市公司如表 10-1 所示。

表 10-1　2023 年中央国有控股数字原生产业上市公司数字化创新综合指数前 10 排名

排名	证券名称	证券代码	一级行业	省份	上市板块	数字化创新综合指数
1	海康威视	002415.SZ	计算机	浙江	深市主板	91.92
2	萤石网络	688475.SH	计算机	浙江	科创板	91.03
3	中科星图	688568.SH	计算机	北京	科创板	90.97
4	中国电信	601728.SH	通信	北京	沪市主板	90.86
5	时代电气	688187.SH	机械设备	湖南	科创板	89.72
6	中远海科	002401.SZ	计算机	上海	深市主板	89.72
7	宝信软件	600845.SH	计算机	上海	沪市主板	89.62
8	启明星辰	002439.SZ	计算机	北京	深市主板	88.16
9	远光软件	002063.SZ	计算机	广东	深市主板	88.10
10	太极股份	002368.SZ	计算机	北京	深市主板	88.01

数据来源：同花顺（iFinD），首经贸资产评估研究院和浙工商中国智能管理研究院整理。

10.1.2　数字化战略导向指数

2023年中央国有控股101家数字原生产业上市公司数字化战略导向指数平均水平为80.45，高于数字原生产业上市公司该项指数平均水平76.89。具体而言，该项指数最高的上市公司是萤石网络，数字化战略导向指数为98.74。从指数分布来看，高于数字原生产业上市公司该项指数平均水平的有87家，占中央国有控股数字原生产业上市公司总数的86.14%。从省份分布来看，如图10-2所示，数字化战略导向指数平均水平较高的有浙江省（92.51）、湖南省（91.04）、天津市（88.20）。具体来看，数字化战略导向指数处于［80，100］的有55家，占比54.46%；［70，80）的有21家，占比20.79%；［60，70）的有15家，占比14.85%；［0，60）的有10家，占比9.90%。

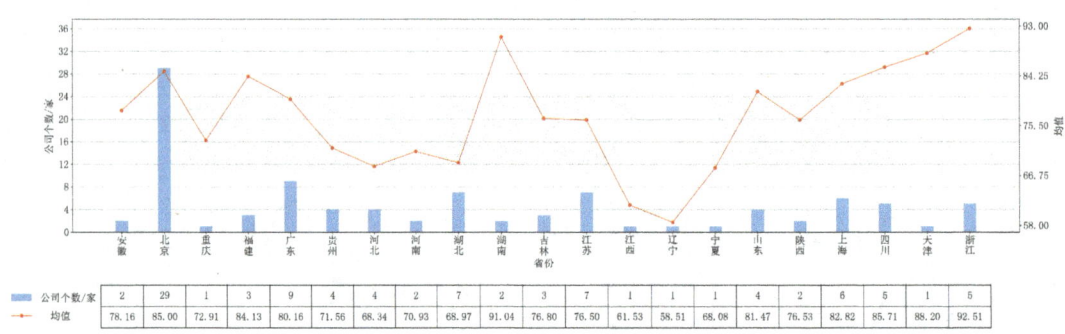

图 10-2 2023 年中央国有控股数字原生产业上市公司数字化战略导向指数均值分布图

中央国有控股数字原生产业上市公司数字化战略导向指数排名前10的上市公司如表10-2所示。

表 10-2 2023 年中央国有控股数字原生产业上市公司数字化战略导向指数前 10 排名

排名	证券名称	证券代码	一级行业	省份	上市板块	数字化战略导向指数
1	萤石网络	688475.SH	计算机	浙江	科创板	98.74
2	久远银海	002777.SZ	计算机	四川	深市主板	97.95
3	海康威视	002415.SZ	计算机	浙江	深市主板	97.79
4	ST高鸿	000851.SZ	通信	贵州	深市主板	97.70
5	中远海科	002401.SZ	计算机	上海	深市主板	97.53
6	国投智能	300188.SZ	计算机	福建	创业板	97.25
7	中国电信	601728.SH	通信	北京	沪市主板	96.87
8	启明星辰	002439.SZ	计算机	北京	深市主板	96.85
9	莱斯信息	688631.SH	计算机	江苏	科创板	95.88
10	中科星图	688568.SH	计算机	北京	科创板	95.87

数据来源：同花顺（iFinD），首经贸资产评估研究院和浙工商中国智能管理研究院整理。

10.1.3 数字化要素投入指数

2023年中央国有控股101家数字原生产业上市公司数字化要素投入指数平均水平为80.98，高于数字原生产业上市公司该项指数平均水平77.42。具体而言，该项指数最高的上市公司是宝信软件，数字化要素投入指数为96.73。从指数分布来看，高于数字原生产业上市公司该项指数平均水平的有97家，占中央国有控股数字原生产业上市公司总数的96.04%。从省份分布来看，如图10-3所示，数字化要素投入指数平均水平较高的有天津市（94.45）、浙江省（92.11）、四川省（89.77）。具体来看，数字化要素投入指数处于［80，100］的有60家，占比59.41%；［70，80）的有22家，占比21.78%；［60，70）的有15家，占比14.85%；［0，60）的有4家，占比3.96%。

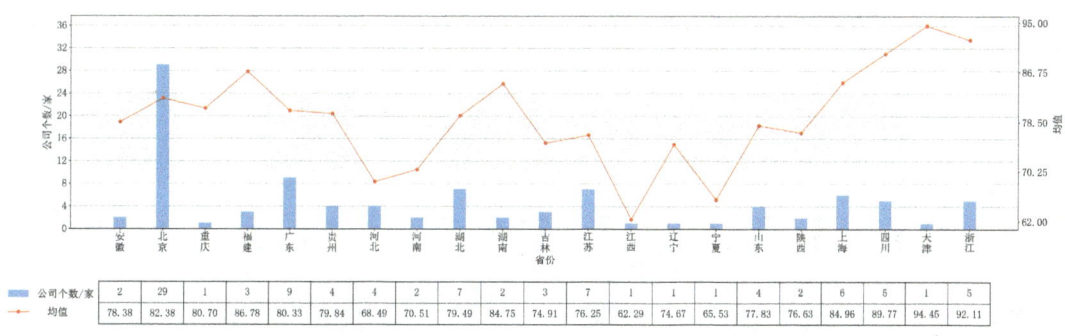

图10-3 2023年中央国有控股数字原生产业上市公司数字化要素投入指数均值分布图

中央国有控股数字原生产业上市公司数字化要素投入指数排名前10的上市公司如表10-3所示。

表10-3 2023年中央国有控股数字原生产业上市公司数字化要素投入指数前10排名

排名	证券名称	证券代码	一级行业	省份	上市板块	数字化要素投入指数
1	宝信软件	600845.SH	计算机	上海	沪市主板	96.73
2	国投智能	300188.SZ	计算机	福建	创业板	96.34
3	萤石网络	688475.SH	计算机	浙江	科创板	96.34
4	浙大网新	600797.SH	计算机	浙江	沪市主板	95.25
5	启明星辰	002439.SZ	计算机	北京	深市主板	95.22
6	太极股份	002368.SZ	计算机	北京	深市主板	95.07
7	同方股份	600100.SH	计算机	北京	沪市主板	95.04
8	久远银海	002777.SZ	计算机	四川	深市主板	94.84
9	中科软	603927.SH	计算机	北京	沪市主板	94.56
10	中科曙光	603019.SH	计算机	天津	沪市主板	94.45

数据来源：同花顺（iFinD），首经贸资产评估研究院和浙工商中国智能管理研究院整理。

10.1.4 数字化创新成果指数

2023年中央国有控股101家数字原生产业上市公司数字化创新成果指数平均水平为77.40，高于数字原生产业上市公司该项指数平均水平75.03。具体而言，该项指数最高的上市公司是海康威视，数字化创新成果指数为97.97。从指数分布来看，高于数字原生产业上市公司该项指数平均水平的有87家，占中央国有控股数字原生产业上市公司总数的86.14%。从省份分布来看，如图10-4所示，数字化创新成果指数平均水平较高的有浙江省（91.70）、四川省（82.92）、安徽省（81.50）。具体来看，数字化创新成果指数处于［80，100］的有46家，占比45.54%；［70，80）的有28家，占比27.72%；［60，70）的有15家，占比14.85%；［0，60）的有12家，占比11.89%。

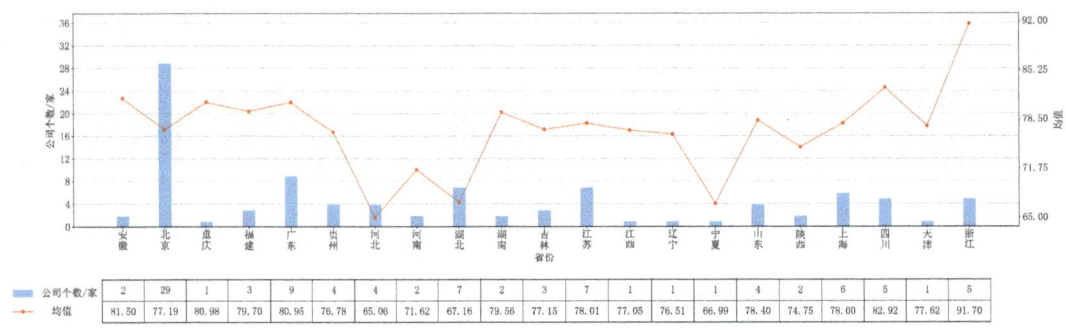

图 10-4　2023年中央国有控股数字原生产业上市公司数字化创新成果指数均值分布图

中央国有控股数字原生产业上市公司数字化创新成果指数排名前10的上市公司如表10-4所示。

表 10-4　2023年中央国有控股数字原生产业上市公司数字化创新成果指数前10排名

排名	证券名称	证券代码	一级行业	省份	上市板块	数字化创新成果指数
1	海康威视	002415.SZ	计算机	浙江	深市主板	97.97
2	萤石网络	688475.SH	计算机	浙江	科创板	97.30
3	中远海科	002401.SZ	计算机	上海	深市主板	94.30
4	国投智能	300188.SZ	计算机	福建	创业板	93.77
5	山大地纬	688579.SH	计算机	山东	科创板	92.95
6	普天科技	002544.SZ	通信	广东	深市主板	92.93
7	太极股份	002368.SZ	计算机	北京	深市主板	92.75
8	信息发展	300469.SZ	计算机	浙江	创业板	92.74
9	中国电信	601728.SH	通信	北京	沪市主板	92.49
10	中科星图	688568.SH	计算机	北京	科创板	91.95

数据来源：同花顺（iFinD），首经贸资产评估研究院和浙工商中国智能管理研究院整理。

10.1.5　数字化创新绩效指数

2023年中央国有控股101家数字原生产业上市公司数字化创新绩效指数平均水平为72.98，高于数字原生产业上市公司该项指数平均水平65.43。具体而言，该项指数最高的上市公司是中国移动，数字化创新绩效指数为93.85。从指数分布来看，高于数字原生产业上市公司该项指数平均水平的有75家，占中央国有控股数字原生产业上市公司总数的74.26%。从省份分布来看，如图10-5所示，数字化创新绩效指数平均水平较高的有天津市（90.19）、贵州省（79.53）、重庆市（75.49）。具体来看，数字化创新绩效指数处于［80，100］的有26家，占比25.74%；［70，80）的有37家，占比36.63%；［60，70）的有27家，占比26.73%；［0，60）的有11家，占比10.90%。

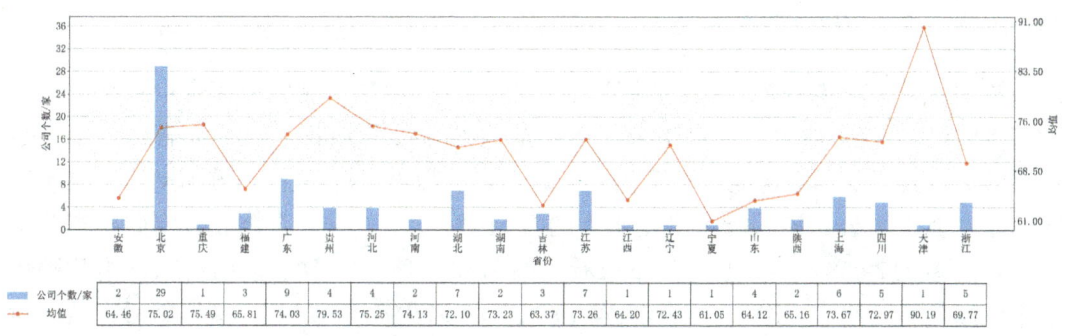

图 10-5　2023 年中央国有控股数字原生产业上市公司数字化创新绩效指数均值分布图

中央国有控股数字原生产业上市公司数字化创新绩效指数排名前 10 的上市公司如表 10-5 所示。

表 10-5　2023 年中央国有控股数字原生产业上市公司数字化创新绩效指数前 10 排名

排名	证券名称	证券代码	一级行业	省份	上市板块	数字化创新绩效指数
1	中国移动	600941.SH	通信	—	沪市主板	93.85
2	时代电气	688187.SH	机械设备	湖南	科创板	92.03
3	中科曙光	603019.SH	计算机	天津	沪市主板	90.19
4	中航光电	002179.SZ	国防军工	河南	深市主板	90.04
5	中国科传	601858.SH	传媒	北京	沪市主板	89.27
6	中国出版	601949.SH	传媒	北京	沪市主板	88.06
7	中国电影	600977.SH	传媒	北京	沪市主板	87.31
8	中国电信	601728.SH	通信	北京	沪市主板	87.10
9	振华科技	000733.SZ	国防军工	贵州	深市主板	86.86
10	振华风光	688439.SH	国防军工	贵州	科创板	86.72

数据来源：同花顺（iFinD），首经贸资产评估研究院和浙工商中国智能管理研究院整理。

10.2　地方国有控股数字原生产业上市公司数字化创新评价

截至 2023 年底，A 股市场地方国有控股数字原生产业上市公司共有 142 家，总市值共计 19633.04 亿元，营业收入合计 8826.86 亿元，平均市值 138.26 亿元/家，平均营业收入 62.16 亿元/家。地方国有控股数字原生产业上市公司研发投入合计为 520.38 亿元，占营业收入的比例为 5.90%；无形资产账面价值合计为 565.28 亿元，占总资产的比例为 3.10%。根据本报告分析口径，共对地方国有控股 142 家数字原生产业上市公司开展数字化创新指数评价，具体情况如下。

10.2.1 数字化创新综合指数

2023年地方国有控股142家数字原生产业上市公司数字化创新综合指数平均水平为71.52，低于数字原生产业上市公司该项指数平均水平73.09。具体而言，该项指数最高的上市公司是广电运通，数字化创新综合指数为88.89。从指数分布来看，高于数字原生产业上市公司该项指数平均水平的有113家，占地方国有控股数字原生产业上市公司总数的79.58%。从省份分布来看，如图10-6所示，数字化创新综合指数平均水平较高的有云南省（85.29）、山东省（80.08）、河北省（78.32）。具体来看，数字化创新综合指数处于［80，100］的有26家，占比18.31%；［70，80）的有61家，占比42.96%；［60，70）的有36家，占比25.35%；［0，60）的有19家，占比13.38%。

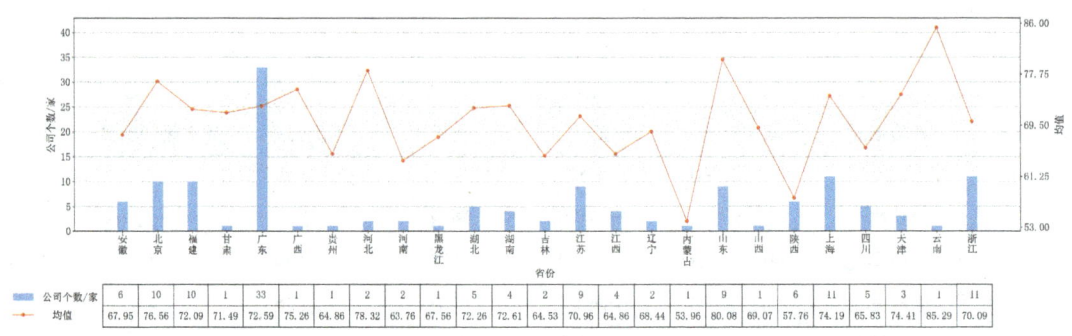

图10-6　2023年地方国有控股数字原生产业上市公司数字化创新综合指数均值分布图

地方国有控股数字原生产业上市公司数字化创新综合指数排名前10的上市公司如表10-6所示。

表10-6　2023年地方国有控股数字原生产业上市公司数字化创新综合指数前10排名

排名	证券名称	证券代码	一级行业	省份	上市板块	数字化创新综合指数
1	广电运通	002152.SZ	计算机	广东	深市主板	88.89
2	京东方A	000725.SZ	电子	北京	深市主板	87.68
3	中科江南	301153.SZ	计算机	北京	创业板	87.46
4	常山北明	000158.SZ	计算机	河北	深市主板	87.03
5	东方明珠	600637.SH	传媒	上海	沪市主板	85.83
6	芒果超媒	300413.SZ	传媒	湖南	创业板	85.78
7	云赛智联	600602.SH	计算机	上海	沪市主板	85.71
8	德赛西威	002920.SZ	计算机	广东	深市主板	85.59
9	云鼎科技	000409.SZ	计算机	山东	深市主板	85.42
10	南天信息	000948.SZ	计算机	云南	深市主板	85.29

数据来源：同花顺（iFinD），首经贸资产评估研究院和浙工商中国智能管理研究院整理。

10.2.2 数字化战略导向指数

2023年地方国有控股142家数字原生产业上市公司数字化战略导向指数平均水平为76.33，低于数字原生产业上市公司该项指数平均水平76.89。具体而言，该项指数最高的上市公司是广电运通，数字化战略导向指数为97.61。从指数分布来看，高于数字原生产业上市公司该项指数平均水平的有109家，占地方国有控股数字原生产业上市公司总数的76.76%。从省份分布来看，如图10-7所示，数字化战略导向指数平均水平较高的有云南省（96.67）、山东省（88.56）、广西壮族自治区（87.06）。具体来看，数字化战略导向指数处于［80，100］的有72家，占比50.70%；［70，80）的有30家，占比21.13%；［60，70）的有11家，占比7.75%；［0，60）的有29家，占比20.42%。

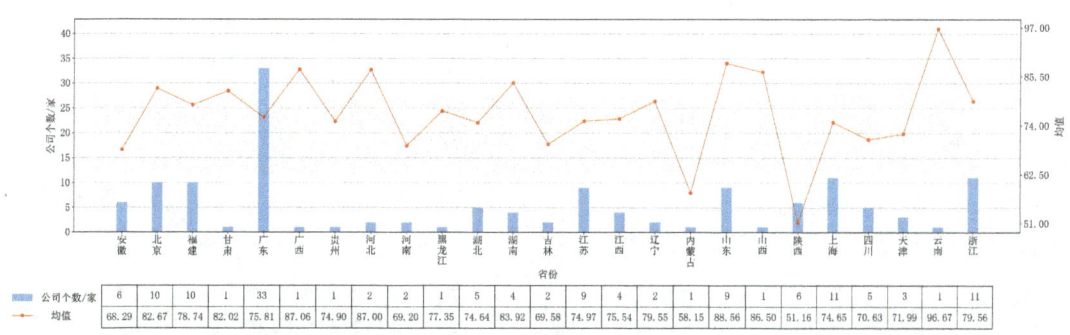

图 10-7 2023年地方国有控股数字原生产业上市公司数字化战略导向指数均值分布图

地方国有控股数字原生产业上市公司数字化战略导向指数排名前10的上市公司如表10-7所示。

表 10-7 2023年地方国有控股数字原生产业上市公司数字化战略导向指数前10排名

排名	证券名称	证券代码	一级行业	省份	上市板块	数字化战略导向指数
1	广电运通	002152.SZ	计算机	广东	深市主板	97.61
2	ST英飞拓	002528.SZ	计算机	广东	深市主板	97.25
3	常山北明	000158.SZ	计算机	河北	深市主板	96.90
4	南天信息	000948.SZ	计算机	云南	深市主板	96.67
5	云鼎科技	000409.SZ	计算机	山东	深市主板	96.09
6	东方明珠	600637.SH	传媒	上海	沪市主板	94.78
7	芒果超媒	300413.SZ	传媒	湖南	创业板	94.20
8	ST易联众	300096.SZ	计算机	福建	创业板	94.07
9	荣科科技	300290.SZ	计算机	辽宁	创业板	93.57
10	新媒股份	300770.SZ	传媒	广东	创业板	93.40

数据来源：同花顺（iFinD），首经贸资产评估研究院和浙工商中国智能管理研究院整理。

10.2.3 数字化要素投入指数

2023年地方国有控股142家数字原生产业上市公司数字化要素投入指数平均水平为74.41,低于数字原生产业上市公司该项指数平均水平77.42。具体而言,该项指数最高的上市公司是南天信息,数字化要素投入指数为95.91。从指数分布来看,高于数字原生产业上市公司该项指数平均水平的有119家,占地方国有控股数字原生产业上市公司总数的83.80%。从省份分布来看,如图10-8所示,数字化要素投入指数平均水平较高的有云南省(95.91)、广西壮族自治区(90.29)、贵州省(82.97)。具体来看,数字化要素投入指数处于[80,100]的有55家,占比38.73%;[70,80)的有40家,占比28.17%;[60,70)的有24家,占比16.90%;[0,60)的有23家,占比16.20%。

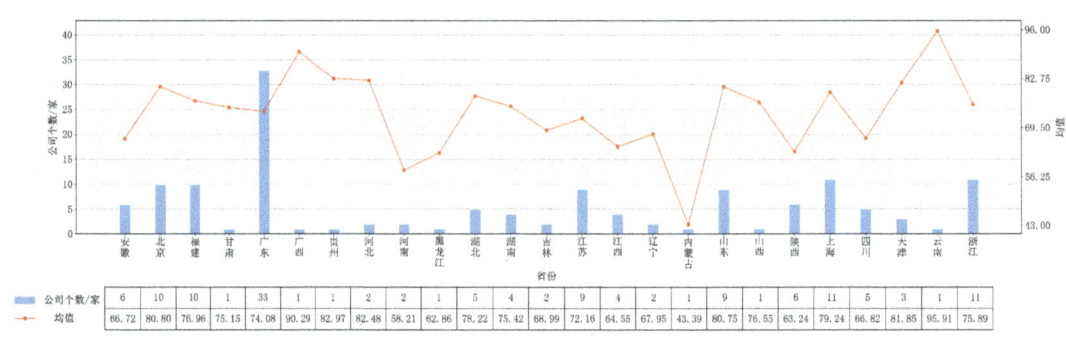

图10-8 2023年地方国有控股数字原生产业上市公司数字化要素投入指数均值分布图

地方国有控股数字原生产业上市公司数字化要素投入指数排名前10的上市公司如表10-8所示。

表10-8 2023年地方国有控股数字原生产业上市公司数字化要素投入指数前10排名

排名	证券名称	证券代码	一级行业	省份	上市板块	数字化要素投入指数
1	南天信息	000948.SZ	计算机	云南	深市主板	95.91
2	云鼎科技	000409.SZ	计算机	山东	深市主板	94.80
3	常山北明	000158.SZ	计算机	河北	深市主板	93.66
4	浪潮信息	000977.SZ	计算机	山东	深市主板	93.10
5	航宇微	300053.SZ	电子	广东	创业板	92.51
6	中科江南	301153.SZ	计算机	北京	创业板	91.93
7	数据港	603881.SH	通信	上海	沪市主板	91.84
8	云赛智联	600602.SH	计算机	上海	沪市主板	91.78
9	星网锐捷	002396.SZ	通信	福建	深市主板	91.20
10	海格通信	002465.SZ	国防军工	广东	深市主板	90.77

数据来源:同花顺(iFinD),首经贸资产评估研究院和浙工商中国智能管理研究院整理。

10.2.4 数字化创新成果指数

2023年地方国有控股142家数字原生产业上市公司数字化创新成果指数平均水平为70.23，低于数字原生产业上市公司该项指数平均水平75.03。具体而言，该项指数最高的上市公司是飞乐音响，数字化创新成果指数为95.32。从指数分布来看，高于数字原生产业上市公司该项指数平均水平的有92家，占地方国有控股数字原生产业上市公司总数的64.79%。从省份分布来看，如图10-9所示，数字化创新成果指数平均水平较高的有河北省（89.68）、云南省（87.03）、山东省（82.82）。具体来看，数字化创新成果指数处于［80，100］的有38家，占比26.76%；［70，80）的有41家，占比28.87%；［60，70）的有27家，占比19.01%；［0，60）的有36家，占比25.36%。

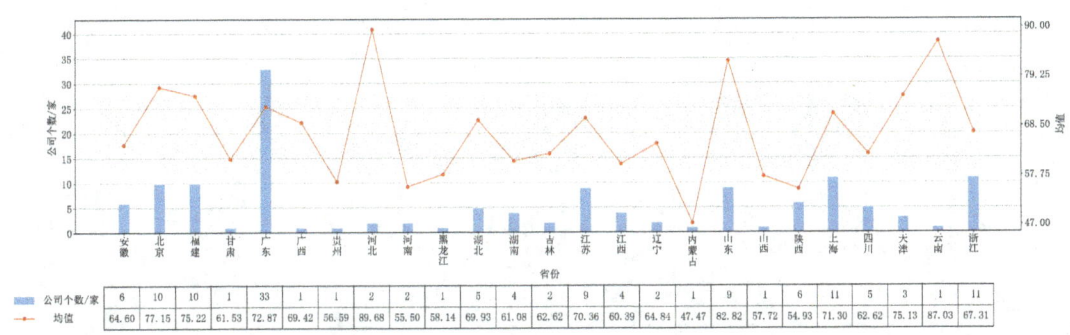

图10-9　2023年地方国有控股数字原生产业上市公司数字化创新成果指数均值分布图

地方国有控股数字原生产业上市公司数字化创新成果指数排名前10的上市公司如表10-9所示。

表10-9　2023年地方国有控股数字原生产业上市公司数字化创新成果指数前10排名

排名	证券名称	证券代码	一级行业	省份	上市板块	数字化创新成果指数
1	飞乐音响	600651.SH	汽车	上海	沪市主板	95.32
2	广电运通	002152.SZ	计算机	广东	深市主板	94.06
3	新北洋	002376.SZ	计算机	山东	深市主板	93.18
4	常山北明	000158.SZ	计算机	河北	深市主板	92.41
5	云鼎科技	000409.SZ	计算机	山东	深市主板	91.41
6	ST英飞拓	002528.SZ	计算机	广东	深市主板	90.38
7	浪潮软件	600756.SH	计算机	山东	沪市主板	90.36
8	京东方A	000725.SZ	电子	北京	深市主板	89.82
9	星网锐捷	002396.SZ	通信	福建	深市主板	89.25
10	东软载波	300183.SZ	通信	山东	创业板	89.24

数据来源：同花顺（iFinD），首经贸资产评估研究院和浙工商中国智能管理研究院整理。

10.2.5 数字化创新绩效指数

2023年地方国有控股142家数字原生产业上市公司数字化创新绩效指数平均水平为67.97，高于数字原生产业上市公司该项指数平均水平65.43。具体而言，该项指数最高的上市公司是北方华创，数字化创新绩效指数为93.01。从指数分布来看，高于数字原生产业上市公司该项指数平均水平的有74家，占地方国有控股数字原生产业上市公司总数的52.11%。从省份分布来看，如图10-10所示，数字化创新绩效指数平均水平较高的有湖南省（76.81）、黑龙江省（75.69）、河南省（73.88）。具体来看，数字化创新绩效指数处于［80，100］的有19家，占比13.38%；［70，80）的有46家，占比32.39%；［60，70）的有43家，占比30.28%；［0，60）的有34家，占比23.95%。

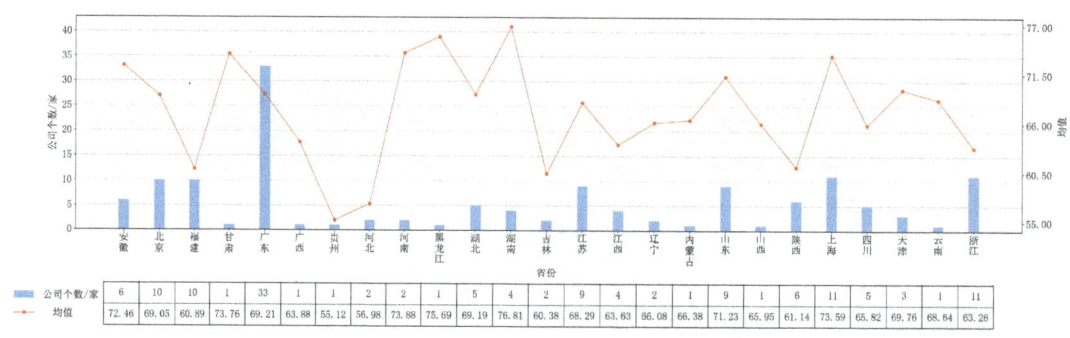

图10-10 2023年地方国有控股数字原生产业上市公司数字化创新绩效指数均值分布图

地方国有控股数字原生产业上市公司数字化创新绩效指数排名前10的上市公司如表10-10所示。

表10-10 2023年地方国有控股数字原生产业上市公司数字化创新绩效指数前10排名

排名	证券名称	证券代码	一级行业	省份	上市板块	数字化创新绩效指数
1	北方华创	002371.SZ	电子	北京	深市主板	93.01
2	德赛西威	002920.SZ	计算机	广东	深市主板	90.96
3	彩虹股份	600707.SH	电子	陕西	沪市主板	89.04
4	中微公司	688012.SH	电子	上海	科创板	88.90
5	芒果超媒	300413.SZ	传媒	湖南	创业板	88.11
6	东方明珠	600637.SH	传媒	上海	沪市主板	86.01
7	山东出版	601019.SH	传媒	山东	沪市主板	85.28
8	新华文轩	601811.SH	传媒	四川	沪市主板	84.59
9	浪潮信息	000977.SZ	计算机	山东	深市主板	84.10
10	凤凰传媒	601928.SH	传媒	江苏	沪市主板	83.89

数据来源：同花顺（iFinD），首经贸资产评估研究院和浙工商中国智能管理研究院整理。

10.3 非国有控股数字原生产业上市公司数字化创新评价

截至2023年底,A股市场非国有控股数字原生产业上市公司共有952家,总市值共计111403.6亿元,营业收入合计42982.52亿元,平均市值117.02亿元/家,平均营业收入45.15亿元/家。非国有控股数字原生产业上市公司研发投入合计为3148.37亿元,占营业收入的比例为7.32%;无形资产账面价值合计为2288.94亿元,占总资产的比例为3.40%。根据本报告分析口径,共对非国有控股952家数字原生产业上市公司开展数字化创新指数评价,具体情况如下:

10.3.1 数字化创新综合指数

2023年非国有控股952家数字原生产业上市公司数字化创新综合指数平均水平为72.87,低于数字原生产业上市公司该项指数平均水平73.09。具体而言,该项指数最高的上市公司是科大讯飞,数字化创新综合指数为93.98。从指数分布来看,高于数字原生产业上市公司该项指数平均水平的有768家,占非国有控股数字原生产业上市公司总数的80.67%。从省份分布来看,如图10-11所示,数字化创新综合指数平均水平较高的有西藏自治区(85.94)、北京市(77.91)、贵州省(75.56)。具体来看,数字化创新综合指数处于[80,100]的有251家,占比26.37%;[70,80)的有352家,占比36.97%;[60,70)的有248家,占比26.05%;[0,60)的有101家,占比10.61%。

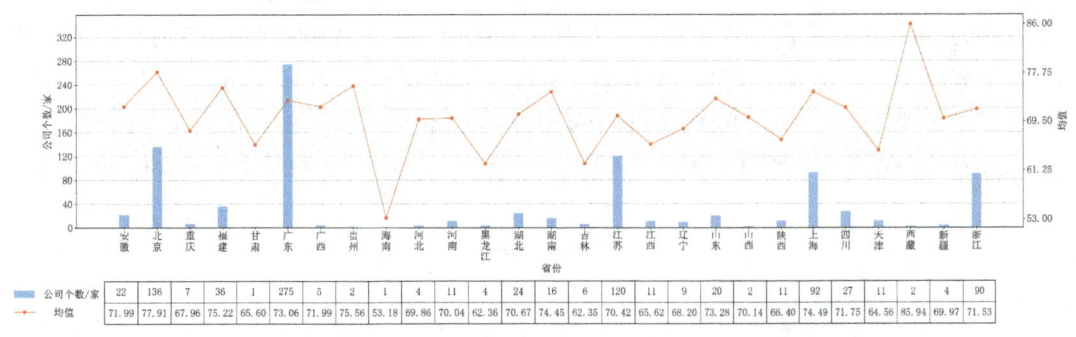

图10-11 2023年非国有控股数字原生产业上市公司数字化创新综合指数均值分布图

非国有控股数字原生产业上市公司数字化创新综合指数排名前10的上市公司如表10-11所示。

表 10-11　2023 年非国有控股数字原生产业上市公司数字化创新综合指数前 10 排名

排名	证券名称	证券代码	一级行业	省份	上市板块	数字化创新综合指数
1	科大讯飞	002230.SZ	计算机	安徽	深市主板	93.98
2	金山办公	688111.SH	计算机	北京	科创板	93.10
3	大华股份	002236.SZ	计算机	浙江	深市主板	92.70
4	传音控股	688036.SH	电子	广东	科创板	92.48
5	神州泰岳	300002.SZ	传媒	北京	创业板	91.70
6	软通动力	301236.SZ	计算机	北京	创业板	91.70
7	石基信息	002153.SZ	计算机	北京	深市主板	91.32
8	协创数据	300857.SZ	电子	广东	创业板	90.95
9	石头科技	688169.SH	家用电器	北京	科创板	90.67
10	威胜信息	688100.SH	通信	湖南	科创板	90.42

数据来源：同花顺（iFinD），首经贸资产评估研究院和浙工商中国智能管理研究院整理。

10.3.2　数字化战略导向指数

2023年非国有控股952家数字原生产业上市公司数字化战略导向指数平均水平为76.59，低于数字原生产业上市公司该项指数平均水平76.89。具体而言，该项指数最高的上市公司是软通动力，数字化战略导向指数为98.85。从指数分布来看，高于数字原生产业上市公司该项指数平均水平的有706家，占非国有控股数字原生产业上市公司总数的74.16%。从省份分布来看，如图10-12所示，数字化战略导向指数平均水平较高的有西藏自治区（95.83）、贵州省（90.15）、北京市（86.10）。具体来看，数字化战略导向指数处于［80，100］的有469家，占比49.26%；［70，80）的有149家，占比15.65%；［60，70）的有152家，占比15.97%；［0，60）的有182家，占比19.12%。

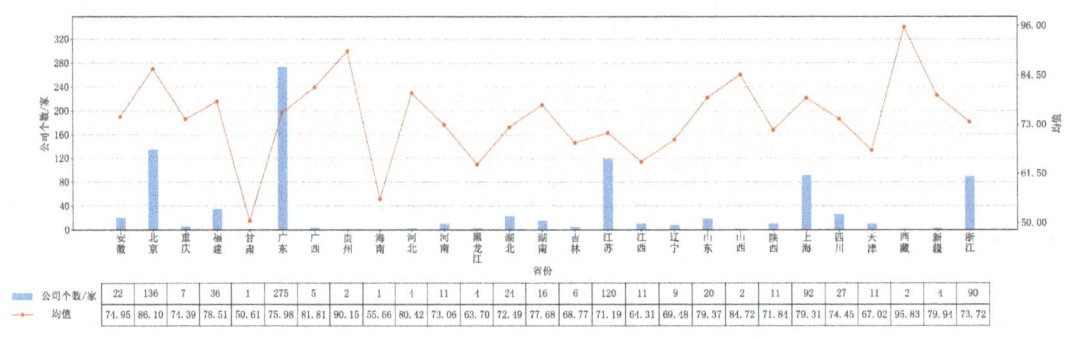

图 10-12　2023 年非国有控股数字原生产业上市公司数字化战略导向指数均值分布图

非国有控股数字原生产业上市公司数字化战略导向指数排名前10的上市公司如表10-12所示。

表 10-12　2023 年非国有控股数字原生产业上市公司数字化战略导向指数前 10 排名

排名	证券名称	证券代码	一级行业	省份	上市板块	数字化战略导向指数
1	软通动力	301236.SZ	计算机	北京	创业板	98.85
2	大华股份	002236.SZ	计算机	浙江	深市主板	98.70
3	科大讯飞	002230.SZ	计算机	安徽	深市主板	98.55
4	科大国创	300520.SZ	计算机	安徽	创业板	98.17
5	东方国信	300166.SZ	计算机	北京	创业板	97.83
6	天融信	002212.SZ	计算机	广东	深市主板	97.82
7	芯原股份	688521.SH	电子	上海	科创板	97.74
8	科蓝软件	300663.SZ	计算机	北京	创业板	97.68
9	南威软件	603636.SH	计算机	福建	沪市主板	97.67
10	中电兴发	002298.SZ	计算机	安徽	深市主板	97.66

数据来源：同花顺（iFinD），首经贸资产评估研究院和浙工商中国智能管理研究院整理。

10.3.3　数字化要素投入指数

2023年非国有控股952家数字原生产业上市公司数字化要素投入指数平均水平为77.49，高于数字原生产业上市公司该项指数平均水平77.42。具体而言，该项指数最高的上市公司是软通动力，数字化要素投入指数为99.82。从指数分布来看，高于数字原生产业上市公司该项指数平均水平的有858家，占非国有控股数字原生产业上市公司总数的90.13%。从省份分布来看，如图10-13所示，数字化要素投入指数平均水平较高的有西藏自治区（95.85）、北京市（84.91）、上海市（80.56）。具体来看，数字化要素投入指数处于［80，100］的有454家，占比47.69%；［70，80）的有253家，占比26.58%；［60，70）的有145家，占比15.23%；［0，60）的有100家，占比10.50%。

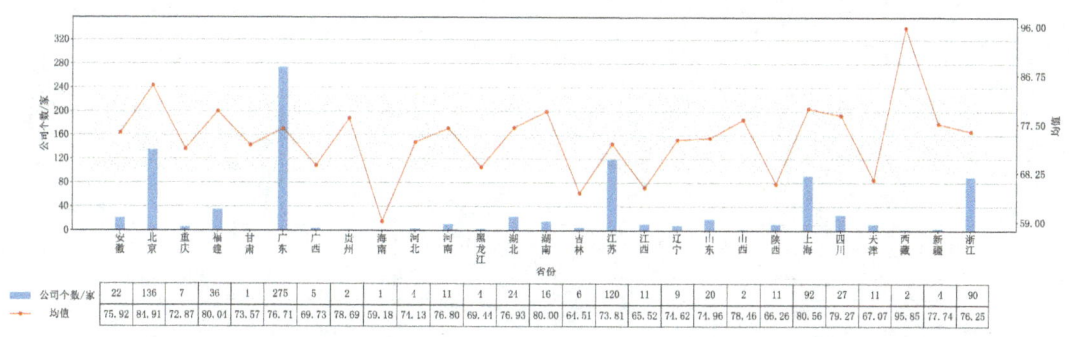

图 10-13　2023 年非国有控股数字原生产业上市公司数字化要素投入指数均值分布图

非国有控股数字原生产业上市公司数字化要素投入指数排名前10的上市公司如表10-13所示。

表 10-13　2023 年非国有控股数字原生产业上市公司数字化要素投入指数前 10 排名

排名	证券名称	证券代码	一级行业	省份	上市板块	数字化要素投入指数
1	软通动力	301236.SZ	计算机	北京	创业板	99.82
2	科大国创	300520.SZ	计算机	安徽	创业板	99.64
3	科大讯飞	002230.SZ	计算机	安徽	深市主板	99.15
4	澜起科技	688008.SH	电子	上海	科创板	99.14
5	盛天网络	300494.SZ	传媒	湖北	创业板	98.18
6	剑桥科技	603083.SH	通信	上海	沪市主板	98.03
7	拓维信息	002261.SZ	计算机	湖南	深市主板	97.99
8	亚康股份	301085.SZ	计算机	北京	创业板	97.86
9	紫光股份	000938.SZ	计算机	北京	深市主板	97.30
10	万兴科技	300624.SZ	计算机	西藏	创业板	97.24

数据来源：同花顺（iFinD），首经贸资产评估研究院和浙工商中国智能管理研究院整理。

10.3.4　数字化创新成果指数

2023年非国有控股952家数字原生产业上市公司数字化创新成果指数平均水平为75.49，高于数字原生产业上市公司该项指数平均水平75.03。具体而言，该项指数最高的上市公司是大华股份，数字化创新成果指数为98.31。从指数分布来看，高于数字原生产业上市公司该项指数平均水平的有786家，占非国有控股数字原生产业上市公司总数的82.56%。从省份分布来看，如图10-14所示，数字化创新成果指数平均水平较高的有西藏自治区（85.74）、北京市（79.99）、福建省（77.60）。具体来看，数字化创新成果指数处于［80，100］的有386家，占比40.55%；［70，80）的有269家，占比28.26%；［60，70）的有183家，占比19.22%；［0，60）的有114家，占比11.97%。

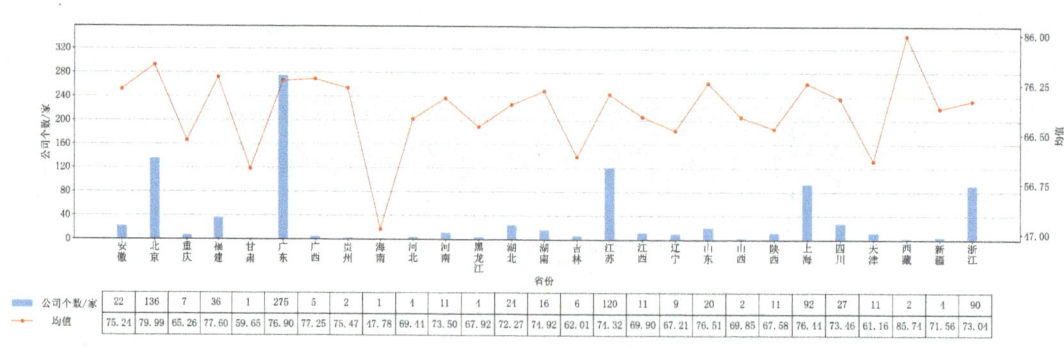

图 10-14　2023 年非国有控股数字原生产业上市公司数字化创新成果指数均值分布图

非国有控股数字原生产业上市公司数字化创新成果指数排名前10的上市公司如表10-14所示。

表 10-14 2023 年非国有控股数字原生产业上市公司数字化创新成果指数前 10 排名

排名	证券名称	证券代码	一级行业	省份	上市板块	数字化创新成果指数
1	大华股份	002236.SZ	计算机	浙江	深市主板	98.31
2	科大讯飞	002230.SZ	计算机	安徽	深市主板	98.19
3	软通动力	301236.SZ	计算机	北京	创业板	97.27
4	科大国创	300520.SZ	计算机	安徽	创业板	97.08
5	石基信息	002153.SZ	计算机	北京	深市主板	96.69
6	先导智能	300450.SZ	电力设备	江苏	创业板	96.04
7	锐明技术	002970.SZ	计算机	广东	深市主板	96.01
8	领益智造	002600.SZ	电子	广东	深市主板	95.97
9	泛微网络	603039.SH	计算机	上海	沪市主板	95.29
10	安恒信息	688023.SH	计算机	浙江	科创板	95.21

数据来源：同花顺（iFinD），首经贸资产评估研究院和浙工商中国智能管理研究院整理。

10.3.5 数字化创新绩效指数

2023年非国有控股952家数字原生产业上市公司数字化创新绩效指数平均水平为64.25，低于数字原生产业上市公司该项指数平均水平65.43。具体而言，该项指数最高的上市公司是万达电影，数字化创新绩效指数为92.71。从指数分布来看，高于数字原生产业上市公司该项指数平均水平的有372家，占非国有控股数字原生产业上市公司总数的39.08%。从省份分布来看，如图10-15所示，数字化创新绩效指数平均水平较高的有甘肃省（75.95）、西藏自治区（72.94）、湖南省（67.94）。具体来看，数字化创新绩效指数处于［80，100］的有83家，占比8.72%；［70，80）的有217家，占比22.79%；［60，70）的有287家，占比30.15%；［0，60）的有365家，占比38.34%。

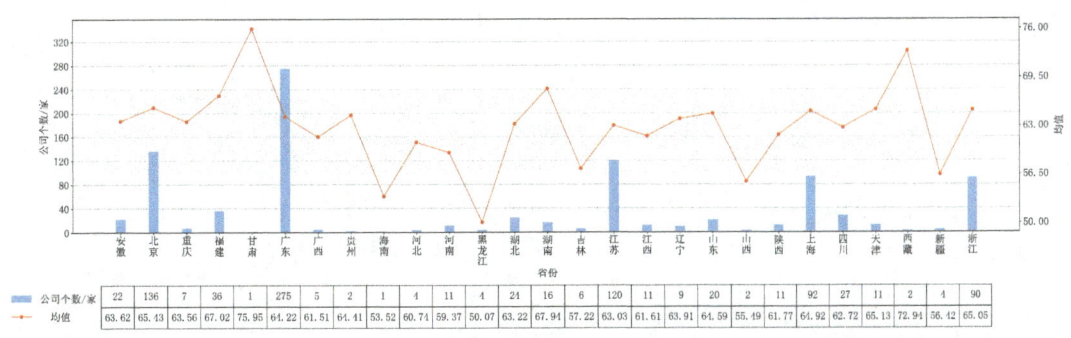

图 10-15 2023 年非国有控股数字原生产业上市公司数字化创新绩效指数均值分布图

非国有控股数字原生产业上市公司数字化创新绩效指数排名前10的上市公司如表10-15所示。

表 10-15 2023 年非国有控股数字原生产业上市公司数字化创新绩效指数前 10 排名

排名	证券名称	证券代码	一级行业	省份	上市板块	数字化创新绩效指数
1	万达电影	002739.SZ	传媒	北京	深市主板	92.71
2	卓胜微	300782.SZ	电子	江苏	创业板	92.23
3	传音控股	688036.SH	电子	广东	科创板	92.22
4	分众传媒	002027.SZ	传媒	广东	深市主板	91.70
5	石头科技	688169.SH	家用电器	北京	科创板	91.63
6	光线传媒	300251.SZ	传媒	北京	创业板	91.20
7	华凯易佰	300592.SZ	商贸零售	湖南	创业板	90.85
8	中际旭创	300308.SZ	通信	山东	创业板	90.71
9	天孚通信	300394.SZ	通信	江苏	创业板	90.53
10	神州泰岳	300002.SZ	传媒	北京	创业板	88.44

数据来源：同花顺（iFinD），首经贸资产评估研究院和浙工商中国智能管理研究院整理。

结论篇

第11章
结论与建议

11.1 上市公司数字化创新评价主要结论

11.1.1 上市公司数字化创新生态环境评价

2023年，我国数字化创新生态环境综合指数的平均水平为60.56，各地区从数字化基础设施、数字化融合和数字化支持3个方面为上市公司的数字化创新提供了创新生态环境支持。

从七大区的数字化创新生态环境综合指数来看，华东、华南、华北地区的数字化创新生态环境表现优异，高于全国平均水平，华中地区紧随其后，区位排名第四，西南、东北、西北地区的数字化创新生态环境还需要进一步提升。具体而言，数字化创新生态环境的细分维度为数字化基础环境、数字化融合环境和数字化支持环境。其中，数字化基础环境指数最佳的是华北地区，其次是华东地区和华南地区。数字化融合环境指数表现最佳的是华东地区，其次是华南地区和华北地区。数字化支持环境指数表现最佳的是华东地区，其次是华南地区和华中地区。

从各省份数字化创新生态环境综合指数来看，北京市的数字化创新生态环境综合指数为90.60，位居全国第一；西藏自治区的数字化创新生态环境综合指数为51.45，居末位。北京市、广东省、上海市等9个省份数字化创新生态环境综合指数高于全国平均水平60.56。进一步细分数字化创新生态环境的具体维度，数字化基础环境指数排名前5的是北京、上海、天津、浙江、广东；数字化融合环境指数排名前5的是广东、北京、上海、浙江、江苏；数字化支持环境指数排名前5的是广东、北京、江苏、山东、浙江，表明北京、广东、浙江等省份具备良好的数字化创新生态环境。

11.1.2 传统产业上市公司数字化创新评价

传统产业是我国加速产业数字化的核心力量。2023年，传统产业共有3865家上市公司，其数字化创新综合指数平均水平为62.91，高于传统产业上市公司该项指数全国平均水平的有1893家，占比48.98%，表明我国产业数字化取得了一定的成效，但要全面促进传统产业转型升级、实现高质量发展，还需要产学研政多方继续发力。

从七大区层面看，不仅分布在华东地区、华南地区、华北地区的2973家上市公司占传统产业上市公司总量的76.92%，而且华东地区、华南地区、华北地区合计占传统产业数字化创新综合指数排名前500上市公司总数的81.80%，表明华东、华南、华北地区是我国传统产业上市公司数字化创新的主力区域。其中，华北地区传统产业上市公司数字化创新综合指数平均水平最高，其次是华南地区。

从省份层面看，传统产业上市公司数字化创新排名前500中较多的是广东省（111家）、浙江省（68家）、江苏省（61家）、北京市（50家）、上海市（42家），合计占传统产业数字化创新综合指数排名前500上市公司总数的66.40%，进一步表明北上广江浙地区传统产业上市公司在数字化创新领域具有明显优势。其中，北京市传统产业上市公司数字化创新综合指数平均水平最高，其次是天津市和广东省。

从产权层面看，在数字化创新综合指数排名前500的传统产业上市公司中，中央国有控股企业有66家，地方国有控股企业有67家，非国有控股企业有367家。其中，中央国有控股上市公司数字化创新综合指数平均水平最高，其次为非国有控股上市公司和地方国有控股上市公司。

11.1.3 数字原生产业上市公司数字化创新评价

数字原生产业是我国加速数字经济和实体经济融合的关键力量。2023年，数字原生产业共有1195家上市公司，其数字化创新综合指数平均水平为73.09，远高于数字原生产业上市公司该项指数的平均水平。数字原生产业中高于全国平均水平的有635家，占比53.14%，表明我国数字产业化水平较高，进一步说明了我国数字经济发展成效显著。

从七大区层面看，1007家数字原生产业上市公司分布在华东地区、华南地区、华北地区，占数字原生产业上市公司总量的84.27%。数字原生产业上市公司排名前500的，华东地区有184家、华北地区有136家、华南地区有120家，合计占数字原生产业数字化创新综合指数排名前500上市公司总数的88.00%，凸显出华东、华北和华南地区是数字化创新的主力区域。其中，华北地区数字原生产业上市公司数字化创新综合指数平均水平最高，其次是华南地区和西南地区。从省份层面看，843家上市公司分布在广东省、北京市、江苏省、上海市和浙江省，占数字原生产业上市公司总量的70.54%。数字原生产业上市公司排名前500的，广东省有134家、北京市有110家、上海市有51家、江苏省有41家、浙江省有39家，合计占数字化创新综合指数排名前500上市公司总数的75.00%，是数字化创新发展的主力大省。其中，北京市上市公司数字原生产业数字化创新综合指数平均水平最高，其次是上海市和广东省。

从产权层面看，1195家数字原生产业上市公司中，包括101家中央控股上市公司、142家地方国有控股上市公司以及952家非国有控股上市公司。数字化创新综合指数排名前500的数字原生产业上市公司中，中央国有控股企业58家，地方国有控股企业53家，非国有控股企业389家。其中，中央国有控股数字原生产业上市公司数字化创新综合指数平均水平最高，其次为非国有控股上市公司和地方国有控股上市公司。

11.2 上市公司数字化创新管理启示

报告从上市公司数字化战略导向指数、数字化要素投入指数、数字化创新成果指数和数字化创新绩效指数4个维度对上市公司数字化创新进行了相对完整的分析与阐释，为我国上市公司在立足于加速数字经济和实体经济深度融合的情境下有效开展数字化创新实践提供了重要管理启示。

11.2.1 坚持数字化战略导向

数字化战略导向是上市公司开展数字化创新的先决条件。上市公司的数字化领导力、数字化战略规划和数字化广度为上市公司提升数字化创新水平打下了坚实的基础。基于此，上市公司可以从以下3个方面增强其数字化战略导向强度。

1. 提升数字化领导力

数字化领导力是驱动上市公司数字化创新的组织、管理与领导力量，是驱动上市公司适应快速变化的国内外数字化环境、有效开展数字化创新的重要力量。可以从以下3个方面提升数字化领导力：第一，成立数字化创新管理部门，根据数字化创新业务需要，设置相应的首席信息官（CIO）、首席数据官（CDO）和首席技术官（CTO），提升上市公司的数字化组织领导力；第二，提升上市公司中高层管理者的数字化洞察力。加强对中高层管理者的培训，提升其数字化技术基础知识、数字化应用场景知识，开发能够洞察并快速响应数字化环境变化的数字化人才；第三，提升上市公司的数字化治理水平，培育包容、鼓励试错的数字化创新文化。

2. 制定数字化战略规划

数字化战略规划是指上市公司如何实现数字化创新的战略决策和详细规划。第一，对上市公司自身的业务流程、数字基础设施、组织架构、人员素质等方面进行全面深入的诊断分析，以确定上市公司数字化创新的必要性和迫切性；第二，结合上市公司的长短期战略规划及外部的数字经济发展趋势与政策和市场需求变化，制定合理的数字化战略目标；第三，结合上市公司发展现状的诊断和数字化战略目标，制定数字化创新的路线图和时间表，明确提升数字化创新能力的各阶段工作内容，确保公司数字化战略有序推进。

3. 循序渐进提升数字化广度

数字化广度是指上市公司数字化创新的领域和多样化程度，揭示了上市公司在各个业务领域和部门中推动数字化创新的程度和范围。一方面，聚焦上市公司数字化创新的核心业务领域，充分发挥上市公司的核心业务优势；另一方面，结合数字化战略规划，从核心业务领域逐步向外拓展，循序渐进提升上市公司的数字化广度。例如，三一重工从数字化基础建设、数字化解决方案、数字化云平台循序渐进地逐步提升数字化广度，实现了数字化创新升级。

11.2.2 优化数字化要素投入与配置

数字化要素投入是指上市公司为实现数字化创新在技术、人力、资源等生产要素方面的投入。合理的数字化要素投入，可以帮助上市公司建立良好的数字化基础设施，为数字化创新提供良好的内部环境。

1. 合理运用数字化技术

数字化技术要素投入反映了上市公司利用人工智能、移动通信、云计算、区块链、物联网、大数据等数字化技术的程度。第一，引进人工智能、大数据分析等数字化技术，促进上市公司更加高效地处理海量数据，挖掘数据价值，为数字化创新决策提供科学依据；第二，合理利用数字化技术，加强上市公司的数据安全与隐私保护，减少数字化技术使用给公司本身和客户带来的隐私安全问题；第三，有效利用数字并购的方式，获取外部的数字化技术和知识，并与企业原有的技术和知识有效整合。

2. 加大数字化人才投入

数字化人才要素投入是指上市公司在数字化技术研发与应用方面的人才要素投入。第一，多层次培养复合型的数字化人才。数字化创新离不开具备相关技能的人才队伍。要加强数字化人才的多层次培养和引进具有数字化思维和技术能力的数字化人才。第二，加快完善上市公司管理数字化人才的基本制度。上市公司可以借鉴国内外优秀经验，建立合理的数字化人才分类标准和培养开发机制。第三，积极开拓上市公司的数字人才引进新路径，大力提升上市公司数字化人才的激励和服务水平。

3. 加强数字化基础设施建设

数字化基础要素投入是指上市公司在数字基础设施建设和数字平台建设方面所投入的资源要素。第一，建设强大的数字化基础设施。上市公司加大云计算、物联网、大数据分析等数字化技术平台的投入，实现上市公司生产运营管理等数据的收集、存储、处理和分析。第二，投入足够的资源加强数字化基础设施的建设，为上市公司数字化战略决策提供有力支持。第三，加强上市公司的数字化管理，强化上市公司的数字化管理能力建设，提升上市公司的信息化建设水平。

11.2.3 提升数字化创新水平

数字化创新是指上市公司利用数字化资源和数字化工具改善公司产品、服务、流程和商业模式的过程。上市公司可以从以下3个方面提升其数字化创新水平。

1. 加强数字化产品或服务创新

数字化产品或服务创新是指上市公司利用数字化工具改善其产品或服务、提升公司产品绩效或服务水平及客户满意度的过程。第一，上市公司从单一产品或服务向"产品+服务"的一站式数字化解决方案转变，为客户及客户企业更好地数字化赋能。第二，合理利用数字化技术，提升数字化产品的创新水平。例如，利用人工智能技术，提升产品的计算和分析能力，利用物联网技术，使产品更加互联互通，利用虚拟现实与可视化技术提升产品的用户体验，等等。第三，利用数据挖掘技术对客户现实需求和潜在需求进行深度挖掘，实时感知并快速响应，及时满足客户的个性化、多样化需求。

2. 优化运营管理流程

数字化流程创新是指上市公司利用数字化工具优化流程，以此提升生产运营及管理效率，这也是上市公司数字化创新的核心目标之一。一方面，要建设智能化的上市公司运营环境，上市公司可以利用移动互联、大数据、物联网等数字技术手段促进上市公司运营管理的科学化、高效化、智能化，实现业务流程和运营管理的数字化，达到实时响应的全新运营管理；另一方面，要为客户提供端到端的解决方案，优化客户的体验流程。上市公司可以建立跨职能部门，将参与端到端客户体验的所有管理、服务、技术人员整合到一起，实现高效的跨团队协作。

3. 驱动商业模式创新

数字化商业模式创新是指上市公司利用数字化工具改变其价值创造的逻辑，是上市公司实现数字化创新的重要战略选择。一方面，通过优化和拓展上市公司现有的产品和服务组合来创造新价值，从产品逻辑向服务逻辑转变，以提升客户价值为核心目标创新业务；另一方面，上市公司通过加强数字化平台建设，强化平台与生态思维，为客户创造新价值。

11.3 上市公司数字化创新政策建议

11.3.1 加强数字化基础环境建设

传统基础设施和数字基础设施是数字化产业发展和产业数字化融合的基石。只有完善的基础设施才能促进数字化产业快速发展，进而拓展数字经济产业的广度与深度，充分发挥其效能。西南、东北、西北地区的数字化基础环境较薄弱，应该更多地关注这些地区的传统基础设施，例如，增加光缆、光纤、微波、卫星、移动通信IPv6、IPv4、5G、6G等传统基础设施的投放数量。在完善西南、东北、西北等地区的数字化基础设施的基础上寻求数字化高质量发展的突破点。华北、华东和华南地区的数字化基础环境较强，应该持续优化数字化基础设施的投入。工业互联网、物联网、云计算中心、数据存储阵列等设施是数字经济发展的重要平台与载体，随着数字基础设施的逐步完善，华北、华东和华南地区的信息广度与速度将呈几何级数增长，从而有效带动欠发达地区数字化基础设施的发展。

11.3.2 加速推动数字经济和实体经济融合

实现数字经济与实体经济的深度融合，提升自身的数字化产业的规模与质量，增强数字化融合的广度和深度是关键举措。具体地说，东部沿海地区应大力提升数字产品制造业、数字产品服务业、数字技术应用业、数字要素驱动业等数字经济核心产业的规模，同时发挥广东省、北京市、江苏省、山东省和浙江省的区域核心地位，充分发挥其对周边相对低水平地区的产业和技术溢出效应。其他发展水平落后的地区应提高数字化产业的质量，增加传感器、神经芯片、类脑智能、DNA存储、量子信息、网络通信、集成电路、工业软件、大数据、人工智能、区块链等产业的质量，强化中央和地方政府的引导与扶持，走出数字化产业"低水平陷阱"，实现量与质的协同提升。产业数字化是数字经济发展的最终落脚点。扩大数字经济应用维度，实现数字经济与第一、第二、第三产业的深度融合是经济高质量发展的重要抓手。发展水平较高的东部沿海地区，譬如广东省、山东省、江苏省和浙江省等省份应该在原有基础上逐步提升工业数字化和服务业数字化的水平，即强化数字经济在制造业、电子商务和互联网金融等方面的应用，提升产业数字化的质量。而发展水平较低的西部内陆地区应先提高数字经济在农业和工业上的应用程度，而后逐渐适当提高与第三产业的融合度，如适当提升数字经济在电子商务、互联网金融等服务业方面的应用。

11.3.3 加大企业数字化创新支持力度

为了提升上市公司数字化创新的积极性，更好地推动上市公司数字化创新发展，中央及各级政府部门相继出台了一系列政策，包括提供方向引导、加大资金支持、推广试点和典型发展模式、完善配套支持服务等，以此加快企业数字化创新进程，实现上市公司的高质量发展。基于此，可以从科技创新支持、政府服务支持、智力人才支持及数字政策支持4个方面，加大对上市公司数字化创新的支持力度。

1. 增强科技创新引领作用

2023年政府工作报告强调，要"增强科技创新引领作用"，加强关键核心技术攻关。科技创新支持是上市公司进行数字化创新的重要驱动因素。对政府而言，可以从如下方面增强科技创新的引领作用：第一，加强科技创新知识产权保护，鼓励上市公司加大数字经济发明专利申请力度，建立良好的上市公司数字化创新成果转化机制，进一步激发其数字化创新活力；第二，发挥上市公司、高等院校、科研院所、国家数字科技中心的作用，进一步促进产学研政深度融合，推进国际和区域数字科技创新中心建设，为上市公司的数字化创新发展提供更好的科技创新支持；第三，加强关键核心技术攻关，加快解决"卡脖子"难题，鼓励上市公司（尤其是专精特新中小企业）与国家重点实验室、科研院所组成关键核心技术攻关团队，优化科技创新资源配置，构建国家战略科技力量的体系。

2. 提升数字政府服务水平

数字政府是指以新一代信息技术为支撑，旨在通过构建大数据驱动的政务新机制、新平台、新渠道，实现"用数据对话、用数据决策、用数据服务、用数据创新"的现代化治理模式。提升数字政府服务水平对上市公司数字化创新发展具有引导性和驱动性作用。对各级政府而言，一方面，进一步重视数字政府建设，对数字政府服务进行顶层设计和全面布局，打造鲜明、有特色的数字政府服务品牌；另一方面，聚焦上市公司数字化创新过程中的共性问题和特性难题，构建上市公司数字化创新全生命周期的服务体系，持续提升服务水平和保障能力，让上市公司真正享受到数字政府建设的红利。

3. 丰富数智人才培育举措

对上市公司而言，数字化技术是推动数字化创新的外因，其核心在于员工的数字化素养和能力。基于此，数智人才的培育有其必要性和重要价值所在。一方面，各级政府应充分发挥政府、高校、企业等多主体、多角色的力量，以产教融合、科教融汇为立足点，围绕以产促教、以教助产的目标，不断丰富数智人才培育的举措。例如，构建多企业、多高校参与的地区产教联合体，搭建高校、领军企业、数字人才培育项目培训机构三方协同的数字人才产教融合模式。另一方面，开展立足于上市公司数字化创新发展需要的大规模数智技能培训，构建教育链、人才链、产业链、创新链等全链条联通的生态体系。

4. 完善数字经济政策体系

上市公司的数字化创新不是一蹴而就的，各级政府应构建动态、全面的政策体系，将引导、支持、治理及监管贯穿到上市公司数字化创新的全过程，最终实现数字经济的良性、可持续发展。一方面，各级政府应加快推进现有数字经济政策体系的完善，如有关数字要素产权界定、数据交易等方面的制度尚未完整建立，数字经济标准体系建设也有待进一步健全；另一方面，应立足于上市公司的数字化创新实践难题，"政策要跑在受困企业前面"，构建全方位、多层次、立体化的政策体系，发挥其对上市公司数字化创新的指导和引领作用。

11.4 上市公司数字化创新的局限性与未来展望

与现有企业层面的数字化创新性相比，本报告的创新性基于"战略导向—创新投入—创新产出—创新效益"的全过程视角，科学全面地构建了上市公司数字化创新评价体系，并创新性地将上市公司划分为传统产业和数字原生产业，全面地展现了上市公司的数字化创新表现。同时，基于"基础环境—融合环境—支持环境"多维视角，从区域和省份层面揭示了上市公司所处的数字化创新生态环境。然而，本报告构建的上市公司数字化创新评价体系仍存在一定局限性，具体体现在以下3个方面：

11.4.1 评价体系的严谨性和测量的有效性有待进一步完善

在构建数字化创新评价体系时，鉴于数据的可获得性，一些指标的数据主要通过对上市公司年报中的关键词提炼并进行文本分析的方法进行处理。相较于客观数据，通过提炼关键词进行文本分析的方法来测量相关指标存在一定的局限性，如关键词是否穷尽及通过爬虫技术获取的关键词频次的准确性等，都会导致指标测量的外在效度较低。基于此，在未来，随着上市公司年报中披露的数据更为全面，可以通过收集客观数据的方法来测量相关指标，以此提升评价体系的严谨性和测量的有效性。

11.4.2 评价体系的深度和广度有待进一步拓展

尽管本报告创新性地将上市公司划分为传统产业和数字原生产业两大类别，分类别从区域、省份和产权3个维度对上市公司的数字化创新表现进行分析，但并未考虑行业划分、板块划分等常用分类方法，忽略了这些因素可能带来的上市公司数字化创新表现的差异性。未来，为进一步提升评价体系的深度和广度，可以尝试基于不同行业（如国家战略性支柱产业、国家战略性新兴产业等）、不同板块（如主板、创业板、中小板、新三板等）对上市公司进行归类划分，以此实现对上市公司的数字化创新进行更为全面、深入的分析和评价。

11.4.3 评价体系的动态性和阶段性有待进一步强化

与现有数字化创新相关报告一致，本报告仅关注了2023年上市公司数字化创新的相关表现，构建的评价体系较为静态，无法有效揭示上市公司数字化创新的动态性、阶段性发展。由于数字化创新是一项系统性活动，且数字化创新的投入具有一定的时间滞后性，为了更为全面地揭示上市公司的数字化创新表现，未来可以考虑收集跨时间的面板数据，通过不同年度数字化创新的阶段性、动态性变化，系统地呈现上市公司的数字化创新发展情况。

参考文献

[1] CHAE, B. A General framework for studying the evolution of the digital innovation ecosystem: The case of big data [J]. International Journal of Information Management, 2019, 45: 83-94.

[2] FICHMAN, R. G., DOS SANTOS, B. L., ZHENG, Z. E. Digital innovation as a fundamental and powerful concept in the information systems curriculum [J].MIS Quarterly, 2014, 38 (2): 329-353.

[3] GIBSON, J. J. The theory of affordances. In R. Shaw & J. Bransford (Eds.), Perceiving, Acting, and Knowing: Toward an Ecological Psychology [M].Hillsdale, NJ: Lawrence Erlbaum, 1977.

[4] HITT, M. A., IRELAND R. D., SIRMON, D. G., et al. Strategic entrepreneurship: Creating value for individuals, organizations, and society [J]. Academy of Management Perspectives, 2011, 25 (2): 57-75.

[5] HUTCHBY, I. Technologies, texts and affordances [J]. Sociology, 2001, 35 (2): 441-456.

[6] KEVIN, Z. Z., FANG, W. Technological capability, strategic flexibility, and product innovation [J].Strategic Management Journal, 2010, 31 (5): 547-561.

[7] LYYTINEN, K., YOO, Y., BOLAND, J. R. Digital product innovation within four classes of innovation networks [J]. Information Systems Journal, 2016, 26 (1): 47-75.

[8] MAKARIUS, E. E., MUKHERJEE, D., FOX, J. D., et al. Rising with the machines: A sociotechnical framework for bringing artificial intelligence into the organization [J]. Journal of Business Research, 2020, 120: 262-273.

[9] NAMBISAN, S., LYYTINEN, K., MAJCHRZAK, A., et al. Digital innovation

management［J］. MIS Quarterly, 2017, 41（1）: 223-238.

［10］ PFEFFER, J., SALANCIK, G. R. The external control of organizations: A resource dependence perspective［M］. New York: Harper & Row, 1978.

［11］ ROGERS, E. M. Diffusion of innovations［M］. New York: The Free Press of Glencoe, 1962.

［12］ ROUNDY, P. T., BAYER, M. A. To bridge or buffer? A resource dependence theory of nascent entrepreneurial ecosystems［J］. Journal of Entrepreneurship in Emerging Economies, 2019, 11（4）: 550-575.

［13］ SATISH, N., KALLE, L., ANN, M., et al. Digital innovation management: Reinventing innovation management research in a digital world［J］. MIS Quarterly, 2017, 41（1）: 223-238.

［14］ SCHUMPETER, J. A., FAIN, G. Capitalisme, Socialisme et Démocratie［M］. Paris: Payot, 1951.

［15］ SOLIMAN, M., SAURIN, T. A., ANZANELLO, M. J. The impacts of lean production on the complexity of socio-technical systems［J］. International Journal of Production Economics, 2018, 197: 342-357.

［16］ TURVEY, M. T. Affordances and prospective control: An outline of the ontology［J］. Ecological Psychology, 1992, 4（3）: 173-187.

［17］ URBINATI, A., CHIARONI, D., CHIESA, V., et al. The role of digital technologies in open innovation processes: An exploratory multiple case study analysis［J］. R&D Management, 2020, 50（1）: 136-160.

［18］ UTTERBACK, J. M. Innovation in industry and the diffusion of technology［J］. Science, 1974, 183（4125）: 620-626.

［19］ VEGA, A., CHIASSON, M. A comprehensive framework to research digital innovation: The joint use of the systems of innovation and critical realism［J］. Journal of Strategic Information Systems, 2019, 28（3）: 242-256.

［20］ YOO, Y., BOLAND JR, R. J., LYYTINEN, K., et al. Organizing for innovation in the digitized world［J］. Organization Science, 2012, 23（5）: 1398-1408.

［21］ YOO, Y., HENFRIDSSON, O., LYYTINEN, K. Research commentary-The new organizing logic of digital innovation: An agenda for information systems research［J］. Information Systems Research, 2010, 21（4）: 724-735.

［22］ QUINTON, S., CANHOTO, A., MOLINILLO, S., et al. Conceptualising a digital orientation: Antecedents of supporting SME performance in the digital economy[J]. Journal of Strategic Marketing, 2018, 26（5）: 427-439.

[23] VEGA, A., CHIASSON, M. A comprehensive framework to research digital innovation: The joint use of the systems of innovation and critical realism[J]. The Journal of Strategic Information Systems, 2019, 28（3）: 242-256.

[24] 白冰, 彭雪清. 数字经济、创新要素配置与新质生产力[J/OL]. 统计与决策, 2024,（18）: 109-113[2024-10-08]. https://doi.org/10.13546/j.cnki.tjyjc.2024.18.019.

[25] 陈峣, 李天柱. 制造企业数字化创新能力的结构维度划分[J]. 科学与管理, 2023, 43（04）: 28-36.

[26] 程宣梅, 朱述全, 谢洪明. 数字化、服务化战略与商业模式创新[J]. 科技与经济, 2021, 34（01）: 36-40.

[27] 郭克莎, 杨倜龙. 中国产业数字化改造的机制和政策[J]. 经济学动态, 2023（03）: 21-35.

[28] 洪江涛, 张思悦. 可供性理论视角下制造业数字创新的驱动机制[J]. 科学学研究, 2024, 42（02）: 405-414+426.

[29] 胡媛媛, 陈守明, 仇方君. 企业数字化战略导向、市场竞争力与组织韧性[J]. 中国软科学, 2021（S1）: 214-225.

[30] 黄勃, 李海彤, 刘俊岐, 等. 数字技术创新与中国企业高质量发展——来自企业数字专利的证据[J]. 经济研究, 2023, 58（03）: 97-115.

[31] 姜奇平, 刘宇洋, 许滨鸿. 产业数字化转型与居民消费结构升级——效应、路径与机理[J]. 产业经济评论, 2023（04）: 67-89.

[32] 康瑾, 陈凯华. 数字创新发展经济体系: 框架、演化与增值效应[J]. 科研管理, 2021, 42（04）: 1-10.

[33] 李小青, 何玮萱, 李子彪, 等. 制造企业数字化创新能力影响因素识别及评价[J]. 科技管理研究, 2022, 42（16）: 1-10.

[34] 刘军, 杨渊鋆, 张三峰. 中国数字经济测度与驱动因素研究[J]. 上海经济研究, 2020（06）: 81-96.

[35] 庞瑞芝, 王宏鸣. 数字经济与城市绿色发展: 赋能还是负能?[J]. 科学学研究, 2024, 42（07）: 1397-1408.

[36] 裴秋亚, 范黎波. 什么样的制度环境更利于数字经济产业发展?——基于多元制度逻辑的组态分析[J]. 经济与管理研究, 2022, 43（10）: 38-52.

［37］田泽，夏月，管歆格.多维驱动因素联动效应对企业数字化创新的影响——来自SEM与fsQCA的实证分析［J］.科技进步与对策，2024，41（06）：97-107.

［38］王竞达，王永贵，等.2023中国上市公司创新发展指数报告［M］.北京：中国财政经济出版社，2023：28.

［39］王军，朱杰，罗茜.中国数字经济发展水平及演变测度［J］.数量经济技术经济研究，2021，38（07）：26-42.

［40］王瑞，董明，侯文皓.制造型企业数字化成熟度评价模型及方法研究［J］.科技管理研究，2019，39（19）：57-64.

［41］王维，张萌萌，郭韬.商业模式创新对新创企业组织韧性的影响机制研究［J］.科技进步与对策，2024，41（09）：108-118.

［42］王梓琪，周国富，徐莹莹.数字经济产业融合程度、路径和模式的统计测度研究［J/OL］.统计与信息论坛，1-15［2024-10-08］.http：//kns.cnki.net/kcms/detail/61.1421.C.20240905.1528.004.html.

［43］吴育辉，张腾，秦利宾，等.高管信息技术背景与企业数字化转型［J］.经济管理，2022，44（12）：138-157.

［44］谢康，易法敏，古飞婷.大数据驱动的农业数字化转型与创新［J］.农业经济问题，2022（05）：37-48.

［45］谢卫红，林培望，李忠顺，等.数字化创新：内涵特征、价值创造与展望［J］.外国经济与管理，2020，42（09）：19-31.

［46］张永珅，李小波，邢铭强.企业数字化转型与审计定价［J］.审计研究，2021（03）：62-71.

［47］赵宸宇.数字化发展与服务化转型——来自制造业上市公司的经验证据［J］.南开管理评论，2021，24（02）：149-163.